I0354863

www.ingramcontent.com/pod-product-compliance
Lightning Source LLC
Chambersburg PA
CBHW070040080526
44586CB00013B/865
9781595848765

احمدبن اسحاق یعقوبی

«ابن واضح یعقوبی»

تاریخ یعقوبی

جلد اول

مترجم

محمد ابراهیم آیتی

شرکت کتاب
ketab.com

Jacobite history - Vol 1
Ahmad ibn Ishaq al-Yaqubi (Ibn Ja'far al-Yaqubi)
Translator: Muhammad Ibrahim Ayati
Subject: History of Iran

1st Edition by: Ketab Corporation

تاریخ یعقوبی - جلد اول
احمدبن اسحاق یعقوبی(ابن واضح یعقوبی)
مترجم: محمدابراهیم آیتی
موضوع: تاریخ ایران
چاپ نخست شرکت کتاب: ۱۴۰۴ خورشیدی- ۲۵۸۴ ایرانی خورشیدی- ۲۰۲۵ میلادی

The Library of Congress Cataloging-in-publishing Data is available upon request.

ISBN: 978-1-59584-876-5
Ketab Corporation:
12701 Van Nuys Blvd., Suite H,
Pacoima, CA, 91331, USA

1 2 3 4 5 6 7 8 25

فهرست مطالب

مقدمه

درعصر عباسی اول (یعنی ازظهور دولت بنی العباس درسال ۱۳۲ هجری، تا اول خلافت متوکل در سال ۲۳۲) دانشمندان اسلامی از قبیل شیخ ابو اسماعیل محمد ابن عبدالله ازدی بصری واسطی در اواسط قرن دوم هجری[1]، نویسندهٔ کتاب «فتوح الشام» قدیمترین کتاب راجع به فتوح شام، وابوعبدالله محمدبن عمرواقدی متوفی بسال ۲۰۷ ، مؤلف کتابهای «المغازی» و «فتوح الشام» و «فتح العجم» و «فتح مصر و اسکندریه»[2]، دربارهٔ فتوحات اسلامی کتابی چند نوشتند، ونیز درهمین دوره بود که نویسندگانی مانند ابوعبدالله محمدبن سعد زهری کاتب واقدی، متوفی بسال ۲۳۰، مؤلف کتاب «الطبقات الکبری»[3] درطبقات صحابه وتابعین وروات دست بتألیف زدند ، وکسانی هم از جمله ابوالمنذر هشام بن محمد بن سائب کلبی متوفی بسال ۲۰٤ هجری[4]، و هیثم بن عدی طائی متوفی بسال ۲۰۷،[5] وابوالحسن علی بن محمد بصری مدائنی، متوفی بسال ۲۲۵،[6] ومحمد ابن عبده[7]، و علان شعوبی[8] علاوه بررشته های مختلف ، در علم انساب نیز بنگارش پرداختند ، و جمعی هم از جمله ابوعبدالله محمدبن اسحاق مطلبی متوفی بسال ۱۵۰،[9] و عبدالملک بن هشام حمیری معافری، متوفی بسال ۲۱۸، [10] بنوشتن سیرهٔ رسول اکرم صلی الله علیه وآله همت گماشتند .

درعصر عباسی دوم (یعنی ازسال ۲۳۲، آغاز خلافت متوکل، تاسال ۳۳٤ هجری و

---

۱ ـ ر.ك. تاریخ آداب اللغة العربیه ج۲ ص۱۶۷ ۲ ـ ر.ك. فهرست ابن ندیم ص ۱۴۴
۳ـ ر ك. فهرست ص۱۴۵ ۴ ـ ر.ك. فهرست ص۱۴۰ ۵ـ ر.ك فهرست ص۱۴۵ ۶ـ ر ك. فهرست ص۱۴۷ ۷ ـ ر.ك. فهرست ص۱۵۳ ۸ ـ ر. ك. فهرست ص۱۵۳ ۹ ـ ر.ك. فهرست ص۱۳۶ ۱۰ ـ ر.ك. وفیات الأعیان ج۲ ص۳۴۹

استقرار آل بویه در بغداد) کارتألیف وترجمه رونق بیشتری یافت، و در رشته های مختلف تاریخ اسلام ازفتوح وتاریخ جزیرةالعرب وتاریخ خصوصی و عمومی وجز آن، دانشمندانی کار تحقیق وتألیف را دنبال کردند وآثاری گرانبها ازخود بجای گذاشتند ، وبرخی ازاینان درعلم مسالك وممالك نیز صاحب تحقیق وتألیف‌بودند.

از مورخان بزرگ اسلامی عصرعباسی دوم که در تاریخ عمومی دست بتألیف زده‌اند وتألیفات ایشان ازدستبرد حوادث بر کنارمانده وبدست مارسیده است، چهار نفر بردیگران تقدم دارند:

۱ـ ابن واضح احمدبن ابی‌یعقوب اسحاق بن‌جعفربن واضح کاتب اخباری عباسی اصفهانی‌یعقوبی، معاصر ابوحنیفهٔ دینوری وابوجعفر احمد بن یحیی بلاذری بغدادی متوفی بسال۲۷۹ هجری، مؤلف کتاب بسیارمعروف «فتوح‌البلدان»[۱]،وسعید طبیب جد ابوعبدالله محمد بن‌احمد بن خلیل بن سعید تمیمی مقدسی، مؤلف کتاب « جیب‌العروس وریحان‌النفوس».

ابن ابی اصیبعه متوفی بسال۶۶۸ ، در کتاب«عیون الأنباء فی‌طبقات‌الأطباء»[۲] در ترجمهٔ ابوعبدالله تمیمی گوید : جمال الدین قفطی (متوفی بسال ۶۴۶) در کتاب «اخبارالعلماء باخبار الحکماء » گفته است که جد محمدبن احمدبن سعید تمیمی ، پزشك بود ومصاحب احمدبن ابی‌یعقوب مولای ولد عباس.

تمیمی که‌خود پزشك بود واززادگاه خویش یعنی بیت‌المقدس بهمصرمنتقل شد وآنجا سکونت گزید ودر حدود سال ۳۸۰ درقاهره بدرود زندگی گفت ، در کتاب « جیب‌العروس وریحان‌النفوس» بواسطهٔ پدر وجدش مکرر ازیعقوبی روایت کرده است.[۳]

۲ـ ابو حنیفه احمد بن‌داود دینوری مؤلف کتاب «اخبار الطوال» متوفی

۱ـ ر. ك. فهرست ص۱۶۴ ۲ ـ چاپ اول ۱۲۹۹ هـ. ـ ۱۸۸۲ م. ج ۲ ص ۸۷
۳ـ ر.ك ملحقات البلدان یعقوبی چاپ نجف ص۱۲۲ـ۱۲۸

درحدود سال ۲۹۰ هجری[1].

۳ ـ ابوجعفر محمد بن جریر طبری مورخ ومفسر مشهور، مؤلف کتاب «تاریخ الأمم والملوك» متوفی بسال ۳۱۰ هجری.[2]

٤ـ ابوزید احمدبن سهل بلخی متوفی بسال ۳۲۲ هجری، صاحب تألیفات بسیار که ابن ندیم آنها را ذکر می کند.[3]

یعقوبی ودینوری علاوه بر آنکه از مورخان بزرگ اسلامی بشمار میروند، در جغرافیا نیز همان بزرگی وتقدم را شایسته‌اند و هر کدام کتابی بنام «البلدان» تألیف کرده‌اند و بگفتهٔ بعضی می‌توان یعقوبی را معلم جغرافیای مسلمین شمرد. درکتاب دائرة المعارف الأسلامیه[4] در مادهٔ جغرافیا می‌نویسد: بسیاری ازجغرافی نویسان قرون آتیه مانند یعقوبی وبلخی ومسعودی[5]، درعین حال مورخ‌هم بوده‌اند، و نیز بسیاری از مصنفات تاریخی‌دارای فصلهای مهمی درجغرافیااست.

علاوه برتاریخ وجغرافیا، تسلط یعقوبی درعلم نجوم و علاقه‌مندی وی باین علم آشکار است، چه در بسیاری از موارد، ازجمله در ولادت عیسی(ص۸۳ـ۸٤)، ولادت رسول‌اکرم (ص۳۵۸ـ۳۵۹)، بعثت رسول اکرم(ص۳۷۷)، وفات رسول‌اکرم (ص۵۰۹ـ۵۱۰)، ونیز درآغاز دوران هریك ازخلفا (جز چند مورد) صورت فلکی صحیح وطالع سال را بدست می‌دهد، و اختلاف منجمان را متذکر می گردد.

یعقوبی‌شعرعربی را نیك می‌سروده ونام وی در زمرهٔ شعرای ایران نیز آمده است، ابومنصور عبدالملك بن محمدنیشابوری ثعالبی، متوفی در حدود سال ٤۲۵ هجری، در کتاب «یتیمة الدهرفی محاسن اهل العصر»[6] آنجاکه شعرای اصفهان را از«کتاب اصفهان»تألیف ابوعبدالله حمزةبن‌حسین اصفهانی نقل می کند، «احمد ابن‌واضح» را درعداد شعرای اصفهان نام می‌برد ومراد همین‌یعقوبی‌است.

۱ ـ ر.ك. فهرست ص۱۱۶ ۲ ـ ر.ك. مروج‌الذهب ج۱ ص۱۵، وفیات‌الأعیان ج۳ ص۳۳۲
۳ ـ ر.ك.فهرست ص۱۹۸ ۴ ـ ج۷ ص۱۳ ۵ ر.ك.فهرست ۲۱۹ ۶ـ ج۳ص۱۲۵

یاقوت بن عبدالله حموی متوفی بسال ٦٢٦ هجری، در کتاب «معجم البلدان»[1] اشعار ذیل را درتوصیف «سمرقند» از احمدبن واضح (یعقوبی) نقل می کند:

علت سمرقند ان یقال لها — زین خراسان جنّة الکورِ
الیس ابراجها معلّقة — بحیث لاتستبین للنظرِ
ودون ابراجها خنادقها — عمیقة ما ترام من ثغرِ
کأنّها وهی وسط حائطها — محفوفة بالظلال والشجرِ
بدر وانهارها المجرّة والآطام مثل الکواکب الزّهرِ

این اشعار درملحقات البلدان یعقوبی نیز نقل شده است.[2]

یعقوبی چنانکه از یتیمة الدهر مستفاد است ، و در اعیان الشیعه[3] تألیف علامهٔ فقید سید محسن عاملی، و «مختصر کتاب البلدان»[4] تألیف ابوبکر احمد بن محمد همدانی معروف به «ابن فقیه» از جغرافیاشناسان بزرگ اوائل قرن چهارم هجری[5] تصریح شده است، اصلاً ایرانی واز مردم اصفهان بوده است ، اما اینکه نیاکان وی کی وچگونه ازاصفهان به عراق عرب رفته اند، درجایی بنظر نرسید .

نیای سوم یعقوبی «واضح» ازموالی منصور دوانیقی وصالح بن منصور بود، و بدینجهت خاندان واضح بعنوان عباسی معروف شدند و یعقوبی هم به «ابن واضح» شهرت یافت. یکی از گذرهای بغداد بنام واضح جد یعقوبی «سکّة واضح» نامیده شد[6] ، وهنگامی که منصور سرپرستی ساختمان وامور مربوط بهریك ازچهار ناحیهٔ ربضهای بغداد را درعهدهٔ یکی از مهندسین وچند نفر دیگر قرار می داد ، ناحیه ای را که از «دروازهٔ کوفه» تا «دروازهٔ شام» وخیابان راه انبار، تاحدود ربض حرب بن عبدالله

۱ ـ ج ۳ ص ۱۳۶ ۲ـ ر.ك. البلدان چاپ نجف ص۱۳۲ مقریزی نیز اشعاری ازیعقوبی در مرثیهٔ آل طولون نقل می کند (ر. ك خطط ج ۲ ص ۱۰۶) ۳ـ چاپ اول ج ۱۰ ص ۳۳۰
۴ـ چاپ لیدن ۱۳۲۰ ، ص۲۹۰ ۵ـ ر ك. فهرست ص۲۱۹ ۶ـ ر.ك. البلدان چاپ نجف ص۹ ،س۱۴

امتداد داشت، درعهدهٔ سلیمان بن مجالد، ومولای خویش «واضح»، وعبدالله بن محرز مهندس قرار داد[1] ، و گویا گفتار یعقوبی دربارهٔ بغداد «ولأن سلفی کانوا القائمین بها، واحدهم تولّی امرها[2]» اشاره بهمین امرباشد ، «قطیعهٔ واضح» درهمین ناحیهٔ بغداد بنام وی معروف بوده است[3]، یعقوبی هنگامی کـه قطیعه های خیابان راه انبار را می‌شمارد، می گوید: «قطیعهٔ واضح مولای امیرالمؤمنین، وفرزندان وی».[4]

واضح درسال ۱۵۸ ازطرف منصورخلیفه بحکومت ارمنستان منصوب شد[5]،وتا پایان خلافت منصور برسر کاربود وحکومت ارمنستان و آذربایجان را بدست داشت.[6]

در ۲۳ جمادی الآخره سال ۱۶۲ ، واضح بحکـومت مصر گمـاشته شد[7]، و هنگامی که مهدی عباسی (۱۵۸—۱۶۹) درسال ۱۶۰ بحج رفت ودیوارهای مسجد ـ الحرام را بمنظور توسعه دادن مسجد و در وسط قرار گرفتن کعبه خراب کـرد و برای تأمین این منظور خانه های مردم را خرید وصنعتگران ومهندسان را ازهـر ناحیه فرا خواند، به‌واضح مولای خود که حاکم مصر بود نوشت تا اموال‌و دیگر لوازم‌این کاررا به‌مکه حمل کند ودر آنجا به یقطین بن‌موسی ومحمد بن عبدالرحمان تسلیم نماید[8]

هنگامی که‌حسین بن‌علی بن‌حسن بن‌حسن بن‌حسن بن‌علی بن‌ابی‌طالب درخلافت هادی‌عباسی (۱۶۹—۱۷۰)درسال۱۶۹خروج کرد ودر«فخ»بشهادت رسید، وادریس بن عبدالله بن‌حسن بن‌حسن بن‌علی بن‌ابی‌طالب ازاین‌واقعه جان‌بسلامت‌برد ورهسپار مصر گردید، واضح مولای صالـح بن‌منصور (جد یعقوبی) که درآن تاریخ عامـل برید

۱ـ ر.ك. البلدان ص۱۰ س۱۲-۱۴ ، وص۱۶، س۹ـ۱۰   ۲ـ ر.ك. البلدان ص۳، س۱۳ـ ۱۴   ۳ـ البلدان‌ص۱۵،س۱   ۴ ـ البلدان ص۱۵ ، س۱۰   ۵ ـ ر.ك. معجم‌الأنساب ص ۲۷۳   ۶ـ ر.ك .تاریخ یعقوبی‌چاپ دوم‌بیروت،ص۳۷۲ وص۳۸۴   ۷ـ ر.ك.معجم‌الأنساب‌ص۳۹   ۸ـ ر.ك. تاریخ یعقوبی ج۲ ص۳۹۶

مصر و بتعبیر طبری مورخ «رافضی ناپاکی» و بگفتهٔ ابن‌اثیر «یکی از شیعیان علی» بود ، ادریس را به مغرب زمین فرستاد تا بسرزمین طنجه رسید و در شهری بنام «ولیل» اقامت گزید و بربریان آن حدود دعوت وی را پذیرفتند. هادی عباسی بجرم حمایت از ادریس بن‌عبدالله علوی، درسال ۱۶۹ واضح را گردن زد و بدار آویخت، و بقولی این کار بردست رشید ودرخلافت وی بانجام رسید.[1]

جد دوم یعقوبی «وهب بن واضح» است که از شرح حالش اطلاعی بدست نیامد، ازجد اول وی «جعفر بن وهب» نیز شرح حالی در دست نیست.

پدرش را باتفاق «ابویعقوب اسحاق» نوشته‌اند، و ظاهراً بهمین مناسبت کنیهٔ پدرش، وی‌را «یعقوبی» گفته‌اند.

از خود یعقوبی درمآخذ مختلف که ضمن این مقدمه بآنها اشاره می‌شود، به « ابن ابی یعقوب »[2] « ابن واضح »[3] ، و « ابن واضح یعقوبی »[4] و « احمد بن ابی یعقوب بن‌جعفر بن وهب بن واضح الکاتب العباسی »[5] ، و « ابن واضح الکاتب العباسی»[6]، و«احمدبن‌واضح»[7]، و «احمدبن یعقوب مصری»[8]، و«احمدبن‌یعقوب»[9]، و«احمد کاتب[10] »،و«احمدبن ابی‌یعقوب بن‌واضح الکاتب»[11]، و«احمد بن‌ابی‌یعقوب اسحاق‌بن‌جعفر بن‌وهب بن‌واضح الأخباری‌العباسی»[12]، و«احمدبن ابی یعقوب‌مولی ولدالعباس»[13] ،و«احمد بن‌اسحاق‌بن‌واضح‌مولی بنی‌هاشم»[14]، و «ابن الیعقوبی»[15] ، و

---

۱ ـ ر.ك. تاریخ الأمم والملوك ج۶ ص۴۱۶ ، چاپ قاهره ۱۳۵۸ هـ . ـ ۱۹۳۹ م، الكامل ج ۵ ص ۷۶ . مقاتل الطالبیین ص ۸۸ ۲ ـ نهایة‌الأرب ج ۱۲ ص ۳۰، ۷۷ ۳ ـ تفسیر شهرستانی ۴ـ دائرة‌المعارف‌الاسلامیه ج۷ص ۱۳ ۵ـ دائرة‌المعارف‌اسلامی ج۴ ص۱۱۵۲، پشت جلد اول و دوم نسخهٔ تاریخ چاپ‌اروپا ۶ـ آخر نسخهٔ‌اصل‌تاریخ ص۶۲۵ج۲چاپ اروپا ۷ـ یتیمة‌الدهر ثعالبی ج۳ص ۱۵۲ ۸ـ مروج‌الذهب ج۱ ص۱۶ ، کشف‌الظنون ج۱ ص۲۸۳ ۹ـ خطط مقریزی ج۲ص۱۰۶ ، مجمل‌التواریخ‌والقصص ص۲۷۱، وص۲۷۸ ۱۰ ـ مجموعهٔ شرقی‌هربلوت،ملحقات‌البلدان ص ۱۳۰ چاپ نجف ۱۱ ـ مجمل التواریخ والقصص ص ۲۲۲ ۱۲ ـ معجم الادباء یاقوت ج ۵ ص ۱۵۳ ۱۳ ـ عیون‌الأنباء ج۲ ص ۸۷، نهایة الارب ج۱۲ ص۸۱ ۱۴ ـ معجم‌الأدباء ج ۵ ص۱۵۳ ، ازتاریخ کندی ۱۵ـ معجم‌المؤلفین ج۱ ص ۱۶۱

احمدبن ابی یعقوب اسحاق بن جعفربن وهب بن واضح الکاتب‌الأصبهانی‌الأخباری مولی بنی‌العباس»[1] و «احمد بن ابی یعقوب» [2] ، و «احمـدبن واضح الأصبهانی»[3]، و «المعروف بالیعقوبی»[4]، و«احمد بن ابی‌یعقوب العباسی»[5]، و«یعقـوبی»[6] تعبیر شده است. تعبیر «یعقوبی»و«المعروف بالیعقوبی» درتألیفات متقدمین دیده نشد، وهرچه هست در تألیفات متأخرین و پس‌از انتشار چـاپ اروپا دیـده می‌شود ، در فهرست پرستن Preston هم این عنوان نبوده و بگفتهٔ هوتسما Houtsma فراموش شده ، و جملهٔ «المعروف بالیعقوبی» را هوتسما خود افزوده است وظاهراً متأخرین هم از هوتسما گرفته‌اند ، ویعقوبی درشرق به«ابن واضح » معروف بوده‌است. هوتسما می نویسد: نا گفته نماند که پیش ازمن دخویه De Goeje و جوینبول Juynboll نام او را درست دراروپا معرفی نکرده بودند، من درعنوان لاتین، اسم «الیعقوبی» را در جای دوم گذاردم وابتدا وی را بنام «ابن واضـح» و بعداً « یعقوبی» معرفی کردم ، چـه عاقلانه همان بود که اورا بهمان نامی که ملت او می‌شناخته اند معرفی کنم .

درمآخذی که بنظر رسید، ازتاریخ‌ومحل‌تولدیعقوبی چیزی‌بدست‌نیامدوظاهراً ولادت وی دربغداد بوده است. زندگانی‌یعقوبی را باید در دو قسمت بررسی کرد : یکی آن قسمت که وی در مشرق گذرانده است و تـا حـدود سال ۲۶۰ هجـری

۱ـ اعیان‌الشیعه ج۱۰ ص۳۳۰ ۲ـ خریدة‌العجائب ص۴۷،تقویم‌البلدان ابوالفداء ص۳۸۷، نهایة‌الأرب فی‌فنون الأدب تألیف شهاب‌الدین احمد بن‌عبدالوهاب نویری (چاپ قاهرهٔ مصر ۱۹۳۵) ج۱۲ص۷۰۴، ۱۱، ۱۶، ۱۷، ۲۰، ۲۸، ۳۲ ، ۴۵، ۷۷،۵۳، ۱۳۶ ، ۲۰۵ . ۳ـ مختصر کتاب البلدان ابن فقیه ص ۲۹۰ . ۴ ـ پشت جلد اول و دوم نسخهٔ تاریخ چاپ اروپا ، مقدمهٔ هوتسما برتاریخ، معجم‌المؤلفین‌ج۱ ص۱۶۱ ، اعیان‌الشیعه ج۱۰ ص ۳۳۰ ، معجم‌المطبوعات ج۲ ص ۱۹۴۸ ۵ ـ مقدمهٔ هوتسما ۶ ـ معجم المؤلفین ج۱ ص۱۶۱ ، لغت نامه ص ۱۱۲۶،معجم‌المطبوعات ج۲ ص ۱۹۴۸ ، تاریخ آداب‌اللغة العربیه ج۲ ذیل تاریخ وجغرافی. دائرة‌المعارف‌الأسلامیه ج۱۳ ، مادهٔ جغرافیا، بلدان الخلافة‌الشرقیه ص۲۶۰، دائرة‌المعارف اسلامی ج ۴ ص۱۱۵۲

مواردی از تاریخ و جغرافیای وی بر این مطلب گواه است[1]. یعقوبی حدیث غدیر خم و حدیث «ثقلین» و تفسیر آن به «کتاب‌خدا وعترت»را روایت کرده[2]، و نیز نزول آیهٔ: «الیوم اکملت لکم دینکم و اتممت علیکم‌نعمتی و رضیت لکم الاسلام دینا»[3] را در روز نصب امیرالمؤمنین علی بن ابی طالب صلوات الله علیه، در غدیر خم تصریح کرده است[4]. یعقوبی در خلفـای راشدین جز از علی بن ابی طالب علیه السلام تعبیر به «امیرالمؤمنین» نمی کند، و بهمین شواهد در مآخذ مختلف بشیعه بودن وی تصریح کرده اند.

بگفتهٔ هوتسما وی بطورقطع شیعی‌مذهب واز پیروان مذهب جعفری یافرقهٔ موسویه که در کتاب ملل و نحل شهرستانی ص ۱۲۷ ذکر شده، بوده است.

سارتن پس از آنکه یعقوبی را بعنوان «مورخ و جغرافی دان شیعه» معرفی می کند، می گوید: از لحاظ شیعه بودن وی این کتاب جالب توجه است، چـه بیطرفانه و با علاقهٔ خاص نوشته شده[5].

جرجی زیدان می نویسد: از مـزایای تاریخ وی علاوه بر قدمت آن، این است که مؤلف آن شیعی مذهب است و از عباسیان چیزها می‌نویسد که دیگران از ذکر آن پرهیز می کنند[6].

یعقوبی در جلد دوم تاریخ قسمتی از خطب و رسائل، یا کلمات قصار رسول اکرم و هریك از ائمهٔ‌شیعه را تـا امام رضا علیه‌السلام ذکر می کند، و در حوادث سال ۲۵٤ نیز وفات امام هادی‌را ذکر کرده است، اما از وفات امام جواد که باید در حوادث سال ۲۲۰ هجری ذکر می شد، اثری نیست و احتمال میرود که این هم از افتادگیهای نسخهٔ اصل باشد نه از غفلت مؤلف، فقط در ذیل خلافت مأمـون و

۱ ـ ر. ك. ص ۳۷۵، ۳۷۹، ٤۱۵، ۵۰۸، ۵۱۲، ۵۲۲، ۵۲۷، و در البلدان چاپ نجف ص ٤۸ وموارد دیگر. ۲ ـ ر.ك. ص۵۰۸ ۳ ـ س مائده، ی ۳ ٤ ـ ر. ك. ص٤۰۲
۵ـ ر.ك. مدخل سارتن ج ۱ ص۶۰۷ ۶ ـ تاریخ آداب اللغة العربیه ج ۲ ص ۱۶۷ـ۱۷۶

حوادث سال۲۰٤ه.اجمالی ازداستان عقد کردن مأمون دختر خود ام‌الفضل‌را برای امام جواد ذکرشده است.

دراروپا برای اولین‌بار هربلوتHerbelot درمجموعهٔ شرقی‌خود نام یعقوبی‌را ذکر کرده گوید: احمدالکاتب جغرافیا نویس معروف را ابوالفدا شناخته و در مورد وی تحقیق کرده و در کتاب خود که منتشر گردیده است ویکی از کتب مهم مورد اعتماد علمای اهل‌فن است نام وی‌را برده است[۱].

تألیفات یعقوبی

بگفتهٔ یاقوت در معجم‌الأدبا، یعقوبی را تصنیفات بسیار بوده است. تألیفات یعقوبی‌را باید در دوقسمت نام‌برد:

الف ــ قسمتی که از میان رفته وجز نامی ازآن بمانرسیده است:

۱ـ کتابی مستقل درفتوحات واقدامات طاهربن‌الحسین که خود مؤلف بآن تصریح کرده است[۲].

۲ـ جغرافیای امپراطوری بیزانس[۳].

۳ـ تاریخ فتوحات‌افریقا[۴] بنام «فتوح‌المغرب» که آنرا درمغرب تألیف کرد[۵].

٤ـ کتاب کوچك «اخبارالأمم‌السالفه»[۶].

٥ـ کتاب «مشاکلة‌الناس لزمانهم»[۷].

٦ـ المسالك‌والممالك که گویاغیراز کتاب‌البلدان‌وی‌بوده است، وشاهدبرآن نقلهایی است که‌درمطالب‌جغرافیایی‌ازوی‌شده ودرالبلدان‌دیده‌نمیشود، ازجمله‌سراج‌الدین ابوحفص عمربن‌الوردی (۶۸۹ ـ ۷٤۹ ه.) جغرافی‌دان قرن هشتم در کتاب

۱ـ ر. ك. مقدمهٔ هوتسمابرتاریخ یعقوبی　۲ـ ر. ك. تاریخ یعقوبی ج ۲ ص ۴۲۲، دائرةالمعارف‌اسلامی ج ۴ص۱۱۵۲　۳ـ دائرة المعارف اسلامی ج۴ص ۱۱۵۲　۴ـ مأخذ سابق
۵ـ العرب‌والروم ص۲۳۶　۶ـ معجم‌الادبا ج۵ ص۱۵۳　۷ـ مأخذ سابق

خریدة العجائب[1] مینویسد : احمد بن ابی یعقوب حکایت کرده است که در بصره هفت هزار مسجد بود.[2]

۷ـ کتاب «ملوك الروم» که یعقوبی آنرا در ارمنستان و پیش از سال ۲۶۰ تألیف کرده است.[3]

ب ـ قسمتی که از حوادث یازده قرن گذشته بر کنارمانده و بدست ما رسیده است:

۸ـ البلدان که بهمین نام معروف شده و یاقوت آنرا بنام «اسماء البلدان» ذکر کرده، ولی بر حسب آنچه خود مؤلف درمقدمهٔ کتاب[4] میگوید: «فجعلنا هذا الکتاب مختصراً لأخبار البلدان» نام درست آن «مختصر اخبار البلدان» بوده است.

این کتاب ، کامل بدست ما نرسیده و قسمت مهمی از آن مربوط به بصره و عربستان مرکزی و هند و چین و بیزانس[5] و ارمنستان و عواصم ازمیان رفته است[6].

جای قسمتهای افتاده درچاپ نجف ص۸۵ از اول سطر ٦ ببعد است.

جرجی زیدان می نویسد : البلدان یعقوبی قدیمترین کتاب جغرافی عربی است که بدست ما رسیده است[7].

کتاب البلدان پراست ازجزئیات اقتصادی ووضع جغرافیایی و مؤلف آن را از طریق جهان گردی و تحقیق از سیّاحان و استفاده از آثار دیگران جمع آوری کرده است ، توجه وی بیشتر بمطالب آماری و وضع جغرافیایی است ، فواصل را اجمالی و بصورت روزهای فاصله میان نقاط مختلف بدست میدهد و توجه مخصوص بمقدار مالیات هر نقطه دارد. تألیف این کتاب بعداز سیاحت ارمنستان و خراسان و

---

۱ ـ چاپ دوم مصر، ص۴۷ ۲ـ ر.ك. اعیان‌الشیعه ج۱۰ ص۳۳۰، ۳۳۶ ۳ ـ ر.ك. العرب والروم ص۲۳۵ ۴ـ چاپ نجف ص۲ ۵ ـ ر.ك. دائرة‌المعارف اسلامی ج۴ص۱۱۵۲
۶ ـ ر. ك. بلدان الخلافة‌الشرقیه ص۲۶۰ ۷ ـ ر.ك. تاریخ‌آداب اللغة‌العربیه ج۲ ص۲۱۹

هند ومصر در سالهای ۸۹۱ - ۸۹۲ م.(۲۷۸ - ۲۷۹ه.) درمصر بوده است[۱]

ابوالفدا اسماعیل بن‌علی حموی مورخ وجغرافی‌دان مشهورقرن‌هشتم متوفی بسال ۷۳۲ ه . در کتاب تقویم‌البلدان[۲] می‌نویسد : احمدبن ابی یعقوب گفته است : ارمنستان‌برسه قسم است. وآنگاه سه قسمت را از وی نقل می کند وشاید از قسمت افتادهٔ همین کتاب نقل شده باشد .

ابن‌فقیه[۳] نیز در«مختصر کتاب‌البلدان»[۴] می‌نویسد : احمدبن‌واضح اصفهانی ذکر کرده‌است که مدتی طولانی در ارمنستان اقامت داشته و برای عده‌ای از ملوك وکارگزاران‌آن کتابت می کرده است . آنگاه شرح‌مفصلی‌راجع به ارمنستان ازوی نقل میکند که نیز محتمل است از قسمتهای افتادهٔ همین کتاب نقل کرده باشد .

قسمت مربوط به‌مغرب ازاین کتاب[۵] درسال ۱۸۶۰م. بهمت دخویه‌خاورشناس هلندی (۱۸۳۶ - ۱۹۰۹ م.) بچاپ رسید و این اول اثری بود که از یعقوبی در دنیا منتشر شد . دخویه ملاحظاتی بر آن نگاشت که درآنها اهمیت مؤلف را نشان داد و گفت : یعقوبی جغرافیایی ازقدیم‌ترین زمان نوشته است .

تمام کتاب در سال ۱۸۶۱م. بهمت جوینبول مستشرق هلندی بچاپ رسید و انتشار یافت .

بار دیگر درسال ۱۸۹۱ نیز بهمت دخویه در لیدن بچاپ رسید .

هوتسما می‌نویسد : نسخهٔ جغرافیای یعقوبی که مدتها ناشناخته مانده بود ، بواسطهٔ فرن Frahn و رینو Reinaud ودرن Dorn معرفی گردید،لیکن مهمترین

---

۱ - دائرةالمعارف اسلامی ج ۴ص ۱۱۵۲ ، مدخل سارتن ج۱ص۶۰۷، مقدمهٔ هوتسما نقل از دخویه ۲- چاپ پاریس ۱۸۴۰ م. ص۳۸۷ ۳ - ر . ك . فهرست ص۲۱۹
۴ - چاپ لیدن ، ص۲۹۰ ۵ - از ص۱۰۰ س۱۲ تا پایان ص۱۱۷ چاپ نجف

معرف آن کتاب تنها علامه دخویه است .

البلدان یعقوبی برای چهارمین بار درسال ۱۳۳۷ه. - ۱۹۱۸م. از روی یکی از دو چاپ اروپا با مقدمهٔ مختصری بدون‌فهرست در نجف بچاپ رسیده است.[۱] تاریخ نسخهٔ خطی البلدان که چاپ اروپا از روی آن بوده است «بامداد شنبه ۲۱ شوال سال ۶۰۷» می‌باشد .

۹ - تاریخ که درمنابع مختلف بعنوان «تاریخ ابن‌واضح»[۲] و «اخبارالعباسیه»[۳] و «کتاب تاریخ‌تألیف‌احمدبن یعقوب مصری‌در اخبارعباسیان و جزایشان»[۴] ، و«تاریخ احمدبن ابی‌یعقوب»[۵] و«تاریخ احمدبن یعقوب»[۶] ،و «تاریخ کبیر»[۷] ، و «تاریخ عالم»[۸] و «تاریخ‌احمدبن ابی‌یعقوب‌العباسی»[۹] یاد شده است .

هوتسما می‌نویسد : مسعودی در عنوان این کتاب مرتکب اشتباه شده و این کتاب رازیرعنوان «التاریخ فی‌اخبارالعباسیین» معرفی کرده ، و این اشتباه‌وی‌سبب شده که دیگران بعد از او نیز مانند حاجی خلیفه و غیره از اشتباه وی پیروی کنند وآن‌را بنام«التاریخ فی‌اخبارالعباسیه» بشناسند و بنظر می‌رسد که نام یعقوبی‌باعتبار پدر بزرگ‌اوواضح که منسوب به‌عباسیان‌بوده «عباسی»ونام‌تاریخ وی«تاریخ‌العباسی» بوده است ، و «تاریخ‌العباسی» باشتباه «تاریخ‌العباسیه» شده، وکلمهٔ (فی‌اخبار) راهم مسعودی‌ازخودافزوده، وحاجی‌خلیفه‌هم بدون‌آنکه کتاب را دیده‌باشد همان نام را ثبت کرده‌است.عنوان این کتاب‌فقط کلمهٔ«تاریخ»بوده وموضوع آن‌تاریخ‌عمومی‌است.

اشکال هوتسما بر مسعودی و توجیهی که می کند ظاهراً درست نیست ، چـه

---

۱ - مترجم در ترجمهٔ کتاب‌البلدان که برای چاپ آماده است ، چاپهای اول(قسمت مغرب) و دوم دخویه ، و چاپ نجف را در اختیار داشته است . ۲ - تفسیر خطی شهرستانی ۳ - کشف الظنون ۴ - مروج‌الذهب ۵ - مجمل التواریخ ص ۲۲۹ ۶ - مأخذ سابق ص ۲۷۱ و ص ۲۷۸ ۷ - معجم‌الادباءج۵ ص۱۵۳ ۸ - مدخل سارتن ج۱ص ۶۰۷ ، دائرةالمعارف اسلامی‌ج ۴ص ۱۱۵۲ ۹ - فهرست پرستن

تعبیر مسعودی از این کتاب چنین است: «کتاب التاریخ تألیف احمد بن یعقوب المصری فی اخبار العباسیین و غیرهم» و احتمال دادن اینکه مسعودی «تاریخ العباسی» را باینصورت تحریف کرده باشد دور از انصاف و صواب بنظر می‌رسد، بخصوص که در عنوان موجود تصریح شده که «در اخبار عباسیان و جزایشان» و در این تعبیر هیچ اشکالی بنظر نمیرسد، چه قسمت مهمی از این کتاب در تاریخ عباسیان است. البته عبارت حاجی خلیفه که آن را در ذیل تواریخ آل عباس بنام «و اخبار العباسیة لأحمد بن یعقوب المصری» یاد می کند، هم در نام کتاب وهم در نام پدر مؤلف خالی از مسامحهٔ در تعبیر نیست و همین مسامحهٔ در نام مؤلف برای مؤلف مجمل التواریخ و القصص رخ داده است و با اینکه در یکجا «احمد بن ابی یعقوب» گفته، در دوجای دیگر به مسامحه «احمد بن یعقوب» آورده است. این کتاب در سال پانصد و بیست هجری در عهد سلطنت سلطان سنجر (۵۱۱-۵۵۲ هـ.) و سلطان محمود بن محمد بن ملکشاه (۵۱۲-۵۲۵ هـ.) و بهرامشاه غزنوی (۵۱۱- حدود ۵۵۰ هـ.) و خلافت مسترشد عباسی (۵۱۲-۵۲۹ هـ.) تألیف یافته[1] و در سال ۱۳۱۸ شمسی در تهران بچاپ رسیده است. مؤلف این کتاب در سه مورد از تاریخ یعقوبی نقل می کند:

۱ ـ «و آنك[2] پیغامبر صلوات‌الله علیه فرمود: «انا ابن العواتك» و اندر غزو چنان گفت: «انا ابن الفواطم»، دوازده عاتکه بوده‌اند در امهات اجداد و جدهٔ پیغامبر علیه‌السلام، ده از قحطانیان و مضریان و قضاعیان، و دو از قریش، و چهار فاطمه هم از قریش و قیسیان و بنی الازد، و شرح نسب ایشان در تاریخ احمد بن ابی یعقوب ابن واضح الکاتب مثبت است[3] که من اختصار را نوشتم مگر ذکرها بر عادت اجمال.»

۲ ـ «و اندر تاریخ احمد بن یعقوب خوانده‌ام که در [سنهٔ] ثمان عشر ابوموسی

---

۱ ـ ر. ك. مقدمهٔ قزوینی بر مجمل التواریخ ص لو ۲ ـ ر. ك. ص ۵۱۷ ـ ۵۲۰
۳ ـ ر. ك. مجمل التواریخ والقصص ص۲۲۹

الأشعری نامه به عمر خطاب نوشته بودو مخاطبت کرده : لعبدالله عمر امیرالمؤمنین .... از آن [پس] او را « امیرالمؤمنین » خواندند و پیش از آن او را « خلیفت خلیفت پیغامبر » گفتندی [1].

۳ـ و اندر تاریخ احمدبن یعقوب هم بنهاوند گوید .... اما در تاریخ جریر چنین است[2].

مؤلف نه تنها دردو موردنام یعقوبی‌را بمسامحه «احمد بن یعقوب» گفتـــه، بلکه در نام طبری هم که «محمد بن جریر» است، بخطا «جریر» گفته است.

تاریخ‌تألیف تاریخ‌یعقوبی‌بدرستی‌معلوم نیست ودرجایی ندیدم که کسی‌دراین باره نظری قاطع و صریح و مستدل داده باشد، برخی باستناد آنکه موضوع آن تا سال ۲۵۸ است، ظاهراً تألیف آن را مقدم بر البلدان که در سال ۲۷۸ تألیف یافته است ، می دانند . اما اشکال هوتسما که شاید این تاریخ، کامل بدست ما نـرسیده باشد وارداست ، عـلاوه ممکـن است که تألیف کتاب در مغرب بوده اما مؤلف ، حوادث تاریخی راتا همان حدود سالهای ۲۵۹ ـ ۲۶۰ که خود درمشرق زمین بوده و می‌توانسته است از حوادث معاصر اطلاع صحیح داشته باشد، نوشته‌باشد. چنانکه در کتاب البلدان دردذکر والیان خراسان نیز سخن را برسیدن یعقوب بن لیث‌صفار در شوال سال ۲۵۹ به نیشابور، و گرفتن و در بند کردن محمد بن طاهر ودیگر افراد خاندانش ، و بردنشان به قلعهٔ بم کرمان و انقراض دولت طاهریان ، بپایان برده و دیگر از والیان خراسان از آن تاریخ تا سال ۲۷۸ چیزی ننوشته‌است . [3]

در کتاب دائرة‌المعارف‌اسلامی[4] نیزمی‌نویسد: چنان‌بنظرمیرسد که«تاریخ‌عالم»

۱ـ ر. ك. مجمل التواریخ والقصص ص ۲۷۱ ، تاریخ یعقوبی ج ۲ ص۱۵۰　۲ـ ر. ك . مجمل التواریخ والقصص ص ۲۷۸ ، تاریخ یعقوبی ج ۲ ص ۱۵۶　۳ـ ر . ك . البلدان چاپ نجف ص۶۰ ـ ۷۲　۴ـ ج۴ ص۱۱۵۲

خود را که تا سال ۲۵۹ هـ. مطابق ۸۷۲م. میرسد، در زمانی‌نوشته که هنوز درمشرق بوده است .

اما در کتاب « العرب والروم »[1] وازیلیف بر خلاف آنچه از دائرة المعارف نقل شد ، تصریح دارد کــه یعقوبی دذ مغرب سه کتاب نوشت و از جمله کتــاب تــاریخ را نام می برد ، آنگاه آنچــه را از بروکلمان در دائرة المعارف اسلامی نقل کــردیم ، نقل می کنــد ، و نظرش آن است که کتاب « تاریخ عمومی » یعقوبی که بگفتهٔ بروکلمان ظاهراً درمشرق تألیف یافته و در حوادث سال ۲۵۹هـ . (۸۷۲ م .) بپایان رسیده ، غیر از « تاریخ یعقوبی » تألیف شدهٔ در مغرب و موجود دردست ماست . اماظاهر آن است که مؤلف «العرب والروم » در اینجا باشتباهی دچار شده ، چه آنچه در دائرة المعارف اسلامی راجع به تاریخ یعقوبی و محــل تألیف آن اظهار شده است ، مربوط بهمین تاریخ موجودی است که در اروپا بطبع رسیده است ، نه تاریخی جز آن و شاید منشأ این اشتباه آن باشد که برخی از جمله دخویه بنقل‌هوتسما و خود هوتسما راجع به تاریخ موجود گفته‌اند که تاسال ۲۵۸ هـ. است ، واین بدان جهت بوده که ازحوادث سال ۲۵۹هـ . چند سطری بیشتر نگارش نیافته یا بما نرسیده است . در مآخذی هم از جمله دائرة المعارف اسلامی تصریح شده که این کتاب درذکر حوادث سال۲۵۹هـ. (۸۷۲ م.) بپایان رسیده است.

تاریخ یعقوبی در اصل تألیف دو جلد و بتعبیر خود مؤلف «دو کتاب»[2] بوده است، اما درنسخهٔ خطی کامبریج اشتباهاً ده‌مجلد نوشته‌شده وبگفتهٔ هوتسما بدرستی معلوم نیست که چرا ده مجلد نوشته شده و شاید اشتباه کتابداری بوده که بدون تشخیص، آن را ده مجلد معرفی کرده، و در سال ۱۸۵۳ م. در فهرستی که پرستن انتشــار داده ، بعنوان « تاریخ احمد بن ابی یعقوب العباسی » در ده مجلد که سه

۱ـ ترجمهٔ عربی ص۲۳۵　　۲ ـ ر . . ص۳۵۵

مجلد آن راجع بوقایع قبل از اسلام، و مجلدات دیگر راجع به وقایع و شـــرح حکومت خلفای اسلامی است ، توصیف شده است، و دخویه هم در موقعی که در سال ۱۸۶۰ میلادی در مقدمهٔ قسمت مربوط به مغرب کتاب البلدان (یعنی نخستین اثری که از یعقوبی انتشار یافته) راجع بکتابهای تاریخی یعقوبی بحث کرده و تذکر داده که مسعودی و حاجی خلیفه کتاب «تاریخ العباسیه» را ستایش می کنند ، متـوجه نبوده است کـه خود آن کتاب در کتابخانهٔ کمبریج موجود است و در فهرست پرستن هم نام آن آمده است. [۱]

عجب آنکه هوتسما هم در زمانی که با خون دل تـاریخ یعقوبی را از روی نسخهٔ بسیار درهم کمبریج طبع و نشر می کرده ، توجه نداشته است که نسخهٔ دیگری ازاین کتاب در«طوپ قاپو» موجود است. [۲]

جزء اول این کتاب در تاریخ عمومی قبل از اسلام و دارای شش باب است :

باب اول در تاریخ قدیم مطابق کتب موسویان .

باب دوم تاریخ اهل هند.

باب سوم تاریخ یونان و روم با ذکر کتابهای بقراط و جالینوس و ارسطو ونیقوماخوس و بطلمیوس ، با برخی معلومات از تألیفات مشهور.

باب چهارم تاریخ ساسانیان از پادشاهان ایران.

باب پنجم تاریخ چینیان و مصریان و قبایل نوبه و بجه .

باب ششم تاریخ قدمای عرب و کیشها و بازی «میسر» ایشان .

جزء دوم در تاریخ اسلام است تا خلافت معتمد عباسی که از سال ۲۵۶ تـا سال ۲۷۹ خلافت می کرد. [۳]

۱ ـ ر . ك . مقدمهٔ هوتسما بر تاریخ ۲ـ ر. ك. دائرة المعارف اسلامی ج ۴ ص۱۱۵۲ـ ۱۱۵۳ ۳ ـ اعیان‌الشیعه ج ۱۰ ص ۳۳۰ـ۳۳۶

شهرستانی در کتاب تفسیر خود بنام «مفاتیح الأسرار و مفاتیح الأبرار» که نسخهٔ خطی آن در کتابخانهٔ مجلس شورای ملی به شمارهٔ ۸۷ ب موجود است پس از ذکر جدولهای پنجگانهٔ ترتیب نزول سور زیر عناوین: «از مقاتل از رجال حدیثش ـ مقاتل از امیر المؤمنین کرم‌الله وجهه ـ ابن عباس رضی‌الله عنه ـ ابن واقد ـ صادق رضی‌الله عنه» ضمن جدولهای پنجگانهٔ ترتیب نوشته شدن سوره‌ها در پنج مصحف: «مصحف عثمان ـ عبدالله بن مسعود ـ ابیّ بن کعب ـ بروایت محمد بن خالد برقی ـ از تاریخ ابن واضح» جدول پنجم را از تاریخ ابن واضح نقل کرده است.[1]

مآخذ مؤلف در جلد دوم این کتاب که مقدمهٔ آن محفوظ مانده، معلوم است و چنانکه خود می‌نویسد مطالب این کتاب را از همان کسانی که در مقدمه معرفی می‌کند، واحیاناً در ضمن نقل مطالب هم نام می‌برد، روایت کرده است، و نیز از جز آنان که نام برده مطالبی آورده که دیگران آنها را گفته و روایت کرده‌اند و در تاریخ زندگی خلفا و سرگذشت آنان بر آنها دست یافته است[2]. اما در جلد اول که با کمال تأسف مقدمهٔ آن که قطعاً مشتمل بر ذکر مآخذ مؤلف در این جلد بوده است، بدست ما نرسیده و در نسخهٔ خطی کمبریج نبوده است، از مآخذ مؤلف اطلاع دقیق و صحیحی نداریم، در تاریخ انبیا از آدم تا مسیح علیهما السلام، و تاریخ بنی اسرائیل و اناجیل اربعه (ص ٤ـ ١٠٠) قطعی است که علاوه بر قرآن مجید و مآخذ اسلامی، از کتب عهدین بسیار نقل و اقتباس کرده است و احیاناً خود مؤلف هم باین قسمت اشاره می کند، و من هم در حواشی این قسمت و در بسیاری از موارد مآخذ گفتار وی را نشان داده و احیاناً توانسته‌ام متن عبارت تورات یا انجیل را بجای ترجمهٔ عبارت وی قرار دهم و در چند مورد افتادگیهای کتاب را از روی عهدین تکمیل نمایم. در آنچه مربوط به نجوم و حساب است ظاهراً از محمد بن موسی خوارزمی و

۱ـ ر.ك. ج۲ ص۱۳۵ـ۱۳۶ تاریخ یعقوبی چاپ بیروت.　۲ ـ ر.ك. ص۳۵۷ـ ۳۵۸

ماشاءالله منجم که خودآن دو را نام می‌برد نقل و استفاده کرده باشد .

هوتسما در معرفی کتاب ونشان دادن مآخذ مؤلف می‌نویسد: «تاریخ یعقوبی بدو قسمت منقسم شده است، یکی قبل‌از اسلام و دیگری بعد ازاسلام ، وهریك از این دوقسمت را مقدمه‌ای جداگانه است . عنوان و مقدمهٔ کتاب اول ازبین رفته ولیکن مقدمهٔ قسمت‌دوم سالم مانده ویعقوبی درآن راجع بامور مختلف بحث کرده و از جمله مآخذ خود را شرح می دهد و سپس می گوید : یعقوبی مختصاتی دارد از جمله‌آنکه در سبك‌کار خود از قدیمترین تاریخ شروع وموضوع خود را ابتدا راجع به بلاد وشهرها می‌نویسد واطلاعات خود را می‌نگارد. اهمیت وارزش این کتاب امری است واضح ونیازی به توضیح ندارد. کاریعقوبی باکارطبری ودیگران که از وی پیروی کرده‌اند تفاوت‌کلی دارد، وبامراجعه بتاریخ قبل‌ازاسلام اوروشن می‌شود که مسعودی ازوی پیروی کرده وبسیار ازاو متأثر شده و از مطالب وی اقتباس کرده است . وی از مؤلفان محتاط است که مطالب خود را باید بداند و بقول دیگران اعتماد نمی کند چنانکه «نولد که» درتاریخ ساسانیان نشان داده‌است. اگر بخواهیم بطور دقیق درمورد تاریخ اسرائیلیان (ابراهیم ، اسحاق و یعقوب) مطالعه کرده وبیابیم که منشأ آن چیست واز کجا گرفته شده ، یعنی‌تحقیق کنیم که مأخذ اثروی درتاریخ بنی‌اسرائیل چیست، باید به «اوتیخیوس» [1] و«المکین» [2] و مآخذ مسیحی و کتب سریانی‌مراجعه کنیم. وی‌اطلاعات زیادی ازخود کتاب مقدس گرفته است، یعنی‌ازکتب مقدس درجهٔ دوم که در مشرق زمین رایج بوده، وهم از

---

۱ ـ Eutychius (سعیدبن بطریق پیشوای مسیحیان اسکندریه متوفی بسال ۹۴۰)

۲ـ جرجس بن عمید (۱۲۰۵ ـ ۱۲۷۳) تاریخ نویس مسیحی‌که در قاهره تولد یافت و در دمشق درگذشت ، وی دردمشق کارمند دیوان سپاه بود، ودو کتاب بنام «المجموع المبارك» درتاریخ عالم‌از دوران خلقت تا زمان هرقل، و«تاریخ‌المسلمین» از صاحب شریعت اسلام تا دولت اتابکیان(۱۲۶۰) باستناد طبری و اوتیخیوس یعنی سعید بن بطریق نوشت (معجم‌الأعلام‌الشرق‌والغرب)

ادبیات عرفانی آن زمان که وی بدان زیاد آشنایی داشته است . دراین مورد کافی است گفته شود مهمترین مأخذ او چیست، بنظر می‌رسد که مأخذ عمدهٔ او کتابی بوده بنام «غار گنجها»[1] که تا کنون چاپ نشده، اگرچه نام آن در بسیاری از کتب سریانی، عربی وحبشی ضبط شده است. این بنده نیز این کتاب را ندیده‌ام ومدتی بود که در لزوم آن کتاب برای تصحیح متن در تردید بودم ، تا بالاخره ترجمهٔ آلمانی آن بدستم رسید که بتسولد[2] زیر عنوان «غار گنجها» در لایپزیك درسال ۱۸۸۳م. چاپ کرده است ودیده شد که وقایع وتاریخ وترتیب آنها مانند یعقوبی است واز روی مقابله ومقایسه معلوم شد که یعقوبی از آن کتاب استفاده کرده و بعضی مطالب را که با اصول عقاید اسلامی موافق نبوده حذف کرده است. درمکمل کتاب ملاحظه کردم که کتاب بسیار مفیدی بوده است و متأسفانه متن سریانی آن‌را ندیده‌ام.

راجع بتاریخ هند ویونان وملل دیگر که یعقوبی دربارهٔ آنها صحبت کرده است، نمی‌دانیم که مأخذ آن‌چه بوده، چون مقدمهٔ قسمت اول کتاب ازبین رفته‌است. بهرحال اطلاعات وی ازهر کجا باشد دراین قسمت کتاب هم از مؤلفان دیگر ازنظر مواد مطالب ونداشتن افسانه های بی‌پایه بهتراست ».

ناگفته نماند که مؤلف در تاریخ پادشاهان ایران (ص۱۹۳-۲۲۰) پیشدادیان وکیانیان را نام می‌برد (ص۱۹۳-۱۹۴) و به‌اشکانیان (ملوك الطوائف) اجمالاً اشاره می کند (ص۱۹٤) ودر تاریخ ساسانیان از اردشیر بابکان تا یزدگرد سوم و جنگ قادسیه وفتح مدائن بدست مسلمین و کشته شدن یزدگرد درمرو (ص۱۹٤-۲۱٦) وکیش مانی وکتابهای وی (ص۱۹۵-۱۹۷) وکیش وآئین ایرانیان (ص۲۱۷-۲۱۸) و اسامی ماهها و روزهای سال در نزد ایرانیان (ص۲۱٦-۲۱۷) و استانهای مختلف ایران وشهرهای هراستان (ص۲۱۸-۲۱۹) والقاب وعناوین سیاسی آنان (ص۲۱۹-۲۲۰)

1- Spelunca Thesaurorum	2- Bezold

بتفصیل سخن می گوید و در این قسمت هم مانند طبری که بعد از وی آمده است بایداز کتب هشام بن محمدبن سائب کلبی که ابن ندیم آنها را نام می برد[1]، ومآخذ دیگرطبری استفاده کرده باشد. کریستن سن می نویسد: ظاهراً مطالبی که یعقوبی و مسعودی وجاحظ در کتاب التاج در باب طبقات و درجات در بار ساسانی نقل کرده‌اند، مأخوذ از «گاهنامك» های قدیم است. و نیز می گوید: گاهنامك یا فهرست رجال ساسانی که درآن نام ومنصب همهٔ بزرگان ایرانی بترتیب مقامی که داشته‌اند، ثبت بوده، جزوی از «آیین نا مك» بشمار می آمده است.

بگفتهٔ وی تاریخ یعقوبی یکی ازمنابع عمدهٔ تاریخ ساسانیان و از قدیمترین و مهمترین تألیفات در این زمینه است[2].

وی در چند مورد از کتاب خویش (ص ۱۳۲، ۱۳٤، ۲۲۱، ۲۸۹، ۳۵۹ح، ۵٤۳ و ما بعد) در بارهٔ ساسانیان، بگفتهٔ یعقوبی در تاریخ استناد کرده و فهرست

۱ـ ر.ك. فهرست ص ۱۴۰ ۲ـ کریستن سن منابع تاریخ ساسانیان رابدین ترتیب میشمارد، تاریخ یعقوبی (نیمهٔ دوم قرن نهم میلادی). تاریخ ابن قتیبه (متوفی بسال ۸۸۹)، در کتاب عیون الاخبار ابن قتیبه هم مطالب مهم راجع بتاریخ عهد ساسانیان مسطور است. کتاب اخبار الطوال دینوری (متوفی بسال ۸۹۵). تاریخ طبری (متوفی بسال ۹۲۳). تاریخ اوتیخیوس (سعید بن بطریق پیشوای مسیحیان اسکندریه متوفی بسال ۹۴۰). مروج الذهب مسعودی (متوفی در حدود ۹۵۶) و کتاب التنبیه والاشراف همین مؤلف. تاریخ حمزهٔ اصفهانی که در سال ۹۶۱ تألیف شده است. تاریخ فارسی بلعمی که در ۹۶۳ از طبری نقل شده است. تاریخ مطهربن طاهر المقدسی که در ۹۶۶ تألیف گردیده است. شاهنامهٔ فردوسی (متوفی در حدود ۱۰۲۰). غرر اخبار الملوك ثعالبی (متوفی بسال ۱۰۳۸). نهایة الارب فی اخبار الفرس والعرب که کتابی عربی و مؤلف آن مجهول و ظاهراً درنیمهٔ نخستین قرن یازدهم میلادی تدوین شده‌است. فارس نامهٔ فارسی که در اوایل قرن دوازدهم بقلم مؤلفی که او را ابن البلخی می خوانند نگاشته شده است. مجمل التواریخ و القصص. سپس کریستن سن می گوید کتب ابن مسکویه و ابن الاثیر و مورخان جدیدتر مثل ابوالفدا و حمدالله مستوفی قزوینی (تاریخ گزیده) و میرخوند و غیره از حیث اهمیت بپایهٔ کتب سابق الذکر نمی‌رسند، زیرا که در خصوص تاریخ

←

مناصب عالی کشور را از وی نقل کرده است .

یعقوبی در قسمتهای مربوط بوقایع دوران جاهلیت و انساب عرب و قبایل و طوایف آنان ، و ملوك کنده و حیره و شام و یمن ، از امثال هشام بن محمد بن سائب کلبی وعیسی بن یزیدبن دأب (متوفی بسال ۱۷۱ه.) وهیثم بن عدی طائی (متوفی بسال ۲۰۷ ه.) و مدائنی (متوفی بسال ۲۲۵ه.) که خود آنان را در مقدمهٔ جلد دوم نام می‌برد، بیشك استفاده کرده است .

مبنای کار طبع و نشر تاریخ یعقوبی در سال ۱۸۸۳ ، نسخهٔ خطی کمبریج بوده و تاریخ باتمام رسیدن کتابت آن « سلخ ماه ربیع الآخر سال ۱۹۰۶م.» است .

هوتسما می نویسد : « دخویه در سال ۱۸۷۶ میلادی در کنگره ای که در سن‌پترزبورگ تشکیل یافت راجع باین کتاب وارزش آن بطور مفصل بحث وسخنرانی کرد[1] و مدتی بعد کتاب را بمن داد تا راجع بآن تحقیقات لازم را انجام دهم و مرا بنشر آن تشویق کرد، من‌هم برحسب تفنن این کاررا شروع کردم. تردیدی‌نیست که این کتاب را یعقوبی نوشته است زیرا از مقدمهٔ قسمت دوم ومقدمهٔ کتاب «البلدان» که می‌خوانیم چنان برمی‌آید که این دو کتاب را یك نفر نوشته است .

راجع به نسخه لازم نیست توضیح زیاد داده شود، زیرا ازقسمت آخر قسمت دوم روشن است که نسخه درسال ۱۹۰۶م.وهشت قرن بعدازمرگ مؤلف نوشته شده.این

← ساسانیان چندان چیزی که اضافه برکتب اقدمین باشد ، در بر ندارند .

کریستن‌سن پس‌ازآنکه‌بمنابع ومآخذ این‌کتب در تاریخ ساسانیان اشاره می‌کند ، می‌گوید، روایات‌دیگری‌که باز ازخوذای نامك‌گرفته شده، در کتابهای یعقوبی ومسعودی وکتاب مختصر مطهر و فردوسی و ثعالبی دیده می‌شود . . . . در اکثر روایاتی که مؤلفان مذکور از خوذای نامك نقل کرده‌اند[3]، مطالبی ازسایر مآخذ پهلوی مثل آیین نامك و گاهنامك وتاجنامك و اندرزها و رمانهای عامیانه گرفته و داخل نموده‌اند

1 _ Cf. Travaux de la IIIème session du congrès international des orienta_ listes, P. 153 - 156.

نسخه اغلاط ونقائص زیادی داشت که متأسفانه نسخه های دیگری پیدا نشد تا با مقابله ، اصلاح گردد ، و فکر هم نمی کنم نسخهٔ دیگری یافت شود زیرا در مشرق برای این کتاب اهمیت زیادی قائل نشده‌اند تانسخ را متعدد کنند ودرتنقیح آن همت گمارند.

از آقای « فون‌روزن »[1] بسیار متشکرم که کمال مساعدت و کومك را در راهنمایی‌من‌انجام‌داد و کتابی درهیأت وتاریخ بدون‌نام مؤلف نزدآقای«شفر»Schefer معرفی کرد، وازآن‌کتاب اطلاعاتی راجع به یعقوبی بدست‌آوردم و آن نسخه نزد آقای شفراست ، واین در موقعی‌بود که قسمت دوم کتاب بطبع رسیده بود و باید دانست که ابتداقسمت‌دوم رابطبع رساندم، وطبع قسمت اول‌رابه بعد موکول‌ساختم و موقعی که نسخهٔ شفررادیدم متوجه شدم که مؤلف‌آن عبارات یعقوبی‌راعیناًترجمه کرده ، بطوری که در بسیاری از موارد توانستم اغلاط نسخهٔ یعقوبی را از روی آن تصحیح کنم ودر ملاحظات وپاورقیها از کتاب مزبور زیاد استفاده شده ، چنانکه در مکمل کتاب‌نیز بعضی قسمتهارا راجع بتاریخ‌لشکر کشیهای حضرت‌رسول یادداشت کردم مؤلف این کتاب احتمالاً درقرن پنجم هجری(یعنی درعصرحکومت‌فاطمیان) درمصر بوده ، زیرا بعضی از مؤلفین بعد را مانند ابن‌مسکویه (متوفی بسال ۴۲۱هـ.) وبیرونی (متوفی بسال۴۳۰هـ.) را درآن کتاب نام برده‌است وراجع به المستنصربالله فاطمی که در سال ۴۸۷هـ. مرده‌است ، صحبت کرده وگوید: مولانا... وازاین تعبیر که دربارهٔ مستنصر کرده ونام اورا ببزرگی برده است معلوم می‌شود که وی شیعی مذهب‌بوده واز کتاب یعقوبی و کتاب‌دیگری‌راجع بلشکر کشیهای حضرت‌رسول که مؤلف‌آن جعفربن بشریابشیر بوده‌است، استفاده کرده ومن‌ازآن اطلاعی‌ندارم،مگر آنکه همان باشد که طوسی‌در کتاب خودفهرست‌ص۷۴ ذکر کرده‌است. عنوان کتاب

۱- Von Rosen

«دستورالمنجمین» بنظر می‌آید، اگرچه درحاشیه نوشته است : « زیج مع‌التواریخ» لیکن چون اول این کتاب از بین رفته وچنین عنوانی‌در کتاب کشف الظنون‌حاجی خلیفه پیدا نشد، مشکل است بتوان راجع به مؤلف آن اطلاعاتـی‌بدست‌آورد.

اعتراف می کنم که کتاب حاضر که بدست خوانندگان داده می‌شود، نقائص زیاد دارد ، ومی‌دانم که علم تاریخ را باطبع چنین کتابی بطور کافی نمی‌توانم پیش ببرم، مگر آنکه متن کتاب موجود را دست کاری کرده وبا فکر خود تکمیل کنم ، واین عمل را ناپسند دانستم واز آن پرهیز کردم و چنانکه کسی بخواهد از مـن انتقاد کند ، یادآوری می کنم که دخویه در کنگرهٔ سن پترزبورگ گفـتـه است : «متأسفانه‌نسخه بسیار درهم‌نوشته شده وتصحیح متن‌آن‌آسان‌نیست ، هرچند اجمالاً تصور می کنم این کار عملی باشد ، زیـرا این نسخه از روی نسخهٔ خوب اصلی نوشته شده ، بطوری که هنوز می‌توان دلیل اشتباهات کاتب را پیدا کرد»[1] .

هوتسما خاورشناس‌هلندی (۱۸۵۱–۱۹۴۳م.) بامشکلاتی که درکارطبع ونشر تاریخ یعقوبی‌داشته وخود شرح‌آنها را گفته است، ازروی همان نسخهٔ درهم کمبریج درسال۱۸۸۳ میلادی آن را در دوجلد (جلد اول ۳۱۸ صفحه، جلد دوم۶۲۹ صفحه) درهلند منتشرساخت ومقدمه ای بزبان لاتین در معرفی مؤلف و نقد کتاب ضمیمهٔ جلداول ساخت که درکاراین مقدمه مورد استفاده واقتباس بوده است، و چون جلد دوم را اول منتشر کرده بود، فهرست اعلام تاریخی ، وفهرست اعلام جغـرافیایی را نیزضمیمهٔ جلد اول ساخت .

این کتاب درسال۱۳۵۸هجری‌قمری‌برای دومین‌بار از روی‌چاپ‌اروپا باحذف دوفهرست تاریخی وجغرافیایی‌بسیارمفید واضافه کردن مقدمه‌ای مختصرو کم‌فایده درنجف بطبع رسید، وچون جلد دوم کتاب تقریباً دوبرابر جلد اول‌آن می‌شود، در

۱ـ ر.ك. مقدمهٔ هوتسما برتاریخ

چاپ نجف درسه جلد انتشاریافت . دراین چاپ درست ونادرست تصرفهایی درمتن کتاب شده و امانت ودقت تاآن حد که هوتسما رعایت کرده وخلاف آن رانپسندیده است، رعایت نگشته،مثلاً علاوه برآنچه درترجمهٔ جلد اول و قسمت اول جلد دوم نشان داده‌ام، درج۳ ص۱۱ س۳ «المحصنات» بجای «الغانیات» ، و در ص۱۳ س۱۳ «السیف» بجای «الحرب»، ودر ص۱٦ س٤ «علیه» بجای«الیه» ، و در ص ۳۵ س۱۲ «ستة عشر» بجای «تسعة عشر»، و درص٤۰ س٥ «بحران» بجای «بخراسان» ، و در ص ۱۰۸ س٤ «خازم بن‌خزیمه» بجای «خزیمة بن خازم»، ودرص۱۳۹ س٤ «سبعه» بجای «ثمانیه»، ودر ص۱٤۰ س٤ «الأمام» زاید، ودرص۱٤۳ س۲ «وقتلوا» زاید ، و در ص۱٤٤ س۱۲ «فشفاء مالانشتهیه» بجای «فشفامالاشهته»، ودر ص۱٤٥س٤ «قتله» بجای «قبل»، وس۱۱ «بغضهم» بجای «نقّصهم»، وس۱٦ «قطعت» بجای «وقطعت»، و در ص ۱٤۸ س آخر «ولا کثیر» بجای «و کثیر»، ودرص۱٤۹ س۱۹ « الشهود علی ـ العهد» زاید : ودرص۱٥٤ س٦ و۱۱ «زید» بجای «یزید»، وس۹ «کان‌المدبر» بجای «المدبرکان»، ودرص ۱٥٥ س ماقبل‌آخر «بقرمیسین» بجای «بقرماسین» و در ص ۱٥٦ س۲و۳ «بندار» بجای «بنداد» ، ودرص۱٦۰ س۸ «بدون» بجای «برزن»، و در ص۱٦۲ س۱۰ «عون» بجای «عدی» ، ودرص۱٦٦س۱۲«اخی» زاید ، ودرص۱٦۸ س ۱۹«بن‌الأشعث» زاید ، ودرص۱۷۰ س۱٦ «معسکر» بجای «عسکر»، ودرص۱۷۷ س ۱۲ «حمدویه» بجای «لحمدویه» ودر ص۱۷۸ س۱٥ «فجروه» بجای «وجروه»، ودر ص۱۸۳ س۱٤ «أشهرا» بجای «شهرا»، وس۱۸ «اهلها» بجای «اعمالها»، ودر ص۱۹۲ س۱ «له» زاید، وس۱۷ «بن ابی» بجای «بنت»، ودر ص۱۹۷ س۱۹ «فهزموه» بجای «فهزموهم» ودر ص۲۲٥س۱٤ «ابی‌احمد» بجای«احمد»، ودر ص۲۲۷س۱٤«وقعات» بجای «وقعة» ، وس۱۸ «وصل» بجای «صار» ، و درص ۲۳۲ [وخاف‌الناس] بجای [....] آمده، وازاین قبیل‌اختلافات فراوان است.

علاوه براین در مواردی چند نسخهٔ نجف کم یا بیش ناقص است، ازجمله در ج۲ ص۴۷ س۹ و۲۰، ص۶۴ س۳، ص۲۱۳ س۱۲، ج۳ ص۳س۸، ص۱۶ س۲، ص۶۸ س۲، ص۷۴ س۳، ص۸۲ س۴، ص۱۰۰ س۳ ، ص۱۰۵ س۲ ، ص۱۱۷ س۲ ، ص۱۵۲ س۱، ص۱۵۶س۷، ص۱۵۸ س۶، ص۱۶۳ س۱۴ و۲۰، ص۱۶۶ س۵، ص۱۷۲ س۱۲، ص۱۷۴ س۲ ، ص۱۷۵ س۵ ، ص۲۰۴ س۱۳ ، ص۲۰۷ س۱۴ ، ص۲۰۹ س۲ و ۱۸ ، ص۲۱۴ س۷.

درسال ۱۳۷۵ ه .(۱۹۵۵–۱۹۵۶م) نیز دربیروت ازروی طبع نجف درسه جلد بچاپ رسیده، اما این چاپ ارزش طبع نجف راهم ندارد، واغلاط اختصاصی آن‌هم فراوان است، بدینجهت بود که من هم‌در کارخود بهیچوجه آن رابحساب نیاورده‌ام .

درسال ۱۳۷۹ ه . (۱۹۶۰م.) برای چهارمین بار دربیروت بچاپ رسیده است. این طبع از روی چاپ اروپا و از دو چاپ دیگر شرق بمراتب زیباتر و دقیقتر و باچاپ اروپا مطابق‌تر است ودوفهرست تاریخی وجغرافیایی‌را هم دارد و فهرست مطالب آن هم برخلاف چاپ نجف درهردوجلد ازروی چاپ اروپا است.

کتابی که اکنون باسرمایهٔ بنگاه ترجمه ونشر کتاب طبع و نشر می‌شود ، ترجمهٔ جلد اول و تقریباً یك چهارم جلد دوم (یعنی از میلاد رسول اکرم تا آغاز خلافت ابی‌بکر) است وبخش‌دوم ، یعنی ترجمهٔ قسمت باقیماندهٔ جلد دوم(ازدوران خلافت ابی‌بکر تا خلافت معتمد و ابتدای حوادث سال ۲۵۹ ه .) که پس‌از انتشار بخش اول بچاپ خواهد رسید، همین‌مقدار می‌شود .

علاوه برافتادگیهای نسخهٔ اصل که از خود نسخه معلوم بوده وناشر جای آن‌را درنسخهٔ چاپی بانقطه گذاری نشان‌دار ساخته ، افتادگیهای دیگری درنسخه بوده که تا کنون بدان توجه نشده ومن در حواشی ومستدرك حواشی جای آنها را نشان داده‌ام، وبیشتر هردو قسمت را ازروی مآخذ دیگر (بدون تصرف در متن) در

پاورقی یامیان پرانتز تکمیل کرده‌ام، وچون‌حواشی هوتسما را چندان مفیدنیافتم، برای تکمیل نقائص کتاب وتوضیح آنچه نیازمند توضیح بود، حواشی ذیل‌صفحات ومستدرك‌حواشی را ازمآخذ مختلف جمع‌آوری واقتباس‌نموده‌ام، واگر دریکی دو مورد ازحاشیهٔ‌اصل که‌درنسخهٔ خطی بوده‌است‌چیزی نقل شده بدان تصریح کرده‌ام. اختلافات سه چاپ اروپا و نجف وبیروت را در موارد اختلاف نسخه ها نشان داده ام ومبنای ترجمه نسخهٔ چاپ اروپا از کتابهای کتابخانهٔ‌آستان قدس رضوی بوده‌است، وهر گاه درموردی بغلط بودن نسخهٔ‌اروپا اطمینان داشته‌ام ویکی از دونسخهٔ دیگر صحیح بنظرمی‌رسیده، درپاورقی صورت نسخهٔ اروپا را ضبط کرده‌ام ، و آنجا که همهٔ‌نسخه‌هاباهم‌مطابق‌بوده ودرعین‌حال‌نادرست بنظرمی‌رسیده‌است، بازدرعبارت کتاب تصرف‌نکرده وصحیح‌آن‌را در حاشیه ویامستدرك‌حواشی‌یادآورشده‌ام، واگراحیاناً درچنین‌موردی ترجمهٔ‌صحیح‌رادرمتن گذاشته باشم، درپاورقی وحاشیه‌توضیح داده‌ام.

آنچه درترجمه میان این‌علامت [ ] قرار گرفته، دراصل‌عربی‌چاپ اروپا نیز بهمین‌صورت‌است، وآنچه‌درمیان این‌علامت( ) قرارداده شده اضافاتی‌است که‌مترجم برای توضیح مطلب یاتکمیل عبارت افزوده است .

در چاپ اروپا برای دوجلد ، دوفهرست مشترك تاریخی و جغرافیایی تهیه و تنظیم شده است ، ولی ما نخواستیم خوانندگان کتاب را بآیندهٔ دور یا نزدیکی حواله دهیم‌ولذا فهرستهای بخش اول را ضمیمهٔ همین بخش ساختیم و علاوه بر دو فهرست تاریخی وجغرافیایی که از دو فهرست هوتسما جامعتر و دقیقتر تنظیم شده « فهرست قبایل و طوایف و سلسله‌ها وخاندانها » و نیز « فهرست کتابهایی که‌مؤلف نام‌برده است » تنظیم و ضمیمه شده ، و برای مزید فایده در اول هر باب و فصل ، شمارهٔ صفحه را در چاپ اروپا نشان داده‌ام . بخواست خدا فهرست منابع ومآخذ حواشی‌دوجلد با تعیین چاپهایی که در اختیار مترجم بوده است در پایان جلد دوم

داده خواهد شد .

امیدوارم در رفع نقائص این ترجمه از راهنمایی صاحبنظران برخوردار باشم .

تهران ۱۷ آبان ماه ۱۳۴۱

دکتر محمد ابراهیم آیتی

رموز واختصارات

ابن ابی الحدید = ابن ابی الحدید درشرح نهج البلاغه
ابن هشام = ابن هشام درسیرة النبی
اصل = متن عربی تاریخ یعقوبی
اعداد = سفر اعداد
ایام العرب = ایام العرب فی الجاهلیة
ب = باب
ب (درنسخه بدلها) = نسخهٔ چاپ دوم بیروت تاریخ یعقوبی
پ = پاورقیها
تاریخ حمزه = تاریخ سنی ملوك الأرض والأنبیاء
ج = جلد
جمهره = جمهرة خطب العرب
حلبی = حلبی درسیره
خ = سفر خروج
ر.ك. = رجوع کنید
س (درعهدین) = سفر

س (درقرآن) = سوره
سیره = سیرة النبی (ابن هشام)
سیرهٔ حلبی = انسان العیون فی سیرة الأمین المأمون
ص = صفحه
طبری = طبری در تاریخ الامم والملوك
طبقات (درجلد اول) = طبقات فحول الشعراء
طبقات (درجلد دوم) = الطبقات الکبری (ابن سعد)
ظ = ظاهراً
ف = متوفی
ق = قاموس فیروزآبادی
ك = کلمه (ودر ج۲، ص۴۶۰ = کتاب)
کافی = اصول کافی
ل = نسخهٔ چاپ لیدن
مراصد = مراصد الاطلاع
ن = نسخهٔ چاپ نجف تاریخ یعقوبی
ی = آیه

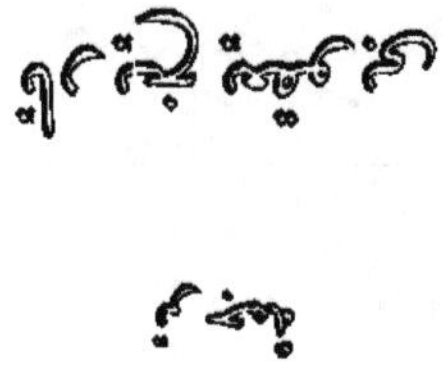

بسم‌الله الرحمن الرحیم

. . . (۱) بر آدم ، پس چیزی از مخلوقات خدا جز بهشت آدم را سازگار نیامد ، و چون آدم نعمتهای بهشت را دید ، گفت : کاش راهی بماندن در بهشت می‌داشتم . پس ابلیس با شنیدن این سخن درآدم طمع کرد و گریست . آدم و حوا که او را گریان دیدند ، سبب گریه‌اش را پرسیدند . گفت : گریه‌ام برای آن است که شما از این‌جا می‌روید و « مانهیکماربکما عن هذه‌الشجرة الاان تکونا ملکین اوتکونا من‌الخالدین. و قاسمهماانی لکمالمن‌الناصحین »[۲] لباس آدم وحوا جامه‌هایی از نور بود وچون از درخت چشیدند، عورتهای آندو برایشان پدیدار گشت « فلما ذاقا الشجرة بدت لهماسوآتهما»[۳] بعقیدهٔ اهل کتاب توقف آدم درزمین، پیش‌ازآنکه داخل بهشت گردد، سه‌ساعت بود وآدم و حوا پیش ازآنکه از درخت بخورندوجامه از تن آنها دور گردد سه ساعت در نعمت و کرامت بودند . پس چون جامه از تن آدم دور شد ، برگی از درخت را گرفت وآن را برخود نهاد ، سپس فریاد کرد :هان پروردگارا ، من برهنه‌ام واز درختی که مرا ازآن نهی فرمودی خوردم . پس خدا گفت : بزمینی که ازآن آفریده شدی بازگرد که من مرغ آسمان و ماهی دریاهارا

---

۱ ـ در اصل هم افتادگی دارد . ۲ ـ س۷ ی ۲۰ ـ ۲۱ : پروردگارتان شما را از این‌درخت نهی نکرد مگر برای آنکه نباشید دو فرشته یا از جاودانان . ۳ ـ س ۷ ی ۲۲ .

برای تو و فرزندانت مسخّر نمایم .

و بعقیدهٔ اهل کتاب خدا آدم و حوا را در نه ساعت از روز جمعه گذشته از بهشت و نعیم آن بیرون کرد و گریان و اندوهناك بزمین فرود آمدند[1] وهبوط آن دو برنزدیکترین کوهی از کوههای زمین ببهشت که در سرزمین هند بود انجام گرفت . و کسانی گفته‌اند که بر کوه ابوقبیس که در مکه است فرود آمدند وآدم در غاری درآن کوه فرودآمد وآن را غار گنج (مغارة الکنز) نامید و از خدا خواست که آنرا مقدس بدارد . برخی روایت کرده‌اند که آدم چون فرودآمد گریه‌اش بسیار و اندوهش برجدائی از بهشت پیوسته بود . سپس خدایش الهام فرمود که گفت : «لااله‌الاانت سبحانك وبحمدك عملت سوء وظلمت نفسی فاغفرلی انك انت الغفور الرحیم- فتلقی آدم من ربّه کلمات فتاب علیه»[2]. آدم از پروردگارش کلماتی را دریافت پس توبه‌اش را پذیرفت و او را برگزید و از بهشتی که آدم درآن بود برای اوحجرالاسود را فرو فرستاد وآدم را فرمود تاآنرا بمکه برد وبرای او خانه‌ای بسازد. پس آدم بمکه رفت [وخانه را ساخت] وگردآن طواف کرد. سپس خدایش فرمود که برای خدا قربانی کند و اورا بخواند و تقدیس نماید . آنگاه جبرئیل باآدم بعرفات رفت و باو گفت اینجا است که خدا تورا فرموده است برای او درآن وقوف نمائی. سپس آدم را بمکه برد، پس ابلیس سر راه بر آدم گرفت ، جبرئیل او را گفت: دورش نما. آدم ابلیس را بسنگریزه از خود راند . سپس بابطح رفت و فرشتگان باو رسیده گفتند ای آدم حج تو قبول شد ما دوهزار سال پیش از تو حج این خانه را انجام دادیم .

و خدای عز و جل گندم را بر آدم نازل کرد و او را امر فرمود از دسترنج خود بخورد پس شخم زد وکاشت، سپس دروید و کوبید ، آنگاه آرد کرد وخمیر نمود و

۱ ـ س بقره ی ۳۰ ـ ۳۹ اعراف ۱۱ ـ ۲۵ ، طه ۱۱۵ ـ ۱۲۳ . در سوره‌های : آل عمران ۳۳ ، ۵۹ و مائده ۲۷ واسراء ۶۱، ۷۰ و کهف ۵۰ ومریم ۵۸ ویس ۶۰ نیز نام آدم ذکر شده‌است

۲ ـ س ۲ ی ۳۷ .

نان پخت و چون فارغ گشت پیشانی او عرق کرد ،آنگاه خورد و سیر گشت و از سنگینی‌شکم بزحمت افتاد، پس‌جبرئیل نزد او فرود آمد و دوپایش‌را ازهم گشود و چون آدم از آنچه در شکمش بود آسوده گشت بوی بدی دریافت و ازآن پرسید. جبرئیل گفت بوی گندم‌است. وآدم با حوّا درآمیخت پس‌حوا بار دارشد وپسری و دختری زائید. آدم پسر را « قابیل » و دختر را « لوبذا » نام کرد. باردیگر حوا بار دار گشت و پسری و دختری‌آورد وآدم پسر را « هابیل » و دختر را « اقلیما » نام نهاد. وچون فرزندان‌آدم بزرگ شدند و بنکاح رسیدندآدم بحوّا گفت قابیل را بگو با اقلیما خواهرهابیل ازدواج کند و هابیل را امر کن لوبذا خواهر قابیل را بگیرد ، از اینرو قابیل بر هابیل که خواهرش را بزنی گرفت حسد ورزید .

و برخی گفته‌اند که خدای عزوجل برای هابیل زنی از بهشت وبرای قابیل زنی از جنّ فرستاد تا باآنها ازدواج کردند پس قابیل بر برادرش که زنی بهشتی گرفت رشك برد. آنگاه‌آدم بآندو فرمود هر کدام قربانی‌در راه خدا تقدیم دارند. قابیل ازکاه زراعت خود چیزی براه خدا تقدیم نمود و هابیل بهترین گوسفندی را که در گله داشت براه خدا داد ، خدا قربان هابیل را قبول کرد و قربان قابیل‌را قبول نفرمود و برحسد و کینهٔ او افزوده گشت، و شیطان کشتن هابیل‌را در نظرش جلوه داد تا سرش را با سنگ در هم شکست واو را کشت[1]، و خدا بر قابیل خشم گرفت و اورا لعنت نمود و ازکوه مقدس بزمینی که «نود» گفته میشد فرودآورد. آدم و حوّا دیر زمانی بر هابیل نوحه گری داشتند تاآنکه گفته‌اند اشکهای آنها چون جوی روان گشت. وآدم باحوّا نزدیك‌شد پس‌حوّا باردار گشت وپسری‌آورد و آدم که در این موقع صد و سی ساله بود ، او را «شیث» نام نهاد، واز همهٔ فرزندان آدم باو مانند تر بود. سپس‌آدم برای شیث زن گرفت، و اورا پسری‌بود که«انوش»

1- مائده ۲۷ - ۳۲ .

نامیده شد،ودراین‌هنگام آدم صدو شصت و پنج سال داشت . سپس انوش را پسری بود که او را « قینان » نام نهاد و قینان پسری داشت بنام « مهلائیل » و اینها همه در حیات آدم و زمان او متولد شدند . و چون مرگ آدم فرا رسید شیث و فرزندان و فرزندزادگانش نزداوآمدند ، پس آدم برآنهادرود فرستاد وبرای آنها ازخدابرکت خواست و شیث را وصیّ خود قرار داد و اورا امرفرمود که جسدش‌را حفظ‌نماید و چون مرگش فرا رسدآنرا در «مغارةالکنز» نهد وفرزندان و فرزندزادگان خودرا وصیت نماید و نیز هر نسلی هنگام مرگ ، نسل دیگر را وصیت کنند که هرگاه ازکوه‌شان فرودآیند جسدآدم را باحترام برگیرند و در میان زمین قرار دهند . و فرزند خود شیث را فرمود که پس از او در میان فرزندان‌آدم بپا خیزد وآنانرا بپرهیزگاری و نیکو پرستیدن خدا وا داشته ازآمیزش با قابیل لعین و فرزندانش باز دارد . سپس آدم برفرزندان خودو فرزندان و زنان شان درود فرستاد . آنگاه روز جمعه ششم نیسان در همان ساعتی که‌آفریده شده بود وفات کرد ، و عمر او باتفاق نهصد و سی سال بود .

شیث بن آدم[1]

پس ازمرگ‌آدم پسرش شیث بپاخاست، و پیوسته قوم‌خود را بپرهیزگاری و درستکاری امر میفرمود. وآنها نیز با فرزندان و زنان خود بتسبیح و تقدیس پروردگار سرگرم بودند بی‌آنکه در میان‌آنها دشمنی وحسد ورزی و کینه توزی و بدگمانی و دروغ و نا سازگاری باشد ، و هرگاه یکی ازآنها خواست سوگند یاد کند میگفت : « نه‌بخون هابیل سوگند ». پس‌چون مرگ شیث فرا رسید پسران و پسرزادگانش انوش و قینان و مهلائیل و « یرد » [و « اخنوخ » و زنان] شان و فرزندانشان نزد او آمدند پس برآنها درود فرستاد و برای آنان از خدا برکت

۱ ـ ل ، ص۵ .

خواست وآنهارا امر کردوبخون هابیل‌سو گندداد که هیچیك‌شان ازاین.کوه مقدس فرود نیایند و هیچیك از فرزندان‌خود رارها نکنند که فرودآید وبا فرزندان‌قابیل ملعون‌آمیزش نکنند. شیث فرزندش انوش‌را وصی خود قرار داد واو را بنگهداری جسدآدم و پرهیز گاری و واداشتن قومش بپرهیز گاری ونیکو پرستیدن خدا امر فرمود . سپس سه ساعت از روز سه‌شنبه بیست وهفتم آب گذشته وفات نمود ، و عمر او نهصد و دوازده سال بود .

انوش‌بن شیث[1]

انوش فرزند شیث پس ار پدرش بنگهداری وصیت پدر و نیایش بپا خاست و خدا را نیکو پرستش نمود و قوم خود را نیز بحسن عبادت وا داشت. و درروزگار او قابیل ملعون کشته شد « لمك » نابینا سر او را با سنگ شکافت تا جان داد . در نود سالگی انوش فرزندش قینان پیدا گشت و چون مرگ انوش فرا رسید پسران‌و پسر زادگانش : قینان و مهلائیل و یرد و اخنوخ و « متوشلح » و زنان و فرزندان شان بر او گرد آمدند پس بر آنها درود فرستاد و برای شان از خدا برکت خواست و آنانرا از فرودآمدن ازکوه مقدس‌شان و از رها کردن فرزندان خود که با فرزندان قابیل لعین‌آمیزش نمایند نهی کرد و قینان را در بارهٔ جسدآدم سفارش نمودوآنها را امر کرد تا درنزدآن نماز گزارند وخدارا بسیارتقدیس‌نمایند. انوش‌هنگام غروب‌آفتاب روز سوم تشرین اول بدرود زندگی گفت ونهصد وشصت و پنج سال زندگانی کرد .

قینان‌بن انوش[2]

قینان‌بن انوش که مردی مهربان و پرهیزگار و پاك بود درمیان قوم خود بجای پدر قیام کرد و راه اطاعت و نیکو پرستش کردن خدا و پیروی وصیت‌آدم و

۱ ـ ل ، ص۶ . ۲ ـ ل ، ص۶ .

شیث را در پیش گرفت. ومهلائیل درهفتادسالگی‌اومتولد شده‌بود. پس‌چون مرگش فرا رسید پسران و پسر زادگانش : مهلائیل و یرد و متوشلح و لمك و زنان و پسرانشان نزد او فراهم شدند و قینان برآنها درود فرستاد و برای آنها برکت خواست ، پس آنانرا بخون هابیل سوگند داد که کسی از ایشان از کوه مقدس‌شان نزد فرزندان قابیل ملعون نرود ، و مهلائیل را وصیّ خود قرار داد و اورا بنگهداری جسدآدم امر فرمود ، قینان پس از نهصد و بیست [سال] زندگانی وفات کرد .

مهلائیل‌بن قینان[۱]

پس ازقینان فرزندش مهلائیل درمیان قوم خود باطاعت خدای‌متعال وپیروی وصیّت پدر قیام کرد . مهلائیل در ولادت فرزندش یرد شصت و پنج ساله بود و چون مرگش نزدیك گردید یرد را وصیّ خود شناخت و در بارهٔ جسدآدم او را سفارش نمود . سپس درهشتصد و نودوپنج سالگی سه‌ساعت گذشته از روز یکشنبه دوم نیسان درگذشت .

یردبن مهلائیل[۲]

پس‌از مهلائیل وصیّ او یرد قیام کرد . او مردی با ایمان و درکار خدائی‌و پرستش پروردگارکامل بود ودرشب و روز نماز بسیارمیخواند، خداهم باوعمرطویل داد. وشصت و دو ساله بود که اخنوخ بدنیا آمد، وچهل سال داشت که هزارهٔ اول بپایان رسید ؛ چون از زندگانی یرد پانصد سال سپری گشت فرزندان شیث عهد و پیمانهای میان‌خودراشکستند وبزمین فرزندان‌قابیل سرازیرشدند، وآغازاین کارچنان بود که شیطان‌دومرد دیوصفت را بنام «یوبل» و«توبلقین» برگزید واصناف موسیقی و خوانندگی را بآنهاآموخت ، پس یوبل نایها و طنبورها و بربطها و بوقها ساخت و

۱ ـ ل ، ص۷.   ۲ ـ ل ، ص ۷.

توبلقین طبلها ودفها وچنگها پرداخت. وفرزندان قابیل‌را عملی و ذکری که آنها را مشغول نماید جز کار شیطانی نبود ، کارهای حرام و گناهان را مرتکب میشدند و بر کارهای فسق گرد می‌آمدند، و مردان‌سالخورده وزنان‌شان در گناهکاری‌ازجوانان خود پیشتربودند، انجمنهای ساز و آواز ترتیب میدادند وطبل ودف میزدند وبربط و چنگ مینواختند، فریاد میزدند وخنده میکردند تاآنکه فرزندان کوهستانی شیث آوازهای آنانرا شنیدند وصد مرد آنها تصمیم گرفتند نزد فرزندان قابیل فرودآیند تا ببینند آن آوازها چیست . پس‌چون یرد آگاه شد نزد آنها آمد و بخداسوگندشان داد و وصیّت پدران‌شانرا یادآوری فرمود و آنانرا بخون هابیل قسم داد ، اخنوخ پسر یرد نیز درمیان آنها بپا خاست و گفت: بدانید که هر کس‌ازشما پدرمان‌یرد را نافرمانی کند وعهدهای پدران ما را بشکند واز کوه ما فرود رود دیگراورا هرگز نخواهیم گذاشت که بازگردد . با این همه از فرود نیامدن امتناع ورزیدند و چون فرودآمدند، پس‌ازارتکاب گناهان زشت بادختران قابیل‌درآمیختند. پس‌چون‌مرگ یرد نزدیك شد پسران و پسر زادگانش : اخنوخ و متوشلح و لمك و «نوح» نزد او گردآمدند . آنگاه بر آنها درود فرستاد وبرای آنان‌برکت خواست و ازفرودآمدن از کوه مقدس نهی‌شان کرد و گفت : شما ناچار بزمین پائینتر فرود خواهید رفت و هریك از شما که پس از همه فرود میرود باید جسد پدر ما آدم را با خود فرود برد سپس آنرا چنانکه ما را وصیّت کرده است در وسط زمین قرار دهد. پس فرزند خود اخنوخ را فرمود که پیوسته در«مغارة‌الکنز»نماز گزارد . آنگاه هنگام غروب آفتاب روز جمعه اول اذار در نهصد و شصت و دو سالگی وفات نمود .

اخنوخ بن یرد[1]

سپس اخنوخ بجای پدرش یرد نشست و بپرستش خدای متعال برخاست و

1 ـ ل ، ص ۸ .

شصت و پنج ساله‌بود که فرزندش متوشلح‌تولدیافت. درزمان‌او پسران شیث و زنان‌و فرزندان‌شان‌از کوه مقدس سرازیر گشتندو این‌کار براخنوخ گران‌آمدپس‌فرزندان خود متوشلح ولمك ونوح‌را خواند وبآنان گفت میدانم که خدای‌این‌امت رابعذاب عظیمی که درآن رحمتی‌نباشد عذاب میکند. اخنوخ اول کسی‌است که‌باقلم‌نوشت و «ادریس‌پیغمبر» همواست[1] . او فرزندان‌خودرا باخلاص در پرستش خدا وبکاربردن راستی ویقین وصیت نمود سپس‌خدا او را بالا برد وسیصد سال از عمراو گذشته بود.

متوشلح[2] بن اخنوخ

آنگاه متوشلح بن اخنوخ بپرستش خدای متعال و طاعتش قیام نمود وچون صدو هشتاد وهفت سال از عمرش سپری گشت فرزندش‌لمك متولد گردید. پس‌خدا درزمان او بنوح وحی فرمودو او راآ گاه ساخت که برمردم طوفان خواهدفرستادو فرمودش که از چوب کشتی بسازد وچون عمرنوح بسیصد و چهل‌و چهارسال رسید هزارهٔ دوم بانجام رسید .

متوشلح پس از نهصد و شصت سال زندگانی در روز پنجشنبه بیست و یکم ایلول بدرود زندگی گفت .

لمك[3] بن متوشلح

سپس لمك بعد از پدر بپرستش و طاعت خدای متعال قیام کرد و در صد و هشتاد و هشت سالگی دارای فرزند شد و جبّارها در زمان او بسیار شدند چرا که چون پسران شیث با دختران قابیل درآمیختند جبّارها ازآنان بزادند. سپس‌مرگ لمك نزدیك گردید . پس نوح و سام وحام و یافث و زنانشان را نزد خود خواند، و از فرزندان شیث جزآنها که هشت نفر بودند کسی درکوه نمانده بود و همه نزد فرزندان قابیل فرود رفته بودند و اینان را پیش ازطوفان فرزندانی‌نبود پس‌برآنها

۱ ـ مریم ۵۶ ـ ۵۷. ۲ ـ ل ، ص۹. متوشلخ بجای با نقطه و بی‌نقطه (کامل۳۶) .
۳ ـ ل ، ص ۹ . لمك و لامك (ق) .

درود فرستاد و برای آنها برکت خواست سپس گریه کرد و گفت ازما جزاین هشت نفر نمانده است. از خدائی که آدم و حوا را تنها آفرید آنگاه فرزندان آندو را زیاد گردانید میخواهم که شما را از این عذابی که برای امّت بدآماده فرموده است نجات بخشد و فرزندان شما را زیاد گرداند تا روی زمین را پر نمائید و برکت پدرمان آدم را بشما بخشد و پادشاهی را در فرزندان شما قرار دهد. من بدرود زندگی میگویم و از این عذاب جز تو ای نوح کسی رهائی نخواهد یافت. پس هرگاه مردم، مرا بردار و در مغارة الکنز قرارم ده، وآنگاه که خدا خواست در کشتی سوار شوی جسد پدرمان آدم را بردار و با خود فرود بر سپس آنرا در میان اطاق بالای کشتی بگذار، آنگاه خود و پسرانت در طرف شرقی کشتی باش و زنت با زنان فرزندانت در کنار غربی کشتی باشند و جسد آدم در میان شما قرار گیرد، پس نه شما بزنان تان راه یابید و نه آنها بشما راه یابند و با آنها نخورید و نیاشامید و بآنان نزدیك نشوید تا از کشتی بیرون روید، وآنگاه که طوفان فرو نشست واز کشتی بزمین آمدید نزد جسد آدم نماز گزار. سپس ارشد فرزندان خود سام را وصیّت نما تا جسد آدم را ببرد و آنرا در وسط زمین قرار دهد و مردی از فرزندانش را نیز همراه جسد کند که نزد آن بماند و باید مردی صالح ودر تمام عمر وارسته باشد که زنی نگیرد وخانه‌ای نسازد وخونی نریزد وجانور ومرغی را قربانی نکند، پس خدا فرشته‌ای از فرشتگان را با او خواهد فرستاد تا او را بوسط زمین راهنمائی کند و همدم او باشد.

لمك نه ساعت از روز یکشنبه هیفدهم اذار گذشته در هفتصد و هفتاد و هفت سالگی وفات کرد.

نوح [1]

خدای عزّوجل درزمان نیای نوح اخنوخ یعنی ادریس نبی پیش از آنکه ادریس را

۱ـ اعراف، ۵۹ـ۶۴. یونس، ۷۱ـ۷۳. هود، ۲۵ـ۴۹. انبیاء، ۷۶ـ۷۷. مؤمنون، ←

بالا بـرد بر نوح وحی فرستاد و او را فرمود تا قوم خود را بیم دهد و از گناهانی که ارتکاب میکردند باز دارد وازعذاب خدا بترساند. پس درکارعبادت خدای متعال و دعوت قومش ایستادگی کرد وخود را وقف عبادت خدا ودعوت مردم نمود و پانصد سال زن نگرفت. سپس خدا باو وحی فرمود که «هیکل» دختر «ناموسا» پسر اخنوخ را بگیرد ، واو را آگاه ساخت که طوفان را برزمین میفرستد و هم اورا فرمود کشتیی را که خداخود واهلش را درآن نجات بخشید بسازد وآنرا سه مرتبهٔ پائین ومیان وبالا قراردهد، وفرمودش که طول آنرا سیصد ذراع وعرض آنرا پنجاه ذراع و ارتفاعش را سی ذراع بذراع خود نوح گرداند ، و در اطراف آن رفها از چوب بسازد تا مـرتبهٔ پائین برای دامها و ددان و درندگان و مـرتبهٔ مـیان برای پـرنـدگان و مرتبهٔ بالا برای نوح و کسان او باشد و در مرتبهٔ بالا حوضهای آب و جائی برای خـوراك بنا نهد. ونوح پانصدساله بود که دارای فرزند شد. وچون ازکارساختن کشتی فارغ گشت فرزندان قابیل و کسانی را که از فرزندان شیث با آنها آمیخته بودند واو را درساختن کشتی استهزاءمیکردند، بسوارشدن در آن دعوت نمودو آنانرا خبر داد که خدا طوفان را بر اهل زمین خواهد فرستاد تا آنرا از گناهکاران پاك گرداند پس هیچیك از آنهـا اجابتش نکرد ، آنگاه نوح وفرزندانش بمغارة الکنز رفتندو جسدآدم را برداشتندو در میان مرتبهٔ بالای کشتی نهادند . وآن روز جمعه هیفدهم أذار بود ، پرندگانرا در مرتبهٔ میان ودام و ددان را درمرتبهٔ پائین در آورد و درهنگام غروب آفتاب درهای کشتی را بست و خداآب را ازآسمان فرستاد و چشمه‌های زمین را جوشیدن فرمود

← ۲۳ ـ ۳۱ .فرقان : ۳۷ . شعراء : ۱۰۵-۱۲۲ . عنکبوت : ۱۴ ـ ۱۵ . صافات : ۷۵-۸۳ . قمر : ۹ ـ ۱۶ . نوح : ۱ـ۲۸ . نام نوح نیز در سوره‌های آل‌عمران ۲۳، نساء ۱۶۳ ، انعام ۸۴ ، اعـراف ۶۹، توبه ۷۰، هود ۸۹، ابراهیم ۹، اسراء ۳،۱۷، مریم ۵۸، حج ۴۹، احزاب ۷، ص۱۲، غافر ۵، ۳۱، شوری ۳،ق ۱۲، ذاریات ۴۶، نجم ۵۲، حدید ۲۶، تحریم ۱۰، ذکرشده است .ل : ص ۱۰ .

«فالتقی الماء علی امر قد قدر»[1] آب همهٔ زمین و کوهها را فرا گرفت و دنیا تاریك شد و نور خورشید و ماه از میان رفت که گویا شب و روز برابر بود . و بگفتهٔ اهل حساب در زمانی که خدا طوفان نوح را بر انگیخت سرطان طالع بود و خورشید و ماه و زحل و عطارد و رأس[2] درآخرین دقیقهٔ حوت گردآمده بودند. پس چهل روز پیوسته ازآسمان وزمین آب بارید وجوشید تاآنکه بالای هر کوهی پانزده ذراع روی هم آمد سپس باز ایستاد و دیگر در روی زمین جائی نبود که آب آنرا فرا نگرفته باشد ، کشتی همهٔ زمین را گردش نمود تا بمکه رسید و هفت بار گرد خانه گشت . آنگاه پس از پنجماه که آغاز آن هیفدهم أمار و آخر آن سیزدهم تشرین اول بود آب فرو نشست. وبرخی روایت کرده‌اند که نوح در روز اول ماه رجب سوار کشتی شد و در ماه محرم کشتی بر کوه جودی قرار گرفت و محرّم از آن پس ماه اول گردید ، لیکن اهل کتاب این سخن را باورندارند . وچون کشتی بر کوه جودی که در ناحیهٔ موصل بود فرود آمد، خدای متعال آب آسمان را فرمودتا بجای خود باز گردد وزمین را فرمود تا آب خود را فرو کشد ، و نوح پس از آرام گرفتن کشتی چهار ماه توقف کرد. آنگاه غراب را فرستاد تا خبر آب را بازیابد. غراب مردارهای روی آب را دیدو بر آنها افتاد و بازنگشت . پس نوح کبوتررا فرستاد و او برگ زیتونی آورد و نوح دانست که آب فرو نشسته است، ودربیست و هفتم أیار بیرون آمد. وفاصلهٔ بین رفتن نوح در کشتی و بیرون آمدنش ازآن یکسال و ده روز بود. پس چون نوح و کسانش بزمین آمدند شهری بنام «ثمانین» ساختند. وچون نوح از کشتی بدر آمدواستخوانهای از پوست درآمدهٔ مردم را دید بسی اندوهناك شد ، وخدا هم باو وحی فرمود که دیگر هرگز بر اهل زمین طوفانی نخواهم فرستاد . وچون نوح از کشتی بزمین آمد در

---

۱ ـ س ۵۴ ی ۱۲.   ۲ـ دو نقطهٔ متقابل تقاطع مدار آفتاب ومدارماه را جوزهرین وعقدتین گویند، یکی را که چون ماه ازآن بگذرد شمالی شود رأس ودیگری را ذنب نامند و رأس و ذنب را سیر معکوس باشد مانند کواکب راجع (سی.فصل ص۱۰).

آنرا قفل کرد و کلیدآنرا بفرزند خود سام سپرد. سپس نوح بزراعت وتاك نشانی و عمران زمین پرداخت . در یکی از روزها نوح خوابیده بود که جامه از تن او دور گردید و فرزندش حام بر پدر خندید و برادرانش را نیز آگاه نمود. پس سام و یافث جامه‌ای برداشتند وروی بر گشته نزد پدرآمدند وجامه را برتن او انداختندو چون نوح از خواب بیدار گشت و از آنچه گذشته بود آگاه شد بر کنعان بن حام نفرین کرد نه‌برحام که‌قبط وحبشه وهند ازفرزندان اویند[1]. و اوّل کسی ازفرزندان نوح که‌بکار فرزندان قابیل بازگشت کنعان‌بود که باَلات لهوو موسیقی‌دست برد و با نای وطبل وبربط وچنگ هم‌آواز گردید وشیطان را دربازی و باطل پیروی کرد .

ونوح‌زمین‌رادرمیان‌فرزندان‌خویش‌بخش‌نمود؛ باین‌ترتیب که‌وسط‌زمین‌وحرم‌و اطراف‌آن ویمن و حضرموت تا عُمان تابحرین تا عالج ویَبرین‌و وبار و دَوّودَهناء را بسام داد وزمین مغرب و ساحلها را بحام واگذاشت . پس کوش‌بن‌حام و کنعان‌بن حام و نوبه و زنج و حبشه[2] متولد شدند، یافث بن‌نوح در میان خاور و باختر فرود آمد. وبرای او جومر و توبل و ماش و ماشج و ماجوج بزادند؛ و ازجومر صقالبه پیداشدند وتوبل پدر برجان بود واز ماش‌ترك وخزر و ازماشج اشبان پدیدآمدند و از ماجوج یاجوج و ماجوج متولد شدند که در ناحیهٔ خاوری زمین ترك جای گرفتند ،[3] صقالبه وبرجان پیش از پیدا شدن روم در روی زمین روم منزل‌داشتند ، فرزندان یافث اینهابودند . نوح پس از بیرون‌آمدن از کشتی سیصدوشصت سال‌زنده بود وچون مرگش‌فرا رسید، سه فرزندش سام وحام ویافث وپسران شان براو گرد آمدند وآنها را بپرستش خدای متعال وصیّت فرمود و سام را دستور داد تا چنانکه کسی نداند پس‌ازمرگ نوح بکشتی‌درآید وجسدآدم‌را بیرون‌آورد و « مَلکیزدق‌بن

۱ ـ قبط فرزند قوط بن حام و حبشه و هند فرزندان کوش‌بن حام . ۲ ـ طبری ج ۱ ص۱۳۹ ، نوبه‌بن کنعان ، زنج‌بن‌کنعان و حبشه‌بن‌کوش . ۳ ـ انبیاء ، ۹۵ ـ ۹۷

لمك بن سام » را نیز با خود ببرد، چه خدا اورا بر گزیده است که در وسط زمین در مکان مقدس با جسدآدم باشد. آنگاه باو گفت ای سام هر گاه تو و ملکیز دق بیرون رفتید خدا فرشته‌ای از فرشتگان را خواهد فرستاد که راه را بشما نشان دهد و وسط زمین‌را بشما ارائه دهد، پس کسی‌را بآنچه میکنی آگاه مکن، چراکه این‌امر وصیّت‌آدم بفرزندان‌او و وصیّت‌آنها بیکدیگر است که اکنون بتومیرسد، و هر گاه‌بجائیکه فرشته‌بشما نشان میدهد رسیدید جسدآدم رادرآن بگذارو‌ملکیزدق را امر کن که ازآن جدا نگردد وکاری جز عبادت خدای متعال نکند و نیز بفرما که زنی نگیرد و خانه‌ای نسازد و خونی نریزد وجامه‌ای‌جز از پوستهای حیوانهای وحشی نپوشد و مو و ناخن نگیرد و تنها بنشیند و خدا را بسیار ستایش نماید. سپس نوح در روز چهارشنبه ماه أیار وفات کرد، وچنانکه خدای‌متعال فرموده‌است عمر او نهصد و پنجاه سال بود: « الف سنةالاخمسین عاماً »[1]

سام بن نوح[2]

سام فرزندنوح پس‌ازپدرش بعبادت‌وطاعت‌خدا قیام‌نمود، وهنگامی که‌او صد و دو [ساله] بود پسرش «ارفخشد» متولد گشته بود. سپس‌سام رفت و کشتی‌را گشود و جسدآدم را برداشت ونهان از دو برادر وخویشانش‌آنرا فرودآورد، آنگاه دوبرادر خود یافث وحام را خواست وبه‌آن‌دو گفت: پدرم‌مرا وصیت کرده‌وبمن امرفرموده است که بدریا روم و زمین را بنگرم سپس‌باز گردم؛ پس‌بمانید تا نزدشما باز گردم و با زن و فرزندانم خوبی نمائید. دو برادرش گفتند: درپناه‌خدا بروتو خود میدانی که زمین‌ویران‌است وازدرندگان‌برتو میترسیم.سام گفت: خدا فرشته‌ای‌ازفرشتگان خود خواهد فرستاد، وخدا بخواهد از چیزی نمی‌ترسم. آنگاه سام پسرش لمك را خواست و باو و زنش «یاَوزدق» گفت پسرخود «ملکیزدق» را بـا من همراه کنید

۱ــ س ۲۹ ی ۱۴ . ۲ ــ ل : ص ۱۴ .

که‌در راه همدم من باشد. پس هردو اورا بهمراهی باسام امر کردند. وسام به‌دوبرادر و خویشان وفرزندان خود گفت: همه میدانید که پدرمان نوح مرا وصی خود دانسته و بمن فرموده است که درِ کشتی را مهر کنم و نه خود داخل آن شوم و نه هیچکس ازمردم، پس کسی ازشما نزدیك کشتی نرود. سپس سام با فرزند زادهٔ خود بیرون رفت و فرشته نیز همراه آن‌دو گردید و باآن‌دومیرفت تا آنها را بجائیکه‌باید جسد آدم را درآن می‌نهادند رسانید. گویند که آنجا درمسجد منی نزد مناره بود و اهل کتاب آنرا در شام در زمین مقدس دانسته‌اند. پس زمین[1] بـاز شد و سام جسد را در آن‌نهاد آنگاه‌زمین بهم آمد. وسام بملکیزدق بن لمك بن‌سام گفت: اینجابنشین‌وخدا را نیك پرستش نما کـه خدا در هر روزی فرشته‌ای از فـرشتگان را برای انس تـو خواهد فرستاد. پس بااو خدا حافظی کرد و بازگشت و نـزد بستگان خودآمـد. پسرش لمك از ملکیزدق پرسید. گفت: در راه مرد و اورا بخاك سپردم، پس‌پدر و مادرش بر او سوگوار شدند. سپس مرگ سام فرا رسید و او بفرزند خود ارفخشد وصیت‌نمود. و روز پنجشنبه هفتم ایلول درگذشت و عمر او ششصد سال بود.

ارفخشدبن سام[2]

جانشین سام در عبادت و اطاعت [خدای] متعال فرزند او ارفخشد بـود که در صدوهشتاد وپنج سالگی‌پسرش «شالح» بزاد. دراین زمان‌فرزندان‌نوح‌درشهرهامتفرق شده و جبّاران و سرکشان آنها زیاد گشته بودند، و فرزندان نوح را کنعان‌بن حام فاسد کرده بود و آشکارا گناه میکردند. چون مرگ ارفخشد فرا رسید فرزندان و بستگان خود را نزد خویش خواست و آنهـا را بعبادت خدای متـعال و دوری از گناهان وصیت فرمود. وبشالح گفت: پسرجان وصیت مرا بپذیر و پس از من در میان عشیره‌ات بجای من باش و راه بندگی خدا را در پیش گیر. آنگاه روزیکشنبه

۱ ـ ل، زمینها. ۲ ـ ل، ص ۱۵.

هفت روز بآخر نیسان مانده بدرود زندگی گفت و چهار صد و شصت و پنج سال زندگی کرد .

شالح بن ارفخشد[1]

سپس شالح بن ارفخشد در میان عشیرهٔ خود بپا خاست ، آنها را بعبادت پروردگار امر میکرد و از گناهان باز میداشت و از عذاب وعقوبتی که بگناهکاران میرسد بیم میداد . او صدو سی سال داشت که فرزندش «عابر» متولد گردید و چون مرگش فرا رسید بفرزندش عابر بن شالح وصیّت نمود واورا بدوری از کارفرزندان قابیل امر فرمود . آنگاه روزدوشنبه سیزدهم آذار در گذشت وچهارصدوسی سال زندگی کرد.

عابر بن شالح[2]

سپس عابر فرزند شالح بجای پدر قیام کرد و قوم خود را باطاعت خدای متعال دعوت نمود و فرزندان سام بن نوح را ازآمیزش با اولاد کنعان بن حام که دین پدران خود را دگرگون ساخته و گناهان را مرتکب میشدند بیم میداد . فرزندش «فالغ» در صد و سی و چهار سالگی او متولد شده بود ، سپس مرگ او در رسید و پسر خود فالغ را جانشین ساخت و باو گفت پسر جانم چون فرزندان قابیل لعین بسیار گناه کردند و اولاد شیث هم درمعصیت خدای متعال همراه آنها شدند، خدا بر آنان عذاب فرستاد . پس مباد تو وخویشانت در کیش فرزندان کنعان درآیید. آنگاه عابر در روز پنجشنبه بیست و سوم تشرین اول وفات کردپس ازآنکه سیصدو چهل سال و بقولی صدو شصت و چهار سال زندگی کرده بود .

فالغ[3] بن عابر[4]

پس ازعابر پسرش فالغ دعوت مردم راباطاعت خدای متعال درعهده گرفت و

۱ ـ ل ؛ ص ۱۶. ۲ ـ ل؛ ص ۱۶. ۳ ـ تورات ؛ فالج. ۴ ـ ل ؛ ص ۱۷.

در زمان او فرزندان نوح در بابل مجتمع شدند باین طریق که ماش بن‌ادم‌بن‌سام ابن‌نوح بزمین بابل‌رفت ودر آنجا «نمرود» جبّار و«نبیط» پدر نبطیها را بزاد. نبیط اول کسی بود که نهرها جاری ساخت و درختها نشانید و دست بعمران زمین زد و زبان همهٔ آنها سریانی بود که زبان‌آدم نیز بود. پس چون در بابل مجتمع شدند بیگدیگر گفتند بایدکاخی بنا کنیم که پائین‌آن زمین و بالای‌آن‌آسمان باشد و چون ساختن آنرا آغاز نمودند گفتند آنرا دژی بسازیم که ما را از طوفان نگهداری کند. پس‌خدا دژ آنها را ویران ساخت و هفتاد و دو زبان در میان‌آنها پدیدآورد و ازهمانجا هفتاد و دوفرقه شدند که‌نوزده زبان درفرزندان سام وشانزده زبان دراولاد حام وسی‌وهفت زبان در میان فرزندان یافث پدیدآمد وچون این پراکندگی را دیدند نزد فالغ بن عابر آمدند و او گفت شما را با این پراکندگی زبانها یك زمین جای نمیدهد، گفتند زمین‌را درمیان ما بخش‌نما. فالغ زمین‌را بر آنهاقسمت نمودو چین و هند وسند و ترك و خزر و تبت و بلغر[1] و دیلم و توابع زمین خراسان نصیب فرزندان یافث‌بن نوح گردید که پادشاه آنها جمشاذ بود؛ و زمین باختر ز ماورای فرات تا نقطهٔ باختری قسمت اولادحام؛ و حجاز و یمن و باقی‌زمین سهم فرزندان سام گردید. وچون مرگ فالغ فرارسید فرزند خود «ارغو» راکه در سی سالگی پدر متولد شده بود وصی خود گردانید و در روز جمعه دوازدهم ایلول پس از دویست و سی و نه‌سال زندگی بدرود حیات گفت.

ارغو[2] بن فالغ[3]

ارغو فرزند فالغ هنگامی بجای پدر قیام کرد که هفتاد و دو زبان پراکنده پدید آمده بود و فرزندان سام نوزده فرقه و اولاد حام شانزده فرقه و اولاد یافث سی وهفت فرقه‌بودند. نمرود جبارنیز درزمان او بود، نمرود دربابل جای‌داشت و

۱ـ مراصدالاطلاع: بلغار. ۲ـ تورات: رعو. ۳ـ ل، ص ۱۸.

او است که اول بار قصری بنا نهاد و تـاج برسر نهاد و شصت و هفت سال پادشاهی کرد. ارغو سی‌ودوساله بود که فرزندش«ساروغ» متولد گردید وهفتاد وچهارساله‌بود که هزارهٔ سوم کامل شد. ارغو هنگام مرگ بپسرش ساروغ وصیت کرد و[1] روزچهار شنبه چهاردهم نیسان وفات نمود و عمر او دویست سال بود.

ساروغ بن ارغو

از میان فرزندان ارغو ساروغ جانشین پدر گردید و در آن‌هنگام جباران و گردنکشان زیادشده در زمین‌سر کشی‌داشتند. ودرروزگار ساروغ بت پرستی‌معمول گردید و جهت آن بود که هر گاه عزیزی از قبیل پدر یا برادر یـا فرزند از کسی میمرد بتی بصورت او میساخت و نام مرده را بر آن می‌نهاد، پس‌جانشینان آنها که آمدند تصور کردند وشیطان هم چنین گفت که این بتها برای‌عبادت ساخته‌شده‌اند و آنهـا را پرستش کردند. سپس خدا دین‌آنها راپراکنده ساخت بعضی بتها و بعضی خورشید و بعضی‌ماه و بعضی پرندگان و بعضی سنگ وبعضی درخت و بعضی‌آب و بعضی بـاد را پرستش نمودند و شیطان آنها را شیفته و گمراه ساخت و بسر کشی واداشت. ساروغ درهنگام مرگ، پسرش«ناحور» را که درصد وسی‌سالگی پدرمتولد شده بود وصی‌خود قراردادو اورا بعبادت خدای متعال امرفرمود. آنگاه روزیکشنبه سه روز بآخر آب مانده در گذشت و عمر او دویست و سی‌سال بود.

ناحوربن ساروغ[2]

ناحور بجای پدرش‌بود تاآنکه در زمانش بت‌پرستی بسیارشد، وخدا زمین را فرمود تـا بر آنها سخت ارزید و بتها در افتادند لیکن آنها بزمـین لـرزه اعتنائی نکردند و دو باره بتهائی را بجای آنها قرار دادند. و در زمان ناحور جادو گری و

۱ ـ ل، ارغوا. ۲ ـ ل، ص ۱۹.

غیب گوئی و فال زنی آشکار گردید و مردم فرزندان خود را برای شیاطین ذبح کردند، و پیمانه‌ها و میزانها برقرار گشت. و زندگانی ناحور صد و چهل و هشت سال بود، وجبّارهای زمان او قوم عاد بن عوص بن ارم بن سام بن نوح بودند که در شهر ها پراگنده گشتند و منزلهای‌شان در میان بالاهای حضرموت تا وادیهای نجران بود. پس چون تبهکاری و سر کشی کردند خدای متعال هود [بن عبدالله بن رباح‌بن] خلود[1] بن عادبن عوص‌بن ارم بن‌سام بن‌نوح را مبعوث فرمود[2] و او عاد را بعبادت و اطاعت پروردگار و دوری از محرّمات دعوت میکرد و آنها تکذیبش نمودند تا خدا سه سال باران را از آنان باز گرفت، پس کسانی از خودرا بسوی کعبه فرستادند تا برای آنها ازخدا باران‌بخواهند و آنهاچهل‌روز بطواف کعبه‌ومراسم زیارت آن مشغول بودند، سپس دو ابر برسر آنها برآمد یکی سفید که در آن باران و رحمت بود و دیگری [سیاه] که عذاب و گرفتاری داشت، و آوازی شنیدند که آنهارا ندا می‌داد: هر کدام را میخواهید بر گزینید. گفتندسیاه‌را بر گزیدیم. پس آنها را فراگرفت و چون نزدیك شهرها رسیدند هود بآنها گفت در این ابر که دامن برسر شما گسترده است عذاب است و آنها گفتند: «عارض ممطرنا»[3] ابری است که ما را باران میدهد، پس‌باد سیاهی برآمد که برچیزی نگذشت مگر آنکه آنرا آتش زد و جز هود کسی نجات نیافت[4]. و گفته میشود که لقمان‌بن عاد نیز نجات یافت و باندازهٔ عمر هفت کرکس زنده‌بود. و پس از انقراض عاد قوم ثمود بن جازربن ثمود بن ارم بن سام بن نوح[5] جای آنها را گرفتند و پادشاهان‌شان در حجر[6] جای داشتند و چون سر کشی کردند خدا صالح بن تالح بن صادوق بن

۱ ـ جلود ـ کامل ص ۴۸. ۲ ـ اعراف، ۶۵ ـ ۷۲، هود، ۵۰ ـ ۶۰، ۸۹ شعراء، ۱۲۳ ـ ۱۴۰. ۳ ـ س۴۶ ی ۲۴. ۴ ـ قمر، ۱۸ـ۲۱. فرقان، ۳۸ ـ ۳۹، عنکبوت، ۳۸، ذاریات، ۴۱ ـ ۴۲، فجر، ۶ ـ ۸. ۵ ـ ثمودبن جاثر بن‌ارم بن سام بن نوح (طبری ج ۱ ص ۱۵۸). ۶ ـ دیار و مساکن قوم ثمود در وادی القری میان مدینه وشام (مراصد).

هود[1]را بنبوت بر آنها فرستاد. پس‌از او معجزه خواستند و خدا برای آنها شتری که بچه‌اش همراه بود پدیدآورد و صالح بآنها گفت آب گرفتن از آبگاه یکروز این شتر را و یکروز شما را است پس مباد که او را از آب برانید، لیکن صالح را تکذیب کردند ومردی ازآنان که او را «قُدار»[2]میگفتند برخاست وشتررا پی کرد و پی او را با شمشیر برید پس بچه‌اش برزمین بلندی برآمد و بلند ناله کرد آنگاه خدا برآنها عذاب فرستاد و جز زنی بنام «ذریعه» کسی از آنها رهائی‌نیافت[3] و قدار در میان عرب ضرب‌المثل شده است.

تارخ بن ناحور [4]

تارخ بن ناحور پدر ابراهیم خلیل‌الله در زمان نمرود جبّار بود. نمرود[5] اول کسی است که‌آتش پرستید و آنرا سجده کرد باین طریق که آتشی از زمین بیرون آمد و نمرود نزد آن رفت وآنرا سجده کرد و شیطان از میان آتش با او سخن گفت پس خانه‌ای برآن ساخت و کسانی بخدمت آن گماشت. در این زمان بود که مردم بعلم نجوم پرداختند و کسوف شمس و خسوف قمر را حساب کردند و ستارگان ثابت و سیار را شناختند و در علم فلك و بروج سخن گفتند. و مردی ... بود که اینها را بنمرود آموخت. وتارخ یعنی آزر پدر ابراهیم[6] با نمرود جبار بود.

۱ـ صالح‌بن عبید بن‌اسف بن ماسخ (ماشج) بن عبیدبن‌خادر (جادر) بن ثمود (طبری ص ۱۵۸ـ کامل‌ص ۵۰). ۲ ـ قداربن سالف (کامل ص۵۱). ۳ ـ قصص صالح درسورهٔ اعراف، ۷۳ـ ۷۹، هود: ۶۱ ـ ۶۸، شعراء: ۱۴۱ ـ۱۵۹ نمل: ۴۵ـ ۵۳، قمر: ۲۳ ـ ۳۱، شمس: ۱۱ ـ ۱۵، ونام صالح نیز در سورهٔ هود ۸۹، ونیز داستان ثمود در سورهٔ ذاریات: ۴۳ ـ ۴۶، وداستان عاد و ثمود درسورهٔ حاقة: ۴ ـ ۷ و سورهٔ فصلت: ۱۳ ـ ۱۸ آمده است. نسب صالح در معارف ابن قتیبه ص ۱۴: صالح بن عبید بن عابر بن ارم بن سام بن نوح. ۴ ـ ل: ص ۲۰.

۵ ـ طبری ص ۱۴۱: نمرود بن‌کوش بن حام و ص ۱۶۳ نمرود بن کنعان‌بن کوش بن سام.

۶ ـ آنچه در اینجا و در مروج‌الذهب ج ۱ ص ۴۴ است خلاف عقیدهٔ قطعی شیعهٔ امامیه‌است که پدران خاتم‌الانبیاء صلی‌الله علیه و آله تا حضرت آدم علیه‌السلام همگی خداپرست و بر دین حق بوده‌اند و آزر عموی ابراهیم یا جد امی او بوده است و آیهٔ کریمهٔ «و تقلبك فی الساجدین» (۲۶: ۲۱۹) بتفسیر امام باقر و امام صادق و ابن عباس و دیگران شاهد آن است.

پس‌منجمان برای نمرود حساب کردند وباو گفتند که در کشورش فرزندی پدید آید که دینش را عیب گوید و خودش را نکوهش کند و بتهایش را ویران سازد و گروهش را پراگنده گرداند . و از این رو هر کودکی در کشورش متولد میشد شکمش را پاره میکرد تا آنکه ابراهیم متولد گردید و پدر و مادرش او را پوشیده داشتند و امر ولادتش را پنهان کردند و او را در غاری که هیچکس آگاهی نداشت نهادند . ولادت ابراهیم در کُوثی ربّا[1] و درصد و هفتاد سالگی تارخ بود ، و تارخ دویست وپنج سال زندگانی کرد .

ابراهیم[2]

در زمان نمرود جبار[3] ابراهیم بجوانی رسید و چون از غاری که در آن بود بیرون آمد بآفاق آسمان نگریست و زهره را ستارهٔ روشنی دید و گفت : «هذا ربّی»[4] این است پروردگار من که بلند وآسمانی است. سپس ستاره ناپدید گشت و ابراهیم گفت بیشك پروردگارمن پنهان نمیگردد. آنگاه ماه را دید که ازافق سربرآورد و گفت : « هذا ربّی »[5] چیزی نگذشت که ماه نیز ناپدید گشت و ابراهیم گفت : « لئن لم یهد نی ربّی لاکونن من القوم‌الضالین »[6] اگر پروردگارم رهبریم نکندازگروه گمراهان میشوم پس چون روز رسید و خورشید از خاور برآمد گفت : «هذا

---

۱ ـ کوثی ربّا که قبر ابراهیم خلیل درآن است و کوثی‌الطریق دو قریه است در دو جای عراق (مراصد) . ۲ ـ ل ؛ ص۲۱. بقرة ؛ ۱۲۴ـ۱۳۴، ۲۵۸. انعام ؛ ۷۴ـ۸۹، هود ؛ ۶۹ـ۷۶، ابراهیم ؛ ۳۵ ـ ۴۰ ، حجر ؛ ۵۱ ـ ۵۶، مریم ؛ ۴۱ ـ ۵۰ ، انبیاء ؛ ۵۱ ـ ۷۳ ، شعراء ؛ ۶۹ ـ ۱۰۲ ، عنکبوت ؛ ۱۶ ـ ۲۷ ، صافات ؛ ۸۳ ـ ۱۱۳، زخرف ؛ ۲۶ ـ ۲۸ ، ذاریات ؛ ۲۴ ـ ۳۷ ، در سوره‌های آل عمران آیات ۳۳ ، ۳۵ ، ۶۷ ، ۶۸ ، ۸۴ ، ۹۵ ، ۹۷ و نساء آیات ؛ ۵۴ ، ۱۲۵، ۱۶۳ و انعام ۱۶۱ وتوبه ۷۰، ۱۱۴ ویوسف ۶، ۳۸ و نحل ۱۲۰، ۱۲۳ و مریم ۵۸ و حج۲۶، ۴۳، ۷۸ و عنکبوت ۳۱ و احزاب ۷ و ص ۴۵ و شوری ۱۳ و نجم ۳۷ و حدید ۲۶ و ممتحنه ۴ و اعلی ۱۹ نام حضرت ابراهیم ذکر شده است . ۳ ـ نمرود بن کوش بن حام بن نوح بانی شهر بابل که تا مدتی زمین نمرود خوانده میشد . ۴ ـ س۶ ی۷۶ . ۵ ـ س۶ ی ۷۷ . ۶ ـ س ۶ ی ۷۷ .

ربّی»[۱] اینکه روشنتر و درخشنده‌تر است پروردگار من است پس چون خورشید در افق ناپدید گشت گفت پنهان گشت و پروردگار من پنهان نمیشود، همانطور که خدای متعال سرگذشت و داستان او را گفته است[۲] . و آنگاه که سنّ ابراهیم بحدّ کمال رسید ازبت‌پرستی قوم خوددر شگفت‌میشد ومیگفت : «اتعبدون ماتنحتون»[۳] آیا آنچه را خود میتراشید پرستش میکنید ؟ بپاسخ او میگفتند بت پرستی راپدرت بما آموخته است و او میگفت بیشك پــدرم از گمراهان است . سخن ابراهیم در میان قــومش آشکار گشت و در دهــان و زبان مــردم افتــاد و خــدا او را بپیغامبری برانگیخت و جبــرئیل را نــزد او فرستاد تــا دینش را باو آموخت. ابراهیم بدعوت قوم خود برخاست ومیگفت : « انّی بریءٌ مما تشرکون»[۴] همانا من بیزارم از آنچه شرك میورزید . خبر ابراهیم بنمرود رسید و کس نزد او فرستاد. سپس ابراهیم بت‌شکنی آغاز کرد ، بتها را می‌شکست و میگفت از خود دفاع کن ! پس نمرود آتشی برافروخت و ابراهیم را در منجنیقی نهاد و در میــان آتش انداخت و خدا بآتش وحی فرمود : « کونی برداً و سلاماً علی ابراهیم»[۵] بر ابراهیم سرد وسلامت باش . ابراهیم درمیان آتش نشست بی آنکه زیانش رساند. پس نمرود گفت هر کس خدائی بگیرد باید خدائی مانند خدای ابراهیم باشد. آنگاه لوط دعوت ابراهیم را پذیرفت و ایمان آورد ولوط پسر برادر ابراهیم خاران بن تارخ بود[۶]. وخدای عزوجل ابراهیم را فرمود کــه از کشور نمرود بزمــین مقدس شام رود ، پس ابراهیم و زنش ساره دختر خاران بن ناحور[۷] عمویش ولوط بن خاران هجرت نمودند و در زمین فلسطین که خدا فرموده بود فرود آمدند و ثروت ابراهیم و لوط زیاد گردید . آنگاه ابراهیم بلوط

۱ ـ س ۶ ی ۷۸ . ۲ ـ س ۶ ی ۷۴ ـ ۸۲ . ۳ ـ س ۳۷ ی ۹۵ . ۴ ـ س ۶ ی ۷۸ .
۵ ـ س ۲۱ ی ۶۹ . ۶ ـ در سفر تکوین و مروج‌الذهب ص۴۵ و طبری ص۱۷۱ لوط بن هاران بن تارخ است . ۷ ـ طبری ص۱۷۱، ساره دختر هاران اکبر عموی ابراهیم بود و بعضی گفته‌اند که او دختر پادشاه حرّان بوده است .

گفت خدای متعال مال ومواشی را زیاد کرده است پس تو از اینجا منتقل شو و در دوشهر «سدوم» و «عموره» نزدیك جائیکه ابراهیم درآن‌ساکن‌بود جای گیر، وچون لوط بشهر سدوم و عموره رفت و آنجا فرود آمد پادشاه آن ناحیه بر او تاخت و با او جنگید و مالش را گرفت. پس ابراهیم رفت و مال لوط را پس گرفت. و خدای متعال بابراهیم گشایش داد و مال او را فراوان ساخت‌و او گفت پرورد گارا بااینکه فرزندی ندارم مال را چه کنم؟ پس‌خدای عزوجل باو وحی فرمود که من فرزندان تو را بشمارهٔ ستارگان خواهم افزود ، وساره را کنیزی بود که هاجرش میگفتند و او رابابراهیم بخشید ، و هاجر از ابراهیم باردار شد واسماعیل[1]را بزاد و ابراهیم‌در آنروز هشتاد و شش ساله بود . خدای متعال بابراهیم گفت فرزندان تو را بسیار نمایم و پادشاهی باقی تا آخر روزگار را در میان آنها قرار دهم تا هیچکس شمارهٔ آنان را نداند ، و آنگاه که هاجر اسماعیل را بزاد ساره براو رشك‌برد و گفت‌او و فرزندش را از اینجا ببر. پس‌ابراهیم هاجر و اسماعیل را برداشت و بمکه آورد و در نزد خانهٔ کعبه فرود آورد و خود از آندو جدا گردید ، هاجر باو گفت ما را بکه می‌سپاری ؟ گفت بپروردگار این خانه وآنگاه گفت : اللّهم «انی اسکنت» ابنی «بواد غیرذی زرع عند بیتك‌المحرم »[2]خدایا پسرم را در درهٔ بی گیاهی نزد خانهٔ محترمت جای دادم . سپس آبی که با هاجر بود تمام شد و اسمعیل سخت تشنه گشت مادرش‌هاجر درپی‌آب بیرون شدو بر کوه‌صفا برآمد ونزدیك کوه‌پرنده‌ای‌را دید پس بازگشت و ناگهان دید که پرنده بپای خودزمین راکاویده و آب جوشیده است هاجر اطراف آب را گرفت تا بیرون نریزد ، و چاه « زمزم » این است .

وقوم لوط بگنهکاری پرداختند و با پسران درآمیختند ، چون ابلیس لعنه‌الله

---

۱ ـ نام اسماعیل در سوره‌های بقره آیات۱۲۵ ، ۱۲۷ ، ۱۳۳ ، ۱۳۶ ، ۱۴۰ و آل عمران ۸۴ ونساء ۱۶۲ و انعام ۸۶ وابراهیم ۳۹ ومریم ۵۴ و انبیاء ۸۵ وص ۴۸ ذکرشده‌است . ۲ ـ س ۱۴ ی ۳۷ .

تعالی برای آنها بصورت پسری زیبا درآمد و از آنها خواست تا با او در آمیزند و آنها را خوش آمد و آمیزش با زنان را رها کردندو با پسران در می‌آمیختند. پس لوط درمقام نهی آنهابرآمدلیکن آنهانشنیدندو در داوری هم بیداد رابآنجارسانیدند که در جور و ظلم بآنها مثل زده و گفته‌اند: «ظالمانه‌تر از حکم سدوم» و هر گاه مردی از آنها باکسی بدی میکرد و او را میزد و با تازیانه آزار میداد باو میگفت مزدکاری را که باتو انجام دادم بده. وآنهارا دو امیر بود بنام «شقری» و«شقرونی» که پیوسته بجور و ستم و عدوان حکم میکردند. و چون کار بد قوم لوط و بیداد آنها بنهایت رسید خدا فرشتگانی را برای هلاك کردن آنها فرستاد و فرشتگان بر ابراهیم فرودآمدند و او جوانمرد و مهمان‌نواز بود. پس‌چون فرشتگان در آمدند گوسالهٔ بریان‌شده‌ای رانزدآنها نهاد وهنگامی که دید نمیخوردندناشناسشان‌پنداشت، پس خود را باوشناساندند و گفتند مافرستادگان پروردگار توایم برای نابودساختن اهل این قریه یعنی سدوم همان قریه‌ای که قوم لوط درآن بودند، پس‌ابراهیم بآنها گفت: «ان فیها لوطاً قالوا نحن اعلم بمن فیها لننجینه واهله الا امرأته»[1] همانا لوط درآن‌است. گفتند: ما خود بهر که درآن‌است داناتریم بیشك او و خاندانش را جز زنش نجات میدهیم. در این هنگام ساره زن ابراهیم ایستاده و از گفتار آنها درشگفت‌بود. پس‌اورا باسحق بشارت دادند، ساره گفت: «ءألدوانا عجوز وهذا بعلی شیخاً»[2] آیا میزایم ومن‌پیری‌ناتوان وشوهرم پیری فرتوت‌است؟! ابراهیم‌صد ساله و ساره نود ساله بود.

پس‌چون‌فرشتگان خدا نزد لوط‌آمدند و زنش‌آنهارا دید آتشی‌برافروخت تا قومش آگاه‌شده نزدلوط‌آمدند وباو گفتند مهمانان‌خودرا بما ده. گفت «لاتفضحون فی‌ضیفی» با تعرض مهمانانم رسوایم نسازید. وچون اصرار ورزیدند جبرئیل‌آنها را

۱ ـ س ۲۹ ی ۳۲.   ۲ ـ س ۱۱ ی ۷۲.

راند و نابینا ساخت وفرشتگان بلوط گفتند ما نابودشان میسازیم. گفت کی ؟ گفتند صبح ، گفت مگرتاصبح مجالشان‌میدهید؟ جبرئیل باو گفت: «الیس الصبح بقریب»[۱] مگرصبح نزدیك نیست؟ هنگام سحربود که جبرئیل لوط را گفت بیرون رو ، سپس شهرها را بر آنان واژگون‌ساخت و گفته‌اند آتشی بر آنها فرود آمد و کسی‌ازآنان رهائی نیافت وزن لوط که در میان آنها بود ستونی‌از نمك گردید و دیگر باز گوئی ازآنها نماند[۲]. وخدا اسحق‌بن‌ساره راباابراهیم‌بخشید ومردم ازآن درشگفت‌آمدند و گفتند پیرمردی صد سالـه و پیرزنی نودساله ! پس اسحق از هر کسی بـاابراهیم شبیه‌تر درآمد. و ابراهیم همه گاه بدیدن اسماعیل ومادرش میرفت تـا اسمعیل بالغ گشت و مردی شد سپس زنی از قبیلهٔ جرهم گرفت و بار دیگر که ابراهیم بدیدن او رفت او را ندید و مادرش هاجر مرده بود ، ابراهیم با زن اسماعیل سخن گفت و عقلش را نپسندید . آنگاه از اسماعیل جویا شد گفت در چراگاه است ابراهیم بدو گفت هر گاه اسماعیل از چراگاه باز آمد او را بگو آستان خانه‌ات را تغییر ده . و چون اسماعیل از چراگاه بازگشت زنش او را گفت پیر مردی بدینجا آمد و از تو می‌پرسید، اسماعیل گفت تو را چه فرمود ؟ گفت بمن‌فرمود تورا بگویم آستـان خانه‌ات را تغییر ده . اسماعیل گفت تو رهائی پس طلاقش‌داد وحیفاء دختر مُضاض (بن‌عمرو)جرهمی را گرفت وپس‌ازچندی ابراهیم بسوی‌آنها بازگشت واسماعیل‌را در خانه نیافت و اززنش که در خانه بود حالشان راپرسید گفت خوب است ابراهیم گفت خوب باشید شوهرت کجا است؟ گفت درخانه نیست، بفرما. فرمود نمی‌توانم فرود آیم گفت‌اجازه فرما سرت راببوسم[۳] ابراهیم چنان کرد گفت هر گاه شوهرت

---

۱ ـ س۱۱ ی۸۱. ۲ـ اعراف: ۸۰ـ۸۴، هود: ۷۷ـ۸۲، حجر: ۵۷ـ۷۷، انبیاء : ۷۴ـ۷۵ حج : ۴۲ـ۴۴ ، شعراء : ۱۶۰ـ۱۷۵ ، نمل ۵۴ـ۵۸ ، عنکبوت: ۲۶ ـ ۳۵ صافات : ۱۳۳ـ۱۳۸ ، ق : ۱۳ ـ ۱۴ ، قمر : ۳۳ ـ ۳۹ ، ذاریات : ۳۱ ـ ۳۷، نام لوط نیز در سوره‌های انعام ۸۶ و هود ۸۹ وص۱۳ و تحریم ۱۰ ذکر شده‌است . ۳ ـ طبری ص ۱۸۱ ، کامل ص۶۰، عرائس ص۸۳ : انزل حتی اغسل راسك ، فرود آی تا سرت را بشویم .

بازآمد سلامش رسان و باوبگو آستان خانه‌ات را نگهدار ، ابراهیم رفت و اسماعیل بازآمد و زن قصهٔ پدرش ابراهیم‌را بدو باز گفت پس برجای‌پای پدر افتاد و آنرا بوسه داد . سپس خدای متعال ابراهیم‌را فرمود کعبه را بسازد و ستونهای آنرا برافرازد و مردم‌را بحج بخواند ومناسك حج‌را بآنان بیاموزد ، پس ابراهیم و اسماعیل پایه‌های خانه را برافراشتند تا بجای حجر (الاسود) رسید . آنگاه ابراهیم را کوه ابوقبیس ندا کرد که تـو را نزد من امانتی است پس حجر را بابراهیم داد تـا آنرا بجای خود نهاد ، ابراهیم در میان مردم بانگ حج برآورد . و روز ترویه جبرئیل او را گفت آب بردار[1] ، وآنروز ترویه نامیده شد . آنگاه بمنی آمـد و جبرئیلش گفت شب اینجا بمان سپس بعرفات آمد و با سنگهای سفیدی آنجا مسجدی ساخت و نماز ظهر و عصر را در آن بپای برد و جبرئیل بموقف عرفاتش برد و گفت این عرفات است بشناسش، پس عرفات نامیده‌شد. پس او را از عرفات کوچ داد و چون محاذی «مأ زمین»[2] گردید گفت «ازدلف» بخدا تقرب جوی و از اینرو مزدلفه[3] نامیده شد و گفتش دو نمازرا باهم بخوان پس «جمع»[4] نامیده‌شد. آنگاه بمشعر رفت و آنجا خوابید و خدای اورا فرمود تافرزندش‌را سر بُرد و روایت دربارهٔ اسماعیل واسحاق باختلاف است؛ قومی گفته‌اند ذبیح اسماعیل است چراکه ابراهیم خانه وزندگی خودرا باآسحق درشام گذاشت؛ دیگران گویند ذبیح اسحق است چه ابراهیم اورا که هنوز پسری بود و مادرش را با خود بیرون برد و اسماعیل خود مردی دارای فرزند بود ، روایت‌ها در این و آن بسیار و مـردم در بـارهٔ آندو باختلاف رفته‌اند . صبح فردا ابراهیم بمنی

۱ ـ فقال یا ابراهیم أرتومن الماء لك و لأهلك و لـم یکن بین مکة و عرفات ماء (بحـار ج۱۲ ص ۱۲۵) . ۲ ـ مأ زمان تثنیهٔ مأزم است و آن درهٔ تنگی است میان دو کوه که آخرش ببطن عرفه میرسد وراه عرفه بمزدلفه‌است (مراصد). ۳ ـ مزدلفه بضم میم وسکون زای و فتح‌دال وکسر لام زمین وسیعی‌است میان کوهها که مشعرالحرام در آن واقع است (مراصد). ۴ـ جمع نام دیگری‌است برای مزدلفه (مراصد).

رفت و بمادر پسر گفت کعبه را زیارت کن[۱] و بفرزند خود گفت خدا مرا فرموده است تو را سر برم پسر گفت: «یا ابت افعل ما تؤمر»[۲]. ابراهیم کارد را گرفت و او را نزد «جمرهٔ عقبه» خواباند و جل الاغی را زیر او انداخت سپس تیزی کارد بر گلویش نهاد و روی خود از او گردانید، جبرئیل کارد را بگردانید و ابراهیم کارد را بر گشته دید واین کار را سه بار کرد، سپس فریادی شنید: «یا ابراهیم قد صدقت الرؤیا»[۳] ای ابراهیم همانا خوابرا راست آوردی، جبرئیل پسررا بر گرفت و قوچ را از قلهٔ کوه ثَبیر فرود آورد و بجای ذبیح نهاد و ابراهیم آنرا سربرید. اهل کتاب گویند ذبیح اسحاق بود و این کار دربیابان اَموریان در شام با او انجام گرفت، وآنگاه که حج ابراهیم بانجام رسید وخواست کوچ نماید پسرش اسماعیل را فرمود نزد بیت الحرام بماند وحج ومناسك مردم را بپای دارد و نیز اورا گفت خدا شمارش را بسیار ونسلش را بارور نماید وخیر وبرکت را درفرزندان او قرار دهد. ساره در بازگشت شان بشام بدرود زندگی گفت و ابراهیم دیگر بار زنی گرفت که «قطوره» نام داشت و او[۴] زِمرن و یُقشن و مَدن و مِدین و یِشباق و شُوح را برای او زایید. وابراهیم درروز سه شنبه دهم آب وفات کردوزندگی او صدونودو پنج سال بود.

اسحاق بن ابراهیم[۵]

پس از وفات ابراهیم درشام، اسحاق بجای او بود و رفقا[۶] دختر بتوئیل را بزنی گرفت و او باردار شد و حملش سنگین گردید. پس خدای عزو جل باسحاق وحی فرمود که من از شکمش دو امّت و دو قوم بزرگ بیرون آورم و کوچك را ازبزرگ بزرگتر سازم. رفقا، عیصو و یعقوب را توأمان زایید وعیصو پیش از یعقوب [بیرون آمد] و یعقوب پس از او بیرون آمد و پاشنهٔ او با پاشنهٔ عیصو بود و یعقوب نامیده

۱ ـ بقرینهٔ عبارت بحار (ج ۱۲ص ۱۲۶) ترجمه شد. ۲ـ س۳۷ ی ۱۰۲ . ۳ ـ س۳۷ ی ۱۰۴ ، ۱۰۵ . ۴ ـ سفرتکوین ب۲۵ ی ۱ـ۲ ؛ زمران ویقشان ومدان ومدیان ویشباق و شوحا.
۵ ـ ل : ص ۲۶ . ۶ ـ سفر تکوین ب ۲۵ ی ۲۰ ؛ رفقه .

شد[1] . و درحین ولادت‌ایشان اسحاق شصت ساله بود. واسحاق عیصورا دوست‌داشتی و رفقا یعقوب را . اسحاق در وادی جادو[2] ساکن شد و چشمانش از دیـدن تار گشته بود پسر خود عیصو را گفت شمشیر و کمان خود را گرفته بصحرا رونخجیری برای من بگیر تا بخورم و پیش ازآنکه بمیرم تو رادعای برکت کنم . رفقا مادرش‌سخن اسحاق را شنید و یعقوب را گفت برای پدرت خورشی بساز، بسوی گله بشتاب و دو بزغاله بگیر وخورشی بساز و نزدیك پدرت ببر تا دعای برکتش برتو واقع شود . گفت ترسم که مرا لعنت نماید. مادرش گفت اگر تورا لعنت نماید لعنت تو برمن باد . یعقوب رفت و دو بزغاله گرفت وآندو را سر برید و خورشی ساخت و نزدیك پدر برد، وچون ذراع عیصو مویدار بود یعقوب پوست دو بزغاله را بر بازوان خود بست و چون خورش را نزدیك پدر نهاد اسحاق[3] گفت‌آوازآواز یعقوب است‌لیکن دستها دستهای عیصواست، سپس‌اورا دعای برکت وسروری بربرادرانش گفت.آنگاه عیصو از شکار بازآمـد و نخجیر خود را آورد . اسحاق گفت کسی را کـه پیش از توخورشم داد دعای برکت گفتم‌و مبارك‌خواهدبود. عیصو گفت برادرم یعقوب‌فریبم داد . اسحاق باو گفت او را بر تو و دیگر برادرانش سروری دادم . سپس او را دعا کرد و گفت درسرزمین فراز منزل گزینی.

و اسحاق یعقوب را فرمود که به‌حرّان[4] رود ونزد لابان‌بن [بتوئیل‌بن‌ناحور] برادر ابراهیم باشد. اسحاق از عیصوبر یعقوب بیم داشت و باو فرمود که‌ازدختران کنعانیان زن نگیرد . یعقوب به‌حرّان نزد خالوی خود لابان رفت. عمراسحق‌صدو هشتاد و پنج سال بود .

---

۱ ـ سفر تکوین ب ۲۵ ی ۲۶ : و بعدازآن برادرش بیرون‌آمد وپاشنهٔ عیصو را بدست خود گرفته بود .   ۲ ـ سفر تکوین ب ۲۶ ی ۱۷: پس اسحاق ازآنجا برفت ودر وادی‌جرار فرود آمده درآنجا ساکن شد .   ۳ ـ نام اسحاق درسوره‌های بقره آیات ، ۱۳۳ ، ۱۳۶ ، ۱۴۰ و آل‌عمران ۸۴ و نساء ۱۶۳ و انعام ۸۶ و ابراهیم ۳۹ و مریم ۵۴ و انبیاء ۸۵ وص ۴۸ ذکر شده است .   ۴ ـ سفر تکوین ب ۲۸ ی ۲ : برخاسته بفدان ارام بخانهٔ پدر مادرت بتوئیل برو و ازآنجا زنی از دختران لابان برادر مادرت برای خود بگیر .

یعقوب بن اسحاق[۱]

سپس اسحاق بیعقوب گفت تو پیغبر خدائی و فرزندان توپیغمبرانندخدایت خیر و بر کت داده‌است، واو را فرمود تا به‌فدّان[۲] که جائی‌است درشام رود. یعقوب به‌فدّان‌رفت ودر آنجابر سرچاه زنی‌دید که گلهٔ گوسفندی دارد ومیخواهد گوسفندان خود راآب دهد و سنگ بزرگی برسرچاه است که جز چندین مرد بلندش‌نکنند. زن‌را پرسید که باشی؟ گفت منم[۳] دختر لابان و لابان خالوی یعقوب بود. پس‌یعقوب سنگ را بغلطانید و گوسفندان اورا سیراب کرد ونزد خالوی خود رفت. لابان اورا بیعقوب داد. یعقوب گفت نامزدمن راحیل خواهرش بود. لابان گفت این بزرگتر است و راحیل را نیز بتو میدهم. پس یعقوب[۴] هردو را گرفت و اول بالیا عروسی کرد؛ و او روبیل[۵] و شمعان[۵] ولاوی و یهوذا و اشاجر و[۶] زفولون[۶] و دختری بنام دینا[۶] زایید. سپس‌خالویش دختر دیگرخود راحیل‌را باو داد و راحیل نازاد ماند و براودشوارآمد. سپس‌خدای متعال یوسف وبنیامین‌را بخشید. ویعقوب‌زلفا کنیز لیا[۷] را بزنی گرفت واز اوکاذ[۷] وآشر[۷] ونفتالی متولدشدندو کنیز[۸] راحیل‌را نیز گرفت و اودان[۸] را زایید. بعضی گفته‌اند که یعقوب راحیل را پیش‌از لیا گرفت و اهل کتاب گویند هر دو را با هم در یکزمان گرفت پس راحیل مرد و لیا زنده بود. و یعقوب یوسف را از سایر فرزندان خود بیشتر دوست میداشت چرا که ازهمه زیباتر بود و مادرش را نیز از همه زنانش بیشتر دوست داشت. پس برادران بر او حسد

---

۱ ـ ل، ص ۲۸. ۲ ـ فدان قریه‌ای است ازاعمال حران درجزیره (مراصد). ۳ ـ سفر تکوین ب ۲۹ ی ۱۰ ؛ چون یعقوب راحیل دختر خالوی خود لابان و گلهٔ خالوی خویش لابانرا دید. ن ؛ لیا. ۴ ـ نام یعقوب در سوره‌های بقره آیات ۱۳۲ ، ۱۳۳ ، ۱۳۶ ، ۱۴۰ وآل‌عمران ۸۴، نساء ۱۶۲، انعام ۸۴، انبیاء ۷۲، عنکبوت ۲۷، هود ۷۱، یوسف ۶، ۳۸، ۶۸، ص ۴۵، مریم ۵، ۴۹ ذکرشده است. ۵ ـ سفر تکوین ب ۲۹ ی ۳۲؛ رؤبین ی ۳۳؛ شمعون. ۶ ـ تکوین ب ۳۰ ی ۱۸ ؛ یساکار، ی ۲۰ ؛ زبولون، ی ۲۱ ؛ دینه. ۷ ـ تکوین ب ۳۰ ی ۹ ؛ زلفه ـ لیه ی ۱۱، جاد ی ۱۳ ؛ اشیر. ۸ ـ تکوین ب ۳۰ ی ۴ ؛ بلهه ی ۶ ؛ دان. در سفر تکوین ب ۳۰ ی ۷ ـ ۸ ؛ نفتالی را نیز از بلهه کنیز راحیل دانسته است.

ورزیده با خود بصحرایش بردند؛ و داستان آنها همان بود که خدای‌متعال در کتاب عزیز خود فرموده است[1] . تا آنکه یوسف‌فروخته‌شد و گرفتاربردگی گردید وچهل سال از پدرش دور ماند تا خدا او را بپدر بازگرداند وچنانکه خدا درقرآن مجید فرموده است یوسف همه را درمصر فراهم‌آورد . درمصر برای‌یوسف چندین فرزند متولد گردید . ویعقوب هیفده سال در مصر اقامت داشت و چون مرگش فرا رسید یوسف‌را فرمود که اورا درمصردفن‌نکنند . یعقوب در صدوچهل سالگی‌وفات کرد .

فرزندان یعقوب[2]

یعقوب را دوازده پسربود : روبیل وشمعون ولاوی ویهوذا ویشاجر وزفولون و یوسف و بنیامین وکاذ وآشرودان و نفتالی[3]؛ اینانند پسران یعقوب وبنی‌اسرائیل و اسباط . فرزندان روبیل : خنوخ و فلّو و حَصران و کَرمی[4] و فرزندان شمعون : نموئیل و یامین و شاوول[5] و پسران لاوی : جَرشون و قَهث و مَراری[6] وفرزندان یهوذا : عار و أونان و شیلا و فارص و زارح[7] و اولاد یشاجر : تولع و فوّا و یوب و شمرون[8] و فرزندان آشر : یمنه و اشوا و اشوی و بریعا و سارخ[9] و فرزندان زفولون : سارد و أیلون و یحلائیل[10] و فرزندان یوسف در مصر : افرائیم و منشی[11]

---

۱ ــ قصص یوسف در سورهٔ ۱۲ آیات ۳ــ۱۰۴ و نام یوسف نیز درسوره های انعام ۸۴ وغافر ۳۴ ذکر شده است .   ۲ ــ ل ، ص ۲۹ .   ۳ ــ سفر تکوین ب ۳۵ ی ۲۲ ــ ۲۷ ؛ و بنی یعقوب دوازده بودند ، پسران لیه ، رؤبین نخست زادهٔ یعقوب وشمعون و لاوی و یهودا و یساکار و زبولون و پسران راحیل، یوسف و بن یامین وپسران بلهه کنیز راحیل، دان و نفتالی وپسران زلفه کنیز لیه، جاد و اشیر، اینانند پسران یعقوب که در فدان ارام برای او متولد شدند .   ۴ ــ سفر تکوین ب۴۶ ی ۹ ؛ و پسران رؤبین ، حنوك و فلو وحصرون وکرمی.   ۵ ــ سفر تکوین ب ۴۶ ی۱۰ ؛ وپسران شمعون ، یموئیل و یامین (واوهد ویاکین وصوحر) و شاؤل .   ۶ ــ تکوین ب ۴۶ ی ۱۱ ؛ وپسران لاوی ، جرشون و قهات ومراری .   ۷ ــ تکوین ب ۴۶ ی۱۲، و پسران یهودا ، عیر و أونان وشیله و فارص و زراح .   ۸ ــ تکوین ب ۴۶ ی ۱۳، تولاع و فوه و یوب وشمرون .   ۹ ــ سفر تکوین ب ۴۶ ی ۱۷ ، یمنه ویشوه ویشوی و بریعه و خواهر ایشان سارح .   ۱۰ ــ سفر تکوین ب ۴۶ ی ۱۴ ، و پسران زبولون ، سارد و ایلون و یا حلئیل .   ۱۱ ــ سفر تکوین ب ۴۶ ی ۲۰ ، و برای یوسف در زمین مصر منسی و افرایم زائیده شدند .

و اولاد بنیامین : بالع و بخر و اشبال و نعمـان و أوخـی و مـفیم و حفـیم و أرد[۱] و پسران کاذ : صفیان و شونی و اصبون و عاری و ارودی و أرایلی[۲] و پسران نفتالی : یحصیل و غونی و یبصر و شالیم[۳] بودند . اینانند فرزندان یعقوب و فـرزندزادگان او که درمصر نزد یوسف جمع شدند؛ و فرزندان یوسف که در مصر متـولد گشتند . یوسف زمینی بآنها داد تا زراعت کنند ویك‌پنجم محصول آنرا بفرعون دهند . وچون مرگ یعقوب فرار رسید فرزندان و فرزندزادگان خودرا جمع کرد و درحقّ آنها دعا کرد تاخدا بآنها برکت دهد و با هریك سخنی فرمود و شمشیر و کمان خودرا بیوسف داد . یوسف دو پسرش منشی و افـرائیم را نزد پدرآورد ، یعقـوب منشی را کـه بزرگتر بود براست و افرائیم را بچپ نشانید و دست راست خود بـرافرائیم گردانید . پس یوسف را فرمود که او را ببرد و پهلوی قبر ابراهیم و اسحاق دفـن کند. چون یعقوب درگذشت هفتاد روز براو گریستند ،آنگاه یوسف‌اورا برداشت و چنـد غلام مصری باخود همراه برد و رهسپار فلسطین گشت تا پـدر را در پـهلوی قبرابراهیم و اسحاق بخاك سپرد؛ وپس‌از انجام دفن یعقوب برادرانش‌را گفت بامن بخاك مصر برگردید. وچون از یوسف بیم داشتند باو گفتند پدرت یعقوب تو را در بارهٔ ما سفارش فرموده است که از گناه ما بگذری . یوسف گفت از من نـترسید چه من از خدا می‌ترسم . دلهای آنهـا آرام شد و بزمین مصر باز گشتند و آنجا اقامت گزیدند. یوسف روزگاری‌را درمصرزندگی کرد وچون مرگ‌اورسید بنی‌اسرائیل‌را نـزد خود خـواست و چنیـن گفت که شمـا پس از چنـدی از کشور مصر بـیرون میروید . هنگامیکه خـدا مردی بنام موسی‌بن عمران از فـرزندان لاوی‌بن یعقوب بپیغمبری فرستد تا شمارا بیـاد خداآورد و بلند گرداند؛ پس بدنم را از این زمین

۱ ـ سفر تکویـن ب ۴۶ ی ۲۱ ، و پسران بنیامین ، بالع و باکر و اشبیل و جیرا و نعمان و ایحی و رش و مفیم و حفیم و آرد (ی ۲۳ ، وپسردان ، حوشیم) ۲ ـ سفر تکوین ب۴۶ ی ۱۶ ؛ و پسران جاد ، صفیون و حجی و شونی و اصبون وعیری و ارودی و ارئیلی . ۳ ـ سفر تکوین ب ۴۶ ی ۲۴ ، و پسران نفتالی ، یحصئیل وجونی و یصر و شلیم .

بیرون برید ودرنزد قبرهای پدرانم بخاك بسپرید . یوسف صدوده ساله‌بود که بدرود زندگی گفت او را در تابوتی ازسنگ نهادند وبه رود نیل انداختند . و دراین زمان بود ایّوب پیغمبر فرزند اموص‌بن زارح بن‌رعوئیل‌بن عیصوبن اسحاق‌بن ابراهیم[1] که مال فراوان داشت و خدا او را بگناهی گرفتار ساخت واو شکر کرد وشکیبائی نمود. سپس‌خدا گرفتاریش‌را برداشت ومالش‌را بدو بازداد وچندین برابرش کرد[2] .

موسی بن عمران[3]

موسی‌بن عمران‌بن قهث‌بن لاوی‌بن یعقوب[4] در زمان فرعون جبار ولیدبن مصعب وبقولی ظلمی[5] درمصر متولد گردید. وبنی‌اسرائیل اززمان‌یوسف دربردگی و بندگی فرعون مصر بسر می‌بردند . وجادوگران و غیب‌گویان فرعون باو گفتند در اینزمان کودکی از بنی‌اسرائیل پدیدآید که پادشاهی تو را تباه سازد و هلاك تو بر دست او باشد . فرعون که روزگاری دراز پادشاه مصر و از سلامت و عافیت برخوردار بود تا آنکه گفت : « انا ربّکم الاعلی »[6] منم پروردگار والاتر شما . فرمانداد تا بر هر زن بار داری از بنی‌اسرائیل پاسبانانی گماشتند و زنی از

۱ ـ طبری ج ۱ ص ۲۳۶، ایوب بن موص رازح بن عیص بن اسحاق بن ابراهیم . و ازغیر ابن اسحاق ، ایوب بن موص‌بن رغویل‌بن عیص‌بن اسحاق . ۲ـ أنبیاء ، ۸۳ـ۸۴ . ص ، ۴۱ـ۴۴ . نام ایوب در سورهٔ نساء ۱۶۳ انعام۸۴ نیز ذکر شده . ۳ـ ل ، ص۳۱ . قصص موسی بن‌عمران علیه‌السلام درسوره‌های ، بقره ۴۷ـ۹۳ نساء ۱۵۲ـ۱۶۴ مائده ۲۰ـ۲۶ اعراف ۱۰۲ ـ ۱۶۰ یونس ۷۵ـ۹۲ هود ۹۶ ـ ۱۰۱ ابراهیم ۵ـ۸ اسراء ۱۰۱ـ ۱۰۴ کهف ۶۰ـ۸۲ مریم ۵۱ـ۵۳ طه ۹ـ۱۰۱ شعراء ۱۰ـ۶۸ نمل ۷ـ۱۴ قصص ۳ـ۵۰ عنکبوت ۳۹ـ۴۰ صافات ۱۱۴ـ۱۲۲ مؤمن ۲۳ـ۴۶ زخرف ۴۶ـ۵۶ دخان ۱۷ ـ ۳۳ ذاریات ۳۸ـ۴۰ نازعات ۱۵ـ۲۶ . و نام موسی نیز در سوره‌های بقره آیات ۱۰۸، ۱۳۶، ۲۴۶، ۲۸۴ آل عمران ۸۴ انعام ۸۴، ۹۱، ۱۵۴ هود ۱۱۰،۱۷ ، اسراء ۲، انبیاء ۴۸ حج ۴۴ مؤمنون ۴۵ ، ۴۹ فرقان ۳۵ قصص ۷۶ الم سجده ۲۳ احزاب ۷، ۶۹ مؤمن ۵۳ حم سجده ۴۵ شوری ۱۳ احقاف ۱۲ ، ۳۰ نجم ۳۶ صف ۵ اعلی ۱۹ ذکر شده است . ۴ ـ طبری ج ۱ ص ۲۷۰ کامل ص ۹۵ ، موسی بن عمران بن یصهر بن قاهث بن لاوی‌بن یعقوب . معارف ص۲۰ و مروج الذهب ج ۱ ص ۴۸ ، موسی بن عمران بن قاهث بن لاوی بن‌یعقوب . ۵ـ اخبارالزمان مسعودی ص ۲۴۲، اهل مصر میگویند فرعون موسی صلی‌الله علیه وعلی نبینا محمد وآله و صحبه و سلم ، طلمابن قومس بود . ۶ ـ س ۷۹ ی ۲۴ .

بنی‌اسرائیل پسری نمی‌زایید مگرانکه فرزندش کشته میشد. وچون مادر موسی را درد زاییدن گرفت قابله او را گفت امر تو را پوشیده میدارم؛ و پس ازولادت موسی بپاسبانان گفت پارهٔ خونی بیش نبود. خدا بمادر موسی وحی کرد که تابوتی بساز سپس پسرت را درآن بگذار و شب او را ببر و در نیل مصر انداز. مادر موسی چنین کرد و بادی وزید و آنرا بکنار دریا انداخت. پس زن فرعون تابوت را دید، نزدیك رفت و آنر گرفت وچون تابوترا گشود و موسی را دید بی‌اختیار محبتش را در دل گرفت و از فرعون خواست که موسی را بفرزندی بگیرند. آنگاه برای او شیردهی‌خواست وموسی‌پستان دایه‌ها رانگرفت تاآنکه مادرش رسید و پستانش‌را مکید و بخوبی رشد کرد چنانکه در کمتر زمانی ازکودکان همزاد خود پیش رفت. یوسف بنی‌اسرائیل را گفته بود که شما پیوسته درشکنجه خواهید بود تاآنکه پسر پیچیده موی فرزند لاوی‌بن یعقوب که او را موسی‌بن عمران گویند برسد. و چون روزگار سختی بر بنی‌اسرائیل دراز شد شیون برآوردند و نزد پیری از خود رفتند؛ پس بآنها گفت اکنون خواهد رسید. در این سخن بودند که موسی بر سر آنهاایستاد، پیرمرد او را دیدو با نشانی شناخت و نام اورا پرسید. گفت موسی. پرسید فرزند که؟ گفت عمران. پس پیرمرد و دیگران برخاستند و دست و پای موسی را بوسه دادند و شیعهٔ موسی شدند. روزی موسی بیکی از شهرهای مصر رفت، ناگاه مردی از پیروان خود را با مردی ازآل فرعون درجنگ و نزاع دید، «فوکزه موسی»[1]. موسی مشتی برمرد فرعونی نواخت واو را کشت. فرعون وآل فرعون آگاه شده در پی کشتن موسی برآمدند، موسی دانست و تنها بروی خود رفت تا بمدین رسید و مزدور شعیب[2] پیغمبر فرزند نویب‌بن عیابن مدین‌بن ابراهیم

---

۱ ـ س ۲۸ ی ۱۵ . ۲ ـ کامل ج۱ ص ۸۸، گفته‌اند نام شعیب یثرون بن ضیعون‌بن عنقابن نابت بن مدین بن ابراهیم بود وبعضی‌گویند او شعیب بن میکیل از فرزندان مدین بود. در سفر خروج ب ۳ ی۱ نام شعیب، یترون ذکر شده است.

گشت براینکه یکی از دو دخترش را همسر او گرداند « فلماقضی موسی الاجل »[۱].
پس چون موسی کار مزدوری را بانجام رسانید با زنش بسوی بیت‌المقدس روان گشت . آنطور که خدای متعال قصه‌اش را در قرآن مجید آورده است[۲] هنگامی که موسی براه خود میرفت آتشی‌را دید ؛ پس همسرخود را گذاشت و بسوی آتش روی آورد و چون نزدیك آن رسید درختی دید که سراپا شعله‌ور است و چون باز نزدیك شد واپس رفت و ترسید و سخت هراسان گشت پس خدایش بانگ داد : « یا موسی لاتخف »[۳] « انك من الآمنین »[۴] ای موسی بیم مدار که توئی‌از ایمن شدگان .
پس موسی از ترس‌و هراس آسوده گشت و خدایش فرمود عصایت را بینداز، عصا را انداخت و ناگهان ماری مانند تنهٔ درخت خرما شد ، خدا فرمود تا آنرا گرفت و دیگر بار عصا گردید . آنگاه خدای متعال بسوی فرعونش فرستاد و او را فرمود تا نزد فرعون رود و بعبادت خدایش بخواند . این کار در دل موسی دشوار آمد . پس خدا گفت تو را فرمایم نزد بنده‌ای از بندگانم روی که نعمتم را ناچیز شمرده و از عذابم آسوده نشسته است و گمان برد که مرا نمی‌شناسد . بعزتم سوگند اگر داد و حجتی که میان خود و خلقم نهاده‌ام نبود از او سخت انتقام میگرفتم، انتقام خدای قاهری که‌آسمانها و زمین برای خشمش بخشم‌آیند . موسی گفت خدایا بازوی مرا ببرادرم هرون[۵] قوی گردان و « انی‌قتلت منهم نفساً فاخاف ان یقتلون»[۶] کسی‌ازایشانرا کشته‌ام و ترسم مرا بکشند. خدایش گفت چنان کردم پس : « اذهب انت واخوك بآیاتی »[۷] خود و برادرت آیات مرا همراه ببرید و

---

۱ ـ س ۲۸ ی ۲۹ . ۲ ـ قصص شعیب در سوره های اعراف ۸۵ـ۹۳ هود ۸۴ـ۹۵ شعراء ۱۷۶ـ۱۹۱ عنکبوت ۳۶ ـ ۳۷ ذکر شده‌است . ۳ـ س ۲۷ ی ۱۰ . ۴ـ س۲۸ ی ۳۱ .
۵ ـ نام هرون در سوره‌های بقره ۲۴۸ نساء ۱۶۲ انعام ۸۴ اعراف ۱۲۱ ، ۱۴۱ یونس ۷۵ مریم ۲۸، ۵۳ طه ۳۰، ۷۰، ۹۰، ۹۲ انبیاء ۴۸ مؤمنون ۴۵ فرقان ۳۵ شعراء ۴۸، ۱۳ قصص ۳۴ صافات ۱۱۴ ، ۱۲۰ ذکر شده است . هارون (کوه‌نشین) یا متنور اول زادهٔ عمران از یوکابد مادر موسی و هرون، وهارونیان لاویانی اند که از سلسلهٔ هارون می‌باشند. (قاموس کتاب مقدس)
۶ ـ س ۲۸ ی ۳۳ . ۷ ـ س ۲۰ ی ۴۲ .

بنی‌اسرائیل را بیرون آورید اکنون هنگام آن است که آنها را از اسیری وبردگی رها سازم. موسی زنش را بخانهٔ پدرش باز گردانید و خود با برادرش هارون نزد فرعون مصر رفت و داستان پیغمبری خود را بدو باز گفت و بنی‌اسرائیل را آگاه ساخت وخوشحالی آنان بزرگ شد ودانستند که یوسف بآنها راست فرموده بود.[۱]

سپس بدرکاخ فرعون رفتند وموسی جبّه‌ای ازپشم پوشیده ریسمانی ازلیف بر کمر بسته بود و چوبی بدست داشت. موسی بار نیافت و چوب دستی خود را بدر کوبید پس درها گشوده‌شد وموسی بدرون رفت. آنگاه به‌فرعون فرمود منم فرستادهٔ پروردگار جهانیان، مرا نزد تو فرستاد تا باو ایمان آوری وبنی اسرائیل را بامن بفرستی. گفتار موسی بر فرعون گران آمد و باو گفت نشانی بیاور تا راستی تو را بدانیم: «فالقی‌عصاه فاذاهی‌ثعبان مبین»[۲]، موسی‌عصایش را بیفکند وبیدرنگ اژدهائی آشکار شد که دهان گشوده رو به‌فرعون میرفت. از موسی‌خواست که نجاتش دهد. سپس موسی دست در گریبان خود برد و آنرا تابنده بدون بدی - پیسی - درآورد. فرعون خواست به‌موسی ایمان آورد که هامان گفت پادشاهامگر درمیان بندگانت کسی نیست که چنین کاری انجام دهد؟ پس جادوگران از شهرها خواسته شدند و داستان موسی‌بآنها گفته شد، آنهاهم مدتی‌دست بکاربودند وازپوستهای گاو ریسمانهای میان خالی و نیز عصاهای مجوّف ساختند و درمیان آنها سیماب ریختند. سپس آنجاها راکه خواستند ریسمانها وعصاها را درآن بیندازند تافته ساختند. آنگاه فرعون نشست وموسی‌را خواست. پس جادوگران ریسمانها و عصاها را انداختند و چون سیماب تافته شد بجنبش درآمد وریسمانها و عصاها براه افتادند. موسی هم

---

۱ ـ فرعونی که موسی در ایام او تولد یافت بگفتهٔ بسیاری از علمای‌آثار مصریه، رامسس‌دوم است و او پادشاه سوم از طبقهٔ نوزدهم سلاطین مصر بود (۱۲۳۲ـ۱۲۹۸) و عبرانیان او را فرعون تسخیر مینامند که در سفر خروج ب۱ی۸ ذکر شده‌است، جانشین او که در کتب بنی‌اسرائیل فرعون خروج نامیده شده مینپتاه (Mineptah) است که در سفر خروج ب۵ی۱ ذکر شده است او پسر سیزدهم رامسس دوم بوده است و موسی و هرون بر او مبعوث شدند.

۲ـ س ۷ ی ۱۰۷.

عصای خود را انداخت تاهمهٔ آنها را خورد وچیزی ازآن باقی نماند وجادوگران واپس شدند و بفرمان فرعون کشته گشتند. خدا موسی را با نشانه‌هائی نزد فرعون فرستاد: عصا، ودیگر دستی که از گریبان موسی تابنده برآمد سپس ملخ و آنگاه سوس (شپشه) وغوکها وخون ودیگرمردن دوشیزگان. وچون باینها گرفتار آمدند فرعون موسی راگفت اگر عذاب را از ما دور گردانی بتو ایمان آوریم و بنی‌اسرائیل را باتو بیرون فرستیم. خداگرفتاری آنها را برطرف ساخت و ایمان نیاوردند. پس‌خدا موسی‌رافرمود تا بنی‌اسرائیل‌رابیرون‌برد. موسی‌هنگام رفتن در جستجوی جسد یوسف بن یعقوب برآمد تا آنرا برحسب وصیت یوسف به بنی‌اسرائیل، باخود ببرد. دراین‌هنگام‌شارح دختر آشر بن[1] یعقوب نزدموسی آمد و اوراگفت هرگاه‌بقای مرا درعهده گیری جای‌جسدیوسف‌را نشان‌دهم، تاآنکه‌موسی آنچه خواست درعهده گرفت، وموسی را بجائی ازرودنیل برد وگفت جسد یوسف اینجا است. پس موسی چهار لوح طلا گرفت ودریکی‌صورت باز ودر دیگری‌صورت درنده ودرسومی صورت انسان ودرچهارم صورت گاوی نقش کرد واسم اعظم‌خدا را روی هرلوحی نوشت وآنها را درآب انداخت. پس‌تابوت سنگی که جسد یوسف در آن بود روی آب افتاد ولوحی که درآن صورت گاوی بود بدست موسی ماند وآنرا به‌شارح دختر آشر بخشید وتابوت‌را برداشت. موسی با بنی‌اسرائیل که ششصد هزار نفربالغ بودند براه افتاد وفرعون ولشکریانش بتعقیب اوبرخاستند، خدا همهٔ آنان را که یکمیلیون سوار بودند غرق فرمود. گویند جبرئیل فرودآمد و هنوز از لشکریان فرعون که خود واصحابش درپی بنی‌اسرئیل بودند یك اسب هم بآب در

۱ــ اشیر (خوشحال) پسرهشتمین یعقوب بود از زلفه چون قوم بنی‌اسرائیل بزمین کنعان داخل شدند طائفهٔ اشیر ترتیباً طائفهٔ پنجم بودند که با ۵۳۴۰۰ نفر بزمین کنعان درآمدند و حصهٔ ایشان بکنار دریا تعیین یافته از مغرب به فینیقیه و از شمال بکوه لبنان و از جنوب بکوه کرمل و ازمشرق به سبط منسی و زبولون و یساکر محدود بود وتخمیناً ۶۰ میل طول و ده میل عرض داشت و دارای ۲۲ شهر بود (قاموس کتاب مقدس).

نرفته بود جبرئیل که براسب جوان ماده‌ای سوار بود بدریا زد وفرعون را نیزاسب درازدم او که درپی ماده اسب جبرئیل میرفت بدریا راند ، لشکریان فرعون هم در پی او بدریا ریختند وفرعون[1] وهمهٔ یارانش غرق شدند و دریا برآنها بهم آمد و موسی در بیابان (تیه) پیاده گشت . بنی‌اسرائیل در رفتن بزمین مقدس موسی را بشتاب میگرفتند . پس‌خدا به‌موسی وحی‌فرمود : « انها محرّمة علیهم اربعین‌سنة »[2] چهل‌سال ارض‌مقدس برآنها حرام‌است . ناچار دربیابان اقامت نمودند وکار تشنگی برآنها دشوار گردید پس خدا به موسی وحی کرد تا عصای خود را برسنگ زند موسی خشمگین برخاست و عصا را بسنگ زد « فانفجرت منه اثنتا عشرة عیناً »[3] و دوازده چشمه از آن جوشیدن گرفت هر سبطی را چشمه‌ای که ازآن سیراب میشدند. خدا به‌موسی وحی کرد پیش‌ازآنکه مرا تقدیس گوئی‌عصا را بسنگ زدی و نام مرا نبردی تونیز ازتیه بیرون نمیروی ، واورا فرمود که «قبّة الزمان» را در تیه[4] بسازد وهیکل را درآن قرار دهد وتابوت سکینه را در هیکل گذارد وهارون کاهن هیکل باشد که جزاو کسی بدرونش نرود. پس رشته‌های زنان بنی‌اسرائیل را جمع‌آوری کردتا بافته شد و زیورها را نیزهرچه بود ازآنها گرفت[5] وخیمه‌ای بر-

۱ ـ گویند فرعونی که موسی وهارون برای دعوت و ارشادش مبعوث شدند منفتاح (مینپتاح) پسر و جانشین رامسیس دوم بود و چون در روزگار او (۱۲۲۴ـ ۱۲۳۲) بنی‌اسرائیل همراه موسی از مصر بیرون رفته‌اند در کتب بنی‌اسرائیل فرعون خروج نامیده شده ، و او بود که خدا خود و لشکریانش را در دریای سرخ غرق نمود و بدنش را برای عبرت دیگران بکنار دریا انداخت (تاریخ مصرقدیم ـ قاموس کتاب مقدس ـ فرهنگ قصص قرآن). ۲ ـ س۵ ی ۲۶ . ۳ ـ س ۲ ی۶۰ . ۴ ـ تیه ، بیابانی که بنی‌اسرائیل پس‌ازخروج‌ازمصرچهل سال درآن بماندندمیان سرزمین ایله ومصر و دریای قلزم و کوههای سرات از سرزمین شام است(فرهنگ قصص قرآن). ۵ ـ سفر خروج ب ۲۵ ی ۳ـ۷ ، و این است هدایا که از ایشان می‌گیرید طلا و نقره و برنج . و لاجورد و ارغوان و قرمز و کتان نازك و پشم بز . و پوست قوچ سرخ شده و پوست خز و چوب شطیم . و روغن برای چراغها و ادویه برای روغن مسح و برای بخور معطر . و سنگهای عقیق و سنگهای مرصعی برای ایفود و سینه بند .

افراشت که درازی آن‌صد ذراع بود ، هیکل را درصدر خیمه و تابوت[۱] سکینه را در صدر هیکل جای داد[۲] واین‌کار درسال دوم خروج موسی ازمصر بود و در آن خوانی ازطلا[۳] وبرای قبّه زنگله‌های زرین‌ساخت وقبّه را گوهر نشان کرد ودرآن آتشدانی طلائی‌برای‌بخور[۴] ومناره‌ای‌ازطلا گوهر نشان قرارداد. هارون‌تنها بدرون قبّه میرفت و خدا را تقدیس میگفت و موسی نزد پرده[۵] و دیگر بنی‌اسرائیل در خیمه بودند. ابری قبه را فرامیگرفت و ازآن جدا نمیشد . خداآنهارا فرمود که قربانی خود را بگذرانند وموسی راگفت بنی‌اسرائیل را بگو گاو و گوسفند سالم ازعیب قربانی کنند وپیه قربانی رابرمذبح[۶] قرار دهند وخون‌را نیز برآن پاشند وقربانی هرچه

۱ـ سفر خروج ب ۲۵ ی ۱۰ : و تابوتی از چوب شطیم بسازند که طولش دو ذراع و نیم و عرضش یك ذراع و نیم و بلندیش یك ذراع و نیم باشد . ۲ ـ مراد از قبة‌الزمان همان بیت‌المقدس‌است که بنی‌اسرائیل در دشت برپا می‌نمودند وآن خیمه‌ای ازپرده‌های پوست بز ترتیب یافته در بالای مسکن بود و دروازهٔ خیمه با پرده‌ای که بر پنج ستون آویخته بود پوشیده میشد و میانش بواسطهٔ پردهٔ عظیمی که از بالا تا پائین آویخته بود منقسم بدو قسمت میشد یکی را مقدس و دیگری را قدس الاقداس می‌گفتند و پردهٔ مرقوم به‌حجاب مسمی بود .

مؤلف از مسکن بسرادق و از بیت المقدس بقبة الزمان و از مذبح بهیکل تعبیر کرده است هیکل جائی است در بالای معبد که در آن قربانی انجام میشود یعنی مذبح و گاهی برخود معبد اطلاق میشود (قاموس کتاب مقدس ـ المنجد ـ سفرخروج بابهای ۲۵ ، ۲۶ ، ۲۷ ، ۲۸، ۲۹ ، ۳۰) و مذابحی که برای قوم یهود در عبادت خانهٔ ایشان لازم بود دو است یکی مذبح قربانیهای سوختنی که هم مذبح برنجین خوانده میشد و دیگری مذبح بخور است که مذبح طلائی نیز خوانده میشد (قاموس کتاب مقدس). ۳ ـ سفر خروج ب ۲۵ ی ۲۳ ـ ۲۴ : و خوانی‌از چوب شطیم بساز که طولش دو ذراع و عرضش یك ذراع وبلندیش یك ذراع ونیم باشد . و آنرا بطلای خالص بپوشان و تاجی از طلا بهر طرفش بساز . ۴ ـ سفر خروج ب ۲۷ ی ۴ : وبرایش آتش دانی مشبك برنجین بساز وبرآن شبکه چهارحلقهٔ برنجین برچهار گوشه‌اش بساز. ۵ـ خ ب ۲۶ ی ۳۱ : و حجابی از لاجورد وارغوان و قرمز و کتان نازك تابیده شده بساز از صنعت نساج ماهر با کروبیان ساخته شود . ی ۳۶ : و پرده‌ای برای دروازهٔ مسکن ازلاجورد وارغوان وقرمز وکتان نازك تابیده شده از صنعت طراز بساز . ۶ ـ خ ب ۲۷ ی ۱ : و مذبح را از چوب شطیم بساز طولش پنج ذراع وعرضش پنج ذراع ومذبح مربع باشد وبلندیش سه‌ذراع. ب ۳۰ ی۱ : ومذبحی‌برای سوزانیدن بخور بساز آنرا ازچوب شطیم بساز .

باشد تنها فرزندان هارون را حلال و بر دیگران حرام است و هر که از اینان گناهی کند باید در حدود قدرت خود گاوی یا گوسفندی[1] یا دو کبوتر بچه را در نزد مذبح برای خدا قربانی نماید. آنگاه خدای عزوجل به موسی وحی کرد که ده آیه را در دولوح زبرجد بنویسد، او هم چنانکه خدا فرموده بود آنها را نوشت و آن ده آیه این است :

من هستم یهوه خدای تو که تورا از زمین مصر از خانهٔ بندگی بیرون آوردم. تو را بحضور من خدایان دیگر نباشند. (بجهت خود) صورت تراشیده یا تمثالی از آنچه بالا در آسمان یا از آنچه پائین (در زمین یا از آنچه در آبهای) زیر زمین است مساز. آنها را سجده و عبادت منما زیرا من که یهوه خدای تو هستم خدای غفورم و گناه پدران را بر پسران تا پشت سیم و چهارم از آنانیکه مرا دشمن دارند می‌رسانم. و رحمت می کنم تا هزار پشت بر آنانیکه مرا دوست دارند و احکام مرا نگاه دارند. نام خدای خودرا بباطل مبر زیرا که خداوند کسی را که نام اورا بباطل بردبیگناه نخواهد شمرد. روز سبت را نگاه دار و آن را تقدیس نما (چنانکه یهوه خدایت بتو امر فرموده است). شش روز مشغول باش و هر کار خود را بکن اما روز هفتمین سبت یهوه خدای تو است در آن هیچ کاری مکن تو [و پسرت] ودخترت وغلامت و کنیزت و گاوت والاغت وهمهٔ بهایمت ومهمانت (که در اندرون دروازه‌های تو باشد تا غلامت و کنیزت مثل تو آرام گیرند. وبیاد آور که در زمین مصر غلام بودی و یهوه خدایت ترا بدست قوی و بازوی دراز از آنجا بیرون آورد بنابراین یهوه خدایت تورا امر فرموده است که روز سبت را نگاه داری.) چراکه خدا آسمان و زمین وستارگان وهمهٔ آنچه را در آسمان نهاد در شش روز آفرید وبرای همین روز هفتم را مبارك و پاك گردانید[2]. پدر ومادر خودرا حرمت دار (چنانکه یهوه خدایت تورا امر فرموده است) تا روز-

۱ ـ اوشفنینین .   ۲ـ این جمله در تورات نیست .

هایت درازشود وترا درزمینی که‌یهوه خدایت بتومی‌بخشد نیکوئی‌باشد . قتل‌مکن، وزنامکن ، وبرهمسایهٔ خود شهادت دروغ‌مده . برزن همسایه‌ات طمع مورزو بخانهٔ همسایه‌ات (وبمزرعهٔاو)وبغلامش و کنیزش‌و گاوش و الاغش و بهرچه‌ازآن‌همسایهٔ تو باشد طمع مکن[۱] .

موسی‌بکوه طور (سینا) رفت وچهل روزماند وتورات را نوشت . بنی‌اسرائیل آمدنش‌را دیرشمردند و به‌هارون گفتند موسی رفت و گمان نداریم باز گردد. سپس زیورهای زنان‌خود را فراهم کردند وازآن گوساله‌ای میان‌خالی ساختند که‌باد در میان‌آن میرفت وصدای گوساله میداد . خدا به موسی گفت بنی‌اسرائیل گوساله‌ای ساختند و اورا بجای‌من پرستش نمودند بگذارتا نابودشان سازم. موسی برای آنها دعا کرد و گفت‌پروردگارا حرمت ابراهیم واسحاق ویعقوب رادر بارهٔ آنها نگهدار تانکند اهل‌مصر آنان‌را سرزنش نمایند. آنگاه موسی پس ازچهل روز ازکوه فرود آمد وچون گوساله وبنی اسرائیل‌را در پیرامون آن‌دید سخت بخشم آمد و الواح (تخته‌ها) را انداخت‌وشکست وسر برادرش هارون‌را گرفت وبگوساله که‌صدامیکرد نگریست پس آنرا شکست و سایید و مانند خاك نرم کرد آنگاه در آبش ریخت و بفرزندان لاوی گفت شمشیرهـای خود را برهنه کنید و از کسانی که گوسالـه پرستیده‌اند هر که‌را توانستیدبکشید. بنی‌لاوی شمشیرهای خودرا برهنه ساختند و در یك ساعت خلق بسیاری را کشتند، وخدا بآنها گفت هر که را جز من خدائـی بگیرد نابود سازید . خدا به موسی فرمود تا بنی‌اسرائیل را سرشماری کند وبرهر سبطی مرد نیك بزرگواری بگمارد . شمارهٔ بنی اسرائیل یعنی کسانیکه بـرای جنگ بیرون می‌رفتند، ازبیست سال ببالا تا شصت سال، ششصد وسه هزار وپانصد و پنجاه مرد بود و سرشماری آنها دوسال پس‌از خروج‌شان از مصر واقع شد . رئیس

۱ـ سفر تثنیه ب ۵ ی ۶ـ۲۲ .

بنى يهودا : «نحشون ابن عميناذاب»[۱] و كسانى كه ازاين سبط با او بودند هفتاد و چهار هزار وششصد مرد بشمار آمدند . رئيس بنى يشاجر : «نثنيل بن صوعر»[۲] و همراهان‌او پنجاه وچهار هزار وچهارصد مردبودند . رئيس‌سبط زبلون : «آلياب‌بن حيلون» و پنجاه وهفت هزار و چهارصد مرد با او بودند . رئيس سبط بنى‌روبيل : «اليصور بن شذياور»[۳] و شمرده شدگان ايشان از سبط روبيل چهل وهفت هزار و پانصد نفر بودند[۴] . و بزرگ بنى‌شمعون : «شلوميال بن صورى شذاى»[۵] و مردان اين‌سبط بااو پنجاه‌ونه هزاروسيصد مرد بشمارآمدند. و بزرگ بنى‌كاذ : «السيف‌بن دعوال»[۶] و شمار كسانى كه بااو بودند چهل وپنج هزار وششصد وپنجاه مرد شد. و بزرگ بنى‌افرائيم : «اليشمع‌بن عميهوذ» ومردان اين‌سبط چهل هزار و پانصد مرد بشمار آمدند .

رئيس بنى‌منشا: «جمليال‌بن‌فداصور»[۷] وشمارهٔ مردان اين‌سبط سى‌ودوهزار و دويست‌نفربود . وبزرگ بنى‌بنيامين: «ابيذان‌بن جذعونى» وپيروان او شصت وپنج هزار و چهارصد مرد بودند . رئيس بنى‌دان : «اخيعازربن عميشذاى» و كسان او سى ودو هزار وهفتصد مرد مى‌شدند[۸]. بزرگ بنى‌آشر: «فجعيال‌بن‌عخرن»[۹] وچهل ويكهزارو پانصدمرد با او بودند. بزرگ‌سبط نفتالى : «اخيرع‌بن عينان» و شمارهٔ مردان او پنجاه وسه هزار وچهارصدمرد ميشد.[۱۰] فرزندان لاوى خادمان وپاسبانان «قبّة‌الزّمان» بودند و در ميان اينها شمرده نشدند چراكه بنى‌لاوى ببزرگوارى و پاكى وبرداشتن وبرپاكردن چادرجماعت وشست وشو سرفرازى وامتياز داشتند.

۱ـ اعداد ب ۲ى ۳ : عميناداب. ۲ ـ اعداد ب ۲ ى ۵: نتنائيل‌بن صوغر.
۳ـ سفراعداد ب۱ ى ۵ : شديئور . ۴ـ اعداد ب ۱ ى ۲۱ : چهل‌وشش هزارو پانصدنفر.
۵ـ اعداد ب ۱ ى ۷ : شلوميئيل‌بن‌صوريشداى. ۶ـ اعداد ب۱ى ۱۴ : الياساف‌بن‌دعوئيل.
۷ـ اعداد ب۱ى ۱۰ : جمليئيل‌بن‌فدهصور. ۸ـ اعداد ب۱ى۳۹: شصت ودوهزاروهفتصدنفر.
۹ـ اعداد ب ۱ى ۱۳ فجعيئيل‌بن عكران . ن : عحزن. ۱۰ـ اعداد ب۱ ى۴۳ پنجاه وسه هزاروپانصد نفر بودند .

این بود شمارهٔ بنی‌اسرائیل ونام رئیس هر سبطی از آنها و کسانی که با آن رئیس از هرسبطی بوده‌اند چنانکه در سفرچهارم تورات است[۱].

و خدا موسی را فرمود که رؤسای دوازده سبط بنی‌اسرائیل را بگوید تا هر یك ازسرداران آنها هدیه‌ای پیش آورند وهدیهٔ هرمردی ازآنان یك طبق‌نقره بود وزنش‌صدو سی مثقال ویك‌لگن نقره‌هفتاد مثقال وطبق[۲] پر ازآرد نرم سفید مخلوط شده با روغن بود و یك روغن‌دان طلا ده مثقال پر از بخور و یك گاوجوان و یك قوچ ویك‌برهٔ نرینهٔ یك ساله ویك‌بزمادهٔ یك‌ساله[۳] وذبیحهٔ کامل[۴] دو گاو وپنج‌قوچ و پنج‌بزغاله وپنج‌برهٔ یك‌ساله.

و خدا موسی را فرمود تا بنی‌اسرائیل را گوید که گاو زرد سالم بی‌عیبی را بکشند سپس خونش‌را گرفته برریسمانهای چادر جماعت «قبّة‌الزّمان» پاشد آنگاه گاو وپوستش را بسوزاند باز مرددیگری بیاید وخاکستر را جمع کند و در جائی بنهد و هرگاه کسی خواست شست‌و شو نماید از آن خاکستر در آب بریزد تا پاك کننده باشد.

موسی‌وبنی‌اسرائیل‌روزگاری‌درتیه (بیابان)ماندند وخوراك آنها «مَنّ» بود،من چیزی مـانند دانهٔ گشنیز بود که در آسیا آرد میکردند و از آن گرده های نان می‌پختند وخوراك پاکیزه‌ای‌بهتر ازهرچیزداشتند، شبانه مَنّ برآنها فرومیریخت و روز آنرا جمع‌آوری میکردند، تا آنکه بناله و گریه افتادند و می گفتند کیست که برای ما گوشتی فراهم‌نماید مگر بیادندارید که‌ما درمصر ماهی‌و کدووخربزه‌و تره و پیاز و سیر میخوردیم. موسی غمناك شد وآنها هم میگفتند برای ما گوشت فراهم نما، پس‌موسی گفت خدایا من‌طاقت بنی‌اسرائیل راندارم. خدا با وحی‌فرمود

۱ـ اعداد ب ای ۱ـ۴۶. ۲ـ اعداد ب ۷ی ۱۳ ؛ که هردوی‌آنها پر ازآردنرم‌مخلوط شده باروغن‌بود. ۳ ـ اعداد ب ۷ ی ۱۶ ؛ ویك بز نر بجهت قربانی‌گناه. ۴ـ اعداد ب۷ ی ۱۷ ؛ و بجهت ذبیحهٔ سلامتی دو گاو و پنج قوچ و پنج بز نر و پنج برهٔ نرینهٔ یك ساله.

برای شما گوشت فراهم میکنم. آنگاه «سلوی»[1] را بر آنها فرستاد و خبر داد که آنهارا بشام خواهدبرد. موسی یوشع بن نون‌را بشام [ودیگری‌را] بزمین‌بنی کنعان فرستاد تاخبر آنها را به‌موسی‌باز آورند. بنی اسرائیل گفتند مارا نیروی جنگ با جباران نیست‌وخداخواست که‌موسی‌ازاهل مَدین‌انتقام گیرد. موسی‌دوازده‌هزارمرداز بنی‌اسرائیل‌فرستاد تاهمهٔ‌اهل مَدین را کشتند وپنج پادشاه مَدین یعنی‌أوی ورقم و صور وحور وربع را نیز کشتند[2] وبلعام‌بن باعور در جنگ کشته شد. بلعام پیغمبر[3] بود وپادشاه مدین را گفت زنان‌را بلشکر بنی‌اسرائیل فرستد تاآنها را فاسد کنندو موسی‌ازاین‌کارسخت بخشم آمد، خدابه‌موسی امر کرد تاغنیمتهای جنگی رادرمیان بنی‌اسرائیل قسمت نماید واز هرپنجاه یکی برای‌خدا ازآنها گرفته‌بفرزندان‌هارون بدهد، آنگاه‌خدایش فرمودبنی‌اسرائیل‌را روبشام حرکت‌دهدتا باشامیان بجنگند. موسی‌لشکرعظیمی براه‌انداخت ،لشکریان او کم کم پیش‌میرفتند وفرودمی آمدند و می گفتند ما از جباران بیم داریم ، و در کوه ساعیر ماندند. پس خدای متعال موسی را فرمود بنی‌اسرائیل فرمان مرا نبردند و اکنون باید خوراك را با پول بخرند وبرای کسانی که در مقابل‌آنها خضوع میکردند اکنون فروتنی کنند. این پس ازآن بود که موسی پادشاه اموریان سیحون[4] را کشته و خاك اورا بدست آورده بود. سال‌چهلم ماندن بنی‌اسرائیل درتیه یعنی بیابان سینا بود که خدا به‌موسی وحی کرد من‌هارون‌را بسوی‌خود می‌برم، پس او را بکوه بالا برتا فرشتگان من‌بیایندو روح او را قبض نمایند موسی دست هارون‌برادر خودرا گرفت وبکوه‌بالا بردو کسی

۱ـ سلوی مرغی‌است که سمانی وفری نیزگفته میشود (المنجد) ۲ـ اعداد ب ۳۱ ی۸ ؛ و درمیان‌کشتگان ملوك مدیان یعنی‌آوی وراقم وصورو حورورابع پنج پادشاه مدیانرا کشتند و بلعام‌بن بعور را بشمشیر کشتند. ۳ ـ مستجاب‌الدعوه بود. ۴ ـ سیحون (تمام شدن) اعداد ب ۲۱ ی ۲۱ـ۲۹ یکی‌از سلاطین اموریان است که اسرائیلیان را از گذشتن بزمین خود منع نمود و حشبون پای تخت او مفتوح وباقی مملکتش درمیان اسباط بنی‌اسرائیل قسمت گردید. مزامیر ۱۳۵ ی ۱۰ـ۱۲ مزمور ۱۳۶ ی ۱۸ ـ ۱۹ .

جز «الیعازر» پسر هارون با او نبود، وچون ببالای کوه رسید تختی دید جامه‌هائی بر آن، موسی به‌هارون گفت برادرم، این جامه‌های پاك را که خدا برایت آماده ساخته است تا او را در آنها دیدار کنی بپوش، هارون جامه‌ها را پوشید و آنگاه روی تخت خوابید و مرد و موسی بر او نماز خواند. چون بنی‌اسرائیل هارون را ندیدند بشیون در آمدند و گفتند هارون کجا است؟ موسی گفت خدا او را بسوی خود برد، پس پریشان شدند چون هارون را بسی دوست داشتند و با آنها نرم و خوشرفتار بود. خدا او را روی تخت برای بنی‌اسرائیل بلند کرد تا روی او را دیدند و دانستند که او مرده است. هارون هنگام مرگ صد و بیست و سه ساله بود و چهار پسر بنام: «ناداب» و «الیهو» و «الیعازر» و «ایتمر» داشت[1]. ناداب و الیهو در حیات هارون مردند و الیعازر و ایتمر زنده بودند. الیعازر جای پدرش هارون را گرفت و در قبّة الزّمان (خیمهٔ اجتماع) تقدیس مینمود. موسی یوشع[2] بن‌نون را خواست و او را گفت پیشرو بنی اسرائیل باش و دلت را محکم دار که تو بنی‌اسرائیل را بزمین بنی کنعان که خدا بآنان ارث داده است در آوری. تورات را بکاهنان بنی‌لاوی که تابوت سکینه را عهده‌دارند بسپار، خدا را بزرگ دارید و فرموده‌های او را که در تورات برای شما بیان کرده است نگهدارید. موسی آنها را بپیروی از آنچه در تورات است وصیت فرمود و برای آنان دعای برکت کرد.

خدای عزوجل بنی‌اسرائیل را بزبان موسی وصیت فرمود و از آنچه بآنها گفت این بود که یاد آورید روزی را که شما در آن روز درپیش خدا ایستادید، هنگامیکه خدا مرا فرمود این گروه را نزد من بیاور تا سخنم را بآنها بشنوانم و درهمهٔ عمر خود از من بترسند، پس شما در پائین کوه ایستادید و کوه تا دل آسمان

۱ـ لاویان ب ۱۰ ی ۱ـ۶ ، ناداب ، ابیهو، العازار، ایثامار.

۲ـ یوشع بن نون (بن افرائیم بن یوسف بن یعقوب) اول اسمش هوشع بود یعنی او نجات میدهد (اعداد ب ۱۳ ی ۸) بعد از آن در آیهٔ ۱۶ به یهوشوع یعنی یهوه نجات میدهد مسمی شد و در زمان خروج اسرائیلیان از مصر ۴۴ ساله بوده است، دوست و خادم مخصوص موسی بود بعد از آن برای خلافت او نامزد شد. (قاموس کتاب مقدس ـ کامل ج ۱ ص ۱۱۳)

بآتش میسوخت[۱]. خدااز میان آتش بامن سخن گفت وشما آواز را شنیدید وشخص را ندیدید، خداشما را فرمود که ده آیه را[۲] یاد گیرید ومرا فرمود آداب وداوری را بشما بیاموزم تاآنها را درزمینیکه شما بسوی آن برای تصرفش عبور میکنید بجا آورید[۳]. پس خود را نگهدارید وبتهایی بصورت مرد یازن یا چیزی از جنبنده های زمین یا جاندارهای دریائی نسازید، سرها را بآسمان بر نداشته وستارگان راپرستش نکنید، خداسوگندیاد کرده است که من بزمین مقدس نمی آیم ودراین زمین می میرم و از اردن عبور نخواهم کرد لیکن از آن میگذرید و بزمین مقدسی که خدا آنرا میراث شما قرار داده است میرسید، پیمانی را که پروردگار شما باشما محکم کرده است ازدست ندهید وبتها نسازید و هرگاه بزمین مقدس رسیدید در پیشگاه خدای خودکارهای بدنکنید که اگر گناه کردیدباشد که هلاك گردید وقبیله ها راپراکنده سازید، واگرساختهٔ دست بشر ازچوب یاسنگ را پرستش کردید شما را نبیند واگر حاجتی بخواهید دعای شما را نشنود لیکن خدای مهربان شما آوازهای شما را می شنود وهر که ازخدا بشنود مانند آنچه را شنیدید وببیند مانند آنچه را دیدید دیگر سزاوارنیست خدا رامعصیت نماید. شما دیدید که خدا بااهل مصر چه کرد و درپیش چشم شمابود خدائی که پروردگاری جزاو نیست، خدائی که [آتش خودرا] بشما نشان داد وآوازخودرا بشما شنوانید وپدران شمارا دوست داشت وجانشینان شان را برگزید و قومی از شما عظیمتر و نیرومندتر را بخاطر شما نابود ساخت، خدا بزودی شما را بزمین مقدس می برد وآنرا میراث شما قرار میدهد پس آداب وسننی را که شما را بآنها وصیت کرده و امر فرموده است نگهدارید تا با شما و جانشینان شما نیکی کندوروزی های شما را در زمین بسیار گرداند، وآنچه راخدای بشما امر فرموده است بپذیرید و براست یا چپ از آن منحرف نگردید[۴] هرراهی را که خدا

۱ـ سفر ۵ باب ۵ ی ۲۳ . ۲ـ بصفحهٔ ۴۰ رجوع شود . ۳ـ سفر ۵ ب ۶ ی ۱ .
۴ ـ سفر ۵ ب ۵ ی ۳۲ .

بشما فرموده‌است بروید تابا شمانیکی‌فرماید[1]. خدا رابتمامی دلهای خود وبانیت و دارایی خود دوست بدارید[2]، اینها را بر فرزندان خود بخوانید واین سخنان را بانجام رسانید و در خانه‌های خود ازاینها گفتگو نمائید، اینها را نشانه‌ای میان دیدگان خود قرار دهید و در خانه های خود بنویسید، بزودی خدا بشما میدهد شهرهای بزرگی که‌نساخته‌اید وخانه‌های پرازهرچیز نیکوکه خود پرنکرده‌اید وچاههای کنده شده‌ای که نکنده‌اید و تاکستانها وباغهای زیتونیکه ننشانیده‌اید پس خدا را فراموش نکنید وازاوبترسید واورا پرستش نمائید وبنام اوسوگند یادکنید وخدای دیگری راپیروی ننمائید· ازخشم خدائیکه شمارا از روی زمین‌براندازد بترسید و با اوخیانت نورزید، فرمان او را بپذیرید وراست ونیکو بکاربندید، بیادآورید که شما بندگان فرعون‌بودید وخدا شما رابقدرت خود وآیات ومعجزات بزرگی که‌و فرعون ولشکریان اورا درپیش چشم‌شما نابود ساخت، رهایی بخشید.[3] خدا بشما میگویدبزودی‌شهرهای‌مقدس‌رابشما میدهم وشمارا برامتهائی که پیش‌رویتان هستند پیروز میگردانم و برجباران وجرشیان و اموریان و کنعانیان وفرازیان و حویان و نابلسیان[4] این هفت امتی که از شما بیشتر و نیرومندترند ظفر میدهم.

پس آنگاه که خدا شما را بر آنها ظفر داد همه‌را بزنید و سنگسارشان کنید و بر آنها رحم نیاورید و با ایشان عهد نبندید و دختران خود را بآنها ندهید تا شمارا نلغزانند و فرزندان شما را گمراه نسازند که معبودی جز مرا پرستش نمایند و آنگاه خشم‌من‌برشما سخت گردد وشمارا بزودی‌هلاك سازم‌لیکن‌بتهایشانرا‌بشکنیدو مذبحهای آنها را از بیخ بر کنید و معبدهایشانرا ویران سازید و آتش زنید،[5] پس

۱ ـ = ی ۳۳ . ۲ ـ = ب ۶ ی۵ . ۳ ـ س ۵ ب ۶ ی ۷ ـ ۲۳ .
۴ ـ سفر تثنیه باب ۷ی ۱ ؛ وامتهای بسیار راکه حتیان و جرجاشیان و اموریان و کنعانیان و فرزیان و حویان ویبوسیان هفت امت بزرگتر و عظیم تر از تو باشند از پیش تواخراج نماید .سفر پیدایش ب ۱۰ ی ۱۵ ـ ۱۹ ملاحظه شود . ظاهراً جباران تصحیف حتیان و جرشیان تصحیف جرجاشیان ونابلسیان تصحیف یبوسیان باشد . ۵ـ سفر تثنیه ب ۷ی ۱ ـ ۵ .

اگر وصیت مرا بشنوید وباحکام من عمل کنید بزودی نعمتهای شما و عهدی را که با پدران شما بسته‌ام نگاه خواهم داشت وشما را خواهم‌افزود و کشت و دام شمارا بارور خواهم ساخت.[۱]

برای خدا بهره‌ای درمالهای خود قرار دهید و از آن با یتیم وبیوه زنان و نادار و ناتوان و کسی که با شما ساکن است و کشتی ندارد همراهی نمایید.

هر گاه درمیان دونفر داوری کردید دادگری کنید ورشوه مگیرید که رشوه چشمهای داوران را کور میسازد[۲]، درختی را نزد مذبح ننشانید.[۳]

وگاو یا گوسفندی که دارای عیب باشد قربانی نکنید[۴] و کسانی‌را که بتهائی برای پرستش در مقابل خدا میسازند بکشید.

و هر گاه خبر یافتید که کسی برای خورشید و ماه و ستارگان یا چیزی از روشنیها سجده میکند از آن جستجو کنید و چنانچه درستی آنرا دانستید او را سنگسار نمایید تا بمیرد، و درآنچه بکشتن میرسد گواهی یکنفر را نپذیریدلیکن گواهی دو یا سه گواه را، و هر گاه گواهان بر کسی که کشتن براو واجب‌میشود گواهی میدهند باید گواهان پیش از دیگران دستهای خود را بر آنکه کشته میشود افراشته سازند، واگر حکمی بر شما مشکل گردد بدانشمندان و کاهنان رجوع کنید.[۵]

هر کس مردی را بخطا بدون‌اراده کشت بایداز صاحب خون بگریزد تا اورا نیابد. خون بیگناهی را نریزید، هرمردی که بیگناهی را عمداً بکشد باید کشته شود، کسی را نکشید تا در نزد دانا و داور براو گواهی داده‌شود و اگر داورآگاه شد که کسی دروغ گواهی داده است آنچه را میخواست با متهم انجام دهد با گواه

۱ ـ سفر تثنیه ب ۷ ی ۱۲ ـ ۱۴. ۲ ـ سفرتثنیه ب ۱۶ ی ۱۹. ۳ ـ سفر تثنیه‌ب ۱۶ ی ۲۱. ۴ ـ سفر تثنیه ب۱۷ ی ۱. ۵ ـ سفر ۵ ب ۱۷ ی ۲ ـ ۱۱.

میکند، و جان‌برابر جان وچشم برابر چشم و دست برابردست وپا برابر پا است.

هر گاه‌خواستید با قومی بجنگید و بشهر آنهارسیدید آنهارا بسازش بخوانید اگرپذیرفتند برآنان‌جزیه‌ای قراردهید واگرسازش نکردندهمهٔ مردان‌بالغشان را بکشید[۱] و درختهای آنها را تباه نسازید.

خدابه‌موسی‌وحی فرمود که هر گاه‌بجنگ دشمنت بیرون شدی و خدایت بر آنها ظفردادو درمیان بردگان زنی دیدی که خواستی اورا برای خودبرگیری، پس اورا بخانه‌ات آور وسرش را برهنه‌ساز[۲] و ناخنهایش را بگیر و جامه‌هائی را که در آنها اسیر شده است ازتنش بیرون کن، سه ماه اورادرخانه‌ات بنشان تابرپدر ومادرش گریه کند[۳]، سپس‌اوراحلال شماروا گرپس ازنزدیکی اورا نخواستی بیرونش کن و اورا مفروش‌وپولی‌در برابر او مگیرپس‌ازآنکه بااودرآمیخته‌ای[۴].

وهر پسری‌پدرش را نافرمان شود و اطاعتش نکند و فرمانش را نپذیرد باید پدرش اورا نزد هفت بزرگ‌قبیله بردتا اوراسنگسارنمایند وبدی‌ورسوائی‌ازشمابرود ودیگرجوانان بنی‌اسرائیل بترسند[۵].

و اگـــر یکی ازشما گوسفند یاگاو یا الاغ کسی راگم شده یافت باید آنرا بصاحبش بازگرداند،پس‌اگر اورا نیافت گم شده‌را در خانه‌اش نگهدارد تا صاحبش پیداشود[۶].

جامهٔ بافته‌شده ازپنبه وپشم باهم‌را نپوشید ورشته‌هائی در کناره‌های جامه‌های خودبسازید[۷].

وهرمردی که زنش‌رامتهم سازدواورا بزنا نسبت‌دهد وسخنش براوراست نباشد

---

۱ ـ سفر ۵ ب ۲۰ ی ۱۰ ـ ۱۳. ۲ ـ س ۵ ب ۲۱ ی ۱۲ : پس او را بخانهٔ خـود ببرو او سر خـود را بتراشد و ناخن خودرا بگیرد. ۳ ـ س ۵ ب ۲۱ ی ۱۳ : و برای پدرومادر خود یکماه ماتم گیرد. ۴ـ س ۵ ب ۲۱ ی ۱۰ ـ ۱۴. ۵ـ س ۵ ب ۲۱ ی ۱۸ ـ ۲۱. ۶ ـ س ۵ ب ۲۲ ی ۱ ـ ۳. ۷ ـ س ۵ ب ۲۲ ی ۱۱ ـ ۱۲.

بایدصددرهم جریمه‌شود[۱] ودرهمهٔ‌عمر زن‌وی‌خواهدبود. واگر آنچه باو نسبت‌داده‌است درست باشد باید زن‌راسنگسار کنند. واگرمردی بازن‌شوهرداری زنا کند بایدهردو کشته‌شوند . وهرمردی‌برزنی زور آورد وبااوزنا کند باید کشته شود . هر مردی با دوشیزه‌ای که درخانهٔ پدرش باشد درآمیزد ونا دخترش کند و اورا دوست دارد باید پنجاه‌مثقال نقره بپدر دختر بدهد وآن دختر همیشه زن‌اوباشد ورهایش‌نسازد .

مردی‌را روانیست که زن پدرش‌را بگیرد ودامنش‌را بردارد[۲] .

مردجنب نباید بمسجدی‌ازمساجد خدا درآید . سود نقره وطلا را نخورید و هر گاه نذری کردید انجام‌آنرا بتأخیر نیندازید . واگرپیمانی بستیدبآن‌وفا کنید. پیمان‌رانشکنید که‌خدا دوست‌دارد کسی‌را که بعهدش‌وفا کند . از کسی که بیماری پیسی دارد کناره گیرید ودوری‌نمایید .مزدمزدور را نزد خودنگاه‌ندارید . پدری‌را بگناه پسرش‌وپسری‌رابگناه‌پدرش نگیرید . زکات‌مالها و میوه‌های‌خو درا بدانای بزرگ‌دینی براه خدابپردازید . بینوایان وبیوه زنان‌و یتیمان و ناداران و رهگذران بیچاره رابدهید .

هر گاه بزمین مقدس‌درآمدید مذبحی‌برای قدس ازسنگهای همسر ناتراشیده بسازید[۳] .

و دانایان بنی‌اسرائیل بگویند : ملعون باد کسی که نابینا را از راه منحرف سازد،ملعون باد کسیکه در داوری برناداران و یتیم و بیوه زنان ستم کند ، ملعون باد کسیکه بازن پدرش بخوابد ، معلون باد کسیکه‌باحیوانی نزدیکی کند، ملعون باد کسیکه با خواهر و مادرش همخوابه گردد ، ملعون باد کسیکه بامادرزنش بخوابد ، ملعون باد کسیکه درنهان گوشت برادرش را بخورد ، ملعون باد کسی که در کشتن بیگناهی بستم رشوه گیرد ،ملعون باد کسی که وصیّت خدارا بکار نبندد[۴] .

۱ـ سفر ۵ ب۲۲ ی۱۹ : و اورا صد مثقال نقره جریمه نموده بپدر دختربدهند . ۲ ـ سفر ۵ ب ۲۲ ی ۱۳ ـ ۳۰. ۳ ـ سفر ۵ ب ۲۷ ی ۵ ـ ۶. ۴ ـ سفر تثنیه ب ۲۷ ی ۱۸ ـ ۲۶ .

سپس موسی بآنها گفت وصیتهای خدا را بشما رسانیدم و فرمان او را بشما شناساندم ، پس آنرا پیروی کنید و بکار بندید که اکنون من صدو بیست سالـه‌ام و مرگم نزدیك است ، بعداز من یوشع‌بن نون ،بزرگ و سرپرست شما است . سخنش را بشنوید و فـرمانش را ببرید چه او در میـان شما بحق داوری میکند . ملعون بادکسیکه مخالفتش کند و فرمانش را نبرد . از مرگ هارون تا روزی که وفات موسی رسید هفت ماه بود . پس موسی بکوه نابون[۱] بـالا رفت و به‌شام نظر کرد و خدا باو گفت این همان زمینی است که برای ابراهیم و اسحاق و یعقوب در عهده گرفتم آنرا بجانشینان شان دهم ،آنرا بتو نمایاندم که باچشم خود دیدی لیکن تو هرگز داخل آن نمیشوی .موسی در همـان‌جامرد و یـوشع‌بن نون‌بخاکش سپرد و دانسته نشد قبرش کجا است[۲] .

پیمبران بنی‌اسرائیل و پادشاهانشان پس از موسی[۳]

چون مرگ مـوسی علیه‌السلام فرا رسید خدایش فرمود یوشع‌بن نون راـ و یوشع‌بن نون از سبط یوسف‌بن یعقوب بود ـ بـخیمهٔ اجتمـاع « قبّة الزّمان » در آورد[۴] و او را مقدّس گرداند و دست خود بربدنش نهد تا بـرکت موسی در او رود و یوشع را فرماید که پس از او در بنی اسرائیل بپاخیزد . موسی چنین کرد وچون وفات نمود یوشع در میان بنی‌اسرائیل جای او را گرفت و یك روز و بـقول بعضی از اهل کتاب سی‌روز پس ازمرگ موسی از « تیه » بیرون‌آمد و رهسپار شام گردید که جباران از فرزندان عملیق‌بن لاود بن سام بن نوح درآن بودنـد ، اول پـادشاه

---

۱ ـ سفر تثنیه ب ۳۴ ی ۱ : و موسی از عربات موآب بکوه « نبو » برقلهٔ فسجه کـه در مقابل اریحا است برآمـد وخداوند تمامی زمین را ازجلعاد تا«دان» بـاو نشان داد . ۲ـ سفر ۵ ب ۳۴ ی ۱ـ۶ . ۳ ـ ل ، ص ۴۶ . ۴ ـ سفر تثنیه ب ۳۱ ی ۱۴ : وخداوند بموسی گفت اینك ایام مردن تو نزدیك است یوشع را طلب نما ودر خیمهٔ اجتماع حاضر شوید تا او را وصیت نمایم. پس موسی و یوشع در خیمهٔ اجتماع حاضر شدند .

آنها سمیدع بن هوبر[1] بود که از زمین تهامه برای جنگ با بنی‌اسرائیل به شام آمد و یوشع بن نون کسانی را بدفعش فرستاد که اورا کشتند ، یوشع راه پیمود تا به‌بلقاء رسید و بمردی برخورد که او را « بالق »[2] میگفتند و بلقاء بنام او نامیده شد. لشکریان یوشع بجنگ اوبرخاستند لیکن یك نفر ازاو کشته نمیشد، یوشع جهتش را پرسید گفتند در شهر او زن ستاره شناسی است که عورتش را در برابر خورشید میگیرد آنگاه حساب میکند وچون فارغ شد سپاه را براو میگذرانند پس کسی که اجلش رسیده باشد در آن روز بجنگ نمیرود . یوشع دو رکعت نمازخواندوآنگاه دعا کرد که خدا خورشید را یکساعت عقب برد و خورشید بدعای او یکساعت عقب ماند،پس حساب زن ستاره‌شناس بهم خورد وبه‌بالق گفت ببین هرچه از تو میخواهند بآنهاده که‌حساب بهم‌خورد. بالق گفت بازهم در افزارکارت جستجو کن وچیزی از آن درآور که سازشی بدون جنگ نمی‌باشد . آنزن چون حسابش بهم خورده بود بی‌آنکه بداند جستجو کرد و حساب غلطی درآورد که لشکریان بالق بطور بیسابقه‌ای کشته شدند و از یوشع‌درخواست صلح کردند. یوشع درخواست آنهارارد کرد مگر آنکه زن ستاره شناس را باو تسلیم کنند. بالق گفت او را نمیدهم لیکن خود زن گفت مرا تسلیم‌نما، بالق زن راداد وصلح کرد ، زن‌به‌یوشع گفت در آنچه برپیغمبرت نازل شده است کشتن زنان‌رواست؟ گفت نه. زن گفت‌اکنون بدین تو درآمدم. یوشع گفت درشهردیگری باش، واو را در شهر دیگری جای داد .

چون یوشع بن نون بلقاء راگشود بنی‌اسرائیل زنا و میگساری بسیار کردند و بازنان درآمیختند وکار زشت درمیان آنها بسیار گشت . این‌کار بریوشع بن نون گران‌آمد و آنها را از خدا ترسانید و از عذابش بیم داد . بنی‌اسرائیل نترسیدند ، و خدای عزوجل به‌یوشع بن نون وحی فرمود اگربخواهی دشمن را برایشان چیره

۱ ـ مروج الذهب ج ۱ص ۵۱ ؛ پادشاه شام سمیدع‌بن هوبربن مالك بجنگ یوشع بن نون برخاست . ۲ ـ سفر اعداد ب ۲۲ ی ۲، کتاب داوران ب ۱۱ ی ۲۵ ؛ بالاق بن صفور .

سازم و اگر بخواهی آنها را بقحطی و گرسنگی نابود کنم و اگر بخواهی مرگ شتابانی بر آنها فرستم. یوشع گفت اینان فرزندان یعقوب‌اند و نخواهم دشمن را بر آنها تسلط دهی یا بگرسنگی از پادر آیند ناچار بمرگ شتابان تن میدهم. بیماری طاعون در میان آنها افتاد و در زمانی هفتاد هزار مردند . زمان یوشع در میان بنی‌اسرائیل پس از موسی بن عمران بیست و هفت سال بود .

پس از یوشع بن نون «دوشان کَفَری»[1] بر بنی‌اسرائیل سروری داشت وهشت سال درمیان آنها بود[2]، وبعد ازدوشان «عثنایل بن قنز»[3] برادر کالب ازسبط یهودا پسر یعقوب [چهل] سال. بیداد و سرکشی بنی‌اسرائیل بسیار شده و خدا کوشان جبار موآب را بر آنها مسلط ساخته بود، و چون عثنایل روی کار آمد کوش را کشت[4] وچهل سال سروری داشت. باردیگر بنی‌اسرائیل از دین بکفر بازگشتند و خدا پادشاه موآب «عقلون» را پانزده سال بر آنها مسلّط ساخت[5].

سپس توبه کردند و خدا مردی‌را بنام «اهود بن جیرا» ازسبط افرائیم برای آنها برانگیخت که عقلون پادشاه موآب را کشت. اهود با دست چپ وراست شمشیر میزد و او را «ذوالیمینین» نامیدند، او اول کسی‌است که شمشیرهای دودم راساخت وپیش از او شمشیرها پشت دار بود . در روزگار اوخانه درشام ساخته شد، ودرسال بیست و پنجم سروری او، هزارهٔ چهارم بانجام رسید[6].

دیگر بار پس‌از اهود بنی‌اسرائیل از دین بازگشتند وخدا «یابین» پادشاه کنعان

1 ـ ظاهراً کفری نسبت به «کفر العمونی» باشد که یکی از دوازده شهر فرزندان بنیامین بشمار آمده است : صحیفهٔ یوشع ب ۱۸ ی ۲۴. ودوشان تصحیف کوشان است . ۲ ـ مروج الذهب ج۱ ص ۵۲ : پس‌از یوشع کوشان کفری هشتاد سال بربنی اسرائیل بود . ۳ ـ عتنیئیل بن قنازکه عکسه دخترعموی خود کالب را گرفت : داوران ب ۱ی ۱۳ . ۴ ـ داوران ب ۳ ی ۷ـ۱۱ : کوشان رشعتایم پادشاه آرام نهرین که بنی اسرائیل هشت سال او را بندگی کردند . ۵ ـ داوران ب ۳ ی ۱۴ : و بنی‌اسرائیل عجلون پادشاه موآب را هجده سال بندگی کردند . ۶ ـ سفر داوران ب ۳ ی ۱۵ـ ۳۰ : ایهودبن‌جیرای بنیامینی .

را بیست‌سال بـر آنها مسلّط گردانید[1] و پیش‌از او «سمحر بن عانات» بر بنی اسرائیل حکومت یافت و ازاهل‌فلسطین‌ششصدمرد را کشت.[2] آنگاه خدا با بنی‌اسرائیل مهربانی فرمود و مـردی را از سبط نفتالی بنام «بارق‌ابینعم» بر آنها فـرستاد که چهل سال بر آنها سروری کرد.[3] آنگاه بنی‌اسرائیل بکفر بر گشتند وخدااهل مدین را هفت سال بر آنهاتسلّط بخشید.[4] سپس بر آنهارحم فرمود ومردی را بنام «جدعان‌بن‌یوآس» از سبط منشا بر آنها فرستاد ، او مرد شایسته‌ای بود و براهل مدین (مدیان) شبیخون زد و دویست و هشتادو پنج هزار نفر آنها را کشت و چهل سال بر بنی‌اسرائیل داوری داشت.[5]

پس از او پسرش «ابیملك‌بن‌جدعون» مالك بنی‌اسرائیل‌شد ، اوبد پسری بود و هفتاد برادر خود را کشت و آخـر بدست زنی که از بالای دروازهٔ شهرسنگی براو انداخت و سرش را شکافت کشته‌شد ، و سروری او سه سال بود.[6]

پس ازآن «تالع بن‌فوای» از سبط یشّاجار بیست وسه سال بزرگ بنی‌اسرائیل بود[7]. آنگاه جلعادازسبط منشا که سی‌پسرداشت وددرکاب پدربرسی‌اسب‌جوان سوار میشدند، بیست‌و دو سال سروری داشت.[8]

پس‌بنی‌اسرائیل‌از دین بکفر باز گشتند و خدا «بنی‌عمّون» راهیفده‌سال‌بر آنها مسلّط ساخت . در این‌زمان بود کـه شهر صور در شام ساخته شد ، و بنی‌اسرائیل را سخت شکنجه دادند.[9]

دیـگر بار خدای متعال بر آنها مهربانی فرمود و مردی از اهل جلعاد نامش «یفتح» رابرای شان برانگیخت. اواز بنی‌اسرائیل،ازآل‌افـرائیم، چهل‌ودوهزار نفر

---

۱ ـ کتاب داوران ب۴ ی ۱ـ۴ . ۲ ـ کتاب داوران ب۳ ی۳۱ ؛ شمجربن‌عنات . ۳ـ کتاب داوران ب ۴ ی ۶ ؛ باراق بن ابینوعم . ۴ ـ کتاب داوران ب ۶ی ۱ـ۶ . ۵ ـ کتاب داوران ب ۶ ی ۷ ـ ب ۸ ی ۳۳ ؛ جدعون بن یوآش . ۶ ـ کتاب داوران ب ۹ ـ ی ۱ ـ ۵۷ ؛ ابیملك بن یربعل (= جدعون) . ۷ ـ کتاب داوران ب ۱۰ ی ۱ ـ ۲ ؛ تولع بن فواه بن‌دودا مردی از سبط یساکار . ۸ ـ کتاب داوران ب ۱۰ ی ۳ ـ ۵ ؛ یائیر جلعادی . ۹ ـ کتاب داوران ب ۱۰ ی ۶ـ۹ .

کشت ، و از سبط منشّا بود و شش سال سروری کرد[۱] .

پس «ابیصان» که «نخشون» خوانده میشد هفت سال امر بنی‌اسرائیل‌را در دست داشت[۲] و بعد از او «ایلان» ازسبط زبلون بیست سال[۳] و پس ازاو «عکران» هشت سال داوری کردند[۴] ، آنگاه چهل سال «انکساس» بر آنها سخت مسلط بود و آنها را شکنجه میداد .[۵]

پس «شَمسون» بیست سال بر آنها داوری داشت[۶] ودوازده سال بعد ازآن بدون سرور زیستند[۷] تا آنکه «عالی» کاهن بر آنها حکومت یافت وچهل سال داوری کرد[۸]. پس نوبت سروری بنی‌اسرائیل به‌شمویل پیغمبر رسید که خدای تعالی اورا یادفرموده است: «اذقالوا لنبیّ لهم ابعث لنا ملکا نقاتل فی سبیل‌الله»[۹] و چون به‌شمویل نبی گفتند ازخدا بخواه تابرای ماپادشاهی که بادشمنش بجنگد برانگیزد ، شمویل گفت شما را وفائی ونیّت راستی درکارنیست . گفتند چرا؟ گفت اکنون «ان‌الله قد بعث لکم طالوت ملکاً»[۱۰] خدا طالوت‌را بپادشاهی شما برانگیخت ونام طالوت شاؤل بود[۱۱] . گفتند بخدا قسم اواز سبط شاهی وپیمبری نیست، نه از فرزندان لاوی ونه ازسبط یهودا بلکه از سبط بنیامین است. شمویل گفت شما را نرسد که دربرابر برگزیدهٔ خدا برگزینید! آنگاه شمویل[۱۲] شاؤل یعنی طالوت را خواست و باو گفت پروردگار مرا فرموده

---

۱ ـ کتاب داوران ب ۱۱ ی ۱ ـ ب ۱۲ ی ۷ ، یفتاح جلعادی . ۲ ـ کتاب داوران ب۱۲ ی ۸ ـ ۱۰ ، ابصان بیت لحمی، مروج الذهب ص۵۴ ، نحشون بیت لحمی . ۳ ـ کتاب داوران ب ۱۲ ی ۱۱ ـ ۱۲ ؛ ایلون زبولونی . ۴ ـ کتاب داوران ب۱۲ ی۱۳ـ۱۵ ، عبدون‌بن هلیل . مروج‌الذهب ص۵۴ عجران. ۵ ـ داوران ب۱۳ ی۱ ، وبنی‌اسرائیل باردیگر درنظر خداوند شرارت ورزیدند و خداوند ایشان را بدست فلسطینیان چهل سال تسلیم کرد . ۶ ـ داوران ب ۱۳ ی ۱ ـ ب ۱۶ ی ۳۱ ؛ شمشون بن مانوح . ۷ ـ داوران ب۱۷ ـ ب ۲۱ ی ۲۵ . ۸ ـ اول سموئیل ب ۴ ی ۱۸؛ عیلی ، قاموس‌کتاب مقدس ، مردی از اولاد ایتا مار بن هارون . ۹ ـ بقره ۲۴۶ کتاب‌اول سموئیل ب ۸-۱۱ . ۱۰ـ بقره ۲۴۷ . ۱۱ ـ شاؤل (مطلوب) اولین پادشاه اسرائیل واو شاؤل بن‌قیس از سبط‌بن یامین‌است ، کتاب اول سموئیل ب ۱۰-۳۱ . ۱۲ ـ داوران (قضات) بنی اسرائیل ـ تاریخ ایشان درکتاب داوران مذکور است حکام صاحب اقتدار و تسلط مطلق بودند و مدت حکومت ایشان از فوت یوشع تا ایام سموئیل نبی‌طول کشید .

است تورا پادشاه بنی‌اسرائیل گردانم وخداتورا میفرماید که ازعملیق انتقام گیری. پس عملیق وهمهٔ دارائیش را نابودساز وبرای اوچیزی ازمرد و زن و کودك شیرخوار و گوساله و گوسفند وشتر والاغ باقی مگذار[1]. آنگاه همهٔ بنی‌اسرائیل را نیز چنین فرمود وآنها چهار صد هزار مردجنگی بودند، شاؤل روبه‌عملیق نهادواصحاب عملیق را کشت وپادشاه عمالقه[2] «اَغاغ»رازنده‌اسیر گرفت‌واورانکشت ونیز چیزی ازگاو و گوسفند رانابود نساختندوبرای خود نگهداشتند[3]. پس خدا به‌شمویل‌وحی کرد که شاؤل فرمان‌نبردوعملیق ودارائی اورا نابود نساخت. شمویل به‌شاؤل گفت خدا ازکارت بخشم آمده است. آنگاه شاؤل اغاغ را خواست و گفت چه مرگی تلختر است؟ گفت سربریدن‌پس اورا سربرید[4]. سپس شاؤل به‌شمویل گفت بیا تا در پیشگاه خدا سجده کنیم. شمویل امتناع ورزید وشاؤل دامن جامه‌اش راگرفت که پاره‌شد. شمویل گفت پادشاهی‌توهمینطور پاره میشود[5]. یاری‌خدا ازشاؤل بازگرفته شد وروح بدی دراودرآمد که مضطرب میشد ورنگش دگرگون میگشت. بندگان شاؤل باوگفتندکاش نوازندهٔ خوش‌آوازی را بیاوری که هرگاه دَم بد بتو درمی‌آید بر تو بخواند. شاؤل نزدایشا فرستاد که پسرت داود را نزدمن بفرست ایشا داود را فرستاد، وهرگاه روح‌بد اورا می‌گرفت داود رُباب گرفته بدست‌خود می‌نواخت و روح بد ازشاؤل میرفت[6].

آنگاه ستاره پرستان زمان شاؤل‌برای جنگ فراهم شدند وشاؤل بالشکریان خود دربرابرشان صف آرائی کرد. مردی ازمیان آنها بیرون آمد که قدش پنج

۱ ـ اول سموئیل ب۱۵ ی ۱ ـ ۳. ۲ ـ عمالیق وعمالقه طائفه‌ای قوی وصاحب اقتدار بودند که بنی‌اسرائیل‌ایشانرا از رفیدیم هزیمت دادند وجدعون ایشانرا هزیمت‌داد و داود نیزآنهارا شکست داد و مملکت ایشان بین کنعان و مصر دردشت سینا بود وبالاخره اسم ایشان ابدالدهر منقرض گشت. (قاموس کتاب مقدس). ۳ ـ اول سموئیل ب ۱۵ی۸ ـ ۱۰ ، اجاج. ۴ ـ و سموئیل اجاج را بحضور خداوند در جلجال پاره پاره کرد ـ ب ۱۵ ی ۳۳. ۵ ـ اول سموئیل ب ۱۵ ی ۲۷ ـ ۲۸. ۶ ـ اول سموئیل ب ۱۶ ی ۱۴ ـ ۲۳ ، داودبن یساء بیت لحمی.

ذراع بود[۱] وباو «غلیاث» می گفتند و «جالوت» همان است ؛ پس گفت شخصی از شما بجنگ‌من آید. داودبه‌شاؤل گفت من بجنگ اومیروم. گفت بروخداهمراهت. داود چوب دستی و پنج سنگ برداشت وبجنگ غلیاث بیرون شد، (غلیاث)داود را دید و اورا ناچیز شمرد و گفت‌مگر باچوب وسنگ بجنگ سگی آمده‌ای؟! گفت بجنگ بدترازسگی! سپس سنگی‌را از کیسهٔ خود بر گرفت وبافلاخن بسوی او انداخت که سنگ درپیشانی جالوت‌فرو رفت وافتاد. داود بسوی اوشتافت وشمشیرش را گرفت‌و سرش‌را برید[۲] وبر گشت. لشکرغلیاث روبگریز نهادوفرزندان یهودا بسی‌خوشحال گشتند[۳] ، لیکن شاؤل غمگین گشت وبرداود رشك برد داورا ازنزد خود راند وبر هزار نفر فرماندهی‌داد وبسرزمین‌بنی‌یهوذا فرستادش. داود دختر شاؤل «میخل» را بزنی گرفت[۴]، وشاؤل‌درپی کشتن‌داودبود، پس‌اورا بجنگ باستاره‌پرستان میفرستادو خدا او را غلبه میداد و فاتح میشد. شاؤل تصمیم گرفت اورا بی‌پروا بکشد، پس داود گریخت و نزد شمویل پیغمبررسید وداستان شاؤل را باو باز گفت، و پیوسته شاؤل برای کشتن داودچاره‌جوئی‌میکرد تاآنکه گریخت و نزد آخیش پادشاه‌جات رفت[۵] واو داود را دید وشناخت. داود حیله‌ای بکار برد تا اورا آزاد کرد و به‌سارع[۶] رفت وآنجافرودآمد، وچون‌شاؤل دانست که داود ازدست او رها شد کاهنان را که تقدیس پرورگار میکردند کشت و گفت شما دانستید که اوفرار میکند ومرا اطلاع ندادید[۷]. آنگاه شاؤل درجستجوی داود بیرون شدتا اورا دریافت. پس داود بغاری درآمد، چون شاؤل بدرغار رسید، بی‌آنکه بداند داود دراین غار است، برای حاجتی فرود آمد و داخل غار شد . داود خود را پنهان ساخت، همراهان او گفتندای داود

۱ ـ اول سموئیل ب ۱۷ ی ۴ ؛ و از اردوی فلسطینیان مرد مبارزی‌مسمی به «جلیات» که‌از شهر جت بود بیرون‌آمد و قدش شش ذراع و یك وجب بود . ۲ ـ بقره ۲۴۹ ـ ۲۵۰ . ۳ ـ اول سموئیل ب ۱۷ ی ۱ ـ ۵۸ . ۴ ـ اول سموئیل ب۱۸ ی ۲۷؛ و شاؤل دختر خود میکال را بوی بزنی داد . ۵ ـ اول سموئیل ب ۲۱ ی ۱۰ ـ ۱۵ ؛ از حضورشاؤل فرار کرده نزد اخیش‌ملك جت‌آمد. ۶ ـ ظاهراً صحیح آن «صقلغ» باشد اول سموئیل، ب۲۷ ی۶ ۷ ـ اول سموئیل ب۲۲ ی ۱۷ـ۱۹

اکنون که‌خدایت براودست داده است اورا بکش. داود گفت این کاررا نخواهم کرد.[۱]

شمویل نبی‌وفات کرد، پس بنی‌اسرائیل فراهم‌شدند ومرگش را بزرگ شمردند و سی‌روز براو نوحه گری داشتند[۲]. آنگاه‌شاؤل بجنگ ستاره پرستان بیرون رفت و آتش جنگ درمیان آنها شعله‌ور گشت، بنی‌اسرائیل را درهم شکستند وبسیاری از آنها کشته شدند و داود بن ایشا در این وقت با قوم خود از فرزندان یهوذا بجنگ باعمالقه گرفتار بود، پس چون همهٔ بنی‌اسرائیل شاؤل و فرزندانش را رها کرده گریختند، خود وفرزندانش مردانه میجنگیدند، سپس شاؤل بسلاحدار خود گفت شمشیرت را بگیر ومرا بکش‌مبادا این نامختونان مرا بکشند وبازیچهٔ خودسازند. سلاحدارش چنین نکرد وشاؤل شمشیر خود را راست کرد و خودرا بر آن انداخت ومرد، وسه پسرش درجنگ کشته شدند. پادشاهی شاؤل چهل سال بود[۳].

داود (علیه السلام)[۴]

چون شاؤل که طالوت باشد درگذشت داود ازجنگ با عمالقه به « سقلاغ»[۵] برگشت و دو روزآنجا ماند سپس از مرگ شاؤل آگاه شد و ازآن غمین گشت و بیتابی کرد آنگاه داود پادشاه‌بنی‌یهوذاشد. داود را چندین زن بود که ازاو فرزندانی آورده بودند ، ازهمه فرزندانش بزرگتر « اَمنون»بود که مادرش «شیتموم»است دوم «دالویا»پسر«اریخایل»، سوم«اباشلوم بن‌موخا»چهارم«ارنیا»پسر«دحات»، «پنجم سفاطیا-ابن‌ابیطال » ، ششم «ناتان‌بن‌اغلا»،[۶] این شش پسراز شش مادربودند و «میخل»دختر

---

۱ ـ اول سموئیل ب ۲۴ ی۳ ـ ۲۲ . ۲ ـ اول سموئیل ب ۲۵ ی۱ . ۳ ـ اول سموئیل ب۳۱ ی۱ ـ ۱۳ . ۴ ـ قصص حضرت داود علیه‌السلام در سوره‌های بقره ۲۴۹ ـ ۲۵۱ انبیاء ۷۸ ـ ۸۰ ص ۱۷ ـ ۳۳ و نام آنحضرت نیز در سوره های نساء ۱۶۳ مائده ۷۸ انعام ۸۴ اسراء ۵۵ نمل ۱۵ ـ ۱۶ سبأ ۱۰ ـ ۱۳ ذکرشده‌است . ل : ص۵۳ . ۵ ـ دوم سموئیل ب۱ ی۱ : صقلغ . ۶ ـ اول امنون ، ۲ سموئیل ب۱۳ . مادرش اخینوعم ، اول‌تواریخ ب۳ ی۲. دوم دانیال پسر ابیجایل‌کرملیه، اول‌تواریخ ب۳ ی۲. سوم ابشالوم پسرمعکه، چهارم ادونیاه پسرحجیث، پنجم شفطیا پسرابیطال، ششم یترعام پسر عجله ، دوم سموئیل ب ۳ ی ۳ ـ ۵ .

شاؤل بچه نیاورد و از داود نزد یاران شاؤل گریخت . پس از هفت سال کــه داود پادشاه بنی یهوذا تنها بود اسباط بنی اسرائیل همگی فراهم شدند و اورا بپادشاهی خود برداشتند ، داود در شهر صیون[1] که از بیت‌المقدس است فرود آمد و در آنجا خانه‌ای ساخت و زنانی گرفت[2] و بعد از پادشاهــی او ، سمون و سوباب و نوتان و سلامان و یابار و الیشوس و نافاق و یا فیا و الیشماس و السنابا و الیفلاث پرایش زاییده شدند[3] و فرزندان داود بسیارشدند وشاهی او بزرگ‌شد و بنی‌اسرائیل‌عظیمش شمردند . فلسطینیان ستاره پرست، شنیدند که داود پادشاه بنی‌اسرائیل شده است و بجنگ‌او فراهم شدند. داود باآنها جنگید و بسیاری ازآنها را کشت تا نابــودشان ساخت و چون از جنـگ با آنها آسوده گشت تابوت سکینه را بر گاوی بار کرد تا آنرا بشهر بیت‌المقدس‌درآورد‌آنگاه‌سوری‌بمردان‌وزنان‌بنی‌اسرائیل‌داد، خدابه‌ناتان پیغمبر که درآنزمان بود وحی کرد بندهٔ من‌داود رابگو اکنون که تورا ازچراگاه و خوابگاه گوسفندان بپادشاهی بربنی‌اسرائیل رسانیدم و دشمنانت راکشتم برای من خانه‌ای‌بساز. ناتان به‌داود گفت‌ودردل‌او بزرگ آمد،[4] وقولی‌است که‌ناتان پسرداودبود. داود با ستاره پرستان جنگید وآنها را شکست داد و با اهـل موآب[5] جنگید و آنها

---

۱ ـ صهیون : کوه پرآفتاب یا خشك گاهی از اوقات مقصود ازاین اسم تمام شهـر اورشلیم میباشد،اماغالباً مقصود کوه جنوب غربی شهرمذکوراست که تقریباً یکصد وبنج یا ازموریا مرتفع تر و دوهزار و پانصد و سی و نه پا بالای سطح دریای میانه است . شهر صهیون را بنام : شهر داود یا شهرعلیا یا بازارعلیا هم ذکرکرده‌اند (قاموس کتاب مقدس) . ۲ـ دوم سموئیل ب ۵ ی ۴ـ۵ ؛ و داود هنگامیکه پادشاه شد سی ساله بود و چهل سال سلطنت نمود . هفت سال وشش ماه در حبرون بر یهودا سلطنت نمود وسی وسه سال در اورشلیم برتمامی اسرائیل ویهودا سلطنت نمود . ی ۷ ؛ و داود قلعهٔ صهیون راگرفتکه همان شهرداود است . ۳ ـ دوم سموئیل ب ۵ ی۱۴ـ۱۶ : شموع و شوباب وناتان وسلیمان ـ و یبحار و الیشوع ونافج و یافیع ـ والیشمع و الیداع و الیفلط . ۴ ـ دوم سموئیل ب۷ ی۴ـ۱۸ . ۵ ـ موآب (از پدر) اسم زمین موآبیان است که طولش۵۰ میل وعرضش ۲۰میل و بدوقسمت منقسم میشد یکی‌اراضی موآب که آنرا بلاد موآب نیز میگفتند دیگری عربات موآب ، زمین موآب دشت مرتفعی است بارتفاع ۲۶۰۰ الی ۲۸۰۰ پا از سطح دریا ، این زمین بنام موآب دخترزادهٔ لوط که ذریهٔ او درآن ساکن شدند نامیده شد (قاموس‌کتاب مقدس) .

را شکست داد و «ادد آزار» پادشاه «سوبا»را درجنگ شکست‌داد وهزاراسب وهفت هزارسرباز اسیر گرفت، وچون اهل‌شام (آرامیان دمشق) فراهم‌شده بکمك ادد ازار شتافتند ، داود بیست و دو هزار نفر از آنها کشت و بر زمین چیره گشت و همهٔ اهل‌شام بندگان اوشدند.[1] بار دیگر بجنگ داود فراهم شدند و او خواهر زاده‌اش یوآب وبرادرش بیشا را بسوی آنها فرستاد، سپس خودداود بیرون شدتا از نهراردن گذشت وچهل‌هزارسوار از آنها کشت و«أشان» فرمانده شانرا نیز کشت،[2] آنگاه‌پسر خواهرش یوآب را برای جنگ بنی‌عمّون بپائینهای شام فرستاد[3] و خود به‌اورشلیم بازگشت.[4] روزی داود روی بام خانه‌اش ایستاده بود که نگاهش به‌برسبا دختر الیات زن اوریا پسرحنان شطی[5] افتاد،داود از او استفسار نمود و باو گفتند این زن أوریا پسرحنان است، پس دردل داود جای گرفت. آنگاه داود پی أوریابن‌حنان فرستاد و او را نزدخودآورد، سپس بخواهرزادهٔ خود یوآب نوشت که أوریا را در مقدمهٔ لشکر بجنگ‌وادار. یوآب او را پیش داشت و جنگ کرد تا کشته شد . داود نزد زنش فرستاد و او را زن خودساخت و باردارش کرد.[6] پس خدا دو فرشته، چنانکه

---

۱ ـ دوم سموئیل ب ۸ ی۱ـ ۶ ؛ هددعزربن رحوب پادشاه صوبه . ۲ـ دوم سموئیل ب۱۰ ی ۶ ـ ۱۸ ؛ ابیشای ـ شوبك سردار لشکر آرامیان. ۳ ـ زمین عمونیان در شمال مملکت موآب بود واراضی جلعاد هم درجزوآن بود (ق ك). ۴ ـ دوم سموئیل‌ب ۱۱ی ۱ . ۵ ـ دوم سموئیل ب ۱۱ ی۲ ـ ۲۷ ؛ بت شبع دختر الیعام زن اوریای حتی . ۶ ـ قضیهٔ ابتلای حضرت داود علیه‌السلام بصورتیکه در تاریخ طبری ج ۱ ص ۳۳۸ ـ ۳۴۱ و کامل‌التواریخ ج ۱ ص ۱۲۷ و تاریخ یعقوبی ج ۱ ص ۳۸ ذکرشده ومسعودی درمروج الذهب ج ۱ص ۵۷ بآن اشاره‌کرده‌است وسید مرتضی علم‌الهدی درکتاب تنزیه‌الانبیاء ص۹۰ و علامهٔ طبرسی در تفسیر مجمع البیان ج ۲ (سورهٔ ص ۳۸) آنرا نقل کرده وباطل دانسته و جواب داده‌اند ، چیزی جز خرافات کتاب سموئیل دوم تورات (ب۱۱ و ب ۱۲ ی ۱ ـ ۲۴) نیست و فرستادگان پروردگار که عصمت و طهارت آنها بدلائل قطعی ثابت است از گناهان کوچك وبزرگ در همهٔ عمر برکنارند . قران کریم ودیگر منابع اسلامی که‌خرافات اهل کتاب بدان راه نیافته‌است داود را پیغمبری بزرگوار و پیشوائی پرهیزکار وداوری دادگر می‌شناسند ، امیرالمؤمنین علی‌علیه‌السلام که‌خود پیشوای متقیان جهان‌است پس‌ازدعوت بپیروی از زهد خاتم‌الانبیاء صلی‌الله علیه وآله وموسی‌بن عمران علیه‌السلام میفرماید ، « واگربخواهی پس‌ازآندو بزرگوار، داود علیه‌السلام صاحب زبور وقاری اهل‌بهشت را پیروی کن که با دست خود ازلیف خرما زنبیلها می‌بافت وبهمنشینان خود میگفت‌کدام یك شما اینهارا برای من‌میفروشد؟ وازبهای آنها گردهٔنان جوینی←

در کتاب عزیزش فرموده‌است، نزد او فرستاد[1]. ناتان پیغمبررا نیز نزد او فرستاد که باو گفت ای داودمگرخدا تو را نفرموده است که در داوری دادگر باشی وبحق حکم‌نمائی و هوسرانی نکنی! گفت چرا. ناتان گفت که دریك شهر دو مرد ساکن بودند یکی دولتمند و دیگری فقیر، دولتمند را گوسفند و گاو بسیار بود و فقیررا جز یك ماده برّهٔ کوچك نبود که آنرا پرورش داده همراه وی و پسرانش بزرگ میشد ازخوراك وی میخورد و ازکاسهٔ او می‌نوشید و درآغوشش می‌خوابید، مهمانی نزدآن مرد دولتمند فرودآمد و او ازگوسفندان وگاوان خود چیزی نگرفت و برّهٔ آن مرد فقیر راگرفت وبرای مهمانش مهیّا ساخت، خشم داود افروخته شد و گفت چنین کسی سزاوار مرگ‌است و هفت‌برابر باید رد کند.[2] ناتان به‌داود گفت مردی که چنین‌کاری کرده است توئی! پروردگارت میفرماید منم کـه تورا پس از آنکه شبان گوسفندان بودی پادشاه بنی‌اسرائیل قرار دادم و از دست شاؤل رهایت نمودم و خاندان اسرائیل و یهوذا را بتو عطا کردم وتو چنین کردی، اکنون بدست بدترین فرزندانت از تو انتقام گیرم و او را بر تو و زنانت چیره سازم. این پیام بر داود گران آمد، پس ناتان[3] باو گفت خداوند گناه تورا بخشیده است که نخواهی‌مرد لیکن بدست‌بدترین پسرانت از توانتقام میگیرد و خداآگاهش ساخت که فرزندی که این زن برای او زاییده است‌خواهد مرد. داودسخت بیتاب گردید و کودك بیمار

← میخورد.» (نهج‌البلاغه خطبهٔ ۱۵۹) و نیز فرمود: «هرگاه کسی‌را نزد من‌آورند که گمان برد داود زن اوریا را گرفت دوبار او راحد میزنم یکی برای پیغبری داود و دیگری برای اسلامش.» (مجمع البیان تفسیرسورهٔ ص ۳۸) در قسمتهای مختلف این ترجمه شمارهٔ بابها وآیه‌های تورات را نشان داده‌ایم تا هیچگونه شبهه‌ای باقی نماند که‌این خرافات ازعهد عتیق بکتابهای مسلمین راه یافته است ـ مترجم.

۱ ـ ص ۲۱ ـ ۲۶. ۲ ـ دوم سموئیل ب ۱۲ ی ۶ ؛ بره را چهار چندان باید رد کند.
۳ ـ ناتان (داده شده) پیغمبری در یهودیه (قسمتی از فلسطین) بود در ایام داود وسلیمان، وی مشیر و ترجمه‌نگار داود و سلیمان بود. (قاموس کتاب مقدس)

گشت و چون بیماریش سخت شد داود روزه گرفت و شب را بنماز ایستاد و گریه میکرد و برهنه بر خاك می‌غلطید و چون طفل بمرد خادمان داود ترسیدند که از مردن‌طفل آگاهش کنند تاآنکه داودسر گوشی آنها را شنیدومرگ کودك رادانست. پس روی خود را شست و جامه‌های خود را پوشید و در جای خود نشست و خوراك خواست و گفت پیش از مرگ طفل غمگین بودم اما کنون اندوه من او را بمن باز نمیگرداند لیکن من نزد او خواهم رفت ، سپس داود با برسبا خوابید و او باردار شد بپسری که او را سلیمان نام‌نهاد.[۱] آنگاه ابیشالوم پسر داود، برادرش امنون را بنزدیکی با خواهری که از مادر او بود متهم ساخته و او را کشت و بر پدرش داود یاغی گشت، وابیشالوم مردی تنومند و پر مو بود . داود کس فرستاد تا او را باز آورد،[۲] بار دیگر ابیشالوم بر پدر یاغی شد و داود از او گریخت و پیاده راه پیمود تا بفراز طور سینا (کوه زیتون) رسید و از گرسنگی بجان آمد تا مردی که نان و زیتون همراه داشت باو رسید و داود ازآن خورد ، ابیشالوم بشهر پدرش (اورشلیم) درآمد و بخانه‌اش رفت و باکنیزان پدرش نزدیکی کرد و گفت خدا مرا پادشاه بنی‌اسرائیل گردانیده است[۳]، آنگاه با دوازده‌هزارنفر بیرون رفت وداود را می‌جست تا او را بکشد ، پس داود گریخت تا از نهر اردن گذشت وآنجا جمعی از یارانش و بسیاری از مردم شهرها براو گردآمدند، آنگاه پسرش یوآب را بجنگ ابشالوم فرستاد و باو گفت او را زنده وسالم‌دستگیر کن. لشکر داود بجنگ ابشالوم‌بیرون رفتند،درگیرودارجنگ‌ابشالوم که براستری سوار بود قاطرش زیرشاخه‌های‌پیچیده شدۀدرخت‌بلوط‌بزرگی‌درآمدوسراودرمیان درخت گرفتارشدوگردنش‌درهم‌شکست، دراین‌حال‌یوآب سه‌تیر بدل‌ابشالوم زد واورا درچاهی‌انداخت. چون‌داودباخبر گشت

---

۱ ـ دوم سموئیل‌ب۱۲ای ۱ ـ ۲۵. ۲ ـ دوم سموئیل ب ۱۳ ـ ۱۴ . ۳ ـ دوم سموئیل ب ۱۵ ـ ۱۶ .

برای پسر سخت بیتابی کرد وبجای‌خودباز گشت[1] وبعدازآن «ازلا» بهمراهی‌جبارانی بر داود یاغی گشت. داود با آنها جنگید وهمه را کشت وروزیکه دشمنانش را کشت‌و خدایش از دست آنها رهائی داد بتقدیس و تسبیح خدا برخاست و خدا را چنین تقدیس میگفت: «پروردگارا تورا پرستش میکنم و دوستی خود را برای تو خالص میگردانم چراکه توئی نیروی من و سلاح من و پناه من و نجات دهندهٔ من پس‌از آنکه رسنهای مرگ مرافرا گرفته ودامهای مرگ‌بمن نزدیك گشته دورمرا گرفته بوددر تنگی خود ترا خواندم واز تو یاری خواستم، ای خدایم پس آواز مراشنیدی و از دشمنان زورآوری که مرا فرا گرفته و بیچاره ساخته بودند رهائیم بخشیدی، یاور من بودی که مرا از تنگی بگشایش رساندی، پروردگارا از همه عادلتری و در یاری کسانیکه برتوتوکل‌نمایند کوتاهی نداری زیرا که پروردگاری جزتونیست. مرا نیرومند ساز و در راه راست بینائیم ده، دو پای مرا در پیشگاهت استوار ساز و بازوی مرا محکم گردان، و دشمنانم را برمن چیره مساز، بنی اسرائیل را باطاعت من در آور و آنانرا خادمان گوش بفرمـانم گردان و سپاسگـزاری را بمن الهام فرما.»[2]

داود هرگاه خدا را باین سخنان ستایش میکرد آوازدلربائی داشت که‌مانند آن‌شنیده نشده‌بودو هنگامی که زبور تلاوت میکرد میگفت: «خوشا بحال مردی که (بمشورت شریران نرود و)[3] براه گناهکاران پای ننهد و در انجمنهای استهزاء کنندگان ننشیند بلکه‌رغبت او درشریعت خداونداست وروزوشب درشریعت او می‌اندیشد، پس مثل درختی نشانده نزد نهرآب خواهد بود کـه میوهٔ خودرا هرگاه میدهد و برگش پژمرده و پراکنده نمی گردد. دورویان در داوری چنین نیستند

۱ ـ دوم سموئیـل ب ۱۷ ـ ۲۰ ی۳ .   ۲ ـ دوم سموئیل ب ۲۲ زبـور داود مزمور ۱۸ .
۳ ـ در اصل افتادگی دارد و واز روی عهد عتیق تکمیل گردید .

ونه گنهکاران درمجمع نیکان[1] ، زیرا خداوند راه نکوکارانرا میداند وراه گنه کاران از میان میرود.»[2]

سپس میگفت : «خدارا تسبیح گوید هر که در آسمان است و باید اورا تسبیح گوید هر که در بالا است و باید همهٔ فرشتگان اورا تسبیح گویند و باید همهٔ لشکرهایش اورا تسبیح گویند و بایدماه و خورشید اورا تسبیح گویند و باید ستارگان و روشنی اورا تسبیح گویند و باید آبی که بالای آسمان است پروردگار مارا تسبیح گوید زیرا اوست که بهر چیزی گفت: باش. پس بود، و او است که هرچیزی را آفرید و پدید آورد و آنها را جاوید همیشه ساخت و هرچیزی از آنها را باندازه‌ای گرفت و آنها را اندازه وانجامی نهاد که از آن نگذرند. پس بایدهر که درزمین است و آتش و سردی و برف و یخ، خدارا تسبیح گویند زیرا او بادتند را بامر خود آفرید[3]، خدارا درعبادتگاه راستگویان تسبیح تازه گویید ، اسرائیل بآفرینندهٔ خود خوشحال باشند ، [پسران] صهیون پروردگارشمارا بزرگ میدارند ونام اورا بادف وطبل تسبیح گویند ، اورا بزرگ گویند زیرا که خدا بشریعت خود خوشحال شود و ناداران را یاری دهد تا راستگویان بکرامت او برافراشته گردند و با همه کسان خود اورا تسبیح گویند ، خدارا با گلوهای خودتکبیر گویند وشمشیر دودمه بدست‌شان باشد تا ازقبیله‌ها انتقام گیرند وامت‌ها پند گیرند، پادشاهان ایشان‌را بزنجیرها بندند وسروران را بپابندهای آهنین تا داوری نوشته برایشان بگذرد.»[4]

«خدارا برای همهٔ راستگویان ستایش است اورا درجای قدس او تسبیح گویید، اورا در آسمان بزرگواریش تسبیح گویید ، اورا بجنبش ونیرویش تسبیح گویید ،

---

۱ ـ دراینجا هم عبارتی افتاده‌است و عبارت زبور این است : شریران چنین نیستند بلکه مثل کاهند که بادآنرا پراکنده میکند . لهذا شریران در داوری نخواهند ایستاد و نه گناهکاران در جماعت عادلان. (مزمور اول ی ۴ ـ ۵) . ۲ ـ مزمور اول‌ی ۱ ـ ۶ . ۳ ـ مزمور ۱۴۸ .
۴ ـ مزمور ۱۴۹ .

اورا ببزرگیش تسبیح گویید ، اورا به‌آوازچغانه تسبیح گویید ، او را با دف و ساز تسبیح گویید ، اورا با رباب و نای تسبیح گویید، اورا با رود وطبلهای دوسر تسبیح گویید، او را با آوازهای آهسته تسبیح گویید ، اورا باآوازهای بلند و فریاد تسبیح گویید ، پروردگار ما را درهرنفسی با خلاص تسبیح گویید . »[۱]

آنگاه داود درآخر زبور میگفت : « من کهتر برادرانم بودم ، در خانهٔ پدرم چاکری داشتم، شبان گوسفندان پدرم بودم ، دستهایم دست درکار رودبود وانگشتانم مزامیر می‌سرود ، که پروردگارم را از من آگاه ساخت ؟ اوست که از من شنید و فرشتگانش رانزدم فرستادتامرا ازشبانی گوسفندان برادرانم که ازمن مهتر وزیباتر بودندربود ، آنهارا پروردگارم نپسندید و مرا برای برخورد با لشکرهای جالوت فرستاد، چون‌جالوت‌را بت‌پرست دیدم‌خدایم براوپیروزی داد، شمشیرش را گرفتم‌و سرش‌را بریدم .

سپس بنی‌اسرائیل به‌داود بدونارواگفتند وخشم‌خداوند برآنها افروخته‌شد. پس‌خدای داود را فرمود که بنی‌اسرائیل راسرشماری کند. داودآنهاراشمردو بنی-اسرائیل را هشتصدهزار مردجنگی‌وبنی‌یهوذارا پانصد هزار مردیافت. آنگاه‌خدای، متعال حیرام[۲] پیغمبررا نزد داود فرستاد وفرمود داودرا بگویکی‌از سه‌چیز را بـر گزین یاهفت سال‌قحطی و گرسنگی باشدیاآنکه بچنگ‌دشمنانت افتی‌وسه‌ماه‌برتو پیروز گردند وازپادشاهیت دورسازندواگرنه‌سه‌روز مرگ سختی‌باشد. داود دلتنگ شدوگفت پروردگارما از مردم بما سزاوارتراست.[۳] پس‌خدا مرگ‌را برآنها مسلط

۱ ـ مزمور ۱۵۰ . ۲ـ دوم سموئیل ب ۲۴ ی ۱۱ ، جادنبی یکی‌از رفقای داود، مورخ و وقایع‌نگار مملکت او بود و مشیر درگاه داود گردید. گویا حیرام کـه در متن است درست نبـاشد زیرا حیرام نام یکی‌ازسلاطین معروف صوراست معاصرداود وسلیمان ونام مسگری صوری که سلیمان برای انجام کارهائی او را از صور آورد . (قاموس کتاب مقدس) ۳ ـ دوم سموئیل ۲۴ ی ۱۴ : تمنا اینکه بدست خداوند بیفتیم زیرا که رحمتهای او عظیم است و بدست انسان نیفتیم .

ساخت‌ودریك ساعت‌هفتادهزارمردمردند. داود گفت‌پروردگارامن‌خود گناه کرده‌ام گناه اینـان که‌مانند گوسفندان میباشند چیست؟خدابا‌و وحی فرمود که‌برای من هیکلی در خرمنگاه یبوسانی[۱] برپا کن. داود بکوه بالا رفت تا خرمنگاه را پنجاه استار[۲] خرید وآنجا مذبحی بنا نمود ومرگ از بنی‌اسرائیل باز گرفته شد[۳].

داود پیر و سالخورده شد و پیکرش نـاتـوان گـردید، اورا پسری بود بنام «ادونیاس»[۴] که‌یوآب سپهسالارجنگهای داود وجمعی‌ازافسران نظامی‌داود را همراه ساخت وبآنها گفت داود پادشاه‌پیر گشته است ومن‌بجانشینی او سزاوار ترم. چون این‌خبر به‌داودرسید نزد«سادوق»[۵] پیشوای دانا و ناتان‌نبی فرستاد وبآنها گفت اهل کشور رافراهم نمایید وسلیمان‌پسرم رابراسترمن سوارکنید و برمنبر من بنشانید که خداآورا سروربنی‌اسرائیل قرارداده، پادشاهی اورابزرگ وشأن‌اورا بلندخواهد ساخت. همه‌باسلیمان رفتند تابرمنبر داودبرآمد واهل کشور براو گردآمدند.پس داود گفت خدامراچنین گفته‌بود که سلیمان‌پسرم رادرپادشاهی باچشمانم تماشا کنم سلیمان‌درآنروز پسری دوازده ساله بود.[۶] آنگاه بیماری داود سخت شد و سلیمان را وصیّت فرموده گفت من براه تمامی اهل زمین میروم، قوی و دلیر باش، وصیتهای پروردگارت را بکار بند، عهد ومیثاقهایش را نگهدار و اوامرش راکه در تورات بر موسی‌بن عمران فرستاده است‌رعایت‌نما. داود درصدوبیست سالگی پس ازچهل سال پادشاهی درگذشت[۷].

---

۱ ـ دوم سموئیل ب ۲۴ ی ۱۸، و مذبحی (قربانگاهی) در خرمنگاه‌آرونهٔ یبوسی برای خداوند برپاکن. ی۲۴، و داود درآنجا مذبحی برای خداوند بنا نموده قربانیهای سوختنی وذبایح سلامتی گذرانید. ۲ـ استار چهار مثقال است. دوم سموئیل ب ۲۴ ی ۲۴، خرمنگاه و گاوانرا به پنجاه مثقال نقره خرید. ۳ـ دوم سموئیل ب ۲۴ ی ۱ـ۲۴. ۴ ـ ادونیاه پسر حجیث. ۵ ـ صادوق یکی از دوکاهن بزرگ که در ایام داود بودند. (قاموس کتاب مقدس) ۶ ـ اول پادشاهان ب۱ ی ۱ـ۵۳. ۷ ـ اول پادشاهان ب ۲ ی ۱ ـ ۱۱، هفت سال در حبرون و سی وسه سال در اورشلیم سلطنت کرد.

سلیمان بن داود[1]

چون خدای بزرگ داود رابر گرفت سلیمان بجای پدرپیغمبر وپادشاه شدو خدای پری و آدمی وبادها وابر ومرغ ودرندگانرا بفرمان او گذاشت و پادشاهی بزرگی، چنانکه در کتاب عزیزش فرموده‌است ، باوداد[2] ، یوأب سپهسالارجنگهای داودوجمعی از یارانش با برادران سلیمان همراه شدند تا پادشاهی سلیمان را تباه سازند وسلیمان همهٔ آنهـا راکشت و برادرش «ادونیاس» را نیز کشت و پادشاهـی سلیمان روبراه و سلطنتش پایدار گشت[3] .

سلیمان دختر فرعون پادشاه مصر را بزنی گرفت ودرشهر داود با او عروسی کرد . آنگاه بنی اسرائیل را فراهم ساخت تا قربانی بگذرانند ، پس هزار ذبیحه قربانی نمود . سلیمان شبی درخواب دید که گویا خدا باو میگوید : «آنچه دوست داری بخواه تـا بدهمت » سلیمان گفت پروردگارا تـو بودی کـه نعمت بزرگ به داود دادی و بنده‌ات سلیمان را پس از او پادشاه گردانیدی ، پس مرا دلی دانا عطا فرما تا بداد داوری کنم ونیك وبدرا بازشناسم . خدایش گفت چون که این‌چیز را خواستی و دولت نخواستی وجان دشمنانت را نخواستی ودرازی عمر طلب نکردی بلکه حکمتی‌خواستی تاانصاف و داوری را بفهمی ، اینك دعای تورا مستجاب کردم و دلی دانا وبینا بتو دادم که پیش ازتو کسی را نبوده وپس ازتوهم کسی مـانند تو نخواهد بـود وآنچه را هم نخواستی یعنی دولت و شکوه و جلال همه را بتودادم ، اکنون تواگر براه من روی و فرایض و شرایع مرا چون پدرت داود نگهـداری عمرت را دراز و شأنت را بزرگ گردانم . سلیمان برای داوری می‌نشست و درمیان بنی‌اسرائیل دادرسی میکرد واز حکمت و دادگری او در داوری و گفتار و شیوائی

---

۱ ـ ل ، ص ۶۰ .   ۲ ـ قصص حضرت سلیمان علیه‌السلام درسوره‌های انبیاء ۷۸ـ۸۲ نمل ۱۵ ـ۴۴ سبأ ۱۲ـ۱۴ ص ۳۰ ـ ۴۰ و نام سلیمان نیز در سوره‌های بقره ۱۰۲ نساء ۱۶۳ انعام ۸۴ ذکر شده است .   ۳ ـ اول پادشاهان ب۲ ی ۱۲ـ۴۶.

سخنش در شگفت میشدند[۱] .

سلیمان را سرداران و وزیرانی بود و نویسندگان و وکلائی داشت ، وزیر سلیمان «زابود بن ناتان» وسردارلشکرش بنایاپسریویادع[۲] وناظروخزانه‌دارش ابیشار[۳] ورئیس باجگیران ادونیرام پسر عبدا بود وسلیمان‌را دوازده وکیل بر بنی‌اسرائیل بود که خوراك پادشاه وخاندانش را فراهم میکردند، وهریك نفقهٔ یك ماه را تدارك میدید ، واینها همه برعهدهٔ اسباط بنی‌اسرائیل بود، آذوقهٔ روزانهٔ دربار سلیمان سی‌کُرّ آرد سفید نرم و شصت کُرّ بلغور وده گاو پرواری وبیست گاو از چراگاه وصد گوسفند بود و چهل هزار أخیه داشت که اسبهایش بدانها بسته میشد[۴] وخودشیفتهٔ اسب بود که خدای متعال قصه‌اش‌را دراین باب آورده است[۵] .

سلیمان ساختمان بیت‌المقدس را آغاز کرد و گفت خدا پدرم داود را فرمود خانه‌ای بنا کند و او بجنگها گرفتار بود پس خدا باو وحی فرمود که پسرت سلیمان خانه را بنام من خواهد ساخت. آنگاه سلیمان فرستاد تا چوب صنوبر وچوب سرو فراهم نمودند[۶] ، سپس بیت‌المقدس را از چوب بنا کرد وآنرا استوار ساخت و اندرون دیوارهای خانه را با چوبهای منبّت پوشانید و برای آن هیکلی زرنگار ساخت[۷] که افزارهای طلا درآن بود ، سپس تابوت سکینه را برداشت و درهیکل نهاد ، درمیان تابوت همان دولوحی بود که موسی نهاده بود ، و چون سلیمان تابوت سکینه را در جایش نهاد درحضور تمامی جماعتهای بنی‌اسرائیل پیش روی هیکل ایستاد وخدا را تسبیح و تقدیس گفت ونعمتهایش‌را، که سلیمان‌را پادشاه بنی‌اسرائیل گردانید و بنای بیت‌المقدس بردست او بانجام رسانید ، ستود[۸] . بنی‌اسرائیل نزد

۱ـ اول پادشاهان ب۳ ی۱ ـ ۲۸ . ۲ ـ بنایاهو پسر یهویاداع . ۳ ـ اخیشار. ۴ـ اول پادشاهان ب۴ ی۱-۲۶ . ۵ ـ ص ۳۱-۳۳ . ۶ ـ اول پادشاهان ب۵ ی ۱-۱۸ : حیرام پادشاه صور چوبهای سرو وصنوبررا بسلیمان داد . ۷ ـ اول پادشاهان ب۶ ی۱۷: وخانه یعنی‌هیکل پیش‌روی محراب چهل ذراع بود . ۸ ـ اول پادشاهان ب۸ ی ۲۲-۵۳، دوم تواریخ ایام ب۳-۴ .

سلیمان فراهم میشدند و او میگفت : «خجسته و بلند پایه باد پروردگاری که آسایش‌را به‌اسرائیل بخشید و گفته‌های شایستهٔ او بانجام رسید وچیزی ازآن وعده‌ها که بواسطهٔ بندهٔ خود موسی داده بود بزمین نیفتاد ، از خدا میخواهیم چنانکه با پدران ما بود باما باشد و مارا ترك نکند و بخود وانگذارد ، دلهای ما را بسوی خودگرداند تاراهی راکه میخواهد برویم و اوامر وفرائض واحکام وعهدهای او را که پدران ما را بدان امرفرموده بود نگاه داریم ، گفتارما را نزدیك بخود وپسندیدهٔ خود قرار دهد و دلهای مارا سالم نگهدارد تانگهبان امراو باشد.»[1] چون سلیمان از بنای بیت‌المقدس فارغ گشت جشنی گرفت و قربانیها کرد[2] و چهارده روز باین کار اختصاص داد و درحضور همهٔ بنی‌اسرائیل پس ازغذادادن بآنها ایستاد و خدا را تقدیس و تسبیح گفت[3] و چون فارغ گشت خدا باو وحی کرد دعای تورا شنیدم و قربانی تورا دیدم ، اکنون اگرهمیشه بفرمان من‌باشی پادشاهی تو وَ فرزندانت را بهم پیوسته سازم ، و این خانه را تا انجام روزگار مقدس شناسم ، و اگر از فرمان من رو بگردانید یایکی از شما عهدهای مرا بشکند پادشاهی او رابگیرم واین‌خانه را تا انجام روزگار ویران سازم[4].

بلقیس ملکهٔ شهر سبا بدربار سلیمان آمد و داستانش همان است که خدا در قرآن مجید فرموده است[5]. بلقیس با شترانیکه بار آنها طلاوعنبر بود به اورشلیم وارد شد و به سلیمان گفت آوازهٔ تو را شنیدم و باور نمیکردم تا اینکه راستی آنرا بچشم خود دیدم . آنگاه بلقیس بشهر خود بازگشت[6]. سلیمان شیفتهٔ زنان بود و بطوریکه گفته‌اند هفتصد زن گرفت که یکی ازآنها دختر فرعون پادشاه مصر بود و زنانی از عمّونیان و زنانی ازموآبیان جباران شام و زنانی از

۱ ـ اول پادشاهان ب ۸ ی ۵۴ ـ ۶۱ . ۲ ـ اول پادشاهان ب ۸ ی ۶۳ : ۲۲۰۰۰ گاو و ۱۲۰۰۰۰ گوسفند ذبح نمود . ۳ ـ اول پادشاهان ب ۸ ی ۶۲ ـ ۶۶ . ۴ ـ اول پادشاهان ب ۹ ی ۱ـ۹ . ۵ ـ سورهٔ نمل ۱۷ـ۴۴ . ۶ ـ اول پادشاهان ب ۱۰ ی۱ـ۱۱،دوم تواریخ‌ب ۹ ی۱ـ۱۴ .

ادومیان و جثانیان و صیدانیان[1] و زنانی از امتهائیکه خدا بنی‌اسرائیل را از آمیزش باآنان نهی کرده بود، که همهٔ آنها هفتصد زن بودند . زنی‌از زنان سلیمان تمثالی بصورت پدر خود ساخت و زنان دیگر هم که دیدند ،کار او را کردند . پس خدا سلیمان‌را بازخواست کرده باو گفت در خانهٔ تو بتها پرسته میشود و تو را بخشم نمی‌آورد ! اکنون پادشاهی تورا بگیرم و عزت را از دست تو بیرون کنم و اسباط بنی‌اسرائیل را از فرزندانت پراکنده سازم لیکن حق پدرت داود را درباره‌ات نگهدارم و تازنده‌ای پادشاهی را از تونگیرم و همهٔ اسباط را از فرزندانت پراکنده نسازم و دو سبط را در دست فرزندانت بگذارم تا نام تو از میان نرود[2] .

سلیمان‌روزی روی‌تخت زرین گوهر نشان‌خود نشسته‌بود که‌انگشتری ازدستش افتاد ودیوی از دیوها آنرا گرفت وبدست کرد وسلیمان‌را از تختش دور کرد و روی آن نشست و جامه‌های سلیمان را ربود و خود پوشید . سلیمان بیچاره روبراه نهاد در حالیکه جامه‌ای پشمین برتن و نیی در دست داشت واز مردم خوراك میخواست و میگفت من پادشاه بنی‌اسرائیلم که خدا پادشاهیم را گرفت . پس هر کس می‌شنید استهزاء می‌نمود و گفتارش را باور نمیکرد . سلیمان نزد ماهیگیران کنار دریا میرفت و ازآنها خوراك میخواست . آصف وزیر سلیمان و دیگران کارآن دیو را برخلاف گذشتهٔ سلیمان یافتند واو را ندیدند که خدارا یاد کند ،آن دیوهم گریخت وانگشتری را در دریا انداخت و سلیمان چهل روز از پادشاهی بر کنار بود و پس از چهل روز در کنار دریا سر گردان راه میرفت که یکی از ماهیگیران باو گفت ای دیوانه بیا و این ماهی را بگیر . پس یك ماهی گندیده باو داد و سلیمان آنرا کنار دریا برد و پاکیزه کرد و شکمش را شکافت و در اندرونش ماهی دیگری دید شکم آن‌ماهی‌را هم‌شکافت وانگشتری‌خودرا در درونش‌یافت وبدست کرد ، آنگاه خدارا

۱ـ حتیان ـ صیدونیان .　　۲ ـ اول پادشاهان ب۱۱ ی۴ـ۱۳ .

سپاس گفت و پادشاهی اورا خدا باو باز داد[1]، وچنانکه خدای متعال فرموده است اورا بر بنی‌اسرائیل پادشاهی داد و مرغ و پری و آدمی را بفرمان او در آورد که چهل سال برای او دست بهنرهای شگفت‌آور میزدند و کاخهای بلند میساختند و در هر کاری گوش بفرمان او بودند. سپس سلیمان وفات کرد و پهلوی قبر داود بخاك سپرده شد. سلیمان روزی که پادشاه شد دوازده ساله و روزی که مرد پنجاه و دو ساله بود.

رحبعم بن سلیمان و پادشاهان بعد از او[2]

چون سلیمان‌بن داود بدرود زندگی گفت رحبعم بن‌سلیمان پادشاه شد. اسباط بنی اسرائیل نزد او فراهم شدند و باو گفتند پدرت بر ما درشتی کرد و ما را سخت بفرمان کشید اکنون برما سبك بگیر. رحبعم بآنها گفت امروز از نزدمن باز گردید و سه روز بعد بیایید. بنی‌اسرائیل از پیش او رفتند. وی با بزرگان اصحاب پدرش مشورت کرد و گفت چه باید کرد؟ گفتند رأی ما این است که بنی‌اسرائیل رانیکو پاسخ دهی و باآنها بنرمی سخن گوئی تا پس از این برآنها پادشاهی کنی. او سخن بزرگان بنی‌اسرائیل را واگذاشت و با جوانانی‌مانند خود مشورت کرد. آنها گفتند بهتر این است که باآنها بدرشتی سخن گوئی تا چنانکه‌کار سروری آنها برای پدرت روبراه بودبرای توهم روبراه گردد. چون روز سوم رسید بنی‌اسرائیل نزد او فراهم

---

۱ ـ افسانهٔ گرفتاری حضرت سلیمان علیه‌السلام باین صورت از خرافاتی است‌که بنوشته های مسلمین راه یافته است وبزرگان دین این افسانه وهرچه را بااصل عصمت پیغمبران خدا منافات دارد شدیداً انکارو ابطال فرموده‌اند، سید مرتضی‌علم الهدی در کتاب تنزیه‌الانبیاء ص۹۷ می‌فرماید آنچه داستان سرایان نادان گفته‌اند که دیوی بصورت سلیمان درآمد وبرتخت او جای گرفت وخاتم اوراکه پیغمبری در آن بود گرفت ودر دریا انداخت ونبوتش از بین رفت و برکنار ماند تاخاتم رادرشکم ماهی یافت، افسانه‌ای‌است که برهیچ‌خردمندی بطلان آن پوشیده نیست و شأن پیغمبران‌از آن‌بالاتر است و پیغمبری نمیشود بخاتمی وابسته باشد، که گاهی برود و گاهی برگردد. «مترجم»

۲ ـ ل، ص ۶۴.

شدند تا پاسخ خود را بشنوند . رحبعام[1] بآنها گفت انگشت کوچك من از انگشت بزرگ پدرم سنگین‌تر است ، و چون این سخن را بآنها گفت از نزد او رفتند و در شهرهای خود پراکنده گشتند وبا او ازهمهٔ اسباط بنی‌اسرائیل جز سبط یهوذا وسبط بنیامین باقی نماندند و ده سبط دیگر «یوربعم» پسر ناباط[2] را بپادشاهی برداشتند . یوربعم از سلیمان گریخته و به مصر رفته‌بود وچون بنی‌اسرائیل بر رحبعم شوریدند باز گشت[3] .

رحبعم‌بن سلیمان از سبط بنیامین هزارمرد فراهم ساخت و جنگ با یوربعم ابن ناباط و همراهان او راآماده گشت . پس‌خدا سَمَعیای[4] پیغمبر را وحی فرمود که رحبعم و همراهانش را بگو بابنی‌اسرائیل نجنگید .سخن او را شنیدند و باز-گشتند . پادشاهی رحبعم هیفده سال بود[5] .

یوربعم پسر ناباط بر ده‌سبط ازکوه فاران پادشاه شد[6] . بنی‌اسرائیل گفتند ما میخواهیم قربانیهای خودرا نزدخدا بگذرانیم . یوربعم نخواست که بنی‌اسرائیل به‌اورشلیم بروند تا مباد آل‌یهودا دل شانرا بگردانند ودر پادشاهی آنها درآیند. پس گفت شما را نیازی برفتن نیست و من برای شما مذبحی (قربانگاهی) میسازم . آنگاه برای آنها مذبحی ساخت و گوساله‌ای زرین در آن نهاد و گفت این خدای شما است که شما را از زمین مصر بیرون‌آورد . پس‌برای گوساله کاهنانی معین‌نمودو

۱ـ رحبعام (کسیکه قوم را وسعت‌میدهد) در چهل و یکسالگی بسلطنت رسید و ۱۷ سال پادشاهی کرد . ۲ـ یربعام (قوم متعدد) پسر ناباط اولین پادشاه ده سبط بود که ازسال ۹۳۱ تا ۹۰۹ قبل‌ازمیلاد سلطنت داشت وازسبط افرائیم بود (قاموس کتاب مقدس) . ۳ـ دوم تواریخ ب۱۰، اول پادشاهان ب ۱۲ ـ ۱۵ . ۴ ـ شمعیا (کسیکه خداوند او را می‌شنود) تاریخ نویس رحبعام بود . (قاموس کتاب مقدس) . ۵ ـ اول پادشاهان ب ۱۲ـ۱۴، دوم تواریخ ب ۱۰ـ۱۲ . ۶ ـ مراد از فاران در اینجا سرزمینی است که سبط افرائیم در آن ساکن شدند و چون اسباط عشره عاصی شدند همواره پایتخت مملکت ایشان در مرزو بوم افرائیم بود . و یربعام شکیم را در کوهستان افرائیم بنا کرده در آن ساکن شد ـ اول پادشاهان ب ۱۲ای ۲۵ .

عیدی بر پا کرد و برای گوساله قربانیها نمود[۱]. پیغمبری از بنی اسرائیل نزد او آمد و موعظه‌اش کرد، یوربعم دست خودرا بسوی او دراز کرد وخشکید، پس گفت دعا کن تا خدا دست مرا باز گرداند. پیغمبردعا کرد و دست یور بعم بر گشت و او همچنان گمراه ماند وبراه نیامد[۲]. خدا یوربعم و همه کسانیرا که با او بودند نابود ساخت واو را کشت و واژگون کرد، و پادشاهی‌او بیست سال‌بود[۳].

سپس « اَبِیّام » پسر رحبعم پادشاه شد و براه پدرش رفت، آشکارا بارتکاب کارهای زشت و عملهای قبیح پرداخت پس خدا جان او را گرفت و پادشاهی او سه سال بود[۴].

آنگاه « آسا » بپادشاهی رسید و راه بندگی خدا را در پیش گرفت و از زنا جلوگیری کرد، زناکار و متّهم را شکنجه داد و بت‌پرستان را از کشور خود بیرون کرد تا آنکه مادر خود را نیز چون خبر یافت که بت پرستی میکند از نزد خود راند. در زمان آسا «زارَح» امپراطورحبشه[۵] وپادشاه‌هند به‌اورشلیم حمله‌بردند وخدا آندو را بعذابی که فرستاد نابود ساخت.

پادشاهی آسا چهل سال بود و گفته‌اند که بنی‌اسرائیل از چوبهای اسلحهٔ لشکرهند که آنها را کشت هفت سال آتش افروختند[۶].

بعداز او پسرش « یَهوشافط » پادشاه شد و براه پدرش رفت، مردی دین‌دار و درست کردار بود و بر دهسبط پادشاهی کرد و پسندیدهٔ همهٔ آنها بود. و پس از بیست و پنج سال پادشاهی در گذشت[۷].

آنگاه‌پادشاهی بپسرش«یورام» رسید واو کافرشد وقومش بپرستش بتها باز گشتند

۱- اول پادشاهان ب ۱۲ ی ۲۶-۳۳. ۲- اول پادشاهان ب۱۳ ی ۱-۶. ۳- اول پادشاهان ب ۱۴ ی۲۰ : وایامیکه یربعام سلطنت نمود بیست ودوسال بود. ۴ - اول پادشاهان ب ۱۵ ی۱-۸ دوم تواریخ ب۱۳ ی ۱-۲۲. ۵ - دوم تواریخ ب ۱۴ ی ۱۰-۱۶. ۶ - اول پادشاهان ب ۱۵ ی ۹-۲۴، دوم تواریخ ب ۱۴-۱۶. درسال ۸۷۱ پیش‌از میلاد درگذشت. ۷ - اول پادشاهان ب ۲۲ ی ۴۱-۵۳، دوم تواریخ ب ۱۷-۲۰ یهوشافاط.

او زنی گرفت که سر کش و گمراهش ساخت و پادشاهی او چهل سال بود[۱] .

پسرش « اَحزِیا » پس‌از پدر شاه شد و براه پدر رفت ، ده‌سبط بنی‌اسرائیل همچنان کناره گرفته کسی را بنام « یهو » برخود پادشاه کرده بودند ، و او بجنگ احزیا آمد واز یارانش کسان بسیاری را کشت . دیگر بار خدا پادشاه سوریه را بر- آنها مسلط ساخت که او هم نیز بسیاری را کشت و پادشاهی احزیا یك سال بود[۲] .

پس‌ازآن « عتلایا » دختر عُمری پادشاهی یافت و فرزندان داود را کشت که جز پسری بنام «یوآش» از نسل‌داود باقی‌نماند ، یوشبع عمهٔ این پسر اورا که کودك شیرخواری بود گرفت و پنهان کرد . عتلایا دست بتبهکاری برد وکارهای زشت را آشکار کرد و شهرها را تباه ساخت . بنی‌اسرائیل نزد یویدع کاهن فراهم شدند و از تبهکاریهای ملکه باو شکایت کردند آنگاه همدست شده او را کشتند . عتلایا هفت سال پادشاه بود[۳] .

بعد از عتلایا همان پسری که از فرزندان داود بجا مانده بود یعنی «یوآش» بشاهی رسید و درآنروز هفت ساله بود . کارهای بنی‌اسرائیل روبراه شد و داد در میان‌شان آشکار گشت وکارهای بد وزشت از میان رفت و بت پرستی را رها کردند اما درآخر عمرش ستمکار شد و دست بآدم کشی زد تاآنکه فرزندان‌کاهنان را کشت و فرزند یویدع کاهن را که پادشاهش کرده بود نیز کشت آنگاه مرد، چهل سال پادشاهی کرد و ازبارهٔ بیت‌السقدس چهل ذراع را ویران ساخت و هر چه درآن بود بیغما برد[۴] .

۱ـ دوم پادشاهان ب ۸ ی ۱۶ـ۲۴، دوم تواریخ ب۲۱ ی۱ـ۲۰؛ یهورام . ۲ـ دوم پادشاهان ب۸ ی ۲۵ـ۲۹،ب ۹ـ ۱۰، دوم تواریخ ب ۲۲ ی۱ـ ۱۰ . اخزیابامر ییهوو درحضور او کشته‌شد ، دوم تواریخ ب ۲۲ ی ۹ . ۳ ـ عتلیا زن بدیهورام و مادر اخزیا بود ، یهوشبع دختر یهورام و خواهر اخزیا است، یوآش پسر اخزیا است که عمه‌اش او را از عتلیا پنهان داشت . یهویاداع کاهن بزرگ است که قتل عتلیا بتدبیر او بانجام رسید ، دوم پادشاهان ب۱۱ ی۱ـ ۲۱، دوم تواریخ ب۲۲ی ۱۰ـ ۱۲ب۲۳ ی۱ـ۲۱ . ۴ـ دوم پادشاهان ب۱۲ی۱ـ۲۱، دوم تواریخ ب۲۴ی ۱ـ۲۷ یوآش بدست‌غلامان و بندگانش کشته شد .

پس‌از یوآش پسرش « آمصیا » پادشاهی یافت و در اول‌کار مانند پدر شایسته بود، سپس بیداد کرد وستم نمود . پادشاهی او بیست و هفت سال بود[۱].

سپس «عُزّیا» پسرامصیا پادشاه شد واشعیای‌پیغمبر درزمان اوبود . این‌پادشاه خدا را نیکوپرستش کرد و فرمانش‌را بکاربرد جز اینکه‌آتشدانی گرفت و به‌هیکل درآمد، بااینکه این‌کارجز برای‌کاهنان‌روانبود . خدا عقوبتش کرد وبرص‌براوظاهر گشت؛واشعیای پیغمبر را نیز که اورا باز نداشته بود عقوبت فرمود و پیغمبری اورا گرفت‌تاآنکه عزّیا مرد و پادشاهی او پنجاه و دوسال بود[۲].

«یوتام» بعد از گرفتاری پدرش بمرض برص، پادشاه شد و شانزده‌سال سلطنت کرد[۳] .

بعد از او پسرش « آحاز » پادشاهی یافت و از دین برگشت و بت‌پرستی کرد ، پس خدا پادشاه بابل بلعقس[۴] را بر او چیره ساخت که اورا اسیر و برده ساخت و جزیه بر او نهاد. آنگاه سَبَسطیه[۵] شهرده‌سبط را در فلسطین ویران ساخت و مردم‌آنرااسیر کرد وبه‌بابل برد، سپس کسانی رافرستاد که شهر اسرائیل را دو پاره ساختند و آنهایند که در فلسطین‌و اردن سامره[۶] خوانده میشوند . چون فرستادگان

۱ـ دوم پادشاهان ب ۱۴ی ۱ـ۲۱، دوم تواریخ ب ۲۵ ی ۱ ـ ۲۸ امصیا درلاکیش کشته شد .
۲ ـ دوم پادشاهان ب ۱۵ی ۱ـ۷، دوم تواریخ ب ۲۶ ی۱ـ۲۳ عزیا در شانزده سالگی از سال ۷۸۶ تا ۷۳۴ قبل‌از میلاد پنجاه‌و دو سال سلطنت کرد . (قاموس کتاب مقدس) ۳ ـ دوم پادشاهان ب ۱۵ ی ۳۲ـ۳۸، دوم تواریخ ب ۲۷ ی ۱ـ۹. ۴ ـ مراد تگلات فالازار سوم (۷۲۷ـ ۷۴۵پ) پادشاه آشور است که درتورات تغلت فلاسر نوشته شده (دوم پادشاهان ب۱۶ ی ۱۰) او درسال ۷۲۹ قبل‌از میلاد خود را پادشاه بابل خواند و آحاز مالیات خود را مرتب باو می‌پرداخت لیکن ساکن کردن مردمان بابل وغیره در شهرهای سامره در زمان سارگن دوم (۷۰۵ـ۷۲۲) و بدست او انجام گرفت (ملل قدیم آسیای غربی ص ۲۵۱ ـ ۲۵۲ ـ ۲۵۵) . ۵ ـ سبسطیه شهری است از نواحی فلسطین . (مراصد) . ۶ ـ سامره شهر مشهور و معروفی است در فلسطین و سامره همان سبسطیه می‌باشد که بمسافت سی‌میل بشمال اورشلیم و شش میل بشمال غربی شکیم مانده واقع است . (قاموس کتاب مقدس) سامره را ساماری ، و سبسطیه را سباستیه هم می‌نویسند .

پادشاه بابل درشهر اسرائیل ساکن شدند خدا شیران را بر آنان مسلط ساخت، پس پادشاه بابل مردی ازکاهنان بنی‌اسرائیل از فرزندان هارون را فرستاد تادین بنی‌ـ اسرائیل‌را بآنها یاد دهد وچون بدین بنی‌اسرائیل درآمدندشیران آنهارا واگذاشتند و سامری[1] گردیدند و گفتند بپیغمبری جزموسی ایمان نداریم وجز آنچه درتورات است نمی‌شناسیم. پیغمبری داود ومعاد وحساب‌را انکار کردند وازهمنشینی بامردم‌و آمیزش باآنها و گرفتن چیزی از آنها و از برداشتن مردگان امتناع ورزیدند و هر که مرده‌ای بدوش میکشید هفت روز دربیابان عزلت میگزید وآمیزش نداشت سپس‌غسل میکرد؛ وهمین‌طورهر کس بچیزی که برای اوحلال نبود دست می‌برد. زن حایضی را در خانه‌های خود جا نمیدادند. سرور خود را از فرزندان هارون قرار دادند و او را «رئیس» می گفتند. بحکم تورات از یکدیگر ارث می‌برند و درهیچ جای زمین جز کشورفلسطین یافت‌نمیشوند. پادشاهی آحاز شانزده سال بود[2].

پس ازآحاز پسرش «حزقیل»[3] بپادشاهی رسید، خدا را نیکو پرستش کرد، بتها را شکست و بتخانه‌ها را ویران ساخت. پادشاه‌بابل سَنحاریب پسرسراطم[4] که در زمان او بود رو به بیت‌المقدس نهاد وباقی ماندهٔ اسباط رااسیر کرد. پس حزقیل سیصد وزنهٔ نقره وسی وزنهٔ طلا باو رشوه داد تا بازگردد، رشوه‌را گرفت وآنگاه بی وفائی کرد. پس اشعیای پیغمبر و حزقیل دفع اورا از خدا خواستند. خدا دعای آندو را مستجاب فرمود و کشتن را بر آنها مسلط ساخت تا دریکساعت صدوهشتادو پنج هزار ازآنها کشته شدند وسنحاریب شکست خورده بازگشت تا به‌بابل رسید. و فرزندش اورا باوضع بسیار بدی کشت.

۱ـ دربین سکنهٔ جدید ساماری فرقهٔ مذهبی جدیدی بنام «ساماریتن» بوجود آمد که تا امروز باقی است و کتاب مقدس آنها «پانتاتوك» میباشد. (ملل قدیم‌آسیای غربی ص ۲۵۳).
۲ـ دوم پادشاهان ب ۱۶ی ۱ـ۲۰ ب ۱۷ ی ۱ـ۴۱، دوم تواریخ ب ۲۸ ی ۱ـ۲۷. ۳ ـ صحیح آن «حزقیا» است. ۴ـ سناخریب (۶۸۱ـ۷۰۵پ) پسر سارگن دوم پادشاه آشور بود که بعد از پدر امپراطوری آشور را درعهده گرفت.

خدا به‌اشعیای پیغمبر فرمود تا حزقیل را آگاه کند که او مردنی است و باید وصیّت نماید، وچون خدایش آگاه ساخت خدا را خواند که بر عمرش بیفزاید تا آنکه‌باو فرزندی بخشد که پس‌از او پادشاهی کند. خدا برعمرش پانزده سال‌افزود تاآنکه دارای فرزند شد . و در زمان حزقیل خورشید پنج درجه بسوی خاور باز۔ گشت[۱] . و پادشاهی حزقیل بیست و هفت سال بود[۲] .

بعد از حزقیل پسرش « منسّا » بپادشاهی رسید و در زمان او بنی‌اسرائیل کافرشدند و خودش نیز کافر شد و بتها را پرستید . او بدترین پادشاهی در میان بنی‌اسرائیل بود و برای بتها بتخانه‌ای‌ساخت و بتی دارای چهار رو بر گزید[۳]. اشعیا اورا نهی‌فرمود، پس فرمان داد که اورا ازسر تاپایش با اره بریدند. وخدا قسطنطین پادشاه روم[۴] را بر منشا مسلط نمود که بااو جنگ کرد و اسیرش نمود و روزگاری در بند اسیری بود . آنگاه نزد پروردگارش توبه کرد و خدا او را بپادشاهیش بازگردانید. پس بت را شکست و بتخانه‌ها را ویران ساخت، وپادشاهی او پنجاه و پنج سال و روز های اسیری او بیست سال بود[۵].

سپس « آمون » پسر منسّا پادشاه شد و بتها را باز گرداند تا آنکه افزوده شدند ، و پادشاهی او شانزده سال بود[۶] .

آنگاه پسرش «یوشیّا» پادشاه شد وخدا را نیکو عبادت کرد وبتها راشکست و بتخانه‌ها را ویران نمود وخدمتگزاران آنها را کشت و سوزانید . اودر دادگری و

۱ـ دوم پادشاهان ب ۲۰ ی ۱۱ ، پس اشعیای نبی از خداوند استدعا نمود و سایه را از درجاتیکه برساعت آفتابی آحاز پائین رفته بود ده درجه برگردانید . ۲ـ دوم پادشاهان ب ۱۸ـ ۲۰، دوم تواریخ ب ۲۹ـ۳۲ . ۳ـ و قربانگاهی (مذبحی) برای باعل (بعل) بنا کرد و برای ستارگان و همهٔ لشکرآسمان سجده کرد و پسر خود را از آتش گذرانید و فالگیری و افسونگری میکرد . (حاشیهٔ اصل) ۴ ـ دوم تواریخ ب ۳۳ ی ۱۱، پس خداوند سرداران لشکر آشور را برایشان برآورد ومنسی را باغلها گرفته اورا بزنجیرها بستند وبه‌بابل بردند . ۵ـ دوم پادشاهان ب۲۱ ی ۱ـ۱۸ ، دوم تواریخ ب ۳۳ ی ۱ـ ۲۰ . ۶ـ دوم پادشاهان ب۲۱ ی ۱۹ـ۲۶، دوم تواریخ ب ۳۳ ی ۲۱ـ۲۵ .

نیکو پرستیدن خدای متعال و روش شایسته‌اش‌مانند داود و سلیمان بود ، پادشاهی اوسی‌سال دوام کرد[۱].

پس فرزندش « یهوآخز » سه ماه پادشاهی کرد . آنگاه فرعون لنگ پادشاه مصر ، اسیرش نمود وبر شهرهایش باج نهاد وپادشاهی از طرف‌خود نشانید ویهواخز راگرفت و به مصر برد تاآنجا مرد[۲].

پس برادرش « یویقیم »[۳] که پدر دانیال پیغمبر باشد پادشاهی یافت، وددرزمان او «بخت‌نصر» پادشاه بابل، به‌اورشلیم آمد و در بنی‌اسرائیل کشتار کرد و اسیرشان نمود وآنها را بزمین بابل برد وسپس بزمین مصر حمله‌کرد و فرعون لنگ پادشاه آنرا کشت .

بخت‌نصّر تورات و آنچه از کتابهای پیغمبران درهیکل بود همه را گرفت و در چاهی نهاد و آتش درآن افکند و از خاك انباشته‌اش ساخت .

ارمیای پیغمبر هم در این زمـان بود و چون از رسیدن بخت‌نصّر آگاه شد تابوت سکینه را برداشت وآنرا در غاری که هیچ کس آگاه نبود نهاد، وازبخت‌نصّر جز ارمیا کسی رهـایی نیافت . شمارهٔ کسانی کـه بخت‌نصّر بزمین بـابل کوچ داد هیجده هزار نفربود که هزار نفر پیغمبر در میان آنها بود و پادشاه‌شان « یحنیا »[۴] پسر یهویاقیم بود و یهودیهای عراق از اینهـا هستند . گویند ارمیای پیغمبر گفت : «خدایا بدادگری‌تو بیش‌ازدیگران دانایم، پس‌برای چه بخت‌نصررا بر بنی‌اسرائیل

۱ـ دوم پادشاهان ب ۲۲ـ۲۳ ی ۳۰، دوم تواریخ ب ۳۴ـ۳۵. ۲ـ دوم پادشاهان ب۲۳ ی ۳۱ـ۳۳، دوم تواریخ ب ۳۶ ی ۱ـ۴ یهوآحاز . ۳ـ فرعون مصر، «نکوه» (نخو) یوشیا راکشت و پسرش یهوآحاز را پس‌ازسه‌ماه پادشاهی دربند نهاد تا دراورشلیم سلطنت ننماید و برادرش الیاقیم‌بن یوشیا را بجای پدرش یوشیا بپادشاهی نصب کرد و اسمش را به یهو یاقیم تبدیل نمود و یهوآحاز را گرفته به‌مصرآمد واو درآنجا مرد (دوم پادشاهان ب ۲۳ ی ۲۹ـ۳۴، دوم تواریخ ب ۳۵ ی۲۰ـ۲۷ ب۳۶ ی ۱ـ۸) . ۴ـ یحنیا (یکنیا) همان یهو یاکین است که پسر یهو یاقیم وجانشین وی بود و پس ازآنکه بخت‌نصر به‌بابل حمله برد و یهو یاقیم را بزنجیر کشید و ظاهراً وی را آزاد ساخت و او پس‌از یازده سال سلطنت مرد، یهو یاکین پادشاه شد و بخت نصر اورا اسیر کرد وبه‌بابل برد و سه ماه و ده روز بیش پادشاهی نکرد (دوم پادشاهان ب ۲۴ ی ۱ـ۱۶، دوم تواریخ ب۳۶) .

چیره ساختی ؟ » خدایش وحی فرمود من از بندگان گنهکار خود بوسیلهٔ بدترین خلق خود انتقام میگیرم[1] . پیوسته بنی‌اسرائیل زیر دست بخت‌نصر گرفتار بودند تا آنکه زنی از آنها گرفت که اورا «سیحب» دختر سلتایل[2] می گفتند و او خواهش کرد که بخت‌نصر بنی‌اسرائیل را بشهرشان باز گرداند و چون بنی‌اسرائیل بشهر خود باز گشتند « زربابل » پسر سلتائیل را بپادشاهی برداشتند و او شهر اورشلیم‌را ساخت وهیکل‌را ازنو بنا کرد وچهل وشش‌سال دراین‌کار بود ودرزمان او خدا بخت‌نصر را بصورت چارپای ماده‌ای در آورد و او هفت سال در میان چارپایان گوناگون میگشت آنگاه گفته‌اند که خدا توبه‌اش را پذیرفت و او را بصورت آدمی زنده گردانید سپس مرد ، زر بابل بود که تورات ونوشته‌های پیغمبران را از چاهی که بخت‌نصر آنها را در آن دفن کرده بود بیرون آورد و آن کتابها را بی آنکه سوخته باشد همان طوری که بوده یافت سپس نسخه‌های تورات و کتابهای انبیاء و احکام و شریعتهای آنها را دو باره باز آورد و اول کسی بود که این کتابها را نوشت[3] . دین بنی‌اسرائیل عبارت بود از خدا شناسی و اقرار بپیغامبری موسی و هارون پسران عمران بن قاهث‌بن لاوی‌بن یعقوب بن اسحاق‌بن ابراهیم خلیل‌الله (علیهم السلام). روزهٔ آنها در هرسال شش روز و اول آن آغاز سال بود ، آنان

۱ـ نبوکدنصر (بخت نصر) که از سال ۶۰۵ تاسال ۵۶۲ قبل‌از میلاد پادشاه بابل بود دوبار در زمان یهو یاقیم حمله برد و در سلطنت پسرش یهو یاکین سه باره براورشلیم حمله برده آنرا محاصره کرد و یهویاکین را گرفت وبه‌بابل باسیری برد وعموی وی « متنیا » پسر یوشیارا بپادشاهی نصب نموده اسمش را به « صدقیا » تبدیل کرد و او بعد از چند سال عاصی شد و بخت نصر نوبت چهارم حمله‌ور شده پادشاه را گرفت و پسران او را پیش رویش بقتل رسانید و چشمان خودش را کند و اورا بدوزنجیر بسته به‌بابل آوردند و او آخرین پادشاه یهود بود ـ دوم پادشاهان ب۲۴ـ۲۵، دوم تواریخ ب ۳۶ ی ۵ـ۲۱ . ۲ـ نام‌دختر سلتایل وخواهر زروبابل‌بن شالتئیل دانسته نشد و نه دلیل این قول، کورش کبیر پادشاه ایران بود که درسال ۵۳۸ پیش از میلاد بابل را فتح کرد و یهود را اجازه داد باظروف طلا و نقره‌ای که بخت نصر از بیت‌المقدس آورده بود به‌فلسطین باز گردند پس چهل ودو هزار نفر اسرائیلی با هفت هزارنفر غلام و کنیز به‌فلسطین رفته بتجدید بیت‌المقدس پرداختند . (ایران قدیم ص ۵۷) ۳ – زرو بابل (تولد یافته در بابل) پسر شالتئیل که ظروف مقدسهٔ طلائی را از کورش گرفته به‌اورشلیم معاودت داده و والی اورشلیم شده اساس هیکل‌را مجدداً نهاد . (قاموس کتاب مقدس)
←

اول سال را روز اول تشرین قرار میدهند و چون ده روز از تشرین بگذرد یک روز روزه گیرند و آن روزی است کـه الواح دوم بر موسی نازل گشت ، و چـون ده روز از کانون دوم سپری گردد یکروز روزه گیرند و آن روزی است که خدا بنی‌اسرائیل را از هامان

→ **فهرست اسامی پادشاهان اسرائیل و یهودا**

شاؤل (طالوت) ۱۰۴۴-۱۰۲۹ داود ۹۷۴-۱۰۲۹ سلیمان ۹۷۳-۹۳۶

اسرائیل

یربعام اول	۹۳۲-۹۱۰
ناداب	۹۱۰-۹۰۹
بعشا	۹۰۹-۸۸۶
ایله	۸۸۶-۸۸۵
زمری	-۸۸۵
عمری	۸۸۵-۸۷۴
آخاب	۸۷۴-۸۵۳
اخزیا	۸۵۳-۸۵۲
یهورام	۸۵۲-۸۴۶
ییهو	۸۴۶-۸۱۹
یهوآخاز	۸۲۰-۸۰۵
یوآش	۸۰۴-۷۸۹
یربعام دوم	۷۸۹-۷۴۹
زکریا	شش ماه
شلوم	یک ماه
منحیم	۷۴۷-۷۳۸
فقحیا	۷۳۷-۷۳۶
فقح	۷۳۶-۷۳۱
هوشع	۷۳۰-۷۲۲

• پادشاهان اسرائیل نوزده نفر بودند که در سال ۷۲۲ پیش از میلاد منقرض شدند باین‌طریق که در آغاز سلطنت سالمانازار پنجم (۷۲۲-۷۲۷) شهر صور علم استقلال برداشت وهوشع درصدد برآمد برعلیه او با مصر متحد شود و برای انجام نقشهٔ خود با سیبو سردار مصری مذاکراتی‌کرد، پادشاه آشور به‌اسرائیل رفت ومدت سه سال شهر ساماری پایتخت آن کشور را بمحاصره گرفت ولی قبل از تصرف آن بدرود حیات گفت واین کار در زمان برادر اوسارگن (۷۰۵-۷۲۲) انجام گرفت.

یهودا

رحبعام	۹۳۲-۹۱۴
ابیا	۹۱۴-۹۱۲
آسا	۹۱۲-۸۷۱
یهوشافاط	۸۷۱-۸۴۸
یهورام	۸۴۸-۸۴۷
اخزیا	۸۴۶
عتلیا (مادر اخزیا)	۸۴۶-۸۴۱
یوآش	۸۴۱-۸۰۲
امصیا	۸۰۲-۷۷۵
عزریا (عزیا)	۷۷۵-۷۳۶
یوتام	۷۳۵-۷۳۲
آحاز	۷۳۱-۷۲۸
حزقیا	۷۲۷-۶۹۹
منسی	۶۹۸-۶۴۳
آمون	۶۴۳-۶۴۲
یوشیا	۶۴۱-۶۱۱
یهوآحاز	۶۱۰
یهویاقیم	۶۰۹-۵۹۹
یهویاکین	۵۹۹-۵۹۸
صدقیا	۵۹۸-۵۸۷

بخت نصر (نبوکودنصر) درسال ۵۸۷ در حملهٔ چهارم خود به‌اورشلیم هیجده ماه آن‌شهر را درمحاصره داشت تاآنکه تسلیم شد ودیوارهای اورشلیم ومعابد وکاخ شهر بدست قوای مهاجمین ویران گردید ودرحدود پنج‌هزار نفر ازیهودیان به‌بابل تبعید شدند، آخرین پادشاه یهودرا بدوزنجیر بسته به‌بابل بردند.

(تاریخ ملل قدیم آسیای غربی ص۲۴۳-۲۴۴ وص۲۵۲ و۲۵۸)

رهائی بخشید ، و هیفده روز از تموز گذشته یکروز روزه گیرند و آن روزی‌است که موسی از کوه طور فرود آمد ، ونه روز گذشته از« آب » روزی روزه گیرند و آن روز ویرانی بیت‌المقدس است ، وسه روز از تشرین گذشته که روز کشته شدن « قدریا بن اخیقام » [1] است روزه گیرند . و آنها را در سال چهار عید است ؛ عید فطیر و آن روزی است که موسی بنی‌اسرائیل را از مصر بیرون آورد و آنها خمیر ترش نشدهٔ خود را برداشتند و آنرا فطیر خوردند ، این‌عید پانزده روز از نیسان گذشته است و هفت روز می‌باشد . عید دیگری در شانزده روز گذشته از حزیران است و آن روزی است که تورات در آن بر موسی نازل گشت و این عید نزد آنها بزرگ است . پس از آن عید اول روز تشرین است که درنزد آنها آغازسال می‌باشد . آنگاه عیدی در پانزده روز گذشته از تشرین است که عید مظلّه (سایبان) باشد باین معنی که خدای متعال موسی‌را امر کرد که بنی‌اسرائیل را بفرماید تاسایبانی باچوب وبرگ خرمابسازند، وآنها هشت روز دراین کارند که در معبدهای خود سایبانهائی ازبرگ و چوب خرما میسازند . نمازهای آنها سه نماز است؛ نمازی در صبح ونمازی هنگام غروب آفتاب و نمازی بعد از غروب و هر گاه یکی از آنها بنماز ایستد دو پاشنهٔ خود را بهم آرد و دست راست را بر شانهٔ چپ و دست چپ را بر شانهٔ راست خود نهد وسر بزیر باشد ،آنگاه پنج رکوع بی سجده انجام دهد و درآخر یکباره‌سجده کند . در اول نمازها از مزامیر (زبور) داود و در نماز اول شب‌از تورات بخواند .

۱– جدلیا پسراخیقام‌شخصی‌بود که نبوکدنصر پس‌از آنکه‌فلسطین‌را مفتوح ساخت وپای‌تخت‌و هیکلش را خراب کرد او را برفلسطین حکومت داد – دوم پادشاهان باب ۲۵ ی۲۲ ، و اما قومیکه در زمین یهودا باقی ماندند ونبوکدنصرپادشاه بابل ایشان را رها کرده بود پس جدلیا بن اخیقام بن شافان را برایشان گماشت .

صحیفهٔ ارمیای نبی‌ب ۴۱ی۲ ، و اسمعیل بن نتنیا وآن ده نفر که همراهش بودند برخاسته جدلیا بن اخیقام بن‌شافانرا بشمشیرزدند واورا که پادشاه بابل‌بحکومت زمین نصب کرده بودکشتند.

اعتماد یهود در احکام دین و آداب شریعت بر نوشته های دانایان آنها است و اینها نوشته‌هایی‌است که بزبان‌عبری‌بآنها [...] گفته میشود واین‌زبان چون ازدریا عبور کردند برای آنها پیداشد ، و رسم‌الخط عبری این‌است وبیست وهفت‌حرف دارد [۱] .

روش دینی آنها در ازدواج این است که بدون ولیّ و دو شاهد زن نگیرند ، حد اقل مهر برای دوشیزه‌دویست درهم و برای بیوه صد درهم است و کمتر ازاین نشاید . طلاق‌دادن زن هر گاه او را نخواستند رواست وبدون شاهد انجام‌نمی گیرد.

طریقهٔ مذهبی آنها در کشتارها این است کـه کشتار غیر یهودی را نخورند و آنکه کشتار میکند باید باحکام دین دانا باشد و هر گاه بخواهد کشتار کند کارد را نزدکاهن بردکـه اگر تیزی آنرا پسندید کشتار با آن را روا دارد و اگر نه او را فرماید کارد را تیز نماید یا کارد دیگری بیـاورد و هنگـام کشتار کردن حیوان را بدیوار نزدیك نکند تـا بر آن دست و پا نزنـد و هر گاه از کشتن حیوان فـارغ گشت بگلویش نگاه کند ، پس اگر آنرا چنان دید که گلوگاه کفك برنیاورده و راست بریده شده، نه منحرف، بازهم خورده نمیشود تا شش را بنگرد و اگر درآن عیبی یامرضی یا شکافی‌یاآبله ریزه‌ای یاآماسی‌یافت ، گوشت‌آن خورده نشودواگر شش سالم باشد مغز را بنگرد و اگـر درآن مرضی یـافت کشتار خورده نشود و هر گاه مغزسالم بود دل را بنگرد و اگر درآن مرضی یافت ازآن حیوان نخورد و هر گـاه قلب هم سالم باشد پیه شکم و اطراف روده‌ها و نیز رگها را نخورد و جز اینها را بخورد .

تاریـخ یهود از مبدء خـراب شدن بیت‌المقدس است ، از آن روز حساب میکنند و درهرروزی باید روز خرابی بیت‌المقدس وفاصلهٔ آنرا تا آن روزبنگرند.

۱- درنسخهٔ اصل هم رسم‌الخط عبری‌نبوده است .

مسیح عیسی‌بن مریم (علیه‌السلام) [1]

حنّه زن عمران نذر کرده بود هرگاه خدا باو فرزندی بخشد او را برای خدا قرار دهد و چون مریم را زایید او را بکاهن مذبح «زکریابن برخیابن شوابن نحرائیل بن سهلون‌بن ارسوابن شویل بن نعودبن موسی‌بن عمران» [2] سپرد و باین حال‌بود تا آنکه هیفده ساله شد و خدا فرشته را نزد او فرستاد تا باو فرزند پاکی بخشد، و آنچه خدای متعال در قرآن مجید فرموده است [3] بانجام رسید تا آنکه مریم باردار شد وچون روزهای حملش سپری گشت او را درد زاییدن گرفت‌چنانکه خدای‌عزوجل‌حال‌مریم‌وحال‌فرزندش وسخنش‌اززیر دامن‌مادر وسخنش‌در گهواره را در قرآن مجید فرموده است. [4]

ولادت عیسی در ده «بیت لحم» [5] از قریه‌های فلسطین روی داد. روز ولادت او سه‌شنبه بیست وچهارم کانون اول بود، ماشاءالله منجّم گفته است طالع سال ولادت

۱ـ قصص‌حضرت عیسی‌علیه‌السلام درسوره‌های آل‌عمران ۴۵-۶۰ ونساء ۱۵۶-۱۵۹ و مائده ۱۰۹-۱۲۰ ومریم ۱۶-۳۵، ونام عیسی نیزدرسوره‌های بقره ۲۵۳،۱۳۶،۷۸ وآل عمران ۸۴ ونساء ۱۷۱ ومائده ۷۸،۴۶ وانعام ۸۶ واحزاب ۷ وشوری ۱۳ وزخرف۶۳ وحدید ۲۷ وصف ۶، ۱۴، ونام مسیح‌درسوره‌های‌آل‌عمران ۴۵و نساء۱۵۷، ۱۷۱ومائده ۱۶ (دوبار)، ۷۲(دوبار)، ۷۵وتوبه۳۰، ۳۱ومریم ۳۴ وقصص مادرش مریم علیهاالسلام در سوره‌های آل عمران ۳۳-۴۷ ومریم ۱۶-۳۴ ذکرشده است. ل: ص۷۳. ۲- کاهن یهود کسی‌است که ذبایح وقربانیها را میگذراند وکهانت یکی‌ازعالیترین مناصب روحانی یهود است و اول‌بار درمیان بنی‌اسرائیل هارون کاهن ورئیس‌کاهنان شناخته شد.

نسب حضرت زکریا علیه‌السلام را در منابع دیگر از قبیل معارف ابن قتیبه و تاریخ‌طبری وقصص الانبیاء ثعلبی مخالف آنچه در اینجا است ومختلف نوشته‌اند.

قصص حضرت زکریا در سوره های آل عمران ۳۷ - ۴۱ ومریم ۲-۱۵، و نام آنحضرت در سوره‌های انعام ۸۵ وانبیاء۸۹، ونام حضرت یحیی نیز درسوره‌های آل عمران ۳۹ انعام ۸۵ مریم ۶، ۱۱ انبیاء ۹۰ ذکرشده است. ۳- مریم ۱۶-۲۱. ۴- مریم ۲۲ - ۳۴. ۵ ـ بیت لحم ده کوچکی است برتپه‌ای که بمسافت ۶ میل بجنوب اورشلیم مانده واقع‌است. بیت لحم مدفن راحیل و مسقط‌الرأس داود و از همه مهمتر محل تولد مسیح است و مدت چهار هزار سال است که بنا شده (قاموس کتاب مقدس).

مسیح علیه‌السلام هیجده درجهٔ میزان ، مشتری در سی و یك دقیقهٔ سنبله در حال رجوع ، زحل در شانزده درجه وهیجده دقیقهٔ جدی، خورشید در یك دقیقهٔ حمل ، زهره در چهارده درجهٔ ثور ، مریخ در بیست ویك درجه وچهل وچهار دقیقهٔ جوزاء و عطارد در چهار درجه و هیفده دقیقهٔ حمل بود .

پیروان انجیل نمیگویند که عیسی در گهواره سخن گفت و میگویند که مریم نامزد مردی بنام یوسف ازفرزندان داود بود . مریم بار دار شد وچون وضع حملش نزدیك گردید اورا به‌بیت لحم برد وچون زایید او را به ناصره[1] در کوه جلیل[2] باز گردانید و روز هشتم ولادت ، عیسی را بر شریعت موسی بن عمران ختنه کرد . حواریان (شاگردان مسیح) اخبار مسیح را گفته و حال او را شرح داده‌اند و ما گفتار یك یك آنها و آنچه را در وصف مسیح گفته‌اند می‌نویسیم . حواریان دوازده نفر از اسباط یعقوب بودند : «شمعون بن کنعان» از سبط [... و یعقوب] بن زبدی [...] و «یحیی بن‌حابر بن فالی» ازسبط زبلون و «فیلفوس» ازسبط«اشر»و«متّی» از سبط اشجر بن یعقوب و «سمعی» از سبط هرام بن یعقوب و «یهودا» از سبط یهودا بن یعقوب و«یعقوب» ازسبط یوسف‌بن یعقوب و«منسا» از سبط روبیل‌بن یعقوب، وهفتاد نفر بعداز اینها بودند.چهار نفری که انجیل را نوشتند : «متی» و «مرقس» و «لوقا» و « یوحنّا » هستند که دو نفر ازاین دوازده نفر و دو نفر از دیگران می‌باشند.[3]

---

۱ ـ ناصره شهری است در جلیل که بوطن مسیح معروف است و مسافت ۱۴ میل از دریای جلیل و ۶ میل از تابور و ۶۶ میل از اورشلیم دور است و اول بار در انجیل ذکر شده است و در انجیل لوقا ب۴ ی ۲۹ مذکور است که برکوهی بود و در انجیل مرقس ب ۱ ی ۹ ناصرهٔ جلیل ذکر شده‌است. ۲ـ جلیل بدو قسمت‌فوقانی درطرف شمال‌که سوریان وفینیقیان وعرب درآن ساکن‌بودند و بدانواسطه آن را جلیل قبایل میگفتند و جلیل‌تحتانی در نزدیکی دریای طبریه،منقسم شده‌است. مسیح را هم یسوع‌جلیلی خطاب مینمودند زیرا که درآنجا بزرگ‌شده روزگار بسر برد واول‌شاگرد خود را ازآنجا انتخاب فرمود ، ناصره از قصبه‌های جلیل‌است (قاموس کتاب مقدس) .

۳ ـ اصل کتاب در شمارهٔ حواریان و نامهای آنها هم ناقص است و هم غلط دارد ، نامهای دوازده نفر حواریان عیسی علیه‌السلام یعنی شاگردان مخصوص آنحضرت که پس از قیام خود ←

انجیل متی

متّی درانجیل دربارهٔ نسب مسیح علیه‌السلام میگوید: ایسوع بن‌داودبن‌ابراهیم واز ابراهیم‌خلیل بپائین میشمارد تاآنکه بعداز چهل و دو پدر به‌یوسف‌بن یعقوب‌بن ماثن میرسد[۱]. آنگاه گفته است یوسف شوهر مریم بود و مسیح در بیت‌لحم که دهی است درفلسطین متولد گردید. [۲] پادشاه فلسطین درآن‌تاریخ «هیرودس» بود، قومی‌از مجوس به‌بیت‌لحم آمدند و دربالای سرآنها ستاره‌ای‌بود که ازپی‌آن میرفتند تاآنکه مسیح را دیدند و برای او سجده کردند. هیرودس پادشاه فلسطین خواست مسیح‌را بکشد، پس یوسف او و مادرش را بزمین مصر برد و پس از مرگ هیرودس او را بازآورد و در ناصره در کوه جلیل جای داد. [۳]چون مسیح بیست و نه ساله شد نزد یحیی‌بن‌زکریا رفت تا ازاوتعمیدیابد. یحیی گفت من‌احتیاج‌دارم که ازتو تعمیدیابم و تو نزد من می‌آیی. مسیح باو گفت این سخن را بگذارکه این طور شایسته است نیکی بانجام رسد. پس یحیی اورا واگذاشت[۴]عیسی با تأیید روح القدس رو ببیابان نهاد و چهل روز روزه گرفت آنگاه شیطان باو نزدیك شد و گفت اگر تو اکنون

→ آنها را بتمام دنیا مأمور فرمود از این قرار است ،

اول شمعون معروف به پطرس، دوم برادرش اندریاس پسران یونا، سوم یعقوب بن زبدی، چهارم برادرش‌یوحنا، پنجم فیلپس، ششم برتولما، هفتم‌توما، هشتم‌متی ، نهم‌یعقوب‌بن‌حلفی، دهم لبئی یالبیوس‌که اورا«یهودا» و«تدی» نیز گفته‌اند، یازدهم شمعون قانوی، دوازدهم یهودای اسخریوطی که عیسی‌را تسلیم‌نمود (انجیل‌متی ب ۱۰ ی۱-۵) این‌آخری یعنی‌یهودای اسخریوطی آقای خود را انکار کرده پس‌ازآنکه بر اشتباه و قباحت خطای‌خود متنبه گردید خودرا خفه نمود ومتیاس درجای وی بمنصب حواریت منتخب گردید (کتاب اعمال رسولان ب ۱ ی ۱۵-۲۶) . اسامی حواریان در انجیل متی ب ۱۰ ی ۲ - ۵ ومرقس ب ۳ ی ۱۶ - ۱۹ و لوقا ب ۶ ی ۱۴ - ۱۶ وانجیل برنابا فصل ۱۴ی ۹ - ۱۹ آمده، ودر انجیل برنابا بجای توما وشمعون غیور(قانوی) برنابا و تداوس ذکر شده است.

۱ - انجیل متی ب ۱ ی ۱ - ۱۷ ؛ یعقوب‌بن متان . ۲ - انجیل متی ب ۱ ی ۱۸ - ۲۵ .
۳ - انجیل متی ب۲ . ۴ - انجیل متی ب۳.

پسرخدائی، بگو تا این‌سنگها نان شود. عیسی گفت‌انسان نه‌تنها بنان زیست میکند بلکه بکلمهٔ خدا . آنگاه شیطان او را برداشت و بر کنگرهٔ هیکل (مسجد اقصی) نهاد ؛ سپس‌باو گفت خودرا بزمین‌انداز که اگرپسر خداباشی فرشتگانش تورا دربر گیرند . مسیح گفت نوشته‌است که خدای خودرا بخود میازمای . آنگاه به‌شیطان گفت دور شو که خدا راسجده میکنم و او را پرستش می‌نمایم. پس‌شیطان او را رها کرد ورفت، وپس‌ازآن فرشتگان خدا باو نزدیك شدندو اورا پرستاری مینمودند[1].

آنگاه شاگردانش نزد اوحاضر شدندوعیسی با هدایت وحی بمثلها و جزآن باآنها سخن‌میگفت، و اول‌چیزی از انجیل که عیسی بآن‌تکلم فرمود، چنانکه درانجیل‌متی است، این‌بود : خوشابحال نادارانی که دلهای‌آنها بآنچه درنزد پروردگارشان هست خوشنود است راستی کـه ملکوت‌آسمان برای ایشان‌است ، خوشابحال گرسنگان و تشنگان در راه بندگی خدا ، خوشابحال راستگویان در گفتارشان و رها کنندگان دروغ که نمك‌زمین وروشنی جهان هستند ، کسی رانکشید و کسی‌را بخشم‌نیاورید و آنکه شما را بخشم‌آورده خوشنودش کنید و بادشمن خود سازش نمایید، زنانکنید و جز بـزنان خود ننگرید ، و اگـر چشم راست‌تـان شما را بخیانت بخوانـد آنرا بکنید تا بـدنهای خود را ازآتش نجات دهید ، زنان خود را بی‌آنکه زنا کنند رها نکنید، راست یادروغ بخدا یاآسمان یازمینش قسم نخورید، درمقابل بدی‌ایستادگی ننمایید بلکه هر که برخسارهٔ راست تو طپانچه زنـد رخسارهٔ چپت را نیز بسوی او بگردان ، و اگر کسی بخواهد پیراهنت را برباید عبای خود را باوبخش ، هر کـه یك‌میل راه تو را مجبور سازد دو میل راه با او برو ، هر کس از تو سؤال کنـد بدو ببخش و کسیکه از تـو وام خواهد باو بده و ناامیدش مساز ، شنیده‌اید که گفته‌اند خویش‌خودرا دوست بدار وبادشمنت دشمنی‌ورز اما من بشما میگویم دشمنان خودرا

۱ ــ انجیل متی ب ۴ .

دوست بدارید وباهر که ازشما ببرد پیوند کنید و با هر که باشما دشمنی ورزد نیکی کنید ، اگر دوستان خودرا دوست بدارید شمارا چه‌اجری است[۱] ؟ بخششهای خودرا پیش مردم آشکار نسازید ، دست چپ‌تان از کار دست راست‌تان آگاه نشود ، در نمازهای خود ریاکاری نکنید ، و هر گاه نماز میخوانید بخانه‌های خود درآیید و درها را ببندید و کسی‌نماز شما را نشنود. و چون نمازمیخوانید بگویید : ای پدرما که درآسمانی ، نام تو مقدس باد ، ملکوت‌تو بیاید ، ارادهٔتو چنانکه درآسمان‌است درزمین نیزانجام‌شود ، نان کفاف مارا امروزبده، قرضهای مارا ببخش‌چنانکه ما نیز قرضداران خودرا می‌بخشیم ، مارا درآزمایش میاور بلکه از بدان ما را رهائی ده .

روزه‌های خود را هر گاه برای پروردگار خود روزه میگیرید ، برای مردم آشکار نسازید و مانند ریاکاران ترشرو مباشید تا در نظر مردم روزه دار نمایید زیرا که پروردگار شما بحال شما آگاه است ، گنجها را در زمین که بید و موریانه زیان میرسانند و جائیکه دزدان نقب میزنند نیندوزید بلکه گنجهای خود را در نزد پروردگار خود در آسمان جائیکه نه بید زیان میرسانند و نه کسی دزدی میکند بیندوزید، بزندگی خود نیندیشید که چه خورید یا چه‌آشامید ونه برای بدن خود که چه‌پوشید ، مرغان هوا را بنگرید که نمیکارند ونمی‌دروند و نه درانبارها ذخیره میکنند وخدا بآنها روزی میدهد و شما نزد خدا از مرغان برترید، برای فرزندان خود نگران نباشید زیراآنها هم مانند شمایند چنانکه‌آفریده شدیدآفریده شدند و چنانکه روزی دادهٔ شدید روزی داده میشوند .[۲]

به برادرت مگو خس‌را از چشم خود بیرون کن در حالیکه در چشم خودت چوبی باشد ، عیبهای مردم را ننگرید و عیبهای خود را فراموش کنید ، آنچه را مقدس‌است، و نه مرواریدرا، بخوکها مدهید مباداآنها را پایمال کنند، ازپروردگار خود بخواهید که بشما میدهد ، از او طلب کنید که او را بخود مهربان خواهید

۱ـ انجیل متی ب ۵ . ۲ـ انجیل متی ب۶ .

یافت ، در او را بکوبید که بروی شما باز میشود ، فراخ است آن در و وسیع است آن راهی که مردم را بنابودی می‌بـرد و بسی تنگ است آن در و دشوار است آن راهی که مردم‌را‌نجات‌میدهد، خودرا ازپیمبران دروغگو که مانند گرگان‌درنده‌اند نگاهداری کنید ، نمی‌توانید انـگور را از خار و نـه انجیر را از حنظل بچینـید همینطور درخت بدی را نخواهید یافت که میوهٔ نیکو آورد و نـه درخت نیکویی را که میوهٔ بد بدهد .

هر کس سخنم را بشنود و آنرا بفهمد بمردی خردمند ماند که خانهٔ خود را بر سنگ بنا نهـد پس باران ببـارد و سیلابـها روان گردد و بادها بـوزد [. . .][1] پس خانه فرود آید .[2]

در همین زمان پادشاه هیرودس[3] یوحنّا را گرفتـه بزندانش افکنده بود برای آنکه هیرودس نزد زن برادرش فیلفوس میرفت و یوحنّا او را از رفتن نزد او نهی میکرد . او خواست یوحنا را بکشد و پـرهیز میکرد زیـرا کـه یوحنا را بزرگ میدانستند . آنگاه زن‌برادرش باو گفت یوحنّارا بکش هیرودس‌فرستاده سر یوحنّارا در زندان از تن جدا کرد و آنرا درطشتی نهاد ، پس شاگردانش آمدند و جسدش را برداشته بخـاك سپردند و رفته عیسی را اطلاع دادنـد ، عیسـی ازآنجا بویرانـه‌ای رونهاد و یاران خودرا میفرمود کسی‌را آگاه نسازید .

---

۱ ـ آنچه از اصل‌کتاب افتاده است این‌است ، و بدانخانه زورآور شود وخراب نگرددزیرا که بر سنگ بنا شده است و هرکه سخنم را نشنود و آنرا نفهمد بمردی نادان ماند که خانهٔ خود را بر ریگ بنا نهاد و باران باریده سیلابها جاری شد و بادها وزیده بدانخانه زورآورد . انجیل متی ب ۷ ی ۲۵ ـ ۲۷ . ۲ ـ انجیل متی ب ۷ . ۳ ـ هیرودیس دوم پسر دوم هیرودیس‌اعظم (۴۰ـ۴ قبل‌از میلاد) مدت۴۲ سال‌یعنی ازچهارسال پیش ازمسیح تا۳۹سال بعد از مسیح حکومت می‌نمود و زن برادر خود هیرودیس فیلپس را تزویج نمود و چون یحیی او را نهی‌کرد بقتل وی امرنمود وسرش را در زندان بریده از برای هیرودیا زن برادر خود فرستاد ـ انجیل متی ب ۱۴ ی ۱ ـ ۱۲ مرقس ب ۶ ی ۱۶ ـ ۲۸ . درچهار انجیل یحیی گفته شده است نه یوحنا . و یوحنای حواری و نویسندهٔ انجیل پسر زبدی در سن۹۴ سالگی بدرود جهان گفت و هیرودیس یحیی‌بن زکریا را شهید کرد .

انجیل مرقس[1]

مرقس دراول انجیل خود میگوید: عیسی‌مسیح پسرخدا چنانکه در اشعیای نبی نوشته است اینك فرستادهٔ خود را پیش روی تو میفرستم تا راه تو را هموار سازم، یحیی پسرزکریّا بتعمیدتوبه تعمید میداد[2] لباس‌او از پشم‌شتر بود و کمربند چرمی بر کمر می‌بست . مسیح از ناصرهٔ جلیل به اردن‌آمد تا یحیی او را تعمید دهد وچون‌تعمیدش داد وازآب برآمد روح‌مقدس مانند کبوتری براوظاهر گشت و آوازی‌ازآسمان در رسید: «تو پسرم دوستمنی که بتوخرسندم» . آنگاه عیسی‌بکوه جلیل رفت و کسانی را دید که ماهی شکار میکنند و شمعون و اندریاس در میان آنها بودند. عیسی گفت بمن پیوسته گردید تاشما را صیّاد مردم گردانم. پس‌آندو با او روانه شدند و عیسی علیه‌السلام بدهی رفت و بیماران آن‌ده را شفا داد ، پیسهارا معالجه کرد و کورها رابینا ساخت. پس‌جمعی گرد او فراهم‌شدند واو هم باپندها و آنچه باو وحی میشد موعظه میکرد و میفرمود «پیروانم تاآسمان و زمین باشد ، خواهند بود وسخنم ازمیان نمیرود»[3] .

انجیل لوقا

لوقا دراول انجیل میگوید : ازآنجهت که بسیاری ازمردم خواستندقصه‌ها و اموریکه‌آنها را دانسته‌ایم نوشته شود مصلحت چنان دیدم‌آنچه را بدرستی شناخته‌ام

---

۱ - ل، ص۷۹ .   ۲ـ تعمید یکی‌ازقواعد دینیهٔ اهل کتاب‌است که پیش‌ازظهورمسیح معروف بوده‌است ودربارهٔ تعمیددرمیان مسیحیان اختلاف‌است بعضی براننده‌که حکماً بایدبدن شخص‌را درآب فرو برد و دیگران‌گویند که باید سه مرتبه درآب فرو رود وجمعی برآنند که‌اطفال را جائز نیست بلکه باید شخص مؤمنی که توانائی اقرار گناهان خود را دارد تعمیدیابد ، بسیاری هم تعمید اطفال مؤمنین را واجب شمرده‌اند و بسیاری برآنند که تنها پاشیدن آب کفایت می‌کند زیرا فقط اشاره بغسل یافتن با روح‌القدس است و تنها پاشیدن آب باسم اب و ابن وروح‌القدس کفایت خواهد نمود (قاموس کتاب مقدس) .   ۳ ـ انجیل مرقس ب ۱ .

بنویسم . در ایام هیرودس پادشاه ، کاهنی زکریّا نام از فرقهٔ آبیّا بود که زن او از دختران هارون و «الیسبع»نام داشت[1] ، این‌زن ومرد هر دو در پیشگاه خدا نیکو-کار و بهمهٔ فرائض و احکام بدون کوتاهی در بندگی‌خدا عمل میکردند . ایشانرا فرزندی نبود زیرا که الیسبع نازا بود و زکریّا نیز ، و هر دو فرتوت بودند . هنگامیکه‌زکریّا به‌هیکل درآمدتا بخور بسوزاند ودیگران همه‌بیرون هیکل‌بودند ناگاه فرشتهٔ پروردگار را در طرف راست مذبح ایستاده دید و زکریّا را از دیدن‌او لرزه‌گرفت و ترس بر او مستولی شد . فرشته باو گفت ای زکریّا مترس زیرا که خدا نمازهای تو را شنید و دعای تو را مستجاب فرمود ، پسری بتوخواهد بخشید که او را یحیی بنامی و تو را خوشی و شادی رخ‌خواهد نمود و او نزد خدا بزرگ خواهد بود ، شراب و مسکری نخواهد نوشید و در شکم مادرش پراز روح‌القدس خواهد بود ، او بسیاری از بنی‌اسرائیل‌را بسوی خدا می‌برد و همان روحی که بر الیاس نبی فرودآمد بر او فرود خواهدآمد تا دلهای پدران را بطرف پسران بگرداند و برای خدا دسته‌ای فراهم باشند . زکریا به‌فرشته گفت این را چگونه بدانم با اینکه خود پیرم و زنم فرتوت‌است؟ فرشته او را گفت من جبرئیل هستم که در پیشگاه خدای بزرگ ایستاده‌ام، مرا فرستاد تا تو را باین‌امر بشارت دهم پس‌از اینمدم خاموش و بی‌سخن باش تا روزی که این‌کار واقع گردد زیرا تو گفتهٔ مرا که دروقت خودبانجام میرسد باورنکردی. جماعت همگی‌ایستاده بانتظار زکریا بودندو از دیر ماندنش در هیکل در شگفت‌بودند و چون بیرون‌آمد نتوانست با آنها سخن

۱ـ حضرت یحیی علیه‌السلام پدرش زکریا از دستهٔ ابیا و مادرش « الیصابات » از دختران هارون، ولادتش شش ماه پیش‌از مسیح علیه‌السلام بود . هیرودیا دختر خود را برقصیدن در حضور هیرودیس ترغیب نمود و سلومه دخترش در روز مولود هیرودیس رقصی نمود واو قسم یاد کرد که هر چه طلب کند باو دهد، پس او باشارهٔ مادر خود سر یحیی‌را خواست و باین طریق یحیی علیه‌السلام بشهادت رسید (قاموس کتاب مقدس و انجیل متی ب ۱۴ ی ۱ ـ ۱۲ ولوقاب ۳ی ۱۹) .

گوید . پس دانستند و یقین کردند که در هیکل چیزی بچشم اوآمده است او هم بآنها اشاره میکرد و سخن نمیگفت وچون روزهای خدمتش بانجام رسید بخانه‌اش رفت و زنش الیسبع باردار شد و پنج ماه خود را پنهان میداشت و میگفت پروردگار در روزهائی که بمن نظر داشت چنین احسانی بمن کرد تا ننگ مرا از نظر مردم بردارد . درماه ششم بار داری زن زکریّا، خدا جبرئیل فرشته را بشهری از جلیل که ناصره نام‌داشت فرستاد نزد دوشیزه‌ای بنام‌مریم، نامزد مردی‌بنام‌یوسف از خاندان داود پس فرشته براو درآمد و باو گفت درود برتو دوشیزه‌ای بادکه از نعمت پرشده‌ای و در میان زنان خجسته‌ای ، مریم چون فرشته را دید از سخنش بیمناك شد و باندیشه فرو رفت که این چه سلامی بود . فرشته باو گفت ای مریم مترس که نزد خدا نعمت یافته‌ای ، بی‌شك تو باردار می‌شوی وپسری می‌آوری نام او را عیسی بگذار که بزرگ خواهد بود وپسر حضرت اعلی خوانده خواهد شد و پروردگارش تخت پدرش داود را باو میدهد و برخاندان یعقوب تا ابد پادشاهی خواهد کرد و سلطنت او را نیستی و زوال نخواهد بود . مریم بفرشته گفت این چگونه‌میشود وحال‌آنکه مردی‌بمن دست‌نبرده‌است؟! فرشته اورا گفت روح‌القدس برتوفرودمی‌آید وازاینجهت پسرت بسی پاك‌است وپسرخدا خوانده‌شود ، اینك‌یکی از خویشانت الیسبع نیز در پیری بپسری‌بار دار است و این ماه ششم بارداری همان زنی‌است که نازا بود ، زیرا هیچ‌کاری خدا را ناتوان نمیسازد . مریم گفت من کنیز خدایم‌آنچه‌گفتی مرا بانجام رسد . مریم بخانهٔ زکریا رفت تا از تندرستی الیسبع جویا شود وچون زن زکریّا سخن مریم را شنید بچه درشکمش بحرکت درآمد و الیصابات از روح‌القدس پر گردید و به‌مریم گفت تو در میان زنان مبارك هستی براستی چون‌آواز سلامت گوش‌زد من شد بچه با خوشی زیادی دررحم من‌بحرکت آمد . الیسبع زن زکریا پسری زایید که روز هشتم او را ختنه کردند و یوحنّا

(یحیی) نامیده و در همان ساعت زبانش بازشد و سخن بستایش خدا آغاز نمود . پدرش زکریّا از روح‌القدس پر شد و گفت خدای اسرائیل خجسته باد که عذر بندگانش را پذیرفت وآنها را رهائی داد و برای ما دلیل نجاتی از خاندان داود بپا داشت چنانکه برزبان پیمبران پاکش سخن گفت[۱] .

چون روزهای بار داری مریم سپری گشت یوسف‌او رابکوه جلیل برد . مریم پسر نخستین خود را زایید و او را در قنداقه پیچیده درآخور خوابانید زیرا که مریم را در منزل جای نبود [. . .] [۲] ناگاه فرشتهٔ خداوند برآنها ظاهر گشت و کبریائی خدا بر گرد ایشان تابید و بسی ترسان شدند ، فرشتهٔ پروردگارآنها را گفت مترسید و اندوه مدارید ، براستی شما را بخوشی بسیاری که جهان را بگیرد مژده میدهم . سپس‌پدران مسیح را ازیوسف تاآدم‌بر شمرد . چون عیسی هشت‌روزه شد اورا برشریعت موسی ختنه کردند و عیسی نامیدندآنگاه او را به‌اورشلیم بردند و یك جفت کبوتر صحرائی یا دوجوجهٔ کبوتر برای قربانی‌آوردند . آنگاه‌شمعان[۳] عیسی را درآغوش گرفت و گفت پروردگا را اکنون که چشمانم رحمت تو را دید مرا نزد خود بر . عیسی‌را همه ساله برای عید فِصح[۴] به‌اورشلیم می‌بردند . عیسی بخدمت بزرگان (معلّمان) می‌شتافت و از فهم و حکمت او در شگفت میشدند . چون مسیح سی‌ساله شد روزشنبه (سبت) به‌هیکل درآمد وبرخاست تا بعادت‌همیشهٔ خود تلاوت کند ، صحیفهٔ اشعیای نبی را باو دادند و چون گشود جائی را یافت که

۱ ـ انجیل لوقا ب ۱ . ۲ ـ انجیل لوقا ب ۲ ی ۸ ، و در آن نواحی شبانان در صحرا بسر میبردند و در شب پاسبانی گله های خویش میکردند . ۳ ـ شمعون ، مرد پرهیزگاری در اورشلیم که برحسب وحی منتظر عیسی بود . ۴ ـ فصح ، یکی از جمله عیدهای عمدهٔ یهوداست و آن چنان‌بود که در شب روز چهاردهم‌از ماه اول یعنی نیسان گوسفند را می‌کشتند و درصبح روز پانزدهم شروع بفطیر میشد که مدت هفت روز طول میکشید اما لفظ فصح اختصاص بآن شامی دارد که گوسفند را در آن میخورند لکن اغلب اشاره بتمام عید یعنی از وقت ذبح قربانی تا نهایت هفتهٔ فطیر می‌باشد (قاموس کتاب مقدس) .

نوشته‌بود روح‌پرورد گار برمن‌است برای‌همین مرا بر گزید ومسح کرد تاناداران‌را مژده دهم ومرا فرستاد تاشکسته دلان را شفا بخشم و اسیران رابآزادی و کوران را به‌بینائی بشارت دهم ، شکسته را درمان کنم و گنهکار را ببخشش و آمرزش امیدوار سازم و راه خدا پسند را بیاموزم . پس کتابرا بهم پیچیده بخادم سپرد و در کناری نشست ، مردم ازکار او در شگفت شدند و گفتند مــگر این پسر یوسف نیست[1] .

انجیل یوحنا[2]

یوحنّای رسول درآغاز انجیل خود دربارهٔ مسیح میگوید: « پیش‌از همه‌چیز کلمه بود ، وآن‌کلمه نزد خدابود وخدا همان کلمه بود ، کلمه پیش‌از هرچیزی‌بود که بکلمه بود ، کلمه زندگی بود و زندگی نورآدمی است‌آن نور در تاریکی می‌درخشید [وتاریکی]آنرا درنیافت . [یکنفر آدمی بود] بنام یوحنّا (یـحیی) که فرستادهٔ خدا بود برای شهادت‌آمد تا برنور شهادت دهد تا مــردم بدان راه یابند و بردستش ایمان‌آورند ، یحیی‌خودآن نورنبود زیرا نور حق پیوسته درجهان روشن‌و آشکار [و جهان] در دست او بود و جهان او را نشناخت بنزد خاصان خــودآمد و خاصانش اورا نپذیرفتند اما بآنها که اورا پذیـرفتند و باو ایمان‌آوردند خدا قدرت دادتا فرزندان خدا خوانده شوند،آنها کسانی هستند که‌بنام خدا که نه‌از خون ونه از خواهش بدن و نه‌از خواهش مرد بلکه از خدا تولد یافته است ، ایمان آورند . کلمه گوشت گردید و درمیان ما فرودآمد و جــلال اورا یافتیم مانند جلال یگانــه پسر پدری که از نعمت و عدل پر است . یحیی براو شهادت‌داد و فریاد کرد و گفت این است‌آنکه می گفتم پس‌از من بیاید و پیش از من بود زیرا که او از مـن پیشتر است و هر نعمتی پس از نعمتی بدان رسیدیم از پری اوست زیرا که تورات بردست

۱ ـ انجیل لوقا ب۲ و ۳ و۴ ی ۱ ـ ۲۲ . ۲ ـ ل ، ص ۸۳ .

موسی فرود آمد لیکن حق و نعمت پس بوسیلهٔ عیسی مسیح [. . .] [1] پسر یگانه‌ای که پیوسته در آغوش پدر بود [2] . »

این بود گفتار چهار شاگرد نویسندگان انجیل در بارهٔ مسیح ، و پس از این بشرح اخبار عیسی پرداخته گفته‌اند که او بیماری و پیسی را شفا داد و زمین گیر را راست کرد و چشمان کوران را گشود و اورا دوستی بنام «العازر» در دهی بنام « بیت‌عنیا » در ناحیهٔ اورشلیم بود ، [3] العازر مرد و او را در غاری نهادند و چهار روز گذشت . سپس مسیح بآن ده آمد و دوخواهر العازر باو گفتند آقای ما دوست تو العازرمرده است . عیسی اندوهگین شد و گفت گور او کجا است ؟ عیسی را نزد آن غار بردند که سنگی بر آن نهاده بود. عیسی گفت سنگ‌را بردارید . گفتند چهار روز میگذرد و قطعاً گندیده است. عیسی نزدیك غار رفت و گفت سپاس تورا خدایا میدانم که هرچیزی را میدهی لیکن برای خاطر این گروه که ایستاده‌اند میگویم تا بمن ایمان آورند و باور کنند که‌تو مرا فرستاده‌ای . آنگاه العازر را گفت برخیز! العازر در میان کفن دست‌وپای بسته برخاست و بسیاری از یهودیان که آنجا بودند به‌عیسی ایمان آوردند. مردم العازررا می‌نگریستند ودرشگفت میشدند. پس بزرگان و دانایان یهود فراهم شدند و گفتند بیم آن است که عیسی دین مارا تباه سازد ومردم اورا پیروی کنند . یکی از آنها بنام « قیافا » رئیس کاهنان گفت یك مرد بمیرد بهتر است که همهٔ طائفه هلاك گردند پس همگی بر کشتن عیسی همداستان شدند [4] . مسیح بر خری سوار به اورشلیم آمد و یارانش شاخه‌های خرما بدست باستقبال شتافتند [5].

---

۱ ـ انجیل یوحنا ب۱ ی۱۷ ـ ۱۸ ؛ (رسید . خدارا هرگز کسی ندیده است ـ او را ظاهر کرد) . ۲ ـ انجیل یوحنا ب۱ ی۱–۱۸ . ۳ ـ انجیل یوحنا ب۱۱ ی۱ ، وشخصی ایلعازر نام بیمار بود از اهل «بیت‌عنیا» که ده مریم وخواهرش مرتا بود. ی۱۸، وبیت عنیا نزدیك اورشلیم بود قریب به پانزده تیر پرتاب . ۴ ـ انجیل یوحنا ب۱۱ ی۱–۵۷ . ۵ ـ انجیل یوحنا ب۱۲ ی ۱۲ ـ ۱۵ .

یهودا پسر شمعون از یاران مسیح بود، پس مسیح بیاران خود گفت یکی از شما که با من میخورد و می‌آشامد مرا تسلیم خواهد کرد و مقصودش یهودا پسر شمعون بود. آنگاه عیسی بموعظهٔ یارانش پرداخت و بآنها می گفت آن ساعت رسیده است که پسر بجانب پدر رود من بجائی میروم که شما نمی‌توانید با من بیایید پس وصیّت مرا نگهدارید[1] بزودی «فارقلیط» با مقام پیغمبری نزد شما آید و چون فارقلیط با روح حق و راستی پیش شما آمد او است که بر من گواهی میدهد، این سخن را بشما گفتم تا چون وقتش رسید آنرا یادآورید، من که این سخن را بشما گفتم خود نزد کسی که مرا فرستاده است میروم و آنگاه که روح حقّ بیاید شما را بتمام حقّ هدایت کند و از آینده‌های دور بشما خبر دهد ومرا بستاید و بعد از اندکی شمامرا نخواهید دید.[2] آنگاه عیسی چشم خودرا بطرف آسمان گشود و گفت ساعت رسیده است، تورا در زمین بشکوه و جلال ستودم وکاری کـه بمن سپردی بانجام رسانیدم، سپس گفت خدایا اگر ناچار باید این جام را بنوشم پس آنـرا بر من آسان گردان آنچه من بخواهم نمیشود بلکه آنچه توخواستی پروردگارا[3] سپس مسیح باشاگردان خود بآنجا رفت که خود و یارانش درآن فراهم میشدند. یهودا یکی از حواریان آنجا را می‌شناخت وچون پاسبانان را در جستجوی عیسی دید آنها و همراهان‌شانرا که فرستادگان کاهنان بودند برداشت وبجای مسیح آورد مسیح بیرون آمد و گفت که را میخواهید؟ گفتندعیسای ناصری‌را.عیسی گفت من‌هستم. پس باز گشتندوبار دیگر آمدند،وعیسی گفت عیسای ناصری منم اگرمرا میخواهید ببریدتا سخن تمام گردد. شمعون صفا[4] شمشیر خود را کشیده بغلام بزرگ کاهنان فرودآورد و دست راست اورا قطع کرد.عیسی به‌شمعون (پطرس) گفت شمشیر خود را غلاف کن زیرا

۱ ـ انجیل یوحنا ب ۱۳ و ۱۴ و ۱۵ ی ۱ ـ ۲۵. ۲ـ انجیل یوحنا ب ۱۵ی ۲۶ ـ ۲۷ ب ۱۶ی ۱ـ۱۷. ۳ـ انجیل‌یوحنا ب ۱۷. ۴ ـ شمعون صفا همان‌پطرس پسر یونا وبرادر اندریاس و یکی از دوازده حواری است.

من از نوشیدن جامی کــه پروردگارم بمن داده است سر باز نمی‌زنم. پس سربازان مسیح را گرفتند ودر بند کردند و اورا نزد «قیافا» رئیس‌یهودیان که کشتن‌عیسی را پیشنهاد کرده بود آوردند[۱] . شمعون صفا که پشت سر عیسی میرفت با پاسبانان درآمد. پس‌باو گفتند مگرتو ازشاگردان این ناصری‌هستی؟ گفت نه. چون‌عیسی را بر بزرگ یهودیان در آوردند بـا عیسی بسخن درآمد و مسیح پاسخی میداد کـه نمی‌فهمید یکی‌ازسربازان طپانچه‌ای بروی عیسی‌زد آنگاه عیسی‌رااز نزد قیافا[۲] نزد فیلاطوس (پیلاطوس) بردند ، پس گفت تو پادشاه یهودیانی ؟ مسیح گفت از خودت چنین میگویی یا دیگران در بارهٔ من بتو گفته‌اند؟ آنگاه با او گفتگو کرد و گفت پادشاهی من[از] اینجهان نیست[۳] ، سپس تاجی ارغوانی گرفتند وبرسر عیسی‌نهادند[۴] و سربازان اورا میزدند و با همان تاج بیرون بردند. بزرگان کاهنان گفتند بدارش زن. پیلاطس بآنها گفت شما خود اورا بگیرید و بدارش زنید زیرا من که در اوعیبی نیافتم، یهودیان درجواب‌او گفتند دار و کشته شدن براو واجب شده است‌زیرا خودرا پسرخدا خوانده است . پس عیسی را بیرون‌آورد وبآنها گفت خود او را بگیریدو بدارش زنید ، یهود عیسی را گرفته بردند و او را وا داشتند کـه صلیب خود را برداشت . این بودآنچه در انجیل یوحنا است .[۵]

اما متی‌ومرقس‌ولوقامیگویندچوبی که عیسی‌برآن بەدارزده‌شدبگردن‌مردی قرنانی نهـادند[۶] و عیسی را بجاییکـه « جمجمه » (کاسـهٔ سر) نامیده میشد و نام عبرانی آن « ایماخاله »[۷] بود بردنـد همانجاییکــه عیسی و دو نفـر دیـگر در این

۱ـ انجیل یوحنا ب ۱۸ ی ۱۳؛ و اول اورا نزدحنا پدر زن قیافا که درهمان سال رئیس‌کهنه بود آوردند . ۲ ـ انجیل یوحنا ب ۱۸ ی ۲۸ ؛ بعدعیسی رانزد قیافا بدیوان خانه آوردند . ۳ ـ انجیل یوحنا ب ۱۸ ی ۱ ـ ۴۰ . ۴ ـ انجیل یوحنا ب ۱۹ ی ۲ ، و لشکریان تاجی از خار بافته بر سرش گذاردند وجامهٔ ارغوانی بدو پوشانیدند . ۵ ـ انجیل یوحنا ب ۱۹ ی ۱ـ۱۷ . ۶ـ متی ب ۲۷ ی ۳۲،مرقس ب ۱۵ ی ۲۱،لوقا ب۲۳ ی ۲۶ ؛ شمعون قیروانـی . ۷ ـ متی ب ۲۷ ی ۳۳ مرقس ب ۱۵ ی ۲۲ ؛ پس او را بموضعی‌که جلجتا نام داشت یعنی محل کاسهٔ سر بردند،یوحنا ب ۱۹ ی ۱۷ ؛ بموضعی که به جمجمه‌مسمی بود وبعبرانی آنرا جلجتا میگفتند .

طرف و آن طرفش بدار رفتند ، فیلاطوس تقصیرنامه‌ای نوشت : « ایـن عیسای ناصری پادشاه‌یهود است»، بزرگان کاهنان گفتند بنویس« کسیکه او گفت من پادشاه یهودم»، پیلاطس‌جواب داد آنچه نوشتم همان‌است . سپس‌سربازان جامه‌های مسیح‌را در میان خود قسمت کردند و مادرش مریم، و مریم دختر قلوفا و مریم مجدلانـی [1] ایستاده عیسی‌را نظرمیکردند و او ازبالای چوب‌دار با مادرش سخن گفت . سربازان اسفنجی پر از سر که گرفتند و نزدیك‌بینی‌او بردند ، عیسی را ازآن ناخوش‌آمد و سپس جان داد . آنگاه لشکریان آمدند و ساقهای آندو نفری را که با عیسی بدار رفته بودند شکستند و یـکی از لشکریان نیزه‌ای بپهلوی عیسی زد و خون و آب بیرون آمد ، پس یکی از شاگـردان از فیلاطوس خـواهش کرد تا بدن عیسی را فرودآورد و حنوطی از کندر وصبرآورد آنگاه بدن عیسی را برداشته در جامه‌های کتان بـا حنـوط پیچید . در آنجـا باغی بود و در آن قبر تـازه‌ای ، پس مسیح را درآن نهادند[2] و آنروز جمعه بود. وچون بگفتهٔ نصرانیان، روز یکشنبه رسید مریم مجدلیّه بسر قبر آمد وغیسی‌را ندید پس شمعون صفا و یارانش‌آمدند ومریم‌آنها را خبر داد که عیسی در قبر نیست وآنها هم عیسی را نیافتند و رفتند . مریم باردیگر نزدقبر آمد ودرمیان قبر دومرد را که‌جامهٔ سفید در برداشتند دید و باو گفتند گریه مکن. آنگاه‌بپشت‌سرنگریست ومسیح‌رادید که‌بااوسخن گفت وباوفرمود بمن‌نزدیك مشو زیرا که من‌هنوزنزد پدرخود بالانرفته‌ام لیکن‌نزد برادران‌من‌رفته‌بآنها‌بگو که من نزد پدرم و پدر شما و خدای خود و خدای شما بالا میروم ، و در شام همان روز کـه یکشنبه بود عیسی نزد شاگردان خود آمد و بـدیشان گفت سلام بر شما باد همانطور کـه پدرم مرا فرستاد شما را فرستاده است و اگر شما از گناهـان کسی بگذرید آمرزیده است، گفتند این که با ما سخن‌میگوید روحی وخیالی‌است. عیسی

۱ـ یوحنا ب۱۹ ی ۲۵ ؛ و پای صلیب عیسی مادر او وخواهر مادرش مریم زن گلوپا و مریم مجدلیه ایستاده بـودند . ۲ ـ یوحنا ب۱۹ ی۱۷ ـ ۴۲ .

گفت جای میخها را در انگشت من وپهلوی راستم بنگرید، سپس بآنها گفت خوشا بحال آنان که مرا ندیده و بمن ایمان آورده‌اند [۱]. پاره‌ای از گوشت ماهی برای عیسی آوردند و او خورد و بآنها گفت اگر شما مرا باور کنید وکاری که من کردم بکنید شایستهٔ آن خواهید بود که دست بر بیماری نگذارید مگر آنکه شفا یابد و مرگ اورا زیانی نرساند. آنگاه عیسی ازنزد آنها بالا رفت واورا سی‌وسه سال بود. [۲]

این بود آنچه نویسندگان اناجیل میگویند و در همه چیز با یکدیگر اختلاف دارند. خدای متعال فرموده است : «و ما قتلوه و ما صلبوه ولکن شبّه لهم و ان‌الذین‌اختلفوا فیه لفی‌شك منه ما لهم به من علم الاتباع الظن وما قتلوه یقیناً بل رفعه‌الله الیه» [۳] نه کشتند اورا و نه بدارش‌زدندبلکه بر آنهامشتبه‌شد و آنان که در او اختلاف کردند بشك و تردید گرفتارند آنها را در آن علم و یقینی جز پیروی گمان نیست و او را بیقین نکشتند بلکه خدا او را بسوی خود بالا برد. چون عیسای مسیح بالا برده شد حواریان در اورشلیم در کوه طور زیتون فراهم شدند و ببالاخانه‌ای بر آمدند که بطرس و یعقوب و یوحنا و اندراوس و فیلبس و توما و برتلموس (برتولما) و متاوس (متّی) و یعقوب [...] [۴] پس شمعون روی سنگ ایستاد و گفت ای‌برادران می‌بایست آن نوشته که روح‌القدس پیش گفت بانجام رسد و خواستند مردی را بر گزینند که دوازده نفر کامل گردد پس متی و برسبا را پیش داشتند [۵] و گفتند خدایا برای ما آشکار ساز کدام‌یك را بر گزیده‌ای پس قرعه بنام متی آمد [۶]. آنگاه باد سختی بر آنها وزید و خانه‌ای راکه در آن نشسته بودند پر کرد و مانند زبان آتش بر همهٔ آنها نمودار گشت و بزبانهای پراکنده سخن

۱ـ انجیل یوحنا ب ۲۰ ی ۱ـ۳۱. ۲ـ انجیل یوحنا ب ۲۱. ۳ـ نساء۱۵۷ـ بانجیل برنابا فصل ۲۱۷ رجوع شود. ۴ـ کتاب اعمال رسولان ب ۱ ی ۱۳ : (بن‌حلفی وشمعون غیور ویهودای برادریعقوب مقیم بودند). ۵ـ کتاب اعمال رسولان ب ۱ ی۲۳ : آنگاه دونفر یعنی یوسف مسمی به‌برسبا که به یوستس ملقب بود و متیاس را برداشتند. ۶ـ و قرعه بنام متیاس بر آمد.

گفتند ، سپس به‌بطرس گفتند چه کنیم ؟ بطرس بآنها گفت بپاخیزید وهریك ازشما بنام مسیح تعمید گیرید وازاین فرقهٔ کج رو دوری جویید[۱] .

بطرس و یوحنا هر گاه به معبد میرفتند از مسیح یاد میکردند و از کارهای او سخن می گفتند و مردم را باطاعت او دعوت میکردند . یهودیان کارشان را ناروا شمرده آنها را گرفتند و زندانی کردند سپس آنها را رها ساختند، آنگاه گفتند هفت نفر را انتخاب میکنیم تا خدا را تقدیس گویند و حکمت و مسیحش را یاد کنند . پس « اصطفانس » و «فیلبس» و « ابرحورس » و « نیقانور » و « تیمون » و « بَرمنا » و « نیقولاوِس انطاکی » را برگزیدند[۲] و آنها را بپاداشتند و برآنها درود فرستادند و تقدیسشان کردند ، پس بکار دعوت بامر مسیح سرگرم شدند ومردم را بدین‌خود میخواندند. بولس بیش‌ازهمهٔ مردم باآنها دشمنی‌میکرد و بیش از همه‌آنها را آزار میداد و بر هر که از آنها دست می‌یافت در کشتنش شتاب می‌ورزید و در هرجا بجستجوی آنها بود ، پس بقصد دمشق بیرون رفت تاآنانرا که‌درآنجا باشند قید کرده به‌اورشلیم آورد، دربین راه‌آوازی را شنید که باومیگفت ای بولس تاکی برمن‌جفا می کنی! بولس سخت ترسید ونابینا شد و حنّانیا نزد او آمد و او را برکت داد تا بخود آمد و چشم اوْ بینا گشت پس بولس در معبدها بپا میخاست و نام مسیح را بعظمت می‌برد و او را تقدیس میکرد . یهود در مقام کشتن او برآمدند ، بولس از میان آنها گریخت و با شاگردان مسیح همراه شد و دعوت مردم را در پیش گرفت و چون شاگردان دیگر سخن میگفت ، پیوسته راهد و از دنیا بر کنار بود تاآنکه همهٔحواریان او را برخود مقدّم داشته بزرگی اورا برخود پذیرفتند[۳]. بولس بپا میخاست و راجع به‌بنی‌اسرائیل و پیمبران وتاریخ مسیح‌سخن میراند ومیگفت مارا به‌امتها توجّه دهید چنانکه خداوند به‌مسیح فرمود که تورانور

۱ ـ کتاب اعمال رسولان ب۲ . ۲ ـ کتاب اعمال رسولان ب ۶ ی ۵ ؛ استیفان ـ پروخرس ـ نیکانور ـ پرمنیاس . ۳ ـ اعمال رسولان ب۹ ی ۱ ـ ۲۸.

امّتها ساختم تا در همهٔ نواحی زمین وسیلهٔ نجات باشی[۱]. پس‌هریك ازآنها به‌رأی‌خود سخن راند و گفتند سزاوار چنان است که حکم دین نگاهداری شود و بهر شهری کسی فرستاده شود که مردم را باین دین دعوت نماید و از قربانیهای بتها و زنا و خوردن‌خون بازدارد. آنگاه بولس با دومرد به‌انطاکیه رفتندتا دین معمودیه (کیش مسیحی)رابپا دارند[۲]. سپس بولس دستگیرشده نزدپادشاه روم برده‌شد، آنجا ایستاد و سخن راند و از مسیح ودین او یاد کرد و جمعی بر کشتن او همسوگند شدند چرا که دین‌آنها را تباه ساخته و مسیح را یاد کرده و ستوده بود.[۳]

پادشاهان سریانی[۴]

نخستین پادشاهان بابل پس‌از طوفان، پادشاهان سریانی‌اند ؛ اول کسی که از ایشان بپادشاهی رسید وتاج برسر نهاد «شوسان» است که شانزده سال سلطنت کرد، سپس پسرش «بربر» بیست سال پادشاه بود ، پس از او «اسماشیر» پسر الول هفت سال ، آنگاه پسرش «عمرقیم»[۵] ده سال، پس پسرش«اهریمون» ده سال، آنگاه‌پسرش «سمادان»[۶] ده سال، وپس از او پسرش «سبیر» هشت سال، آنگاه «هریمون» هیجده سال[۷]، پس‌پسرش [هوریا] بیست و دوسال[۸]، آنگاه «ارود»[۹] و «حلحابیس.[۱۰]» باهم دوازده سال[۱۱].

پادشاهان موصل و نینوی

اول پادشاه ایشان «بالوس»[۱۲] سی و دو سال پادشاهی داشت، پس «نینوس»

۱ـ کتاب اعمال رسولان ب ۱۳ ی ۴۶ـ۴۷. ۲ـ اعمال رسولان ب ۱۵ ی۱ـ۳۵. ۳ ـ اعمال رسولان ب ۲۴ ـ ۲۷ ؛ پولس در سال ۵۷ در بیت المقدس توقیف گردید . ۴ ـ ل ، ص ۹۰ . ۵ ـ مسعودی او را ذکر نکرده است . ۶ ـ مسعودی او را ذکر نکرده است . ۷ ـ مسعودی دوازده‌سال‌نوشته است. ۸ـ مسعودی: وبعد ازاو «ماروب» پانزده سال یا۲۳ سال. ۹ ـ مسعودی: ازور. ۱۰ـ مسعودی: خلنجاس. ۱۱ ـ مروج‌الذهب ج ۱ص ۲۰۷ ـ ۲۱۳. ۱۲ ـ مسعودی اورا ذکر نکرده است.

پسر بالوس[۱] که شهر نینوی را ساخت پنجاه و دو سال ، آنگاه زنی بنـام « شمیرم » چهل‌سال ، سپس «لاوسنسر»[۲] چهل وپنج سال، و پس‌از اوپانزده نفر پادشاهی کردند که تاریخ و سرگذشتی ندارند.[۳]

پادشاهان بابل

اول پادشاه‌بابل بعد ازسریانیان «نمرود» جبّاربود که شصت ونه سال پادشاهی کرد، آنگاه « کودس» چهل و سه سال ، «ارقو» ده سال ، « بولس » شصت ودو سال « سمیرم » چهـل و دو سال ، « قـوسمیس » شصت و نـه سال ، « اینوس » سی سال ، «لیلاوس» دوازده سال ، «اطلوس» سی و دو سال ، «سفردس» سی‌سال، «حازم‌بودس» سی سال ، « سعالوس » سی سال ، « سبطاس » چهل سال ، « اسنطرس » چهـل سال ، «دمنوطوس» چهل وپنج سال ، « عروس » سی سال ، «المقرندوس» پنجاه و دو سال ، « قاربوس » سی سال ، « باباوس » چهل و پنج سال ، « شرسبادوموس » چهل سال . « دارافوس» سی و هشت سال ، « لاوبمس » چهل و پنج سال ، « قطریس » سی‌سال ، «فرطاوس» بیست سال ، «اورطا» شصت سال ، «قولا» سی‌و پنج سال، «بعنطس» سی و پنج سال، «اسعلوسرفم» چهارده سال «اسرعون» هفت سال ، « قیم حدوم » سه سال، «وردوح» چهل و هفت سال ، « سنحاریب » سی ویکسال، « معرسا » سی و سه سال ، «بخت نصر» چهل و پنج سال «فرمورج» یکسال، «سط سفر» شصت سال ، « ماسوسا » هشت سال ، « معوسا » هفت ماه، « داریوش » سی و یك سال ، « کسرحوش» بیست سال ، « قرطمان » هفت ماه ، « منحسمت » چهـل و یك سال ، « سعلس » هفت ماه ، « داریوش » که اسکندر او را کشت نوزده سال ، « ارطحشاست » بیست و هفت سال پادشاهی داشتند .[۴]

۱ـ مسعودی، بسوس‌بن بالوس . ۲ـ مسعودی ، الارسیس. ۳ ـ مروج الذهب ج۱ص ۲۱۳ـ۲۱۴ . ۴ ـ بمروج‌الذهب ج ۱ ص ۲۱۵ ـ ۲۱۷ رجوع شود .

اینان پادشاهان روی زمین‌اند که خانه‌ها برافراشتند وشهرها بنا کردند ، دژها ساختند وکاخها سر بفلك کشیدند، [جویها] روان ساختند ودرختها کاشتند ، آبها از زمین درآوردند وزمینها شخم زدند ، معدنها استخراج نمودند ، سکه های طلا زدند، ازطلا ونقره زیور گرفتند ، تاجها گوهر نشان کردند، شمشیرها وهر گونه سلاح و افزارهای آهن‌ومس وروی پرداختند ، پیمانه ها وترازوها بپا کردند، مرزها وحدود بر شهرها و اقلیمها نهادند ، دشمنان را در بند کردند و اسیران را برده ساختند ، زندانها بنا کردند ، فصلهای سال را توصیف نموده ماههای آنرا نام گذاری کردند، از افلاك و بروج و ستارگان سخن گفتند ، بحسابهای نجومی پرداختند و باحکام نجوم وآثار اجتماع وافتراق ستارگان وتثلیث وتربیع ومجاسدات حکم کردند.

پادشاهان هند[1]

دانایان گفته‌اند نخستین پادشاه هند که برپادشاهی او اتفاق آراء شد «برهمن» بود ، همان پادشاهی که دورنخست درزمان او بود[2]. او اول کسی است که درنجوم و ستاره‌شناسی سخن گفت و علم نجوم و کتاب اول که هندیان آنرا «السندهند»[3] یعنی

۱ـ ل ، ص ۹۲. ۲ـ هر دوری از آغاز تا انجام در نزد بیشتر هندیان دوازده هزار سال است که در سی وسه هزار سال ضرب شود (التنبیه والاشراف ص ۱۷۱) یا سی وشش هزار سال مضروب‌در دوازده‌هزارسال (مروج‌الذهب ج ۱ص ۷۷). ۳ـ محمدبن‌ابراهیم فزاری‌وپدرش‌ابراهیم قسمتی ازمجموعهٔ نجومی السند هند (سیدهانتا) راکه مهمترین‌آنها متعلق بحدود قرن پنجم میلادی است می‌شناخته وازآن مستفید بوده‌اند و محمد از منصور فرمان نقل سیدهانتا را بعربی یافت تا از روی آن کتابی‌که مسلمین آنرا مبنای حرکات کواکب گیرند ترتیب دهد ، محمدبن ابراهیم چنین کرد و کتابی پدیدآورد کـه منجمین آنرا « السند هند الکبیر » نـامیدند که تا عهد مأمون مورد استفاده بود تا محمد بن موسی الخوارزمی آنرا تلخیص کرد و زیج خودرا با بعضی از تصرفات و وارد کردن قسمتی از اصول ایرانی ویونانی برمبنای آن ترتیب داد (تاریخ علوم عقلی در تمدن اسلامی‌ص۶۳). مسعودی می‌نویسد: برهمن‌حکما را جمع‌کرد تا در زمان اوکتاب «السند هند» یعنی «دهرالدهور»راپدیدآوردند وکتابهای دیگررا مانند کتاب‌ارجبهد ومجسطی ازآن، وکتاب ارکند از ارجبهد، وکتاب بطلمیوس‌ازمجسطی، وازاین دوکتاب‌اخیرزیجهاپدیدآمد (مروج‌الذهب ج ۱ص ۷۶).

همهٔ زمانها (دهرالدّهور) نامند، ازاوست و ارجبهر و مجسطی مختصرشدهٔ آن وسپس ارکند اختصاری از ارجبهر و کتاب بطلمیوس اختصاری است از مجسطی ، واز اینها نیز مختصرها و زیجها و مانندآن نوشته‌اند .

او نه رقم هندی را وضع کرد و همهٔ حسابهای بی‌پایانی که شناخت آنها ممکن نیست ازاین نه رقم بیرون می آید : (۱ـ۲ـ۳ـ٤ـ ٥ـ ٦ـ ۷ـ۸ ـ ۹) نخستین رقم «یك» است وهمان ده است و صد است وهزار وصد هزار و یك‌میلیون و ده میلیون و صدمیلیون وبهمین حساب تاهرجا برسد، رقم دوم «دو» است وهمان، بیست[ودویست ودو هزار وبیست] هزار ودویست هزار ودو میلیون است واین نه رقم بهمین حساب بالا میرود جزآنکه خانهٔ رقم «یك» جزء رقم «ده» شناخته شده و همچنین خانهٔ «ده» جزء «صد» و همچنین هرخانه‌ای، وهرگاه مرتبه‌ای از این مراتب خالی باشد صفری درآن گذارده شود وصفر دائرهٔ کوچکی است .

اینان دنیا را به‌هفت اقلیم تقسیم کرده‌اند :

اقلیم اول ، هند است وحدآن ازطرف خاور دریا است و کنارهٔ چین تا دیبل[1] ازطرف عراق ، تاخلیج دریا ازطرف خاك هند ، تا زمین حجاز .

اقلیم دوم ، حجاز است که حدّ آن این خلیج است تا عدن، تا زمین‌حبشه از طرف مصر ، تا ثعلبیه ازطرف عراق .

اقلیم سوم ، مصراست که حدّآن ازطرف حبشه تا زمین حجاز است ، تا بحر اخضرازطرف جنوب‌تامغرب،تا خلیجی که درطرف‌روم است تانصیبین‌ازطرف عراق.

اقلیم چهارم عراق است که حدّآن از طرف هند دیبل، وازطرف‌حجاز ثعلبیه، وازطرف مصر ورومنصیبین، وازطرف خراسان نهر بلخ است[2].

۱ـ بفتح دال وضم باء (مراصدالاطلاع). ۲ـ بابل و عراق (التنبیه والاشراف ص۲۹) اقلیم اول زمین بابل است که خراسان و فارس و اهواز و موصل و قهستان از آن است (مروج الذهب ج ۱ ص ۸۷) .

اقلیم پنجم روم است که حدّآن از طرف مصر خلیج دریا ، و از طرف باختر دریا ، وازطرف ترك یأجوج ومأجوج ، واز طرف عراق نصیبین است[۱].

اقلیم ششم یأجوج ومأجوج است که حدّآن از طرف زمین باختر ترك ، و از طرف خزر دریا است و بیابانهایی که میان آن و صحراهای شمال است ، و از طرف خاور زمین نصیبین، وازطرف خراسان نهر بلخ[۲].

اقلیم هفتم چین است که حدّآن ازطرف باختر ، یأجوج ومأجوج واز طرف خاور دریا ، واز طرف هند زمین کشمیر ، واز طرف خراسان زمین بلخ است[۳].

گفته‌اند که هریك ازاین هفت اقلیم صد فرسخ درصد فرسخ[۴] است ونیز قطر زمین دوهزاروصد فرسخ و کشش(محیط) آن شش‌هزار وسیصد فرسخ[۵] وهر فرسخی شانزده هزار ذراع است .

محیط فلك‌قمر صدو بیست‌وپنج‌هزار وششصدوشصت‌وچهار فرسخ‌است،وقطر آن ازنقطهٔ اول‌حمل‌تا نقطهٔ اول‌میزان‌چهل‌هزارفرسخ بهمان‌فرسخی که دراندازه گیری زمین‌بکاربرده‌اند، بلندی روز دراقلیم‌اول به‌سیزده ساعت، دراقلیم‌دوم به‌سیزده ساعت‌و نیم، دراقلیم‌سوم بچهارده‌ساعت،دراقلیم‌چهارم به‌چهارده‌ساعت و نیم،دراقلیم‌پنجم بپانزده ساعت ،دراقلیم‌ششم‌نیز بپانزده ساعت[۷] و دراقلیم هفتم بشانزده ساعت‌میرسد. هرشهری که‌مقدار بلندی‌روزهای آن‌بیکی‌ازهمین‌اندازه‌ها باشد وسط اقلیمی که‌درآن واقع‌است خواهد بود و هر گاه بلندی روزهای شهری میان این اندازه‌ها واقع باشد ،آن شهر

۱ـ شام وروم وجزیره(مروج‌الذهب ج۱ ص۸۷). ۲ـ ترك وخزر ودیلم وصقالبه(مروج‌الذهب ج۱ص۸۷). ۳ـ دیبل وچین (مروج‌الذهب ج۱ص۸۷). ۴ـ وسعت هراقلیمی نهصد فرسخ در نهصد فرسخ است (مروج‌الذهب ج۱ ص ۸۸) در عبارت یعقوبی‌هم احتمال تصحیف «تسع مائة» به «یسع‌مائة» می‌رود. ۵ـ محیط زمین‌ازآب وخشکی ۲۰۱۶۰ میل‌است وقطرزمین شش‌هزار وچهار صدوچهارده و نیم میل و $\frac{۱}{۲۰}$ میل تقریباً (مروج الذهب ج ۱ ص ۸۷). ۶ـ ۱۲۵۶۶۰ فرسخ (مروج‌الذهب ج ۱ ص ۸۶). ۷ـ پانزده ساعت ونیم (التنبیه والاشراف ص ۳۰).

جزء اقلیمی است که در مقدار بلندی روز بآن نزدیکتر است . وسط اقلیم اول شهر «سبأ» یمن است که تا خط استواء در حدود سی روز راه فاصله دارد وهرچه هم عرض آن باشد تاخاور وباختر که از «عدن اَبینَ» ده روز فاصله دارد . وسط اقلیم دوم مکّه است و هرجا هم عرض آن باشد از خاور تا باختر . وسط اقلیم سوّم اسکندریهٔ مصر است و آنچه هم عرض آن است از ناحیهٔ کوفه و بصره از خاور و باختر . وسط اقلیم چهارم اصفهان است وآنچه هم عرض آن است از خاور تا باختر . وسط اقلیم پنجم در دامنه‌های زمین مرو است وتوابع هم عرض آن ازخاور تا باختر .وسط اقلیم ششم برذعه وتوابع‌هم عرض آن است درمیان‌خاور وباختر .وسط اقلیم هفتم کوههای ترك و توابع همعرض آن است از خاور تا باختر .

هندیان گفته‌اند خدای عز و جل ستارگان را در دقیقهٔ اول حمل کـه اولین روز دنیا است آفرید سپس آنها را از همان نقطهٔ اول حمل در فاصلهٔ کمتر از چشم بهم‌زدن بگردش‌انداخت وبرای‌هرستاره‌ای ازآنها گردش معلومی قرار داد تاهمگی ستارگان‌در شمارهٔ روزهای «السندهند» بهمانجایی که درآن آفریده شده‌اند چنانکه درنخست‌بوده‌اند بازگردند وآنگاه‌خداآنچه بخواهدانجام دهد . ونیز گفته‌اند همهٔ روزهای‌دنیا بحساب‌نجومی«السندهند»ازاول بگردش آمدن‌ستارگان تاآنکه‌باردیگر در نخستین دقیقهٔ حمل‌چنانکه درآغازخلقت بوده‌اند فراهم گردند، هزار هزار هزار هزار وپانصد وهفتاد هزار هزارهزار وهفتصد وشانزده هزار هزارو چهارصد وپنجاه هزار روزاست که شصت هزارهزار هزار وهشتصد وچهل هزارهزارماه ، وچهارهزار هزار هزار وسیصد و بیست هزار هزار سال‌کامل‌خورشیدی می‌شود[1] وسال خورشیدی سیصد و شصت و پنج روز و شش ساعت و دوازده دقیقه[2] و $\frac{1}{400}$ ساعت است .

---

۱ ـ شمارهٔ روزها و ماهها و سالها باهم تطبیق نمی‌کند.   ۲ـ ظاهر عبارت : ۳۶۵ روز و $\frac{1}{4}$ روز وپنج‌ساعت و $\frac{1}{400}$ ساعت .

سپس اساس پادشاهی درهند متزلزل گردید ودیر زمانی بکشورهای پراکنده کههریك بطائفهای اختصاص داشت تقسیم شدهبود تاآنکه پادشاهان برآنها تاختندو از اینکه در مقابل دشمن بزانو درآیند ترسیدند. اهل هند که مردمی داناو شناساو خردمند و در این امور بر دیگر امتهای جهان برتری داشتند بر پادشاهی یك نفر ازمیان خود اتفاق کردند و«زارح» راکه مردی بزرگوار و گرانمایه بود بپادشاهی برداشتند. پادشاهی او بزرگ و قدرت اودامنه یافت تاآنجا که بزمین بابل رفت و از آنجا هم گذشته بپادشاهان بنی اسرائیل حمله برد، او است که بیست سال پس ازوفات سلیمان بن داود در زمان پادشاهی فرزندش رحبعم بجنگ بنی‌اسرائیل رفت، بنی‌اسرائیل درپیشگاه پروردگار بآه و زاری برخاستند و خدا برزارح و لشکریان او مرگ را مسلط ساخت تا بکشور خود بازگردید.[1]

یکی از پادشاهان هند «فور» است که اسکندر پس از کشتن پادشاه ایران و غالب شدن بر زمین عراق وتوابع آن که جزء کشور داریوش بود، بکشورش لشکر کشید؛ زیرا که اسکندر باو نوشت تابفرمانش درآید. فور جواب داد کهدست بجنگ خواهد برد. اسکندر پیش‌دستی کردو بکشور هند لشکر کشید، فور هم جنگ را آماده شد و فیلها را بمیدان جنگ آورد، شکست با اسکندر بود زیرا که چیزی در مقابل فیلها ایستادگی نمیکرد. اسکندر مجسّمه‌هایی از مس ساخت پس آنها را از نفت و گوگرد آکنده نمود و آتش در میان آنها افروخت، سپس آنها را بر گاوها نشانده لباس جنگ برآنها پوشانیدو در پیش روی صف قرار داد. چون دولشکر بهم ریختندمردان اسکندر مجسمه‌هارا بسوی فیلها میراندند و چون نزدیك میرفت فیلهاباخرطومهای خودبدان حمله‌ورمی شدند، خرطومها برمس گداخته می‌پیچیدو

۱ ـ آنچه در عهد عتیق و در این کتاب پیش از این ذکر شده این استکه زارح پادشاه حبشه و نیز پادشاه هند در پادشاهی «آسا» بر یهود، بربیت‌المقدس حمله بردند و خدا عذابی فرستاد تا زارح و پادشاه هند هردو هلاك شدند.

بریان میشد. فیلها پا بگریز می نهادند و لشکریان هند را در هم شکسته نابود میساختند. آنگاه اسکندر، فور پادشاه هند را بجنگ تن بتن خواست، فور پذیرفت و بدست اسکندر کشته شد و لشکرش بتاراج رفت.

[دیگر از پادشاهان هند] «کیهن» است که مردی با هوش و ادیب بود و اسکندر پس از فور او را پادشاه همهٔ هندوستان قرار داد، کیهن اهل اندیشه و اول کسی است که میگفت طبیعت بتصور و اندیشه باز میگردد، آنچه را سودمند پنداشت‌سودمیدهد و آنچه رازیان بخش‌تصور کرد ضررخواهد داد. کیهن«بیش» را که زهر کشنده‌ای‌است میخورد وتصورمیکرد که روی‌دلش بارهای برف‌است، بیش اورا زیانی نمیداد تاآنکه رطوبتش محترق گشت. ذهن کیهن ازهمهٔ مردم سالمتر و حافظه‌اش قویتر وهوشش تیزتر بود.

دیگر از پادشاهان هند «دبشلم» است که در زمانش کتاب «کلیله و دمنه» نوشته‌شد. این کتابرا «بیدبا» یکی‌از حکمای هند نوشت وآنرا مثلهایی قرار داد که خردمندان آنها را بفهمند و بدانها عبرت گیرند و ادب پذیرند.

باب‌اول آن، باب‌پادشاهی‌است که بدگویان ازنزدیکان ومقرّبان دربارش نزداو سعایت کرده‌اند، او چگونه باید مدارا و احتیاط را بکار برد و با شتاب بگفتار بدگویان ترتیب اثرندهد؛ یعنی باب الاسد و الثور (باب شیر و گاو).

باب‌دوم، باب کنجکاوی از امور و از اینکه عاقبت آنها چه خواهد بود و نشان دادن عاقبت بدی که برای زورگویی و بی باکی وفریبکاری است؛ یعنی باب الفحص عن‌خبردمنة (باب‌تفحص ازکار دمنه).

باب سوم، باب‌دشمنان و پرهیز از آنان و چاره‌جویی در مقابل‌آنها و سخنی که ازآن دشمنی خیزد و لزوم مدارا با دشمنان و در پی فرصت مناسب بودن و تا روز یافتن فرصت انتقام با آنها بنرمی رفتارکردن یعنی باب‌البوم و الغربان (باب

جغد و زاغان).

باب‌چهارم، باب مشورت با دانایان ویاری‌جستن‌از صاحبان احتیاط و امانت‌و راز گفتن نزد خردمندان؛ یعنی باب‌بلاذ[1].

باب‌پنجم، باب نیکی و کسانی که شایستهٔ نیکی هستند و اینکه [چگونه] احسان تباه میگردد وشکر گزاری نمیشودهر گاه بغیر اهل و با غیر مستحق باشدو [چگونه] حق آن در نزد کسانیکه اهل نیکی و شکر گزار آن هستند شناخته میشود؛ یعنی باب سنگ‌پشت و ببر و بوزینه و نجار.[2]

باب ششم، باب ظفر یافتن بر مقصود و ضایع کردنش پس از دسترسی بآن و عاجز ماندن از نگهداریش پس‌از قدرت‌یافتن بر آن؛ یعنی باب القرد و الغیلم (باب بوزینه وسنگپشت).

باب‌هفتم، باب‌مدارا وملاطفت بازورمندان ودوری از دوستی آنان‌ودلجویی‌از منحرفان‌تاآنجا که بدی‌آنهادفع گردد؛ یعنی‌باب‌السّنور والجرذ (باب گربه‌وموش).

باب‌هشتم، باب شناختن پادشاه یاران و نزدیکان و راز داران خود را و بصلاح آوردن آنکه را خیانتی کرده است وباز گردانیدن یاری و طرفداریش و یاری‌جستن شاه در کارهای خود از مردمان پاکدامن و اهل دوستی و دلجویی سلطان ازیاران‌و درباریان و پاداش نیکوکاران و کیفر دادن بزه‌کاران بر بدی آنان؛ یعنی باب‌الاسدو ابن‌آوی (باب شیر و شغال) .

باب‌نهم، باب دوستان یکدل و یاران موافق و ارزش برادران و سودی که در دوستی ایشان است و یاری نمودن‌شان یکدیگر رادر گرفتاری و آسودگی؛ یعنی باب الحمامه المطوّقه (باب کبوتری بنام مطوّقه)

۱ـباب‌البلار والبراهمة . ۲ ـ باب‌السائح والصائغ که درآن مار وببر و بوزینه‌ای هست لیکن نجار و سنگ پشتی درکار نیست .

باب‌دهم، باب خواستن سود مردم بزیان خویشتن واندیشه در انجام‌کار؛ یعنی باب اللّبوة و الاسد[1] (باب ماده شیر و شیر).[2]

بعضی دانایان‌هند گفته‌اند: مردم بلاد [هندوستان] با مرگ پیاپی،دانشمندان خود را از دست دادند و دولت رو بسستی نهاد تا آنکه «هشران» پادشاه‌شد و کسی‌را خواست که‌آداب و رسوم دین پدرانش را زنده کند. پس «قفلان» که مرد هوشمندی بود نزد شاه‌آمد و گفت آدمی نوعی است از حیوان و حیوان نوعی است از نامی و نامی از طبیعتهای (عناصر) چهارگانه یعنی آتش و هوا و زمین و آب است. نامی بر سه قسم‌است: یکـی‌نبات (رستنی) که فقـط نموّدارد، دوم آنچه در دریا است از قبیل صدفها و مانند آن که‌نموّ و حس دارد، سوم حیوان بیابانی که نمو و حس‌و حرکت دارد. حیوان کمتر و ناچیزتر ازآن است کـه آفریدگار تدبیـر و تربیتش کند بلکه پرورش حیوانات و تدبیر آنهارا فلك انجام میدهد. شاه گفت صورت و برهان آنچه را میگویی بیاور تا ببینم. قفلان «نرد» را اختراع کرد و گفت مردم اتفاق دارند که گردش زمان‌یکسال یعنی دوازده ماه است که‌دوازده‌برج باشد وروزهای ماه سی روز است باین‌معنی که هربرج را سی درجه است و ایام هفته هفت روز است چنانکـه کواکب سیّاره‌هفت ستاره است. آنگاه قفلان برای نشان‌دادن اینها صفحه‌ای ساخت بجای سال و درآن بیست و چهار خانه بشمارهٔ ساعتهای شب و روز، در هر طرفی دوازده خانـه‌مانند ماهها و برجهای سال قرار داد، پس برای‌آن‌سی مهره بجای روزهای ماه و درجه‌های برجهامهیّا نمود و دو نگین راشبیه شب و روز گردانید، در هرنگینی شش جهت بود وشش عدد تامّی است دارای نصف‌و

۱ـ ل، ب، ن: باباللبوة و الاسوار ۲ ـ از ده باب اصل، دوباب: باب الناسك وابن عرس، وباب‌ابن‌الملك و الطیر ذکر نشده و بجای آن دو از شش بابی که پارسیان ملحق‌کرده‌اند دوباب: باب البلار و البراهمه، وباب‌السایح و الصائغ ذکر شده است.

ثلث و سـدس ($\frac{۱}{۲}$ و $\frac{۱}{۳}$ و $\frac{۱}{۶}$) در هرنگینی هر گاه می‌افتاد ازبالا وپایین‌هفت‌نقطه بود ، در زیرشش یکی و در زیر پنج دوتا و در زیر چهار سه‌تا مانند شمارهٔ روزهای هفته و هفت ستارهٔ سیّار که خورشید وماه وزحل و مشتری و مرّیخ و عطارد و زهره باشد. سپس آنرا میدان‌آزمایش در میان دو مرد قرار داده هریك را نگینی دادو گفت‌بهر کدام، ازاین‌هفت‌نقطه ازبالای آن بیش‌ازحریفش دادم بازی‌را شروع کند و دو نگین برای او فراهم گـردد وآنچه از دو نگین ، نقطه برو افتد مهره‌ها بهمان حساب گردانده شود ، این را مثلی قرار داد برای بهره‌ای که در نتیجهٔ گردش فلك بناتوان میرسد و محرومیتی که براثر گردش سپهر ، عاقل وکاردان [بدان] گرفتار میشود. با این ترتیب پادشاه منطق اورا پذیرفت و در میان اهل کشور شایع گشت‌و اهل هندوستـان جریـان امور خود را بتدبیر هفت کوکب سیّار دانستند.[۱] پس از چندی « بلهیت » که دارای عقل ومعرفت بود بپادشاهی رسید و این کیش را براهل کشور غالب دید و او را بدآمد. پس در پی علاج برآمده پرسید آیا کسی بر دین برهمنان باقی‌مانده است؟ مردی خردمند ودیندار باومعرفی کردند، او راخواست‌و پس ازآمدن بسی تجلیل و احترام کرد ، آنگـاه کیشی را که در میان مردم شایع شده بود برای او بیان نمود . آن‌مرد بپاسخ پادشاه گفت پادشاها من برهانی نشان میدهم تا فضیلت مردکاردان و کوتاهی وبیچارگی ناتوان‌آشکار گردد ،آنرا نمایشی میان دو نفر قرار دهم تـا فضیلت کاردان بـر ناتوان وکوشا بر بیهنر و دوراندیش برتبهکار و دانـا بر نـادان دانسته شود . پس شطرنج را اختراع نمود و معنی آن بفارسی هشت رج است یعنی هشت صف و آنرا هشت در هشت قرار دادکـه شصت و چهار خانه باشد ،آنگاه سی و دو مهره بدو رنگ ، هر شانزده مهره‌ای بیك‌رنگ

۱ ــ مسعودی می‌نویسد : پس از برهمن پسر بزرگش « باهبود » بپادشاهی رسید و بازی‌نرد در زمان او اختراع شد (مروج‌الذهب ج ۱ ص ۸۰) .

پرداخت و شانزده مهره را بر شش صورت نهاد: شاه یك صورت، فرز یك صورت، دو فیل یك صورت ، دو رخ یك صورت، دو اسب یك صورت و پیاده ها یك صورت[۱] ، و اینها همه از عدد زوج الزّوج بیرون آمد که بهترین حسابها است زیرا که شصت و چهار را هر گاه بردو تقسیم نمایی نصف آن سی و دو خواهد بود که شمارهٔ همهٔ مهره‌ها است و هر گاه سی و دو را تنصیف کردی عدد شانزده بدست آید که شمارهٔ مهره‌های هریك ازآندو می باشد و نصف شانزده هشت است یعنی شمارهٔ پیاده‌های هریك و نصف هشت چهار است که دو رخ ودو اسب هر یك باشد و نصف چهار که دو باشد نیز زوج است پس عدد ٦٤ تا آخر تقسیمات بزوج میرسد و بعد از زوجها عددی نیست مگر یك که هرعددی رابواحدهایی تقسیم میکند وخودش نه‌عدداست و نه با عددی شمرده میشود و نه جفت است و نه طاق زیرا که اولین عدد طاق سه است .

سپس مرد حکیم گفت چیزی گرانمایه‌تر از جنگ نیست زیرا که در جنگ ارزش عاقبت بینی وحسن تدبیر، محکمکاری ودور اندیشی ،آمادگی و نیرنگ‌سازی، بیداری و مردانگی ، پردلی و نیرومندی، چالاکی و دلیری آشکار گردد و آنکه یکی از اینها را ندارد نقطهٔ ضعفش دانسته شود ، زیرا که اشتباه در جنگ جبران ناپذیر است ، در ماندن درآن نابود سازندهٔ جانها ، نادانی درکارآن بر باد دهندهٔ ناموسها، بی احتیاطی از دست دادن پادشاهی ، سستی تدبیر وسیلهٔ هلاکت ، کوتاهی درآنچه باید ،راه شکست خوردن ،آمادگی برای دفاع نداشتن ، مقدمهٔ رسوایی ، نیرنگهای جنگی را ندانستن، خود را بهلاکت سپردن، وهشیار نبودن ، فرصت دادن بدشمن است . شطرنج را نمایشی از جنگ قرار داد که هر که درست پیشرود پیروز گردد و

۱ ـ فرز و فرزان و فرزین نام مهره‌ای است از مهره‌های شطرنج و آن بمنزلهٔ وزیر است. بیدق بر وزن احمق پیادهٔ شطرنج را گویند و آن مهره‌ای باشد از جملهٔ مهره‌های شطرنج و معرب پیاده است. رخ بضم اول نام جانوری است که او نیز مانند عنقا درخارج وجود ندارد و یك مهره از مهره‌های شطرنج بنام او موسوم است و بعضی گویند باین معنی عربی است (برهان قاطع).

آنکه خطا کند نابود شود.

پس چون پادشاه درستی برهان اورا دریافت وبزرگواری علمی مخترعش براو ظاهر گشت ودانست که راه صوابی رفته وبا مثلی نیکو امرمشکلی را روشن ساخته است، اهل کشور خودرا فراهم نمود واز اینکه خدا اندوه‌شان را بدینوسیله برطرف کرده آگاهشان ساخت وآنانرا فرمود تا بازی شطرنج را بپا دارند و درآن تأمل نمایند. آنگاه گفت‌ما دانسته‌ایم که درجهان «زندهٔ گویای اندیشه گرخندان‌خردمند»ی جزانسان نیست ، آدمی است که مدار گردش همهٔ موجودات جهان است زیرا که سپهر وهمهٔ آنچه را درآن است خدا بخاطر آدمی آفریده است تا بوسیلهٔ آن وقت و زمانی را که بدان نیازمند است بشناسد همینطور آنچه در زمین است و هرچه خدا دربن دریا ومیان آسمان وقله های کوهها آفریده است همه‌را برای آدمی رام فرمود. آدمی پس از آنکه همهٔ مخلوقات را مالك شدآنها را سه قسم کرد: یك قسم آنرا خورد وقسم دیگر را بفرمان درآورد وقسم سوم را کشت. مرغ وماهی وآنچه را از گوسفندوشتر خواست خورد، گاو و خر وچهارپایان را بفرمان کشید، درندگان و مارها وحشرات را کشت. خدا برای انسان قوه هایی قرار داد تا بدانها بداند و دریابد ومردم را بدانش وخرد وفهم بریکدیگر برتری بخشید.

دانایانی ازعلمای هند گمان کرده‌اند که چون «حوسر» دختر بلهیت بپادشاهی رسید یکنفر خارجی بر او یاغی گشت، او زنی خردمند بود و چهار فرزند داشت، پسرش را بجنگ فرستاد و او بدست خارجی کشته شد. این کار بر اهل کشورش گران آمد وترسیدند مرگ پسررا باوخبر دهند، پس نزد یکی از دانشمندان خود بنام «قفلان» که مردی داناو هشیار وباتدبیر بود رفته پیشامد را باو گفتند. گفت سه روز مرا مهلت دهید. آنگاه درخلوت باندیشه فرو رفت. سپس بشاگرد خود گفت درودگری نزد من آور وچوبی از دو رنگ سفید وسیاه فراهم کن. شاگرد

درود گرهنرمندی وچوبی سفیدوسیاه‌نزداستادآورد، استاد صورت شطرنج را کشیدو درودگر را گفت تا از چوب مانند آن تراشید آنگاه بشاگرد گفت قطعهٔ چرمی حاضر کن، و او را فرمود تا شصت وچهار خانه روی آن رسم نماید و چون این کار ها بانجام رسید ، آنرا در کناری قرارداد.سپس شاگرد و استاد باهم بازی کردند تاهر دو ورزیده وبدان آشنا شدند. آنگاه بشاگردش گفت این‌جنگی‌است، بی آنکه جانی تلف شود . پس اهل کشور نزد او فراهم‌آمدند تا اختراع خودرا بآنها نشان داد و دانستند که هیچکس بچنین هنری راه پیدا نمیکند . استاد با شاگرد خود سر گرم بازی شدند ، ونتیجه «شاه مات» و «شاه پیروز» میشد . ملکه را از اختراع فعلان آگاه ساختند ، ملکه اورا بدربار خواست وفرمود تاهنرش را نمایش دهد ، قفلان شاگرد خودرا فراخواند تا شطرنج راآورد ودرمیان خودواستاد نصب کرد، استادو شاگرد در حضورملکه سر گرم‌بازی شدند وچون یکی ازآندو پیروز گشت[و گفت] «شاه مات»ملکه بخودآمد ومقصود اورا دانست‌پس به‌قفلان گفت‌آیا پسرم کشته‌شد؟ قفلان گفت‌توخود فرمودی. ملکه به‌دربان خود گفت مردم را درآور تا مرا تسلیت گویند وچون ازکارسو گواری پرداخت قفلان را بدربار خواست و باو گفت حاجت خود را بخواه . قفلان گفت خواهش من‌آنست که بشمارهٔ خانه های شطرنج بمن گندم داده شود ، درخانهٔ اول یك دانه [...]آنگاه درخانهٔ سوم دوبرابرخانهٔ دوم و همین طور تا خانهٔ آخر . ملکه گفت : اینکه چیزی نیست . آنگاه فرمود تا گندم بیاورند و هرچه آوردند کفایت نکرد تا گندم شهر تمام شد ، سپس بهای گندم را بحساب‌آوردند تاهرچه بود بحساب آمد و چون کار بدشواری کشید ، قفلان گفت مرا نیازی بدان نیست زیرا اندکی از دنیا مرا کفایت می کند . پس ملکه او را از شمارهٔ دانه هایی که خواست پرسش کرد وبدو پاسخ داد که آن عددی است حاصل از عددهایی که در (هریك ازهشت خط) شطرنج است بدین تفصیل :

سطر اول: دویست وپنجاه وپنج.

دوم: سی‌ودو هزار وهفتصد و شصت و هشت.

سوم: هشت هزار هزاروسیصد وهشتاد وهشت هزار وششصد و هشت.

چهارم: دوهزار وصد وچهل وهفت هزار هزار وچهارصد وهشتاد وسه هزارو ششصد و چهل وهشت.

پنجم: پانصد وچهل ونه هزار هزار هزار وهفتصد وپنجاه وپنج هزار هزار و هشتصد وسیزده هزاروهشتصد و هشتاد [وهشت].

ششم: صد وچهل هزار هزار هزار[1] وهفتصد وسی و هفت هزار هزار هزار و چهار صد و هشتاد و هشت هزار هزار و سیصد و پنجاه و پنج هزار و سیصد و بیست و هشت.

هفتم: سی‌وشش هزار هزار هزار هزار وبیست وهشت هزار هزارهزار هزار [وهفتصد و نود وهفت‌هزار هزار هزار] و هیجده هزار هزار ونهصد وشصت‌وسه هزار ونهصدو شصت و هشت.

هشتم: نه هزار هزار هزار هزار هزار[هزار] ودویست وبیست وسه هزارهزار هزار [هزار هزار] وسیصد وهفتاد ودو هزارهزار [هزارهزار] وسی وشش هزارهزار [هزار] وهشتصد وپنجاه وچهار هزار هزار و هفتصد و هفتاد و پنج هزار و هشتصد و هشت.

و حاصل جمع هشت خانهٔ شطرنج می‌شود:

هیجده هزار هزار هزار هزار هزار و چهارصد و چهل وشش هزار هزار هزار هزار وهفتصد وچهل وچهارهزار هزار هزار هزار وهفتاد وسه‌هزار هزار هزار [وهفتصد] ونه هزار هزار و پانصد و پنجاه ویك هزار وششصد وپانزده.[2]

۱ـ ظ: هزار. ۲ـ ارقام فوق بی اشتباه نیست.

یکی از پادشاهان هند «کوش»[1] همان پادشاهی‌است که «سندباد» حکیم در زمان او بود وهمین کوش کتاب «مکرالنساء» را نوشت.

هندیان اهل دانش واندیشه وبر همه مردم درهر دانش برتری دارند، گفتار آنها در علم نجوم درسترین گفتار ها است. کتاب نجوم شان «السند هند» است و هرعلمی ازعلوم که یونانیان وپارسیان و جزآنان درآن سخن گفته‌اند ازآن گرفته شده، سخن‌آنها درپزشکی نیزازهمه پیش و کتاب پزشکی شان [بنام] «سُسرَد»[2] بر نشانه‌های بیماریها و راه درمان و داروهای آنها مشتمل است. کتابهای دیگرآنها در پزشکی کتاب «شرك»[3]، کتاب «ندان» در نشانه های چهار صد و چهار بیماری و شناختن آنها بدون درمان، کتاب «سندهشان» یعنی کتاب «صورة النّجح»[4] و کتاب آنچه ازگرم وسرد وآثار داروها وفصول‌سال‌هندیان ورومیان درآن اختلاف دارندو کتاب نامهای دارو ها هر دارویی به‌ده نام، است؛ وآنها را جز اینها نیز کتابهایی در پزشکی هست.

هندیان را در اصول علم منطق وفلسفه نیــز کتابهای بسیاری است از جمله کتاب «طوفا» درعلم حدود منطق و کتاب‌آنچه فیلسوفان هندو روم درآن بتفاوت سخن گفته‌اند، هندیانرا کتابهای بسیاری است که ذکر همه بطول انجامد و مجال بیان بآنها نرسد.

دین اهل هند کیش برهمایی است وبت پرستانی دارند. آنها را در اثر وسعت سرزمین هند، درطول وعرض، کشورهای مختلف وپادشاهان پراکنده‌ای است.

---

۱ ـ کورش (مروج الذهب ج ۱ ص ۸۲). ۲ ـ دارای ده مقاله که یحیی‌بن خالد، منکهٔ هندی را بترجمهٔ آن امر کرد (فهرست ص ۴۲۱). ۳ـ کتاب «سیرك» که عبدالله بن علی آنرا از فارسی بعربی در آورد پس ازآنکه از هندی بفارسی نقل شده بود (فهرست ص ۴۲۱).
۴ـ کتاب «سندستاق» یعنی کتاب «صفوة النجح» ترجمهٔ ابن دهن صاحب بیمارستان (فهرست ص ۴۲۱).

نخستین پادشاه شان درنزدیکی شهرهایی که امروزبکشوراسلامی متعلق است «دانق» می‌باشد که پادشاهی بزرگ دارای کشوری وسیع و لشکری بسیار است. سپس «رهمی» است که عظمت او بیشتر و کشورش نیرومندتر است، این کشور در ساحل دریااست ومعدن طلا ومانندآن دارد. بعدازاین دو کشور «بلهری»[1] وپس ازآن «کمکم» است که چوب ساج را ازآنجا آورند وآنها را کشوری وسیع است. آنگاه کشور «طافن» است که مردمی سفید چهره دارد. وبعد ازآن کشور «کنبایه» و کشور «طرسول» و کشور «موشه» و کشور «ماید» می‌باشد که باچین همسایه اند وبا دولت چین می‌جنگند. پس کشور «سرندیب»، وآنگاه کشور «قمار» است که کشوری پرارزش وباعظمت می‌باشد وپادشاهان بدربارپادشاهش میروند. دیگر کشور «دیبل» وپس ازآن کشور «فاربط» و بعدازآن کشور «صیلمان» است. هندیان‌را کشورهایی است که زنان برآن حکومت دارند.

یونانیان[2]

یونانیان را حکمای فلسفی و فیلسوفان هنرمند بود که بعضی در پزشکی، برخی‌در فلسفه و جستجو از حقایق امور، جمعی در علم حساب و شمارها، پاره‌ای در علم افلاك و ستارگان (هیئت و نجوم)، عده‌ای در حساب و قسمت، جمعی دیگر در هندسه و کشاورزی، پاره‌ای هم در کیمیا و اکسیرها، برخی دیگر در علم فراست[3] و عده‌ای هم در طلسمها و افزارها سخن گفته‌اند. گویند اول دانایی که کتابی نوشت و علمی تدوین کرد «ابقراط مقلیدس» بن‌ابقراط بود[4] که دانایان در پزشکی و شناخت [از دانش او] بهره می‌برند و باو رجوع میکنند. کتابهای

۱ـ مسعودی می‌نویسد، بزرگترین پادشاه‌هند درزمان ما «بلهری» است (مروج‌الذهب ج۱ ص ۸۴). ۲ـ ل، ص۱۰۶. ۳ـ علم‌فراست دانستن‌قانونهایی‌است‌که بوسیلهٔ آنها می‌توان امورپنهان‌را با نگریستن بامور آشکار شناخت، موضوع این علم نشانه‌ها و امورآشکار دربدن انسان است (زبدة←

مشهور بقراط بدین قرار است: کتاب «الفصول»، کتاب «البلدان والمیاه والاهویه» کتاب «ماءالشعیر»، کتاب «تقدمةالمعرفه»، کتاب «الجنین»، کتاب «الارکان»، کتاب «الغذاء»، کتاب «الاسابیع»، کتاب «اوجاع النساء» و کتاب «ابیذیمیا». بقراط را جز اینها کتابهای بسیاری است و پزشکان را ازشناختن چهار کتاب اویعنی کتاب الفصول، کتاب تقدمةالمعرفه، کتاب الأهویة والأزمنه و کتاب ماءالشعیر چاره‌ای نیست.[1]

بقراط در کتاب فصول که پنجاه وهفت باب است و «تعلیمات» نامیده میشود، در هر بخشی از علم (پزشکی) گفتاری جامع آورده است:

«تعلیم اول» درفن پزشکی وچگونگی آن، بقراط گفته: عمر کوتاه است و کار پزشکی طولانی وزمان (وفرصت) زود گذر[2] و آزمایش خطرناك وحکم کردن دشوار.

«تعلیم دوم» در انواع خوراك برای بیماران و اندازهٔ آن، بقراط گفته: خوراکهای خیلی لطیف در بیماریهای مزمن و بیماریهای حاد (تند) روا نیست و خوراکهایی که در نهایت لطافت است شایسته نمی‌باشد مانند آب که چون در حد اعلای لطافت می‌باشد، شایسته نیست.

«تعلیم سوم» در بالا رفتن تب، بقراط گفته: سزاوار است که در خوراك پرهیز شود و بیشك خوراك زیاد زیان آوراست وهر بیماریی که بنوبه عارض می‌شود

← الصحائف ص۱۹۱). ۴ ـ ابقراط در ۴۶۰ قبل ازمیلاد درجزیرهٔ کوس متولد شد ونباید او را با ریاضی‌دان همنامش که اهل «شیو» بود اشتباه کرد. ابقراط ازمحضر «دموکریت» و «گورگیاس» سوفسطایی استفاده‌کرد. مرگ او باحتمال در ۳۷۷ قبل‌ازمیلاد در «لاریسا» بوده است، در ابتدای قرن سوم قبل از میلاد کمیسیونی از دانشمندان، ۵۹کتاب طبی را بنام مجموعهٔ ابقراطی جمع‌آوری کرد و همه را از تألیفات او دانست اما طبق نظر «ماکس‌ولمان» فقط دو یا سه کتاب از این همه مال اوست و بقیه گویا از مریدان او باشد (تاریخ علوم ص ۵۱ ـ ۵۲). پدربقراط، ایرقلیدس (ایراقلیس) ابن ابقراط است (محبوب‌القلوب ص ۴۵).

۱ ـ فهرست ابن‌ندیم‌ص ۴۰۰ـ۴۰۲، تاریخ علوم عقلی در اسلام (ص ۶۱ ـ ۶۶ ـ ۷۰ ـ ۷۴ـ ۸۲ ـ ۱۱۴ ـ ۱۱۷ـ۱۱۸ ـ ۳۳۴ ـ ۳۳۵ ـ ۳۳۹ـ۳۴۸ ـ ۳۷۱). ۲ ـ فصول‌ص۲؛ والوقت ضیق.

مناسب است که هنگام بالا رفتن آن پرهیز شود .

« تعلیم چهارم » در نشانه‌های بیماریها ، بقراط گفته : دلیل بر وضع بیماریها آثاری است که از آنها در بدن آشکار می‌شود . مثلا کسی که سینه پهلو است ، اگر ازآغاز بیماری به‌نفس زدن افتاد ، بیماریش کوتاه است و اگر نفس زدن او بتأخیر افتاد ، بیماری او طولانی می‌شود ؛ و در مثل پیشاب و مدفوع و عرق هرگاه بصورتی ظاهر شود که حکم‌به بهبودی می‌شودیا بخلاف آن ، نشان کوتاهی یاطولانی بودن بیماریها است .

« تعلیم پنجم » بقراط گفته : هر چیزی که در حال نشوء ونما است ـ یعنی جانداران ـ حرارت غریزی آن بسیار است و برای همین بخوراك زیاد نیازمنداست وگرنه بدنش کاهیده می‌شود .

«تعلیم ششم» درخوراکی که مناسب است به تبداران داده شود ، بقراط گفته: خوراکهای آبکی برای همهٔ تبداران بهتراست بویژه برای کودکان و جز آنان از کسانی که بآن خوراك معتادشده‌اند، برای بعضی‌یك باروبرای بعضی دوبار وبیشترو کمتروباری‌پس‌ازباری،وحق‌هریك‌ازوقت‌وعادت‌وسرزمینهاوسن بیماررارعایت کنید.

«تعلیم هفتم» درشناسایی موقت، بقراط دربارهٔ آنچه داردبرطرف‌می‌شود گفته: آنچه دارد بر طرف می‌شود[1] سزاوار است که تحریك نشود وبا دوا و جز آن‌کاری نشود که آن راتهییج کند .

« تعلیم هشتم » در خواب ، بقراط گفته : در هر بیماری که باشد اگر خواب بیمار درد آور است ، پس او مردنی است و اگر خواب سودمند است ، نخواهد مرد و اگر خواب عقل را سرجا آورد ، آن خوب است .

« تعلیم نهم » در دوا دادن ، بقراط گفته : برای کسی که بخواهد مزاجها را تنقیه کند(پاك گرداند) سزاوار چنان است که این کار راپیش‌از دوا دادن انجام دهد یعنی بوسیلهٔ آب کردن اخلاط غلیظی که درآنها است .

۱ ـ فصول: در بحران کامل است .

« تعلیم دهم » در مدفوع ، بقراط گفته : اگر در بدن دردی پیدا شد یا در بدن جوشهایی پدید آمد، در این هنگام بایدمدفوع را بنگرند، پس اگر خلط صفراء باشد ، تمام بدن بیمار است و اگر مانند مدفوع تندرستان باشد ، پس (با اطمینان خوراك بدن را بدهید)[1] .

« تعلیم یازدهم » بقراط در مرضهای حاد (تند) گفته : (. . .) چه بسا بزودی بمغز یا دل یا جگر برسد و بکشد و بسا با سرعت پایین آید و بهبودیابد .

«تعلیم دوازدهم» درحکم به‌بهبودی ، بقراط گفته : بیماریهای حاد (تند) در چهارده روز حکم به بهبودی آنها می‌شود .

« تعلیم سیزدهم » بقراط گفته :درآغاز بیماری اگرخواستی چیزی راتحریك كنی بکن و اگر بیماری بالا رفت ، دست نگاهداشتن بهتر است یعنی اگر راهی برای درمان دیدی پیش از بالا رفتن درد باشد .

« تعلیم چهاردهم » در شناسایی بیماریهای خوب و بد ، بقراط گفته : در هر بیماریی ، بجا بودن عقل بیمار خوب و پذیرفتنش خوراك[2] را نیکو است و خلاف آن بد است یعنی آنچه بیمار در مغز و معده می‌یابد .

« تعلیم پانزدهم » در خفه شده‌ها ، بقراط گفته : آنان که خفه گردند و پیش از آنکه بمیرند واگذاشته شوند[3] و اگر در دهانشان کفی ظاهر شد ، جان بدر نمی‌برند .

« تعلیم شانزدهم » در کاهاندن بدن و خستگی ، بقراط گفته : در هر یك از حرکات بدن هر گاه‌خستگی پدید آمد وآنرا همانجا که هستی رها کردی، خستگی زیانی ندارد .

---

۱ ـ عبارت کتاب مشوش است و از روی کتاب فصول ترجمه تکمیل گردید . ۲ ـ عبارت نسخه «یقضی»بود ولی‌من ترجمهٔ «یغذی» را نوشته‌ام‌چه‌عبارت فصول این‌است ، «صحة الذهن فی کل مرض علامة جیدة وکذلك الهشاشة للطعام » . ۳ ـ عبارت افتاده دارد .

« تعلیم هیفدهم» در دگرگون شدن ساعتها، بقراط گفته: دگرگونی ساعتها[1] یعنی منقلب شدن ساعتهای زمان و فصول سال ، از زیادی سرما و گرما و جزآن از چیزهایی که مانند آن است .

« تعلیم هیجدهم » در عرق ، بقراط گفته : هرگاه زمان مانند تابستان باشد ـ یعنی بهار ـ در این هنگام با هر تبی که عارض شود باید عرق بسیار انتظار داشت .

« تعلیم نوزدهم » در ساعتها ، بقراط گفته : اگر زمستان خشك و بی رطوبت باشد و بادهای شمالی بوزد ، تابستان ـ یعنی بهار ـ بارانی است و (اگر) بادها یمانی (جنوبی) است ناچار در گرمای تابستان تبهای تندودرد چشم وبیرون‌روی ازروده ها خواهد بود، وبیشتر این بیماریهادر زنان[و کسانی] است که مزاج آنها مرطوب‌است.

« تعلیم بیستم » در قانون سالها ، بقراط گفته : سال خشك مرض خیزتر است از سال بارانی (سال) مرطوب‌همداش تبهای طولانی وشکمروی و بیرون‌روی اسهالی و دیوانگی و فلج و گلو درد است . اما بیماریهای سال خشك عبارت است از قرحهٔ ریه و درد چشم و مفصل و سلس‌البول و بیرون روی در اثر زخم روده‌ها .

« تعلیم بیست و یکم » در بیماریهای زمانها و سنها : بقراط راجع بزمانها و بیماریهای آن گفته : در تابستان و آغاز گرمی ، پسران و کسانی که در سن در پی آنها هستند ، تندرست می باشند و حالشان از دیگران بهتر است و در شدت گرما (وسط تابستان) و پاره‌ای از بهار حال پیرمردان بهتر است و در بقیهٔ بهار وزمستان، میانه سالها بهتر و سالمترند .

« تعلیم‌بیست ودوم» دربیماریهایی که‌بآدمی می‌رسد، پس از کودکان آغاز می‌ـ کند، بقراط گفته: بیماریهایی که‌بکودکان‌خردسال‌می‌رسد، آبله‌و سرفه‌وبیدارخوابی‌و

۱ـبخصوص در تولید بیماریهاتأثیر دارد (حاشیهٔ اصل) .ان انقلاب اوقات السنة مما یعمل فی تولیدالامراض وخاصة اذاکان فی‌الوقت الواحد هذا التغیر الشدید فی‌الحرارةاوالبرودة (فصول) .

ترس (پریدن از خواب) و ورم نافها و نم گوشها است .

« تعلیم بیست و سوم » بقراط گفته : بیماریهایی که هر گاه کودکان بزرگ شدند بآنها می‌رسد ، درد لوزتین و گیجی و سنگ(مثانه) و کرمهای پهن و کرمهای دراز و کرمهایی مانند کرم سر که[1] و جوشها و درشتی پوست بدنشان و خنازیر و جوشهای دیگر است ، و کسانی که از اینان بزرگترند و نزدیك بلوغ رسیده‌اند ، بیماریهای دیگری دارند و تا چهل روز بر آنها حکم‌به‌بهبودی می‌شود و بر برخی از آنان تا هفت ماه ، و ازهفت ماه‌تاهفتاد روز هر گاه نزدیك بلوغ رسیده‌باشند. وهمهٔ بیماریهایی که از پسران تا زمان احتلام واز دختران تا دیدن عادت برطرف‌نگردد، بیماریهایی است که مدتی مدید می‌ماند .

«تعلیم بیست و چهارم» درشناختن آنچه زنان باردار بآن درمان می‌شوند ، بقراط گفته: زنان باردار درچهار ماه (پس‌ازباردار شدن) درمان می‌شوند ، ودر کمتر ازاین‌مدت‌بخاطر کوچکی‌جنین ودربیشتراز‌آن، که بچه‌بزرگ می‌شود، سزاواراست که از درمان آنها پرهیز شود .

« تعلیم بیست و پنجم » بقراط گفته : شایسته است که آنچه را بالا است در تابستان و آنچه را پایین است درزمستان درمان کنند یعنی آنچه را بالای سر ومعده است وآنچه را پایین‌تراز کیسهٔ صفراء است وآنچه پایین‌تر ازبلغم‌و مانندآن است.

«تعلیم‌بیست وششم» در بارهٔ مسهل ، بقراط گفته : هنگام (نیازمندی) بخوردن داروها وخربق، سزاوار است کسانیکه‌پاك کردن مزاج ازبالا (به‌قی کردن) بر آنان آسان‌نیست ، با خوراك بسیار پیش‌از دوا ، مزاج‌آنان ترطیب و آماده گردد[2].

« تعلیم بیست وهفتم » دراسهال خود بخود ، بقراط گفته‌که هر گاه اسهال خود بخود چنانکه گویی‌خون سیاه‌است باتب یا بی‌تب پیش‌آید ، اسهال بدی‌است و

---

۱ ـ نوعی است ازکرمها (حیات‌الحیوان ج۱ ص ۳۴۰). ۲ ـ من‌احتاج الی ان‌یسقی‌الخربق وکان استفراغه من فوق لایواتیه بسهوله فینبغی ان یترطب‌بدنه من قبل‌اسقائه ایاه بغذاء کثیر وبراحة (فصول ص۱۱۲).

اگر اسهالی است با رنگهای بسیار که از رنگهای خوب برنگهای بد منتقل می‌شود آن هم بداست ، واگرقسم اول باخوردن دوا پیش‌آید، آن بهتراست ، و با رنگهای مختلف هیچ عیبی ندارد .

«تعلیم بیست و هشتم» در خونریزی از هرجای‌بدن که باشد [1] ،بقراط گفته : هر.تبداری که او را اسهال عارض شود ، برای‌آن است که خونریزی بسیار ، کبد را سست می کند ، سپس عمل هضم روبراه می‌شود .

« تعلیم بیست و نهم » در عرق، بقراط گفته : در تبداران خوب است اگر در روز سوم (یا چهارم) یا پنجم (یا هفتم یا نهم یا یازدهم یا چهاردهم) یا هیفدهم (یانوزدهم‌یابیستم) یا بیست ویکم (یابیست وچهارم یابیست‌وهفتم یاسی‌ام)یا سی‌ویکم یاسی و چهارم (یا سی و هفتم) بیاید چه این عرق بیمار را سبك می کند اما آنچه در جزاین روزها باشد، پس‌آن عرق دلیل دردمندی وطولانی شدن‌بیماری وبر گشت آن است .

« تعلیم سی‌ام » در تبهای لازم ، بقراط گفته : تبهای لازمی کـه قطع نمی‌شود بلکه در روز سوم شدت می کند، آنها نزدیکتربهلاکت است ، و آنها که بهرصورتی باشد قطع می‌شود ، از خطر دورتر است.

« تعلیم سی و یکم » در نشانه‌های مرگ ، بقراط گفته : تبهای لازمی که‌قطع نمی‌شود اگر ظاهر بدن سرد باشد و درون‌آن می‌سوزد و تبدار تشنگی دارد ، اینها نشانه‌های مرگ است .

« تعلیم سی ودوم » در تشنّج و کزاز، بقراط گفته: هر کسی تشنجی یا کزازی باو رسد و ازآن پس تبدار شود ، بیماریش برطرف گردد .

« تعلیم سی و سوم » بقراط گفته : کسی که تبدار باشد و بحرارت شدیدی‌در اندرون و دردی در دلش گرفتار گردد، پس‌آن بد است .

1 ـ من ای موضع کان انفجاره (فصول) .

« تعلیم سی وچهارم » بقراط گفته : کسی که تبدار است پس اطراف دنده‌های او از طرف شکم ورم کند و برآید و در نتیجه صـدایی در شکمش پدیدآید و مع‌ذلك دردی در پشت پیدا کند و در اثر بادهایی که از او خارج شود یا پیشاب‌زیاد یا بوسیلهٔ اسهال برطرف نشود ، چنین کسی هلاك می‌شود .[۱]

«تعلیم‌سی وپنجم» در آشامیدن خربق ، بقراط گفته : کسی که در اثر بیرون‌روی زیاد ناشی از شرب خربق ، بتشنجی گرفتار گردد ، این کس مردنی است.

« تعلیم سی و ششم » در زخمهای شش و لاغری شش ، و آن درهیجده تاسی‌و پنج (سالگی) می‌باشد.

«تعلیم‌سی‌وهفتم» درآب گرم و سرد ، بقراط گفته : آب گـرم هر گاه‌آن را ادامه دهی ، گوشت را سست می کند و محکمی عصب را می‌برد و عضله هـا را شل می کند و رعاف را تهییج می‌نماید و نفس را ناتوان می‌سازد و اگـر اینها دوام یابد می‌میرد و آب سرد باعث کزاز و سیاهی (عضو) می‌شود و لرز و تب می‌آورد .

« تعلیم سی و هشتم » در شناختن آبها ، بقراط گفته : آب گرم ماده (چرك) را می‌رساند ولی استعمال آن در هر قرحه (یاورمـی شایسته) نیست. وبرای رسیدن ماده نشانه‌هایی است بسیار و آنها نرمی پوست و بهم‌آمدن ورم است ، و هر گاه‌آب گرم این اثر را بدهد ، درد را می‌برد و لرز و تشنج و کزاز را آرام می کند و درد سر را برطرف می‌سازد .

« تعلیم سی و نهم » در کارهای زنان، ابقراط گفته: بخورخوشبوعادت زنان‌را می کشاند و برای این و چیزهای بسیاری جز این سودمند است ، جزآنکه درد سر را تهییج می کند .

---

۱ ـ من‌كانت المواضع التي فيما دون‌الشرا سيف منه عالية و فيها قرقرة ثم حدث به وجع في اسفل ظهره فان بطنه يلين‌الا ان ينبعث منه رياح كثيرة اوبيول بولا كثيراوذلك في‌الحميات (فصول).

« تعلیم چهلم » ابقراط گفته : هرزنی که باردار و شیرده نیست و در پستان خود شیر بیابد ، این دلیل است که خون حیضش وا گرفته است .

« تعلیم چهل و یکم » ابقراط گفته : که پسران بیشتر در طرف راست و دختران بیشتر در پهلوی چپ رحمها می‌باشند .

« تعلیم چهل و دوم » ابقراط گفته:زنان بارداری که تبدار می‌شوند و بدون جهتی که‌شناخته‌شودتب آنها سخت می‌شود ،این خوددلیل‌مرگ‌است وسقطمی کنندو می‌میرند .

« تعلیم چهل و سوم » ابقراط گفته . بهر کس از درد سر می‌نالد و هر کس تشنگی دارد و نیز هر کس که اسهال‌صفراوی‌یا تب تند دارد ، و نیز کسی که‌خون بسیاری ازاو دفع شده‌است ، شیرندهید [1] .وبهر کس که درشش اولاغری یا قرحه‌ای باشد (مسلولین) هر گاه‌به‌تب سختی گرفتار نباشد مناسب است که شیر داده شود ، و نیز بهر کس که تبش سبك و سست و مزمن باشد بی آنکه چیزی از نشانه‌هایی که گفته شد داشته باشد و تنش سخت لاغر باشد ، داده‌می‌شود .

« تعلیم چهل و چهارم» در لغزندگی‌روده‌ها ، بقراط گفته : کسی که بلیزی روده‌ها گرفتار شد و طولانی گردید سپس در پی آن آروغ ترشی پدید آمد که‌پیش از آن نداشته است ، آن نشانی خوبی است ، و اسباب این بیماری سه چیز است: یا از ناحیهٔ ضعف معده است ، یا از جهت بلغمی که معده را مرطوب ساخته ، یا هم بواسطهٔ زخمی که درمعده است .

« تعلیم چهل و پنجم » بقراط گفته : کسی که به‌درد سر وضربان شدید مبتلا باشد،پس اگر ازبینی‌یا دو گوش یادهانش چرك‌یا آبی‌جاری شود، دردش آرام گردد.

---

۱ ـ عبارت کتاب « أعطاللبن » قطعاً غلط است و ترجمه مطابق عبارت فصول نوشته شد : « اللبن لاصحاب الصداع ردیء و هوایضاللمحمومین‌ردیء الخ ».

« تعلیم چهل و ششم » بقراط گفته : کسی کـه در مثانه یا مغز یـا دل یاصفاق (حجاب حاجز) یا چیزی از روده های باریـك یا در معده یا در کبدش پارگی پدید آید ، همهٔ اینها کشنده است .

« تعلیم چهل و هفتم» بقراط گفته : کسی که زمانی بسیار و پیوسته به‌ترس و پریشانی (اضطراب) نفس گرفتار باشد ، علت آن از ناحیهٔ سوداء است [۱]

« تعلیم چهل و هشتم » بقراط گفته : نـوشیدن شراب خالص و گرم کردن موضع ورگ زدن و نوشیدن دارو درد چشمها را آرام می کند .

« تعلیم چهـل و نهم » بقراط گفته : واگذاشتن هر قرحـهٔ سرطانی بـدون معالجه بهتر است چه مبتلایان به‌سرطان اگر معالجـه شوند بزودی خواهند مرد و اگر درمان نشوند ، چندی زنده می‌مانند .

« تعلیم پنجاهم » بقراط گفته : قرحه‌ای کـه یکسال یا بیشتر رشد می کند ، ناچار باید استخوانهایی ازآن کنده شود و اثرآن هم مانند جرب باقی خواهدماند.

« تعلیم پنجاهو یکم » بقراط گفتـه : دیـوانگی اگر با خنده باشد بسلامت نزدیکتر است تا آنکه با اندوه و گرفتگی باشد .

«تعلیم پنجاه و دوم » بقراط گفته : در بیماریهای تند هر گاه دست و پاها سرد شود ، آن بد است .

« تعلیم پنجاه و سوم » بقراط گفته : کسیکه در جگرش قرحه‌ای پدید آید و سپس سکسکه کنـد آن هم بـد است .

« تعلیم پنجاه و چهارم» بقراط گفته : کسیکه تبدار باشد ودر پیشابش ته‌نشین غلیظی مانند بلغور باشد دلیل آن است که بیماریش طولانی میشود .

« تعلیم پنجاه و پنجم » بقراط گفته : کسیکـه خون قی کند بی آنکه تبدار

۱ـ فعلته سوداوية (فصول).

شود ، باکش نیست و اگرتبی پدیدآمد ، آن بد است و باید به‌دواهای دباغی کننده معالجه شود .

« تعلیم پنجاه و ششم » بقراط گفته : کسیکه چرك قی می کرده پس داغ شود وچرك سفید و پاکیزه بیرون آید ، شفا یابد و اگر چرك بدبو وآلوده بیرون آید ، بیمار می‌میرد و اگر در کبدش قرحه‌ای باشد که چرکین شده و داغ شود و چرك پاکیزه و سفید بیرون‌آید ، بهبود یابد چراکه چرك در پردهٔ کبداست واگر چرك مانند آب زیتون بیرون‌آید، بمار خواهدمرد .

«تعلیم پنجاه وهفتم » بقراط گفته : عطسه ازناحیهٔ سر، هنگامی پدیدمی‌آید که دماغ گرم یا سرد گردد یامیان دماغ وپرده‌اش مرطوب شود و(ازهوا) پر گردد، پس آن هوا را بیرون می کند وآن را آوازی می‌باشد چرا که راه بیرون آمدنش تنگ است . اینها بود بابهای کتاب فصول .

اما کتاب بقراط در«تقدمة المعرفه» پس آن سه فصل است وبیست تعلیم :

تعلیم اول: بقراط می گوید که پزشك راچگونه سزاوار است که پیشگویی[1] را مدعی شود چه او است که بیماران را خبر می دهد بآنچه بدان گرفتارند وآنچه پیش از این بآنها رسیده وآنچه پس از این بآنان می‌رسد ، وآنچه بیماران از ذکر آن غفلت کرده‌اند ، وآنکه شدت بیماری و اسباب مرض آیا از بهم خوردگی بدن (مزاج) است یاجز آن، ومانند اینها .

تعلیم دوم : در این تعلیم می گوید که پزشك را چگونه سزاوار است که در بیماریهای تند ، خوب توجه کند وچگونه در روی بیماران بنگرد که آیا مانند روهای تندرستان است و نشانه های روها که بر مرگ دلالت دارد ومانند آن .

1 ـ و تقدمةالمعرفة هی ان تحکم‌من دلالات موجودة علی‌امر کائن یؤل‌الیه حال‌المریض من اقبال او هلاك (قانون ج ۳ ص ۷۷) .

تعلیم سوم : دراین تعلیم می گوید که اگر برای بیماران سه روز وچهار روز باشد و روها بوضع تندرستان و جزآن باشد ، سزاوار است که خوب اندیشه کند ، هم در نشانه ها وعلامتها چنانکه ذکرش گذشت وهم در علامتهای چشمها و پلکها و بینی وخوابیدن بیماروانیکه چگونه بایدعمل کند وچه‌علامتهایی‌نشان‌هلاکت‌است.

تعلیم چهارم : توصیف می کند پاهای بیمار وحالات‌آن دو را وبپهلوخوابیدن بیمار وسایاندن دندانها بیکدیگر با تب، و دلالتهای آن را ونیز قرحه‌ای اگر در بیماری یا پیش ازآن به بیمار رسیده باشد و آنچه‌بر آن دلالت می کند، وتوصیف می کند دستها واضطراب آن‌دورا وآنچه راکه برآن دلالت می کنند .

تعلیم پنجم : ذکر می کند نفس‌زدن بسیار و تند را وآنچه را برآن دلالت دارد و ذکر می کندبهترین عرقها را دربیماریهای تند، وعرق خوب‌وعرق‌سردوعرق بد را، وذکر می کند که عرق یا از ناتوانی بدنها است یا هم از قرحه‌ای همیشگی .

تعلیم ششم : ذکرمی کندسلامتی شراسیف[1] را و اگرسالم نباشد،ونیزضربان رگهای‌آنها را وآنچه را برآن دلالت می کند. وورمهایی راکه در پهلوی شراسیف است وخبرمیدهد از ورمها و آنچه‌بآنها می‌رسد .

تعلیم هفتم : ذکر می کند در آن ، قرحه‌ها را و آنکه هرگاه مزمن شود چگونه باید درآنها نگریست، و توصیف می کند اندازه‌های آنها را و آنچه‌را که ازآنهابیرون می آیدوچگونه سزاوار است که بیرون آید .

تعلیم هشتم : دراین تعلیم ذکر می کند استسقایی راکه از بیماریهای تند می‌باشد و آنکه از بزاق پدید می آید و آنکه ازکبد می‌باشد و عوارضی که از جهت این بیماریها بمبتلایان می‌رسد و نشانه‌هایی که دلالت بر مرگ دارد ، از قبیل سیاه

۱ ـ کناره‌های دنده‌ها از طرف شکم.

شدن انگشتان و پاها و مانندآن .

تعلیم نهم : از جمع شدن خایه‌ها وآلت مردی سخن می گوید، و از چرت و خواب و اینکه خوبست چگونه باشد و از مدفوع و اینکه سزاوار است چگونه باشد، بحث می کند .

تعلیم دهم : مدفوع را ذکر می کند که چگونه باید دفع شود و اسباب آن‌را و آنکه شکم در هر بیماری خوبست چگونه باشد و رنگهای مدفوع را که دلالت بر مرگ می کند و جز اینها را، و نیز بادها وصداهای شکم و جز آن را شرح می‌دهد.

تعلیم یازدهم :از پیشاب درست‌سخن می گوید وسپس ازپیشابی که دگر گون شود واز اقسام ُدرد های پیشابها از جهت مثانه .

تعلیم دوازدهم : در این تعلیم از قی و علل‌آن و خلط‌سینه و آنکـه چگونه انداخته می‌شود و از چه آمیخته می‌شود و از رنـگ آن سخن مـی گوید و نیز از عطسه زدن درهمهٔ بیماریهای ریوی و آنکه چه قسمی ازآن کشنده و چه‌قسمی‌دلیل برطرف شدن بیماری است ، بحث می کند .

تعلیم سیزدهم : درآن از اوصاف خلط سینه در بیماریهای ریوی واز رنگ‌آن با رنگهای خلطها سخن می گـویـد و پیشاب و مدفوع و عرق و آنچه را هریك از اینها بر آن دلالت دارد بیان می کند.

تعلیم چهاردهم : قرحه‌های چرك دهنده و مـواقع منفجر شدن آنها را ذکر می کند و از چگونگـی هرچه از آنها بیرون می آیـد و از بودنش در هر کسی ، سخن می گوید.

تعلیم پانزدهم : قرحه هـای برآمدهٔ پشت گوشها را و آنچه درکسانی که بیماریهای ریوی دارند ، پدید مـی‌آید و آنکه چگونه بر آن استدلال می شود و قرحه‌هایی که در ساقهای بیماران می‌باشد وآنچه را که از این جهت‌بآنان می‌رسد،

ذکر می کند .

تعلیم شانزدهم : از دردهای بدی که‌عقل را می‌برد و تبها وعلل آنها در نوبه‌ها بحث می کند .

تعلیم‌هیفدهم : پیشگویی دربیماریهای تند دشوار مزمن را ذکر می کند واز تبهای چهاریك وآنچه‌بدان جهت‌به‌تبداران می‌رسد وروزهایی که تب درآنهامی‌باشد، سخن می گوید و نیز دردهایی را کـه در بنا گوشها و پیشانی می‌باشد و درد گوشها و آنچه را به‌بیماران می‌رسد ، یادآور می‌شود .

تعلیم هیجدهم : دردهای خفه کنندهٔ گلـو و سرخی گردن و سینه و سوراخ (حلق) ونشانه‌های هلا کی که در این بیماری به مریض می‌رسد، بیان می‌شود ونیز علل گرفتگی (مجرای) صدا و قرحه‌هایی که می‌باشد ... ودرد شدیدی درمفاصل و قرحه‌های برآمده در جوانی و مختصری از علل تب را ذکر می کنـد .

تعلیم نوزدهم : در این تعلیم تب و درد دل را ذکر می کند ، و روزهایی را که تب درآنها طولانی می‌شود با دردهایی که همراه تب می‌باشد ، بیان می کند .

تعلیم بیستم ، در بارهٔ کسیکه می‌خواهد (راجـع بمریض) پیشگویی کند ، می گوید که‌چگونه بایدآنچه را ازبیماریهای پیوسته دردناك برمی‌خیزدو چگونگی دانستن‌آن را بشناسد و ازعلل و نشانه‌ها وفصول سال وتأثیرات سرزمینها آگاه‌باشد.

این‌است تعلیمهای کتاب «تقدمة‌المعرفة» بقراط .

اما کتاب بقراط «در هواها و زمانها و آبهـا و شهرها» :

در این کتاب ازآنچه باهل اینها مـی‌رسد از بیماریهای خصوصی و عمومی و یکنواخت و پراکنده ، با حدودی معین و نشانه‌هایی آشکار سخن‌می گوید :

باب اول، می گوید : هر کس را که می‌خواهد براستی درجستجوی پزشکی برآید، سزاوار است که اولاً از فصول مختلف سال و آنچه در آنهـا پدید می‌آید ،

تفحص کندزیرا که زمانهای سال مانند یکدیگر نیستندوبا یکدیگر اختلاف‌دارند و گاهی خود هم دگرگون می‌شوند

باب دوم، می گوید : سالهاییکه فصول مختلف خود را معتدل و چنانکه باید‌نگه‌می‌دارد[1] ،پس‌بیماریهایی که‌در آنها‌پدید‌می آید،مانندهم‌می‌باشدو‌بایکنواختی اختلافی ندارد‌و‌بشبهه‌نمی‌اندازد‌ولی فصول بسیار دگرگون، بیماریهایش نه‌یکنواخت است و نه متوافق و درمان کردن آنها دشوار است .

باب سوم، می گوید که بادهای گرم وسرد عمومی‌باعث‌دگرگونی‌بدنهاست .

باب چهارم، می گوید : پزشك را سزاوار است که در نیروی آبها اندیشه کند زیرا که آنها در طعم و وزن‌مختلف‌اند و نیز در نیرو سخت اختلاف دارند .

باب پنجم ، در بارهٔ آبها می گوید که آنها چگونه است ؛ آیا ایستاده است و نرم یا درشت و جاری یا هم... نواحی مرتفع سنگلاخی یا شایسته و سریع‌الهضم ؟

باب‌ششم، می گوید که پزشك را سزاوار است تا در بارهٔ زمینها اندیشه کند که‌آیابی‌آب و گیاه است ویا پرآب و گیاه وآیا معمور است یابایر یاهم کوهستانی و سرد .

باب هفتم، گفته است : سزاوار است غذای مردم را یادآور شود که لذت و خوشی آنها درچیست؛ آیا در زیاد نوشیدن و خوردن است وراحتی را دوست می‌دارند یا دوستدار کار و کوشش و خوردن می‌باشند ؟وآنگاه از هر یك از این چیز ها در هر سرزمین فحص کند.

باب‌هشتم ، گفته است : اگر مقداری از فصل و سال بگذرد ، پزشك زود می‌تواند خبر دهد از هر بیماری عمومی که برای هریك از مردم‌آن زمان ازناحیهٔ دگرگونی خوراکهاشان ، پیش می‌آید .

1 ـ وکان فی کل وقت منها ما ینبغی ان یکون فیه(فصول) .

باب نهم، گفته است : هر گاه بیماریها از فاسد بودن هوا نباشد ، عموم اهل شهر را نخواهد گرفت ، بلکه پراکنده خواهدبود . پس هر گاه‌پزشك در این‌قسم و در این چیزها اندیشه کند و درست بداند که فصلها چگونه می‌باشد، لایق‌خواهد بود که دانش‌او درست باشد ، چه علم‌نجوم جزءِ کوچکی هم‌از علم پزشکی نیست .

و اما کتابش « در هواها و سرزمینها » :

پس او سرزمینها و آبهایش و خواص آنها را توصیف کرده است :

گفتار اول : در شهرها است که چهار (نوع) شهر است ، نخستین آنها در قسمت استوایی و دوم در قسمت فرقدین و سوم برابر خاور و چهارم برابر باختر است . پس راجع به « نخستین » گفته است : هر شهری که در برابر بادهای گرم نهاده شده ، همان است که در میان خاور و باختر زمستانی [خورشید] است ، چه آن بادها پیوسته در این شهرها می‌وزد و از (بادهای) ناحیهٔ فرقدین [محفوظ] است . و آبهای این شهر (ها) بسیار و گرم است ، در تابستان گرم می‌شود و در زمستان سرد ، و سرهای ساکنان این شهر (ها) رطوبی و بلغمی است وشکمهاشان بسیار و پیوسته رونده است ، و زنان این‌مردم بیمار و پیوسته دراثر زیاد خون دیدن رنجور می‌باشند و (آبستن نمی‌شوند) نه ازجهت طبیعت‌شان بلکه در اثر بیماریهایی که دارند پس اگر باردار هم شدند بیشتر سقط می کنند .

[و اما کودکان] پس به کزاز و نفس تنگی (ورم داخلی) و رنجوری مبتلا می‌شوند و مردانشان را شکمروی و اسهال خونی و بیماری«ابیالوس» و تب‌طولانی زمستانی وشبانه و بواسیری در نشستگاه عارض می‌شود و به‌تبهای سخت و بیماریهای تند و دردچشم طولانی مبتلا می‌شوند و هر گاه پنجاه ساله شدند نزله‌هایی از مغز بر آنها عارض شود و فلجی را که در همهٔ سرزمینها می‌باشد ، درآنان تهییج می کند.

و در بارهٔ شهرهای ناحیهٔ شمال ، گفته است : هر شهری که در برابر ناحیهٔ

بادهای سرد نزدیك ناحیهٔ باختر و خاور و قطبین قرار دارد، این بادها بادهای بومی آنهااست و از بادهای گرم‌محفوظ‌است و آبهاشان‌خشك و بطیءالهضم و از حد گذشته شیرین‌است،ساکنان‌این شهر(ها)سخت‌نیرومند می‌باشند ، ساقهای باریك و شکمهای درشت و سرهای محکم خشك سخت دارند ، وبه‌فتق مبتلا مـی‌شوند و بیماریهاشان سینه‌پهلو وبیماریهای تند و زیادی‌چرك است ور گهاشان پاره می‌شود وزیادمی‌خورندو زود بدرد چشم مبتلا نمی گردند و هر گاه مبتلا شدند چشمهاشان شکافته می‌شودو در سی سالگی برعاف بسیاری مبتلا می گردند و بیماریهـای افونی بآنها نمی‌رسد و اگر هم مبتلا شدند سخت می‌شود. عمرهاشان طولانی می‌شود و اخلاقشان وحشی است نه آرام و نه ملایم و زنانشان از سردی و خشکی‌آب عقیم می‌باشندبرای‌آنکه عادتشان بسا بر خلاف عادت باشد پس هر گاه باردار شدند ، زاییدن برآنها دشوار باشد ولی سقط نمی کنند و خوراك فـرزندانشان برای سردی شیرها ، کم می‌باشد و زنها به کزازو درد شش مبتلا می‌شوندو کودکان در خایه‌هاشان آب زرد پیدا می‌شودو هر گاه بزرگ شدند ، از میان می‌رود ، و دیر بحد بلوغ می‌رسند .

واماشهری که در طرف بادهایی است که از خاورتابستانی وزمستانی می‌وزد .

بقراط گفته : هر شهری که درناحیهٔ خاوری خورشید واقع باشد ، ازشهری که در ناحیهٔ فرقدین یا در ناحیهٔ بادهای گرم قرار دارد ، سالمتر است، و گرمی‌و سردی درآن کمتر و سبکتر و بیماریهای اهالی‌آن سرزمین اندك است وآبهایی که در سمت خاوری خورشیدواقع است، تابناك ودرخشنده و صاف و خوشبو و نرم‌است چرا که هوادرآنجا غلیظ نیست و خورشید ازغلظت هوا مانع‌می‌شود.سیمای‌ساکنان این ناحیه خوشرنگ و تابناك و رخشنده و آواز مـردانشان صاف و تند است و زود بخشم می‌آیند . علف و گیاه‌آن نیرودارتر وسالمتر است و این ناحیه طبیعةً وضعی دارد که مانند فصل بهار گرما و سرمای آن اندك است، بیماریهـای‌آن نیز کـم و

ناچیز می‌باشد و زنانش بسیار باردار می‌شوند و بدون سختی می‌زایند.

و شهر چهارم در سمت مغرب، این شهرها از بادهای خاوری بر کنار است و بادهای گرم وسرد ازسمت فرقدین درآنها می‌وزد، پس بیماریهای آن بسیار و آبهای آن نه پاکیزه ونه صاف است، علت آن‌هم هوای سحرگاهان می‌باشد زیرا که سحرهای این‌شهرها بسی طولانی‌است و خورشید در اول دمیدن، برآنها نمی‌تابد تاموقعیکه بلندشود وبرآید. دراین‌ناحیه درتابستان بادهای‌سردی می‌وزد ومردانش‌زرد و زار و بیمار می‌باشند و از همهٔ بیماریها زیان می‌بینند وآوازهاشان گرفته است و روزشان در فصل پائیز دراثر تغییرهوا بد است. این بود باب اول در شهرهای چهارگانه.

گفتار دوم در آبها است و آنها چهار قسم است: نخست‌آبهای ایستاده مانند رودخانه‌هایی که جریان ندارد. دوم چشمه‌های جوشنده. سیم آبهایی که از بارانها پدید می‌آید. چهارم آبهایی که از برفها پیدا می‌شود.

بقراط گفته است: آبهای آشکار جادار روی زمین که جاری نمی‌شود و بارانها برآن می‌بارد و با آن می‌ماند و ازآنها کنده نمی‌شود و خورشید هم پیوسته برآن می‌تابد و بتابش خورشید گرم می‌شود، این آبها بد و بی رنگ است وتولید (صفراء) سوداء می‌کند ودر زمستان سرد وخشك و تیره و بلغمی است که‌هر کس از آن بیاشامد بگرفتگی صدا و بیماری سپرز گرفتار می‌شود ... شکمهاشان درشت می‌باشد وترقوه‌ها و روها را لاغر ومنقح می‌کندو مردم آن ناحیه بسیارمی‌خورند و تشنگی آنها برطرف می‌شود و در زمستان و تابستان گرفتار بیماریها هستند و به‌آب زرد مبتلا می‌شوند و در تابستان به‌اسهال (ناشی‌از رطوبت سطح امعاء) وتب چهاریك طولانی مزمن گرفتار می‌گردند، جوانان این مردم را دردهای شش و بیماریهایی که عقلهاشان‌را سنگین و پریشان کند، عارض‌می‌شود، اما پیرمردان به‌تبهای آتشی گرفتار می‌شوند که نشان سوزندگی آن خشکی شکمهای ایشان است. زنانشان‌را

در اثر بلغم سفیدی ، اقسام ورمها عارض می‌شود پس باردار نمی‌شوندجز بدشواری‌و نمی‌زایند مگر بسختی و بچه‌هاشان بزرگ می باشند و هر گاه جدا شدند ، لاغرو باریك می‌شوند. کودکان را ورم خایه (با فتق یا بدون آن) و مردان را رنجوری‌و قرحه‌هایی در ساقهاشان عارض می‌شود . عمرها در این ناحیه طولانی نمی‌شود و با گذشت زمان ، زود پیرمی‌شوند وبسا زنها را چیزی رسد که توهم کنند باردارشده‌اند سپس نادرست درآید .

و آبهای چشمه‌های جاری از سنگلاخها بد است زیرا که آنها درشت است . چشمه‌های‌جوشنده از زمین گرم واز زمین معدن‌آهن ومس و نقره و طلاو گوگردو زاگ و زفت و شوره ، همهٔ اینها از شدت گرمی می باشد و آبهای سودمند إصلاح کننده‌ای از این زمینها بدست نمی‌آید ، بلکه همه‌اش درشت است و از نوشیدن‌آنها دشواری پیشاب و شدت اسهال پیش‌می‌آید . و آبهایی که ازجاهای بلند و از تلهای خاکی سرازیر می‌شود ، بهترین و سالمترین آبها است و هم شیرین است که نیازی به‌آمیخته شدن بسیار ندارد، ودر زمستان گرم‌و در تابستان سرد است . این بودوضع آبهای جوشنده از چشمه‌های فرورونده و بهترین این آبها همان است که از افق خورشید بخصوص خاور تابستانی ، جاری است زیرا که این‌آبها سفید و تابنده و خوشبو است ، و هر آبی که شور و بطیءالهضم و درشت باشد، کسانی که بدون نیازمندی بآن ، از آن می‌نوشند ،آنها را سودمند نیست وبسا که‌برخی از طبیعتهاو بیماریها را سودمند باشد و آبهایی که مزه‌اش بشوری مایل است ، همه‌اش بد و فسادآور است .

و هرچشمه‌ای در سمت خاورخورشید باشد ، آبش بهترین آبها است و پس ازآن چشمه‌هایی که میان افق تابستانی خورشید است و درمیان‌آنها بهترهمان‌است که بطرف خاور مایل است سپس‌آنها که میان باختر زمستانی‌و تابستانی‌خورشید

قرار دارد و از همه پست‌تر چشمه‌هایی است که در ناحیهٔ جنوب است.

اما چشمه‌هایی که در افق خاور و باختر زمستانی قرار دارد پس آنچه از آنها درناحیهٔ جنوب باشد، کاملاً پست و آنچه از آنها در ناحیهٔ شمال باشد، بهتر است. پس هر که درشت شکم باشد، آبهای سبك و صاف برای او سودمند است و برای هر کس شکمش نرم و ملایم وبلغمی است، زیان بخش، چه آبهای شور شکم راروان می کند، و مردم در این امر خطا کرده‌اند، و آبهای باران سبك و گوارا است و خورشید از آب، نازك و سبك آن را می‌رباید وآب را از نهرها و دریاها و جاهای نمناك بخار می کند و برای همین آبهای باران متعفن می‌شود و بو می گیرد زیرا که آنهابوسیلهٔ بادهای پراکنده فراهم شده است و ازاین جهت زودتر بدبو ودگر گون می شود، چه رطوبتهایی که خورشید آنرا می‌رباید (بخار می کند) پراکنده و پیوسته در هوا معلق‌است و هر گاه همه‌اش فراهم گردید و بوسیلهٔ بادهای ناجوری که بایکدیگر برخورد می کنند متراکم گردید، آنگاه ریزش کند و خصوصاً آنگاه که موازنه چنانکه باید باشد؛ و بیشتر هنگامی چنین است که فراهم گشتن ابرها شدت کندو بادی‌دیگر بدان روی‌آورشودوآنرا پاره‌پاره کند، وهر گاه ابردیگری بر ابر اول فشار آورد و آنرا پاره کند، در این هنگام رطوبت در اثر سنگینی فرو ریزد و بادها آنرا پاره پاره سازد پس‌بارانهای ریزنده پدیدآید، پس این آبها بهترین آبها است جزآنکه سزاوار بدبویی است و کسی راکه از آن بیاشامد، درشتی صدا و سرفه و سنگینی آواز عارض می‌شود و هر گاه پخته شود، آنهم هیچ سودی برای آن ندارد. اما آبهایی که ازبرفها و یخ است همه‌اش بداست چراکه‌آن آبها هر گاه یك‌بار منجمد شد دیگر بطبیعت اولی خود باز نمی گردد و آنچه از آب سبك و گوارا و صاف و پاکیزه باشد در اثر انجماد از بین می‌رود و می گریزد وآنچه‌ازآن تیره است بحال خود باقی می‌ماند و نشان این مطلب آن است که اگر در روزهای

زمستان آبی در ظرفی ریخته و با پیمانه‌ای معلوم سنجیده شود و زیر آسمان قرار گیرد تا یخ ببندد ، اگر آن را درآفتاب گذارند تاباز شود سپس همان آب راپیمانه کنند ، روشن خواهد شد که بطور محسوسی کم شده است و آن نشان این است که آب لطیف می‌رود ویخ نمی‌بندد ،و(آنچه) نمی گریزد و می‌ماند [...] [۱] وآب برفها پست‌ترین آبها است،و هر گاه مردم آبهای گوناگون بنوشند بحبس بول و سنگ مثانه و درد تهیگاه و درد سرینها و ورم خایه‌ها گرفتار می‌شوند بخصوص‌هر گاه از آبهای نهرهایی که ازرودخانه های بزرگ جدامی‌شود یا از دریاچه‌هایی که سیلهای گوناگون‌پراکنده بدانها سرازیر است ، بنوشند زیراکه گوارااو شور و معدنی دارد و نیز آب سیلی کـه از جاهای گرم می‌رسد پس هر گاه چنین آبهایی نوشیده شود بیماریها پدیدآید و شیربد در شیرخوارگان سنگ مثانه تولیدمی کند وزنهابسنگ مثانه مبتلا نمی‌شوند چراکه مجرای پیشاب آنها گشاد است .

گفتار سوم در زمانها(یعنی‌فصول‌سال) است هر گاه مرض‌خیز یا سالم باشد ، بقراط گفته است که اگر طلوع ستارگان و جـز آنها چنانکه باید باشد و آبها (یعنی‌بارانها) در پائیز بسیار ودر زمستان اندك باشدوبی‌ابری هوابسیار وسرما هم بی‌اندازه نباشد ، آبهای چنین سالی در بهار معتدل و در تابستان سالم وسازگار وهوا نیز سازگارخواهد بود .

و هر گاه زمستان خشك و بهـار پـر باران و جنوبی [۲] باشد ، مردمی کـه مزاجشان مرطوب است در تابستان به‌تب‌و دردچشم واسهال (ناشی از رطوبت سطح امعاء) گرفتار می‌شوند.

و هر گاه در موقع طلوع ستاره‌ای کـه بنام «کلب» معروف است یعنی ستارهٔ شعری،باران بسیار و زمستان باشد و بادها از هرسو بوزد ، بیماریها برطرف شود و

۱ ـ و یخ می‌بندد همان آب تیره است . مترجم ۲ ـ گرم وتر.

امید باشد که پائیز سالم باشد پس اگـر چنان نبود مرگ در میان کودکان و زنان بسیار و در میان پیرمردان اندك باشد وهرکه ازمرگ برهد به‌تب چهاریك گرفتار گردد و بسا که بفراهم‌آمدن آب زرد بکشد .

و هرگاه زمستان جنوبی و پرباران وبهار خشك و شمالی[1] باشد، زنان‌باردار در فصل بهار سقط می کنند و اگر هم زاییدند ، فرزندانشان رنجور خـواهند بود که یا در همان ساعت می‌میرند و یا لاغر و زرد و زار زنـده می‌مانند اما بقیهٔ مردم برخی‌از ایشان به‌اسهال و چشم درد خشك گرفتار می‌شوند و بعضی از نزله هایی از سر بشش عارض می‌شود ، اما بلغمیها و زنان به‌اسهال (ناشی از رطوبت سطح‌امعاء) گرفتار می گردند . اما صفراییان [...] پس بعـوارض سختی گرفتار می گردند ، چه پوستشان سست و ناتوان واعصابشان خشکیده است و بسا ناگهانی بمیرند و بسا که طرف راست ایشان خشك شود .

و شهرهایی که برابر خاورخورشید است و بادهای آن سالـم وآبهایش فرو-رفته (در عمق زمین) است، پس کم می‌شود که دگرگونی هوا بآن آسیبی‌رساند . و هر شهری که مردم‌آن آب گرم رودخانه‌هـا را می‌نوشند و در سمت خـاور قرار ندارد و نه بادهای‌آن سالم است ، دگرگونی هوا به‌ساکنان‌آن زیان می‌رساند . و اگر تابستان عموماً خشك باشد، بیماریها بزودی برطرف شوند و اگر پر باران‌باشد بیماریها طولانی شود و اگر کسی از مردم را در این رنجها قرحه‌ای یا اسهال یاآب زرد عارض شود ، خواهد مرد . و هرگاه تابستان پرباران و جنوبـی[2] باشد و پائیز مانند زمستان خشك و مرض‌خیز ، بلغم‌مزاجهـا و پیر مردان چهل ساله بتبی که «قوسوس» نامیده می‌شود ، مبتلا می‌شوند .

اما مزاجهای صفراوی پس به‌ذات‌الجنب وددد شش گرفتار می گردند .

---

۱ ـ سرد و خشك. ۲ ـ گرم و تر .

و هر گاه تابستان خشك و جنوبی باشد و پائیز پر باران و شمالی ، مردم را درد [سر] و سرفه و نفس تنگی و زکام و بعضی را سل عارض شود.

و هر گاه تابستان خشك و شمالی باشد و هنگام طلوع شعری باران نیاید ، برای مزاجهای بلغمی و مرطوبی سودمند و برای مزاجهای صفرایی زیان بخش خواهد بود وبسا که صفرا مزاجها را سودا مزاج کند .ودگرگونی بسیار در اثر انقلاب خورشیداست ودگرگونی انقلاب تابستانی از زمستانی ، وپائیزی از بهاری بیشتر است وهرسرزمینی که تغییرفصلش بسیار است ، هموار نیست و درآن کوههای درازبرافراشتهٔ سر به آسمان کشیده‌ای است و هرسرزمینی که تغییر فصل آن اندك باشد، هموار است .

سپس بقراط از اختلاف صورتها وحالات مردم و از اعتدال خلقت ایشان وسببی که بدان جهت برخی مانند برخی می‌باشندواینکه آن در نتیجهٔ هماهنگی زمان (فصل) و مطالع است ، سخن می گوید و از حال مردان وزنان در بسیاری فرزندان و کمی آنان و آنچه باعث نسل یا قطع نسل می‌شود بحث می کند و می گوید که ساکنان سرزمینهای مرتفع هموار پرآب صورتهای زیبا دارند و تنومند می‌باشند و خوهای آنان بنرمی و آرامش (مایل است) و اهل دلیری و سلحشوری نیستند .

و هر کس در زمین نرم کم آب و بی گیاه ساکن شود و مزاج هوای آن هم معتدل نباشد، صورتهای آنان درشت و رنگهاشان مایل بزردی یا سیاهی واخلاقشان پست و خشمشان شدید و طبیعتهاشان بایکدیگر مخالف خواهد بود زیرا که دراثر اختلاف فصول طبیعتها مختلف می‌شود سپس بعد از زمانها (فصول) و سرزمینها آب مشروب ، چرا که غذای آدمی پس از سرزمینها بآبها بستگی دارد.

سپس بقراط بعد از این جمله در بادها و وزش آنها و آنها که از جایی بجایی می‌وزد سخن گفته وبادها رابچهار قسم بخش کرده است و می گوید که باد از نفوذ

هوا و پیدایش آن از بهم خوردن جرمهای هوا می‌باشد .

اینها بود مقاصد کتاب بقراط «درهواها و زمانها» که جالینوس آن را تفسیر کرده و مذهب بقراط را فصل بفصل و معنی بمعنی شرح داده است . پس اینها است کتابهای بقراط که بر آنها اعتماد و بآنها رجوع می‌شود و این بود مقاصد آنها و جالینوس آنها را تفسیر کرده و بتفصیل مراد و مذهب بقراط را شرح داده و گفتار او را روشن نموده ومعانی آن را بیان کرده و توضیح داده است .

اما کتاب «ماءالشعیر» پس در آن بیماریهای تندی را که درد پهلو و درد شش و برسام[1] و تب سوزنده (حمّای محرقه) نامیده می‌شود ، ذکر می‌نماید و گفته است که آب جو چگونه نوشیده می‌شود و روزهای نوشیدن آن کدام است و چگونه تهیه می‌شود واوقاتی که نوشیدن آن در آنها شایسته است و نیز اوقاتی که در آنها نوشیدن آب جو ممنوع است کدام است و خوراکی که با آن خورده میشود ، و نیزانواعی از بیماریهای تند وامراض محرقه را ذکر کرده ودرهر نوعی ازآنها سخن گفته است.

اما کتاب بقراط که آن را « کتاب ارکان » می نامد ، پس معنی ارکان همان طبایع چهارگانهٔ گرمی و تری و سردی و خشکی است و ارکان بدن عبارت است از پی و رگها و استخوانها و پوست و خون . اینها هستند ارکانی که قوام عالم بآنها است .

بقراط گفته که بدنها اگر یك چیز بود ، هرگز دردها بآنها راه پیدا نمی کرد لیکن آنها از چیزهای مختلف وطبیعتهای بیگانه‌ای که یکدیگر را زیان می‌رسانند پدید آمده است وطبیعت آدمی ودیگر جانداران هرگاه چنین باشد ، ناچار آدمی وهمچنین دیگر طبیعتها یك چیز معین نخواهد بود ، بلکه قوام آن به تری وخشکی و گرمی وسردی است . آنگاه در این موضوع واضح و روشن سخن می گوید .

---

۱ ـ ورم حجاب حاجز میان دل و معده یا حجاب میان کبد و معده .

بقراط را شاگردانی بود که کتابهای او را ترجمه کردند و برخی از ایشان هم کتابهایی پرداختند و باو نسبت دادندزیرا که بدانش و فضل او اعتراف داشتند. ازآنها است: «دیاسقوریدس» صاحب کتاب «اشجار وعقاقیر»، چه او کتابی درموضوع منافع درختها نوشت و هر درختی را بشکل خودش کشیدو آنگاه نوشت که آن درخت برای چه چیز سودمند است.

و ازآنها است « ارسجانس» مؤلف کتاب «الکناش» درتوصیف وتشریح بدن.

اما دانشمندتر دانشمندی و مهمتر پزشکی پس از بقراط که بیش از دیگران بکتب بقراط آشنایی ودرتفسیر آنها توانایی‌داشت، جالینوس‌بود، بافاصلهٔ زیادی که باهم‌داشتند، چه میان آن‌دو مدتی‌مـید فاصله‌بودجز آنکه گویی‌جالینوس درحکمت تالی‌بقراط‌ودرعلم پس از اواست، و کتابهای او را تفسیر کرد و کتابهای بسیاری از کتابهای‌پزشکی را که اعتماد بر آنهااست وبآنها رجوع‌می‌شود، ترتیب‌داد و مردی فیلسوف و منطقی و دانشمند بود.

نخستین کتابهای جالینوس کتابی است در فرقه‌های پزشکی (فرق الطب) که برخی از آنها با برخی دیگر جنساً مخالف است و آنها عبارت است از: فرقهٔ رأی و اندیشه و قیاس و فرقهٔ دوم که فرقهٔ آزمایشها است و سوم فرقهٔ چاره‌ها.

دیگر کتابی درخوراك، و کتابی در زدن رگها، و کتابی درتشریح اعصاب و کتابی‌درتشریح رگها و وریدها، و دومقاله در بیماریهای نفس، و چهارمقاله درصدا و کتابی درفوائد عضوها، هیفده مقاله،و کتابی درتشریح رحم، و کتابی درنشانه‌های چشم و کتابی در پزشکی اصحاب تجربه، و سه‌مقاله در حرکت شش وسینه، و کتاب بزرگ تشریح در پانزده گفتار:

گفتار اول در عضله‌ها و رطوبتهایی که در دو دست است، و گفتار دوم در ماهیچه‌های دوپا، و سوم در عصبها و رگها و وریدهای دستها و پاها، و چهارم در

ماهیچه‌هایی که دو گونه و دولب را حرکت می‌دهد و ماهیچه‌هایی که فك پایین را بطرف سرو گردن ودو شانه حرکت می‌دهد ، و گفتار پنجم در ماهیچه‌های سینه‌و ماهیچه های دو طرف پشت و ماهیچه های استخوان پشت ، و گفتار ششم در ابزار غذا یعنی روده‌ها وشکم و جگر وسپرز وکلیه‌ها و مثانه وزهره و مانند اینها ، ومقالهٔ هفتم در تشریح دل ، گفتار هشتم در اجزاء سینه ، گفتار نهم در تشریح دل[1] ، گفتار دهم در تشریح دو چشم و زبان و مری و آنچه بدان وابسته است ، گفتار یازدهم در حنجره و استخوانی که بآن پیوسته است و عصبی که در زیر آن قرار دارد ، گفتار دوازدهم درتشریح آلات تناسل یعنی آلات منی و رحم‌و آلات زناشویی ، گفتارسیزدهم در تشریح رگهای زننده یعنی شریانها و رگهایی کــه نمی‌زند ، گفتار چهاردهم در [عصب] روییده از مغز ، گفتار پانزدهم در عصب روییده در پشت .

و او را جز این کتابی است در تشریـح در چند مقاله که در آنها از پوست و مــو و ناخنها و گوشت و پیه و گوشت رو و پرده‌هایی که برخی عضوها رامی‌پوشاند مانند پردهٔ دل و معده و کلیه‌ها و جگر و پوستهای درونی و عضلهٔ میان سینه و شکم و مجراها ور گهای‌زننده‌وزدن‌رگهاو آنکه رگهااز کجا آغازمیشود ومجراهای پیشاب درمیان کلیه‌ومثانه‌تا آلت‌مردی ومجرای آن‌ازمثانه تا ناف‌درطفل‌وظروف‌خلط صفراء ودستگاه‌بویایی‌وسوراخهای‌بینی ومجراهای‌بیرون‌آیندهٔ از دو گوش‌ونای‌شش‌وآنچه ازآن می‌روید و در شش می‌روید و جاهایی که در دو پستان است وشیر در آنها است ودیگرچیزهای فرعی که در بدن ودرجاهای معین است هررطوبتی که‌باشد وچیز- های فرعی در هر جایی از بدن که باشد و مفصلها و چسبید گی‌هایی که در سراست و جــز آن و مفصلهایی کــه دررو و فك پایین است و فرورفتگیها (سوراخها) و پیوستگیهای آن و دندانها و استخوانی کـه در سر نای شش می‌باشد و آنچه از دو

۱ - تکرار است .

پهلو بهم پیوسته است و استخوان پهنی که در شکم است و سرین ودنده‌ها و دوشانه‌و دو مفصل شانه‌ها و بازوها واستخوان ترقوه‌ها و بازو واستخوان ساق و استخوانهای پنجـه و انگشتان و استخوان ران و بیخ گردن و آنچه بر زانو است و استخوان ساق و استخوانهای پنجهٔ پا و اشتراك استخوان کاسهٔ سر با پرده هایی که روی مغز قراردارد و عصبی کـه در تمام صورت می‌روید و ماهیچه‌ای کـه دو بنا گوش است و ماهیچه‌ای که جویدن بوسیلهٔ آن انجام می گیرد وماهیچه‌ای که دو گونه و دو لب و زبان را بجنبش می‌آورد و ماهیچه‌ای کـه آن را بحر کت می‌آورد و ماهیچه‌ای که دو چشم را حر کت می‌دهد .

از اینها همـه سخن می گوید و نیز از دهـان و دو لب و زبان و لثـه و زبان کوچك و سرپوش حلقوم و ر گهای حنجره و بینی و دو سوراخ بینی و دو گوش‌و گردن و عضله‌ای که در آن است و عضلهٔ روی انگشتان و [عضلـهٔ] زیر ترقوه و طبیعت گردن و عضله‌های حجاب و بازو ، و در تشریح تا آنجا سخن می گوید کـه باین اغراض برسد .

و دو مقالـه در بیماریهای نفس[1] و کتابـی در نیروهای طبیعی درکارهـای نفسانی ، و مقاله‌ای در پیشاب از خون ، و مقاله‌ای در دواهای مسهل ، و کتابی که آن را « آراء بقراط و افلاطون » می نامد درنیروهای‌نفس ناطقه که تخیل و تفکر و حافظه باشد ، و می گوید کـه مغز سرچشمهٔ اعصاب و دل سرچشمـهٔ ر گهای زنده و جگر سر چشمـهٔ ر گهای غیر زننده است ، و نیروهایی کـه بدن بآنها بپا است‌در ده مقاله ، وفوائد اعضا درهیفده مقاله، و کتاب عناصر که در آن می گوید : گرم و سرد و تر و خشك عنصرهای عمومی همه اجسامی هستند کـه کون و فساد می‌پذیرد وعنصرها : زمین و آتش و هوا وآب است وعنصرهای بدن آدمی : خون‌و

۱ ـ تکراراست.

بلغم و دو خلط صفراء و سوداء است و عنصر ، آخرین جزئی است که در چیز عنصردار می‌باشد ، و کتاب امزجه که سیزده مقاله است در اقسام مزاجهای بدنهای مردم و ساختمان بدن خوب و سلامت بدن و مزاج بدی که روبراه نیست و نیروهای دواهای مرکب و دواهایی که یافتن آنها آسان است ، و کتاب حفظ تندرستان ، و کتابی در خوراکها ، و کتابی در کیموس خوب و بد ، و کتابی در وسایل تلطیف ، و مقاله ای در تقسیم بیماریها ، و مقاله‌ای در علل بیماریها ، و مقاله‌ای در تقسیم‌بندی بیماریها و مقاله‌ای در درشتی (وسفتی) خارج ازطبیعت، ومقاله‌ای درامتلاء، ودومقاله‌درتقسیم‌تبهاو بیماریهای درونی، و کتابی‌درمواقع‌بیماریها، و کتابی درنفس‌تنگی، و کتابی‌دربحرانها ، و کتابی درزدن رگها و شناختن هر یك‌ازانواع نبضهاوسببهایی که انواع‌نبضها رابوجود می‌آورد ، و پیشگویی راجع‌به‌بیمار (تقدمهٔ معرفت) درشانزده مقاله ، و کتاب چارهٔ بهبودی (حیلة‌البرء)وآن کتابی است که درآن راه بهبودی همهٔ بیماریهارا بیان کرده‌وبدنبال آن در همین فن مقاله‌ای آورده است دربارهٔ بیماریهای پیوند دهنده یعنی بیماریهای نزدیکی که میان بیماری دور وبیمار پیوند می‌دهد ، ومقاله‌ای درپیشاب ازخون‌در بدن [1] و کتابی در دستهٔ اصحاب چاره ها ، ومقاله‌ای‌درسل، ومقاله‌ای دردرمان کودك شیرخوار، و مقاله‌ای در دستور بقراط برای بیماریهای تند و مقاله‌ای در رگ زدن.

و جالینوس کتابهای بقراطرا فصل بفصل و گفتار بگفتار تفسیر کرده‌ویکایك آنرا شرح داده است .

از سروران حکماء که پس از بقراط آمده «سقراط» سرآمد فیلسوفان است و نخستین کسی که زبان بحکمت گشود و گفت آنچه را که از او شنیدند و حفظ کردند ، حکایت شده است که‌تیمائوس باو گفت : ای‌استاد چرادانش خودرابرای‌ما در کتابها نمی نویسی ؟ پس باو گفت : ای تیمائوس چه قدر بپوستهای چارپایان

۱ ـ تکراراست.

مرده اعتماد داری و چه قدر بگوهرهای زندهٔ جاوید بد گمانی ! و چگونه علم از جایگاه نادانی پدیدآید با آنکه وسیلهٔ آن عنصری عقلی است ؟

پس شاگردش «ایعطبش» باو گفت : کاش کتابی برای من دیکته می کردی که از تو جاوید می‌ماند . باو نیز گفت : دانش نیازی بپوستهای گوسفندان ندارد . و بعضی از شاگردانش باو گفت : کاش کتابی ازحکمت خویش توشهٔ ما می‌ساختی تا خردهای ما را بدان می آزمودی . سقراط باو گفت: به‌نوشتن حکمت درپوستهای گوسفندان دل مبند تا آنرا از دانش و زبان خود رساتر بدانی .

چون مرگ سقراط فرا رسید باز شاگردانش از او خواهش کردندتاحکمتی بدانها توشه دهد و بدان رجوع می کرده باشند ، پس در اخلاق نفس سخن گفت و سپس دربارهٔ فلك بسخن گفتن پرداخت و گفت که آن کروی است ، و او را زهر خورانیده بودند پس در گذشت .

پس ازسقراط «فیثاغورس»[1] است، نخستین کسی که در اعدادوحساب وهندسه سخن گفت و الحان‌موسیقی راوضع کرد و عود را اختراع کرد. او درزمان پادشاهی بود که باو «اگوستوس» گفته می‌شد؛ پس از او گریخت و پادشاه اورا تعقیب کرد ، فیثاغورس بدریا نشست تا در جزیره‌ای بمعبدرسید، پس پادشاه آن را آتش زد و او را سوزانید. فیثاغورس را شاگردی‌بود[2] که باو «ارشمیدس» گفته‌می‌شد. پس آینه‌های سوزاننده را ساخت و کشتی‌های‌دشمن را دردریا آتش زد .

و ازآنها است «بلینوس» نجار که باو «یتیم» گفته می‌شود و او صاحب‌طلسمات است که برای هر چیزی طلسمی قرار داد .

و از آنها است « اوجـانس » صاحب هندسه و قسمت و انواع فلسفه و باو «دیوجانس کلب» گفته می شد . پس باو گفتند : چرا «کلب» نامیده شدی ؟ گفت

۱ – از حیث مقام و رتبه او را پس از سقراط دانسته است ، اگرچه زمان او مقدم باشد.
۲ ـ با فاصلهٔ بسیاری‌که از حیث زمان دارند .

برای آنکه من بر بدان فریادمی‌زنم و برای نیکان تملق و فروتنی دارم ودربازارها جای می گزینم .

وازآنان است: «افلیمون»[1] اهل مکانیك یعنی حرکتهایی که بوسیلهٔ آب است مانند صورت که ساخته می‌شود وبی آنکه چیزی‌ازآن حرکت داده شود ،آب آن‌را حرکت می‌دهد و از جایی بیرون می‌آورد و در جایی فرو می‌نهد ، و افزار هایی که بی آنکه حرکت داده شود ، بوسیلهٔ آب حرکت داده می شود . پس بیرون می‌آید و(آب) آن را فرو می‌برد و نیز بیرون می‌آید و رو براه می‌رود ، و او ـ راست اشکال آن که ساخته می‌شود و درست می‌باشد .

وازآنها است:«أفلیمون»[2] دانشمند علم فراست و کتابی که درآن بیان کرده است آنچه را علم فراست در باب خلقت و آوازها و شمائل بر آن دلالت می کند و برهان آنرا آورده است .

و از ایشان است : «ذیمقراطیس» و او است که گمان می کند جهان از ذره (اتم) فراهم آمده است و او را کتابی است در سرشتهای حیوان و آنچه از آنها با سرشتهای انسان موافق می باشد .

و ازایشان است :«افلاطون » و او شاگرد سقراط بود و همواست که دربارهٔ نفس و صفات آن سخن گفت بدانگونه که بقراط دربارهٔ تن و صفات آن ،پس گفت که برای نفس سه قوه است : یکی از آنها در مغز است و تفکر و تعقل بدان است و دومی درقلب است و غضب و شجاعت ازآن و سومی درکبداست و شهوت ومحبت بدان،سپس سخن‌را دربارهٔ روح نفسانی دنبال کرده تا آنکه همهٔ عضوها را توصیف نموده است. آنگاه بذکرآنچه باعث صلاح یافساد نفس است پرداخته و گفته‌است

۱ ـ ن : افلیموس. ۲ ـ معاصر بقراط بوده و کتاب او ازیونانی بعربی درآمده است (محبوب‌القلوب ص ۴۷).

که هرعیبی با نجات نفس ناسازگار است پس سزاوار نیست که تنها زندگی را شایسته داریم‌لیکن مردنی شایسته‌نیز، وسزاوارچنان است که زندگی ومرگ‌هردو را شایسته داریم.

وازایشان است:«اقلیدس» صاحب کتاب اقلیدس در حساب. وتفسیراقلیدس: کلید است چنانکه بطلمیوس گفته که آن کتاب مقدمه‌ای است برای شناختن حساب وکلید علم کتاب مجسطی‌است در علم نجوم و شناختن وترهایی که واقع می‌شود بر قوسهای پاره‌های دائره‌هایی که افلاك ستارگان است [و منجمان آنهارا کردجات می‌نامند. برای تعدیل مسیر ستارگان] در طول و عرض و سرعت و کندی و استقامت و رجوع و طلوع و غروب کواکب وجای رسیدن شعاع آنها و دانستن ساعتهای شب و روز و مطالع برجها و اختلاف آن در اقلیمهای زمین و حساب قران و استقبال (ستارگان) و کسوف خورشید و ماه و اختلاف منظر از افقهای زمین در همهٔ نواحی آسمان.

و کتاب اقلیدس سیزده مقاله و دراین سیزده مقاله دارای چهارصد وپنجاه‌و دو شکل است با برهان و شرحی که هرگاه طالب علم حساب بفهمد، هربابی از حساب بر او آسان گردد وگشاده شود، پس آغاز سخن می کند از سببهایی که علم بوسیلهٔ آنها دسترس می‌شود و باشناختن آنها بمعلوم احاطه حاصل می گردد وآنها: خبر است و مثال و خلف و ترتیب‌و فصل و برهان و تمام. اما خبر پس عبارت‌است ازخبرمقدم باجمال پیش‌ازتفسیر، واما مثال پس‌آن صورت شکلهایی است که ازآنها خبرداده شده و با چگونگی آنها بر معنی خبر استدلال می شود، و اماخلف‌پس‌آن خلاف مثال است و منصرف کردن خبر بآنچه ممکن نیست، و اما ترتیب پس‌آن تألیف‌وترکیب عمل‌است برهمان‌ترتیبی که درعلم دارد، واما فصل‌پس‌آن‌جداساختن خبرممکن‌وغیرممکن است، واما برهان پس‌آن اقامهٔ حجت است بر تحقیق ودرستی

خبر، واتمام پس عبارت است از کمال علم بمعلوم.

مقالهٔ نخستین در نقطه که جزئی برای آن نیست وخط که طول است بدون عرض، وآن چهل و هفت شکل است.

مقالهٔ دوم درهر سطح متوازی‌الاضلاع قائم‌الزاویه‌ای که دو خط محیط بزاویهٔ قائمه بدان احاطه کند، وآن چهل‌وچهار شکل است.

مقالهٔ سوم در دائره های با هم برابری که قطرهای آنها با هم برابر است و خطهایی که از مرکزهای آنها بخطهای محیط بآنها میگذرد و خط مماس بادائره که ازآن بگذرد و آن را قطع نکند، وآن سی‌وپنج شکل است.

مقالهٔ‌چهارم، هرگاه شکلی در میان شکلی باشد و زاویه های شکل داخلی با اضلاع‌شکل بیرونی مماس باشد، وآن شانزده شکل است.

مقالهٔ پنجم در جزئی که آن بزرگترین مقدار اصغری است که‌عادّ مقداراعظم باشد، وآن بیست وپنج شکل است.

مقالهٔ ششم درسطوح باهم برابری که زاویه‌های هرسطحی ازآنهابا زاویه‌های سطح دیگر برابر باشد و اضلاعی که [بتناسب] بزاویه های متساوی احاطه دارد و نیز سطوح متکافیة الاضلاعی که اضلاع آنها با هم متناسب باشد و آن سی و دو شکل است.

مقالهٔ هفتم در یك و عدد جفت که بدو قسم متساوی قسمت پذیر است، وعدد طاق که بدو قسم متساوی قسمت پذیر نیست و از جفت یکی فزون دارد، و عددی که آن را زوج زوج گویند و آن عددی است که‌هرزوجی که عادّ آن است بارهایی که شمارهٔ آنها زوج باشد ازآن کم شود، وعددی که [زوج] فرد نامیده می‌شود و آن عددی است که‌هرزوجی که عادآن است بارهایی که شمارهٔ آنها فرداست ازآن کم شود، و عددی که فرد فرد نامیده می‌شود وآن‌عددی‌است که هرفردی که‌عادّ

آن است چندین بار که عدد آن فرد باشد از آن کم شود ، و عددی کـه اول نامیده می‌شود و آن عددی است کـه فقط یك عادّ آن است ، و عددهایی کـه هریك از آنها نسبت بدیگـری اول است و آنها عدد هایی هستند که جز عدد یك ، عددی مشترك ندارند کـه عاد همهٔ آنها باشد ، و عـدد مرکب و آن عددی است کـه عددی دیگـر عادّ آن باشد ، و عدد هایی که هر یك از آنها نسبت بدیگـری مرکب است یعنی عدد هایی که عددی دیگر میان همهٔ آنها مشترك و عادّ آنها باشد ، و عددی که در عدد دیگر ضرب شده و آن عددی است که بشمارهٔ آحاد مضروب فیه تکرار شود و حاصل آن عددی دیگر باشد ، و عدد مربع کـه عددی است فراهم آمده از ضرب عددی در خودش [و دو عدد متساوی بآن محیط می‌باشد ، و عدد مکعب که عددی است حاصل از ضرب عددی در خودش] سپس در خودش و سه عدد مساوی بآن احاطه دارد ، و عدد مسطح یعنی عددی که دو عدد بآن محیط باشد ، و عدد مصمت یعنی عددی که سه عدد بآن احاطه دارد ، و عدد تام که با مجموع اجزای خود مساوی است ، و اعداد متناسب یعنی عددهایی که در اول آنها چند برابر دوم بآن اندازه باشد که در سوم آنها چند برابر چهارم ، و اعداد مسطحه و مصمتهٔ متشابهه یعنی [عددهایی که] اضلاع آنها متناسب باشند، و این مقاله سی و نه شکل است .

مقالهٔ هشتم در اعدادی کـه پس از یکدیگر واقع می‌شوند و دو طرفی کـه هر یك از آن دو نسبت بدیگری اول است، و آن ۲۵ شکل است .

مقالهٔ نهم در ضرب اعداد مسطحهٔ متشابهه و آنچه حاصل می‌باشد از ضرب عددی درعدد مربع، وعددهایی که بعضی عادّ بعضی باشد در عـدد مکعب، و آنچه حاصل می‌باشد از ضرب عدد مکعب در عددی غیر مکعب و آنچه می‌باشد از عددهای مربع تألیف شده بر نسبتهایی که بعضی در پی بعضی بوده باشد ، و چگونه مکعب می‌باشد،

وآنچه می‌باشد ازعددهای متناسب مصمّت مکعب و مسطح ، وعددهایی که بعضی‌عادّ بعضی می‌باشد ، و زوجها از زوجها و فردها و فردها از فردها و زوجها از فردها و فردها از زوجها چگونه کم می‌شوند ، و این مقاله سی و هشت شکل است .

مقالهٔ دهم در خطوطی که برای آنها مقداری مشترك باشد کـه همهٔ آنها را اندازه گیری کند و آنها را خطوط متقادرات گـویند ، [و خطوط متباینات] کـه [برای آنها] مقداری مشترك که واحد همهٔ آنها باشد نیست ، و خطوط متقادراتی که یك‌سطح مشترك، مقدار وواحد [مربعات] آنها باشد و ایـن مقاله صد و چهار شکل است .

مقالهٔ یازدهم در مصمّتی که دارای طول و ارتفـاع و سطح است و آن چهل و یك شکل است.

مقالهٔ دوازدهم درسطوح کثیرالزاویهٔ متشابه‌ای که‌اندازهٔ بعضی ازآنهانسبت به‌بعضی در دائره‌ها مانند شمارهٔ مربعاتی باشد که از قطرهای دائره‌ها می‌باشد،وآن پانزده شکل است .

مقالهٔ سیزدهم که آخرین مقاله‌های اقلیدس می‌باشد در خطی است که‌تقسیم می‌شود بمیان و دو کنار، و آن بیست و یك شکل‌است .

برای اقلیدس نیز کتابی است در مناظر و اختلاف آنـها کـه ناشی است از مخارج چشمها و شعاع. در این کتاب می گوید که شعاع در خطوطی مستقیم ازچشم بیرون می‌رود و سپس سمتهایی پدید می آید که از بسیاری بی‌نهایت‌است ، چه‌چیز - هایی که شعاع برآنها واقع می‌شود دیده می‌شوند وآنچه شعاع برآن نمی‌افتددیده نمی‌شود ، و در این باب شکلهایی گوناگون بعنوان مثال می‌آورد که‌خروج شعاع و چگونگی‌آن را بیان می کند و این اشکال شصت و چهار شکل است .

واز دانایان‌یونان‌است«نیقوماخس»،حکیم‌فیثاغورسی که «القاهرعندالمفاضله»

نامیده می‌شد و او پدر ارسطو و صاحب کتاب «ارثماطیقی»[1] است که در آن کتاب قصد دارد اعداد را بیان کند و گفته های پیشین فلاسفه را باز گوید. پس نیقوماخس گفته است: پیشینیان گذشته که دانش را آشکار ساخته و در آن رسوخ داشته‌اند و نخستین شان فیثاغورس بوده است در مقام تعریف چنین گفته‌اند که فلسفه، معنی آن حکمت است و نام این هم از آن مشتق شده است، پس گفتند: حکمت، حقیقت علم بچیزهای همیشگی است. و در آغاز کتاب در بارهٔ حکمت و فضل آن و آنچه حکما در فضیلت علم گفته‌اند، فنونی ازسخن آورده و سپس کتاب خود را شروع کرده است پس گفته است که همهٔ چیزهای دنیا که در طبیعت دارای تقدیری محکم است بعدد وابسته است و تحقیق این مطلب آن است که عدد بمنزلهٔ نمونه‌ای است که از روی آن میزان گرفته می‌شود و آن همه‌اش معقول است و این چیزهایی که‌کلمهٔ کمیت (چندی) بآنها ملحق می‌شود چیزهای مختلفی هستند پس ناچار عددی که بااین چیزها همراه است بخودی خودمرکب و مقدر است نه‌بواسطهٔ چیز دیگری چه هرمرکبی ناچاراز چیزهای مختلفی است و از چیزهای موجودی زیرا آنچه موجود نباشد نمی‌توان آنرا تألیف و ترکیب کرد و آنچه هم موجودباشد جز آنکه متشاکل نباشد، تألیف آن امکان‌پذیر (نیست)، و چیزهای تألیف شده فقط از چیز های موجود مختلف متشاکل تألیف شده‌اند چه اگر آن‌مؤلف مختلف نباشد پس‌یك چیزخواهد بود که نیازمندی بتألیف ندارد و اگر متشاکل نباشد متجانس نخواهد بود و هر گاه متجانس نباشد، پس متضاد خواهد بود که نمی‌شود آنراتألیف کرد و عدد خود از این چیزها است چه‌آن را دو نوع مختلف‌متشاکل و متجانس

۱ـ می‌گویند: نیقوماخس ژراسی فیثاغورسی قرن اول میلاد غیر از نیقوماخس پدر ارسطو می‌باشدکه‌اهل «استاگیرا»است ودو اثر معروف، ارثماطیقی و موسیقی کبیر که هردو در دست است‌از اولی است‌نه ازپدر ارسطو، اولی از ریاضی دانان متوسط، وپدر ارسطو طبیب‌بوده‌است و ابن ابی‌اصیبعه هم درطبقات الاطباء آن را بااین اشتباه کرده است.

است که زوج و فرد باشد زیرا که آن دو در عین اختلاف پیوسته با یکدیگر الفت‌پذیر و قابل ترکیب هستند .

پس گفتار اول از ارثماطیقی در بابهایی است که یکی از آنها تعریفهای عدد است و آن بدو قسم منقسم می‌شود که یکی از آن دو را فرد و دیگری را زوج می‌نامند ، پس فرد بسه قسم منقسم می گردد، یکی آنکه اول است و مرکب نیست و آن عددی است که عددی دیگرعادّ آن نباشد مانند هفت و یازده ، دیگر قسم دوم است که مرکب‌است و آن عددی‌است که آن را عادّی باشدمانند ۹ و۱۵،وقسمی سوم ازآن است که مرکب باشد بخودی خود ولی نسبت بمرکب دیگری اول است و آن دو عددی‌هستند که هریك ازآن دو را عددی‌است عادّ آن ولی آن دوراهنگام مقایسهٔ با یکدیگر عددی مشترك عادّ هر دو نباشد مانند عدد ۹ نسبت بعدد ۲۵ . و زوج نیز بسه قسم منقسم می شود : زوج زوج و آن عددی است که مرتب بزوجهایی تقسیم‌می‌شود تابیکی برسد مانند ٦٤،و زوج‌فرد که یك‌بار بدو نصف‌تقسیم می‌شود سپس تقسیم‌پذیر نیست مانند ۱٤ و ۱۸، و زوج زوج وفرد،وآن‌عددی است که بیش ازیك‌بار بدو نصف تقسیم شوداما بیکی نرسد ، ودر این باب سخنی مفصل‌و مشروح آورده است .

گفتار دوم درکمیت مفرده است و آن عدد زائد و عدد معتدل و عدد ناقص است ، اما عدد زائد پس آن عددی است که مجموع اجزایش هرگاه جمع شود بر مجموع خودش فزونی داشته باشد مثل ۱۲ و ۲٤، چه۱۲ را نصف و ثلث و ربع و سدس و یك دوازدهم است و هرگاه همهٔ اینها را جمع کنی از خود عدد فزونتر می‌شود ، و عددمتعدل آن است که مجموع اجزایش با خود عدد برابر باشد مثل ٦ و۲۸، چه عدد ٦ نصف وثلث وسدس دارد و این‌سه را هرگاه جمع کنی همان‌عدد شش خواهد بود نه کم و نه‌زیاد ، وعدد ناقص آن است که مجموع اجزایش

از خودش کمتر باشد، مثل ۸ و۲٤ چه۸ را نصف و ربع و ثمن است و هر گاه‌جمع شودعدد ۷ بدست‌آید که یکی کمتراست، ودر این باب‌شکلهایی قرار داده و گفتاری درست آورده است.

گفتارسوم در کمیّت مضافه وآن بدوقسم منقسم می‌شود: یکی‌ازآن دو کمیتی است که‌نسبت‌بکمیت‌مضاف‌الیها معادل‌وبرابراست‌مثل ۱۰۰ که معادل‌با۱۰۰است‌و۱۰ که‌معادل با۱۰است،وقسمی‌است که ازاعتدال‌بیرون‌است‌ونیز بدوقسم‌منقسم می گردد یکی‌ازآن دو کبیرودیگری صغیر،پس کبیر به‌پنج قسم منقسم می گردد؛ قسمی‌ازآن مضاعف‌است مثل ۲ نسبت به ٤ و٤ نسبت به ۸ وقسمی‌ازآن زاید به‌یك‌جزء است‌مثل ۳نزد ٤، چه٤مانندآن‌ومانند $\frac{1}{3}$ آن‌است، و قسمی از آن زائد بدو جزء است مثل ۳ که اول اعداد فرد است نسبت به ٥ که دوم فردها است پس فزونی دوجزء پیداشدو بهمین ترتیب زیادتی اجزایی نیز می‌شود. و قسمی ازآن‌مضاعفی است که یك جزء بیشتر دارد و آن میان دو عددی پیش‌می‌آید که‌یکی ازآن دو مانند دو برابردیگر باشد باضافهٔ یك جزء مثل ٥ هر گـاه نسبت به‌عدد ۲ حساب شود،چه آن مانند دو برابر ۲ باضافهٔ یکی است، و قسمی ازآن مضاعف زاید بدو جزء است مثل ٤نسبت به عدد ۱ .وصغیر نیز پنج قسم است یکی‌از آن زیرمضاعف، ودیگری زیرزاید بیك جزء، وقسمی زیرزاید بچند جزء[1]، وقسمی زیرمضاعف (زاید بچند) جزء.

سپس می گوید در بارهٔ عددهای سه گانه‌ای کـه یکی از آنها کبیر و دیگری متوسط و سومی صغیر باشد و هر گاه‌اعتدال‌آنها خواسته شود از اوسط مانند اصغر و از اعظم باندازهٔ باقیماندهٔ از اوسط و مانند خود اصغر بیندازندپس هر گاه عددها متعادل شدند تناسب‌آنها کامل می گردد.

سپس‌می گوید دربارهٔ عددهای مضاعف که زایدوناقص می‌شود و برای‌آن‌شکل

---

۱ - و قسمی زیر مضاعف بیك جزء.

سه گوشی با دوپایه‌قرارمی‌دهد ودرشکل۲۱ خانه است‌پس(خط) اول‌شش‌خانه است و اول آن یك است سپس آن را دو برابر می کند تا ۳۲ (۱ ــ ۲ ــ ٤ ــ ۸ ــ ۱٦ ــ۳۲) و دوم پنج خانه است و اول آن سه است سپس آن را دو برابر می کند تا ٤۸ (۳ــ ٦ ــ ۱۲ ــ ۲٤ ــ ٤۸) و سوم چهارخانه است واول آن نه‌است سپس آن را دو برابر می کند تا ۷۲ (۹ ــ ۱۸ ــ ۳٦ ــ ۷۲) و چهارم سه خانه است و اول آن ۲۷ است سپس آن را دوبرابر می کند تا ۱۰۸ (۲۷ ــ ٥٤ ــ ۱۰۸) و پنجم دو خانه است که اولش ۸۱ و سپس دو برابر آن ۱٦۲ می‌باشد (۸۱ ــ ۱٦۲) وششم یك خانه‌است که آخر(و در رأس مثلث) باشد و آن ۲٤۳ است .

سپس می گوید در بارهٔ عدد مربعی که مانند آن بر آن افزوده گردد ، سپس سخن می گوید در بارهٔ سطوح و خطوط و نقطه‌ها و سطوح مثلث و مربع ومسدس، و نیز اضلاعی را که سطوح بآنها قائم است، ومساحتهای آنها را شرح می‌دهد .

سپس می گوید در بارهٔ عدد مخمس که دارای اضلاع پنجگانهٔ معتدله‌ای باشد و آنکه بالا رفتن آن چگونه‌است. آنگاه در بارهٔ مسبّع و مثمّن واینکه ترکیب آنها چگونه است ، سخن می گوید و برای آنها جدولی پنج در نه می‌سازد و در بارهٔ اجزائی از مثلثات و مربعات ومخمسات و مسدسات که جرمی بدون سطح یا جرمی و سطحی دارد ، بحث می کند . سپس در بارهٔ ترکیب چیزهایی که از خلطهای پراکنده‌ای مرکب می‌شود سخن می گوید و آنگاه در بارهٔ واسطه‌هایی که سه نوع است : یکی برای حساب و دوم برای مساحت (هندسه) و سوم برای تألیف الحان (موسیقی)، ومی گوید که بعضی از پیشینیان آن را ده‌تا قرار داده‌اند و واسطه‌های هریك از حساب و مساحت و الحان را بیان کرده و در بارهٔ هر نوعی از آنها بیانی مشروح و دلیلی آشکار آورده است .

و از دانایان یونان‌است «اراطس» که صورت فلك را بشکل تخم مرغ ساخت و

فلك را بدان نشان داد و برجها را در آن تصویر کرد .[۱]

واز دانایان یونان است « ارسطاطالیس» پسر نیقماخس جهراسنی و او شاگرد افلاطون بود پس در عالم علوی و سفلی و در صلاح و فساد عالم و در اخلاق نفس و در حقیقت منطق سخن گفت و قواعد حکمت و اقسام و شعبه‌های آن را وضع کرد پس نخستین کتابش « کتاب مدخل » برای علم فلسفه است و آن همان است که به‌یونانی « ایساغوجی » نامیده می‌شود ، پس آغاز آن در ذکر حدّاست و آنکه قوام حدّ به‌چیست‌واسم حد از کجا مشتق شده و کمال حدّبه چیست و فساد آن‌درچیست، و در امتیاز میان حد و محدود.

و کتاب دوم در ذکر فلسفه است و آنکه چگونه مشتق شده است .

و کتاب سوم کتاب‌قوای نفس است که ناشی از فکر و غضب و شهوت است پس آنچه ازاین حد اعتدال بیرون رود فاسد خواهد بود .

و کتاب چهارم در منطق است که اصل فلسفه می‌باشد .

و کتاب پنجم ، در آن‌منقسم شدن چیزها را بدو قسم می گوید : آنچه‌چاره‌ای از آن نیست مانند غذاء و آنچه چاره‌ای از آن هست مثل پاکیزه کردن جامه.

و کتاب ششم در امور است که‌سه قسم می‌شود: واجب، مثل گفتارت که «آتش گرم است » و ممکن‌مثل گفتارت که « زید نویسنده است » و ممتنع مثل گفتارت که «آتش سرد است» .

و کتاب هفتم در جنس است که بر سه قسم است : جنس عادت و جنس

---

۱ ـ اراتوستن در سال ۲۸۴ قبل از میلاد متولد شد ، او از طرف بطلمیوس سوم بسمت سرپرست و معلم پسرش معین شده بود ، او منجم ، ریاضی‌دان ، استاد دستور زبان ، شاعر ، خطیب و فیلسوف بود ، در هنگام پیری نابینا شد و در سال ۱۹۲ قبل از میلاد خود را از گرسنگی هلاك ساخت . اراتوستن محیط تقریباً واقعی کرهٔ زمین را بدست آورد (تاریخ علوم ترجمهٔ حسن صفاری ص ۸۸) .

طبیعت[...]

و کتاب هشتم ذکر می کند درآن آنچه را متجزّی نیست و آن بچهار قسم منقسم می‌شود : یا برای‌آنکه اجزائی ندارد مانندنقطه،و یا برای خردی ماننددانهٔ خردل ، ویابرای محکمی‌مانند سنگ، ویا برای‌آنکه نه بر اجزائی است .

و کتاب نهم در مناسبت است که چهار قسم می‌شود : یا طبیعی است مانند مناسبت پدر باپسرش، ویا کسبی است مثل مناسبت شاگرد با معلمش، ویا باراده‌است مثل مناسبت دوست با دوستش ، و یا بالعرض است مثل مناسبت غلام با خواجه‌اش .

سپس کتابهای او پس از این در چهار نوع است: یکی ازآنها منطقیات‌استو دوم در طبیعتها (طبیعیات) است و سوّم در آنچه با اجسام بوجود می‌آید و باآنها پیوستگی دارد و چهارم درآنچه نه با اجسام بوجود می‌آید و نه باآنها بستگی‌دارد.

کتابهای‌ارسطودرمنطق هشت کتاب است که اول‌آنها«قاطیغوریاس» نامیده‌شده و غرضش در این قسمت بحث در مقولات ده گانهٔ مفرده است و تعریف آنها بطوری که هریك‌را از جزآن تمیز دهدو آنچه شامل همهٔ آنها است و آنچه شامل عده‌ای از آنها می‌شود و آنچه بهریك ازآنها اختصاص دارد[1] .

پس بتعریف چیزهایی می‌پردازد که درصفت وشباهت برآنها مقدم استمثلاً جوهری حامل است وجوهری محمول که‌برای آن جوهری‌نیست بلکه عرضی‌است و نیز عرضی حامل است و عرضی محمول یعنی مقول برآن [...] تا بیان کند که جوهرهایی است محسوس و جوهرهایی دوم و غیر محسوس که مقول بر محسوس می‌شود و نیز اعراضی است محسوس و اعراضی است دوم و غیرمحسوس که مقول بر محسوس میگردد وآنگاه خود ده مقوله و تعاریف آنها و (اعراض) عامه وخاصهٔ آنها را بیان می کند .

---

۱ ـ فهرست ابن ندیم ص ۳۴۷ .

و این ده مقوله عبارت است از : جـوهر ، کمیت ، کیفیت ، مضاف ، این ، متی ، فاعل ، مفعول ، وضع ، جده .

و آن را بدینجهت کتاب مقولات نامیده‌اند که این اسمها جنسهایی هستند که بر انواع و اشخاص گفته می‌شوند مثلا جوهر بر جسم مقول است و جسم برمتنفس وغیر متنفس مقول می‌شود ، و متنفس بر حیوان و نبات ، و حیوان برانسان واسب شیر ، و انسان بر زید و عمرو و خالد که دیگر کلی نیستند ، و اسب بر این اسب باشاره وبر آن اسب بشباهت مقول می گردد. و کمیت بر کم متصل ومنفصل و دیگر جزئیات آن اطلاق می گردد و همچنین همهٔ مقولات دیگر .

و دوم که کتاب « تفسیر »[1] نامیده شده و غرضش در این کتاب گفتار در بارهٔ قضیه‌هایی است که مقدمات قیاسهای علمی می‌باشند یعنی قضایایی کــه مشتمل بر اخبار ایجابی یا سلبی هستند یا [...] آنچه در آغازش باشد پس درآنچه قضیه‌ها از آن می‌باشد یعنی اسم و حرف و قول و تعریف و خبر دهندهٔ از قول سخن گفته و در قضیه‌هـای تألیف شده از اسمی و حـرفی و سومی و چهارمی مثل گفتار ما : «النارهی حارة» و آنچه در این باب پیش‌می‌آید و درجستجو از(آنکه) کدام‌قضیه‌ها ناسازی بیشتری دارند ، موجبه با سالبه‌اش یا موجبه با موجبه‌ای که مضادآن است. ارسطو این قسمت را بدانجهت « کتاب تفسیر» نامید که مقصودش «قول جازم»بود و « قول بسیط » که اشتراك اسمی ندارد و می‌خواست آن را از قول غیر جازم که دروغ و راست نمی‌باشد جدا کند . و قول غیر جازم (انشاء) نه قسم است : استخبار (استفهام) مانند گفتارت « از کجا آمدی ؟ » ودعا (نداء) مانند گفتارت «ای فلان بیا» و خواستار (امر) مانند گفتارت در امر[2] «من ازتو می‌خواهم که چنین و چنان کنی» و تعجب مثل گفتارت در بارهٔ امری « از این چــه حاصل ! » (...)[3] مثل گفتارت

---

۱ ـ باری ارمیناس ـ تعبیرات ـعبارت ـ احوال قضایا . ۲ ـ و نهی و دعا وسؤال والتماس.
۳ـ و تمنی مثل اینکه بگویی : کاش‌چنین نمی‌شد . وقسم و عهد و فذر .

«بخدا سوگند که باید بروی» و شك مانند این گفتارت «شاید واقع همان باشد که می‌گویند» و وضع مانند گفتارت «این مزرعه وقف بر فقرا باشد» و شرط وجزا مثل گفتارت «اگر چنین و چنان کنی تو را چنین پاداشی دهم».

و قضیه از جهات مختلف بنامهای مختلف خوانده می‌شود: پس هر گاه قضیه چیزی را برای چیزی اثبات می‌کند «موجبه» و هر گاه چیزی را سلب می‌کند «سالبه» نامیده شود و هر گاه قضیه مقدم داشته شود تا چیزی ازآن استخراج گردد آنرا «مقدمه» نامند و اگر خود ازمقدمات قبلی استخراج شده باشد «نتیجه» است وهر گاه مقدماتی‌باشد با نتیجهٔ حاصل ازآنها «صیغه» نامیده شود.

کتاب سوم «انولیطیقا»[1] و معنی آن نقائض است [و غرض ارسطو در این کتاب]روشن ساختن «جوامع‌مرسله» است یعنی: «ماهی» و «کیف هی» و «لم‌هی»[2] وغرضش نوع جامع هرسه معنی است وآنچه بر «جامعهٔ مرسَلَه» گفته شده وبودن «جامعه» و آنکه ترکیب «جامعه‌ها» چگونه است وچندنوع می‌باشد و ازراستهای آنها بذاته و نیز ازحرکت چه ظاهر می‌شود.

کتاب چهارم «ابودقطیقا»[3] ومعنی‌آن اصلاح است و غرض ارسطو در این کتاب بحث کردن در امور واضح برهانی است و اینکه آنها چگونه است و چیست که سزاوار تألیف است. و این کتاب «بیان وبرهان» نامیده می‌شود زیرا کهارسطو در این کتاب راه تمیز دادن حق از باطل و راست از دروغ را توصیف می‌کند پس می‌گوید که مقدمات برپایهٔ مقدمه‌ای است مورد اتفاق و معروف نزدعامهٔ مردم که از دو جزء سابق در علم ترکیب یافته باشد مانند گفتار گوینده: «هرانسان زنده است» و مقدمهٔ دوّم که موجب جدل می‌شود هرچند فی‌نفسه صحیح باشدلیکن‌نزد عامهٔ مردم مجهول است وبواسطه‌ای نیاز دارد که درستی این‌بوسیلهٔ آن شناخته شود

۱ـ تحلیل قیاس. ۲ـ یعنی: آنهاچیست‌وچگونه‌است‌وبرای‌چیست. ۳ـ برهان‌یاآنالوطیقای دوم.

مانند گفتار ما : « هرانسانی جوهر است » .

کتاب پنجم او «طوبیقا »[1] نامیده شده و غرضش در این کتاب آشکار ساختن نامهای پنجگانه‌ای است که جنس و نوع و فصل و خاصه وعرض (عام) باشد ، پس حقیقت جنس ونوع را تعریف می کند وبرای آنکه جنس و نوع را از هم جدا کند فصل را که میان آن دو تمیز می‌دهد تعریف می نماید وآنگاه از خاصهٔ هریك از آن دو و سپس از اعراض (عامهٔ) جواهر بحث می کند .

کتاب ششم که « سوفسطیقا » نامیده شده، غرضش در آن گفتگو درپیرامون مغالطه است و می گوید که مغالطه چند نوع است و چگونه باید از قبول مغالطه‌ها پرهیز کرد و در همین کتاب است که سوفسطاییان را رد کرده است .

کتاب هفتمش که « ریطوریقا » نام دارد ، معنای آن بلاغت (خطابه) است در هرسه‌نوع حکومت، ومشورت، وستودن ونکوهش کردن که جامع آنها تقریظاست .

کتاب هشتمش که « فوایطیقا » نام دارد ، غرضش در آن، گفتار درصناعت‌شعر است وآنچه شعر درآن رواست و اوزانی که بکار برده می شود و هر نوعی (...) اینهاست مقاصدارسطو در کتابهای‌منطقیش، چهار کتاب مقدم وچهار کتاب تالی‌آن.

اما کتابهای طبیعی :

کتاب « سمع‌الکیان » یعنی سماع طبیعی است که ارسطو درآن از چیزهای طبیعی بحث کرده است وآنها پنج چیز است که همهٔ طبیعتها را در بر دارد و چیزی ازطبیعتهارا بدون آنها وجودی نیست یعنی: عنصر (ماده) و صورت و مکان وحرکت‌و زمان ، چه زمانی وجود نمی گیرد مگر بحرکتی و حرکتی یافت نمی شود مگر بمکانی و مکانی نخواهد بود مگر بصورتی و صورتی تحقق نخواهد گرفت مگر

۱ ـ طوبیقا همان‌کتاب جدل است و ظاهراً فصلی از عبارت افتاده باشد چه مذکور در ذیل طوبیقا مربوط بکتاب جدل نیست .

بعنصری . و این پنج‌تا ، دوتای آن که عنصر و صورت باشد ، جوهـر است و سه‌تای دیگر اعراض جوهر .

کتاب‌دوم « السماء و العـالم » نامیده شده و غرضش درآن بحث کـردن از فلکیات است که فساد بآنها راه‌ندارد و آن بر دو قسم است یکی ازآندو صنفی‌است دارای شکل مستدیر و حرکت مستدیره یعنی فلك (اطلس) محیط باشیاء وآن عنصر پنجمی است که کون و فساد نمی‌پذیرد . و صنف دوم جسم فلکی است کـه شکل مستدیر دارد گو اینکه حرکت مستدیره نداشته باشد و آن چهار عنصر است یعنی آتش و هواء و زمین و آب ، چه اینها دارای حرکت مستدیره نیستند بلکه حرکت مستقیم و شکل مستدیردارند . وعنصرهای مستدیرالشکل آنهایند که بعضی ببعضی‌منقلب می گردند مانندآتش که مستدیرالشکل است ومنقلب می گردد بهواء و هوا بآب وآب بزمین وهریك از این عناصر بطورمستدیر بریکدیگر احاطه‌دارند پس‌آتش و هوا ببالا و آب و زمین بپایین (مایل است).

کتاب سوم « کتاب کون و فساد » نام دارد و غـرض ارسطو [در این کتاب] روشن ساختن حقیقت کون و فساد است مانند هوا شدن‌آب و آب شدن هوا وآنکه چگونه کون و فساد بالطبیعه پیش می آید .

کتاب چهارم در شرایع است یعنی « کتاب گفتار درآثار علوی » و غرضش‌در آن ، روشن ساختن محیط کون و فساد و اینکه کون وفساد هریك ازکاینات درمیان منتهای فلك قمر است تا مرکز زمین‌ازآنچه در میان جوّ استو آنچه برروی زمین یا در شکم آن است و همچنین بحث درآثاری که در این محیط‌پدید می آید ازقبیل ابر و مه و رعد و برق و باد و برف و باران و جزاینها[1] .

---

۱ ـ ابن ندیم پس از کتاب آثار علوی ، کتاب نفس و کتاب حس و محسوس و کتاب حیوان و سپس کتاب حروف را که معروف به « الهیات » است ذکر می‌کند و از دو کتاب معدن و نبات‌نام نبرده است (فهرست ص۳۵۱ ـ ۳۵۲) .

کتاب پنجم «کتاب معادن» است وغرض ارسطودرآن‌بحث کردن در اجسامی است که درزیرزمین متکون می‌شود وچگونگی آنها وعوارض خاصه وعامه و جاهای مخصوص بآنها .

کتاب ششم در بحث از اسباب پیدایش نباتات و چگونگی و اعراض خاصه و عامه و اسباب پیدایش عضوهای آنها است و نیز جاهای مخصوص نباتات و حرکات آنها (کتاب‌نبات).

اینها است اغراض ارسطو در کتابهای طبیعی او . امـا کتابهای نفسانی ارسطو پس دو کتاب است :

کتاب اولش : «کتاب نفس» است و غـرض او در ایـن کتاب روشن ساختن حقیقت نفس و علل قوام و فصول آن است و نیز تفصیل دادن حس و شمردن‌انواع آن و فضایل نفس و عادات آن و چیزهایی که برای نفس‌ستوده یا ازآن نکوهیده است ، پس امـور ستودهٔ نفس عبارت است از منطق ، عـدالت ، حکمت ، دانش ، حلم ، شجاعت ، نیرومندی ، جرأت ، بزرگواری نفس و پرهیز ازگنـاه . و امور نکوهیدهٔ نفس : جور ، فسق ، نفاق ، بیداد ، دروغ ، سخن چینی و خیانت است .

کتاب دوم در حس‌ومحسوس‌و بیان کردن اسباب‌حس کردن محسوسات است و غرض ارسطو در این کتاب آن است که بگوید حس چیست و محسوس چیست و چگونه حس چیزهای محسوس را می‌پذیرد و چگونـه حس و محسوس یك چیز می‌باشد با اینکه آن دوازحیث آلات اختلاف دارند و آیا چیزها بذات وجسم خود قائمند یا بذات خود تنها نه بجسم خود .

سپس کتابش در گفتار روحانی است وغرض او دراین کتاب‌ذکرصورت‌مجرد از هیولی است که در عالم برین است و ذکـر قوه‌های روحانی و شناختن پیوستگی قوه‌های آن صورتهای مجرد ، بقوه‌های طبیعی وآنکه ایا این اتصال باحرکت‌است

یا بدون حرکت وچگونه آن قوه ها این قوه‌ها را تدبیر می کنند و اینکه هریك از قوه‌های جسمانی مادی جزئی است از چیزهای شریف (روحانی) و نیز بیان کرده است که عقل چیست ومعقول چیست ونفس کلی چیست وهبوط وطلوع آن کدام است .

سپس کتاب ارسطودر توحید است که در آن می گوید: علت ثابت (بی حرکت) علّة العلل است و دهر در زیر امر او است و او است که مبدع اشیاء است و ابداع کار او است و در این باب گفتاری دارد که توحید را آشکار ساخته است.

اما کتابهای اخلاقی ارسطو [...] و بیـان اخلاق نفس و سعادت نفسانی و بدنی و تدبیر عامه و خاصه و تدبیر مـرد زن خویش را و سیاست و تدبیر مدن و داستانهای کسانی که اهل تدبیر مدن بوده‌اند .

اینهااست اغراض برجستهٔ کتابهای ارسطاطالیس حکیم که ذکر شد و کتابهای دیگرش دنبالهٔ همینها است .

وازحکمای یونان است « بطلمیوس » واضـع کتاب مجسطی و کتاب [ذات] الحلق و « ذات الصفائح» که اسطرلاب باشد و «قانون» .

اما کتاب مجسطی درعلم نجوم وحرکات است ومعنی مجسطی «کتاب اکبر» است و ۱۳ مقاله دارد .

مقالهٔ نخستین مجسطی بذکر خورشید آغـاز می‌شود چه خورشیداساس این علم است وجزبوسیلهٔ آن نمی‌توان بـدانستن چیزی از حرکات فلك راه‌پیدا کرد .

پس در باب اول (این مقاله) گفته است که خورشید را فلکـی است خارج مرکز ازمرکز عالم و ناحیه‌ای ازآن فراتر و بطرف آن قسمتی از فلك البروج که محاذی آن است ، بالارفته و از مرکز زمین بنسبت دورتر است ، وناحیهٔ دیگری از آن بطرف زمین فرو رفته و از آنچـه ازفـلك البروج با آن محاذی است نسبةً دورتر است ، پس جای بلندی همان جایی است که خورشید درآن کنـدی می کند و جای پستی جایی است که خورشید درآن شتاب دارد . آنگـاه در این باره گفتار

روشنی آورده است .

باب دوم در اندازهٔ تمام زمین نسبت بتمام آسمان [...] و مانند فلك مـائل قرار داده شده ، و جای معمور زمین و انـدازهٔ ساعتهای آنها در میان خط استواء تا قطب شمال و اختلاف میان این‌دوجا و اندازهٔ این اختلاف در نواحی افق از جهت اختلاف جاهای اهل زمین و حرکت خورشید و ماه .

و باب سوم در کرهٔ مستقیمه است با قوسهای مفروضهٔ فلك‌البروج .

مقالهٔ دوم (از مجسطی) ۱۳ باب است :

باب اول در جاهای مسکون زمین .

باب دوم در شناختن اندازهٔ قوسهای دائرهٔ افق مطلع که میان فلك مستقیم و مطلع فلك مائل می‌باشد و اندازهٔ بلندی و کوتاهـی روز در هرروزی .

باب سوم در شناختن [ارتفاع] قطب و انخفاض قطب دیگر که در مقابل آن است و آن‌عرض‌اقلیم است «من‌الصفة والرسوم‌قبل ارتفاع القطب»[1] و آنچه‌باقی‌مانده است تابرسد به‌سمت‌الرأس که دردائرهٔ وسط السماء است .

باب چهارم درشناختن گذشتن خورشید از سمت‌الرأس مردمان اقلیمها که در کجا و کی می‌باشد و در چه قسمتی از اجزای برجها است که خورشید در آن روز از بالای سر آنان می گذرد .

باب پنجم در مقدار سایه در نصف‌النهار در دوبرج اعتدال (حمل و میزان) و دو برج انحراف (سرطان و جدی).

باب ششم درخواص جاها درفاصلهٔ میان مشرق ومغرب و خطوطی که از نظر برابر بودن عرض میان آنها بایکدیگر موازی می‌باشند .

باب هفتم در تفاوت مطالع فلك مائل با مطلع فلك مستقیم .

---

۱ ـ معنی این عبارت مفهوم نشد .

باب هشتم در جدول مطالع خطوط اقلیمهای زمین ومطلع یکایك از خطوط .

باب نهم درشناختن طول شب وروز از ناحیهٔ اختلاف زمان وساعت در اقلیمها و شناختن مطالع اجزای بروج وجزء طالع و جزء واقع در وسط‌السماء .

باب دهم در زاویه‌هایی که میان فلك مائل و دائرهٔ نصف‌النهار که در وسط آسمان است واقع می‌شود .

باب یازدهم در زاویه‌هایی که میان فلك مائل و ربع دائرهٔ افق مطلع تا حد جنوب در هر اقلیمی از اقلیمها واقع می‌شود .

باب دوازدهم‌درزاویه‌ها و قوسهای‌دائرهٔ افق که بر قطب دائرهٔ افق می‌چرخد در قسمتهای مختلف اقلیمها .

باب سیزدهم در وضع‌جدولهای‌قوسها وزاویه‌هایی که در اقلیمهای زمین‌است.

اینها بود بابهای مقالهٔ دوم .

مقالهٔ سوم مجسطی ده باب است :

باب اول در شناختن مقدار طول سال و شمارهٔ روزهای آن .

باب دوم در وضع جدولها برای حرکت متوسط خورشید .

باب سوم در شناختن جهات حرکت مستدیرهٔ متفقه .

باب چهارم در شناختن اختلافی که درحرکت خورشید از جهت رؤیت ظاهر می‌شود .

باب پنجم در بحثهای جزئی اختلاف .

باب ششم در وضع فصول جدولهای قطعه‌های کم اختلاف .

باب هفتم در وضع جدولهای اختلاف حرکت خورشید .

باب هشتم در شناختن جای خورشید در سیر متوسطش .

باب نهم در حساب خورشید و شناختن جای حقیقی آن .

باب دهم در شناختن اختلاف روزها ، اختلاف میان روز و شبی و میان‌روزی دیگر و شبش .

مقالهٔ چهارم از مجسطی یازده باب است :

باب اول بحث از ماه ،سزاوار است که از کدامیك از رصدها باشد ؟

باب دوم در شناختن زمانهای ادوار ماه .

باب سوم در شناختن تقسیم حرکات متوسط قمر .

باب چهارم در وضع جدولهایی که حرکات متوسط قمر در آنها می‌باشد .

باب پنجم در اینکه دو جهت یعنی جهت مرکز خارج و جهت فلك تدویر [در حرکات قمر هردو بر یك‌چیز دلالت می کنند] .

باب ششم‌در برهان اختلاف حرکت اولای مفرد قمر(حرکت خارج‌مرکز).

باب هفتم در تقویم مسیر قمر در طول و اختلاف .

باب هشتم در شناختن جای حرکات متوسط در طول و اختلاف .

باب نهم در تقویم مسیر متوسط قمر در عرض و در ابتدای عرض .

باب دهم در وضع جدولهای اختلاف مفرد (اول) [قمر] .

باب یازدهم در چه مقداری اختلاف [قمر] می‌باشد .

این چهار مقاله از تمـام آنچه از کتاب مجسطی مـورد نیاز است ، کفایت می کند و نه مقالهٔ بعد از آن در توصیف مرکزهـا و تقدیم حرکت تدویر و وضع جدولهای حرکت و جدولهای طول کوکب می‌باشد .

و «کتاب ذات الحلق»[1] که بطلمیوس در آغاز آن از ساختن ذات‌الحلق سخن

---

۱ ـ این اسباب که بنام اسطرلاب ذات‌الحلق هم نام برده می‌شود و اروپاییان‌آن را کرهٔ ذات‌الحلق می‌گویند درمجسطی بطلمیوس از آن نام برده وآن عبارت است از حلقه‌هایی‌که برای نمایش دوائر منطقة‌البروج ـ معدل‌النهار ـ افق ـ نصف النهار ـ عرض بکار می‌رود ، با این اسباب ارتفاع وبعدومیل‌وطول وعرض کواکب بدست می‌آید و قدما برای رصدآن را بزرگ می‌ساختندبطوریکه ←

رانده است ،وآن نه حلقه است که در میان یکدیگر قرار دارد :

یکی از آنها « ذات علاقه » است .

دوم حلقه‌ای که از طرف مشرق و مغرب عرضاً در آن قرار دارد .

سوم حلقه‌ای که گردا گرد این دو حلقه از پایین ببالا می گردد .

چهارم حلقه‌ای که در زیر حلقهٔ « ذات‌العلاقه » جای دارد .

پنجم حلقهٔ حامل منطقةالبروج که محور هم در آن تر کیب شده‌است.

ششم حامل منطقهٔ دوازده برج .

هفتم زیردو حلقهٔ فلك وآن حلقه‌ای است که درمحور تر کیب شده تا عرض ستارگان ثابت جاری در میان ارباع فلك باآن گرفته شود .

هشتم حلقه‌ای است که در دو کنار محور و حلقه جاری است .

نهم حلقه‌ای است تر کیب‌شده درحلقهٔ دوم برای مجرای فلك مستقیم [...] پایین می‌آید در جنوب و بالا می‌رود در آسمان باندازهٔ اسقالهٔ[1] فلك مستقیم .

وذ کرمی کند دراین کتاب که چگونه ساختن‌آن‌آغازمی‌شودوچگونه بر آن نوشته‌می‌شودوچگونه‌هریکی‌دردیگری‌تر کیب‌می گرددوچگونه‌جزءجزء می گردد وخط کشیده‌می‌شودومیخ کوبیده‌می‌شودتاازجای خودنلغزدوچگونه‌نصب می گردد.

← قطر حلقه‌کمتراز دوذرع و نیم نبود و حالا درآن تصرفات خوبی‌کرده کوچك می‌سازند و درمیان حلقه کره‌ای بمثابهٔ زمین نصب می‌کنند و برای استفادهٔ ارتفاع آفتاب و سایر مشخصات بکار می‌برند . ذات‌الحلق در کتاب مجسطی بطلمیوس (زنده در۱۳۰ مسیحی)و کتاب پرکلس از علماء قرن‌پنجم مسیحی عنوان کرده شده وثئون اسکندرانی یاثاون (از ۳۶۵ تا ۳۹۰ حیات داشته) کتابی بنام عمل بذات‌الحلق نوشته . ذات‌الحلق بطلمیوس شش حلقه داشته بطوریکه در کتاب مجسطی در صدر مقالهٔ ۱۵ آورده شده و ثاون ۹ حلقه ساخته است. تقی‌الدین راصد (متوفی ۹۹۳) در کتاب منتهی‌الافکار ذات‌الحلق را مرکب از حلقه‌ای بجای دائرهٔ منطقةالبروج و حلقه‌ای بجای‌ماره‌با قطاب اربعه و حلقهٔ طول کبری وطول صغری و حلقهٔ نصف‌النهاروحلقهٔ عرض دانسته است(ر.ك.گاهنامهٔ ۱۳۱۱ ص ۱۰۳)

۱ ـ آنچه مهندسین برای رسیدن بجاهای بلند از چوب و ریسمان می‌سازند .

سپس بکار بردن آن را در سی و نه باب ذکر می کند:

باب اول در بیان جاهای عمل در ذات‌الحلق و دائره هایی که در آن است.

باب دوم در امتحان آن.

باب سوم در گرفتن سایهٔ خورشید با آن.

باب چهارم هر گاه بخواهی عرض اقلیمی یا شهری یا جایی را با آن بگیری.

باب پنجم هر گاه بخواهی عرض هر اقلیمی را که چه اندازه است با آن بگیری.

باب ششم هر گاه بخواهی بدانی که روز در سرطان چگونه کوتاه و بلند می‌شود.

باب هفتم هر گاه بخواهی اندازهٔ هر روزی از روزهای سال را بشناسی.

باب هشتم هر گاه بخواهی مساوی بودن شب و روز را در اقلیم اول بشناسی.

باب نهم هر گاه بخواهی بدانی که چگونه برجها در اقلیمها بکمتر یا بیشتر از سی جزء طلوع می کند.

باب دهم دانستن بر گرداندن اجزای بروج بجزء فلک مستقیم.

باب یازدهم در شناختن هر برجی و اینکه چگونه در اجزاء با طلوع نظیرش غایب و با غایب شدن آن طلوع می کند.

باب دوازدهم هر گاه بخواهی بدانی که برجها با اختلاف اجزاء چگونه در وسط‌السماء طلوع می کنند.

باب سیزدهم هر گاه شناسایی هر برجی از آنها را بخواهی.

باب چهاردهم هر گاه بخواهی در روز از ناحیهٔ خورشید، طالع و اوتاد[1] اربعه را بشناسی.

باب پانزدهم هر گاه بخواهی در شب از ماه و ستارگان، طالع را بشناسی.

---

۱ ـ طالع و غارب و رابع و عاشر.

باب شانزدهم هرگاه بخواهی بدانی که چه ساعتی از روز گذشته است .

باب هیفدهم هرگاه بخواهی بدانی که چه ساعتی ماه یا ستاره‌ای از ثوابت ظاهر می‌شود.

باب هیجدهم هرگاه بخواهی ساعتهای قرانها را بدانی .

باب نوزدهم هرگاه بخواهی مقدار دو مشرق و دومغرب را در هر سرزمینی بشناسی .

باب بیستم هرگاه بخواهی برای هربرجی مقدار طلوعش ازمشرق و غروبش از مغرب را بشناسی .

باب بیست و یکم هرگاه بخواهی ستارگانی را که در هرسرزمینی غایب می‌شود ، بدانی .

باب بیست و دوم هرگاه بخواهی طریقه‌های پنجگانهٔ فلك راکه دانشمندان ذکر کرده‌اند در هرسرزمینی بدانی .

باب بیست و سوم هرگاه بخواهی هفت اقلیم را بشناسی .

باب بیست و چهارم هرگاه شناختن هر اقلیمی از آنها را بخواهی .

باب بیست و پنجم هرگاه بخواهی بشناسی که در موقع رسیدن خورشید بجدی در جایی که عرض آن ۳۶ جزء باشد و آن دورترین قسمتهای مسکون است از طرف شمال ، چگونه کوتاهترین روزها پدید می‌آید و روزی چهار ساعت و در این حدود و شب بیست ساعت‌می‌باشد و طولانی‌ترین روزهایش بیست ساعت و شبش چهارساعت می‌شود و آنجا جزیره‌ای است در اروپا بنام «تولی» در شمال خاك روم .

باب بیست و ششم هرگاه بخواهی جاهایی را بشناسی که خورشید در آنها شش ماه پنهان می‌شود و تاریکی یکسره می‌باشد و شش ماه‌طلوع می کند وروشنی یکسره می‌باشد و آن جایی است که محاذی با محور شمال است .

باب بیست و هفتم هر گاه بخواهی بدانی هرستاره‌ای از ستارگان ثابت را که از کدام جزئی از اجزای برجهایی است که در هر جای زمین که می‌خواهی طلوع می کند.

باب بیست و هشتم هر گاه بخواهی بدانی که در هرسرزمین میان رأس‌الحمل و جزء طالع چند جزء است.

باب بیست و نهم هر گاه خواستی بدانی که هر شهر یا سرزمینی از کدام اقلیم می‌باشد.

باب سی‌ام هر گاه بخواهی عرض قمر یا کوکبی از کواکب را بدانی.

باب سی و یکم هر گاه خواستی ازسمت هر ناحیه‌ای، خط وسط‌السماء را در جایش تقویم کنی.

باب سی و دوم هر گاه خواستی پس ازشناختن خط وسط‌السماء، طول کواکب و عرض آنها را بشناسی.

باب سی و سوم هر گاه خواستی جای رأس‌التنّین و ذَنَب آن را بشناسی و نیز بدانی که آیا بادو فلك خورشید و ماه برخورد می کند؟

باب سی و چهارم هر گاه بخواهی مطالع را بوسیلهٔ ساعتهای آبی بدانی.

باب سی و پنجم هر گاه بخواهی مجرای فلك را که ستارگان ثوابت درآن است، بشناسی.

باب سی و ششم هر گاه خواستی طلوع و غروب کواکب را بشناسی.

باب سی و هفتم هر گاه خواستی طول شهری از شهرها را بدانی.

باب سی و هشتم در شناختن اجزای طول شهرها.

باب سی و نهم در استخراج قوس از حساب جبر.

این بود بابهای کتاب «ذات‌الحلق».

کتابی از بطلمیوس در «ذات‌الصفائح» است یعنی اصطرلاب[1] و در این کتاب سخن از ساختن آن آغاز می‌شود و از اینکه چگونه باید ساخته شود و از حدود و اندازه‌های

---

۱ ـ اعضای اسطرلاب بر دو قسم است: کلی وجزئی. اما کلی آن را گویند که جزء دیگری نباشد، و جزئی آن را خوانند که جزء دیگری باشد. اعضاء کلیهٔ اسطرلاب هفت عدد است: ۱ـام ۲ـعضاده ۳ـ صفایح ۴ـعنکبوت ۵ـ فرس ۶ـفلس ۷ـ قطب.

ام مشتمل بر پنج جزء است: علاقه، حلقه، عروه، کرسی و حجره که آن را با ام بعضی یکی دانند.

عضاده که بر پشت اسطرلاب می‌گردد مشتمل برچهار جزء است: دو شظیه و دو لبنه که آنها را دفتان گویند.

صفایح که در داخل اسطرلاب‌اند و آنها را بمنزلهٔ یك عضو می‌توان گرفت و عدد آن مختلف است از دو تا هفت.

عنکبوت که آن را شبکه نیز خوانند و مشتملست بر مدیر و مری و رأس‌الجدی و منطقة‌البروج و شظایای کواکب که این شظایا در اغلب اسطرلابها بین دوازده و بیست باشند و از اعضاء جزئیهٔ ممسکه است که نگاهدارندهٔ صفایح می‌باشد.

ام است و صفایح و شظایا است بدان / پس حلقه و عروه و علاقه است عیان
فلس و فرس و عضاده و قطب و مری / کرسی و مدیر و عنکبوت و دفتان

(نقل از کتاب هفتاد باب بهاءالدین محمد عاملی) آنچه علاقه در وی بود آن را حلقه خوانند و آنچه حلقه در وی بود آن را عروه خوانند و بلندیکه عروه بر آن بسته بود آن را کرسی خوانندو آنچه کرسی بر آن باشد و بر صفایح و غیر آن مشتمل بود آن را حجره و ام گویند و صفحه ها در حجره بودو بروی صفحه‌ها صفحهٔ شبکه را عنکبوت وشبکه گویند و دایره‌ای که بر روی حجره بود به ۳۶۰ قسمت کنند و ابتدا از خطی کنند که بر کرسی بگذرد و بعلاقه پیوندد واز جانب راست بر توالی هر پنج و ده را برقوم باشند و آن را اجزای حجره خوانند (نقل از کتاب بیست باب اسطرلاب نصیرالدین طوسی) ر.ك. گاهنامهٔ ۱۳۱۱ ص ۹۸.

آلات رصدیـهٔ قدما: ۱ ـ اسطرلاب. ۲ ـ اسکاف. ۳ ـ ذات‌الحلق. ۴ ـ کرهٔ فلکی ۵ ـ ذات‌الحلقتین. ۶ ـ حلقهٔ اعتدالی ۷ ـ ذات‌الثقبتین. ۸ ـ ذات‌الجیب. ۹ ـ سدس فخری (قوس آن سدس دائره یعنی منقسم به ۶۰ درجه است و بنام فخرالدوله متوفای ۳۸۷ هجری نامیده شده). ۱۰ ـ حلقهٔ شامل افقی. ۱۱ ـ لبنه. ۱۲ ـ ربع مجیب. ۱۳ ـ ذات‌السموت. ۱۴ ـ طبق المناطق. ۱۵ ـ ذات‌الاوتار. ۱۶ ـ مشبهة بالمناطق. ۱۷ ـ ساعت آفتابی. ۱۸ ـ ساعت آبی. ۱۹ ـ ساعت رملی. ۲۰ ـ زرقاله. ۲۱ ـ ذات‌المسطرتین. ۲۲ ـ ذات‌الثقبتین. ۲۳ ـ ذات‌الحلق (۴ حلقه) ۲۴ـ ذات‌الربعین. ۲۵ ـ ذات‌الاسطوانتین. ۲۶ ـ صحة‌الکسوفیه. ۲۷ ـ اسبابی برای رؤیت هلال. ۲۸ ـ ذات‌المثلث. ۲۹ ـ مقالیدالسماوات. ۳۰ ـ آلتی بجهت تعیین انعطاف اشعه (ر.ك. گاهنامهٔ ۱۳۱۱ ص ۹۷ ـ ۱۲۴).

آن و سوار کردن حجره‌ها و صفحه‌ها و عنکبوت و بازوی آن و از آنکه چگونه تجزیه و تقسیم می‌شود و چگونه با تقسیم اجزاء نگهداشته می‌شود و از مقنطرات آن و میل آن و این مطالب را شرح می‌دهد و صفحهٔ یکایک اقلیمها و طول هر اقلیمی و عرض آن و جاهای ستارگان و ساعتها را در آن و طالع و غارب و مائل و جنوبی و شمالی و رأس الجدی و رأس السرطان و رأس الحمل و رأس المیزان، همه را توصیف می کند سپس راه بکار بستن آن را می گوید:

باب اول در امتحان اسطرلاب تا درست باشد.

باب دوم در امتحان دو طرف عضاده.

باب سوم در دانستن آنکه از روز چند ساعت گذشته و چه برجی است و درجهٔ طالع.

باب چهارم در دانستن ساعات گذشته از شب و برج طالع و درجهٔ آن.

باب پنجم در شناختن جای خورشید از برجها و درجه‌ها.

باب ششم در دانستن جای قمر که در چه برج و چه درجه‌ای است و ستارگان هفتگانه کجایند.

باب هفتم در دانستن عرض قمر.

باب هشتم در دانستن مطالع بروج دوازده گانه در هفت اقلیم و شناختن هر برجی از آنها.

باب نهم در قطع کردن مطالع، فلك مستقیم را و آنچه از مطالع بهر درجه‌ای از درجات خط استواء می‌رسد.

باب دهم در دانستن ساعتهای شب و روز که درهر زمانی درهر اقلیمی چه مقدار است.

باب یازدهم در دانستن اندازهٔ زمان طلوع هر کوکبی از کواکب ثابته و آنچه

از هنگام طلوع کواکب تا هنگام غروب آنها در فلك جاری می‌شود .

باب دوازدهم در شناختن طول و عرض کواکب .

باب سیزدهم در شناختن زوال کواکب ثابته چه آنها در هر یك سال قمری یك درجه زوال دارند .

باب چهاردهم در شناختن میل برجها از خط استواء که مدار حمل و میزان است .

باب پانزدهم در شناختن شهرها که کدامیك بشمال یا بجنوب نزدیکتر است.

باب شانزدهم درشناختن نزدیکترین‌شهرها بمشرق‌ونزدیکترین‌شهرها بمغرب.

باب هیفدهم در شناختن عرض هر اقلیمی

باب هیجدهم در دانستن هر اقلیمی که تو در آن هستی .

باب نوزدهم در دانستن عرض اقلیم و هریك ازشهرها که بخواهی .

باب بیستم در دانستن اندازه گیری طریقه‌ها که پنج‌تا است و اینکه مجاری آنها چگونه است.

بطلمیوس درهر بابی ازاین بابها شرح مفصلی می‌دهد که‌هر چه را محتاج الیه‌است‌و شناختن آن مورد نیاز است بیان‌می کند واین بود اغراض او در کتاب«ذات‌الصفائح».

کتاب « قانون » بطلمیوس در علم نجوم و حساب نجوم و قسمت اجزای آن و تعدیل آن از کاملترین و روشنترین کتابهای نجومی است و اول چیزی که در این کتاب ذکر می کند ، دور آسمان است که این ستارگان در آن دوران دارند:

بابی : در دانستن مقدار سیر ستارگان در هر روزی ، پس می گوید که سیر خورشید در هرروزی ۵۹ دقیقه و سیر اوج قمر ۷ دقیقه و سیر رأس‌التنین که جوزهر باشد ۳ دقیقه و سیر زحل ۲ دقیقه و سیر مشتری ۵ دقیقه و سیر مریخ ۳۱ دقیقه و

سیر زهره ۱ درجـه و ۳۶ دقیقه وسیر عطارد ٤ درجه و٥ دقیقه و سیر قلب‌الاسد ٦ ثانیه است.

و بابی: در علم اوساط کواکب و تقویم و تعدیل آنها با توجه باینکه تقویم کواکب جز باوساط آنها امکان‌پذیر نیست.

و بابی: در حرکت ارباع فلك بگفتهٔ اصحاب طلسمات که ارباع فلك هشت جزء (درجه) بپیش و هشت جزء بعقب حرکت می کند وجزئی يك درجه است پس در هرهشتاد سال(يك‌درجه) پیش‌می‌رود وهرهشتاد سال يك درجه‌بعقب برمی گردد.

و بابی:در میل خورشید و عرض شش کوکب سیّار و دوری آنها از خط‌استواء بطرف‌شمال یاجنوب ودراین‌باب برای هرستاره‌ای ازآنها جدولی وضع کرده است. اما میل خورشید پس مراد میل‌آن است‌از خط استواء و اما میل عرض کواکب‌پس مراد دوری آنها است از مسیر خورشید.

و بابی:در جایگاه هفت کوکب سیّار و رجوع آنها و چگونگی بدست‌آوردن آن در بارهٔ زحل و مشتری و مریخ هرگاه میان هریك از آنها و خورشید یکصد و بیست‌یادویست‌وچهل درجه‌باشد،ودربارهٔ زهره وعطارد هرگاه بفاصلهٔ بزرگترشان‌از خورشیددورباشند و میان زهره وخورشید چهل‌وشش درجه و میان عطارد(وخورشید) بیست و سه درجه باشد.

و بابی:در طلوع هفت کوکب از تحت الشعاع خورشید و پنهان شدن‌آنها از پیش و پس‌آن.

و بابی:در تقویم ساعتها و تعدیل آنها و بیرون بردنشان از ساعتهای کج بساعتهای راست.

و بابی: درعلم عرض شهرها و طول‌آنها ، در این باب شهرهای عالم را میان هفت اقلیم‌بخش کرده و برای هرشهری طول‌و عرضی معین کرده وآنرا درجدولی بنام جدول مدائن قرار داده و آنرا برسه‌باب نهاده است:

باب اول که درآن نام گذاری شهرها است .

باب دوم (در بیان) طول هرشهری .

باب سوم (در بیان) عرض شهری که عبارت است از انحراف آن از حد رأس‌الحمل و رأس‌المیزان بطرف شمال .

وبرای هراقلیمی عرض آن‌را که انحراف وسطش از رأس‌الحمل ورأس‌المیزان بطرف شمال باشد ، معین کرده و آنرا در سر جدول مطالعش نهاده است ، و هر گاه عرض شهری از شهرهای عالم را بخواهی پس اگر نام آن در ضمن شهرها ثبت‌شده باشد وگرنه باید بعرض هر اقلیمی که نزدیکتر است نگریست پس هراقلیمی که عرض آن شهر بعرض آن نزدیك‌تر باشد ،آن شهر ازآن اقلیم بحساب خواهدآمد.

وبابی: که درآن عرض هراقلیمی است پس گفته است که :

اقلیم اول ٦ درجه و ١ دقیقه .

اقلیم دوم ٢٣ « «١١» »

اقلیم سوم ٣٠ « «٢٢» »

اقلیم‌چهارم ٣٦ «

اقلیم پنجم ٤٠ « «٥٦» »

اقلیم ششم ٤٥ « «٣٢» »

اقلیم هفتم ٤٨ « «٣٢» »

وبابی: که درآن‌انحراف قمرراذکر کرده وهمان‌است که «براکفیس»نامیده می‌شود و می گوید که آن انحراف در دیدن قمر است زیرا که برای قمر دو جای مختلف است :یکی از آندو جای دیدن آن و دیگر جای معتدل‌آن .

و بابی: دراجتماع خورشید وماه و استقبال‌آندو وآنکه چگونه حساب آن‌را می‌رسند تا درست درآید .

و بابی:در کسوف قمر و نواحی آن .
و بابی:در کسوف شمس و آنکه در هنگام اجتماع چگونه باید حساب شود .
و بابی:درتعدیل آنچه در جدولهای ستارگان یافت می‌شود وطالع و جزآن .
و بابی:از تعدیل در استخراج طالع و درآن ۱۸۰ جدول است .
و هر گفتاری را با شکلها روشن ساخته است .

نامهای پادشاهان یونانیان و روم ومدت پادشاهی هریك بقراری است که درآخر این فصل بیان می کنیم :

پادشاهان یونان و روم[1]

نخستین پادشاه یونانیان ـ یعنی فرزندان یونان بن یافث بن نوح ـ که بطلمیوس در « قانون »[2] ازپادشاهان‌شان اول او را نام برده است ،«فیلفوس»میباشد که مرد بیدادگر و سرکشی بود و هفت سال پادشاهی کرد .[3]

پس از او پسرش « اسکندر » پادشاه شد ، ذوالقرنین همو است و مادرش « المفیدا »[4] و معلمش « ارسطاطالیس » فیلسوف بود . پس نامش بلند و پادشاهیش بزرگ وقدرتش عظیم گردید و حکمت و عقل و معرفت او را کمك داد ، اسکندررا شجاعت وقدرت وهمت بلندی بود که او را وادار ساخت تا پادشاهان هفت اقلیم را باطاعت خویش دعوت نماید ، پادشاهان یونان پیش از او بپادشاهان پارسی زمین

---

۱ ـ ل ، ص ۱۶۱. ۲ ـ کتاب قانون همان کتاب جداول زیج بطلمیوس قلوذی منجم و جغرافیایی بزرگ یونانی قرن دوم میلادی در اسکندریه است که مسلمین شرح ثاون اسکندرانی ریاضی‌دان و منجم بزرگ یونانی قرن چهارم میلادی را برآن می‌شناخته‌اند و مسعودی می‌گوید : پادشاهان یونان از فلیبس پدر اسکندر تا قلوبطره آخرشان شانزده پادشاه‌اند که ۲۹۳ سال و ۱۸ روز سلطنت‌کرده‌اند و این مطلب درکتاب قانون ثاون اسکندرانی و جزآن هست (التنبیه‌والاشراف ص ۹۷) حمزهٔ اصفهانی بطالسهٔ بعد از اسکندر را ۱۲ نفر شمرده است (تاریخ حمزه ص ۴۵).
۳ ـ فیلیپ اولین پادشاه مقدونیه از سال ۳۶۰ قبل از میلاد تا ۳۳۶ سلطنت‌کرد (تاریخ ملل شرق و یونان ص ۳۰۰ ـ ۳۱۰، ایران باستان ص۱۱۹۰ ـ ۱۲۱۲). ۴ ـ المپیاس (ایران باستان).

بابل که بر کشوری بزرگ و با عظمت حکمرانی داشتند و کشورهای دیگر در مقابل کشورشان ناچیز بود ، خراج گزار بودند وچون اسکندر بپادشاه ایران نوشت و او را باطاعت خود خواند بر او گران آمد پس اسکندر بزمین بابل لشکر کشید و با پادشاه آنروز ایران « دارا » پسر « دار » [1] جنگید تا او را کشت و برخزائن کشور او دست یافت ودخترش را بزنی گرفت آنگاه بزمین پارس آمد ، مرزبانان و سروران آنرا کشت و شهرها را گشود سپس به هند رفت و با پادشاه هندوستان «فور» که بجنگ اسکندر درآمد جنگید و او را کشت [2] و از طرف خود یکی از هندیان بنام « کیهن» راپادشاه هند گردانید و باز گشت، اسکندر برخاور و باختر دست‌یافت و پس از جهانگیری بزمین بابل باز گشت وچون بدامنه‌های عراق نزدیك «جزیره» رسید بیمار شد ، بیماریش سخت گردید که از خود ناامید گشت و دانست که مرگ فرا رسیده است پس بمادرش نامه‌ای نوشت تا او را در مرگ خود تسلیت گوید ، در آخر نامه بمادرش میگوید: خوراکی تهیّه کن و هر کس را از زنان کشور توانستی فراهم نما و هر کسی که در عمرش مصیبتی دیده‌است از غذایت نخورد ، مادراسکندر خوراکی فراهم نمودومردم رابر آن گردآورد آنگاه با نهافرمود کسی که درعمرش مصیبتی داشته‌است نخورد هیچکس نخورد و مادراسکندر مقصود اورا دانست، اسکندر درهمانجا که نامه نوشت بدرود زندگی گفت [3] یاران او فراهم شدند و او را کفن کرده حنوط نموده در تابوتی زرین نهادند آنگاه فیلسوف بزرگی بالای نعش او ایستاد و گفت : امروز بسی بزرگ و عبرت انگیز است که پادشاهی چنان بزانو درآمد ،

---

۱ ـ یکی از نواده‌های داریوش دوم که یونانیها اسم اورا «کدمان » نوشته‌اند ودرتاریخ مشهور به‌داریوش‌سوم و درداستانهای ما معروف به «دارا» پسرداراب است (ایران قدیم ص۹۱). ۲ ـ حریف معتبر اسکندردر هند« پوروس» نامی بود که اسکندراو را شکست داد و بزندان کرد آنگاه ممالك اورا بدو باز پس داد واورا در زمرهٔ دوستان خویش درآورد (تاریخ ملل شرق‌ویونان ص۳۱۷،ایران باستان‌ص۱۷۹۳ ـ ۱۷۹۹). ۳ ـ اسکندردرزمان مرگ پدر واول پادشاهی بیست سال بیش‌نداشت (۳۳۶) و پس از دوازده سال سلطنت و جهانگشایی‌در سال۳۲۳ با مرگ روبرو شد (تاریخ ملل←

آنچه از بدیش روی گردان بود روی آورد و آنچه از خوبیش روی آور بود روی گرداند، هر که بر پادشاهی گریه کند باید بر این شاه بگرید و هر که از پیش آمدی درشگفت باشد باید از این حادثه درشگفت آید. سپس بفیلسوفان دگر که آنجا بودند رو کرد و گفت، ای گروه دانایان هر مردی از شما سخنی بگوید که نزدیکان شاه را تسلیت و دیگر مردم را موعظه باشد. یکی از شاگردان ارسطو برخاست و دست بتابوت او زد و گفت: ای سخنور چه لالت کرد و ای عزیز چه خوارت ساخت، ای شکارچی چگونه بجای شکار بدام افتادی، که بود که تورا شکار کرد؟ دیگری ایستاد و گفت: این توانایی است که امروز ناتوان گشت و عزیزی است که اکنون خوار شد. سپس دیگری برخاست و گفت: شمشیرهای تو خشك نمیگردید، از عذابهای تو آسودگی نبود، کسی بشهرهایت دسترسی نداشت، بخششهایت پیوسته و ستاره‌ات درخشنده بود، اکنون روشنیت فرونشست، از شکنجه‌هایت بیم و هراسی نیست، بخششهای تو را کسی امید ندارد، شمشیرهای تو در غلاف مانده و شهرهایت در دسترس دیگران است. آنگاه دیگری بپاخاست و گفت این همان است که پادشاهان را در هم شکست و اکنون رعیّت براو چیره‌اند. دیگری برخاست و گفت: آواز تو هولناك و پادشاهی تو با شکوه بود، اکنون آوازت خاموش و آوازه ات پست گشته است. دیگری برخاسته چنین گفت: تو که از پادشاهان سر باز میزدی چرا بمرگ تن دادی، تو که شاه شاهان بودی چرا زیر بار مرگ رفتی؟ دیگری بپاخاست و چنین گفت: اسکندر بآرامش خود مارا حرکت داد و خاموشی او ما را بسخن آورد.[1] از این گونه سخنان گفتند، آنگاه تابوت را بسته به اسکندریّه بردند. مادرش

← شرق و یونان ـ ایران باستان ـ ایران قدیم) نه سال پیش از کشتن دارا و شش سال پس از آن پادشاهی کرد و در سی و شش سالگی مرد (مروج الذهب ج ۱ ص ۲۹۱).

۱ ـ مسعودی گفتار سی نفر از جمله زن اسکندر دختر دارا را نقل کرده است (مروج الذهب ج ۱ ص ۲۸۹).

با بزرگان کشور باستقبال بیرون شدند ، چون چشم مادر اسکندر بمرده‌اش افتاد گفت ای پادشاهی که دانش او بآسمان و پادشاهی او بکرانه‌های زمین رسید ، و پادشاهان در مقابل قدرت او فروتنی داشتند ، تو را چه شد که امروز خوابیده‌ای و بیدار نمیشوی ، خاموشی و سخن نمیگویی ؟ که تو را از من پیام میدهد که مرا پند دادی و پند گرفتم ، تسلیت گفتی و تسلیت یافتم ؟ درود برزنده و مرده‌ات باد که خوب زنده‌ای بودی و نیکو مرده‌ای هستی . آنگاه فرمود تا پسرش را بخاک سپردند . پادشاهی اسکندر با همه کامیابی‌و کشورگشایی دوازده سال بود[۱] . پس از ذوالقرنین،بطلمیوس جانشین اسکندر که مردی حکیم ودانا بود، بپادشاهی رسید و بیست سال پادشاهی کرد .[۲]

آنگاه « فیلفوس » سلطنت یافت ، او مردی بیدادگر بود ، قدرت زیادی بدست آورد و سرکشی آغاز کرد ، در زمان او طلسمها ساخته شد و پادشاهی او سی‌و هشت سال بود .[۳]

پس « هِورْجیطوب » بیست و پنج سال پادشاهی داشت[۴] آنگاه « فیلوبطر » هیفده سال[۵]، وپس از او « فیفانس » بیست و چهار سال[۶]، سپس «فیلوبطر »[۷] دوم بیست و پنج سال،پس « هِورْجیطوب » دوم بیست و هفت سال سلطنت کردند.[۸]

پادشاهان روم[۹]

پس‌ازیونانیان‌یعنی فرزندان‌یونان بن یافث بن نوح،پادشاهی به‌رومیان رسید

---

۱ ـ مسعودی برخلاف مشهور ۱۵ سال نوشته (التنبیه و الاشراف ص۹۸ ـ مروج‌الذهب ج۱ ص ۲۹۱). ۲ ـ بطلمیوس اول (سوتر) مؤسس سلسلهٔ بطالسهٔ مصر است که از ۳۲۳ تا ۳۰ قبل از میلاد سلطنت کردند و تاریخ آنها با سلطنت زنی بنام «کلئوپاتر» (۵۱ ـ ۳۰) خاتمه پذیرفت .
۳ ـ بطلمیوس دوم (فیلادلفوس) ۲۸۵ ـ ۲۴۶ . ۴ ـ بطلمیوس سوم (اورگت) ۲۴۶ـ ۲۲۱ .
۵ - بطلمیوس چهارم (فیلوپاتر) ۲۲۱ـ۲۰۴ ، ۶ ـ بطلمیوس پنجم (اپی‌فان) ۲۰۴ ـ ۱۸۱ .
۷ ـبطلمیوس‌ششم (فیلو متر) ۱۸۱ ـ ۱۴۶ . ۸ ـ بطلمیوس هفتم (اورگت دوم)۱۴۶ ـ ۱۱۷ .
(ایران باستان ص ۲۱۵۳ ـ ۲۱۷۰) ۹ ـ ل ، ص ۱۶۴ .

که فرزندان روم‌بن سماحیر بن هوبا بن‌علقا بن‌عیصو بن اسحاق بن ابراهیم ﷺ بودند، رومیان بریونان غالب شدند وبا لغت آنها سخن گفتند، یونان به‌روم‌پیوست‌و جز حکمت و دانش هرچه داشت از دست داد[۱].

نخستین پادشاه روم پس از یونانیان «فهاساطق» یعنی «جالیوس اصغر»[۲] پسر روم بود که بیست و دوسال پادشاهی کرد، سپس « اغسطس » شاه شد ، یك سال از سلطنت او گذشت که مسیح ﷺ متولد گردید ، پادشاهی او چهل و سه سال بود .[۳]

پس از او « طباریس » بیست و دو سال سلطنت کـرد[۴]، وبعد از او « جایس » چهار سال، آنگاه «قلودیس» چهارده سال پادشاهی کردند[۵] [...][۶]

سپس « اسفیانوس » ده سال سلطنت کرد،اهل کشورش او را خدا می گفتند، او پسرش « ططوس » را فرستاد تا بیت‌المقدس را چهار مـاه محاصره کرد و پیش از محاصره در یکی از عید هـای یهود مردم بسیاری درآن گردآمده بودند و کار محاصره چنان بر آنها سخت شد که کودکان را از گرسنگی خوردند و بیشتر مردم از گرسنگی‌جان سپردند . ططوس بیت‌المقدس را پس از محاصره تصرف کردمردم را کشت و اسیر کرد و هیکل (مسجد اقصی) را بآتش سوزانید .[۷]

---

۱ - استقلال یونان در سال ۱۴۶ قبل از میلاد خاتمه یافت و ملت یونـان جزء ملل مطیعهٔ روم قرار گرفت اما یونان مغلوب برروم‌غالب وحشی مستولی‌شد، یونان روم را تربیت کرد وبواسطهٔ او مربی عالم غرب یعنی اروپای امروز گردید (تاریخ ملل شرق و یونان ص ۳۴۲). ۲ - یولیوس سزار معاصر اشك سیزدهم . ۳ - مجلس سنای روم در ۱۳ ژانویهٔ ۲۷ قبل‌از میلاد برای تشکر از خدمات « اکتاو » لقب « اگوست » باو داد(تاریخ رم ص ۲۲۴) . ۴ - اوگوست پس از ۴۵ سال حکومت امپراطوری در ۱۴ میلادی درگذشت و تیبر یکی از منسوبانش تا سال ۳۷ میلادی سلطنت کرد (تاریخ رم ص۲۴۱) . ۵ـ کالیگولا از سال۳۷ تا ۴۱ میلادی، وکلد از۴۱ تا ۵۴ میلادی‌سلطنت کردند (تاریخ رم ص ۲۴۴ - ۲۴۵) . ۶ - پس از مسموم شدن کلد ، پسر ۱۷ ساله‌اش « نرن » از ۵۴ تا ۶۸ میلادی سلطنت کرد آنگاه در مدت یکسال چهار امپراطور بسلطنت رسیدند : گالبا هفت ماه ، اوتن سه ماه ، ویتلیوس (بیطالیس) هشت ماه ؛ سپس وسپازین (اسفانیوس) که در متن ذکر شده (تاریخ رم ص ۲۴۷ - ۲۵۲،التنبیه والاشراف ص ۱۱۰) . ۷ - وسپازین از ۶۹ تا ۷۹ میلادی سلطنت کرد ، پسرش تیتوس معبد بزرگ اورشلیم را سوزانید و در اثناء محاربه قریب نیم ملیون یهودی کشته شد و صد هزار نفر را بغلامی بردند (تاریخ رم‌ص ۲۵۲ - ۲۵۳).

آنگاه ططوس بپادشاهی رسید و در پادشاهی او که سه سال بود کوهی بنام «أبرمور» آتش فشانی کرد و شهرهای بسیاری را آتش زد.[۱]

آنگاه پادشاهی به «دومطیانوس» رسید که پانزده سال سلطنت داشت و در زمان او «أبولوس» صاحب طلسمات از اهل قوانه ظاهر شد، اهل کشور دومطیانوس بر او تاختند و او را کشتند.[۲]

آنگاه «نهودس» یکسال[۳] و «طریانوس» نوزده سال[۴] و «ادریانوس» بیست و یکسال سلطنت کردند، یهودیهای بیت المقدس بر ادریانوس یاغی شده از دادن خراج سر باز زدند، او هم لشکری فرستاد و دستور داد هر که را ازیهود باقی مانده است بکشند.[۵]

پس «هیلوس انطونینوس» سی و سه سال، سپس «مرقس انطونینوس» بیست و پنج سال[۶]، آنگاه «الاسکندر» بن ماميا سیزده سال[۷] و «مکسیمیانوس» سه سال، پس «جوردیانوس» سه سال[۸]، و «فیلفوس» دو سال[۹] آنگاه «دیقیوس» یکسال، و پس

۱- تیتوس از ۷۹ تا ۸۱ میلادی پادشاه بود، در زمان او انفجار کوه آتش فشان وزوو سه شهر معروف را زیر آتش و خاکستر مدفون ساخت (تاریخ رم ص ۲۵۴). ۲- دومیسین برادر تیتوس ۸۱ - ۹۶ (تاریخ رم ص ۲۵۴). ۳- نِروا یکی از کنسولهای قدیم معمّر ۹۶ - ۹۸ (تاریخ رم ص ۲۵۸) نرواس قیصر یکسال و پنج ماه (التنبیه و الاشراف ص ۱۱۱). ۴- تراژان که میل داشت در جهانگیری تالی اسکندر شود ۹۸ - ۱۱۷ (تاریخ رم ص ۲۵۸). ۵- آدرین هموطن وخویش تراژان ۱۱۷-۱۳۸ (تاریخ رم ص ۲۶۱ - ۲۶۴). ۶- آنتنن پارسا ۱۳۸ - ۱۶۱، مارك اُرِل ۱۶۱- ۱۸۰. ۷- الکساندر سِور (۲۲۲ - ۲۳۵) همان است که اردشیر ساسانی در ۲۲۸ سه اردوی او را شکست داد. ۸- جوردیانوس همان گُردِیَن است که بقصد تسخیر ایران درزمان شاپور اول بمشرق آمد و قشون ایران را در سوریه شکست داده از فرات گذشت و نصیبین را گرفت و از دجله گذشت و تیسفون را محاصره کرد آنگاه بدست خود رومیان کشته شد (ایران قدیم ص ۱۵۴).
۹- فیلفوس همان فیلیپ عرب است که بعد از کشتن گُردِیَن رومیان او را بپادشاهی شناختند (ایران قدیم ص ۱۵۴).

از او « جالوس » سه سال پادشاهی کرد، آنگاه « ولریانوس » شش سال . . .[1] و پس از آن«قروس» هفت سال،و «دقلیطیانوس »بیست‌سال،[2] و «قسطنطین»با«مکنیوس» ده سال سلطنت کردند[3] (قروس همان کاروس معاصر بهرام دوم ساسانی است).
پادشاهان یونان‌ورومیانی که پس ازآنها بپادشاهی رسیدند کیشهای مختلف داشتند ؛ طایفه‌ای بردین صابئان بودند و حنفا گفته میشدند ، اینها کسانی هستند که بخدا و پیغمبرانی اعتراف داشته‌اند مانند «اورانی »و« عابیدیمون » و « هِرْ مِس»[4] واوست « مثلّث بنعمت».

گفته‌اند هرمس همان ادریس پیغمبر است و اوست که اول بار با قلم نوشت و علم نجوم را تعلیم داد ، اینان بگفتهٔ هرمس در بارهٔ آفریدگار میگویند : ادراك و تعقل خدا دشوار لیکن وصف و بیان آن غیرممکن است . خدا علّت علّتها است که جهان‌را یکبارآفریده‌است. طایفه‌ای‌دیگر پیروان زنون‌یعنی سوفسطائیه‌اند، که در یونانی بمعنی اهل مغالطه ودر عربی بمعنی‌اهل تناقض است[5] ، میگویند: نه

---

۱ ـ پس طاقطوس با کمك برادرش « فوروس » نه ماه، و پس از او « بسروبس » نه سال ، (التنبیه و الاشراف ص ۱۱۷) اسیر شدن والِرِیَن بدست شاپور در سال ۲۵۸ بود . ۲ ـ دیوکلسین‌و حکومت چهارنفری ۲۸۴ ـ ۳۰۵ (تاریخ روم ص ۳۳۱) . ۳ ـ قسطنطین ۳۰۶ ـ ۳۳۷ . پس‌از استعفای دیوکلسین کشور دوباره دوچار اختلال شد تاآنجا که در یکزمان شش امپراطور در مملکت روم موجود بود و پس از هفت سال انقلابات ومحاربات،قسطنطین‌در سال ۳۱۲ماکسانس را درنزدیك رم مغلوب ساخت و حکومت مغرب را بخود تخصیص داد (تاریخ رم ص ۳۳۴) مسعودی می‌نویسد: پادشاهان روم از غائیوس قیصر نخست پادشاه‌شان تا قسطنطین بن لاون بن بسیل که در این تاریخ یعنی‌سال۳۴۵ درخلافت المطیع، پادشاه روم‌است، ۷۸نفرند ؛ ازپادشاهان پیش ازنصرانیت ۴۰پادشاه‌و از نصرانیان از قسطنطین بن‌هیلانی تا قسطنطین بن لاون ۳۸ پادشاه ، مدت پادشاهی آنها ۹۶۶سال‌و یك ماه بود ، صابئان ۳۷۴ سال و سه ماه و نصرانیان تا قسطنطین بن لاون ۵۹۱ سال و ده ماه (التنبیه و الاشراف ص ۱۰۶) پادشاهان روم در تاریخ حمزه ص ۴۶ ـ ۴۷ . ۴ ـ ارانی ـ أغاثاذیمون ـ هرمیس (فهرست ص ۴۴۲ و ص ۴۹۴) . ۵ ـ زینون ایلی شاگرد پارمِنیدِس ۴۹۰ ـ ۴۳۰ قبل از میلاد (تاریخ الفلسفةالیونانیه ص ۳۰).

علمی است و نه معلومی بدلیل اختلاف مردم و اثبات هریك خلاف دیگری را ، و نیز میگویند : گفته‌های مردم را دیدیم که با هم اختلاف دارد و اتّفاق پذیر نیست در حالیکه بر يك‌چیز اتّفاق دارند و آن اینست که‌حقّ یکی است و اختلاف ندارد و باطل پراکنده است و نامربوط و این اتفاق‌شان دلیل است که آنها با اختلاف بحق نرسیده‌اند و با این اعتراف امیدی در رسیدن بحق نیست مگر نزد بعضی و یافتن آن هم بیکی از دو راه است: یاتسلیم مدعی شدن یا هم سخنش را مورد رسیدگی قرار دادن ، راهی باول نیست زیرا که همه رامانند هم یافته‌ایم و از دو راه نمی‌توان آنهارا تصدیق نمود یکی آنکه هریك دیگری راتکذیب می‌نماید دیگر آنکه همه‌را اجماع است بر اینکه همه بحق نرسیده‌اند پس ناچار باید حقیقت مدّعای هریك‌را رسیدگی کرد و چون باین کار دست بردیم آنها را چنان یافتیم که با هم برابرند گاهی این و گاهی آن پیروز میگردد بی آنکه این را بر آن فضلی و مزیتی باشد بی شرکت دیگری، یا نیازی و نقصی باشد که دیگری را نباشد پس چون حق را در نزد همه و نزد بعضی نیز نه از راه تسلیم و نه ازراه برهان نیافتیم دیگر جایی‌نماند که علم‌را درآنجا بیابیم و راهی نیست که ازآن بحق برسیم ، درنتیجه حکم کردیم که نه علمی است و نه معرفتی چه اگر چیزی باشد باید باتفاق یا اختلاف معلوم گردد مثلاً اگر کسی غایب است و کسی گفت او غایب است راست گفته است و هر گاه دیگری گفت او حاضر است دروغ میگوید و قطعاً حق نزد یکی از این‌دو موجود است چون هر گاه چیزی باشد یا حاضر است یا غایب و آنگاه که اصلاً چیزی نباشد هردو سخن دروغ است چون حاضر و غایب هریك چیزی است و چیزی که نباشد نه حاضر است و نه غایب .

استدلال دیگراز این قبیل آن است که میگویند اگر همهٔ‌چیزها بعلم‌دانسته شود و علم نیز بعلم دیگری معلوم گردد یا میرسد بعلمی که بعلم دیگر معلوم‌نباشد

پس بحکم معلوم نبودن مجهول خواهد بود و چگونه می‌توان چیزها را بچیزی که خود مجهول است‌دانست، واگر هرعلمی‌بطور تسلسل بعلم‌دیگر معلوم باشد وبعلمی که آخر باشد نرسد پس بحکم غیر متناهــی بودنش نمی‌شود بآن احاطــه یافت و چیزی که‌نتوان‌بآن احاطه‌پیدا کرد نیز مجهول است و در هرصورت‌سلسلهٔ‌معلومات بمجهول میرسد، دیگر آنکه چگونه میشود مجهولی را بی‌آنکه همه چیزها دانسته شود دانست و دانستن همه چیز از امکان بدور است ، آنگاه در هریك از این دوشق اقسامی ذکر کرده و در اثبات مقصود خود کوششها نموده و فیلسوفان بجواب گویی شبهات آنها گرفتار آمده‌اند .

طایفهٔ دیگری بنام « دهریّه » گفته‌اند : دینی و پروردگاری و فرستاده‌ای و کتابی و معادی و پاداش نیك یا بدی و آغــاز و انجامی برای چیزی و حدوث و فنایی‌درکارنیست،حدوث هرچیزی کـه‌حادث گفته‌شودترکیب بعداز افتراق، وفنای آن‌افتراق‌پس ازترکیب‌است وحقیقت این دوامربیش ازآن نیست که غایبی حاضر شود یا حاضری غایب گردد ، اینان را برای‌آن دهریّه گفته‌اند که باعتقادآنها آدمی پیوسته بوده و خواهد بود ، و روزگار بی‌آغاز و انجام همیشه برقرار است ، دهریّه بر انکار حدوث وفنای اشیاء چنین استدلال کرده‌اند که‌هرچیزی را در بود ونبودش دو حال است که سومی ندارند ، حالیکه شیٔ درآن هست وآنچه درحال هستی‌است چگونه میشود حادث گرددو حالیکه شیٔ درآن معدوم است و چگونه چیزی در حال نیستی ممکن‌است هست گرددو حدوث چیزی در حال نیستی از حدوث‌آن در حال هستی‌هم بنظر عقل دورتراست ، همین‌طور درفنای چیزی جز دو حال شناخته نیست: حالیکه شیٔ درآن موجود است وگفتارآنکه مدّعی فنای اشیاء است درحال وجود و ثبات چیزی محال است ، و حالیکه چیزی درآن وجود ندارد و چگونه در این حال می‌توان فنایی فرض کرد و فانی شدن آنچه نیست محال خواهد بود، پس

اگر مخالفان ما راستی ما را در این گفتار باور کنند ، عقیدهٔ ما را پذیرفته و گفتهٔ خود را باطل کرده‌اند؛ واگر سخن ما را باور ندارند باید برای ممکن حال سومی مدّعی شوند که در آن حال نیستی و هستی نباشد وآن نارواترین حالها است .

دسته‌ای گفته‌اند اصل همه‌چیز در ازل دانه‌ای بود که شکافته شد و این جهان با همهٔ رنگها و جنسهای مختلف از آن درآمد .

بعضی گمان برده‌اند در موجودات جهان از نظر معنی و واقع اختلافی نیست بلکه اختلاف آنها از این جهت است که مختلف احساس میشوند .

بعضی این سخن را باور نکرده و برای چیزها اختلافی در معنی و حقیقت اثبات نموده‌اند؛ امّا آنها که اختلاف حقیقی چیزهارا انکار میکنند، اختلاف آنهارا فقط از راه اختلاف ادراك آنها دانسته میگویند: هیچیك از اشیاء را حقیقتی که بآن حقیقت ازجزخودش جدا باشد نیست ، وبراین مدّعی چنین استدلال کرده‌اند : بیمارانی که بیماری‌شان از صفراء است مانند مبتلایان‌به یرقان هر گاه‌یکی‌از آنها عسل را بچشد آنرا تلخ خواهد یافت وکسانیکه از این بیماری سالمند آنراشیرین می‌یابند ، شب‌پره در روشنی روز نابینا و در تاریکی شب بینا است ، اکنون اگر روشنی بر نور دیدن می‌افزاید و تاریکی آنرا فرو میگیرد لازم است که روشنی روز برای خفاش و هر حیوانی که روشنی روز چشم او را خیره میکند چنانکه گاهی برای بعضی مردم و حیوانات و مرغان و جز آنها پیش می‌آید ، تاریکی باشد ، و شب برای اینها که بر دیدن شان می‌افزاید روشنی باشد ؛ آنطور که روز برای، آنها که برخلاف اینها هستند روشنی و شب برای آنها تاریکی است ؛ و اگر بگویید که اینان در اثر آفتی که بر ایشان وارد شده است چنین شده‌اند، میگوییم بعقیدهٔ مخالفین یا موافقین اینها ، اگر بگویید بعقیدهٔ مخالفین‌شان میگوییم، بلکه موافق یا مخالف بآفت گرفتار است و اگر بگویید درنزد موافقین‌شان، میگوییم

بلکه در نــزد اینان آفت بر مخالفین‌شان وارد شده است و هیچیك را بــر دیگری برتری نمی‌توان داد .

باز گفته‌اند آیا نمی‌بینید که نویسنده نوشته را راست ومستقیم می نویسد واز پیش روهم آنرا راست می‌بیند و اگر از پشت بآن بنگرد آنرا طور دیگری‌خواهد دید ، و اگر کج و منحرف آنــرا بنگرد کج و منحرفش می‌بیند چنانکـه الف را بصورتی جدا ازهمهٔ حروف‌می نویسی وازروبرو آنرا الف می‌بینی ، لیکن از پشت‌سر آنرا چون باء و هر گاه با انحراف‌بنگری آنرا مثل نون یا باء خواهی دید ،دیگر آنکه غایب در جــایی ، حاضر در جای دیگر است، وهمین سخن در باب رنگها و آوازها ومزه‌ها و اشخاص‌و ملموسات‌جاری است‌چنانکه‌شخصی را از نزدیك‌بزرگ‌و از دور کوچك می‌بینی ، تاآنجا که هرچه نزدیك بیننده‌آید بزرگتر و هرچه ازاو دور گردد کوچکتر دیده شود ، همین‌طور‌آواز ازنزدیك قوی و از دور ضعیف‌شنیده میشود ،و در باب‌مزه چیزی را کمی می‌چشی و آنرا کمی شیرین می‌یابی و چون بیشتر آنرا بچشی‌شیرینترش خواهی یافت ‘و در باب لمس چیزی را با لمس‌اندکی سرد، وبا لمس بیشتری گرم می‌یابی، شکل و صورتی از نزدیك‌مختلف دیده‌میشودو چون از بیننده دور شد آنرا یکسان و بـدون اختلاف می‌بیند ، اینان گمان برده‌اند که همهٔ چیزها در حقیقت یکسان‌و برابرند و نزدیك بسوفسطاییه می‌باشند .

طایفهٔ دیگری گفته‌اند همه‌چیزها فروع‌چهار اصل می‌باشند ، این چهار اصل که پیوسته بوده و خواهند بود ، مــادر جهان می‌باشند که‌عالم از اینها پدید آمده است ، اینها چهار فرسادهٔ حرارت و برودت و رطوبت ویبوست هستند که خودبخود بی علت و اراده و مشیّتی می‌رویند .

طایفهٔ دیگری گفته‌اند اصول عالــم چهار چیز است کــه مادرهای همه چیز جهانند و با آنها پنجمی است که پیوسته بوده و خواهد بود و این اصول را بااراده‌و

مشیّت و حکمت ترکیب و تألیف میکند و جفتها را بهم نزدیك می‌نمایدتا نتیجه‌ها از آنها پدیدآید و از نزدیکی اضداد بیکدیگر جلو گیری میکند و آن علم است.

طایفهٔ دیگری که اصحاب جوهر یعنی ارسطوییان باشند ، می گویند چیزها بردو قسمند : جوهر وعرض، جوهرهم‌بردو قسم است: زنده و غیر زنده ، حدّ جوهر این است : «القائم‌بنفسه» چیزی که بخود قائم‌است. جدایی اقسام جوهر ازیکدیگر بعرض خاص است نه بامرذاتی ، عرض نه قسم است:

قسمی از آن« کمیت» است که عدد باشد بچهار صورت یعنی کیل ومساحت و وزن وقول .

قسم دیگر« کیفیت» است به‌هشت‌صورت یعنی کون و فسادو هیئت وحیله[1] و قوت و ضعف و الف و مألوف.

دیگر ازمقولات«اضافه»است بچهارصورت یعنی طبیعی وصناعی واستحسان ومودّت.

دیگر « متی » است که بروقت گفته میشود و مراد بوقت زمان است بسه صورت یعنی گذشته و آینده و پیوسته .

دیگر « انّی » که بر مکان گفته میشود یعنی‌شش جهت : پیش و پشت و بالاو پایین و راست و چپ .

دیگر«جده»یعنی ملك‌بدو صورت خارجی وداخلی،خارجی مثل برده وخانه‌و اثاث و مانند اینها،و داخلی مثل علم و حکمت .

دیگر « نصبه » یعنی هیئت چیزی، مثل گفتار گوینده : فلان ایستاده و فلان نشسته و فلان رونده و فلان آینده‌است .

دیگر « فاعل » و آن دو قسم است یا فاعل باختیاراست یا فاعل بطبع، فاعل مختار مثل زندهٔ پایندهٔ خورندهٔ آشامنده، و فاعل بطبع مثل‌حرکت‌چهارعنصرمانند آتش که از مرکز ببالا میرود و مانند اجزای زمین که از بالا بمرکز خاص خود

۱ـظاهراً حلیه باشدیعنی‌خلقت که‌ازاجتماع لون وشکل پدیدمی‌آید ، جبلّه هم محتمل است.

حرکت میکند، و مانند آب که از بالا بزیر زمین حرکت می نماید.

دیگر «منفعل» یعنی آنچه تأثیر فاعل را می پذیرد در حالیکه مادّه‌اش برای کروی یا مربع شدن یا هرشکل دیگری آمادگی دارد.[۱]

این بودمقاله‌های یونانیان ورومیان بعدازآنها ومذاهب‌متکلمان وفیلسوفان‌و حکیمان و صاحب نظران‌شان.

پادشاهان نصرانی مذهب روم[۲]

نخست پادشاهی از رومیان که عقیدهٔ یونانیان را رها کرد و کیش نصرانیت گرفت «قسطنطین» است و سببش آن بود که او با دشمنی سرگرم پیکار بود پس بخواب دید که نیزه‌هایی ازآسمان فرودآمد و برآنها صلیبها است، چون صبح شد صلیبها را برنیزه‌های خود برافراشت و جنگ کرد و پیروز گردید[۳] و باین سبب بکیش نصرانی درآمد و آنرا بپاداشت، کلیساها ساخت و دانشمندان مسیحی را از هرشهری برای بپاداشتن کیش مسیحیت فرا خواند و برای اولین بار با روحانیان مسیحی فراهم شدند، در شهر «نیقیه»[۴] سیصد و هیجده اسقف و چهاربطریق یعنی بطریق اسکندریه و بطریق رم و بطریق انطاکیه و بطریق قسطنطینیّه فراهم گشتند. علّت فراهم ساختن قسطنطین علمای مسیحی را آن بود که چون نصرانی شد[۵] واین کیش در دلش جای گرفت خواست علم آنرا بخوبی فراگیرد، و چون مقالات

---

۱ ـ مترجم را رساله‌ای است بنام «مقولات» بآنجا رجوع شود. ۲ ـ ل، ص ۱۷۱.
۳ ـ درجنگ با «ماکسانس» بوده‌است (تاریخ رم ص ۳۳۵). ۴ ـ «نیقیه» همان «نیسه» است از شهرهای آسیای صغیر که قسطنطین برای خاتمه دادن بحرانی که در اثر عقایدتازهٔ کشیشی ازاهل اسکندریه بنام «آریوس» پدیدآمده بود شورایی در آن شهر منعقد ساخت (سال ۳۲۵) و آریوس در مقابل «آتاناز» کشیش‌دیگر محکوم گردید(تاریخ رم ص ۳۳۸) ۵ـ قسطنطین بوسیلهٔ فرمان‌میلان در سال ۳۱۳ مذهب مسیحی را برسمیت شناخت (تاریخ رم ص ۳۸۷).

مسیحیان را ملاحظه کرد سیزده مقاله یافت :

یکی قول آنکه میگوید مسیح و مادرش دو خدا بودند .

دیگر قول آنکه میگوید مسیح نسبت بپدر چون شعلهٔ آتشی است که از شعلهٔ آتشی جدا شده باشد بی‌آنکه شعلهٔ اول از جدایی شعلهٔ دوم کم شود .

دیگر قول آنکه بخدایی مسیح معتقد است.

دیگر قول آنکه مسیح رابنده میداند .

دیگر قول آنکه میگویدجسد مسیح شبهی بیش نبود، مانند متّی و پیروانش .

دیگر قول آنکه میگوید مسیح همان «کلمه» است .

دیگر قول آنکه میگوید مسیح پسر است .

دیگر قول آنکه میگوید مسیح روحی است قدیم .

دیگر قول آنکه میگوید مسیح پسر یوسف است .

دیگر قول آنکه میگوید مسیح پیغمبری از پیغمبران است .

دیگر قول آنکه میگوید مسیح لاهوتی و ناسوتی است .

قسطنطین سیصد وهیجده اسقف وچهار بطریق‌را که درآن تاریخ جز آنها کسی نبود جمع کرد، بطریق اسکندریه میگفت: مسیح معبود است ومخلوق، وچون دیگران فراهم شدند با او مناظره کردند و همه برآن اتفاق کردند که مسیح پیش از همهٔ مخلوقات از پدر پدیدآمده و ازطبیعت پدر است ، نامی از روح‌القدس نبردند و اورا خالق یا مخلوق ندانستند و سخن باینجا تمام شد که پدر خدا است و پسر خدایی از اواست ، آنگاه ازنیقیه بیرون رفتند . پادشاهی قسطنطین پنجاه و پنج سال بود.[1]

---

۱ ـ قسطنطین از ۳۰۶ تا ۳۳۷ میلادی هفت سال در زد و خورد با ماکسانس و بیست و پنج سال دیگر با استقلال سلطنت داشت (تاریخ رم ص ۳۳۴) .

آنگاه « یولیانس » یکسال، وپس‌از او « دسیوس » یکسال سلطنت کردند[1] .

در زمان «دسیوس» اصحاب کهف پس‌از آنکه روزگاری ازمرگ آنها میگذشت ظاهرشدند، آنها چندنفر و یك شبان بودند که سگ شبان هم با آنها بود باین نامها : مکسلمینا ، مراطوس ، شاه بوسوش ، بطربوش ، دواس ، بوالس، کینفرطو، موطر ، وشبان، که‌همان‌ملیخاصاحب سگ باشدونام‌سگ «قطمیر»بود .[2]

اصحاب کهف پس از صد سال و بقولی سیصد ونه سال بیرون آمدند[3]. کسی از خود را با پولی فرستادند تا خوراکی تهیه کند ، بازاریان پول او را ناشناس یافته و از پی او تا دم غار رفتند ، لیکن امر آنها بر مردم پوشیده شد و بر آن غار مسجدی برای نماز بنا گردید .

آنگاه «والنطیانوس »[4]چهار سال، وپس ازاو «تیدوسوس»[5] بزرگ هیفده سال سلطنت کرد. درزمان او اجتماع دوم نصرانیان پیش‌آمد و در قسطنطینیه‌صد و پنجاه اسقف و سه بطریق فراهم شدند ، بطـریق رم حاضر نشده بود ، پس امانت نامه را

---

۱ – بعداز قسطنطین پسرش قسطنطین (کُنْستانس) ۲۴سال سلطنت کرد ۳۳۷ـ۳۶۱، آنگاه ژولین (یولیانس) برادر زادهٔ قسطنطین دوسال (التنبیه و الاشراف ص ۱۲۴ ـ ۱۲۵ ، تاریخ رم ص ۳۴۶ ـ ۳۴۸) پادشاه ایران شاپور ذوالاکتاف بود (۳۱۰ ـ ۳۷۹) .

۲ ـ کاملترین روایات در اسامی اصحاب کهف این است ، مَکْسَلْمِینَا ، تَمْلِیخَا ، مَرْطُوس ، نیرویس ، کسطومس ، دینموس ، ریطوفس ، قالوس ، محسیلمینیا . (کامل ابن اثیر ج۱ ص۲۰۸) در ناسخ این طور ضبط شده است ، مَلِیْخا (تَمْلِیْخا) بمعنی مرگ دیده ، مَکْسَلْمِینَا یعنی بزرگ، مَرْطونس یعنی‌قوّت دهنده ، یتْبونس یعنی‌شفادهنده، سارِینوس یعنی‌عزت دهنده(مارِینوس)، آبْسان یعنی نیکو نگاهدارنده (جلد عیسی ص ۱۶۴) .

۳ ـ با اینکه صریح قرآن ۳۰۹ سال است دیگر چه تردیدی ا س۱۸ ی ۲۵ . ۴ ـ والانتینین اول (والنطیانوس) ۳۶۴ ـ۳۷۵،«گراسین» ۳۷۵ ـ ۳۸۳. ۵ ـ تئودوز (تیدوسوس) ۳۷۹ ـ ۳۹۵ (تاریخ روم ص ۳۹۷).

نوشتند و روح‌القدس را نیز در آن اثبات نمودند ، امانت‌نامه‌ای که نوشتند این بود:

«ایمان دارم بخدای یکتا : پدر، مالك همه چیز، آفریننده آسمانها و زمین و دیدنیها و نادیدنیها، و بپروردگار مسیح پسر خدا که پیش از روزگار زاییده شده‌است ، نوری‌است از نوری ، خدای‌حقی‌است [ازخدای‌حقی]، مولودی‌است که مخلوق‌نیست بلکه ازطبیعت پدراست ، هستی‌هرچیزی باواست ، برای ما بشرو برای‌نجات ما از آسمان فرودآمد و در روح‌القدس مجسم گردید و از مریم دوشیزه بصورت بشرپدید آمد ، برای خاطر ما در زمان بلاطس نبطی بدار زده شد ، مرد و درمیان قبر دفن گردید و پس از سه روز چنانکه در کتابها است بپا خاست و بآسمان بالا رفت و پهلوی راست پدری که پادشاهی او را فنایی نیست نشست .

[و نیز به روح‌القدس]پروردگاری که ازپدر مشتق گشته و پیمبران دراو سخن گفته‌اند ، و به‌یگانه بانوی پاکدامن کلیسا و رسالت حواریان ، ایمان دارم بیك معمودیت[۱] بآمرزش گناهان و برخاستن مردگان »[۲].

آنگاه هرچه را بعد از این گفته شود تحریم کردند و از قسطنطینیه‌پراکنده شدند . پس از اوبرادرزاده‌اش «تیدوسوس» کوچك و «والنطیانوس »[۳] پادشاه شدند .

اجتماع‌سوم نصرانیت دراین‌زمان بود که دویست‌اسقف‌در افسوس‌فراهم شدند

---

۱ ـ معمودیّه یعنی شستن کودك و جز او بآب بنام پدر و پسر و روح‌القدس،اول اسرار دین مسیحی و باب نصرانیت است (المنجد) . ۲ ـ تئودوز قبل از فوت خود (۳۹۵) مملکت را بین‌دو پسرش آرکادیوس و هنریوس تقسیم نمود، من‌بعد دو دولت امپراطوری‌وجود داشت یکی در مشرق‌و دیگری در مغرب، اولی بیش‌از هزار سال تا تسخیر قسطنطینیه‌بدست‌ترکها باقی بود (۱۴۵۳) دومی در کمتر از یك قرن بواسطهٔ فشار ژرمنها منقرض‌گشت (۴۷۶) تاریخ‌رم ص ۳۸۸ . ۳ ـ ابن‌اثیرو مسعودی می‌نویسند ، پس از تدوس اکبر پسرش آرقادیوس سیزده سال پادشاهی کرد و پس از او تدوس اصغر پسر تدوس اکبر ، و اسمی از والنطیانوس نبرده‌اند (التنبیه و الاشراف ص۱۲۷،کامل ج ۱ ص۱۹۰) .

و نسطور با همهٔ آنهـا مخالفت کرد و گفت مسیح دو گوهر و دو وجوداست ، او بگوهر و کیان خود خدای تمامی است ، پدر خدا زایید نه انسان و مـادر انسان زایید نه خدا ، «قریلس» باو گفت اگر چنان باشد که تو گفتی پس هر که مسیح را پرستش کند گنهکار است چون هم قدیم و هم محدث را پرستش کرده است وهر که عبادتش را رها کند بازکافراست چون همان‌طور که پرستش‌حادث‌را ترك کرده است پرستش‌قدیم‌را هم‌ترك نموده است‌و کسی که خدا را نه‌انسان راپرستش نماید مسیح را پرستش نکرده است زیرا او از یك جهت بدون جهت دیگرمسیح گفته نمیشود. قریلس با این‌بیان همهٔ اهل مجلس را قانع کرد تنها بطریق انطاکیه با او مخالفت نمود . نسطور گفت بطریق انطاکیه هم بگفتهٔ من قایل‌است ، آنگاه نسطور بزمین عراق گـریخت و نسطوریان در عراق فراهم شدند و بجـای بطریق ، جاثلیق را بریاست خود برداشتند آنگاه پراکنده شدند ، تیدوسوس اصغر بیست و هفت سال پادشاهی کرد .[1]

پس «مرقیانوس» بپادشاهی‌رسید واجتماع چهارم درزمان اوبود باین سبب که «طرسیوس» بطریق یعقوبیان گفت مسیح یك گوهر و یك سرشت است و نصـاری سخنش را انکار کردند آنگاه ششصد و سی اسقف درقسطنطینیه فراهم آمدنـد و با «طرسیوس» مناظره کرده باو گفتند اگرمسیح چنانکه تـو گفتی یك سرشت بـاشد پس طبیعت قدیم همان طبیعت حادث است و هر گاه قدیم و حادث یکی بـاشد پس آنکه پیوسته بوده همان‌است که نبوده . بطریق از گفتهٔ خود برنگشت وبر کنارش کردند ، او پزشك بـود و به اسکندریهٔ مصررفت و همانجـا مقیم شد . پادشاهی «مرقیانوس» پنج سال بود. بعداز او «الیون» و «اسمون»[2] هیفده سال سلطنت کردند سپس «زنون» هیجده سال، آنگاه «انسطاسیوس» بیست و هفت سال پادشاهی کرد .

---

١ ـ چهل و دو سال (تاریخ حمزه ص ۴۷، التنبیه والاشراف ص ١٢٧ ، کامل ص ١٩٠).

٢ ـ لیون‌کبیر١۶ سال، ولیون‌صغیر پسرش یك‌سال(تاریخ حمزه ص ۴٧، التنبیه والاشراف ص١٣٠).

اجتماع پنجم نصرانیت در زمان او بود باین سبب که قومی از رؤسای نصاری گفتند جسد مسیح شبهی بی‌حقیقت بود . برای همین فراهم شدند و گفتند اگر جسدش شبهی بود باید کارش هم شبهی بی‌حقیقت باشد واین بگفتهٔ سوفسطاییان شبیه‌تراست تـا بگفتهٔ نصرانیان ، آنگاه گوینـدگان این‌سخن را لعنت کرده از آنهـا بیزاری جستند . . .[1] سپس «یوسطوس» دوم بیست و نه سال[2] پادشاه بود و در زمان او ولادت رسول اکرم محمد صلی‌الله‌علیه‌وآله واقع گردید .

آنگاه «یوسطس»سوم بیست سال،سپس«طیبریوس» چهار سال .[3] و در زمان این پادشاه اجتماع ششم نصرانیان بود بدین سبب که «قورس» اسکندرانی میگفت مسیح یك مشیّت و یك فعل است و خود میگفت این سخن مانند گفتهٔ یعقوبیه‌است. برای این‌فراهم شدند وبگفتهٔ بطریق رم تن دادند اوهم چیزی نوشت و خودحاضر نشد ، دیگر پس از این برای نصرانیان اجتماعی نبود ، پادشاهی هرقل و قسطنطین پسرش سی و دو سال بود .

پس قسطنطینوس هیجده سال، آنگاه بطریق رم سه سال،سپس « فلسعرردی »

---

۱ ـ پس از « انسطاس » یوسطینوس نه سال، آنگاه یوسطینوس دوم کـه در متن مذکور است (تاریخ حمزه ص۴۷، التنبیه و الاشراف ص ۱۳۰) (ژوستین) رئیس فوج درباری در ۵۱۸ میلادی بتخت نشست او روستایی بیسوادی بیش‌نبود ولی‌در تربیت برادرزادهٔ خود ژوستی نین از چیزی‌فرو-گذار نکرده بود ، ژوستی‌نین مشاور ژوستن شد و در ۵۲۷ جانشین اوگردید و در تمام مدت‌سلطنت خود (۵۲۷ ـ ۵۶۵) با جهد عظیمی شب و روز کار کرد چنانکه « امپراطور بیخواب » لقب یافت (تاریخ قرون‌وسطی ص۴۲). ۲ـ سی‌ونه سال (تاریخ حمزه وتاریخ قرون‌وسطی) آناستاس وژوستن وژوستی‌نین‌معاصرقباد اول بوده‌اند (ایران قدیم‌ص ۱۷۴ ـ ۱۷۵) . ۳ـ پس‌ازطیبریوس «موریقس» بیست سال، آنگاه «فوقاس » هشت‌سال، سپس هرقل و پسرش سی و یکسال (تـاریخ حمزه ص ۴۸) موریس‌وفُکاس‌وهراکلیوس معاصرخسروپرویز (ایران قدیم ص۱۸۷)ژوستی‌نین‌ویوستن دوم که‌معاهدهٔ ۵۶۲ را شکست ونصیبین را محاصره کرد و درنتیجهٔ شکستی که از ایران خورد ناچار ازسلطنت استعفا داد و جـانشین او کُنت تیبریُوس معاصر انوشیروان بوده‌اند (ایران قدیم ص ۱۸۳) .

چهارسال، پس لیون و قسطنطین پسرش بیست و نه سال.[۱]

ماههای رومی که حساب و تاریخهای خود را بر آن می‌نهادند دوازده ماه بود، ماه اول کانون دوم است که به‌رومی «ینوارس» نامیده میشد و اول سال آنها است، اینك اسامی ماههای رومیان: ینوارس که کانون دوم است، یلیاس که شباط است، نرلس که آذر است، ابرلس که نیسان است، مایس که ایار باشد، یولس که حزیران باشد، اغسطس که تموز باشد، ستنبرس که آب است، اقطبرس که ایلول باشد، نونبرس یعنی تشرین اول، اکبرس یعنی تشرین دوم، مورس یعنی کانون اول.[۲]

کشور رومیان یك حدّ آن فرات و حدّ دیگر آن اسکندریّه است که جزء کشور اسلامی شده است جز آن مقداری از خاك روم که هنوز تا امروز در دست خود رومیان باقی است، و بزرگترین شهرهای آنها «رها» بود در خاك جزیره که از دیار مُضر است، سپس انطاکیه مرکز کرسی بطرس (حواری)، کرسی چهارم و کرسی بطریق بزرگ، که دست یحیی بن زکریا در کلیسای «قسیان» آن است.

آنچه در دست رومیان بود و بدست مسلمین آمد عبارت است از خاك جزیره یعنی رها و حرّان و دیگر شهرهای آن، و بالِس و سُمیساط و مَلَطیه و اَذَنه و طرسوس و استان قِنّسرین و عواصم و باقی شهرهای آن، و اُستان حمص، و شهر حمص یکی از شهرهای کشور روم بحساب می‌آید، سپس لاذِقیّه که آن هم جزء حمص است و استان دمشق که غسانیان یعنی آل جَفنه ازطرف پادشاه روم آنجا را اداره میکردند، و استان اردن که آنهم در دست رومیان بود و غسانیان آل جفنه عامل دولت روم بودند، و استان فلسطین باشهرهای آن و تِنّیس و دِمْیاط واسکندریّه، اینها است آن قسمت از کشور روم که بکشور اسلام ملحق شده است و جز این آنچه در آنطرف دربند

۱ـ تاریخ حمزه ص ۴۷ ـ ۵۴، التنبیه والاشراف ص ۱۱۹ ـ ۱۵۰، کامل ص ۱۸۹ ـ۱۹۵، مروج‌الذهب ج ۱ ص ۳۱۷ ـ ۳۳۸. ۲ـ رجوع شود به‌مروج‌الذهب ج۲ ص۲۰۱.

(طَرسوس) است تاشهرهای صقالبه و الّان وفرنگ‌دردست‌خودرومیان‌میباشد. ازشهر های معروف‌رومیان است: رومیه، نیقیه، قسطنطینیّه، اماسیه، خرشنه، قوه، عمّوریّه، صمله (صمالو) قلمیه، سلندوا، هرقله، صقلیه، فلطنه، انطاکیهٔ محترقه، دهیر ناطه، ملویه، سلوقیه، امریه، قونیه، جبوس، بلوس، براوعس، سلنیقه.

پادشاهان پارس[1]

پارسیان برای پادشاهان‌خودچیزهای بسیاری‌ادعامیکنند که قابل قبول‌نیست از قبیل فزونی در خلقت تا آنجا که برای یك نفر چندین دهان و چندین چشم و برای دیگری صورتی از مس و برشانهٔ دیگری دو مار که‌مغز سرمردان خوراك آنها است، باشد؛ و همچنین زیادی‌عمر ودفع مرگ ازمردم و مانند اینها، از اموریکه‌عقل آنرا نمی‌پذیرد و در شمار بازیها و یاوه گوییهای بی‌حقیقت قرار میدهد، پیوسته خردمندان و دانایان عجم و بزرگان و شاهزادگان‌و دهقانان‌شان و اهل علم وادب این گونه مطالب را نگفته و صحیح ندانسته از حقیقت بر کنار شمرده‌اند.

پارسیان پادشاهی پارس را از زمان اردشیر بابکان بحساب می‌آورند و پادشاهان‌شان‌پیش‌ازاین‌در اولین سلسله عبارت است از:

«شیومرث» هفتاد سال، اوشهنج فیشداد چهل سال، طهمورث سی سال، جم‌شاد هفتصد سال، ضحّاك هزار سال، فریدون پانصد سال، منوچهر صد و بیست سال، افراسیاب پادشاه ترك صد و بیست سال، زو طهماسب پنج سال، کیقباد صد سال، کیکاوس صد و بیست سال، کیخسرو شصت سال، کیلهراسب صد و بیست سال، کی‌بشتاسب صد و دوازده سال، کی‌اردشیر صد و دوازده سال، خمانی دختر

1 - تاریخ حمزه ص ۱۲، التنبیه و الاشراف ص ۷۵، مروج‌الذهب ج۱ ص ۲۲۰، کامل ج ۱ ص ۲۱۹، معارف ص ۲۸۵ .ل. ص ۱۷۸.

چهرزاد سی سال ، دارا پسر چهرزاد دوازده سال . سپس اسکندر معروف به‌ذوالقرنین او را کشت و پادشاهی پارس پراکنده گشت و پادشاهانی بنام ملوك الطوایف که مرکز آنها دربلخ بود بپادشاهی رسیدند ، نسب شناسان اینان را از فرزندان عامور ابن‌یافث بن نوح پنداشته‌اند . اینان بردین ستاره‌پرستان ، خورشید و ماه و آتش و هفت ستاره را بزرگ میداشتند و مجوسی نبودند بلکه بر کیش صابئان بودند .

لغت آنها سریانی بود که با آن می گفتند ومی‌نوشتند و رسم‌الخط سریانی این است[1] اینان را قصه‌هایی است که چون بیشتر مردم را دیدیم آنها را انکار می کنند و از خرد بدور میدانند ، ازذکرش صرف نظر نمودیم ،چون بنای ما برحذف مطالب ناپسند است .

دورهٔ دوم پادشاهی پارسیان از اردشیر بابکان[2]

(پس از اشکانیان) اردشیر نخستین پادشاه مجوسی پارس بپادشاهی رسید . پایتخت او در استخر بود ، برخی از شهرهای پارس سر از اطاعت او باز زدند و او با جنگ آنها را گشود سپس به‌اصبهان و آنگاه به‌اهواز و بعدازآن به‌میسان رفت پس به‌پارس بر گشت و با پادشاهی بنام « اَرْدَوان » جنگید و اورا کشت . اردشیر بنام «شاهنشاه» خوانده شد و آتشکده‌ای در « اردشیر خُرّه » بنا کرد، آنگاه به‌جزیره و ارمنستان و آذربایجان سپس بسواد عراق لشکر کشید و آنها را گرفت پس به‌خراسان رفت و چندین شهر آنرا تسخیر کرد و پس از رام کردن شهرها پسر خود شاپور را بجای خود بر گرفت و تاج برسرش نهاد و پادشاهش خواند . اردشیر بعد از

---

۱ ـ حمزهٔ اصفهانی و ابن اثیر پادشاهان پارس را به‌چهار طبقه : پیشدادیان و کیانیان و اشکانیان وساسانیان، ومسعودی در التنبیه و الاشراف آنها را به‌پنج طبقه : پیشدادیان وبلان وکیانیان و اشکانیان و ساسانیان تقسیم‌کرده‌اند .۲ـل، ص۱۷۹.

چهارده سال سلطنت بدرود زندگی گفت.[۱]

شاپور پسر اردشیر بعد از پدر بپادشاهی رسید و با رومیان جنگید و چندین شهر را بدست آورد و مردمی از رومیان را اسیر کرد، پس شهر «جندیشاپور» را ساخت و اسیران رومی را در آن جای داد. رئیس رومیان پل روی رودخانهٔ شوشتر را که هزار ذراع عرض دارد برای شاپور مهندسی کرد. در روزگار شاپور بود که مانی زندیق پسر حماد[۲] ظهور کرد و شاپور را بکیش ثنویّت خواند و کیش او را نکوهش کرد، پس شاپور بسوی او مایل گردید.

مانی میگفت مدبّر عالم دو مبدء است که هردو قدیم‌اند یکی روشنی و دیگر تاریکی و هردو آفریدگار هستند؛ آفرینندهٔ نیکی و آفرینندهٔ بدی، تاریکی و روشنی هریک بتنهایی نام پنج معنی است: رنگ، مزه، بوی، سوده و آواز، هردو شنوا و بیناو دانا هستند. آنچه نیکی و سوداست از ناحیهٔ روشنی و آنچه زیان و گرفتاری است از ناحیهٔ تاریکی است، روشنی و تاریکی بهم آمیخته نبودند سپس بهم آمیختند باین دلیل که صورتی نبود و آنگاه پیدا شد، تاریکی بود که آمیختگی با روشنی را آغاز کرد، و آندو مانند سایه و خورشید بهم پیوسته بودند باین دلیل که پیدایش چیزی نه از چیزی محال است، تاریکی آمیختگی با روشنی را آغاز کرد و چون آمیزش تاریکی با نور تباه کنندهٔ آن است نمیشود که از ناحیهٔ روشنی باشد زیرا که از روشنی

---

۱ ـ اردشیر در سال ۲۲۳ میلادی علم طغیان بیفراشت و بلاش پادشاه کرمان را مغلوب کرد در ۲۲۴ اردوان اشکانی را کشت، در ۲۲۸ برای جنگ با روم از فرات گذشت و با شکست دادن سه اردوی قیصر روم «الکساندر سِوِر» (۲۲۲ـ۲۳۵) نصیبین وحرّان بتصرف او در آمد، آنگاه پادشاه ارمنستان را کشت و آن مملکت را مسخر ساخت، اردشیر از ۲۱۲ تا ۲۲۶ در پارس امارت داشت و از ۲۲۶ تا ۲۴۱ پادشاهی کرد (ایران قدیم ص ۱۵۱) مدت پادشاهی او ۱۴ سال و شش ماه بود (معارف ص ۲۸۶). ۲ ـ نام پدر مانی «فتّق بابك» است و متتبّعین تصور می‌کنند فوتّق معرب پاتك باشد (فهرست ص ۴۵۶، ایران قدیم ص ۲۱۸، ایران درزمان ساسانیان ص ۲۰۳، ملل ونحل شهرستانی ج ۲ ص ۷۲).

تنها نیکی خاسته است . دلیل بر اینکه روشنی و تاریکی ، نیکی و بدی هردو قدیم هستند این است که چون دیده‌اند از یك مادّه دو کار مختلف پدید نمی‌آید مثلاً آتش سوزنده، سرد کننده نمی‌باشد و آنچه سرد کننده است ، سوزندگی ندارد پس آنچه مبدء نیکی است بدی از آن نخواهد بود و آنچه بدی از آن است منشأ نیکی نمی‌شود، دلیل بر اینکه هردو زنده و کننده‌اند آن است که نیکی کاری است از مبدء نیکی و بدی کاری است از مبدء بدی . شاپور سخن مانی را پذیرفت و اهل کشور خود را بپذیرفتن آن واداشت ، این کار بر ایرانیان گران آمد و دانایان کشور برای آنکه شاپور را از این کیش باز دارند فراهم شدند و او نپذیرفت .

مانی کتابهایی برای اثبات دو مبدء نوشت،[1] یکی از آنها کتابی است که آنرا «کنز الاحیاء»[2] نامیده است و آنچه را از نجات نوری و تباهی ظلمانی در نفس است توصیف می‌کند و کارهای پست را بظلمت نسبت میدهد. دیگر کتابی که آنرا «شابرقان»[3] می‌نامد و در آن نفس خالص و نفس آمیخته با شیاطین و بیماریها را شرح میدهد و فلك را مسطّح میداند و میگوید دانش بر کوه مایلی است که فلك برین بر آن احاطه دارد. دیگر کتابی بنام «الهدی و التّدبیر»؛ و دوازده انجیل که هریك از آنهارا بحرفی از حروف می‌نامد[4] و نماز و آنچه را سزاوار است برای خلاص روح انجام شود ذکر میکند[5]. دیگر کتاب «سفر الاسرار» که در آن بر آیات پیمبران طعن میزنند . دیگر کتاب «سفر الجبابره». مانی را کتابها و رساله‌های بسیاری است[6]. شاپور ده سال و اندی بر

۱ ـ فهرست ابن ندیم ص ۴۷۰، ایران در زمان ساسانیان ص ۲۲۲ . ۲ ـ سفر الاحیاء (فهرست) کنز الحیات (ایران در زمان ساسانین) . ۳ ـ شاهپور نسبت به مانویان اظهار مساعدت و خیرخواهی کرده است و بهمین مناسبت مانی یکی از کتب عمدهٔ خود را بنام او کرده و «شاهپورگان» خوانده است (ایران در زمان ساسانیان ص ۲۲۰). ۴ ـ انجیل زنده یا فقط انجیل که برحسب عدد حروف سریانی ۲۲ فصل داشته است (ایران در زمان ساسانیان ص ۲۲۲). ۵ ـ فهرست ص ۴۶۵. ۶ ـ فهرست ص ۴۷۰ ـ ۴۷۱ .

این کیش بماند، سپس « موبذ » نزد شاه آمد و گفت این مرد دین تورا تباه ساخته است من و او را باهم جمع کن تا با او مناظره کنم، شاپور آندو را فراهم ساخت و موبذ با دلیل برمانی پیروز آمد، بس شاپور از کیش ثنوی به دین مجوسی باز گشت و بکشتن مانی تصمیم گرفت. مانی گریخت و به هندوستان رفت[1] و آنجا ماند تا شاپور مرد.[2]

بعد از شاپور پسرش «هرمز» که مردی دلیر بود پادشاه شد ، او است که شهر «رامهرمز» را بنا کرد ، روزگار هرمز کوتاه و پادشاهی او یکسال بود.[3]

آنگاه پسرش « بهرام » پادشاهی یافت ، او شیفتهٔ بندگان و هوسرانی بود . شاگردان مانی باو نوشتند که پادشاهی جوان وهوسران بتخت نشسته است، پس مانی به فارس آمد و امرش شهرت یافت و جایش آشکار شد ، بهرام او را خواست و از امرش پرسش نمود، مانی حال خود را باز گفت و بهرام او و موبذ را در مجلسی فراهم ساخت تا موبذ با او بحث کرد سپس باو گفت برای من و تو ارزیزی گداخته در معدهٔ من و تو ریخته شود، هر کدام را زیانی نبخشید او برحق است. مانی گفت این کار ستمکاران است ، بهرام فرمود تا او را زندانی کردند و باو گفت فردا صبح تو را فرا خوانم و بکشتن بی‌سابقه‌ای بکشم. مانی شبانه پوست کنده شد تا جان داد و صبح که بهرام او را فرا خواند او را مرده یافتند . دستور داد سر او را بریدند و پوست او را پر ازکاه کردند، آنگاه بتعقیب پیروانش برآمد و بسیاری از ایشان را

---

۱ ـ فاتك پدر مانی از مردم همدان بود و به‌بابل مهاجرت‌کرد و در آنجا مانی در سال ۲۱۵ یا ۲۱۶ متولد شد ، مانی در طیّ سفر هند و پس‌از مراجعت به‌ایران دعوت خود را ادامه‌داد (ایران در زمان ساسانیان).مانی یکی از کتابهای خود را برای شاهپور بزبان پهلوی و بقیه را بزبان‌سریانی نوشت (ایران قدیم ص ۲۱۹) . ۲ ـ شاپور در سال ۲۴۱ میلادی بتخت نشست ، جنگ اول او با رومیان(گُردِیَن و فلیپ عرب)از ۲۴۱ تا۲۴۴ م.وجنگ دوم که والِرِیَن در آن اسیر شاپور شد از ۲۵۸ تا ۲۶۰ میلادی امتداد یافت ، مرگ شاپور در سال ۲۷۱ میلادی واقع شد (ایران قدیم) .

۳ ـ هرمز مانی را که از ایران رفته بود خواست و در قصر خود در دستگرد پناه داد و نواخت ، هرمز در سال ۲۷۲ میلادی در گذشت (ایران قدیم ص ۱۵۷).

کشت . پادشاهی بهرام سه سال بود .[۱]

پس « بهرام » پسر بهرام هیفده سال پادشاهی کرد[۲]، آنگاه پسرش بهرام (سوم) ابن بهرام بن بهرام[۳] چهارسال، سپس برادرش « نَرْسی » (نِرْسِه) بن بهرام نه سال[۴]، پس « هرمز » پسر نرسی نه سال پادشاهی کردند.[۵] هرمز را پسری بود که او را شاپور نام نهاد و نامزد پادشاهی کرد ، هرمز مرد و شاپور کودکی در گهواره بود. اهل کشور بانتظار ماندند تا شاپور بحدّ رشدو جوانی رسید، سپس سرکشی و بیدادگری از او ظهور کرد ، بشهرهای عربستان لشکر کشید و آبهای آنها را با خاك انباشته ساخت . پادشاه روم « الیانوس » بجنگ باشاپور برخاست و همهٔ قبایل عرب او را کمك دادند ، سپس قبیله های عرب با شتاب برشاپور حمله بردند و در پایتخت بر او تاختند تا آنجاکه شاپور گریخت و پایتخت را خالی گذاشت ، شهرو خزاین سلطنتی بغارت رفت. آنگاه تیرناشناسی رسید و « الیانوس» را کشت، رومیان « یوبنیانوس » را بپادشاهی برداشتندو اوبا شاپور صلح کرد .[۶] شاپوردشمنی عربهارا

---

۱ ـ بهرام اول بعد از برادر بتخت نشست و چهار سال سلطنت کرد ، زِنُوبیاملکهٔ تدمردختر اُذَیْنه از بهرام کمك خواست ، مدد بهرام مختصر بود واُرْلِیَن امپراطورروم پس از تسخیرتدمُر قصد حمله به ایران داشت ولی پس ازورود به بیزانس کشته شد (۲۷۵). بحکم بهرام مانی را زنده پوست کندند و بعد آنرا به دو تیر نصب کرده در جندی شاپور برای مردم عرضه داشتند (ایران قدیم) .

۲ ـ بهرام در سال ۲۷۵ بجای پدر نشست و امپراطور روم «کاروس» با او جنگ کرد و بین النهرین و تیسفون را گرفت لیکن در اثر رعد و برقی که حادث شد او را مرده یافتند و بهرام آسوده شد.

۳ ـ بهرام سوم را پسر هرمز نوشته اند (ایران قدیم ص ۱۵۸) و بیش از چند ماه سلطنت نکرد .

۴ ـ نرسی پسر بهرام سوم یا شاپور در ۲۸۲ میلادی بسلطنت رسید (ایران قدیم ص ۱۵۸) .

۵ ـ هرمز در ۳۱۰ در جنگ با اعراب کشته شد و پس از او پسرش آذر نرسی (آذرنِرْسِه) پادشاه شدکه چون خیلی بیرحم و سفاك بودبزرگان نجبا اورا معدوم وپسرش را کور کردند ـ ۳۱۰ میلادی (ایران قدیم ص ۱۶۰) . ۶ ـ یولیان امپراطور روم در ۳۶۳ بالشکری در حدود صدهزارنفر بجنگ با ایران شتافت ولی در میدان جنگ و هنگام فرماندهی با زوبین یکی ازایرانیان کشته شد و صاحبمنصبی رومی بنام « یُوِیان » بسرداری قشون انتخاب شد و با شرایطی صلح کرد (ایران قدیم ص ۱۶۲ ـ ۱۶۴).

در دل گرفت و بهر که از آنهـا دست می‌یافت شانه‌اش را از جا درمیکرد و از این جهت« شاپور ذوالاکتاف» نامیده شد .پادشاهی‌شاپور بزرگ‌هفتاد و دوسال بود.[۱]

سپس « اردشیر» بن هرمز برادر شاپور بپادشاهی رسید ، او روش بدی درپیش گرفت‌وبزرگان ونجبا را می کشت تا آنکه پس از چهار سال سلطنت خلع گردید [۲] و« شاپور » پسر شاپوردوم پادشاه پارسیان گشت. اردشیرمخلوع درمقابل او فروتنی کرد و فرمانبری داشت. خیمه‌ای بر سرشاپور فرود آمدو پس‌از پنج سال پادشاهی کشته شد.[۳]

بعد از شاپور سوم « بهرام » چهارم پسر شاپـور پادشاه شد و با نامه‌هایی که باطراف‌نوشت‌به‌مردم‌وعدهٔ عدل وانصاف ونیکی داد. بهرام یازده [سال] سلطنت کرد سپس مردمی برسر او ریختند و او را کشتند .[۴]

آنگاه « یـزدجرد » پسر شاپور سوم بسلطنت رسید ، او مردی بد خلق و درشتخوی ، ستمکار و بدسیرت، کم خیر و پر زیان بود، مردم را چندی شکنجه داد تا اسبش او را لگد زد و مرد. پادشاهی‌او بیست و یک‌سال بود .[۵]

پس « بهرام » گور پسر یزدجرد کـه در عربستان بزرگ شده بود بپادشاهی رسید، پدرش‌او را به‌نعمان‌سپرده بود وزنان عرب او را شیر دادندو با اخلاق‌ستوده‌ای

۱ـشاپوربزرگ(۳۱۰ـ ۳۷۹م) جنگ اولش با روم از۳۳۸ تا۳۵۰ م، وجنگ دوم از۳۵۹تا ۳۶۳طول کشید ، جنگ سومش با « والن‌سین» امپراطور روم که میخواست عهدنامه ۳۶۳ راعملاً لغو کند در سر ارمنستان و گرجستان چند سال بـی نتیجـه ادامه داشت تا در سال ۳۷۶ قرار شد هیچکدام در امور ارمنستان و گـرجستان دخالت نکنند (ایران قدیم ص ۱۶۱). ۲ ـ ۳۷۹ ـ ۳۸۳ م . ۳ ـ ۳۸۳ ـ ۳۸۸ م. ۴ ـ ۳۸۸ ـ ۳۹۹ م، این پادشاه باتئودوس امپراطور روم (۳۷۹ـ ۳۹۵) که در سال ۳۹۵ امپراطوری روم را بدو قسمت تقسیم کرد معاصر بود(ایران قدیم ص۱۶۶).

۵ ـ ۳۹۹ ـ ۴۲۰ م، آرکادیوس امپراطور بیزانس‌هنگام مرگ پسروولیعهد خود «آرکادیوس» راکه درگهواره بود به‌یزدگرد سپرده خواهش کرد امپراطوری را حمایت نماید (ایران قدیم ص ۱۶۶).

بارآمد. پس از مرگ یزدجرد پارسیان نخواستند پسرش را بجای او قرار دهند و گفتند بهرام در میان اعراب بزرگ شده و بپادشاهی آشنا نیست، پس تصمیم گرفتند مردی جز او را بپادشاهی بردارند[1]. بهرام که در نزد عرب تربیت یافته بود هیبت شاهانه‌ای نشان داد، تاج و زیوری را که پادشاهان می‌پوشند درمیان دوشیر نهادند آنگاه به‌بهرام و خسرو گفتند هر کدام ازشما تاج و زیور را از میان این دو شیر بر گیرد او پادشاه است. بهرام برخاست پس عمودی بدست گرفت و پیش‌رفت و هر دو شیر را زد و کشت و تاج و زیور را گرفت. ایرانیان زیر بار پادشاهی اورفتند و از او فرمان بردند، بهرام هم آنها را بنیکی‌خود امیدوار ساخت و با نامه‌هایی که‌باطراف نوشت مردم را وعدهٔ نیکی داد و از دادگری خود آگاه ساخت، آنگاه در آباد کردن شهرها اهتمام ورزید. منذر بن نعمان بر او وارد شد و بهرام او را گرامی داشت.

بهرام مردی هوسران بود که سرگرمیها او را از کار رعیت باز میداشت تا آنجا که خود بکار شکار و هوسرانی پرداخت و برادر خود نرسی را جانشین خود نمود تا بامور کشور برسد، چون خاقان ترك ازحال بهرام آگاه شد در او طمع کرد و خواست بطرف ایران لشکر کشی کند که بهرام با خبر گشت و بر او تاخت تا او را کشت و خبر فتح را بر عیت‌خود نوشت. سپس روزی بشکار رفت و در پی گوری‌تاخت تا اسب او را در باتلاقی در انداخت و پس از نوزده سال پادشاهی جان سپرد.[2]

آنگاه «یزدجرد» پسر بهرام هیفده سال سلطنت داشت،[3] این یزدجرد را دو پسر بود: هرمز و فیروز، هرمز بعد از پدر پادشاهی را گرفت و فیروز بشهرهای «هیاطله» گریخت وپادشاهشان را از قصّهٔ خود و بیداد گریهای برادر آگاه ساخت. شاه هیاطله او را بلشکری کمك داد و با همان لشکر با برادر جنگید و او را

۱ ـ یکی از خویشان یزدگرد را که‌خسرو نام داشت بتخت نشاندند (ایران قدیم ص ۱۶۷).

۲ ـ ۴۲۰ ـ ۴۳۸ م. ۳ ـ ۴۳۸ ـ ۴۵۷ م.

کشت ولشکرش را پراکنده ساخت[۱]. فیروز پادشاه شد ودر زمان او مردم بقحطی و گرانی و گرسنگی سختی گرفتار شدند ، چشمه‌ها و نهرها خشکید و سه‌سال بدین حال گذشت سپس ارزانی و فراوانی در کشور پدید آمد . فیروز برای جنگ با پادشاه ترك با آنکه قرار صلحی در میان بود لشکر کشید، چون نزدیك ترکستان رسید پادشاه ترکها کس نزد او فرستاد تا باز گردد وبقراری که بوده است وفا کند، فیروز نپذیرفت، پس‌شاه ترکان خندقی عمیق در سر راه لشکرش کنده روی آنرا پوشید ، فیروز چون نزدیك‌رسید لشکرخود را برای جنگ آماده ساخت و ندانسته در خندق فرو رفت و خود ولشکریانش‌درآن تلف شدند،[۲] پادشاه ترکان همهٔ‌دارایی فیروز و خواهرش را نیز غنیمت گرفت . پادشاهی فیروزبیست و هفت سال بود.

چون‌ایرانیان‌از کشتن‌فیروز باخبرشدندبر آنها گران آمدویکی‌از بزرگان‌شان بنام« سوخرا »[۳]بالشکری وجمعیتی‌رفت وبا پادشاه ترکان روبرو شد و اورا در جنگ بتنگ‌آورد . شاه ترك ،سوخرارابصلح دعوت نمود بشرط‌آنکه هرچه را از خزاین فیروز ربوده است و خواهرش‌رابا [اسیران‌از]یارانش پس بدهد ، این صلح بانجام رسید و سوخرا باز گشت .

پس‌ازفیروز«بلاش» پسرش‌چهارسال‌پادشاه‌بود[۴]. سپس برادرش«قباد»پسر‌فیروز پادشاه‌شد وچون کودك‌بود تدبیر کشوررا بهسوخرا واگذاشت ،امّاپس‌از رسیدن‌بحدّ بلوغ کارسوخرا رادر ادارهٔ کشور نپسندیدواو را کشت آنگاه «مهران»را پیش داشت.

سپس پارسیان قباد را از پادشاهی خلع و حبس کردند و برادرش «جاماسب» پسر فیروز را بپادشاهی برداشتند ، قباد در زندان و برادرش پادشاه بود ، تا آنکه خواهرقباد داخل زندان شد ورئیس زندان‌را که متعرّضش گردید بعذر اینکه‌حایض است بوعده‌ای امیدوار ساخت آنگاه وارد زندان شد ویکروز نزد قباد ماند، سپس

۱ - ۴۵۷ - ۴۵۹م. ۲ - ۴۵۹ - ۴۸۳م، پادشاه هیاطله «خوشنواز»بود. ۳ - زرمهریا سوخرا ازخانوادهٔ بزرگ قارن که اصلاً شیراری وحکمران‌ایالت سگستان بود. ۴ - ۴۸۳-۴۸۷

او را در میان فـرشی پیچید و روی شانهٔ غلام نیرومندی از محبس درآورد . قباد گریخت[1] وبکشور « هیاطله » روی نهاد ، چون به « ابرشهر » رسید برمردی‌فرود آمد و مهمان او شد وازاو خواست که زنی برای قباد بخواهد، پس دختری نزدقباد آورد و قبادبـا او درآمیخت و از حسن و جمالش در شگفت شد. آنگاه نزد شاه هیاطله رفتو یکسال پیش او ماند تالشکری با او همراه کرد . قباددر برگشتن بـه‌ابرشهر آمد و از مردی که براو فرود آمده بود پرسید آن‌دختر را چه کردی ؟ دختر را نـزد قباد آورد و او پسری بسیار زیبا زاییده بـود ، قباد او را انوشروان نامید. پس بکشور خود رهسپار شد وپادشاهی را بدست گرفت ونیرومندو باشوکت شد . قباد با رومیان جنگید ،[2] شهرها ساخت وناحیه‌ها را آباد نمود. آنگاه فرزند خود انوشروان را ولیعهد خویش کرد، او را فراخواند و نیکووصیّت نمود و آنچه مورد نیازش بود باو شناساند ، پادشاهی قباد چهل و سه سال بود .[3]

انوشروان پسر قباد پس از پدر پادشاهی یافت وخبر مرگ قباد رابرای‌مردم کشور نوشت‌آنگاه آنها را وعدهٔ‌نیکی داد و بآنچه‌خیرشان درآن است امرفرمود و خیرخواهی و فرمانبری را در عهدهٔ آنها نهاد ، مخالفین خود را بخشید و مزدك را که میگفت باید زنان واموال مردم مشترك باشند[4] و نیز زردشت‌بن خُرَّکان را که درکیش مجوسی‌بدعت‌نهاده‌بودویاران این‌دورا کشت[5] .مردمان بزرگ وباشخصیت‌را

1 ـ قباد بهمدستی زنش از محبس فرار کرد (ایران قدیم ص ۱۷۴). ۲ـ جنگ‌اول قباد با روم از ۵۰۳ تا ۵۱۳ میلادی طول کشید ، (در امپراطوری « آناستاس »)، جنگ دوم که در امپراطوری ژوستن و ژوستی نین بود بمرگ قباد منتهی شد . ۳ ـ ۴۸۷ ـ ۵۳۱م. ۴ ـ مزدک پسر بامداد از اهل نیشابور بـود و گرویدن قباد بـاو از راه سیاست و برای کاستن از نفوذ نجباء و روحانیان بود ، بعد کـه قباد بمقصـود خود رسید بقلـع آنها پرداخت (ایران قدیم ص ۱۷۶) .
۵ ـ زردشت حامی مزدك پسر خـورگان و از مـردم پسا (فسای فارس) بـوده (ایران در زمان ساسانیان ص ۳۶۱).

مقدم داشت و چندین شهر را که جزء ایران نبود با جنگهایی که کرد به ایران ملحق نمود . در میان او و « یخطانیوس » پادشاه روم [...][1] پس انوشروان با رومیان جنگید و کشت و اسیر گرفت و بر شهرهای بسیاری از جزیره وشام از جمله : رُها ، مَنبِج ، قنسّرین ، عواصم ، حلب ، انطاکیه ، اَفامِیه ، حِمص و جز اینها دست یافت . انوشروان را از انطاکیه خوش آمد وشهری مانند آن که چیزی از آن کم نداشت ساخت، آنگاه اسیران انطاکیه را آوردو باین شهر فرستاد و چیزی را ناشناس نیافتند . انوشروان زمینها را مساحت نمود و بر آنها خراج نهاد و محصول هرجریبی را نسبت بحاصلخیزی آن مقداری غلّه مقررداشت ، این قانون عمل میشد و در نتیجه همهٔ زمینها آباد گردید . انوشروان برای دفتر آمار سربازان مردی با اراده و دوراندیش برگزید[2] او سربازان را بهر سلاحی که مورد نیاز بود ملزم ساخت[3]، دفتر حقوق و دفاتر نامها و نشانیها ونشانهای چهارپایان و دفترعرض سپاه را نیز مرتب نموده باشخاص لایق سپرد .

انوشروان مردی بزرگوار و جوانمرد و دادگر بود تا آنجا که هر کس از اوچیزی میخواست انجام میداد. سیف[بن] ذی یَزَن بدربار آمد وانوشروان را آگاه ساخت که حبشیها بکشور یمن تاخته بر آن دست یافته‌اند ، و سیف نزد« هِرَقل »

۱ـ در آغاز سلطنت انوشروان میان او و امپراطور روم «ژوستی نین» عهدی بسته شد (۵۳۲م) فتوحات درخشان روم در ایتالیا و آفریقا پس از این صلح ، خسرو را نگران ساخت و دخالت امپراطور روم را در نزاعی که میان حارث بن جبله پادشاه غسان تحت الحمایهٔ روم شرقی و منذر ابن نعمان پادشاه حیره تحت الحمایهٔ ایران روی داده بود بهانه ساخت و دست بجنگ برد (ایران قدیم ص ۱۷۸ – ۱۷۹). جنگ اول باروم در سال ۵۴۰م بصلح خاتمه یافت، جنگ دوم در سال ۵۶۲ بصلح پنجاه ساله، و جنگ سوم (۵۷۲ـ۵۷۹)باستعفای ژوستن دوم و سلطنت تِیبِریوس و مرگ انوشروان منتهی شد . ۲ ـ بابك بن نهروان (اخبار الطوال ص ۷۳) . ۳ ـ تفصیل آن در اخبارالطوال ص ۷۳ ـ ۷۴ است .

پادشاه روم رفته بی نتیجه باز گشته است ، انوشروان زندانیان را از راه دریا همراه سیف فرستاد و مردی دلیر وکارآزموده را از افسران قدیمی خود بنام « وَهْرَز » فرماندهی داد تا بکشور حبشه رفت و حبشیها را کشت و از میان برد ، پادشاه‌شان ابرهه را بتیری ازپا درآورد وسیف را بپادشاهی برداشت و خود در یمن ساکن شد[۱].
انوشروان پسر خود هرمز را که مادرش دختر خاقان پادشاه ترك بود بولیعهدی منصوب کرد ، عهدنامهٔ ولیعهدی او را نوشت و بآنچه شایستهٔ ولیعهدی است امرش فرمود و او رانیکو وصیّت نمود ، آنگاه در مقام آزمایش پسر برآمد و او راچنانکه میخواست یافت و درهرپرسشی پاسخ محکم و مناسبی شنید و[جز] سخنان شایسته بر زبان هرمز نیامد ، انوشروان پس از ٤٨ سال پادشاهی در گذشت[۲].

هرمز فرزند انوشروان پس از پدر شاه شد[۳] و نوشته‌ای خطاب بهمهٔ مردم بر آنها خواند ، در این نوشته مردم را وعدهٔ عدل و انصاف و بخشایش و نیکی داد و بآنچه خیر و مصلحت است امر نمود، کار سلطنت او با پیروزی وسربلندی آغازشدو شهرهایی‌را گشود ، سپس دشمنانش بر او گستاخ شدند و بشهرهای او تاختند ، و ازهمه خطرناکتر « شابه » پادشاه ترك بود که با لشکر انبوهی به‌ایران سرازیرشدو داخل شهرهای خراسان گردید و نزدیك بودخراسان‌را مالك شود ، پادشاه خزر نیز با لشکری گران به‌آذربایجان فرودآمد ، کار بر هرمز دشوار شدو ترسید که در مقابل‌شاه ترکها عاجز شود پس مردی از سرداران هرمز بنام « بهزاد » نزداوآمده گفت نزد اومرد دانایی‌است بنام« مهران ستاد » [...] و بانوزنش از پیش آمدپرسیده

---

۱ ـ حبشیها ۷۲ سال مالك یمن بودند : ارباط ۲۰ سال ، ابرهه کشندهٔ ارباط ۲۳ سال ، یکسوم پسر ابرهه ۱۷ سال ، مسروق پسر ابرهه ۱۲ سال که وَهْرَز با لشکر ایرانی او را در ۵۷۰م کشت (تاریخ حمزه ص ۸۹، کامل ج۱ ص۲۶۳، ایران قدیم‌ص ۱۸۲). ۲ ـ ۵۳۱ ـ ۵۷۹م.
۳ ـ دینوری خطبهٔ مفصّلی از هرمز در اول‌جلوس نقل کرده است (اخبارالطوال ص ۷۵).

پس باو گفته است دخترش از پادشاه ایران پسری میزاید کــه بعد از پدر بپادشاهی خواهد رسید و پادشاه ترك با لشکری گران بجنگك او خواهد رفت ، او هم مردی گمنام بنام «بهرام چوبین» با لشکری اندك بجنگك خاقان میفرستد وبهرام‌خاقان‌را میکشد و پادشاهی‌او را بباد میدهد . هرمزخوشحال‌شد و در جستجوی بهرام چوبین بر آمد[باو] گفتندباین‌نام نمی‌شناسیم‌مگر مردی‌را ازاهل‌ری که درآذربایجان است . هرمز کس‌فرستاد و بهرام را فرا خواند، آنگاه او را بادوازده هزار مرد جنگی در مقابل‌خاقان [ترك] فرستاد،موبذانِ موبذ[1] به‌هرمز گفت بهرام‌شایستهٔ پیروزی‌است جز اینکه کنار ابرویش دلالت دارد که شکافی در پادشاهی تو پدیدآورد ، کاهن‌هرمز هم‌چنین گفت، پس‌هرمز به‌بهرام‌نوشت که‌باز گردد واوباز نگشت‌و[بهرام]در هرات با شابه که بسی مغرور بود روبرو شد ، درنزد شابه مردی بود بنام «هرمزجرابزین» که هرمز او را برای فریب دادن خــاقان نزد او فــرستاده بود[2] و او پس از انجام مأموریّت گریخت و از نزد او رفت ، شابه کس فرستاد تـا خبر بهرام را باز آورد ، فرستادهٔ او رفت و باز آمدو خبربهرام را بازآورد ، آنگاه شابه نزد بهرام فرستاد تا بازگردد، بهرام‌جواب درشتی داد و با لشکری‌آماده بجنگك مبادرت ورزید ،همراه شابه منجّمان و جادوگرانی بودند و امررا بر لشکریان بهرام مشتبه میساختند ، کارجنگك بسختی کشید و کشتار در یاران شابه بسیار شد تا آنکه جمع کثیری از آنها کشته شدو رو بگریز نهادند ، بهرام عدهٔ زیادی را کشت تا به‌شابه رسیدو با زوبین درازی او را ازپا درآورد ، جادوگری راکه با شاه ترکان بود دستگیر کرد و خواست او را زنده نگه دارد تا در جنگها یاورش باشد سپس کشتن او را شایسته‌تر دید ، بهرام خبرپیروزی را به‌هرمز نوشت ، هرمز خوشحال گردید و این خبر رادر کشور منتشرساخت ، سپس [برموذه] پسر شابه‌بجنگك بیرون‌آمدو بربهرام‌شبیخون

۱ – رئیس روحانیان . ۲ ـ اخبار الطوال ص ۸۰ .

زد و جنگ سختی درمیان آندو واقع شد، آنگاه بهرام بر او شبیخون زد و او را شکست داد وتعقیب کرد تا در قلعه‌ای محاصره‌اش نمود، برموذه امان خواست بشرط آنکه از خود هرمز باشد، بهرام به‌هرمز نوشت، هرمز جواب مساعد داد و امان نامه‌ای فرستاد تا بهرام برای پسر خاقان بفرستد، برموذه از قلعه بدرآمد و نزد هرمز رفت، هرمز قبلاً کسانی رانزد بهرام فرستاده بود، چون برموذه بدربارهرمز رسید هرمز اورا گرامی داشت و با او نیکی کرد و او را باخود بالای تخت نشانید. آنگاه برموذه هرمز را از مالهای فراوان و گنجهای بسیاری که بدست بهرام آمده‌و امرآنها را از فرستادگان بهرام پوشیده داشته است آگاه ساخت، فرستادگان رانیز از خیانت بهرام و اینکه کمی از بسیار فرستاده است آگاه نمود، پس هرمز نامه‌ای به‌بهرام نوشت و او را فرمود تامالهایی را که در دست اوست بفرستد، بهرام بخشم آمدو لشکریان خود را از نامهٔ هرمز با خبر ساخت، به‌هرمز بسی زشت و ناروا گفتندو آنگاه بهرام وهمهٔ لشکریانش اوراخلع کردند، چون هرمز باخبر گشت، نگران شدودر نامه‌ای از بهرام و لشکریانش معذرت خواست، بهرام و لشکرش گفتهٔ هرمز را نپذیرفتند، آنگاه بهرام سبدی که کاردهای سرکجی درآن بود نزد هرمز فرستادو هرمز بادیدن آنها دانست که بهرام یاغی گشته است پس کجیهای کارد را برید و آنها را باو باز گرداند، بهرام مقصود شاه را دانسته نزد خاقان پادشاه ترك فرستاده خواستار صلح‌شد بشرط اینکه همهٔ زمینهای ترکستان را که گرفته است به‌خاقان باز دهد آنگاه بهرام به‌ری آمد و برای‌بهم زدن میان هرمز وپسرش خسرو پرویزدست بکار شد، هرمزازپیش بپسرش بدبین بود وخبر یافته بود که کسانی او را واداشته‌اند که برپدرش بتازد، بهرام پولهای نقرهٔ زیادی بنام خسرو پرویز سکّه زد وآنها را بپایتخت هرمز فرستاد و بدست بسیاری از مردم رسید، هرمز خبر یافت و سخت نگران‌شد و خواست‌پسرش خسروپرویز را زندانی کند، چون پرویز از تصمیم‌پدر

آگاه شدبه‌آذربایجان گریخت و مرزبانان و بزرگان آنجا بر او گردآمدند و با او بپادشاهی بیعت کردند، هرمز لشکری بفرماندهی مردی بنام «آذینجشنس»[۱] بجنگ بهرام فرستاد، در بین راه مردی که آذینجشنس او را از زندان درآورده همراه خود ساخته بود او راکشت و لشکرش پراکنده شدند. پس از کشته شدن آذینجشنس کار هرمز بسستی کشید و لشکریان که بر او خشمناك و از سلطنت او ناراضی بودند گستاخ‌شدند پس به‌پرویز پسرش نوشتند واو با لشکری از آذربایجان رسید، هرمز را خلع کردند و پرویز را بپادشاهی برداشتند، هرمز را گرفته کور کردند و بزندان انداختند، چند روزی درحبس بودتا روزی پسرش [بر او] وارد شد و با او سخن گفت، هرمز به‌خسرو گفت کسی را که‌با من چنین کرد بکش، در این‌موقع امر کشور بدست‌بندی و بسطام[۲] دو خالوی پرویز افتاده بود. هرمزدوازده سال سلطنت کرد.[۳]

چون کار پرویز روبراه‌شد و از حرکت بهرام‌چوبین بطرف خودآگاه گشت با لشکرش و دو خالویش بندی و بسطام[۴] بجنگ بهرام بیرون شد تا در نهروان اورا دیدار کرد و با او سخن گفت و او را بیم داد، بهرام در پاسخ خسرو سخت درشتی کرد. «کردویه» برادر بهرام همراه خسروپرویز بود، بالاخره بهرام پیروزشدو لشکر خسرو پراکنده گشته او را تنها گذاشتند. خسرو گریخت و در بین راه دو خالویش بندی و بسطام باز گشتند و پدرش هرمزرا کشتند آنگاه در راه به‌خسرو ملحق شدند، خسرو رو بگریز میرفت تا حال او بد شد و سختی و بیتابیش بنهایت رسید دراینحال‌خوراکی خواست وجز نان جوفراهم نگشت، لشکربهرام ازپشت‌سر

---

۱ - یزدان جُشنَس (اخبار الطوال ص ۸۳) یزدگشنسپ (ایران در زمان‌ساسانیان ۱۵۹).

۲ - بِندویه و بسطام (اخبارالطوال‌ص ۸۳). ۳ - ۵۷۹ - ۵۹۰م. ۴ - وندوی (بندوی) - وِستهم (ایران در زمان ساسانیان ص ۴۶۵).

رسید و خسرو با حیلهٔ خالوی خود بندی نجات یافت و رفت تا بهرُها رسید، بندی را گرفتند و نزد بهرام بردند و زندانیش کرد، سپس از حبس گریخت و به‌آذربایجان رفت. کسری بقصد دربار «مورق»[1] پادشاه روم بهرُها رفت، حاکم رُها او را نگه‌داشت و به‌مورق پادشاه روم نوشت که خسرو بامید یاری او آمده است، امپراطور روم با اصحاب خود در بارهٔ خسرو مشورت کرد، و آنها مختلف جواب دادند، پادشاه روم خسرو را پذیرفت و دختر خود را باو داد و لشکرعظیمی همراه او ساخت با شرایطی که پس از فیروزی عمل نماید، کسری سه نفر از یاران خود را نزد موریس فرستاد تا هرچه خواست از آنها پیمان گرفت آنگاه دختر خود ولشکر را بفرماندهی برادرش «ثیادوس»[2] وهمراهی مردی که بجای هزار مرد بود نزد کسری فرستاد، کسری بعد از عروسی با دختر پادشاه روم با لشکرش بطرف آذربایجان رفت، خالوی‌او بندی هم پیش از این بآنجا رفته بود و چون ازآمدن خسرو آگاه شد با لشکری گران او را دیدار کرد، بهرام چوبین با خبر یافتن از لشکرهایی که برای خسرو فراهم گشته است نامه‌هایی بسران یاران خسرو نوشت که در آنها روش بد ساسانیان و رفتار یکایك آنان را نوشته یاران خسرو را بیاری خود دعوت کرده بود. نوشته‌ها، پیش از رسیدن بدست دیگران، بدست خسرو افتاد، خسرو از طرف اصحاب خود جوابهای درشت‌به بهرام نوشت‌و فرستاده را باز گرداند، پس بهرام بجنگ خسرو بیرون شد تا به‌آذربایجان آمد و جنگ سختی کرد و بسیاری از طرفین کشته شدند. مرد رومی که با هزارمرد برابر بود آمادهٔ جنگ‌شد و به کسری گفت این‌بنده‌ات که پادشاهی تورا ربوده‌است کجا است تااورا بکشم؟ گفت آنکه بر اسب ابلق سوار است. رومی بر بهرام حمله برد و بهرام واپس

۱ ـ مُوریس (مُوریکیوس). ۲ ـ بگفته دینوری « ثیادوس » پسر قیصر بود (اخبار الطوال ص ۹۰).

رفت آنگاه به‌رومی حمله بردو او رابا شمشیر خود بدو نیم کرد ، خسرو خندید و گفت « زه ». برادرپادشاه روم بخشم آمد و گفت خوشحال شدی که مرد و سردار ما کشته‌شد ؟ خسرو گفت نه، لیکن سردارشما بمن گفت بنده‌ای که پادشاهیت راربوده است کجا است ، خواستم بدانی که این بنده هرروزی چندین ضربت میزند که همه اینطوراست . کار جنگ به‌سختی کشیدتا آنکه خسرو شکست یافته بکوهی بالارفتو نزدیك بهلاکت رسید . سپس لشکر خسرو جنبشی کردند و بهرام چوبین شکست یافته پا بگریز نهاد و با شتاب نزد خاقان ترکستان رفت . بار دیگر پادشاهی‌خسرو پرویز رو براه شد،پس نامه‌ای بپادشاه روم نوشت و او را بپیروزی خود بشارت داد، امپراطور دو جامهٔ صلیب دار برای خسرو هدیّه کرد و خسرو آنها را پوشید. پس پارسیان گفتند او کیش نصرانی گرفته است، آنگاه خسرو در بارهٔ نصرانیان نوشت که باید مورد اکرام و احترام و نیکی باشند و آنچه در میان خسرو و رومیان از پیوند و پیمان و آشتی واقع شده بود که پیش از او سابقه ندارد باز گفته شود . خالوی کسری « بندی » بر تیادوس برادر پادشاه [روم] حمله برده سنگی بر سر او کوبید وفتنه‌ای بپا شد، برادرامپراطور گفت‌یا باید[که]«بندی » را بمن‌تسلیم نمایی یا فتنه از سر گرفته شود،پس خسرو او را آرام ساخت .

بهرام چوبین بکشور ترکستان رسید و خاقان مقدمش را گرامی داشته باو نیکی نمود . خاقان را برادری بود بنام « معارس »[1] که با او مدارا میکرد، بهرام اورا دید وبه‌خاقان گفت چگونه این برادر برتو چنین گستاخ گشته است ؟ برادر خاقان سخن بهرام را شنید و او را بزورآزمایی دعوت نمود ، بهرام گفت هرگاه بخواهی بیا. پس‌خاقان شاه ترکان تیری‌ببرادرش وتیری‌به‌بهرام دادو آن‌دورا بصحرا فرستاد، برادر خاقان بهرام را هدف قرار داد و تیر او اصابت کرد و سلاح بهرام را چاك زد،

۱ــ « بغاویر» (اخبارالطوال ص ۹۳).

آنگاه بهرام تیر خود را رها کرد و حریف را کشت ، خاقان از کشتن برادری که از او بیم داشت و با خاقان دشمنی میورزید خوشحال گردید .

خسرو ازپیوستن بهرام به‌خاقان ترك بیمناك بود که مباد فتنه‌ای پدید آید، پس مردی از بزرگان پارسیان بنام « بهرام جرابزین »[1] را با هدیّه‌هایی نزد خاقان فرستاد و از او خواست که بهرام چوبین را نزد خسرو فرستد، «جرابزین» را نیز فرمود که تا می‌تواند دل خاقان را بربهرام بگرداند ، پس با هدیه‌ها نزد خاقان رفت و در بارهٔ بهرام با او سخن گفت ولی آرزوی خود را نزد او نیافت، آنگاه نزد ملکه زن خاقان رفت و با سخنان‌فریبنده و هدیّه‌های گوهر وجز آن که تقدیم‌داشت موضوع بهرام را در میان گذاشت . خاتون مردی از کسان خود را که بی باکی و پردلی داشت فرستاد و باو گفت بر بهرام چوبین درآی و او را بکش ، او رفت و از بهرام بار خواست (و کان نوم بهرام)[2] و بار نیافت ، پس گفت خاقان مرا برای کار مهمی نزد تو فرستاده است . بهرام او را پذیرفت و چون در آمد گفت پادشاه با من پیامی فرستاده است که باید درنهان عرض کنم بی آنکه کسی دراینجا باشد، بهرام‌بپا خاست و با او خلوت کرد. مأمور ملکه چنانکه گویا با بهرام سر گوشی دارد باو نزدیك شد و خنجری را که همراه داشت بپهلویش فرو برد آنگاه با شتاب بیرون رفت و اسب خود را سوار شد ، یاران بهرام در آمدند و او را بدان حال یافتند و گفتندای شیر پردل که تو را از پا درآورد، و ای کوه‌سر بلند که تورا درهم‌شکست؟ بهرام داستان را باز گفت و به خاقان نوشت که اورا وفاء و سپاسگزاری نیست .

بهرام مرد و بخاك سپرده شد. چون « جرابزین » از مرگ او باخبر شدنزد کسری بازگشت و او را مژده داد ، خسرو خوشحال گردید و این خبر را در

---

۱ ـ هرمزدجرابزین (اخبار الطوال ص ۹۵) . ۲ ـ آنروز « وَرْهام روز» بود و منجّمان گفته بودند که مرگ بهرام در وَرْهام روز خواهد بود (اخبار الطوال ص ۹۶) .

کشور منتشر ساخت و باطراف کشور نوشت .

چون بهرام درگذشت پادشاه ترك نزد « کردیه » زن بهرام و یاران او کس فرستاد و آنها را از تأثر شدید خود و کشتن هر کسی که در خون بهرام شرکت داشته است آگاه ساخت . برادر خود « نطرا » را نیز نزد آنها فرستاد و به‌زن‌بهرام کُرْدیه نوشت که خاقان بدو علاقه‌مند است و میفرماید که با برادرش « نطرا » ازدواج نماید .

کُرْدیه‌زن‌بهرام با[لشکر]برادرش[1] ویاران وهمراهان‌خویش‌رهسپار کشور ایران‌شد ، «نطرا» برادرخاقان‌از پی‌او رسید ، کُرْدیه با لباس‌جنگ بسوی‌اوبیرون شدو گفت ازدواج‌نخواهد کرد مگر با کسی که درمردانگی ونیرومندی مانند بهرام باشد ، بیا تا باهم نبرد کنیم ، « نطرا » برادر خاقان بمیدان نبردآمد و « کردیه » او را کشت و راه خود را در پیش گرفت .

خسرو بر خالوی خود «بندی » برای‌آنچه با پدرش کرده بود خشم گرفته چشمان او را کور کرده، دو پای او رابریده و او را زنده بدارزده بود ، چون‌بسطام از کردار خسرو با برادرش آگاه شد ، خسرو را خلع کرد وبه‌ری رفت و لشکر فراهم‌ساخت ، آنجاخبر یافت که کُرْدیه خواهر و زن بهرام از کشور ترکستان باز میگردد ، بسطام باستقبال او ویارانش شتافت و کسری را نکوهش کرده ازبی‌وفایی و نابکاریش سخن گفت آنگاه از اوخواست تا با یاران خود نزد بسطام بماندو بازدواج او در آید . کردیه چنین کرد و نامه‌ای ببرادرش « کُرْدی » نوشت و ضمن شرح‌سر گذشت خود ازاو خواست تا برای خواهر خود وهمراهانش ازخسرو امانی بگیرد . [خسرو نیز] ازآمدن کردیه با لشکر بهرام به‌ری‌وازدواجش با بسطام

1 ـ اما وهرام چوبین خواهر خود گردیگ (گردیه) را گرفت (ایران در زمان ساسانیان ص ۳۴۸) .

خالوی شاه و ماندنش با او [آگاه شد]، پس برادرش «کردی» را فراخواند و از او خواست تا خواهرش را بکشتن بسطام وادار کند و او را بهمسری خسرو پس از کشتن شوهر امیدوار سازد. «کردی» زن خود «ابرخه» را با پیامهای خسرو و [امان‌نامه‌های] قابل اعتماد برای خود و همراهانش نزد خواهر فرستاد، همراهان کردیه پیام و امان خسرو را پذیرفته بسطام را کشتند. کردیه بدربار خسرو آمد و خسرو او را بزنی گرفت و بانوی حرم شناخت پس کار پادشاهی خسرو روبراه شد و شهرها همه بفرمان او درآمدند.

سپس رومیان بر امپراطور خود «مورق» تاخته او را کشتند و دیگری را بپادشاهی برداشتند[1]. پسر موریس به ایران آمده به خسرو پناهنده شد، خسرو لشکری همراه او کرد.

سپس پسر مورق کشته شد و هِرَقْل (هِراکلیُوس) بپادشاهی رسید. هرقل با ایرانیان جنگید و آنها را کشت و پراکنده ساخت تا آنکه «شهر بَراز» سردار خسرو را هم شکست داد[2]. خسرو در اثر پیروزیهای درخشان سر بطغیان و بیداد و سرکشی و ستمگری برداشت، مالهای مردم را گرفت و خونها را ریخت، درنتیجهٔ آنچه با مردم کرد و آنها را پست شمرد، مردم با او دشمن شدند و بزرگان ایرانی که از خسرو خواری و گرفتاری می‌دیدند و ناروا بآنها میرسید، او را خلع کرده پسرش را که «شیرویه» نام داشت بپادشاهی برگرفتند و او را باشعار «شیرویه شاهنشاه» بپایتخت آوردند، زندانیانی را که خسرو میخواست بکشد از زندانها درآوردند. خسرو گریخت و در باغی که داشت پنهان شد، او را گرفتند و زندانی کردند. سپس

---

۱ ـ در سال ۶۰۳ میلادی رومیان «مُریس» را کشتند و فوقاس (فُکاس) را بامپراطوری شناختند (ایران قدیم ص ۱۸۷). ۲ ـ جنگ اول هِرَقل که «شهر بَراز» را شکست داد در سال ۶۲۲م واقع شد و جنگ آخرش که منتهی بفرار خسروپرویز و خلع و حبس او گردید در ۶۲۷م روی داد.

به‌شیرویه گفتند تاپرویز زنده باشد پادشاهی تو روبراه نیست او را بکش و گرنه‌تورا هم خلع می کنیم، شیرویه پیام درشتی برای پدرش فرستادو او را برکار بدش‌ملامت کرد و آنچه را با اهل کشور بد وناروا کرده باز گفت، خسرودر پاسخ شیرویه را بخطا و نادانی نسبت داد. شیرویه مردی را که‌خسرو پرویز دست پدر اورا بی‌جرم‌و گناهی بریده بود بزندان فرستاد(پدر این مرد ازنزدیکان خسرو بودو چون به‌خسرو گفته بودند که پسرش تو را می کشد دست او را بریـد) چون فرستادهٔ شیرویه بر خسرو درآمـد پرسید نام تـو چیست ...[1] گفت کارت را بکن پس خسرو را زد و کشت ، آنگاه شیرویه پـدرش را بگـورستان برد و کشنده‌اش را کشت . پادشاهی خسرو پرویزسی و هشت سال بود .[2]

چون شیرویه پسر پرویز بپادشاهی رسید زندانیان را رها کردو زنان‌پدرش‌را بزنی گرفت وهیفده برادر را بناروا کشت، وازاینروکار پادشاهی او رونقی نگرفت‌و حال او بصلاح نیامد،سخت بیمار شد و پس از هشت ماه درگذشت .[3]

ایرانیان کودکی از شیرویه را بنام « اردشیر » پادشاه کردند و مردی رابنام « مه آذرجشنس » بکفالت او و نیابت سلطنت برداشتند. او هم بخوبی از عهدهٔ‌ادارهٔ کشور برآمد و امور کشور چنانکه شایسته بود جریان یافت .[4]

شهر براز[5] ، سردار جنگ باروميان، کارش بالاگرفته بود و روی کارآمدن

---

۱ ـ گفت منم پسر مردانشاه مرزبان بابل و خُطَرنیَه(اخبارالطوال ص ۱۰۵). ۲ ـ ۵۹۰ ـ ۶۲۸ . ۳ ـ اخبارالطوال ص ۱۰۶ . اسم او شیرویه بودو بعد از جلوس به قباد معروف شد ، مدت سلطنت او را دو سال و چند ماه دانسته‌اند (۶۲۷ـ ۶۲۹ میلادی ۵ ـ ۷ هجری) (ایران‌قدیم ص ۱۹۲) کواذ دومشیرویه پس ازشش ماه پادشاهی وفات یافت (ایران درزمان ساسانیان ص ۵۲۰). ۴ـ خوانسالار یا رئیس‌کل آبدارخانه «ماه‌آذرگشنسب» بقیمومت او برقرار شد و در واقع مقام‌نیابت سلطنت یافت (ایران در زمان ساسانیان ص ۵۲۰) . ۵ ـ دینوری « شهروَراز » را« شهریار » و « اردشیر سوم پسر قباد دوم » را شیرزاد می‌نویسد (اخبارالطوال ص ۱۰۶).

« ماه آذر گشنسب » را ناخوش داشت، پس به‌پارسیان نوشت تا مردانی را که نام برد نزد او فرستند و گرنه بجنگ آنهاروی خواهد نهاد. پارسیان گوش بحرف شهر براز ندادند و او با شش هزار بطرف پایتخت روانه شد و مردم آنرا محاصره کرد و با آنها جنگ نمود، آنگاه با اندیشه و حیله بشهر درآمد و بزرگان پارس را گرفت‌و کشت و زنانشان را رسوا ساخت و پادشاه « اردشیر » را نیز کشت. سلطنت اردشیر یکسال و شش ماه بود[1].

شهر براز بر تخت پادشاهی نشست و خود را پادشاه خواند. کار شهر- براز بر ایرانیان گران آمد و گفتند چنین کسی را نشاید برما پادشاهی کند، پس بر او تاختند و او را کشتند و کشته‌اش را روی زمین کشیدند[2]. آنگاه بجستجوی مردی از خانوادهٔ سلطنت برآمدند و نیافتند[3]. پس«أبوران »دختر خسرورابتخت‌نشانیدند. بوراندخت خوشرفتاری نمود، عدل و نیکی را گسترش داد، باطراف کشور نامه‌ها نوشت و مردم را وعدهٔ دادگری و نیکی داد و آنها را برفتار نیك و درستی ومیانه- روی امر فرمود. پادشاهی او یکسال و چهار ماه بود.[4]

سپس « آزرمیدخت»دختر خسرو پادشاه شد و کارش روبراه شد. پس « فرّخ هرمزد » سپهبد خراسان گفت من امروز سرور مردم و اساس کشور ایرانم خود را بمن تزویج نما. آزرمیدخت گفت ملکه‌ای را نشاید که خود را بزنی دهد، هرگاه بخواهی بمن برسی شب نزد من بیا، سپهبد هم بدین رضا داد. ملکه دژبان خود را فرمود بانتظار سپهبد باشد تا بکاخ درآید سپس اورا بکشد. چون شب رسید، فرّخ

---

۱ ـ ۶۲۹ م، ۷ هجری ۲ ـ ۶۲۹ م، ۷ هجری. ۳ ـ بعداز شهربراز خسرو سوم نوهٔ هرمزچهارم(ایران قدیم) و بعداز او «جوان‌شیر» پسر خسروپرویز بتخت‌نشستند ۶۲۹ م، ۷هجری (ایران‌قدیم ص۱۹۳، اخبارالطوال‌ص۱۰۶)پس‌ازآنها بوراندخت دخترخسروپرویز که‌بعدازیکسال‌و پنج‌ماه استعفا داد و « گشناسب بِرده » برادرخسرو سوم بتخت نشست وپس از اوآزرمیدخت(ایران قدیم ص ۱۹۳). ۴ ـ ۶۳۰ م، ۸ هجری.

آمد و داخل شد ، دژبان او را دید و پرسید که هستی؟ گفت منم «فرخ‌هرمزد». گفت در این وقت شب اینجا که نباید چون‌تو کسی درآید، چه‌میکنی ؟پس اورا زد و کشت و در صحن کاخ انداخت . فردا صبح مردم او را کشته دیدند وخبر را منتشرساختند. پسرش رستم که در قادسیّه با سعد بن ابی وقّاص نبرد کرد و در خراسان بود ازآنجا رسید و آذرمیدخت را کشت. پادشاهی اوشش ماه بود .[1]

سپس مردی از اعقاب « اردشیربن بابك » بنام « خسرو بن‌مهرجشنس » پادشاه شد[2].اوپیش از این هم بپادشاهی خوانده شده ونپذیرفته بود ودراهواز جای داشت ، چون بپادشاهی رسید تاج‌بر سر نهاد و برتخت نشست لیکن پس ازچند روزی کشته شد و پادشاهی او به‌یك‌ماه نرسید .[3]

بزرگان ایران از خانوادهٔ سلطنت کسی را برای پادشاهی نیافتند و ناچار مردی را بنام « فیروز » از دخترزادگان انوشروان پادشاه کردند ،چون برای تاج بسرنهادن نشست و سر بزرگی داشت گفت این تاج چه تنگ است ؟ بزرگان‌ایران از سخنش فال بد زدند و او را کشتند[4].

پسری از خسرو که پس از کشته شدن شیرویه به نصیبین گریخته بود بنام « فرخزاد خسرو » رسید و تاج شاهنشاهی برسر نهاد ، او مرد شریفی بود و یکسال پادشاهی کرد .[5]

پس «یزدجرد» پسر خسرو را یافتند ، مادرش زنی حجامتگر بود که خسرو با او درآمیخت و یزدجرد را زایید . یزدجرد را بفال بد گرفته پنهان کردند و پس از بیچارگی او را بپادشاهی برداشتند،امّا وضع کشور آشفته و مردم بر شاه گستاخ

۱ـ۶۳۱م،۹هجری. ۲ـبعدازآزرمیدخت‌هرمز پنجم(۶۳۱م،۹هجری)پادشاه‌شد(ایران باستان‌ص ۱۹۳). ۳ ـ ۶۳۱ م، ۹ هـ . ۴ـ ۶۳۱ م،۹ هـ .پدرش مهر گشناسب نوادهٔقباد اول و مادرش چهار بخت نوادهٔ انوشروان بود (ایران‌قدیم). ۵ ـ ۶۳۱ م ،۹ هـ. اورا «خورزاد» و «فرخ زاد» وخسرو پنجم می‌گفتند (ایران قدیم).

بودند . چهارسال از پادشاهی‌او گذشت که سعدبن ابی‌وقّاص به‌قادسیّه آمدو یزدجرد رستم را بجنگ سعد فرستاد . روز نوروز کـه ایرانیان با خوراکهای گوناگون و بهترین زینتها جشن نوروزی داشتند ، مسلمین به مداین که پایتخت ساسانیان بود در آمدند ، ایرانیان شکست یافتند و یزدجرد گریخت. لشکر اسلام همه‌جا در تعقیب او رفت تا به‌مرورسیدند . یزدجرد داخل آسیایی شد و آسیابان اورا کشت.پادشاهیش تا روزی که کشته شد بیست سال بود .[۱]

ایرانیان آتش رابزرگ میداشتند ، در استنجاء بجای آب روغن بکارمی‌بردند، کاخهای آنها در نداشت‌بلکه بر درها پرده‌هایی آویخته و مردان پاسبان بر آن‌ایستاده بودند ، [جز] با زمزمه یعنی سخن آهسته‌خوراك نمیخوردند، مادران و خواهران و دختران را بزنی میگرفتند و این‌کار را پیوند و نیکی با آنها و سبب نزدیکی بخدا میدانستند[۲]، آنها را حمّام ومستراحی نبود ، آب و آتش و خورشید و مـاه و همهٔ روشنیها را بزرگ میداشتند ، بحساب چهار فصل و ماههای آن و روزهای عیدتوجه داشتند ، سه ماه پاییزدر نزد آنها: شهریور ماه ، مهرماه و آبان ماه ؛ سه‌ماه‌زمستان: آذرماه ، دی ماه و بهمن ماه ؛ سه ماه‌بهار : اسفندارمذماه ، فروردین‌ماه و اردیبهشت ماه، و سه ماه تابستان : خرداد ماه ، تیرماه و مرداد ماه‌بود ، در پاییز پنج روز بنام « اندرگاه » می‌افزودند و سال آنها سیصد و شصت و پنج روز میشد[۳]،ماههای آنها همه سی‌روزی بود .

اول سال‌شان روز نوروز یعنی روز اول فـروردین است کـه در نیسان و آذار می‌باشدهنگامیکه خورشیدببرج حمل درآمده است، و این روز عید بزرگ ایرانیان

۱ـ ۶۳۲ـ۶۵۲ م، ۱۰ ـ ۳۱هجری. ۲ـ ایران در زمان ساسانیان ص۳۴۷. ۳ ـ بعد از ماه آخر پنج روز اندرگاه ، خمسهٔ مسترقه ، بـر ۳۶۰ روز سال اضافه میکردنـد (ایران در زمان ساسانیان ص ۱۹۳) .

است ، دیگر عید مهرگـان یعنی روز شانزدهم مهرمـاه[1] است ، در میـان نوروز و مهرگان صد و هفتاد و پنج روز یعنی پنج مـاه و بیست و پنج روز فـاصله است[2] و مهرگان در تشرین دوم واقع میشود ، ایرانیان هـر روزی از سی روز ماه را بنامی میخواندند و نامهای روزها بدین قرار است :

هرمز ، بهمن ، اردیبهشت، شهریور، اسفندارمذ ، خرداذ، مرداذ ، دی‌بآذر،[3] آذر، آبان ، خور ، ماه ، تیر ،[گوش] ، دی بمهر[4]، مهر ، سروش، رشن، فروردین ، بهرام[5] ، رام، باذ[6] ، دی بدین[7] [دین]ارد ، اشتاذ ، اسمان ، زامیاذ[8] ، مارسفند[9] ، آنیران .[10]

ایرانیان‌بکیش‌زردشت که اورا پیغمبرخود میدانند براین بودند که روشنی ـ و آنرا زروان می‌نامند ــ قدیم وازلی است، و در اثر لغزش اندکی اندیشهٔ بدی کرد که غصه‌ناك شد،چون نیك‌زشت‌میگرددو خوشبوبدبو میشود؛ونزد اینان مانعی‌ندارد که تغییر وتباهی‌پاره‌ای از قدیم نههمداش راه یابد،پس چون قدیم اندیشهٔ بد کردو آه‌سردی ازنهاد بر کشیدآن غصه‌ازدرونش برون‌آمد و در پیش‌رویش مجسم گردید، این غصهٔ مجسم شده پیش روی قدیم را اهرمن نامند و زروان را هرمزنیز گویند[11]، اهرمن خواست با هرمز بجنگد هرمز برای آنکه بدی انجام ندهدنخواست، ونیز گفته‌اند که هرمز و اهرمن دو جسم و دو روحندو در میان آنهابرای دشمنی‌شکافی است نه‌آنکه بهم پیوسته باشند .

و گفته‌اند[که] هرمز یعنی روشنایی اجسام و مناسبات آنها را می‌آفریند و اهریمن ضررها رادر این گوهرها خلق میکند مانند زهر در حشرات زننده وخشم و

---

۱ ــ روز مهر از ماه مهر . ۲ ــ نسخه این طور است ! ۳ ــ دذو . ۴ ــ دذو .
۵ ــ ورهران ، وهران ، وهرام . ۶ ــ واذ . ۷ ــ دذو . ۸ ــ زامداذ . ۹ ــ مهرسپند .
۱۰ ــ انگران (ایران در زمان ساسانیان ص ۱۸۱). ۱۱ ــ اوهرمزد ، اهورمزداه .

خستگی و بدیها و دشمنی و کینه‌ورزی و ترس درحیوان زیرا که‌خدا خالق گوهرهاو عرضهای مناسب آنها است .

مر کز پادشاهان پارس، در آغاز سلطنت اردشیر پسر بابکان، اصطخر از استان فارس بود سپس پادشاهان پیوسته جابجا میشدند تا انوشروان پسر قباد پادشاهی یافت و درمدائن عراق فرودآمد و آنجاپایتخت گردید . دانایان منجّمان و پزشکان باجماع گفته‌اند که شهری در کشور در سلامت و اعتدال و برتری آب و هوا باین شهر و آنچه از اقلیم بابل بدان نزدیك است نمیرسد .

شهرهایی که دولت ایران آنها را مالك بود و بر آنها پادشاهی داشت بدین قرار است :

از استان خراسان : نیشابور، هرات ، مرو، مرورود ، فاریاب ، طالقان ، بلخ، بخارا ، بادغیس ، باورد[1]، گرجستان ، طوس ، سرخس و گرگان ، و این استان را حاکمی بود که او را سپهبد خراسان می گفتند .

و از استان قهستان : طبرستان ، ری ، قزوین ، زنجان، قم ، اصبهان ،همدان نهاوند ، دینور ، حلوان ، ماسبذان ، مهرجانقذق ، شهر زور ، صامغان، آذربایجان واین استان‌را سپهبدی بود بنام سپهبد آذربایجان .

و کرمان وفارس که‌شهرهای آن استخر است‌و شیراز و اردکان و نوبندجان و جور و کازرون‌و‌فساو دارابجرد و اردشیر خُرّه وسابور،واهواز که‌شهرهای آن‌جندی شاپور است و سوس و نهر تیری و مَنا ذِر و شوشتر و ایذج‌ورامهرمز، اینهارا سپهبدی بود بنام سپهبد فارس .

و استان عراق که چهل و هشت ناحیه در امتداد فرات و دجله داشت :

---

۱ ـ باورد همان ابیورد است(مراصد) .

آنچه‌از فرات‌آب میگرفت‌عبارت‌بود از: بادوریا ، انبار ، بهرسیر ، رومقان زاب بالا ، زاب پائین ، زاب میانه ، زندورد ، میسان ، کوثی ، نهر درقیط، نهر جوبر، فلوجهٔ بالا ، فلوجهٔ پایین، بابل، خطرنیه، جبّه، بداه ، سیلحین،فرات بادقلا ، سورا ، بربسما[1]،نهر ملك ، باروسما و نستر.وآنچه ازدجله‌آب میگرفت بدین قراربود: نهر بوق، [نهر بین]، بزرجسابور، راذان بالا، راذان پایین،زابیان، دسکره، براز روز، سلسل، مهروذ ،جلولاء ، نهروان میانه ، نهروان پایین ، جازر، مداین ، بندنجین ، رستقباذ ، ابزقباذ ، مبارك، بادرایا و باکسایا .

سپهبد چهارمی نیز بنام سپهبد مغرب داشتند . آخرین سرحدّ پارس از طرف فرات انبار بود سپس بمرزهای رومیان میرسید واز طرف دجله[...] سپس بمرزهای روم میرسید مگر آنکه با دست‌اندازی و نیرنگ، ایرانیان بخاك‌رومیان و بساکه رومیان بخاك ایران قدم می گذاردند .

نام « خسرو » بر هریك از پادشاهان ایران گفته میشد و هنگام اسم بردن‌شاه می گفتند : « خسرو شاهنشاه » یعنی شاه شاهان .

وزیر را«بزرجفرمذار»[2] یعنی‌عهده‌دار کارها ، دانای مذهبی را «موبذموبذان»[3] یعنی‌دانای‌دانایان‌می گفتند،اول‌بار زردشت‌راموبذموبذان گفتند،سرپرست آتشکده‌را « هربذ » ،[4] رئیس دبیران را « دبیربذ » فرمانده لشکر را « سپهبذ »[5] یعنی سردار و کسیکه زیر دست او است « فادوسبان »[6] یعنی رانندهٔ دشمنان ، فرمانده ولایت را مرزبان، وحاکم بخش را «شهریج»[7]،افسران نظامی را « اسواران »[8]،قضات صلح را

۱ – « بربسا » و « بربیسیا » نیز ضبط شده است (مراصد) .   ۲ – وزرگ فرمذار .
۳ – موبذان موبذ .   ۴ – هیربذ یا هیربذان هیربذ .   ۵ – سپاهبذ .   ۶ – پاذگوسپان .
۷ – شهریگ .   ۸ – اسواران یا اسوارگان .

«شاهریشت»، رئیس دفتر شاهنشاهی را «المردمارعد» میگفته‌اند.[۱]

کشورهای جُرزبی[۲]

[در موقعیکه فالغ بن عابر بن ارفخشد بن سام] بن نوح زمین را درمیان فرزندان نوح [بخش کرد]، فرزندان عامور بن توبل [بن یافث بن نوح] بطرف چپ خاور بیرون شدند و جمعی از آنها یعنی فرزندان «ناعوما» از ناحیهٔ جُرزبی بسمت شمال رفتند و در شهرها پراکنده گشته چندین امّت شدند بنام: برجان، دیلم، تبر، طیلَسان، جیلان، فیلان، اَلّان، خزر، دَوْدانیّه[۳] و ارمن.

خزر بر همهٔ شهرهای ارمنستان دست یافته پادشاهی داشتند که «خاقان» گفته میشد، او را جانشینی بود که او را «یزید بلاش» می گفتند و بر اَرّان[۴] و جُرزان و بسفرجان و سیسجان حکومت میکرد و این استان را ارمنستان چهارم می گفتند که قباد پادشاه ایران آنرا فتح کرد و تا در بند «اَلّان» صد فرسخ که سیصد و شصت شهر داشت به انوشروان تعلق یافت، پادشاه ایران بر دربند وطبرسران[۵] و بلنجر دست یافت و شهر «قالیقلا»[۶] و شهرهای بسیار دیگری را ساخت و مردمی از پارس را در آنها جای داد،[۷] سپس خزر بر آنچه پارسیان از دست آنها گرفته بودند دست‌یافتند و

---

۱ ـ صحیح این‌کلمه «ایرانمازعر» است یعنی ایران‌آمارکار (ایران در زمان ساسانیان ص ۲۸۹، ۵۴۸). ۲ ـ ل: ص۲۰۳. دراصل، والتنبیه والاشراف ص۵۵، ۷۲: جربی، ودرمراصد الاطلاع وفتوح البلدان ص ۱۹۸ جُرْنا است. ۳ ـ خود را از نسل دَوْدان بن اسدبن خزیمه میدانستند (فتوح البلدان ص ۱۹۸). ۴ ـ اران جزء ارمنستان اول بود (فتوح‌البلدان ص ۱۹۷). ۵ ـ در اصل، وفتوح‌البلدان ص ۲۰۰: طَبَرْسَران ودرمراصد، طَبَرْسَتَران ضبط شده است. ۶ ـ گویند قالیْقلا را زنی بنام «قالی» ساخت و آنرا قالیقاله نامید (فتوح البلدان ص ۲۰۰). ۷ ـ فتوح‌البلدان ص ۱۹۸ ـ ۲۰۰.

چندی در تصرف آنها ماند تا آنکه رومیان بر خزر غالب شدند و بر ارمنستان چهارم[1] پادشاهی که «موریان» گفته میشد نصب کردند.

آنگاه‌بچندین بخش که هر کدام‌را رئیسی دارای قلعه ودژی بودتقسیم شدند با کشورهای معروف‌شان. جمعی از فرزندان عامور از ماوراءالنهر گذشته‌در شهرها پراکنده گشتند و مملکتهای پراکنده و امتهای بسیاری شدند که از آنها است: خُتّل، قَوادیان، اُشروسنه، سغد، فرغانه، شاش، ترك، خرلخیّه، تغزغز، ترك کیماکی و تبّت.[2]

قومی از ترکها خانه‌ها و شهرهاو قلعه‌ها دارند و قومی دیگر در سر کوهها و بیابانها زندگی می کنند و آنها را موهای درازی است، خانه های آنها خیمه‌های پشمی است و هنگام جنگ بیست مرد جنگی در یك خیمه هستند و تیراندازی آنها خطا ندارد، خیمه‌های آنها از اول استان خراسان تا کوههای تبّت و کوههای چین بهم پیوسته است.

اما تبّت پس کشوری است وسیع از چین بزرگتر، اهل تبّت مملکتی بزرگ دارند و نیرومند و با دانشند و در صنعت مانند چین، در کشور آنها آهوانی است که نافهاشان مشك است، کیش آنها بت‌پرستی‌است وآتشکده‌ها دارندو چنان نیرومند هستند که کسی باآنها نمی‌جنگد.

پادشاهان‌چین[3]

راویان و دانایان و کسانی که بکشور چین رفته و روزگاری آنجا مانده‌اند تا آنکه بکار آنها آشنا گشته و کتابهای آنها را خوانده و خبرهای پیشینیان آنها را

۱ ـ ارمنستان را گاهی بکوچك و بزرگ‌و گاهی باول و دوم وسوم و چهارم تقسیم کرده‌اند (مراصدالاطلاع، فتوح‌البلدان ص ۱۹۷). ۲ـ مروج‌الذهب ج ۱ ص ۱۳۱. ۳ـل‌ـص۲۰۴.

شناخته‌و آنهارادر کتابها دیده‌واز گویندگان‌شنیده‌اند و بر آنچه‌بر دروازه‌های‌شهرهاو بتخانه‌های آنهانوشته‌وروی‌سنگها کنده‌شده‌است‌مطلع شده‌اند،چنین‌اظهار کرده‌اند که اول پادشاه چین « صاین » بن باعوربن یرج‌بن عاموربن یافث بن نوح بن‌لمك بود که بتقلید نوح کشتی ساخت و با جمعی از فرزندان و کسان خود در آن نشست و دریاها را برید تا بجایی رسید که آنرا پسندید و آنجا ماند ، و بنام او‌آنجا «صین» نامیده شد ، فرزندان او زیاد شدند وذرّیّهٔ او فراوان گشتند ، کیش فرزندانش‌همان کیش قومش بود ، او سیصد سال پادشاهی کرد .

پادشاه دیگر « عرون » است که‌کاخ برافراشت و دست بصنعت برد ، هیکلهای زرنگار ساخت و صورت پدرش را در تمثال زرنگاری[1] در صدر هیکل قرار داد و هر گاه‌به‌هیکل (معبد) میرفت در مقابل صورت پدرش تعظیم کرده بخاك می‌افتاد . صاین را اسمی بود که معنی‌آن «پسر آسمان» است، واز آن زمان در کشور چین بت‌پرستی معمول گردید، پادشاهی « عرون » صد و چهل سال بود .

پادشاه دیگر « عیر » است که همهٔ کشور چین را گشت و شهرهای بزرگ ساخت و قبّه‌ها از چوب و مس زرنگار برافراشت آنگاه صورت پدرش را از طلای گوهرنشان و ارزیز و مس منبّت ساخت و همهٔ اهل کشورش آنرا در شهرهای خود داشتند ومی گفتند رعیّت را شایسته است که صورت پادشاهی‌را که ازآسمان پادشاهی یافته و در آن عدالت کرده است بسازد . پادشاهی«عیر » صد وسی سال ادامه داشت.

دیگر از پادشاهان چین « عینان » بود که مردم کشور خود را در عذاب و شکنجه داشت وآنها را بجزیره‌های دریا تبعید کرد، مردم از آن جزیره‌ها بجاهای میوه‌دار میرفتند تا میوه خورند و در آنجاها به ددان برمیخوردند تا آنکه پس از

---

۱ ـ مسعودی می‌نویسد : جسد پدرش را در تمثالی از طلای سرخ قرار داد و او را برتختی از طلای سرخ گوهرنشان نشانید (مروج‌الذهب ج ۱ ص ۱۳۳) .

مدّتی با ددان انس گرفته و ددها نیز با اینها خو گرفتند ، تا آنجا که گاهی با ددها درمی‌آمیختند و گاهی‌هم ددان‌با زنان اینها آمیزش‌داشتندوفرزندان زشت بی تناسبی پیدا می‌شد .

مردم‌قرن اول‌نابود شدند و قرنی پس از قرنی رسید تاآنکه زبان‌شان ازدست رفت و چنان سخن میگفتند که فهمیده نمیشد ، اکنون در جزیره‌هایی که از آنها بچین میروند از اینگونه‌مردم‌فراوان‌و امتهای بسیاری‌هستند،« عینان» نامی‌داشت که معنی آن « بدی او را آفرید » بود و صد سال پادشاهی کرد .

پادشاه دیگر «خرابات» بود که درجوانی پادشاه شدسپس که‌ازجوانی گذشت کارش بالاگرفت و تدبیرش نیکو شد . کسانی را از طرف خود بزمین بابل وآنچه از کشور روم بدان وابسته بودفرستاد تا حکمت و صنعت‌آنجا را بشناسند . ازصنایع چین و آنچه از جامه‌های ابریشم و جز آن در چین ساخته میشود و افزارهایی که از چین صادر میگردد همراه آنها فرستاد و هم آنها را فرمود تا از هرصنعت و هنر زیبایی از زمین‌بابل و روم با خود همراه بیاورند و احکام‌دینی آنها را نیك بشناسند، پس برای [اول بار] کالای چین برای‌تجارت حمل‌شد زیرا که پادشاهان کالای چین را زیبا یافته پسندیدند و کشتیها ساختند و کالاهای‌تجارتی درآنها به چین فرستادندو بازرگانان‌خارجی‌برای اولین‌مرتبه بچین‌آمدند . پادشاهی«خرابات»شصت‌سال‌بود.

پادشاه دیگر « توتال » است ، اهل چین مـی گویند بردروازه های شهرهای خود نوشته‌یافته‌اند که هرگز چنان پادشاهی نداشته و از هیچ شاهی چنان خوشنود نبوده‌اند ، او بود که همهٔ سنّتهای مذهبی و صنعتی و تمام‌آداب و شرایع‌آنها رانهاد، او هفتاد و هشت سال پادشاه بود و چون مرد دیرزمانی بـرای او سوگوار بودند و مرده‌اش را بر تختهای طلا و چرخهـای نقره حمل میکردند،سپس مقداری عود و عنبر و صندل و دیگر چیزهـای خوشبو فراهم نموده آتش زدند و بدنش را در آن

انداختند، نزدیکانش برای نشاندادن سوگواری ووفاداری همراه اوبآتش میرفتندو این کار در میان آنها سنّت شد ، صورت او رابر سکه‌های طلا که آنها را « کونج » می گفتند ،نقش کردندو بردرهای خانه‌های خود صورتها میزدند .

کشور چین کشور پهناوری است و هر کس بخواهد ازراه دریا به‌چین رودباید از هفت دریا بگذرد که هریك را رنگی و بویی و ماهیی و بادی است جز آنچه در دریای بعدی است :

اول‌دریای‌فارس‌است که‌بایداز«سیراف»در کشتی‌نشست‌و آخرش«رأس‌جمجمه»[۱] است ، این دریا کم وسعت است و جا هایی برای شکارصدف دارد .[۲]

دریای دوم که از « راس جمجمه » شروع میشود « لاروی » است که دریای بزرگی‌است وجزیره‌های «وقواق» و زنگیان دیگر در آن است ، در این جزیره‌ها پادشاهانی است ، این دریا را با هدایت ستارگان عبور می کنند ، این دریا را ماهیهای بزرگ و عجایب بسیار و چیزهای دیگری است که بوصف درنیاید .[۳]

سپس دریای سوم است که « هرکند » گفته میشود و جزیرهٔ سراندیب درآن است، در این دریا گوهر و یاقوت و جز آن یافت میشود ، این دریا را جزیره‌هایی است که پادشاهانی‌دارندوبرآنها نیز پادشاهی است ، در جزیره‌های این دریا چوب خیزران و نیزه می‌روید .[۴]

دریای چهارم که بآن « کلاه‌بار » گفته میشود دریایی است کم‌آب که مارهای بزرگ دارد و بسا که بادهای تندآن کشتی‌ها را سرگردان کند ، در این دریا جزیره‌هایی است که درخت‌کافور دارد .[۵]

---

۱ ـ در میان عمان و عدن (مراصد). ۲ ـ مروج‌الذهب ج ۱ ص ۱۴۹ . ۳ ـ مروج‌ـالذهب ج۱ ص۱۵۰ . ۴ ـ مروج‌الذهب ج ۱ ص۱۵۱ ،اخبارالزمان ص ۲۲ . ۵ ـ مروج‌الذهب ج ۱ ص ۱۵۳ .

دریای پنجم که آنرا « سلاهط » می گویند دریای بزرگ پر از شگفتیهااست.[۱]

دریای ششم بنام « کردنج » بارانهای بسیار دارد.[۲]

دریای هفتم که آنرا « دریای صنجی » و گاهی « کنجلی » مـی گویند دریای چین‌است[۳]،این دریا را با بادجنوب سیر می کنند تابدریای‌خوشگواری که مرزبانیها و اوّل معموره آنجا است برسند و از آنجا بشهر « خانفو » درآیند .

کسیکه بخواهد ازراه‌خشکی به‌چین رود درامتدادنهر بلخ (جیحون) ازاراضی سُغد ، فرغانه ، چاچ و تبّت میگذرد تـا به‌چین رسد ، پادشاه چین درکاخ اختصاصی خود تنها است ، فرمانده نظامی ، وزیردارایی ، رئیس پاسبانـان ورئیس اطلاعات او هریك خدمتگزاری هستند و بیشتر یارانش کـه محل اعتماد اویند خـدمتگزاران دربارند. مالیات آنها روی سرشماری مردها است و برهرمرد بالغی جزیه‌ای‌می‌نهند زیرا که‌مردی را بیکار نمیگذارند و هر گاه مردی دراثر بیماری یا پیری از کارافتاد از دارایی شاه زنـدگی او را میدهند . چینیان مردگان خـود را بزرگ میدارند و دیرزمانی بر آنها سوگوارند. بیشتر کیفرهای آنها کشتن است،بجرم دروغ یادزدی یا زنا جز مردم شناخته‌ای را می کشند . هرگاه کسی ازکارمند دولت شکایت کرد و دادخواهی او درست بود آن کارمندرا می کشند و اگر دادخواهی او دروغ و ناروا بود ، شاکی کشته میشود .

چین را از خشکی سه مرز و از دریا یك مرز است :

مرز اول ترك‌و تغزغز است[۴]، همیشه در میان اینها وچین جنگهای پیوسته‌ای بود تا آنکه سازش کرده بیکدیگر زن دادند و گرفتند .

---

۱ ـ مسعودی دریای « کردنج » را پنجم گرفته است (مروج‌الذهب ج ۱ ص ۱۵۳) . ۲ ـ مسعودی دریای « صنف » را ششم دانسته است (مروج الذهب ج ۱ ص ۱۵۳). ۳ ـ مروج الذهب ج ۱ ص ۱۵۴ . ۴ ـ پدر احمدبن طولون از اینها بوده است (معجم‌اعلام الشرق و الغرب).

مرز دوم تبّت است ، در میان تبت و چین کوهی است که چینیان را بر آن مرزبانانی درمقابل تبت، وتبت‌را مرزبانیهایی در مقابل‌چین است واینان درمیان مرز دو کشور جای دارند .

مرز سوم بقومی وابسته‌است که‌آنها را « مانساس » میگویند و دولت مستقل و شهرهای وسیعی دارند که بگفتهٔ بعضی هریك از طول وعرض کشورشان چندین سال راه است و کسی نمیداند که پس ازآنها چه کسانی هستند ، اینان نزدیك باهل چین می‌باشند .

مرز چهارم که بدریا وابسته است راه‌آمدن مسلمین به‌چین است بطوریکه در شمار دریاها گفتیم .

کیش چینیان پرستش بتها وخورشید و ماه است ، برای‌بتهای خود عیدهایی دارند که از همه مهمتر عیدی است در اول سال بنام « زارار » همگـی بانجمنی کـه دارند میروند ، خوردنیها ونوشیدنیها فراهم میکنند سپس مردی را که خود راوقف این بت بزرگ ساخته، بر همهٔ شهوات خودغالب‌آمده وبرهرچه بخواهد قدرت‌یافته است، می‌آورند ، او را نزدیك بت می‌برند در حالیکه برانگشتان‌دست‌خودچیزی نهاده است که آتش میگیرد ، پس انگشتان خود را آتش میزند و پیش روی‌آن‌بت چراغ میکند تا وقتیکه میسوزد و می‌میرد آنگاه او را پاره پاره میکنند و هر کس کمتر پاره‌ای از استخوان یاجامه‌اش بدست آورد بیشك رستگار است . بعد از این مرد دیگری که‌میخواهد برای سال نو خود را وقف بت نماید می‌آورند ، پس‌بجای اولی قرار میگیرد و جامه‌ها را می‌پوشد و چنگها بر او نواخته میشود آنگاه مردم پراکنده میشوند و یك‌هفته درآنجا بخوردن وآشامیدن میگذرانند و بازمیگردند. ماهی را که این عید [درآن] است « جناح »می‌نامند و روز عید روز اول «حزیران» است . چینیان را نیز حسابی است و ماهها را بحسابهایی کـه فهمیده‌اند بنامهای

مختلفی می‌نامند: جناح، رداح، رامح، مالح، کسران، نارد، نمرود، کنعان، زاغ، هراه، هرهر و ناهر.

پادشاهان مصر از قبط و جز آن[1]

چون بیصر بن حام بن نوح با چهار فرزندش: مصر،[2] فارق، ماح و یاح و زنانشان و دیگر بستگانش که جمعاً سی نفر بودند از بابِل بیرون آمد، آنها را به «منف» برد. بیصر پیر و ناتوان شده بود پس بزرگترین و عزیزترین فرزندان خود، مصر را جانشین خود کرد و در بارهٔ برادرانش او را سفارش نمود. بیصر مصر را از چهار سو بقدر دو ماه راه که طول آن از «شجرتین» درمیان «رفح» و «عریش» تا «اسوان»، وعرض آن از «برقه» تا «ایله» بود بخود و فرزندانش اختصاص داد.

مصر بعد از پدر روزگاری مصر را در دست داشت و او را چهار فرزند بود: قفط، اشمن، اتریب و صا؛ پس رود نیل را بر آنها بخش کرد و بهر یك بخشی واگذاشت که در دست او و فرزندانش باشد.

پس از مصر قفط بن مصر، و پس از او برادرش اشمن بن مصر، و بعد از او برادرش اتریب بن مصر، ودرآخر صا پسر مصر پادشاهی کردند، آنگاه تدارس بن صا، مالیق بن تدارس، حرایا بن مالیق، (کللی بن حرایا) برادرش مالیا بن حرایا بترتیب سلطنت داشتند. سپس «لوطس» بن مالیا[3] بپادشاهی رسید و هنگام مرگ دخترش «حوریا» را بسلطنت معرّفی کرد، حوریا هنگام مرگ، دختر عموی خود «دلیقا»[4] دختر ماموم را جانشین خودساخت.

---

۱ ـ ل، ص ۲۱۰. اخبارالزمان ص ۱۵۲، مروج‌الذهب ج۱ ص ۳۵۷ ـ ۳۶۵. ۲ ـ مصرایم (اخبارالزمان ص ۱۵۲). ۳ ـ طوطیس بن مالیابن اخریتابن ممالیك بن بداونس (اخبارالزمان ۱۸۵ـ۱۹۹). ۴ ـ دلیفه (اخبارالزمان ص ۲۱۰).

فرزندان بیصرزیاد شده شهرها را پر کرده بودند و چون زنانرا بپادشاهی برداشتند عمالقه یعنی پادشاهان شام در آنها طمع کردند.پادشاه آنروزعمالقه«ولیدبن دومع» برسر آنها لشکر کشید وبشهرهای آنهاتاخت، پس او را بپادشاهی خود پذیرفتند.

بعد از او دیگری از عمالقه بنام « ریّان بن ولید »[۱] که فرعون یوسف باشد پادشاه شد. پس دیگری‌از عالمقه بنام« دارم بن ریان »[۲] وبعداز او«کاسم بن‌معدان»[۳] سپس فرعون موسی یعنی « ولیدبن مصعب » بسلطنت رسیدند . روایات در نسب ولید اختلاف دارد؛ بعضی او را از لخم و دیگـران ازقبیلهٔ دیگـری از یمن و برخی از عمالقه دانسته‌اند ، قول دیگر آن است که فرعون موسی از قبطیان بود و « ظلما » نام داشت[۴] و او است که خدای متعال قصّه‌اش را با موسی بیان‌فرموده است .

این فرعون دیرزمانی [زنده ماند و سر کشی و بیداد گری کرد] تا آنجا که گفت «انا رَبّکم‌الاعلی»[۵] من پرورد گاربزرگ شمایم .پس خدا او ولشکرهایش را در دریای قلزم غرق فرمود .

چون فرعون‌ویارانش را خداغرق کرد،در شهر کسی‌جزفرزندان وبرد گان‌و زنان باقی نماند و همگی بر پادشاهی زنی بنام « دلو که » اتفاق کردند ، وچون از دستبردپادشاهان دیگر بیم داشت دیـواری در پیرامون مصر، محیط بهمهٔ قریه ها ، دهکده‌ها و شهرها کشید وکارهای بسیار دیگری انجام داد . پادشاهی این زن‌بیست سال بود .[۶]

سپس « در کون‌بن بلوطس » ، « بودس بن در کون » ، « لقاس بـن بودس » ،

---

۱ ـ ریان بن ولید بن دومع که قبطیان او را« نهراوس »می‌گفتند (اخبارالزمان ص ۲۲۳.)
۲ ـ داروم بن ریّان بن ولید که نامش « دریموس » بود (اخبارالـزمان ص ۲۳۷) . ۳ ـ کاشیم (اخبار الدّول). ۴ ـ طلمابن قومس (اخبارالزمان‌ص ۲۴۲) . ۵ ـ ۷۹ ـ ۲۴ . ۶ ـمروج‌ـ الذهب ج ۱ ص ۳۵۸ .

«دنیابن بودس» بترتیب سلطنت یافتند، پس «نمادس بن مرینا» پادشاه شد وسر بطغیان و سر کشی برداشت واورا کشتند ، سپس «بلوطس بن منا کیل »،«مالیس بن بلوطس»، « نوله بن منا کیل » پادشاهی یافتند ، نوله همان فرعون لنگی است که پادشاه اورشلیم را اسیر کرد و با بنی اسرائیل کاری کرد که هیچکس نکرده بود، اوسر کشی آغاز کرد و بجایی رسید که بعد از فرعون کسی بآنجا نرسیده بود ، پس اسب او او را در انداخت و گردنش را درهم شکست .[۱]

آنگاه «مرینوس» ، «نقاس بن مرینوس» و« قومس بن نقاس » بترتیب پادشاه شدند پس « کامیل » بپادشاهی رسید و همواست که بخت نصر در جنگ او راشکست داد و مصر را ویران ساخت و مردم آنرا اسیر کرد .[۲]

مصریان بعد از این بدست رومیها افتادند و ازآنروز کیش نصرانی گرفتند . سپس در روزگارانوشروان، پارسیان شام را گرفتند وآنگاه ده سال برمصرحکومت کردند . پس رومیان غالب شدند و اهل مصر خراجی به‌ایران و خراجی به‌روم می‌پرداختند تا از فشار هردو آسوده باشند . آنگاه پارسیان از شام بیرون شدند و کارآنها بدست رومیان افتاد و بکیش نصرانی پای بند شدند .

حکیم قبطیان در مصر هِرمْس قبطی بود ، اینان اصحاب « برابی » هستند که با خط « برابی » یعنی این خط موجود (...) می‌نویسند . در زمان ما مردم خواندن‌این خط را نمی‌شناسندزیرا که‌جز خواص‌شان با این خط نمی‌نوشته وعوام از آن ممنوع بوده‌اند ، فقط حکیمان وروحانیان با این خط آشنایی داشته‌اند .اسرار مذهبی و اصول‌عقایدآنها که جز روحانیان را ازآن اطلاعی نبوده است و بهیچ کس

---

۱ ـ فرعون مصر ، نِکوه (نخو) بود که « یهوآحاز » را در بند نهاده به‌مصر برد و او در آنجا مرد (دوم پادشاهان ب ۲۳ ی ۲۹ ـ ۳۴، دوم تواریخ ب ۳۵ ی ۲۰ ـ ۲۷، ب۳۶ ی ۱ ـ ۸).

۲ ـ عبارت اینجا با استفاده از عبارت مسعودی (مروج‌الذهب ج ۱ ص ۳۶۴) ترجمه شد .

جز آنکه شاه دستور دهد تعلیم داده نمیشده، همه با این خط بوده است و چون رومیان بر آنها غالب شدند و با نیروی عظیمی امر آنها را در دست گرفتند ، سنن و آداب گذشتهٔ آنها را باطل نمودند و آنان را بآداب و شرایع یونانیان واداشتند تا آنجا که زبان آنها تباه شد و با زبان رومی آمیخته گشت و آنگاه که رومیان کیش نصرانی گرفتند اینان را به نصرانیّت وادار کردند و همهٔ آنچه رسوم و آداب مذهبی داشتند از میان رفت. رومیان دانایان و مردان مذهبی مصریها را کشتند، هر که بآن خط آشنا بود نابود شد و هر که ماند از یاد گرفتنش ممنوع بود از اینرو از مصریان و جز اینها کسی نمانده است که آن خط را بداند .

کیش مصریان پرستش ستارگان بود ، ستاره‌ها را صاحب اراده و مدبّر عالم میدانستند، به سعد و نحس و احکام نجوم معتقد بودند ، عقیده داشتند که ستارگان خدایان آنها هستند که زنده می کنند و می‌میرانند و روزی میدهند و باران می آورند .

بعقیدهٔ آنها ارواح قدیم است و در بهشت برین جای داشته است و هر چه در جهان است در هر سی و شش هزار سال یکبار نابود میگردد یا از ناحیهٔ خاك یعنی زمین و زمین‌لرزه و بزمین فرو رفتن یا از آتش و سوزندگی و زهرهای کشنده یا از وزیدن هوای پست تباه تیرهٔ همه جایی که از غلظت نفسها را بند آورد و حیوان و کشت و نژادرا نابود سازد ، سپس طبیعت هریك از انواع کشت و نژاد را زنده کند و جهان پس از تباهی باز گردد .

آنها چنین پنداشتند که این ارواح خدایانی هستند که از بالا فرود می آیند و در بتها میروند پس بتها سخن میگویند؛ و با این کار عوام خود را فریب میدادند و علت واقعی سخن گفتن بتها را از آنها پنهان می‌داشتند، زیرا آن درنتیجهٔ هنری بود که کاهنان داشتند و دواهایی که استعمال میکرُدند و حیله‌هایی که بکار میزدند تا آنکه بتها آواز میدادند و صدا میکردند چرا که با هنر خود ساختمان بت را مشابه

خلقت مرغ یا چهار پایی میساختند و آواز آن بت مانندآواز حیوان مشابهش بود، سپس کاهنان آواز بت را بهمانچه از احکام نجوم و علم فراست میخواستند حکم نمایند، ترجمه‌میکردند و می گفتند که هرگاه ارواح از بدنها بیرون روند باین خدایانی که ستارگان هستند درآیند تا اگر گناهی کرده باشند بدست این خدایان شست‌وشو یافته پاك گردند آنگاه به بهشت برین‌و جای نخستین‌خود باز گردند.

می گفتند که ستارگان با پیمبرانشان سخن میگفته وآنها را آموخته‌اند که ارواح بر بتها فرود می‌آیند و درآنها جای میگیرند و از شدنی پیش از شدنش خبر میدهند. این کاهنان با هشیاری عجیب ودقت‌نظری که داشتند برعوام شبهه‌میکردند که با ستارگان سخن میگویند و آنها اینانرا بآنچه خواهد شد خبر میدهند، در حالیکه چیزی‌نبود مگر تیزهوشی‌وآگاهی کاهنان به‌اسراری که برای طالعهااست‌و درستی فراست تاآنجا که کم اشتباه می گفتند و این درستگویی را بستارگان نسبت میدادند که اینانرا ازآینده خبرمیدهند با اینکه این امر باطل وبرخلاف‌عقل است.

پس چون یونانیان مصر را تصرف کردند، مصریان بکیش آنان درآمدند و پس از آنکه رومیان جای یونانیان را گرفتند مصریان نصرانی شدند.

کشور قبطیان سرزمین مصر، بود و از شهرهای «صعید» (بالا)است: مَنْف، وِسیم، شرقیّه، قِیس، بهنَسا، اَهناس، دَلاص، فیّوم، اشمُون، طحا، أبشایَه، هُو، قِفط، اقصر و ارمنت.

و از شهرهای پایین مصر است: اَتریب، عَین شمس، تنوا، تَمی، بَنا، بوصیر، سمنّود، نوسا، اوسیّه. بجوم، بسطَه، طرابیه،قربیط، صان، ابلیل، سَخا، تیده، افراحون، نقیزه، بشرود، طوّه، منوف علیا، منوف سفلی، دمسیس،صا،شباس، بذقون، اِخنا، رَشید، قرطسا، خَربتا، ترنوط، مَصیل و ملیدش.

سال قبطیان سیصد و شصت و پنج روز و دوازده ماه و هرماهی سی روز است که پنج روز آنرا بنام «نَسی» نامند. ماه اول قبطیان که آغاز سال آنها است ماه «توت» است و روز اول آنرا «نیروز» می‌نامند و میگویند آغاز معمور شدن زمین درآن بود. این است نامهای دوازده‌ماه‌شان [توت]، بابه، هَتور، کیهك، طوبه، امشیر، برمهات، برموذه، بشنش، بونه، ابیب و مسری.[۱]

پنج روزی را که پس می‌اندازند در میان «مسری» و «توت» است.

خطی که قبطیان بآن می‌نویسند میان خط یونانی ورومی است باین صورت.[۲]

کشورهای بربر و آفریقاییان[۳]

بربرها وآفریقاییان یعنی فرزندان‌فارق بن‌بیصر بن‌حام بن‌نوح پس ازآنکه برادرانشان زمین مصررا بطول ازعریش تا اسوان،و عرض از اَیله تا برقه مالك شدند، بطرف باختر رهسپار گشتندو چون از خاك برقه گذشتند زمینها را متصرف شدند وهر دسته‌ای قسمتی‌را بدست آوردند تا آنکه درخاك باختر پراکنده گشتند. اول دستهٔ آنها «لُواته» زمینی را بنام «اَجدابِیه» از کوهستان برقه‌بدست‌آوردند. «مَزاته» زمینی را بنام «وَدّان» مالك‌شدند و اینها بپدر خود نسبت داده می‌شوند، قومی از اینان بشهری بنام «تورغه» رفته آنرا مالك شدند و آنها «هُواره» اند.

دیگران یعنی «بذرعه» بزمینهای «ارمیك» فرودآمدند، قومی دیگر که آنها را «مصالین» می گفتند به«طرابُلس» رفتند،قومی بنام «وهیله» بباختر«طرابُلس» جای گرفتند، آنگاه‌راه بالا را در پیش گرفته قومی بنام «برقشانه» بطرف «قیروان» رفته، دیگران که‌آنها را «کُتامَه» و «عجیسه» گویند به «تاهرت» رفتند. قومی

۱ ـ مروج‌الذهب ج ۲ ص ۱۹۵، التّنبیه و الاشراف ص ۱۸۵ . ۲ ـ دراصل‌افتاده است.
۳ـ ل ؛ ص ۱۱۵.

دیگر بنام «نفوسه» و «لمایه» به «سجلماسه» رهسپار گشتند، قومی بکوههای «هکان» رفتند ، اینانرا «لمطه» و نیز «عالات» میگویند و در بیابـان بدون مسکن زندگی می کنند ، قومی بنام «مکناسه» به«طنجه» رفتند و قومی دیگر به «سوس اقصی» که آنها را «مداسه» نامند .

قومی از بربرها وآفریقاییان خـود را از فرزندان بربر بن عیلان بن نزار میدانند، برخی‌دیگرمی گویند اینان‌از جذام و لخم‌اند که‌در فلسطین جای داشتندو بعضی از پادشاهان آنها را بیرون‌راندندو چون بطرف مصر رفتند پادشاهان مصر از فرودآمدنشان مانع شدند، پس از رود نیل گذشته راه باختررا در پیش گرفتند ودر زمینهای باختری پراکنده گشتند. دیگران‌می گویند اینان یمنی‌هستند که بعضی از پادشاهان یمن آنهارابه‌خاور دوررانده است. در این باب‌هر دسته‌ای‌روایت خود رااثبات می‌نماید و خدا بآنچه حق و واقع است داناتر است .

کشورهای حبشه و سودان[1]

فرزندان حام‌بن نوح هنگام پراکنده شدن‌فرزندان‌نوح از زمین بابل‌آهنگ باختر نمودند و ازکنار فرات گذشته بباختر دور رسیدنـد ، فرزندان کوش بن حام که حبشه و سودان باشند پس از گذشتن از رودنیل دوفرقه شدند ، فرقه‌ای کـه نوبه‌و بجه و حبشه و زنج باشند راهی براست،میان‌خاور وباختر ،در پیش گرفتندو فرقه‌ای دیگر که زغاوه وحس و قـاقو و مریون[2] ومرنده و کوکو و غانه باشند رهسپار باختر شدند .

---

۱ - ل ، ص۲۱۶.   ۲ - ب ، المرویون .

اما نُوْبه، چون در کنار باختری رودنیل حرکت کرده از سرزمین قبطیان که فرزندان بیصر بن حام بن نوح باشند گذشتند، آنجا را مالك شدند و نُوْبه دو کشور شد: یکی کشور آنها که «مَقْره» گفته میشوند ودرخاور و باختر نیل جای دارند وشهر کشورشان «دَنْقَلَه»[1] است. اینها بودند که با مسلمین سازش کردند و باغها را بحصّه بآنها دادند، اینان در اراضی خود نخلستانها و تاکستانها و کشتزارها دارند و کشورشان نزدیك دوماه راه وسعت دارد.

کشور دیگر نُوْبه که آنها را «عَلْوَه» میگویند از مَقْره مهمتر و مرکز کشورشان «سُوْبه» است. اینها راخاك وسیعی است در حدود سه ماه راه و رودنیل در زمین‌شان رشته‌هایی شده بخلیجهایی میریزد.

کشور بُجَه[2]

اینان در میان نیل و دریا هستندو چندین کشور دارند که هریك را پادشاهی است. اولین کشور بجه از مرز «اُسوان» آخرین سرحدّ اسلامی از طرف راست‌میان خاور و باختر است تا مرز «برکات». اینان صنفی هستند که بآنها «نقیس» و مرکز کشورشانرا «هجر» میگویند. اینانرا مانند عرب قبیله‌ها و تیره‌ها است از جمله: حدرات، حجاب، عماعر، کـودر، مناسه، رسعه: عربربعه و زنافج. در کشور اینان معدنهای طلاو گوهر وزبرجد یافت میشود، اینان با مسلمین سازگار ومسلمین در معدنهای کشورشان دست‌بکارند.

کشور دوم «بُجَه» کشوری است بنام «بقلین» با شهرهای بسیار و پروسعت. اینها در کیش خود نزدیك بمجوس و ثنویّه‌اند، خدای عزّ وجل را «زسجیر اعلی»

1 ـ دَنْقَلَه و دُمْقَلَه بفتح اول و سوم و نیز بضم آندو (مراصد).   2 ـ ل: ص۲۱۷.

و شیطان را « صحی حراقه » می‌نامند . اینان موی ریش و دندانهای پیشین خود را می کنند و ختنه می کنند ، و اراضی آنها پرباران است .

کشورسوم بنام « بازین »است که از طرفی نزدیك علوهٔ نُو بیها و از جانبی هم مرز « بقلین » بجه هستند و با اینان می‌جنگند ، کشتی کـه آنرا میخورند ... وخوراك‌شان همین است با شیر .

کشور چهارم بنام « جارین » است که پادشاهی بزرگ دارند و حکومت او از شهری بنام «باضع» که در ساحل دریای بزرگ است تا مرز «برکات» از کشوربقلین تا جایی که بآن «حل‌الدجاج» میگویند امتداد دارد. اینها مردمی‌هستند که‌دندانهای پیشین خود را از بالا و پایین می کنند و می گویند نباید دندانهایی مانند دندانهای خران داشته باشیم و ریش خود را نیز می کنند .

کشورپنجم بآنان«قطعه» می گویند وآخرین قسمت «بجه» است که ازحدّی بنام « باضع» تا جایی بنام « فیکون » میکشد ، اینان را شوکت و قدرت فـراوانی است و سربازخانه‌ای بنام «دارالسوا» دارند که جوانان دلیر و سربازان آماده‌ای‌در آن هستند .

کشور ششم کشور نجاشی است که سرزمین وسیع با اهمیتی است . مـرکز کشورشهر« کعبر» است که‌پیوسته‌عرب‌برای تجارت [بآن] رفت‌وآمدداشته‌اند، اینها شهرهای بزرگی دارند و شهر ساحلی‌آنها «دَهلك» است .

پادشاهان بلادحبشه بپادشاه بزرگ خراج‌میدهند وفرمانبردار اویند .نجاشی کیش نصرانی یعقوبی دارد . آخر کشور حبشه زنگیان هستند که بهسند و اراضی مشابه‌آن وابسته‌اند ، و نیزحبشه باراضی غیر زنج کـه نزدیك سند و کـرك است پیوستگی دارد ، اینان مردمی اهل حساب و همدلند.

اما سُودان را که راه باختررا در پیش گرفته‌بطرف مغرب رفتند نیز کشور-

هایی است، که اولش «زغاوه» است. اینــان در جــایی بنام «کانم» فرود آمده‌اند خانه‌هایی از نی دارند و شهری نیستند، پادشاهشان «کاکره» گفته میشود.

صنفی از «زغاوه» را «حوضن» گویند و آنها را پادشاهی از «زغاوه» است. [سپس] کشور دیگری ازسودان‌است که‌آنهارا «ملل» گویند وبا شاه«کانِم» دشمنی می‌ورزند و پادشاهشان «میوسی» گفته میشود.

سپس کشورحبشه است که شهر آن «ثبیر» و پادشاه‌آن «مرح» نام دارد. قاقو هم به‌حبشه‌وابسته‌اند جز اینکه اینهافقیرند و پادشاهشان همان پادشاه «ثبیر» است. سپس کشور «کُوْکُوْ» است که ازدیگر کشور های سودان بزرگتر ومهمتراست‌و همهٔ کشور هــا [از پادشاه این کشور] فرمان می برند، کُوْکُوْ نام مرکز این کشور است.

پس از این کشورهای دیگری است که از کوکو فرمان می‌برند و شاه آنرا ببزرگی باور دارند با اینکه خود اینها پادشاهانی دارند، از جمله کشور «مرو» که کشور پهناوری است وپایتخت‌آنرا «حیا» می گویند، و کشور مردیه و کشور هریر و کشور صنهاجه و کشور تذکرر و کشور زیانیر و کشور ارور و کشور تقاروت، اینها همه بکشور «کُوْکُوْ» وابسته‌اند. سپس کشور «غانـه» است که پادشاهی بزرگوار دارد و در کشورش معادن طلا و زیر دستش‌چندین کشور دیگــر است، از جمله کشور «عام» و کشور «سامه» و در همهٔ اینها معدن طلا وجود دارد.

پادشاهان یمن[1]

راویان و کسانی که ادعای آگاهی از اخبار و احوال امتّها وقبیله ها دارند گفته اند اول پادشاه از فـرزندان قحطان ــ پسر هود نبی پسر عابر بن شالخ بن

---

۱ ـ ل ۲۲۰.

ارفخشد بن سام بن نوح ـ «سبا» پسر یعرب بن قحطان بود[1] ، نام سبا «عبد شمس» بود و چون اول پادشاهی از عرب بود کـه کشور گشایی کرد و اسیر ها گرفت باو «سبا» گفتند . یعرب بن قحطان اول کسی بود که در مقام تقدیم تحیّت باو گفته شد: «اِنعم صَباحاً اُبیت اللّعن»[2] .

بعد از «سبا» حِمیر بن سبا که نامش «زید» بود پادشاه شد ، او اول پادشاهی بود که تاج زرّین گوهر نشان از یاقوت سرخ بر سر نهاد .

پس از حِمیر برادرش « کهلان» بن سبا پادشاهی یافت و عمرش دراز شد تا فرتوت گشت .

بعد از کهلان ابـومالك بن[3] «عمیکرب» بن سبا سیصد سال سلطنت کرد .

پس از ابومـالك «حنادة»[4] بن غالب بن زید بن کهلان بپادشاهی رسید، او اول کسی است که شمشیرهای مَشرفی ساخت و درشب برای پریان خوراك می‌نهاد. پادشاهی او صد وبیست سال کشید .

بعد از او «حارث» بن مالك بن افریقیس[5] بن صیفی بن یشجب بن سبا صدو چهل سال پادشاهی داشت .

پس از حارث بن مالك «رائش» یعنی حارث بن شدّاد بن ملطاط بن عمرو بن ذی اَبینَ بن ذی یقدم بن صُوّار بن عبد شمـس بن وائل بن غـوث بن حیدان بن قطَن بن عریب بن ایمن بن همیسع بن حمیر بن سبا پادشاه شد، او اول کسی است

---

۱ ـ صحیح آن ، سبأ بـن یشجب بن یعرب بن قحطان (یقطان) بن عابر بن شالخ است . (سیره ج ۱ ص ۳ـ۵) . ۲ـ تحیتی است که در جاهلیت معمول بوده است یعنی: صبحت بخیر، نفرین ازتو بدور باد . ۳ـ عمرو بن سبا (مسعودی) . ۴ـ جبار بن غالب (مسعودی) . ۵ـ افریقس (مروج الذهب ج ۲ ص ۴۷) .

که لشکر کشی کرد ومالها ربود ، و از دیگر کشورهاغنیمتها به‌یمن آورد. پس «رائش» نامیده شد و بر نام اصلیش غالب گردید [1] پادشاهی او صد وبیست و پنج سال بود .

بعد از رائش پسرش «ابرهة» بن رائش معروف به «ذوالمنار» ـ از آنجهت که بطرف باختر لشکر کشید وهر گاه بر شهری غالب می شد آتش‌میزد ـ صدوهشتاد سال پادشاهی کرد .

پس‌از ابرهه پسرش «افریقیس» بن ابرهه صد و شصت و چهار سال بـروش پدرش پادشاهی داشت .

بعداز افریقیس برادرش «عبد» بن‌ابرهه معروف به «ذوالاذعار» ـ ازآنجهت که دشمن را بیم داد واسیران‌وحشی عجیب‌الخلقه‌ای به‌یمن آورد (که مردم ازآنها بیمناك شدند)[1] ـ پادشاه‌شد. پادشاهی او بیست و پنج سال بود.

پس از ذوالاذعار «هدهاد»[2] بن‌شرحبیل عمرو بن‌رائش یکسال‌پادشاهی‌داشت،

بعداز هدهاد ، «زید» یعنی تُبَّع اول پسر نیکف پادشاهی‌یافت ودر عمر طولانی خود طغیان و سرکشی وبیداد گری کرد تا آنکه بگمان راویان پس از چهار صد سال سلطنت، «بلقیس» او را کشت.

آنگـاه «بلقیس» دختر هدهادبن شرحبیل صدوبیست سال[3] سلطنت داشت. سپس قصّهٔ اووسلیمان چنانکه بود پیش‌آمد وسیصد وبیست‌سال[4] پادشاهی یمن برای سلیمان بن داود بود .

آنگاه رَحبعم بن سلیمان بن‌داود ده سال یمن را در دست داشت، سپس امر

۱ـ کامل ج۱ ص۹۵. ۲ـ هداد (تاریخ حمزه ص ۸۳) . ۳ـ پادشاهی بلقیس ۲۰ سال‌بود (تاریخ‌حمزه‌ص۸۳) . ۴ـ عبارت اصل سیصدو بیست‌سال‌قطعاً اشتباه‌است (ر ك. مروج‌الذهب‌ج۲ص۷۶).

سلطنت بدست حمیر باز گشت و«یاسرینعم»[1] بن عمروبن یعفربن عمروبن شرجبیل هشتاد وپنج سال باقدرت تمام سلطنت داشت .

سپس «شمر»بن افریقیس بن ابرهه پنجاه وسه سال سلطنت کرد .

آنگاه«تُبّع:اقرن »بن‌شمـر بن عمید صد وشصت وسه سال سلطنت داشت ، او بهندوستان لشکر کشید وخواست بچین‌هم بتازد .

پس «ملکیکرب» پسر تبّع پادشاه شد وبکشورهای دیگر لشکر کشی کرد وقوم خودرادر زمینهای دوردست‌پراکنده‌وبه‌سیستان وخراسان منتقل‌ساخت، آنگاه پس از سیصد وبیست سال پادشاهی بر او فراهم شده او را کشتند.

سپس حسان‌بن تُبّع پادشاه شد[2] و مدّتی لشکر کشی نکرد تا آنکه در میان طَسْم و جَدِیس شدآنچه شدو تُبّع بسوی آنهارفت وچون نزدیکشان رسید مردی‌از طسم که همراه او بود گفت با اینها زنی است بنام «یمامه » که چشم او خطا نمی کند و می ترسم آنها را بیم دهد و آگاه سازد، پس تبع لشکریان خود را فرمود شاخه‌های زیتون را قطع کردند، آنگاه گفت هر کدام ازشماشاخ بزرگی اززیتون را پشت‌سرخود بداریدوهر یك شاخ‌بزرگی‌را برداشت . آن زن‌چون‌نگریست گفت درختهای رونده‌ای را می بینم ، گفتند مگر درخت هم راه میرود ؟ گفت بلی ، بپروردگار هر سنگ و کلوخ ، درختها روی پشت مـردان حمیر است ، او را باور نکردند و حسّان آنها را غافلگیر کرده کشت[3] ، لیکن مـردم از حسّان خسته شدند وکارش بر آنها گران آمد وبا برادرش عمروبن تبّع بر کشتن او همداستان

۱ـ ناشر ینعم (تاریخ حمزه ص ۸۳). ۲ـ بگفتهٔ ابن هشام این حسان پسر تُبان اسعد ابوکرب بن‌کُلی کرب‌بن‌زیه بن‌عمرو ذوالاذعار بود (سیره ج ۱ ص۱۴). ۳ـکامل ج۱ص۲۰۳ـ۲۰۵.

شدند جز «ذی رُعَین» که از کشتنش نهی می کرد. پس برادرش او را کشت و پادشاهی او بیست وپنج سال بود.

آنگاه «عمرو بن تبّع» پس از کشتن برادرش پادشاه شد،خواب از چشم او رفت وزندگی بر او ناگوار شد وهر کس را که‌بکشتن‌برادرش رأی داده بود کشت تاآنکه به «ذی رُعَین» رسید،او گفت من بتو گفتم این کار را مکن و دو شعر نوشتم که آنها پیش تو است، «ذی رُعین» قبلاً نوشته ای را بدو داده بود که در آن نوشته بود:

«هان آیا چه کسی بیداری را بخواب میخرد؟
خوشبخت آن کسی است که آسوده بخوابد
اما حمیریان‌بیوفایی وخیانت کردند
و خدا عذر پذیر «ذی رعین» است.»[1]

پادشاهی عمرو شصت و چهار سال بود.

سپس «تُبّع»بن‌حسان‌بن‌بحیلة‌بن‌کُلیکرب‌بن‌تبّع: اقرن،یعنی«اسعدابو کرب»[2] پادشاهی یافت، اوست که‌ازیمن به یثرب‌رفت وچون فطیون یهودی براوس وخزرج حکومت یافته وآنها را شکنجه می‌داد، مالك بن عجلان خزرجی نزد تبّع رفت واز چیرگی بنی‌قریظه‌وبنی نضیر آگاهش ساخت وتبّع را بر سر آنها برد تا از یهودیها کشت. و چون تبع پسری از خود را در میان اوس و خزرج گذاشته بود و او را کشتند، برسر آنها آمد و با آنها جنگید، رئیس انصار عمروبن طلحهٔ خزرجی از

۱ـ کامل ج ۱ ص ۲۴۶، سیرهٔ ابن هشام ج ۱ ص ۲۵:

الا من یشتری سهرابنوم — سعید من یبیت قریر عین
فاما حمیر غدرت وخانت — فمعذرة الاله لذی رعین

۲ـ بگفتهٔ ابن اسحق، تبع آخرکه به یثرب لشکر کشید، تبان اسعد ابوکرب بن‌کلی کرب بن‌زید(تبع‌اول)بن‌عمرو ذی‌الاذعاربن ابرهه‌است (سیره ج۱ ص ۱۵).

بنی النّجار بود،انصار در روز با تبّع جنگ داشتند و شب از او پذیرایی می کردند، پس می گفت قوم ما جوانمردانند. آنگاه بزرگان یهود را فراهم ساخت و گفت من این شهر یعنی مدینه را ویران می کنم. دانایان و بزرگان یهود گفتند این کار از توساخته نیست. گفت چرا؟ گفتند چون این‌شهر بپیغمبری از فرزندان‌اسماعیل که از نزد کعبه بیرون آید تعلق دارد. پس تبّع بیرون رفت و جمعی از دانایان یهود را نیز با خود بیرون برد و چون نزدیك مکّه رسید کسانی از هُذیل نزد او آمدند و گفتند در این خانه که در مکّه است مالها و گنجها و گوهر ها است ، کاش میرفتی و آنچه داشت بر می گرفتی . مقصود هذیل آن بود که این کار را انجام دهد وخدا او را هلاك سازد. نیز گفته‌اند کسانی‌باو گفتند تا کعبه راویران کند وسنگ آنرا به‌یمن برد وآنجا خانه‌ای بسازد که عرب آنرا تعظیم نماید. پس تبّع دانایان یهود را فراهم‌ساخت واین سخن را بآنها باز گفت. گفتند در روی زمین برای خدا خانه‌ای جز کعبه نمی‌شناسیم ، و هیچکس اندیشهٔ بدی دربارهٔ آن نکرد مگر آنکه خدا او را نابود ساخت . تبّع در همان شب بیمارشد و دانایان یهود باو گفتند اگر برای این خانه بدی در دل گرفته‌ای ازآن باز گرد وخانه را بزرگ دار . تبّع از اندیشهٔ بدخود بازگشت وخدابیماری اورا برطرف ساخت .

پس کسانی را که بخراب کردن کعبه اشاره کرده بودند کشت و گرد آن طواف کرد و در مقام تعظیم آن برآمده قربانی کرد و سر تراشید ، آنگاه در خواب دید که کعبه را بپوشان ، پس آنرا از پارچه‌ای درشت پوشانید و دو باره در خواب دید که آنرا بپوشان ، و با بردهای حاشیه دار آنرا پوشانید و در این باره گفت :

و کسونا البیت الذی حرم الله مُلاء معضّداً و بروداً
و نحرنا بالشعب ستة آلا ف تری الناس نحوهن ورودا
و أمرنا ان لاتقرب للكع بة میتاً و لادماً مصفودا
ثم طفنا بالبیت سبعاً و سبعاً و سجدنا عند المقام سجودا
و اقمنا فیه من الشهر سبعاً و جعلنا لبابهٔ أقلیدا

«خانه‌ای را که خدا « بیت‌الحرام » قرار داده با جامه‌های مخطّط و بردها پوشانیدیم و در درّهٔ مکّه شش هزار قربانی کردیم که مردم را بر گوشت آنها هجوم‌آور می‌بینی و فرمودیم تا برای کعبه مردار و خون میته قربانی نشود ، سپس هفت بار و هفت بار دیگر گرد آن طواف کردیم و در مقام ابراهیم بسجده افتادیم هفت ماه در مکه ماندیم و برای در خانه کلیدی ساختیم.»

پس تبّع بهمراهی دانایان یهود به‌یمن بازگشت وخود و قومش یهودی شدند، پادشاهی او هفتاد و هشت سال بود.

سپس پادشاهان قحطان متفرق شده و بر اقوام پراکنده‌ای حکومت کردند. یکی از آنها « عمرو » بن تبع است پس‌او را خلع کردند و « مرثد » بن عبد کلال برادرمادری تبّع را بپادشاهی برداشتند و چهل سال ماند،سپس « ولیعة بن‌مرثد»سی‌و نه سال،آنگاه « ابرهة » بن صباح که‌ازهمهٔ پادشاهان داناتر و درشتخوتر بود نود و سه سال پادشاهی کردند.

پس « عمروبن ذی قیفان » و پس از او «ذوالکُلاع» و بعد از او « لَخیعه »[1] معروف به « ذو شناتر » پادشاهی یافتند ، لخیعه ازهمهٔ پادشاهان حمیر ناپاکتر و

۱ ــ لخیعه، ینوف ، ذوشناتر که لخنیعه نیز گفته میشود درمادهٔ شنتر از قاموس «لختیعه» و در مادهٔ لخع « لخیعة بن ینوف » ضبط شده و هردو اشتباه است .

پست‌تر بود، اوکار قوم لوط را در پیش گرفت، پی پسری ازشاهزادگان میفرستاد و با او بی عفتی میکرد، آنگاه سر از غرفه بیرون می‌آورد در حالیکه مسواکی دردهان گرفته بود. روزی پی «ذو نُواس» بن اسعد فرستاد تا با او بی‌عفتی کند، ذونواس با خنجری نزد او رفت و چون لخیعه با او خلوت کرد بر اوتاخت و او را کشت و سرش را برید و در همانجایی نهاد که سر بیرون میکرد وچون بیرون رفت نگهبان دم در گفت: ای‌ذونواس‌چیزی نیست! ذونواس گفت اگر چیزی هم باشد برصاحب‌سر بریده‌است. پس‌نگاه کردند واو را کشته یافتند و ذو نُواس را بپادشاهی بر گرفتند. پادشاهی «ذو شَناتِر» بیست و هفت سال بود.

«ذونواس» بن اسعد که نام او «زُرْعه» بـود زمام امر را بدست گرفت و سر کشی آغاز کرد. او صاحب «اُخدود»[1] است زیرا که کیش یهودی داشت ومردی بنام «عبدالله» بن ثامر بر کیش مسیحی به‌یمن آمد[2] و دین خود را آشکار ساخت. او هر گاه رنجور وبیماری را می‌دید میگفت ازخدا میخواهم ترا شفا دهد بشرط آنکه از کیش‌قوم خود باز گردی، وبیمار هم‌شفا یافته بازمیگشت. پیروان این مردبسیار شدند و خبر به‌ذونواس رسید، پس در جستجوی پیروان کیش مسیحی بـر آمد و برای کشتن آنها درزمین گودال میکند و آنها را درمیان آن آتش میزد وبا شمشیر نیز میکشت تا همه را از میان برد. مردی از اینان نزد نجاشی که کیش مسیحی داشت رفت و نجاشی لشکری‌را بفرماندهی‌مردی بنام «اَرْیاط» به‌یمن فرستاد، این لشکر هفتادهزار نفر بودند و«ابرهه» معروف به «اشرم» نیز درلشکر ارياط بود، ذو نُواس نیز جنگ‌را آماده‌شد وچون‌نبرد آغازشد ذونواس شکست یافت وبادیدن‌پراکندگی‌و گریختن لشکرش اسب خـود را بدریا راند و دیگر کسی او را نـدید. پادشاهی ذونواس شصت و هشت سال بود.

ارياط حبشی به‌یمن در آمد و چندین سال در آنجا حکومت کرد، سپس ابرهۀ

۱ـ سورة‌البروج ی ۳ ـ ۸. ۲ ـ سیرۀ ابن هشام ج ۱ ص ۳۳.

اشرم با اوبنزاع برخاست وحبشیان دو دسته شده ؛ دسته‌ای بـا ارياط و دستهٔ دیگر با ابرهه همراه شدند و برای جنگ درمقابل یکدیگر ایستادند و چون جنگ آغاز شد ابرهه‌به‌ارياط گفت: این چه‌کاری است که درمیان‌یکدیگر مردم را بکشتن‌دهیم؟ بیا تا بایکدیگر بجنگیم و هر کدام دیگری راکشت لشکرش از او پیروی خواهد کرد . ابرهه و ارياط بمیدان نبرد قـدم نهادند ، پس ارياط زوبینی بر ابرهه زد که چشمان او را شکافت ، در این حـال غلامی از ابرهه ارياط را از پا درآورد و پس از کشته شدن ارياط حبشیهای یمن همگی ابرهه را بپادشاهـی شناختند.چون خبر به‌نجاشی‌رسید خشمناك شد و قسم خورد که پای خویش برخاك یمن بکوبد یاموی پیشانی‌ابرهه‌را ببرد. ابرهه‌سر‌خودرا تراشید وموی آنرا باکیسه‌ای ازخاك یمن‌برای نجاشی فرستاد و پیام داد که من و ارياط ذو چاکرت بودیـم کـه در کار تو با هم در افتادیم و هر کدام از تو فرمانبری داشتیم . نجاشی از ابرهـه خوشنود گردید و سیف بن‌ذی یزن به قیصر روم پناهنده شد تا لشکـری برای سرکوبی حبشیها در اختیار گیرد، هفت سال بدربارقیصر منتظر شدآنگاه قیصر اورا بازگردانیدو گفت حبشیها بر کیش نصرانی‌اندو من با آنها نمی‌جنگم. پس سیف بدربارخسرو رفت و کسری زندانیان را با فرماندهی بنام «وهرز» همراه او ساخت ، چون وهرز به‌یمن رسید باحبشیها جنگید و ابرهه‌راکشت[1] و بریمن غالب شد. سپس سیف‌بن ذی‌یزن ابن ذی‌اصبح پادشاه یمن گردید. امیّة بن‌ابی‌الصّلت[2] در بارهٔ همین سیف می گوید :

لا يطلب‌الثّار الا ابن ذی یزن — اقام فی‌البحر للأعداء احوالا

اتی هرقل و قد شالت نعامته — فلم یجد عنده الامر الذی قالا

ثم‌انتحی‌نحو کسری‌بعدسابعة — من السنین لقـد ابعدت ایغالا

---

۱ ـ حبشیها ۷۲ سال در یمن سلطنت داشتند و چهار نفر بودند : ارياط ، ابرهه ، یکسوم ابن ابرهه و مسروق بن ابرهه که بدست ایرانیان کشته شد (سیره ص ۷۳). ۲ ـ ف ۶۲۴ م.

حتی‌اتی ببنی‌الاحرار یقدمهم   اذهب الیك لقداسرعت قلقالا[1]

«خونخواهی نمیکند مگر پسر ذی یزن

سالها برای کوبیدن دشمنان دریانوردی کرد

نزد هرقل رفت آنگاه که عزت خود را از دست داده بود

پس آنچه میخواست نزد او نیافت

سپس بعد از هفت سال نزد کسری رفت

چه راه دوری بر خود هموار ساختی !

تا آنکه آزاد زادگانرا در حالیکه خود جلودار آنها بود به‌یمن آورد

راه کشورت را در پیش گیر، چه زود جنبیدی !»

پادشاهان یمن در آغاز دولت‌شان بکیش بت‌پرستی بودند سپس بکیش یهود درآمدند و تورات را خواندند زیراکه دانایانی از یهود نزد آنها آمدند و کیش یهودی را بآنها آموختند. سلاطین یمن بجای دیگر دست‌اندازی نداشتند مگر آنکه گاهی کشوری را غارت کنند سپس بکشور خود بازگردند.

استانهای کشور یمن را « مخلافها » گویند و آنها هشتاد و چهار مخلاف‌است باین نامها :

یحصبین[2] یکلی[3] ذمارِ، طموء، عیّان، طمامِ، همَل، قدم، خیوان،[سنحان،

---

۱ ـ در سیرهٔ‌ابن هشام (ج ۱ ص۶۹) یازده شعر نقل شده است، آنگاه ابن هشام می‌گوید، نقل این اشعار از امیه صحیح است مگر شعر آخر،

تلك‌المکارم لاقعبان من لبن   شیبا بماء فعادا بعد ابوالا

چه این شعر از نابغهٔ جعدی عبدالله بن قیس در یکی از قصائد او است.

شعر مزبور در اغانی هم به‌نابغه نسبت داده شده، لیکـن یاقوت در معجم البلدان در ذیل «غمدان» و بغدادی در «خزانةالادب» مانند ابن اسحاق آنرا گفتهٔ امیه دانسته‌اند (پاورقی سیره).

۲ـ البلدان‌ص۸۱، یحصبین. مراصدالاطلاع، یحصبّین ۳ـ یَکْلی نام کوهی‌است سیاه درسرزمین عنْس از قبیلهٔ مذحج و بکیل مخلافی است (مراصد) ولی در البلدان هم یکلی است.

ریحان]، جرش ، صعده[۱] اخروج ، مجیح ،[۲] حراز ، هوزن، قفاعه، و زیره، حجر،[۳] معافر،[۴] عنّه ، شوافی ، جبلان ، وصاب ، سکون، شرعب ، جند ،[۵] مسور ، ثجه ، مزدرع ، حیران ، مأرب، [حضور]، علقان،[۶] ریشان ، جیشان[۷] ، نهم ، بیش[۸] ضنکان، [قربی]،قنونا ، رنیه ، زنیف ، عرش[۹] ، خصوف ، ساعد[۱۰] ،بلجه[۱۱] ، مهجم[۱۲] ، کدراء[۱۳] معقر ، زبید،رمع ، رکب ، بنی مجید،[۱۴] لحج ، ابین ، وادیان ، الهان، حضرموت، مقری ، حیس[۱۵] ، حرض[۱۶] ، حقلین ،[۱۷] عنس ، بنی عامر ، ماذن[۱۸] حملان ، ذی‌جرّه، خولان ، سرو ، دثینه کبیبه و تباله .[۱۹]

و از قسمتهای ساحلی : عدن که ساحل صنعاء است ، مندب، غلافقه، حرده ، شرجه ، عثر، حمضه ، سرّین و جدّه .

اینها بخشهای مختلف کشور یمن و شهرهای آن است ، وبسا که بر کشورهای دیگری غارت می‌بردند آنگاه بکشور خود باز می گشتند . اگر قضاعه بحساب آید یمن راقبیله‌های بسیاری است، روایت شده است که‌مردی ازرسول خدا ﷺ پرسید

---

۱ ـ مخلاف‌قبیلهٔ خولان (البلدان ص۷۲) . ۲ ـ مجنح (البلدان ص۸۱، مراصدالاطلاع) ۳ ـ سرزمین قبیلهٔ کنده (البلدان ص ۸۲). ۴ ـ نام قبیله و نام مخلاف آنها است . ۵ ـ شهر مخلاف شرعب (البلدان ص ۸۲). ۶ ـ البلدان ص ۸۱ باین صورت، ودر مراصد الاطلاع « علان» ضبط شده است . ۷ ـسرزمین حمیریها (البلدان ص۸۲) . ۸ ـ سرزمین قبیلهٔ ازد و قومی ازبنی کنانه (البلدان‌ص ۸۱) ۹ ـ از سرزمین جازان (البلدان ص ۸۱) جازان نام جایی است (مراصد). ۱۰ ـ در دو مخلاف «خصوف و ساعد» دو قبیلهٔ « جاء، و حکم » ساکن بوده‌اند (البلدان ص۸۱). ۱۱ ـ و بلجه که همان مور باشد (البلدان ص ۸۱) . ۱۲ ـ مخلاف قبیلهٔ عك (البلدان ۸۱) . ۱۳ ـ که همان «سهام» باشد و قبیلهٔ عك در آن ساکن است (البلدان ص ۸۱) . ۱۴ ـ البلدان ص ۸۱ . بنی نجید (مراصدالاطلاع) . ۱۵ شهررکب و بنی نجید (البلدان ص ۸۲) ۱۶ ـ شهر مخلاف معافر (البلدان ص ۸۲). ۱۷ ـ البلدان ص ۸۱ . حقل (مراصد) . ۱۸ ـ مادن(مراصد الاطلاع) مأذن (البلدان ص ۸۱ .) ۱۹ ـ مخلاف قبیلهٔ خثعم (البلدان ص ۸۲) .

کدام یك بیشترند : نزار یا قحطان ؟ فرمود هر کدام قضاعه در آن باشد . امروز قضاعیها خود را از فرزندان ملك [بن] حمیر[1] می‌دانند .

اکنون عمدهٔ قبایل یمن را با کسانیکه از «نزار» بمیان آنها در آمده‌اند مانند قُضاعه، جُذام، لَخم ، بَجیله و خَثعم می‌شماریم :

نخستین کسیکه نامدار و شناخته است، سبأبن یشجب بن یعرب بن قحطان و از فرزندان او کهلان بن سبأ و حِمیر بن سَبأ است .

از قبیله‌های کهلان است :

«طیّ» بن اُددبن زید [بن عَریب] بن کَهلان، «اشعر»بن‌ادد بن زید، «عَنس» ابن‌قیس بن‌حارث بن مرّة بن ادد،«جُذام و لَخم وعا ملِه » فرزندان عمرو بن عدی ابن‌حارث بن مُرّة بن اددبن زید ، [«مَذحِج»بن ادد بن زید] بن عریب بن کهلان ·

و از قبیله‌های مذحج :

سعدالعشیرة بن مذحج ، مراد بن مذحج ، نخع بن عمروبن‌علّة بن جَلد بن مذحج ، حَکم و جعفی پسران سعدالعشیرة بن مذحج ، خولان بن عمرو بن سعد العشیرةبن مذحج ، و زبیدبن صعب‌بن سعدالعشیرةبن مذحج ، «همدان» یعنی‌اوسلة ابن‌خیاربن ربیعة بن‌مالك [بن زید]بن کهلان،«خثعم وبجیله»پسران انماربن‌نزاربن عمروبن حباربن غوث‌بن نبت‌بن‌مالك‌بن زیدبن کهلان[2] ، [« آزد » بن‌غوث‌بن نبت ابن‌مالك بن زیدبن کهلان] .

و از قبیله‌های ازد :

« عَكّ » بن عُدثان بن ذنب[3] بن عبدالله بن ازد ، با اینکه عك به عدنان بن ادد نسبت داده میشود ، عَتیك بن اسد بن عمرو بن ازد، غَسّان یعنی‌مازن بن‌ازد .

و از قبایل غَسّان :

---

۱ ـقضاعة بن مالك بن حمیر (سیره ج۱ ص ۷). ۲ ـ انماربن اراش بن عمروبن لحیان ابن غوث (سیرهٔ ابن هشام ص ۸۰). ۳ ـ عدثان‌بن‌دیث بن عبدالله (سیرهٔ ابن هشام ج ۱ ص۷) .

«خزاعه» یعنی ربیعة بن حارثة بن عمرو بن عامر بن حارثة بن امریٔ القیس بن ثعلبة بن غسّان، [...] بن وادعة بن عمران بن عامر بن حارثة بن امریٔ القیس، «اوس و خزرج» پسران حارثة بن ثعلبة بن غسّان. حسّان بن ثابت انصاری در شعری گوید:

ونحن بنوالغوث بن نبت بن مالك   بن زیدبن کهلان و اهل المفاخر

«ماییم پسران غوث بن نبت بن مالك بن
زید بن کهلان، و صاحب افتخارات.»

یکی از قبیله‌های حمیر [قضاعه] است و قضاعه بعقیدهٔ نسب شناسان [پسر] نزار بن معدّبن عدنان است و کنیهٔ نزار «ابو قضاعه» بود.

[از قبیله‌های قضاعه است]:

«نهد» بن زید بن لیث بن سود بن اسلم بن الحاف بن قضاعه، «جهینة» ابن زید بن لیث بن سود بن اسلم بن الحاف بن قضاعه، «عذرة» بن سعد بن زید بن لیث بن سود بن اسلم بن الحاف بن قضاعه، «سلیح» بن حلوان [بن عمران] بن الحاف بن قضاعه، «کلب» بن وبرة بن تغلب بن حلوان [بن] عمران بن الحاف بن قضاعه، «قین» بن جسر بن اسد بن وبرة بن تغلب بن حلوان، و «تنوخ» یعنی مالك بن فهم بن تیم‌الله بن اسد بن وبرة بن تغلب بن حلوان.

اینها هستند تیره‌های عمدهٔ قضاعه.

و از حمیر بن سبأ است «صدف» بن سهل بن عمرو بن قیس بن معاویة بن جشم بن وائل بن عبد شمس بن[1] غوث بن قطن بن عریب بن زهیر بن[2] همیسع ابن حمیر بن سبأ بن یشجب بن یعرب بن قحطان.

مردم را دربارهٔ حضرموت اختلاف است. بعضی آنهارا از امّتهای گذشتهٔ ازمیان

---

۱ ـ عبد شمس بن وائل بن غوث.   ۲ ـ زهیر بن ایمن بن همیسع (سیرهٔ ابن هشام ج ۱ ص ۱۵).

رفته مانند«طسم، جَدِیس،عملاق،عاد، ثمود، عَبس‌نخست، وَبارو جُرهُم»دانسته‌اند.

پراکندگی اهل یمن درشهرها و بیرون رفتن‌شان‌از دیار خود بواسطهٔ «سیل عرم» بود و اول این هجرت چنانکه راویان گفته‌اند این است که عمرو بن عامر ابن حارثة بن امریءُ القیس بن ثعلبة بن مازِن بن ازد رئیس قوم وکاهن (پیشگو) بود،پس چنان دانست که کشور یمن بآب فرو میرودآنگاه بخشم گرفتن بربعضی از فرزندان خود تظاهر کرده‌زمین خود را فروخت وبا خانوادهٔ خود بیرون رفت و بزمین «عَكّ» رهسپار گردید ، سپس ازآنجا به« نَجران»رفتند،وچون«مذحج» با آنها جنگیدازآنجا کوچ کرده به‌مکّه‌رفتند. « جرهم » که ساکن آنروزمکه‌بودند بجنگ با یمنیها برخاسته آنها را از شهر بیرون کردند. پس به« جُحفه»رفته سپس ازآنجا به «یثرب» کوچ نمودند و دوقبیلهٔ «اوس وخزرج»پسران حارثةبن‌ثعلبةابن عمروبن عامردرآنجا اقامت گزیدند ، جماعتی ازازد، غیرازپسران حارثه،نیزبآنها پیوستند که‌بعضی‌هم‌پیمان وبعضی‌جزءآنها شدند. ازدیان دریثرب پراکنده گشتندو یهودیان که یثرب جای آنها بود با ازد بنزاع برخاسته وچون بسیار بودند برآنها غالب شدند وچنان چیره گشتند که مردی از یهود بخانهٔ‌مردی انصاری می‌تاخت و اورا نیروی دفاع‌ازناموس ومال خود نبود؛تاآنکه‌روزی مردی ازیهود بنام«فطیون» بخانهٔ مالك بن عجلان پا نهاد ومالك بر او تاخت و او را کشت سپس نزد یکی از پادشاهان یمن رفته از فشار یهودیان شکایت کرد . آن پادشاه بالشکرش بر یهودیان یثرب تاخت و از یهود کشتار زیادی کرد.پس اوس وخزرج‌آسوده شدند، نخلستانها ایجاد کردند وخانه‌ها ساختند .

یمنیهای دیگر بقصد شام رهسپارشده بزمین «سراة» آمدند ، « ازد شنوءه » [1] در سراة و اطراف آن جای گرفتند و قبیله‌هایی از آنـان به « عُمان » رفتند .اول

1 ـ شنوءه : عبدالله بن كعب بن عبدالله بن مالك بن نضر بن اسد بن غوث .

کسی که‌به‌عمان آمد مالك‌بن فَهم‌بن غَنم‌بن دَوْس بن‌عدثان بن عبدالله‌بن زَهران ابن کعب بن حارث بن کعب بن عبدالله بـن مالك بن نصربن ازد ، بود و زنی از عبدالقیس گرفت کـه از او چند فرزند داشت . گـویند مالك بدست کوچکترین فرزندانش که در نگهداری شتران پدر همراه او بود کشته شد . مـالك برخاست و درمیان شتران میگشت، دراین‌حال پسرش سر بلند کرد وپدر را دزدی پنداشت پس تیری بدو انداخت و او را کشت ، مادر این پسررا سلیمه می گفتند .[۱]

گویند مالك در این حال گفت :

اعلّمه الرمایة کل یوم فلّما اشتدّ ساعده رمـانی

«هرروز باو تیراندازی آموختم

و چون بازویش محکم‌شد مرا بتیر زد .»

سپس بعد از مالك بن فَهم جماعتی از تیره‌های اَزْد ـ کـه از آنها است : ربیعه و عمران پسران عمرو بن عـدی بن حـارثة بن عمرو بن عامریعنی بارق[۲] و غالب و یَشکربن قیس بن صَعب بن دُهْمان وقومی از عامر وقومی از حَواله ـ[۳] به‌عمان رفتند و از آنجا در بَحرین و هَجر پراکنده شدند .

از قبیلهٔ ازد ، «جَدره» در زمین تِهامه بودند . اینان از فرزندان عمرو بن خُزَیمة بن جُعثمةَ بن یَشکر بن مُبشّر بن صَعب بن دُهْمان‌بن نَصر بن زَهْران ابن کعب بن حارث بن کعب بن مـالك بن نصربن ازد ، می‌باشند و چون عمرو[۴]

---

۱ ـ حمزهٔ اصفهانی دوشعر نقل‌کرده وشعر اول این است :
«سلیمه که خدا جزای خیرش‌ندهد مراپاداش داد، بد پاداشی بمن داد .»
ظاهر عبارت یعقوبی‌این است که این شعر را هم نقل‌کرده باشد.این شعرصریح است و حمزه نیز تصریح دارد که سلیمه نام پسر بود (تاریخ حمزه ص۶۴).

۲ ـ بنوعدّی بن‌حارثه را «بارق»می‌گفتند (سیرهٔ ابن هشام‌ص ۱۱۶ ج ۱). ۳ ـ بنوحَواله بطنی از قبیلهٔ «هنوبن ازد »از قحطانیه‌اند (معجم قبایل‌العرب ج۱ ص ۳۱۵). ۴ ـ عامربن عمرو برای کعبه‌دیواری ساخت پس او را جادِر و اولاد او را جَدَره گفتند (سیرهٔ ابن هشام ج ۱ ص۱۱۷).

جدار (دیوار) کعبه را ساخت ، جادِر نامیده شد. عدّه‌ای از اینها در زمین خراسان به‌هرات رفتند .

غَسّان به‌شام رفته در زمین « بَلقاء »فرود آمدند، قومی از طایفهٔ « سلیح » در شام بودند که در پناه رومیان درآمده کیش نصرانی گرفته‌بودند، غسّان هم ازآنها خواستند که‌بپیمان‌وکیش رومیان‌درآیند ،سلیح به‌روم‌نوشتند و پادشاه‌روم‌پذیرفت. سپس رفتار غسّان با حاکم روم در دمشق بد شدو امیر روم با جماعتی ازعرب‌قضاعه بدستور پادشاه روم بر آنها حمله برد،پس غسّانیها خـواستار صلح شدند وامپراطور روم پذیرفت.رئیس غسان در این‌تاریخ جَفنة‌بن علیة‌بن عمرو بن عامر بود ،غسانیها بکیش نصرانی درآمده از طرف دولت روم حکومت شام را عهده دار شدند.

جمعی از فرزندان « حَوالة بن هِنوبن ازد» به‌موصل رفته‌آنجاساکن شدند .

اهل یمن میدانستند که شهرشان از سدّ « مَأرِب » زیرآب خواهد رفت، پس آنرا محکم کرده نگهداری می‌نمودند و چون خدا « سیل عرم » را بر آنها فرستاد آب از سوراخ موشی بدانها راه یافت و خداآنها را غرق کرد .

پادشاهان شام [1]

شام‌محل حکومت بنی‌اسرائیل‌بود . گویند اول پادشاه دمشق «بالغ بن‌بعور» و پس از او « یوباب » یعنی « ایّوب بن زارح » صدّیق که خدای عزّ و جل قصه‌اش را در قرآن‌مجید فرموده است ،[2] آنگاه « مینسوس» بپادشاهی رسیدند . بنی‌اسرائیل با اینان در جنگ‌بودند،سپس«هوسیر»از اهل« گَدّ » برشام‌حکومت یافت وبعد از او پادشاهان بنی‌اسرائیل‌روی‌کار آمدند وپس از انقراض آنان‌رومیان مالك شام گشتند، تا نوبت بهجرت‌قبایل رسید.اول قبیله‌ای که‌ازعرب به‌شام‌آمد « قُضاعه »بود که با

۱ ـ ل ، ص ۲۳۴ . ۲ ـ قصهٔ حضرت ایوب درسوره های انبیاء ۸۳ ـ ۸۴، ص ۴۱ ـ ۴۴ و نام آنحضرت نیزدر سوره‌های نساء ۱۶۳ ، انعام ۸۴ ذکر شده است .

رومیان پیوسته از طرف پادشاه روم حکومت یافتندو اول حاکم از قبیلهٔ «تنوخ» بن مالك بن فَهم‌بن تیم‌الله بن اسدبن وبرة بن‌تغلب‌بن حُلوان بن عِمران بن الحاف بن قضاعه بود که کیش نصرانی گرفتند و از طرف امپراطور روم برعرب شام حکومت یافتند. ازتنوخیان نخستین پادشاه «نعمان» بن‌عمروبن [مالك بودآنگاه] «بنوسلیح» که‌فرزندان‌سلیح بن حلوان‌بن‌عمران بن‌الحاف‌بن قضاعه باشند غالب شدند و مدتی شام رادردست داشتند،تا آنکه قبیلهٔ ازد پراکنده گشته‌بعضی به‌تهامه‌و بعضی به‌یثرب‌و برخی به‌عمان و دیگرزمینها، وغسانیها به‌شام رفته دربلقاء فرودآمدند و از «سلیح» خواستند که‌با آنهادراطاعت پادشاه‌روم‌در آیندودربلاد شام زندگی کرده درنفع وضرر باقبیلهٔ « سلیح » شریك باشند . رئیس «سلیح» که آنروز « دُهْمان بن عملق » بود بپادشاه آنروز روم « نوشر» که در انطاکیه‌جای‌داشت نوشت و او هم پیشنهادغسان‌را با شرایطی پذیرفت و زمانی گذشت تا آنکه بسبب خراجی که پادشاه روم میگرفت میان او و غسان نزاعی پیش آمد تا آنجا که مردی از غسان بنام « جِذْع »[1] مردی ازکسان پادشاه روم را با شمشیرخود زد و کشت . پس کسی گفت : « خذ من جذع ما اعطاك » بگیر از جذع آنچه‌را بتو بخشید ،واین گفتارمثـل گـردید ، در نتیجه پادشاه روم با غسانیان جنگید وآنها نیز در مقابل ایستادگی کرده در « بُصرْی» ی دمشق‌بجنگ ایستادند ، سپس به « مخفق »[2] رفتند چون پادشاه روم شکیبایی‌غسان را در جنگ و ایستادگی آنها را در مقابل لشکریانش دید نخواست شکستی بدانها راه یابد ، غسانیان هم خواستار صلح شدند بشرط آنکه برآنها پادشاهی از غیرشان نباشد . امپراطور روم پذیرفت و« جفنة » بن عُلَیّة‌بن عمروبن عامر را بر آنها پادشاه ساخت و اختلاف روم و غسان جای خود را باتفاق و یگانگی داد .

بعد از « جفنة بن علیه » اول پادشاه نامدار بزرگوار آل غسان « حارث » بن

---

۱ ـ جِذع بن عمرو غسانی (قاموس). ۲ ـ بروزن محدّث : ریگزاری در پایین دهناء از سرزمین بنی سعد (مراصد) ل : محفف .

مالك بن حارث بن غضب بن جشم بن خزرج بن حارثة بن ثعلبة بن عمرو بن عامر بن ثعلبة بن حارثة بن عدی بن امریء القیس بن مازن بن ازد ، بود .

پس از او « حارث » اکبر پسر کعب بن علیة بن عمرو بن عامر پادشاه شد و کعب همان «جفنه» است. حارث پسر « ماریه » است که مادرش « ماریه » دختر عادیا ابن عامر بود.[1]

آنگاه برادرش « حارث » اعرج بشاهی رسید و در « جولان »[2] اقامت گزید. سپس برادرش « حارث» اصغر ، و بعد از او « جبلة» بن منذر ، و پس از او«حارث »بن جبله[3] ، سپس «ایهم» بن جبله ، و بعد از او « جبلة » بن ایهم پادشاهی یافتند. جبله در دمشق و « حارث » بن ابی شمر بن ایهم در اردن حکومت داشت. حسان بن ثابت در بارهٔ جبلة بن ایهم و بستگانش این اشعار را گفته است :

لله در عصابة نادمتهم	یوما بجلّق فی الزمان الاول
بیض الوجوه کریمة احسابهم	شمّ الانوف من الطراز الاول
اولاد جفنة حول قبر ابیهم	قبر ابن ماریة الکریم المفضل
یغشون حتی ماتهرّ کلابهم	لایسألون عن السواد المقبل
یسقون من ورد البریص علیهم	بردی یصفق بالرحیق السلسل[4]

۱ ـ ماریه را باختلاف دختر ارقم بن ثعلبه و ظالم بن وهب نوشته‌اند . ماریه را مسعودی مادر حارث بن ثعلبة بن جفنه ، و حمزه مادر حارث بن جبلة بن حارث دانسته است. مسعودی میگوید همهٔ پادشاهان غسان درشام یازده نفر بودند، حمزهٔ اصفهانی سی ودو نفر پادشاهان بنی جفنه از آل غسان را نام می‌برد که ششصد و شانزده سال پادشاهی کرده‌اند(تاریخ حمزه ص ۷۶ ـ ۸۱، مروج الذهب ج۲ ص ۱۰۷ ـ ۱۰۹) . ۲ ـ جولان ، دهی یا کوهی از نواحی دمشق است (مراصد) . ۳ ـ در « عین اباغ » در جنگ با « منذر بن ماء السماء » دو پسرش کشته شد و آنها را در حیره دفن کرد و « غریّان » را روی قبر آندو بنا نمود ، یا آنکه «غریّین » را نعمان بن منذر روی قبر دوندیم خودبناکرده است (ایام العرب فی الجاهلیه ص ۵۲). ۴ ـ تاریخ آداب اللغه ج ۱ ص ۱۵۲ .

«چه خوب مردمی که درزمان گذشته روزگاری در جلّق[1] همنشین میگساری آنها بودم، سفیدرویان که دارندگان افتخارات بزرگ می‌باشند، بینی برآمدگان که از برجستگان مردم‌اند ، فرزندان « جفنه » در کنار قبرپدرشان ، قبر پسر جوانمرد بخشندهٔ « ماریه » ، آنهمه مهمان برآنها درآید که دیگر سگهای آنها صدا نکنند، (بس کریم‌اند) از سیاهی روآورنده نپرسند (که کیست) .

کسی را که در « بریص» [2] برآنها درآید، سیرآب سازند، ازآب« بَردَی »[3] که با شراب گوارا آمیخته میشود . »

پادشاهان یمنی حیره[4]

راویان و دانایان گفته‌اند که هنگام پراکندگی اهل یمن « مالك » بن‌فهم‌بن غنم بن دوْس‌در روزگار ملوك‌الطوایف بزمین عراق فرودآمد و در جزیره برقومی از عرب از معدّ و جزآنها دست یافت که بیست‌سال او را بر خود سلطنت دادند . سپس «جذیمةالابرش»[5] رسید و ازدر کهانت وپیشگویی‌درآمد. دوبت‌بنام« ضَیزنان» ساخت و طوایفی از عرب را زیر بار کشید تاآنها را بزمین عراق‌آورد ، طایفهٔ «ایاد ابن نزار » نیز در عراق در اراضی میان جزیره تا زمین بصره جای داشتند و با او بجنگ برخاستند تا آنکه « جَذِیْمه » در نـاحیه‌ای بنام « بَقّه »[6] در کنار فرات نزدیك انبار فرود آمد. مالك‌این ناحیه زنی بنام « زَبّاء » بود که در آنجا سلطنت یافته و بمردان‌هیچ علاقه‌ای نداشت ، چون « جذیمه » بزمین «انبار»آمد و لشکری

---

۱ ـ جِلّق: غوطهٔ دمشق یا قریه‌ای ازآن یاخود دمشق‌است(مراصد). ۲ـ بریص: نام‌نهری در دمشق‌واینجا نام غوطهٔ دمشق است (مراصد) . ۳ـ بَرَدَی : بزرگترین‌نهر دمشق (مراصد) .
۴ ـ ل : ص۲۳۶ . ۵ ـ او پسر مالك‌بن فهم بود (مروج‌الذهب‌ج ۲ ص۹۰، تاریخ حمزه‌ص ۶۴)، او را جذیمهٔ ابرش‌و جذیمهٔ وضّاح می‌گفتند چون پیس بود (معارف ص ۲۸۱) . ۶ ـ بفتح اول و تشدید قاف ؛ جایی نزدیك حیره‌و بقولی حصنی در دو فرسخی هیت که جذیمة الابرش در آن منزل داشت(مـراصد) .

فراهم نمود و باصحاب خود گفت: تصمیم گرفته‌ام نزد « زباء » فرستاده با او ازدواج کنم و کشورش را ضمیمهٔ کشورخویش گردانم. غلام کوتاهی از جذیمه بنام« قصیر »[1] گفت اگر « زباء» شوهرمیخواست دیگران تو را مجال نمیدادند . پس « جذیمه» نامه‌ای « بزباء » نوشت و او جواب داد کــه نزدمن بیاتا زنت گردم ، جذیمه نزد او رفت پس « قصیر » باو گفت پیش از تومردی‌راندیدم که نزدعروس برده شود ، اینك اسبت «عصا» آماده است‌سوار شو و خود را نجات ده ، جذیمه نپذیــرفت و چون بر « زباء » درآمد « زباء » ران خود را برهنه کردو گفت راه و رسم عروسی همین است که می‌بینی! جذیمه گفت تورا دروضع زنی نابکار و داه‌درازتلاق و بی‌وفا می‌نگرم . پس زباء (رگهای) او را برید تا (هلاك شد) و قصیر بر اسب « عصا » سوار شد و گریخت .

پس از کشته شدن « جذیمه » خــواهرزاده‌اش « عمرو » بن عدی بن نصربن ربیعة بن عمرو بن حارث بن مالك بن عمم بن نمارة[2] بن لخم جای او را گــرفت . قصیر بعمرو گفت : مرا نافرمانی مکن . عمرو گفت : هرچه بفکرت میرسد بگو. گفت : بینی مرا قطع کن و گوش مرا ببر و مرا رها کن . عمرو چنین کرد وقصیر نزد زباء رفت و گفت من در خیرخواهی جذیمه چنان بودم که دیده‌ای، باخواهرــ زاده‌اش عمرو هم تا آنجا وفادار ماندم که او را بپادشاهی رساندم اکنون پاداش من ازاو این بود که بامن چنین کرد که می‌بینی پس بدربار تو آمدم تا اینجا خدمتگزار باشم‌شاید خدا کشتن‌عمرو را بر دست توقراردهد ، پیوسته قصیر برای جلب‌اطمینان زباء چاره جویی میکرد تا او را برای تجارت بیرون فرستاد و بارها قصیر کالاهای بسیاری برای زباء وارد کرد و او را خوش‌آمد و بــکار قصیر اطمینان یافت و چون

۱ ـ قصیر بن سعد لخمی(کامل ج ۱ ص ۱۹۹) . ۲ ـ بفتح عین و میم ونون نماره .

وثوق و اطمینان زبّاء بکمال رسید قصیر نزد عمرو رفت و گفت مردان را در صندوقها جای ده . پس چهارهزار مرد با شمشیرها بر دوهزار شتر بار کرد و بشهر آن زن در آورد ، عمرو هم در میان این عده بود .

صندوقها را در خانه‌های اصحاب زبّاء پـراکنده ساخت و چندین صندوق را بکاخ خود زبّاء برد و چون شب فرا رسید بیرون آمدند و زبّاء را با بسیاری از مردان کشورش کشتند . عمرو بن عدی پنجاه و پنج سال سلطنت کرد

[سپس «امرئ القیس بن عمرو» سی‌وپنج سال] ، آنگاه برادرش: « حارث » ابن‌عمرو هشتاد و هفت سال ، سپس : « عمرو » بن امرئ القیس‌بن عمروبن عدی چهل سال، وبعد از او «منذر» بن امرء القیس که اورا « محرّق » گویند برای آنکه مردمی را که با او جنگیدند گرفت و سوزانید و برای این « محرّق » نامیده شد ، سپس « نعمان » پادشاه شد، او است که « خُوَرْنَق » را ساخت[1] و روزی درحالیکه نشسته بود و فرات و نخلها و باغها و درختهای کنار آنرا پیش روی خود تماشا میکرد بیاد مرگ افتاد و گفت با رسیدن مرگ وجدایی از دنیا اینها را چه سودی است ؟پس راه عبادت در پیش گرفته از پادشاهی کناره کرد . عدیّ بن زید در این اشعار اورا قصد کرده است :

و تفکّر رب الخورنق اذاش ... رف یوماً و للهدی تفکیر

سرّه حاله و کثرة مایملك ... و البحر معـرض و السدیـر

فارعوی قلبه و قـال و مـا ... غبطة حیّ الی‌الممات یصیر[2]

« دربارهٔ صاحب کاخ خورنق اندیشه کن ، هنگامیکه چشم (بجلال پادشاهی)

---

۱ ـ بانی خورنق : نعمان بن منذر ، فارس حلمیه (مروج الذهب ج ۲ ص ۹۸) نعمان بن امرئ القیس بن عمرو بن امرئ القیس (حمزه ص ۶۸، کامل ج ۱ ص۲۳۳) . ۲ ـ (تاریخ حمزه ص ۶۹ اغانی ج ۲ ص ۱۱۵).

دوخته بود و اندیشه خودراهی است بهدایت یافتن، شاهنشاهی وبسیاری دارایی ودریای وسیع(فرات) وکاخ سدیر، خوشحالش نمود، پس دلش بخود آمد و گفت: چیست فایدهٔ زنده‌ای که باید بسوی مرگ رود؟ پس ازاو «منذر» بن نعمان سی سال[1] وپس ازاو «عمرو بن منذر» سلطنت یافت و اوست[2] که حارث بن ظالم در نزد او خالدبن جعفر بن کلاب را کشت ، پس کشتن حارث را بر خود لازم شمرد و بجستجوی او برآمد . پس حارث پسر عمرو را که درآل سنان بشیرخوارگی بود جست و کشت[3].

آنگاه «عمرو» بن منذر دوم که پسر هند باشد و «مضرّط الحجاره» لقب داشت[4] پادشاه شد. او روزگارخودرا دو روز قرار داده بود : روزی را برای شکار و روزی را برای میگساری ، وآنگاه که برای میگساری می نشست مردم می بایست بر دروی بانتظار بایستند تا بزم میگساری او برچیده شود. پس طرفة بن عبد (این اشعار را) دربارهٔ او گفت :

فلیت لنا مکان الملك عمرو   رغوثاً حول حجرتنا تخور

---

۱ ـ منذر بن اسودبن نعمان بن منذر که بگفتهٔ مسعودی مادرش دختر عوف بن نمر بن قاسط، بسکه زیبا بود « ماءالسماء » و خودش «ابن ماءالسماء » گفته میشد . (مروج الذهب ج ۲ ص۹۸). بگفتهٔ حمزهٔ اصفهانی « ابن ماءالسماء» منذر بن امریٔ القیس بن نعمان بن امریٔ القیس بن عمرو و مادرش «ماءالسماء » ماویه دختر عوف بن جشم بود(تاریخ حمزه ص ۷). این منذر در روز«عین اباغ » از روزهای عرب جاهلی در جنگ با حارث بن جبله پادشاه غسّانی کشته شد (ایام العرب فی الجاهلیه ص ۵۱) . ۲ ـ بجای عمرو بن منذر در این قضیه « نعمان بن منذر » و گاهی «اسود ابن منذر » برادر نعمان را نوشته‌اند (ایام العرب فی الجاهلیه ص ۲۴۲) . ۳ ـ کامل ج ۱ ص ۳۴۱.

۴ ـ او محرّق دوم است و مادرش هند عمهٔ امریٔ القیس شاعر معروف دختر حارث بن عمرو بن حجر کندی آکل المرار است که برای منذر بن ماءالسماء دو پسر آورد ، عمرو و قابوس (تاریخ حمزه ص ۷۲، کامل ج ۱ ص ۳۳۰). اوست که در« یوم اُوارهٔ دوم » بر قبیلهٔ طی تاخت و از بنی عدّی هفتاد نفر اسیر گرفت و نود و نه نفر از بنی دارم را گرفت و در «اواره» آنها را سوزانید. عمرو بن هند

قسمت‌الدهر فـی زمن رخی — كذاك الدهر يعدل اويجور
من‌الزمرات اسبل قاد ماها — فضـرّتهـا مـرگـنة درور
لعمرك ان قـابوس بـن هند — ليخلط ملكه نـوك كثير
لنا يـوم ولـلكرو ان يـوم — تطيـر البـائسات ولانطيـر
فـاما يـومهن فيـوم سوء — تطار دهن بـالخسف الصقور
و اما يـومنا فنظـل ركبـا — و قـوفا لانحـل ولا نسير[1]

«کاش‌مارا بجای عمرو، (گاو یا گوسفند) شیردهی بود که‌پیرامون‌خانهٔ(خیمهٔ) ماصدا می کرد. از گوسفندان(و گاوهای) کم‌مو که‌ازدوپستان‌پیشینش شیرمی‌ریزدو مایه‌دانش بزرگ و پیوسته شیردهنده است. بجانت که قابوس‌پسرهند ، پادشاهیش بااحمقی‌فراوانی‌آمیخته‌است.روزگار را درزمان خوشی‌بخش کرده‌ای، رسم‌روزگار همین‌است،یا داد می کند یابیداد. مارا روزی‌است و(مرغ)کاروانك‌را روزی، بیچاره‌ـ ها پرواز می کنند وما پرواز نمی کنیم. اما روزآنها پس روزبدی است ، چه باز ها برآنهاحمله می برند،آنها را بخواری می کشند. اما روزما،پس‌مـا پیوسته سوار و پا برجاییم ، نه فرود می‌آییم و نه میرویم .»

پیوسته طرفه او و برادرش قـابوس را هجو میگفت و بـزشتی نام می‌برد ،

۱ـدرترجمهٔاین اشعار ترتیب صحیح‌آن را رعایت‌کرده‌ام نه ترتیب‌کتاب را . درمآخذ دیگر بجای « حجرتنا » در شعر اول « قبتنا » است و شاید درست همان‌باشد . (العقدالثمین‌ص ۶۴ :اشعار ۱، ۵، ۲، ۴، ۶، ۷، ۸، از قصیدهٔ ۷)و شعر سوم که در اینجا نیست این است :

یشارکـنـا رخـلان فـیها — و تعلوها الكباش فما تنور

(شعراء النصرانیه ص۳۰۵، ناسخ جلد عیسی ص ۴۰۳). خ ل : حجرتنا : قبتنا . كذاك الدهر يعدل ، كذاك الحكم يقصد . فضرتها : وضرتها. فیوم‌سوء : فیوم نحس. بالخسف : بالحدب . لانحل ولا : مانحل و ما .

زیباییهای‌خواهر عمرو را در شعرخود بازمیگفت وبطور شرم‌آوری او را یادمیکرد.

از شعرهای اوست در هجو عمرو :

ان‌شرار الملوك قــد علموا	طرّاً و ادناهــم من الدنسِ
عمرو و قابوس و ابن امهما	من يأتهم للخــنا بمحتبسِ
يأت الــذی لا تخــاف سبته	عمرو و قابوس قيننا عرسِ
يصبح عمرو على‌الامور و قد	خضخض ماللرجال كالفرسِ [1]

« مردم همه دانسته‌اند کــه بــدترین پادشاهــان و نزدیکترشان‌بناپاکی ، عمرو و قابوس و پسر مادرشان است . کسیکه باخودداری از فحش و ناسزا نزدشان رود ، نزد کسی می‌رود که از ننگش باك نیست.عمرو و قابوس دو (کنیز) خوانندهٔ عــروسی هستند، عمرو در حالیکه‌چون‌ستوران شهوت رانی می کند، زمام امور را بدست دارد . »

متلّمس که همراه طرَفه[2] بوداو رابرهجوعمرو کمك‌میداد، پس‌عمرو[بآندو] گفت:ماندن شما بدراز کشید و مرا مالی موجود نیست لیکن بعامل خود در بحرین نوشتم تا بهریك از شما صدهزار درهم بدهد . پس‌هر کدام نامه‌ای از عمرو گرفت‌و متلّمس در کار عمرو بدگمان شد و چون بنهر حیره رسیدند غلامی از بنی‌ِعباد را

---

۱ ـ این اشعار در دیوان طرفه (العقدالثمین) نیست و فقط در ص ۱۸۵ جزء اشعار منسوب به‌طرفه‌چند شعری مناسب با این اشعار نقل شده است ،

ككلب طسم وقد تــر ببّه	يعلــه بـالحليـب فی الغلس
ظــل عليــه يوماً يفرفره	الا يلغ فی الدماء ينتهس
اضرب عنك الهموم طارقها	ضربك بالسيف قونس‌الفرس

۲ ـ طرفه ، عمروبن عبد بن سفیان بکری عبسی از قبیلهٔ بکر بن وائل خواهرزادهٔ متلمس و از گویندگان « قصائدسبعهٔ معلقه » است، وفات‌او ومتلمس ، جریر بن عبد المسیح در سال ۵۵۰ میلادی بوده است .

دیدند، متلّمس باو گفت :آیا خوانا هستی ؟ گفت بلی. گفت : این نامه را بخوان، نامه را خواندودرآن نوشته بود که هر گاه متلّمس نزد تو آمددو دست ودوپای اورا قطع کن. پس‌نامه را انداخت و به‌طرفه گفت در نامهٔ تونیز همین است؟ طرفه گفت او را برقوم من چنین گستاخی نیست و من درآن سرزمین از او عزیزترم پس طرفه نزد عامل بحرین رفت ، وچون نامهٔ عمرو را خواند دستها و پاهای طرفه‌را برید و او را بدار زد .

سپس برادرش « قابوس »[1] بن منذر و بعد از او « منذر »[2] بن منذر چهار سال پادشاهی داشت .

این پادشاهان دست‌نشاندهٔ ساسانیان و نسبت بآنان فرمانبردار و خراجگزار بودند .

قبایل معدّ زیر فرمان مناذره فراهم شده و از همهٔ آنها نیرومندتر دو قبیلهٔ غطفان واسدبن خزیمه‌بودند.هر گاه مردی ازمعدّ براین ملوك واردمیشد ازبخشش و نوازش آنها برخوردار بود . از رؤسای قبایل : ربیع بن‌زیادعبسی و حارث بن ظالم مرّی و سنان بن ابی حارثه و نابغهٔ ذبیانی شاعر،زعیم و مسئول امر قبایل بودند ، پادشاهان حیره شعرا را که در مدح و ثناگویی کوتاهی نداشتند بزرگ داشته در تکریم آنها کوتاهی نمیکردند . نابغه در نزد آنها مقامی بس ارجمند داشت تاآنکه در قصیدهٔ خود بزن منذر عشق ورزید ، در این قصیده میگوید :

«روسری ازسرش افتاد با اینکه نمی‌خواست بیفتد .

---

۱ ـ جنگ او با بنی یربوع بنام « یوم طِخفه » از ایّام عرب در جاهلیت است (ایّام‌العرب فی‌الجاهلیه ص ۹۴)٬ ۲ ـ بگفته ابن قُتَیبه پسران هند دختر حارث بن عمرو کندی باین ترتیب بسلطنت رسیدند ، منذر بن منذر ، عمرو بن هند (معارف ص ۲۸۳) .

پس آنرا برداشت و با دست از ما رو گرفت .[۱]»

پس منذر نذر کرد خونش را بریزد و نابغه بشام نزد پادشاهان غسان گریخت سپس اشعاری در معذرت‌خواهی از منذر گفت که از آنجمله است :

«تو چون شبی هستی کـه مـرا دریابنده‌ای
اگرچه گمان برم که راهی بگریختن از تو دارم[۲].»

و نیز میگوید :

«خبر یافته‌ام که اباقابوس[۳] مرا تهدید کرده است
و با صدای شیر آرامشی نیست. »[٤]

با منذر خانواده‌ای از بنی امری‌ٔالقیس بن زید بـن مناة بن تمیم بودند و از این خانواده بود عدی بن زید عبادی که خطیب و شاعر بود و عربی و فارسی را می‌نوشت. منذر پسرش «نعمان» را نزد آنها بشیرخوارگی نهاد ، و نعمان را شیر دادند و در کنار آنها بود. پس کسری به منذر نوشت که مردی از عرب را برای ترجمهٔ نامه ها نزد او فرستد، منذر عدی بن زید و دو برادر اورا بدربار کسری فرستاد و این سه برادر در دفتر شاهنشاهی بکار ترجمهٔ نامه‌ها سرگرم بودند. چون منذر مرد ، کسری به عدی ابن زید گفت: آیا از خانوادهٔ پادشاهی حیره کسی شایستهٔ سلطنت مانده است؟ گفت بلی منذر را سیزده پسر است که هریك را شایستگی پادشاهی می‌باشد . پس فرستاد و

---

۱ ـ سقط النصیف و لم ترد اسقاطه — فتـنا و لتـه و اتقتنا بالید
(اغانی ج ۱۱ ص ۱۰ ،العقدالثمین ص ۱۰ شعر ۱۷ از قصیدهٔ ۷).

۲ ـ فانك کاللیل الذی هو مدرکی — و ان خلت ان المنتأی عنك واسع
(العقد ص ۲۰ شعر ۲۸ از قصیدهٔ ۱۷). ۳ ـ ابا قابوس که نابغهٔ ذبیانی از او گریخت و سپس معذرت خواست ، نعمان بن منذر بن امریٔ القیس بود (معارف ص ۲۸۳) .

۴ ـ نبئت ان ابا قابـوس او عدنی — ولاقرار علی زأر من الاسد
(العقد ص ۸ شعر ۴۱ از قصیدهٔ ۵ ، انبئت) .

همه را بدربار کسری آورد. اینان زیباترین‌افراد خانوادهٔ [منذر] بودند مگر نعمان که روی سرخ و لکّه دار و قد کوتاهی داشت و خانوادهٔ عدی‌بن‌زید او را شیرداده بزرگ کرده بودند، مادرش‌برده‌ای بنام«سلمی» و گویند از قبیلهٔ‌کلب بود. عدی‌بن زید هریك را بتنهایی جای داد و برادران نعمان را درپذیرایی بر او برتری میدادو چنان نشان میداد که به نعمان امیدوار نیست، با یکایك آنها خلوت میکرد و بآنها میگفت: اگر شاه‌ازشماپرسید که آیامی‌توانید ازعهدهٔ‌عرب‌برآیید، بگوییدمانمی‌توانیم مگر نعمان[1] و به‌نعمان گفت اگر شاه تو را از برادرانت پرسید، بگواگر ازآنها عاجز ماندم در مقابل عرب عاجزتر خواهم بود.

از پسران منذر مردی بودبنام «اسود» که مادرش‌از بنی رباب و در خانواده‌ای از اشراف حیره بنام «بنو مَرِینا» نگهداری شده بود، مردی از آن خانواده بنام «عدی بن اوس‌بن مرینا» که‌با هوش وشاعر بود به‌اسودبن منذر برادرنعمان‌می گفت تودانسته‌ای که من بتوامیدوارم وخواستهٔ من تویی اکنون میخواهم با عدی بن‌زید مخالفت کنی چه‌او بخدا قسم، هرگز خیرخواه تو نیست. اسود بگفتهٔ عدی گوش نداد وچون کسری عدی‌بن زید را فرمود که‌آنها را براو وارد کند، یك‌یك‌را بحضور می‌برد و کسری مردانی را که مانندشان را ندیده بود می‌دید و چون می‌پرسیدآیا از عهدهٔ آنچه تاکنون برآمده‌اید برمی‌آیید؟ می گفتند کسی‌از مـا جز نعمان از عهدهٔ‌عرب‌برنیاید[2]. وچون نعمان بر اودرآمد، مردزیبایی‌را دید[3] وبا او سخن گفت‌و فرمودآیا می‌توانی عرب را عهده‌دارشوی؟ گفت می‌توانم. کسری گفت با برادرانت چه‌میکنی؟ گفت اگر ازآنها عاجزآیم ازدیگران عاجزتر خواهم بود. پس کسری

---

۱ ـ عبارت ابن اثیرکه بهتر بنظر میرسد این است: بگویید ازعهدهٔ همهٔ عرب برآییم جز نعمان (کامل ج ۱ ص ۲۸۵). ۲ ـ گفتند از عهدهٔ عرب جز نعمان برآییم (کامل ج ۱ ص ۲۸۶).
۳ ـ مرد زشت روی‌کوتاه قدی را دید (کامل ج ۱ ص ۲۸۶).

پادشاهی را بدو داد و جامه و زیور شاهی را بر او پوشانید وچون با نشان پادشاهی بیرون رفت عدی‌بن اوس بن‌مرینا به‌اسود گفت سزایت‌همین که حرف مرا نشنیدی. نعمان که بر عدی بن مرینا هم‌شاه‌شده‌بودبه‌حیره رهسپارشد، عدی بن مرینا کسانی ازنزدیکان ویاران‌نعمان را وا داشت که ازعدی‌بن‌زید نزد اوبد گویی کنند وبگویند که عدی بن زید می گوید پادشاه عامل او است و او نعمان را حکومت داده است و اگر او نبود نعمان بپادشاهی نمیرسید و از این گونه گفتار پیوسته در حضور نعمان گفتند تا او را برعدی‌بن زید بخشم‌آوردند. پس نعمان به‌عدی نوشت تو راسو گند میدهم که از من دیدن کنی . عدی از کسری اجازه گرفت و نزد نعمان‌آمد. نعمان دستور داد اورا درزندانی که هیچکس بدان راه ندارد زندانی کنند. عدی را در نزد کسری دو برادر بود بنام ابیّ[1] و سمیّ[2]، یکی از این دو دوستدار نـابودی عدی و دیگر خواستار رهایی او بود . عدی در محبس شعر می گفت تا مگر نعمان را بر سر مهرآورد ، بزرگواری او را باز می گفت و با یادآوری پادشاهان گذشته پندش میداد، ولی درنعمان اثری نداشت‌ودشمنان عدی، ازآل مرینا، نعمان را براو بخشم می‌آوردند ومی گفتند اگر رها شود تو را می کشد و سبب نابودی تومیگردد. پس چون عدی از نعمان ناامید شد ببرادرش[3] نوشت :

ابلغ ابیا علی نـأیـه — وهل ینفع المرء ماقد علم
بان اخــاك شقیق الفــؤا — دکنت بـه و الها ما سلـم
لدی ملك موثق بـالحدیـ — ـدامـا بحق و اما ظلـم
فلا تلفین کـذات الغـلا — م ان لاتجد عارما تعترم
فارضك ارضـك ان تأتنـا — تنم نومة لیس فیـها حلم

۱ – و او عمار است . ۲ ـ و او عمرو است (کامل ص ۲۸۵ ج ۱). ۳ ـ أبی که باکسری بود (ایام‌العرب ص ۱۶).

«هان، أبی را با اینکه دور است ،آگاه کن ، وآیا مرد راآنچه دانسته است، سود می‌دهد ؟ که برادر و پارهٔ دلت که تا گرفتار نشده بود دلباختهاش بودی ، نزد پادشاهی در بند زنجیر است ، یا بحق یا بستم. پس مباد مانند مادر شیردهی باشی که اگر شیرخواری پیدا نکند ، خود پستان خویش را می‌دوشد . پس بکشورت ، به سرزمینت (بازگرد) که اگر نزد ما بیایی چنان آسوده بخوابی که خواب پریشان نبینی (نبینیم.)[1]

و بپسرش عمرو بن عدیّ که ازطرف کسری برناحیه‌ای بود نوشت :

لمن لیل بذی حبس طویل	عظیم شقه حزن دخیل
و ما ظلم امریٔ فی‌الجید غل	و فی الساقین ذو حلق طویل
ألا هبلتك امك عمرو بعدی	أتقعد لا أفك و لا تصول
الم یحزنك ان اباك عان	و انت مغیب غالتك غول
تغنیك ابنة القین بن جسر	و فی کلب فیصحبك إلشمول
فلو کنت الاسیر و لاتكنه	اذاً علمت معدّ ما اقول
و ان اهلك فقد ابلیت قومی	بلاءً کله حسن جمیل
و ما قصّرت فی طلب المعالی	فتقصرنی[2] المنیة اوتطول

«شبی‌چون شب‌این زندانی، دراز و پر مشقت و باندوه آمیخته ،که راست؟ گناه مردی که بگردنش غل نهاده ودو ساق پایش رابزنجیری درازبسته‌اند چیست؟ ای عمرو پس ازمن مادرت بعزایت بنشیند ، آیا با اینکه من‌آزاد نمی‌شوم (آسوده) می‌نشینی و حمله نمی کنی ؟ آیا اندوه آن نداری که پدرت اسیر است و تو مست

۱ ــ اغانی ج ۲ ص ۹۸ ، ایام العرب فی‌الجاهلیه ص۱۶ ، شعراء النصرانیه ص ۴۶۰. خ ل :تنم ، ننم . ۲ ــ ن ، فتقصر فی .

شراب پنهان بسر می‌بری ؟ دخترقین بن جسر برای توخوانندگی می کند وهنگام تشنگی جام شرابت‌آماده است . اگر تو (بجای من اسیر بودی) و خدا نکند ، آنگاه (قبیلهٔ) معد دانسته بودند که چه میگویم ، و اگرهم از میان بروم (باکم نیست چه) بقوم خود امتحانی دادم که همه‌اش نیکو وشایسته بود ، و در جستجوی بزرگواریها کوتاهی نکردم ' پس (چه باك) که مرگم زود یا دیر برسد .»

پس برادر و پسرش و کسانی که با آنها بودند برخاسته نزد کسری آمدند و راجع به‌عدی با اوسخن گفتند .

کسری به‌نعمان نوشت و او را فرموده تا عدی را رها کند و کسی‌را هم نزد نعمان فرستاد. اُبَیّ بن‌زید ازفرستاده خواست که اول‌نزدعدی‌رود، فرستاده هم‌پیش از همه‌نزد عدی رفت . عدی باو گفت : اگر از من جدا شوی کشته میشوم . گفت: هرگز نعمان جرأت نافرمانی کسری را ندارد . نعمان از رفتن فرستادهٔ کسری‌نزد عدی آگاه شد و چون فرستاده از نزد عدی بیرون‌آمد کسی را فرستاد تا او را بکشد. فرستادهٔ نعمان بالشی برروی اونهاد تا مرد. سپس نعمان به‌فرستادهٔ کسری گفت:عدی‌مرده‌است‌واورا بعطا وجایزه‌ای‌نواخت‌وازاوپیمان گرفت‌به کسری‌نگوید که‌عدی‌را زنده‌دیده‌است، آنگاه به کسری نوشت که عدی مرده است .

کسری بجستجوی دختری بود که دارای صفاتی نامبرده باشدو یافت‌نمیشد، پس عمرو بن عدی بن زید که‌برای کسری نامه‌ها را ترجمه میکرد گفت : پادشاها نزد بنده‌ات نعمان دخترانی و خویشانی است بهترازآنچه شاه میجوید لیکن نعمان بپادشاه اعتنایی نـدارد و خود را بهتر از او گمان می‌برد . پس کسری نزد نعمان فرستاد تا دخترخود را نزد او فرستد و همسر کسری گردد. نعمان بفرستاده گفت: آیا در عِین (گاوان) عراق و پارس خواستهٔ شاه بدست نمی‌آید ؟ چون فرستاده‌باز گشت‌و گفتهٔ‌نعمان رابه کسری باز گفت، کسری گفت مقصوداو از « عین » چیست؟

عمروبن عدی بن زید گفت «گاوان» را خواسته‌است تا دختر خود را بشاه ندهد. پس کسری خشم گرفت و گفت: بسا چاکری کـه بیش از این گستاخ گشته سپس کارش بنابودی کشیده است. این سخن به‌نعمان رسید و آماده گشت، کسری یکماه باوکاری نگرفت سپس نوشت تابدربار آید و نعمان که مقصود او را دانسته بودسلاح خودرا وهرچه‌توانست همراه برداشت وبکوهستان[1] قبیلهٔ طی رفت و چون سُعدی دخترحارثه، زن نعمان بود، نعمان ازقبیلهٔطی[3] خواست که اورا ازکسری نگهداری کنند. گفتند: ما را نیروی نبرد باکسری نیست. نعمان از نزد آنها رفت وعرب از پذیرفتن او امتناع داشتند تا آنکه در وادی «ذی قار»[2] میان قبیلهٔ بنی شیبان[3] فرودآمد و هانی بن مسعود بن عامربن عمرو بن ابی ربیعة بن ذُهل بن شیبان را دید و سلاح و دختر و خانوادهٔ خود را نزد او نهاد و خود پیش کسری رفت و بردر کاخ او فرود آمد. بامر کسری او را دربند کرده به‌خانقین بردند. عمرو بن عدی ابن زید، نعمان را دید و باو گفت ای نُعیم (از نظر تحقیر) برای تو بندهایی بسته‌ام که (جز) کرّه اسب سرمست آنرا پاره نکند[4]. نعمان گفت امیدوارم آنرا باسبی توانا بسته باشی. چون نعمان را به‌خانقین بردند اورا زیرپای‌پیلان‌انداختند و فیلها او را لگدکـوب کرده کشتند، پس کشتهٔ او راپیش شیر ها انداختند تا او را خوردند.[5]

---

۱ ـ مراد از «جَبَلان» دو کوه طی: اَجَأ و سَلْمی می‌باشد (مراصد). ۲ـ «ذوقار» آبگاهی است برای قبیلهٔ بکربن وائل نزدیك کوفه (مراصد). ۳ ـ بنوشیبان، تیره‌ای است از قبیلهٔ بکر بن وائل (ایام‌العرب فی‌الجاهلیه ص ۴۱۵). ۴ ـ بـرای تو بندی بسته‌ام که کره اسب سرمست آنرا پاره نمی‌کند (کامل ج ۱ ص ۲۸۹). ۵ ـ با اختلاف زیادی که در اسامی و ترتیب تاریخی ملوك آل نصر مشاهده میشود. مسعودی‌میگوید پادشاهان حیره از بنی نصر و جز آنها از عرب و عجم بیست و سه نفربودند که در مدت ششصد و بیست و دو سال و هشت ماه سلطنت کردند و حمزهٔ اصفهانی بیست و پنج‌پادشاه را نام می‌برد که در مدت ۶۲۳ سال و یازده‌ماه‌سلطنت داشته‌اند (مروج الذهب‌ج ۲ ص ۱۰۴،تاریخ حمزه ص ۷۵).

کسری کس نزدهانی بن‌مسعود فرستاد که‌مال‌بنده‌ام را که نزد تو می‌باشدو سلاح و دخترانش را نزد من فرست، و هانی فرمان نبرد. پس کسری لشکری بر سر او فرستاد و قبایل « ربیعه » فراهم شدند و جنگ « ذی قار » روی داد. عرب عجم را در هم شکست و اول روزی بود که عرب بر عجم پیروز گردید.[۱] از رسول خدا ﷺ روایت‌میشود که‌فرمود: «این اوّل روزی است که عرب ازعجم حق گرفت‌و بمن یاری شدند»[۲].

جنگ کنده[۳]

درمیان کنده و حضرموت جنگهایی بود که‌آنها را نابود ساخت. قبیلهٔ کنده بر دو نفر فراهم شده بودند، یکی از آندو « سعید بن عمروبن نعمان بن وهب » بر بنی‌الحارث بن‌معاویة (بن) عمرو بن زید، ودیگر « شُر حبیل بن‌حارث» بر سَکون[۴] امارت داشتند.

قبایل حضرموت نیز برچندین‌رئیس فراهم‌آمده بودند، ازآنها است: مسعر ابن مستعر، سلامة بن حجر و شر احیل‌بن مُرّه و چندین نفر بعد از اینها که‌همه از میان رفتند و جنگ میان این قبایل طولانی‌شده مردان آنها را فریفت و تاآنجا پیوسته بود که آنها را بستوه‌آورد. کشتاردر میان قبیلهٔ کنده زیاد شد و حضرموت « علقمة‌بن ثعلب » را که هنوز پسری بود بر خودحکومت داد. قبیلهٔ کنده تاحدّی نرم گردید و جنگ با حضرموت را نخواست. تشتّت‌وپراکندگی بر اهل یمن‌وارد شد و چون دسته دسته و در شهرها پراکنده گشتند، هردسته‌ای بزرگ خود را بپادشاهی گرفتند. قبیلهٔ کنده بزمین قبیلهٔ معدّ آمده با آنها همسایه گشتند، سپس

---

۱ ـ ایام‌العرب فی‌الجاهلیه ص ۶ ـ ۳۹ . ۲ ـ هذا اول یوم انتصف فیه‌العرب من‌العجم و بی نصروا . ۳ ـ ل ، ص ۲۴۶ . ۴ ـ سَکون ، تیره‌ای است از قبیلهٔ کِنده (ایام‌العرب ص ۴۱۱).

مردی از خود را پادشاهی دادند.

اول پادشاه کنده را «مُرتّع»[1] بن معاویة بن ثور می گفتند که بیست سال سلطنت کرد، سپس پسرش «ثور» بن مرتع اندك زمانی حکومت کرد، و بعد از او «معاویة» بن ثور، وسپس «حارث» بن معاویه بود که چهل سال پادشاهی کرد، پس‌از او «وهب» بن حارث بیست سال حکومت نمود، آنگاه «حُجر» ابن عمرو «آکل‌المرار» بیست و سه سال سلطنت نمود، اوست که در میان دو قبیلهٔ کنده وربیعه پیمانی بست و این کار در «ذنائب» بانجام رسید[2]، پس «عمرو» بن حجر چهل سال پادشاه بود، اوبه‌شام لشکر کشید و قبیلهٔ ربیعه همراه او بودند، پس «حارث» بن [ابی] شمر با او نبرد کرد و اورا کشت، آنگاه پسرش «حارث» بن عمرو که مادرش دختر «عوف بن‌ملحم» شیبانی بود پادشاه شد ودرحیره فرود آمد[3] و حکومت قبائل را بر‌پسران خود بخش کرد، او را چهار پسر بود: حُجر، شُرحبیل، سَلمه که غَلفاء لقب داشت ومعدی کَرِب. پس حُجر را در اسد، و کنانه وشرحبیل را برغنم و طی و رِباب، و سلمهٔ غلفاء را بر [تَغلب و نَمربن قاسط، ومعدی کرب را بر] قیس بن عیلان[4] حکومت داد و با پادشاهان حیره همسایه بودند. پس حارث را کشتند[5] و فرزندانش بنگهداری آنچه در دست داشتند درجنگ با منذر پافشاری کردند تا آنجا که نه غالب و نه مغلوب گشتند و

۱ـ مرتِع بروزن محسن یامُحَدِّث لقب عمروبن معاویةبن ثوراست (قاموس). ۲ـ ذنائب: جایی‌است درنجْد و «سوق‌الذنائب» دهی‌است در یمن (مراصد). ۳ـ قباد منذربن ماءالسماء را برداشت و حارث کندی را بجای او گذاشت (ایام‌العرب ص۴۶). ۴ـ وعبدالله را برعبدالقیس (اغانی ج ۹ ص ۸۱). ۵ـ حارث در پی شکاری رفت که باعث هلاك او گردید (کامل ج ۱ ص ۳۳۲).

چون منذر دست یافتن آنها را برزمین عرب دید بر آنها رشك برد و درمیان برادران فتنه‌انگیزی کرد . هدیه‌هایی برای سلمهٔ غلفاء[۱] فرستاد و درنهان کسی را گفت نزد شرحبیل رفت و باو گفت مگرسلمه ازتو بزرگتراست[۲] که این‌هدیه‌ها ازمنذر برای او میرسد ؟ پس شرحبیل هدیه‌ها را براهزنی گرفت. سپس در میان دو برادر فتنه ـ انگیزی کرد تاآنجا که بجنگ یکدیگر برخاستند وشرحبیل که دوقبیلهٔ تمیم و ضبّه با اوبودند کشته شد[۳] ومردم ترسیدند ببرادرش سلمه بگویند برادرت کشته‌شد اما اوخود سخن مردم را شنید وبر کشته شدن برادرش بیتابی کردو پشیمان گشت زیرا دانست که منذر میخواهد تابرادران بدست یکدیگر کشته شوند. پس گفت :

« از خبری که بمن رسیده است ، مانند شتری ناف بیمار در بالای سنگهـای ناهموار ، پهلوی من در بسترخواب آرام ندارد و اشك چشمم نمی‌خشکد و آنچـه می‌نوشم ناگوار است.»[۴]

بنی‌اسد هم از حجربن عمرو بر گشتند ورفتارش باآنها بد شد . فاطمه دختر ربیعه خواهر کلیب ومهلهل زن حجر بود وبرای او هند را زایید، پس چون حجر برخود بیمناك شد اورا از میان بنی‌اسد برد . بنی‌اسد بر کشتن او فراهم شدنـد و اورا کشتند وچندین قبیله ازبنی‌اسد[کشتن حجررا] ادعا کردند، سرپرست بنی‌اسد دراین شورش علباءبن حارث مردی از بنی‌ثعلبه بود.[۵]

---

۱ – ابن‌اثیر وابوالفرج «غلفاء» را لقب معدی کرب دانسته‌اند (کامل ج۱ ص۳۰۵ ، اغانی ج ۹ ص ۸۱) . ۲ ـ سلمه ازهمهٔ برادرها کوچکتر بود (کامل ج۱ ص۳۳۲) . ۳ ـ این‌جنگ درایام عرب معروف به « یوم کُلاب اول » است (ایام العرب ص ۴۶) .

۴ ـ ان جنبی‌عن الفراش لنابِ کتجا فی الاُسر فوق الظرابِ

من حدیث نمی الی فماتر قأ دمعی ولا اسیغ شرابی

(ایام العرب ص۴۹)

۵ ـ این واقعه به « یوم حجر » معروف است (ایام‌العرب ص۱۱۲).

امرء القیس پسر حجر نزد پدر نبود و چون از کشته شدن پدرش خبر یافت لشکری فراهم کرد تا بر بنی‌اسد بتازد . شبی که میخواست در صبح فردای آن بر آنها حمله برد با لشکرش در جایی فرودآمد و پرندگان (قطا)[1] ترسیده از جا پریدند و برقبیلهٔ بنی‌اسد گذشتند. پس دختر «علباء» گفت هیچ شبی این‌همه پرندهٔ (قَطا) ندیده‌ام.«علباء» گفت «اگرمرغ(قطا)را بحال‌خودش می گذاشتندمیخوابید[2]». این سخن را بطور مثل گفت و فهمید که نزدیك او لشکری فرود آمده است و از آنجا کوچ کرد . امرء القیس فردای‌آن شب در میان بنی کنانه دست بقتل و غارت برد ومی گفت «بخونخواهی حجر»[3]. بنی کنانه گفتند بخدا قسم ما از کنانه‌ایم (نه از اسد) پس امریء القیس (این‌اشعار را) گفت :

الا یا لهف نفسی بعد قوم — هم‌کانوا الشفاء فلم‌یصابوا
و قاهم جدهم ببنی ابیهم — و بالاشقین ماکان العقاب
و افلتهن علبـاء جریضا — ولوادرکنه صفر الوطاب[4]

«افسوس پس‌از (گریختن) مردمی که آنها شفای دل بودند وبدست نیامدند، نیکبختی آنهـا را بفدا کردن فرزندان پدرشان و بدبختها (بنی کنانه) از انتقام نگهداشت، علباء با کوشش فراوان ازدست سربازان من گریخت و اگر اورا یافته بودند مشکها از شیر تهی میشد (پوست او از خونش تهی میگشت) .

در همین زمـان عَبید بن اَبرص اسدی در قصیده‌ای طولانی به امریء القیس می گوید :

---

۱ ـ قطا بفتح‌قاف مرغی‌است که بفارسی آنرا «سنگخوار» گویند (غیاث‌اللغه) . ۲ـ لوترك القطا لغفا ونام . ۳ ـ ل ، «حجر» ندارد . ۴ ـ اغانی ج۹ ص ۸۹، العقدالثمین ص۱۲۰ قصیدهٔ ۷، ایام‌العرب ص ۱۱۹ ، کامل‌التواریخ ج۱ ص۳۰۷، شعراءالنصرانیه ص۷۱ .

یا ذا المعیّرنا[1] بقتـ   ل ابیه اذلالاوحینا
ازعمت انك قد قتلـ   ت سرا تناکذ باو مینا
هلا علی حجر بن ام   قطام تبکی لا علینا
انا اذ عض الثقا   ف برأس صعدتنا لوینا
تحمی[2] حقیقتنا و بعـ   ض القوم یسقط بین بینا[3]

«ای که ما را بکشتن پدرت سرزنش می کنی وبیم زبونی ومرگ می‌دهی، آیا بدروغ و ناروا گمان بردی که بزرگان ما را کشته‌ای ؟ چرا بر حجرپسر ام‌قطام نه بر ما گریه نمی کنی ؟ ما با نیزه‌های پیکان راست شده دست بجنگ می‌بریم، ازحقیقت خود دفاع می کنیم ودشمنان زبون وناتوان می‌شوند .»

و نیز درهمین باره ، عبید در دیگر قصیدهٔ طولانی خود می گوید :

یا ایها السائل عن مجدنا   انك مستغبی بنا جاهل
ان کنت لم تأتك انبائنا[4]   واسأل[5] بنایا[6] ایهاالسائل
سائل‌بناحجراغداة الوغی[7]   یوم یؤتی جمعه الحافل[8]
یوم لقوا[9] سعدا علی مأقط   و حاولت من‌خلفه کاهل
فاورد و اسر باله ذبّلا   کانهن اللهب الشاعل[10]

«ای آنکه از بزرگواری ما می‌پرسی، تو راستی دربارهٔ ما بی‌معرفت‌ونادانی، اگرخبرهای ما را درنیافته‌ای ، پس دربارهٔ ما پرسش‌نما ای پرسش کننده ، داستان ما را در روز جنگ باحجر جویا شو ، روزی که لشکر انبوه (گریزان) او مورد

۱ـ المخوفنا. ۲ـ ن ، ب ، نحمی. ۳ـ دیوان عبید ص۲۷ ـ ۲۹ ، شعراء النصرانیه ص ۵۹۹ ، الشعر والشعراء ص۸۴ . ۴ـ دیوان عبید ، ایامنا . ۵ ـ ن، ب ، فاسأل. ۶ ـ دیوان ، تنبأ. ۷ـ دیوان، واجناده . ۸ ـ دیوان، یوم تولی‌جمعه‌الجافل. ۹ـ دیوان،یوم اتی ۱۰ـ ر.ك. دیوان عبید ص ۷۲ .

هجوم واقع‌شدند ، روزی که درتنگنای‌نبرد با(قبیلهٔ) سعد روبرو شدند وپشت سرش (قبیلهٔ) کاهل نیز دست بکار شدند ، و سپاه او را با نیزه‌های خود که گویی زبانهٔ شعله‌ورآتش بودند بمیدان نبرد راندند .

امری‌ءالقیس که درمقابل بنی‌اسد و کسانی که‌از قبیلهٔ قیس همراه‌شان‌بودند ناتوان بود به‌یمن رفت و مدتی آنجا ماند و با ندیمانی که داشت بمیگساری میگذرانید . روزی سر برآورد وسواری را دید که از راه میرسد،پس ازاو پرسید از کجا میرسی؟ گفت از نجد ، پس جامی ازشراب خود باو داد و چون جام می را از امری ءالقیس گرفت‌آواز برآورد و گفت :

سقینا امرٔ القیس‌بن حجر[...][1] کؤس الشجی حتی تعود بالقهر
و الهاه شرب ناعم و قراقر و اعیاه ثارکان یطلب فی حجر
و ذاك لعمری کان اسهل مشرعاً علیه من‌البیض الصوارم والسمر

«جامهای گلوگیراندوه‌رابه‌امرٔی‌القیس پسر حُجر بن حارث نوشانیدیم تا آنکه بناکامی و خواری خوگرفت . میگساری بیحساب و آواز خوانندگان او را سرگرم کرد و خونخواهی پدرش حُجر عاجزش ساخت . بجانم سوگند که‌این‌راه از شمشیرهای برنده‌و نیزه‌ها بر او آسانتر بود. »

امرٔی‌القیس را از شنیدن این‌اشعار بیتابی گرفت و گفت ای‌حجازی گوینده این شعر کیست ؟ گفت: عَبید بن اَبرص . گفت : راست گفتی. سپس‌سوارشد وقوم خودرا بیاری خواست. پانصد نفر از مَذحِج بکمك او برخاستند، آنگاه بزمین مَعَدّ تاخت ودر میان‌قبیله‌هایی از معدّ دست بکشتار گشود ، اشقربن عمرو سرور بنی‌اسد را کشت و درکاسهٔ سر او شراب نوشید .

---

۱ ــ ابن حارث.

امرء القیس در شعر خود میگوید :

قولا لدودان عبید العصا ما غر کم بالاسد الباسلِ
یا ایها السائل عن شأننـا لیس الذی یعلم کالجاهلِ
حلت لی الخمر و کنت امرءاً عن شربها فی شغل شاغلِ

«بقبیلهٔ « دُوْدان »[1] فرمانبران چوب بگویید چه چیز شما را بر شیر خشمناك گستاخ کرده است ؟ ای آنکه از حال ما پرسانی ، آنکه میداند مانند نادان نیست . باده گساری مرا حلال گشت با آنکـه مردی بودم بکار خود گرفتار و از میگساری بر کنار .»

قبیله‌های معدّ بجستجوی امرء القیس بر آمدند و یاران اوپرا کنده گشتندو نیز خبر یافت که منذر پادشاه‌حیره کشتن او را نذر کرده است ، خواست به‌یمن باز گردد ولی ازحضرموت بیم داشت ، بنی اسد وقبیله‌های معدّ هم درپی او بودند. پس چون‌ناتوانی خود را در مقابل‌منذر از طرفی‌و فراهم‌شدن‌قبیله‌های معد رابجستجوی خود از طرفی دیگر دانست و بازگشت به‌یمن هم او را ممکن نبود ، نزد سعد بن ضباب[2] ایادی که دریکی ازنواحی عراق‌عامل کسری بودرفته وچندی نزد اوپنهان ماند تا آنکه سعد بن ضباب مرد .پس از مردن‌او امرءالقیس بکوه طیّ رفت‌و طریف بن[...][3] طایی را دیدار کرده‌از اوخواست که پناهش دهد. طریف گفت بخدا قسم از دو کوه[4] جز جای آتش خود را مالك نیستم. پس امرء القیس بر مردمی از قبیلهٔ طیْ فرود آمد[5] و پیوسته جا بجا می‌شد ، گاهی در میان طی و گاهی در میان

1 ـ دودان ، تیره‌ای است ازبنی‌اسد. 2 ـ که مادرش درخانهٔ حجر پدر امریْ القیس بود و ندانسته‌که‌آبستن است طلاقش داد وضباب اورا گرفت و سعد که ازحجر بود درخانهٔ ضباب متولد شد (اغانی ج۹ص ۹۱). 3 ـ مالك‌بن‌جدعان. 4 ـ دوکوه‌طّی ، اَجا و سَلْمی‌است . 5 ـ بر مُعلّی بن تیم طائی‌فرودآمد و چندی نزداو ماند (کامل ج ۱ ص ۳۰۸).

جدِ يلَه و باردیگر در میان نَبهان، تا آنکه به « تَیماء » رفت و بـر « سَموأل بن عادیا » فرودآمد و از او خواست که پناهش دهد،سموأل گفت من برپادشاهان کسی را امان ندهم‌و توانایی جنگ با آنها راندارم. پس چندین زره نزد او امانت سپردو او را رها کرده آهنگ پادشاه روم کرد تاآنکه بر قیصر امپراطور روم درآمد و از او یاری خواست . قیصر نهصد نفر از بطریق‌زادگان همراه او ساخت ، امرء القیس قیصررا مدح گفته بود . پس طَمّاح اَسدی[1] نزد قیصر رفت و گفت امرء القیس در شعر خود تو را ناسزا گفته و کافری ختنه ناشده پنداشته است . قیصر جامه‌ای که‌در آن زهر پاشیده بود برای امرء القیس فرستاد و چون آنرا پـوشید پوستش از هم گسیخت و بمرگ یقین کرد، پس گفت :

تأوبنی دائـی القدیم فغلّسا — احاذر ان یزداد دائی فأُنكَسا
لقد طمح‌الطمّاح من بعدارضه — لیلبسنی مـن دائه ما تلبّسا
فلوانها نفس تموت سویة — و لكنها نفس تساقط انفسا[2]

« بامداد نشده درد کهنه‌ام بمن باز گشت ، بیم دارم که بیماریم فزونتر گردد وازپادرآیم ، « طَمّاح » دوری راه را برخود هموارساخت، تا ازجامهٔ دردی که خود پوشیده است برمن بپوشاند ، ایکاش یکجان بود که روبراه‌میمرد، لیکن جانی‌است که (مرگش) جانها را فرو ریزد. »

این شعرها در یکی ازقصیده‌های طولانی او است ، و نیز در همین حال گفت:

الا ابلغ بنی حجر بن عمرو — و ابلغ ذلك الحی الحریداَ
بانی قـد بقیت بقـاء نفس — و لم اخلق سلاماً او حدیداَ

---

۱ ـ که امرء القیس بـرادر او را کشته بـود (ایـام العرب فـی‌الجاهلیه ص ۱۲۲).
۲ـ (ایام العرب ص ۱۲۳ ، اغانی ج ۹ ص ۹۷، کامل التواریخ ج۱ ص ۳۰۹، المقدالثمین ص ۱۳۴ اشعار ۱ ، ۱۳ ، ۱۱ از قصیدهٔ ۳۰) .

و لو انی هلکت بارض قومی — لقلت الموت حق لا خلوداً
و لکنی هلکت بارض قومٍ — بعیداً من دیـارکم بعیداً
بارض الشام لانسب قـریب — و لامولی فیسعف او یجوداً [1]

«هان‌فرزندان‌حجر بن‌عمرورا خبر ده،وآن طایفهٔ‌تنهاودور (ازمن) را آگاه ساز ، که‌من چون یك جاندار زند گی کردم وسنگ یا آهن‌آفریده نشدم(تانمیرم)، اگر من در سرزمین قبیلهٔ خود مرده‌بودم، میگفتم‌مرگ حق است نه جاویدماندن، لیکن درزمین بیگانگـان هلاك شدم ، در حالیکه از دیار شما بسیار دور مانده‌ام ، درزمین شام که نه‌خویش نزدیکی‌است ونه دوستی که همراهی کند یابخشش نماید.»

امرء القیس در خاك روم شرقی در شهر « آنکارا » جان سپرد .

فرزندان اسماعیل بن ابراهیم [2]

ما قصّهٔ حضرت اسماعیل و فرزندان او را پس انداختیم و آنرا خاتمهٔ تاریخ امّتها قرار دادیم زیرا که خدای عزّ و جل پیمبری و پادشاهی را باینان ختم فرمودو تاریخ آنها بتاریخ رسول خدا ﷺ و خلفا پیوسته است .

راویان ودانایان گفته‌اند: اسماعیل پسر ابراهیم‌نخستین کسی است که بزبان عربی سخن گفت وخانهٔ خدا راپس از پدرش ابراهیم تعمیر کرد و مناسك (حج) را بپاداشت ، و او اول کسی است کـه بـر اسبهای عربی سوار شد و پیش از آن برای سواری رام نبودند . بعضی گفته‌اند اسماعیل اول کسی است که خدا دهانش رابزبان عربی گشود و چون‌بجوانی رسید خدا کمان عربی باو داد وازآن تیراندازی کردو هر تیری می‌انداخت بهدف میرسید ، وچون بالغ شد خدا صد اسب از دریا بیرون آورد و تاخدا میخواست در مکه چرا میکردند. سپس اسبها را خدا بسوی‌اسماعیل

---

۱ ـ خل : سحیقاً من دیارکم . و لاشاف فیسعف . فیسند او یعودا.(العقد الثمین ص ۱۲۲ اشعار ۱، ۳، ۲، ۵ بدون شعر دوم اینجا) . ۲ـص‌ل،۲۲۵ .

راند و بامدادی آنها را بر در خانه‌اش دید، پس آنها را مهار کرده سوار شد واز آنها نسل گرفت با اینکه مردم بر یابوها سوارمی‌شدند واسماعیل و پسران و فرزندانش براسبها سوار شدند . یکی از شعرای معدّ در بارهٔ اسماعیل می گوید :

ابوناالذی لم یرکب الخیل قبله   ولم‌یدرشیخ‌قبله کیف ترکب

« پدر ما آنکس است که پیش از او کسی بر اسب سوار نشد . و هیچ پیری پیش از او ندانست که اسب راچگونه سوار می‌شوند . »

گفته می‌شود «اجیاد مکه»[1] برای‌آن گفته‌اند که اسبها درآنجا بود و خدای عزّ و جل به‌اسماعیل وحی کرد بآنها نزدیك شود، پس نزدیك شد و اسبی نماندمگر آنکه سر بفرمانش فرودآورد و خود و فرزندانش بـرآنها سوار شدند و اسماعیل نخست کسی بود که بر اسب سوار گشت وآنها را بسواری گرفت، ونخست کسی که گنهکاران را ازحرم دور کرد. پس گفت «أُعَرِّبه»، حرم را پاك میگردانم، و ازاین جهت « عَرَبه » نامیده شد .[2]

فرزندان جُرهُم‌بن عابر[3] چون برادرانشان از فرزندان قحطان بن عابر[3] به‌یمن رفتند و آنجا را مالك شدند بزمین تِهامه آمـدند و با اسماعیل بن ابراهیم همسایه گشتند . پس اسماعیل « حنفاء » دختر حارث بن مُضاض جرهمی[4] را بزنی

---

۱ ـ اجیادکوهی است در مکه که « جیاد » هم گفته می‌شود و«اجیاد» کوچك و بزرگ دو محله است در مکه (مراصد الاطلاع) . اجیاد نام مکان را بعضی جمع جید بمعنی گردن و برخی جمع جواد بمعنی اسب گرفته‌اند . ۲ ـ عربه بصورت جمع (عربات) بر بلاد عرب گفته میشود (مراصد) . ۳ ـ عامرغلط‌است وصحیح‌آن عابر است ؛ جرهم بن‌قحطان‌بن عابربن‌شالخ بن ارفخشد ابـن سام بن نـوح (سـیرهٔ ابن هشام ج ۱ ص۳) . ۴ ـ رعله دختر مضاض بـن عمرو جرهمی (سیرهٔ ابن هشام ج۱ ص۳) . سیده دختر مضاض بن عمرو جرهمی (تاریخ طبری ج۱ ص ۲۲۰) .

گرفت و برای او دوازده پسر آورد : قیدار، نابت، ادبیل ، مبشام، مسمع ، دوما ، مسا، حداد ، تیما ، یطور، نافس وقیدما.»[1] این نامها چون از لغت عبرانی نقل شده است ، در حروف وحرکات تلفّظ اختلاف پیدا می کند.

اسماعیل صدوسی [ساله]بود که وفات کرد و در حِجر دفن شد . پس از وفات اسماعیل پسرش نابت و بقولی قیدار، و بعد از قیدار نابت‌بن اسماعیل، امر کعبه را عهده‌دار شدند .

فرزندان اسماعیل در جستجوی آب و زمین‌پراکنده گشتند، برخی هم‌ماندن در حرم را برخود لازم شمرده گفتند ما از حرم خدا رو نمی گردانیم .

پس‌ازوفات نابت وپراکندگی‌فرزندان‌اسماعیل «مُضاض بن‌عمرو جُرهمی»[2] جدّ فرزندان اسماعیل‌امر کعبه را بدست گرفت،زیرا فرزندان اسماعیل که درحرم مانده بودند همگی خرد سال بودند. چون «مضاض» بامارت مکه رسید «سمیدع بن هوبر» با او بنزاع برخاست. سپس « مضاض » بر اوپیروز گردید و سمیدع که‌یکی از پادشاهان عمالقه بود به‌شام رفت و کار مضاض روبراه شد تا آنکه بدرود زندگی گفت، وپس‌ازاو : « حارث بن مضاض»، وآنگاه «عمروبن‌حارث بن مضاض » و بعد از او« معتسم بن ظلیم »، وپس ازاو« حواس بن‌جحش‌بن مضاض »، وآنگاه«عداد بن صداد بن جندل بن‌مضاض »، و بعد از او « فسحص[3] بن‌عدادبن صداد ، و پس از او

---

۱ ـ نابت ، قیدر (قیذر) ، ادبیل (اذبل) ، مشیا (مبشا) ، مسمع ، دَمّا ، ماس (ماشی) ، ادد(أذر) ، وطور (یطور) ، نفیس (نبش) ، طما (طیما) ، قیدمان(قَیذُما) ـ تاریخ طبری ج ۱ ص ۲۲۰، سیرهٔ ابن هشام ج ۱ ص ۳ . ۲ ـ « جرهم و قطوراء » عموزادهٔ یکدیگر واز یمن کوچ کرده بودند ، رئیس جرهم مضاض بن عمرو ورئیس قطوراء سَمَیدع بود، مضاض وجرهم در بالای مکه در قعیقعان واطرافش، وسمیدع و قطوراء در پائین مکه در « اجیاد » و اطرافش فرود آمدند (سیرهٔ ابن هشام ج ۱ ص ۱۲۳) . ۳ ـ در حاشیهٔ اصل ، فینحاص .

«حارث‌بن مضاض‌بن عمرو» بپادشاهی مکّه رسیدند.

حارث آخرین پادشاه جرهم بود، جرهمیان در حرم سرکشی وبیدادگری و ستمکاری نموده دست بنابکاری زدند وخدا مورچه را بر آنها مسلط ساخت و همگی بآن نابود شدند.[۱]

فرزندان اسماعیل دربلاد «حجاز» پراکنده بودند و هر که با آنها دشمنی میکرد زبونش می‌ساختند جز اینکه با پادشاهی جرهم که خالوزادگانشان بودند سازگاری داشتند وجرهم هم در ایام حکومت خود از فرزندان اسماعیل فرمان می‌بردند وهیچکس در روزگار جرهم جز فرزندان اسماعیل امور کعبه را دردست نداشت زیرا جرهم آنها را بزرگ میداشت ومقام آنها را می‌شناخت. پس بعد از نابت، امین وآنگاه یشجب‌بن‌امین، سپس‌همیسع، پس ادد امر کعبه‌را دردست داشتند. ادد درمیان قوم خود مقامی ارجمند یافت وکارش بالا گرفت و کارهای بدجرهم را ناروا شمرد. جرهم درزمان او نابود شدند، پس عَدْنان بن اُدَد وآنگاه مَعَدّ بن عدنان امور کعبه را بدست گرفتند، سپس فرزندان عدنان در عربستان پراکنده گشته و برخی ازآنان به‌یمن رفتند. ازآنها است: عَكّ، دِیْث و نعمان، وعك از دختر «ارغم‌بن‌جماهر» اشعری فرزند داشت، سپس خودش ازمیان رفت وفرزندانش باقی ماندند و به اشعریان و یمن نسبت داده شدند، عدنان اول کسی است که «اَنصاب»[۲] را نهاد و کعبه را پرده پوشانید.

معدّبن عدنان بزرگوارترین فرزندان اسماعیل در زمان خود و مادرش از قبیلهٔ «جرهم» بود، معدّ از حرم بیرون نرفت و دارای ده فرزند شد: نزار، قُضاعه، عُبَیْدالرِّماح، قَنَص، قُناصه، جُناده، عَوْف، اَوْد، سَلْهَم و جَنْب.

---

۱ ـ خدا خون بینی (رعاف) ومورچه را برجرهم فرستاد (مروج الذهب ج ۲ ص ۵۰).
۲ـ انصاب سنگهایی‌است که در اطراف کعبه برای قربانی برآن نصب شده بود.

معدّ«ابو قضاعه» کنیه داشت وهمهٔ فرزندان معدّ در یمن که بسیار بودند باو منتسب گشتند، و قضاعه به مالك‌بن حمیر[1] نسبت داده شدند و چنانکه میگویند قُضاعه درخانهٔ معد متولد گردید.[2] معد اول کسی‌بود که جهاز برشتر نر وماده نهاد و آنها را باریسمان مهار کرد.

«نِزاربن معدّ» سرور و بزرگ فرزندان پدرش بود و درمکّه جای داشت، مادرش «ناعمه» دختر جوشم‌بن عَدّی بن دُبّ جُرهمی بود و چهار فرزند داشت: مُضر، اِیاد، رَبیعه و اَنمار که مادرشان سَوْده دختر عَكّ بن عَدْنان بود و گفته‌اندمادرمضر و ایاد«حبیّه»دختر عك‌بن عدنان،ومادر ربیعه وانمار «جداله» دختر وَعْلان‌بن جوشم جرهمی بود[3].

چون مرگ «نِزار» رسید دارائی‌خودرا میان چهارفرزند خود بخش کرد و آنچه داشت به‌مضر، اِیاد، ربیعه و انمار داد و خالص از فرزندان اسماعیل مضر و ربیعه می‌باشند، پس شترسرخ موی خود وهرچه درسرخی مانندآن‌بود به‌مضر داد و او «مضرالحمراء» نامیده شد،اسب ومانندآن را به‌ربیعه داد و اورا «ربیعةالفرَس» گفتند، گوسفندان‌وعصای خودرا به اِیاد دادوچون گوسفندان سیاه وسفید (بَرقاء) بودند او را «ایاد البرقاء» نامیدند و «ایاد العصا» هم گفته میشد، کنیز خودرا که «بجیله» نام داشت به اَنمار بخشید وبه‌آن نامیده شد[4]. آنگاه فرزندان‌خودرا

---

۱ ـ عبارت اصل «ملك حمیر» است، حمیربن سبا را ده پسر بود و نسبش بدو پسر باز میگردد: همیسع و مالك،و قضاعه از مالك است (ایام العرب فی‌الجاهلیه ص ۴۰۸). ۲ـ بعضی نسب شناسها قضاعه را ازقبائل عدنان، دانسته‌اند وگویا جهتش این باشد که مادر قضاعه شوهر خود مالك‌بن عمروحمیری را از دست داد وآبستن بخانهٔ معدرفت و قضاعه را در خانهٔ او زایید. ۳ ـ مادرمضر و اباد: سوده دخترعك‌بن عدنان، ومادر ربیعه وانمار: شقیقه و بقولی جمعه دختر عك‌بن عدنان بود (ابن هشام ج ۱ ص ۷۹). ۴ ـ انمار دوپسر داشت، خثعم و بجیله و بگفتهٔ اهل یمن، بجیله: انماربن اراش از نسل کهلان‌بن سبا است (ابن‌هشام ج۱ ص۷۹).

فرمود هر گاه با هم اختلافی داشتند به «افعی‌بن افعی» جرهمی که در نجران جای داشت رجوع کنند پس برای رفع اختلاف نزد او رفتند.[۱]

انماربن نزار در یمن زن گرفت و فرزندان او بخالوهای خود نسبت داده شدند، ازآنها است بجیله وخثعم، وجزاینان از بنی نزار بیرون نرفتند.

ربیعةبن نزار از برادران خود جدا شد و نزدیك «بطن عرق»[۲] در وادی فرات فرود آمد و اورا فرزندانی بود که ازآنها است: اَسد و ضُبیعه واکلب؛ ونه نفر دیگر پس‌از اینان و در شمار اَنساب یمن نیستند. فرزندان ربیعة بن نزار و فرزند زادگانش پراگنده گشتند تا آنکه بسیار شدند و سرزمینها از ایشان پر گردید.

قبیله‌های عمدهٔ ربیعه اینها است:

«بُهثة» بن وَهب بن جُلَیّ بن احمس بن ضُبیعةبن ربیعه، و «عنزة»بن اسد ابن ربیعه، و«عبدالقیس» بن افصی[بن دُعمی] بن‌جدیلة‌بن‌اسدبن‌ربیعه ،و«یشکر» ابن بکربن وائل بن قاسط بن هنب‌بن‌افصی، و«حنیفة» بن‌لجیم بن صعب‌بن علی‌بن بکربن وائل‌بن قاسط ، و «عِجل بن لجیم بن صعب بن علی بن بکر، و «قیس» بن ثعلبةبن عُکابةبن علی‌بن بکر، و «تیم‌اللّات»بن ثَعلبةبن عکابة.

حکومت و ریاست از قبایل ربیعه در دست بنی ضبیعه فرزندان «بهثة» بن وهب بن جلی‌بن احمس‌بن ضبیعة بن ربیعه بود، سپس حکومت و ریاست در دست فرزندان عنزةبن اسدبن ربیعه ، و بعدازآنها در دست عبدالقیس بن افصی بن دعمی ابن‌جدیلةبن‌اسدبن ربیعه گشت، سپس قبیلهٔ‌عبدالقیس بخاطر جنگی که درمیان آنها وبنی‌نمربن قاسط روی داد کوچ کرده و در «یمامه» فرود آمدند و اِیاد را که در

۱ـ مروج‌الذهب ج۲ ص ۱۱۴ـ۱۱۷،تاریخ طبری ج۲ ص ۲۵ـ۲۷.   ۲ ـ عرق، جائی است درچند فرسخی هیت (مراصدالاطلاع).

یمامه بودند از آنجا راندند، پس ریاست و سروری بقبیلهٔ نمر بن قاسط و از آنها بقبیلهٔ بنی یشکر بن صعب بن علی بن بکر و از بنی یشکر بن صعب بقبیلهٔ بنی تغلب و سپس بقبیلهٔ بنی شیبان رسید.

ربیعه را روزهای (تاریخی) مشهور وجنگهای معروفی بود که از آنها است:

«یوم السُّلّان»[۱] که قبیلهٔ «مَذْحِج» برای جنگ اهل تِهامه و فرزندان معدّ که در تهامه بودند لشکر کشید. پس فرزندان معد که بیشتر آنها از رَبیعه بودند، ربیعة بن حارث بن مُرّة بن زُهَیر بن جُشم بن بکر را برخود سروری داده برای جنگ بامذحج فراهم شدند ودر «سلان»[۲] بامذحج نبرد کردند، پس مذحج راشکست داده خود پیروزشدند.

اما «یوم خزاز»[۳] روزی است که (قبائل) یمن برهبری سلمة بن حارث بن عمرو کندی روی آور شدند و فرزندان معد، کلیب بن ربیعة بن [حارث بن] مره را بسروری خود گرفتند و چون سلمه بسیاری معدیها را دید بیکی ازپادشاهان پناه برد واوهم کمکش داد ودولشکردر «خزاز» نبرد کردند. پس بنی معد که سرورآنها کلیب بود لشکریمن را درهم شکستند[۴].

در «یوم کلاب»[۵] سلمه و شرحبیل پسران حارث بن عمرو کندی با یکدیگر جنگیدند، ربیعه باسلمه وقیس همراه شرحبیل بودند، ربیعه برقیس فزون و پیروز آمدند وشرحبیل بن [حارث بن] عمرو را کشتند وبرتری برای آنها بود[۶].

۱ـ جنگی بود درمیان بنی‌عامر ونعمان بن منذر که بنی‌عامر در آن پیروز شدند (کامل ج۱ ص۳۹۱، ایام العرب فی الجاهلیه ص ۱۰۹). ۲ ـ سلان، زمین تهامه نزدیك یمن (مراصد). ۳ ـ خزاز و خزازی، کوهی است در میان منعج وعاقل یا کوهی در طخفه در راه بصره بمکه (مراصدالاطلاع). ۴ ـ کامل ج ۱ ص۳۱۰، ایام العرب فی الجاهلیه ص۱۰۹. ۵ ـ کلاب، جایی است درمیان کوفه و بصره که یوم کلاب اول و کلاب ثانی در آن واقع شد. (مراصد) ۶ ـ کلاب اول، کامل ج۱ ص۳۳۱، ایام العرب فی الجاهلیه ص ۴۶، یوم کلاب دوم در میان تمیم ومذحج، کامل ج ۱ ص ۳۷۹، ایام العرب فی الجاهلیه ص ۱۲۴.

«ایام بسوس» دراثر کشتن جسّاس‌بن مرة بن ذهل‌بن شیبان ، کلیب بن ربیعة ابن حارث بن مرة بن‌زهیربن جشم تغلبی را درمیان بنـی شیبان وتغلب روی داد و جنگ درمیان آنها درهم وپیوسته بودتا آنان رانابود ساخت وچهل‌سال طول کشید[1].

اما «یوم ذی‌قار»[2] برای آن روی داد که چون خسروپرویز، نعمان‌بن منذررا کشت، نزد «هانی‌بن‌مسعود شیبانی» فرستاد که آنچه چاکرم نعمان از بستگـان و دارائی واسلحهٔ خود نزد توامانت سپرده است نزد من فرست. نعمان دخترخود و چهارهزارزره را پیش هانی سپرده بود . هانی‌وقبیله‌اش ازفرمان خسروسر باززدند . پس‌خسرولشکریانی ازعرب وعجم برسر آنهافرستادودر«ذی‌قار»بهم رسیدند . حنظلة ابن‌ثعلبهٔ‌عجلی‌رسید وعرب‌اورا بفرماندهی‌خود برداشتند وبه‌هانی گفتند عهدوپیمان توعهد وپیمان مااست‌وعهد وپیمان ماشکسته نمیشود ، پس باپارسیان وهمراها نشان ازعرب جنگیدند وآنها را درهم شکستند . ایاس بن‌قبیصهٔ طائی[3] وجزاوازمعدیها و قحطانیان باپارس همراه بودند وعمروبن عدی بن زید خبر شکست عجم را نـزد خسروبرد وخسرو شانهٔ اورا کند تا مرد. این نخستین روزی بود که عرب از عجم انتقام گرفت.[4]

اما «ایاد بن نزار» پس اودریمامه فرودآمدودارای فرزندانی شد که در نسب

---

۱ ـ جنگ بسوس درمیان بکروتغلب ازبنی وائل چهل سال پیوسته بود واین روزها درآن روی داد(که‌همهٔ آنها بنام بسوس خالهٔ جساس نامیده شد) :«یوم النهی» بنام‌آبی از بنی‌شیبان .ـ «یوم الذنائب »بنام جایی در راه بصره‌به‌مکه . « یوم واردات » بنام جایی در طرف چپ راه مکه به بصره (این سه بنفع تغلب بود) . «یوم‌عنیزه» بنام جایی دریمامه (هردو برابربودند) . «یوم‌القصیبات» بنام جایی در دیاربکر وتغلب (بنفع تغلب) . « یوم تحلاق‌اللمم » بنام سرتراشیدن همه افراد بنی بکر(بنفع بکر) (کامل ج ۱ ص۳۲۰ ـ ۳۲۳ ، ایام‌العرب فی‌الجاهلیه ص۱۴۲) . ۲ ـ ذوقار : آبی‌است ازبکربن وائل نزدیك کوفه در میان کوفه و واسط (مراصد). ۳ ـ خسرو پس از کشتن نعمان ، ایاس بن قبیصهٔ طائی‌را برحیره گماشت. ۴ ـ کامل ج۱ ص۲۸۹، ایام‌العرب فی‌الجاهلیه ص ۲۷ ـ ۳۹ .

قبیله‌ها درآمدندونسب شناسان می گویند که ثقیف : قَسی بن نبت بن منبه بن منصور ابن یقدم بن افصی بن دعمی بن ایاداست که بقبیلهٔ قیس منتسب گشته‌اند[1]. سرزمین «ایاد» بعدازیمامه حیره بودودرخورنق[2] وسدیر[3] وبارق[4] منزل داشتند . سپس کسری آنها را ازبلادشان بیرون راند ودرتکریت[5] (شهری قدیمی در کناردجله) فرود آورد، آنگاه ازتکریت به سرزمین روم کوچ داد ودرروم شرقی در آنکارا فرود آمدند . رئیس شان دراین تاریخ «کعب بن مامه» بود[6]. سپس ازآنجا هم رفتند . قبیله های عمدهٔ ایاد چهار قبیله است : مالك ، حُذاقه ، یقدُم و نِزار، اینانند تیره های ایاد که «اسودبن یعفِر تمیمی»[7] دربارهٔ آنها میگوید :

اهل الخورنق والسدیر وبارق والقصرذی الشرفات من سنداد
الواطئون علی صدور نعالهم یمشون فی الدفنی والابراد
عفت الریاح علی محل دیارهم فکا نما کانوا علی میعاد
نزلوا با نقرة یسیل علیهم ماءالفرات یجیء من اطواد
بلد تخیرها لطول مقیلها کعب بن مامة وابن أم دؤاد[8]

«کاخ نشینان خورنق وسدیر و بارق وکاخ کنگره‌دار سنداد[9]، آنها که (از

۱ - بیشترثقیف را ازقبیلهٔ قیس عیلان دانسته (ایام العرب ص۴۱۷) ونسب اورا چنین گفته‌اند قسی بن منبه بن بکربن هوازن (قاموس ، تاریخ یعقوبی ص ۱۸۶) . ۲ - نام جایی است درکوفه ؛ نهری یاهمان قصرمعروف که نعمان بن منذرآنرا بناکرد (مراصد). ۳- جای معروفی درحیره ؛ نهری یاقصری نزدیك خورنق (مراصد) . ۴ - آبی درعراق (مراصد) . ۵ - شهری درمیان بغداد وموصل که تا بغداد سی فرسخ فاصله دارد (مراصد) . این کعب درسخاوت و وفاداری ضرب المثل است (ازحاشیهٔ اصل) . ۷ - ابوالجراح ؛ اسود بن یعفربن عبدالاسود بن جندل بن نهشل بن دارم (طبقات ص ۱۱۹). ۸- ابن اسحاق شعراولرا به اعشی بن قیس بن ثعلبه نسبت داده و بجای « ذوالشرفات » « ذوالکعبات » آورده است . وذوالکعبات بت (بتخانهٔ) قبایل بکربن وائل وتغلب بن وائل وأیاد درسنداد عراق بوده است (سیره ج ۱ ص ۹۴) . ۹ - سنداد قصری است در عذیب یانهری (مراصد) .

بزرگمنشی) بر پنجه های کفشهای خود پا می‌نهند (برانگشتان پا راه میروند) و جامه های خطدار و بردها در بردارند . بادها نشانه های سرزمینهای آنهارا ازمیان برده که گویا (همیشه) در وعده گاه بوده‌اند .درآنکارا فرود آمدند و آب گوارا که ازکوههای سربلند می آمد ، بر آنها روان‌بود، شهری که کعب پسر مامه[1] و پسر ام دواد[2] آنرا برای آسایش طولانی آن بر گزیدند[3] .»

ابودواد ایادی‌برخی‌از اینهاراذکر کرده‌است. بزرگترین‌شعرای ایاد ابودؤاد وپس‌ازاو لقیط درعراق‌بود ، وچون لقیط خبریافت که خسروسوگند یاد کرده‌است که ایاد را از تکریت موصل دور گرداند نامه‌ای بآنها نوشت که این شعر ها در آن بود :

سلام في‌الصحيفة من لقيط	الى من بالجزيرة من أياد
فـان الليث يأتيكم بياتا	فلا [يشغلكم سوق النقاد]
أتاكم منهم سبعون الفـا	يزجون الكتائب كالجـراد

« سلامی در نامه از لقیط بکسانی که از أیاد درجزیره‌اند . هان شیراست که شبانه برشما می‌تازد، پس‌مباد چرانیدن گوسفندان شما را سر گرم کند . هفتادهزار دشمن بشماروی نهادند کـه دسته هـای لشکر چون ملخ را میرانند . »

«مضر»بن نزار سرور فرزندان پدرش ومردی بخشنده ودانا بود، از او روایت شده است که بفرزندانش گفت :

« کسیکه بدی کشت کند پشیمانی بدرود ، وبهترین نیکی باشتابتر آن است، پس‌نفوس‌خودرادر آنچه‌شمارابصلاح‌آورد برآنچه ناخوش دارد وادار کنید ودرآنچه آنرا تباه سازد از آنچه خوش دارد باز دارید که درمیان صلاح وفساد جز شکیبایی

---

۱ ـ کعب بن مامة‌بن عمروبن ثعلبة ایادی‌که درجود ضرب‌المثل بود وپدرش مامه پادشاهی أیاد داشت (شعراءالنصرانیه ص ۴۸۰) . ۲ ـ حوثرة بن حارث بن حجاج .

وپرهیزکاری چیزی نیست.»

وروایت شده است که رسول خدا صلی الله علیه وآله وسلم فرمود : «ربیعه ومضررا دشنام ندهید زیرا که آندومسلمان بودند.»

ودرحدیث دیگری است : «زیرا که آندوبردین ابراهیم بودند.»

مضربن نزار دو پسر داشت : الیاس بن مضر و عیلان بن مضر که مادرشان «حنفاء» دختر أیادبن‌معد بود[1].

عیلان‌بن مضر پسری بنام «قیس»آورد که فرزندانش پراکنده وبسیار گشتند و در شمار و نیرو سرآمد شدند.

قبیله های مهم قیس‌بن عیلان اینها است :

«عدوان» بن عمروبن قیس ، و «فهم» بن عمروبن قیس ، و «محارب» بن خصفة‌بن قیس ، و «باهلة» بن اعصربن سعدبن قیس ، و «فزارة» بن ذبیان‌بن بغیض [ابن‌ریث‌بن‌غطفان بن‌سعدبن‌قیس]، و«سلیم» بن منصوربن عکرمة[بن‌خصفة]بن‌قیس، و «عامر» بن صعصعة‌بن معاویة‌بن‌بکربن هوازن، و «مازن» بن صعصعة بن معاویة‌بن بکربن هوازن بن منصوربن عکرمة بن خصفة‌بن قیس ، و «سلول» بن صعصعة بن معاویة‌بن‌بکرین‌هوازن، و«ثقیف»یعنی قسی‌بن‌منبه‌بن بکربن‌هوازن، وثقیف به‌ایادبن نزار نسبت داده میشود ، و «کلاب» بن ربیعة بن عـامربن صعصعه ، و «عقیـل» ابن کعب‌بن ربیعة بن عامربن صعصعه ، و «قشیر» بن کعب بن ربیعة بن عـامر ، و«حریش» بن کعب بن عامر، و«عوف» بن عامربن ربیعه[2]. سروری وزمامداری در میان قبیلهٔ قیس بود ودرتیرهٔ عدوان گشت ونخستین زمامدارآنها که سروری یـافت عامربن ظرب بود، سپس‌زمامداری‌بدست فزاره وبعد ازآن بدست عبس آمدودرآخر

۱ـ مادرآن دوازقبیله جرهم‌بود (سیرهٔ ابن‌هشام ج۱ ص۸۰) . ۲ ـ ایام‌العرب فی‌الجاهلیه ص ۴۱۶ ـ ۴۱۹) .

بنی‌عامر بن صعصعه سروری یافتند وپیوسته درآنها بود .

قیس را روزهای مشهوروجنگهای پیوسته‌ای بود که ازآنها است :

یوم‌البیداء[۱] ، یوم شعب جبله[۲] ، یوم‌الهباءه[۳]، یوم‌الرقم ، [۴] یوم فیف‌الریح[۵] یوم‌الملبط[۶]، یوم رحرحان[۷] ، روزجنگ «داحس‌وغبراء»[۸] ، درمیان عبس وفزاره .

«الیاس» بن مضربزرگواری یافته برتریش آشکارشد ، اواول کسی بود که دگرگون ساختن سنتهای پدرانشان را بربنی اسماعیل ناروا گرفت وکارهای نیکی ازاوآشکارشد تا چنان باوخشنود بودند که بهیچ یك ازفرزندان اسماعیل بعد از ادد نبوده‌اند ، الیاس آنها را به سنتهای پدرانشان بازگردانید وسنتها تمام وکامل‌باولش بازگشت . اونخست کسی‌است که شتران فربه را «هدی» (هديةٌ) کعبه قرارداد و اول کسی‌است که «رکن»راپس‌ازوفات حضرت ابراهیم(ﷺ) نهاد، پس‌عرب‌الیاس‌را چنان‌بزرگ‌می‌دانست که اهل‌دانش‌را[۹] .فرزندان الیاس:«مدرکه»بود که نامش‌عامر است و«طابخه» که نامش «عمرو» است و«قمعه» که نامش‌عمیراست[۱۰] مادراینهاخندف ونامش «لیلی» دخترحلوان بن عمران‌بن الحاف‌بن‌قضاعه بود[۱۱] ، الیاس را بیماری سل گرفت وزنش«خندف» گفت اگر بمیرد درزمینی که آنجامرده‌است‌نخواهم‌ماند[و سوگندیاد کرد] که‌سقف‌خانه‌ای‌اوراسایه نیفکندودرزمین‌بگردد. پس‌چون‌الیاس‌مرد

---

۱ ـ بروزن صحراء. ۲ ـ کامل ج ۱ ص ۳۵۵ ، ایام العرب ص ۳۴۹ این جنگ ۵۷ سال پیش‌از اسلام بود وجبله نام کوهی‌است . ۳ـ کامل ج۱ ص۳۵۲،ایام‌العرب ص۲۶۳ و این جنگ در «جفرالهباءه» واقع شد . ۴ ـ کامل ج۱ ص ۳۹۳ ورقم نام وادی‌است، ایام‌العرب فی‌الجاهلیه ص ۲۷۸. ۵ ـ کامل ج ۱ ص۳۸۷، ایام‌العرب ص۱۳۲ وفیف الریح جائی‌است در بالاهای نجد (مراصد) . ۶ ـ ملبط بروزن منبر نام موضعی است که یومی بدان منسوب است (قاموس) . ۷ ـ ایام‌العرب ص ۳۴۴ ورحرحان‌کوهی است نزدیك عکاظ پشت عرفات . ۸ ـ کامل ج۱ص۳۴۳ ایام‌العرب ص۲۴۶ وداحس وغبرا دو نام است برای دواسب قیس بن زهیر . ۹ ـ الیاس در عرب مثل‌لقمان حکیم‌بود درمیان قومش. حلبی‌ص۲۰ج۱. ۱۰ـ نسب شناسان مضر«خزاعه»را ازفرزندان «عمروبن‌لحی‌بن قمعة‌بن‌الیاس» دانسته‌اند (سیرهٔ ابن هشام ص۸۱ ج۱) . ۱۱ـ سیرهٔ ابن‌هشام ج۱ ص۸۱ ، دختر عمران ... ، تاریخ طبری ج۲ ص۲۴ ، دختر حلوان‌بن عمران بن‌الحاف‌بن قضاعه .

خندف بیرون رفت ودرزمین می گشت تاازغصه هلاك شد[1] . مرگ الیاس روزپنجشنبه بود پس خندف براومی گریست وهر گاه خورشید آن روزطلوع می کرد تاغروب آن اشك می‌ریخت و«مثل» شد . بمردی ازایاد که زنش مرده بود گفتند چرا بـر زنت گریه نمی کنی؟ پس (این دوشعررا) گفت :

ولوانه اغنی بکیت کخندف — علی‌الیاس حتی ملّها السر تندب
اذامونس‌لاحت خراطیم شمسه — بکت‌غدوة‌حتی‌تری‌الشمس تغرب

«اگرسودی داشت گریه میکردم مانند خندف که تاتوان داشت بـر الیاس می گریست، هنگامی که اشعهٔ خورشیدروزپنجشنبه (مونس) می‌تابید از بامداد تـا غروب خورشید گریه می کرد. »

واز گفتن «مونس» روزپنجشنبه را قصد داشت زیـرا که عرب دراین زمـان روزها (ی هفته) رابجزاین‌نامهایش‌می‌نامید[2] ، یکشنبه‌را «اول»، دوشنبه را «اهون» سه شنبه را «جبار» ، چهارشنه را «دبار» پنجشنبه را «مـونس» جمعه را «عروبه » و شنبه را «شیار» می‌نامیدند[3] .

برای روزهای ماه نیزده نام داشتند که هرسه شبی‌بیك نام نامیده میشد : سه شب‌اول ماه «غُرر» سپس «نفل» سپس «تسع» سپس «عشر» سپس «بیض» سپس«ظلم» سپس «خنس»سپس «حنادس»[4] سپس «محاق» وشب آخر که ماه پنهان باشد «سرار» نام داشت .[1] محرم را «مؤتمر» صفررا «ناجر» ربیع‌الاول‌را «خوان» ربیع‌الآخررا

۱ـ ازامثال عرب است ، «احزن من خندف» (سیرهٔ حلبی‌ج ۱ص ۲۰) . ۲ـ تاریخ‌آداب اللغه ج ۱ ص ۱۸۶ . ۳ـ شاعرعرب گوید ،

اؤمل ان اعیش و ان یومی — باول او باهـون او جبـار
او المردی دبار فان أفته — فمونس او عروبة اوشیـار

مروج‌الذهب ج۲ ص ۲۰۷

۴ـ بعضی «حنادس» را برشش‌شب می‌گفته‌اند (مروج‌النهب ج۲ ص ۲۱۰ .

«وبصان» جمادی‌الاولی‌را «حنین» جمادی‌الآخره را[«ربی» رجب را «اصم» شعبان را «عاذل» ، رمضان را]«ناتق» ، شوال را «وعـل» ،ذوالقعده را «ورنه» و ذوالحجه را «برك» می گفته‌اند [1].

دیگرانی ازعرب،سه‌شب اول ماه را «هلال» سه شب بعد را که ماه قمر گردد «قمر» سه شب بعد ازآن راکه روشن ونورانی شود «بهر» ، سه شب را « نفل » ، سه شب را «بیض» سه شب را «درع» ، سه شب را «ظلم» ، سه شب را «حنادس» ، سه‌شب را «دآدی»، دوشب را «محاق» وشبی را «سرار» می‌نامیده‌اند [2].

«طابخة» بن الیاس رافرزندی بنام «ادّ» بن طابخه بود که ازفرزندانش‌چهار قبیله پیدا شدند : «تمیم بن مربن‌اد» ،«رباب» یعنی عبد مناةبن‌اد ، «ضبة بن‌اد » و «مزینة بن‌اد» وازهمه بیشترقبیلهٔ «تمیم‌بن‌مربن‌ادّ » بود که سرزمینها را فراگرفتند وقبیله‌ها[ی‌تمیم] ازآن پراکنده شدند .

ازقبیله‌های عمدهٔ تمیم است : « کعب بن سعدبن زید مناة» و«حنظلةبن‌مالك ابن زیدمناة» که«براجم»[3] نامیده می‌شوند و«بنودارم» [4] و«بنوزرارة بن‌عدس» و«بنو-اسد» و«عمروبن تمیم» .

اینانند فرزندان «ادبن طابخةبن‌الیاس بن مضر» که بسیاری‌جمعیت وقدرت و نیرومندی ودلیری وشعر و فصاحت در میان آنهاست . سروری در میان بنی‌تمیم و اول‌رئیس‌میان آنها «سعدبن‌زید مناة بن‌تمیم» سپس« حنظلةبن‌مالك‌بن‌زیدمناة»بود.

۱ـ مروج‌الذهب‌ج۲ ص ۲۰۷ بااختلافاتی‌درترتیب واسامی، وتاریخ‌آداب‌اللغه ج ۱ص ۱۸۶ بااختلاف دربعضی‌نامها . ۲ـ درمروج‌الذهب‌ج۲ص۲۱۰ هردوروایت بااختلافی درترتیب‌واسامی‌آمده است. ۳ـ براجم یعنی عمرو و قیس وکلفه و ظلیم وغالب (ایام العرب فی‌الجاهلیه ص ۴۲۱) .

۴ ـ بنودارم‌بن مالك‌بن‌زید مناة (ایام‌العرب ص ۴۲۱) .

اینان را روزهای مشهور وجنگهای معروفی است که از آنها است: «یوم الکُلاب»[1] و «یوم المرّوت»[2] و «یوم جَدود»[3] و «یوم النّسار[4]».

«مدرکة» بن الیاس سرور فرزندان نزار بود که برتریش هویدا و بزرگواریش آشکار گشته بود. برادرش «قمعه» نزد خزاعه رفت و در میان آنها زن گرفت، پس فرزندانش در میان خزاعه و از آنها بشمار آمدند. از فرزندانش «عمرو بن لُحیّ بن قمعه» بود واو نخست کسی است که دین ابراهیم (علیه السلام) را دگرگون ساخت.

«مدرکة» بن الیاس چهار پسر داشت: خزیمه، هذیل، حارثه و غالب[5]، ومادر اینان «سلمی» دختر [اسود بن] اسلم بن الحاف بن قضاعه، وبقولی دختر اسد بن ربیعة بن نزار بود. از اینها «حارثه» در کودکی مرد و نسلی نداشت و «غالب» به «بنی خزیمه» پیوستند و «هذیل» بن مدرکه بسیار آنها در «بنی سعد بن هذیل»، سپس «تمیم بن سعد»، سپس «معاویة بن تمیم» و «حارث بن تمیم» بود.

«هذیل» مردمانی دلیر اهل جنگها و تاختها و فصاحت و شعر بودند. «خزیمه» یکی از داوران عرب بود و از بزرگواران و سروران بشمار می آمد. «خزیمة» بن مدرکه فرزندی بنام «کِنانه» داشت که مادرش «عُوانه» دختر قیس بن عیلان بود و دو فرزند بنام «اسد» و «هون» که مادرشان «برّه» دختر مُرّ بن اُدّ بن طابخه خواهر

1ـ مراد، «یوم کلاب ثانی» است که در میان بنی تمیم ومذحج بنفع تمیم انجام گرفت و «کلاب» نام آبی است میان کوفه وبصره (کامل ج ۱ ص ۳۷۸، ایام العرب ص ۱۲۴). 2ـ جنگی بود درمیان تمیم وعامر (ازقیس) ومروت جایی است درسرزمین بنی تمیم (کامل ج ۱ ص ۳۸۵، ایام العرب ص ۳۷۵). 3ـ جنگی بود میان بنی منقر ازتمیم وبکر بن وائل ازربیعه بنفع تمیم، وجدود نام جایی است در سرزمین بنی تمیم (کامل ج ۱ ص ۳۷۱، ایام العرب ص ۱۷۸). 4ـ جنگی میان ضبّه وتمیم و بنی عامر بنفع ضبه و تمیم، و «نسار» کوههای کوچك نزدیك بهم یا آبی است برای بنی عامر (کامل ج ۱ ص ۳۷۶، ایام العرب ص ۳۷۸). 5 ـ ابن اسحق فقط «خزیمه وهذیل» رانام برده است (سیرهٔ ابن هشام ج ۱ ص ۱۰۱).

تمیم بن مرّ است[1] .

فرزندان «اسدبن خزیمه» یعنی « جذام ، لخم و عامله » پسران عمروبن اسد دریمن پراکنده گشتند و (قبیلهٔ) مضر تنها جذام را بخود نسبت میداد لیکن‌بنی‌اسد بر آن بودند که جذام اسدی است و بدینجهت با ایشان پیوند می کردند و آنهارا از خویش می شمردند .

«امرءالقیس» بن حجر کندی گفته است :

صبرناعن‌عشیرتنا فبانـوا کماصبرت‌خزیمةعن‌جذام

«از قبیلهٔ خود شکیبایی کردیم چنانکه «خزیمه» از «جذام» شکیبایی کرد ، پس از مابیگانه شدند.»[2]

وعبدالمطلب بن هاشم در شعر خود فرموده است :

فقل لجذام ان اتیت بلادهم وخصّ بنی سعد بهاثم وائل

انیلواوادنوامن‌وسائل‌قومکم فیعطف‌منکم‌قبل‌قطع‌الوسائل

« جذام را اگر بسر زمین‌شان رفتی ، مخصوصاً «بنی‌سعد» و سپس «بنی‌وائل» را[3] بگو ، تاوسیله ها قطع نشده باقوم خویش پیوند کنید و خود را بآنان نزدیک سازید تاآنها نیز بشما بازگردند .»

وَعبیدبن ابرص در اشعار طولانی خود میگوید :

ابلغ جذاماًولخماًان‌عرضت‌لهم والقوم‌ینفعهم‌علم‌اذاعلموا

بانکم فـی کتاب‌الله أخـوتنا اذاتقسّمت‌الارحام‌والنسم

۱ـ ابن اسحاق چهار پسر، کنانه، اسد، اسده و هون، و مادر کنانه را «عوانه» دختر سعدبن‌قیسر بن عیلان بن مضروبره را مادر نضربن کنانه نوشته است (سیرهٔ ابن هشام ج۱ ص۱۰۱). ۲ـ این شعر دردیوان امرءالقیس نیست . ۳ ـ وائل بن قاسط از قبائل بنی‌اسد. سعدبن عجل‌ابن لجیم بن صعب از بنی بکربن وائل .

«اگر به جذام ولخم برخوردی آنها را خبرده ـ و دانستن‌مردم راسود میدهد هر گاه‌بدانند ـ که هر گاه خویشان‌ومردم بخش گردند شما در کتاب خدابرادران‌ما می‌باشید.» و گفته میشود این شعر از «شمعان بن‌هبیرهٔ اسدی» است .

اما «جذام» بن‌عدی بن‌حارث‌نسب خود را به «قبائل» یمن میرساند و میگوید: جذام بن عدی‌بن حارث بن مرّة‌بن اُدد بن‌یشجب بن عَریب‌بن مالك بن کهلان .

«اسد بن خزیمه» را فرزندانی بود بنام : دُودان، کاهل، عمرو، هند، صعب‌و تغلب . از همه فزونتر قبیلهٔ «دودان» بود که قبیله های بنی اسد از آن پراکنده گشت . و قبایل بنی‌اسد اینها است : قُعین ، فقعس ، منقذ ، دبان ، والبه ، لاحق ، حُرثان، رئاب وبنی‌الصیداء .

قبیلهٔ «بنی‌اسد» ازکاخهای‌حیره تازمین‌تهامه پراکنده بودند ، [با قبیلهٔ «طیّ»] پیمان و اتفاق داشتند و سر زمین آنها تقریباً یکی بود ولی باقبیلهٔ «کنده» درجنگ بودند تاآنکه «حجربن حارث»[1] راکشتند و امرء القیس گریخت و کنده خوار گردید، سپس بابنی فزاره در جنگ بودند تا «بدربن عمرو» راکشتند[2]. و پس از آن در میان آنها و قبیلهٔ طی نیز اختلاف پدید آمد و دو قبیلهٔ اسد و طی با هم جنگیدند تاآنکه «لَأْم‌بن عمروطائی» راکشتند و«زیدبن مهلهل» یعنی«زیدالخیل»[3] را اسیر کردند و اسیرانی گرفتند . زیدالخیل گفته است :

۱ـ «یوم حجر» جنگی‌است درمیان بنی‌اسد وحجربن حارث بن عمروکه بحبس و قتل حجر انجام پذیرفت(ایام‌العرب فی‌الجاهلیه ص ۱۱۲ ، کامل ج۱ ص ۳۰۶) . ۲ـ بدربن عمروقتیل بنی اسد بن خزیمه جد عیینة بن حصن بن حذیفة بن بدر است،حذیفه را بنی‌عبس و حصن رابنی عقیل و نُمیربن عامرکشتند (طبقات فحول‌الشعراء ص ۹۵) . ۳ـ زیدالخیل بن‌مهلهل بن زید درسال نهم هجری بامردان طی‌نزد رسول خدا شرفیاب گردیده اسلام آوردند و رسول اکرم او را « زیدالخیر » نامید وفرمود: «هرکسی راکمتروزید را بیشتر از آنچه شنیده بودم ، خوب یافتم.» (سیرهٔابن‌هشام ج۴ ص ۲۴۵ ، اسدالغابه ج۲ ص۲۴۱).

الا ابلغ الاقیاس قیس بن نوفل — و قیس بن اهبان و قیس بن جابرِ
بنی اسددّوا علینا نسائنا — و ابنائنا واستمتعوا بالاباعرِ
وبالمال ان المال اهون هالك — اذا طرقت احدی اللیالی الغوابرِ
ولا تجعلوها سنة یقتدی بها — بنی اسد و اعفوا باید قوادرِ

«هان قیسها: قیس بن نوفل و قیس بن اهبان و قیس بن جابر، را بگو ای بنی اسد زنان مارا بماباز دهید و هم فرزندان مارا ، برخوردار باشید بشتران و دارایی ما که هر گاه یکی از شبهای گذشته پیش آید ، دارایی و ثروت ناچیزتر ازدست رفته‌ای است. ای بنی اسد این کار را سنتی نسازید که از آن پیروی شود و اکنون که قدرت بدست شما است ، در گذرید.»

پس اورا آزاد کردند و باشنیدن این اشعار زنان‌شان را نیز بازدادند ، اسبی از زیدالخیل باقی ماند و او اسبان را دوست‌میداشت ، پس گفت :

یابنی الصّیداء ردّوا فرسی — انما یفعل هذا بالذلیل
عوّدوا مهری الذی عوّدته — دلج اللیل وایطاء القتیل

«ای بنی الصّیداء، اسب مرا باز دهید. چه این کاررا با مردم پست انجام‌می‌دهند. اسبم را بآنچه اورا عادت داده‌ام ، یعنی شب روی ولگدکوب ساختن کشته ها ، عادت دهید » پس اسب اورا پس دادند.

بنی اسد می گفتند ما چهار نفر را کشتیم که همه پسران عمرو و هریك سرور قوم خود بودند ؛ کشتیم حجربن عمرو پادشاه کنده و کُلَّام بن عمرو طائی وصخر ابن عمرو سُلمی [1] و بدربن عمرو فزاری را .

۱ـ در «یوم حوزهٔ اول» معاویة بن عمرو بن شرید سلمی کشته شد ودر « یوم حوزهٔ دوم» برادرش صخربن عمرو بابنی مره جنگید ، آنگاه بنی‌اسد صخررا کشتند و خواهرش «خنساء» اورا مرثیه گفت (ایام‌العرب ص۲۸۳ ، ۲۸۹ ،طبقات فحول‌الشعرا ص ۱۶۹، ۱۷۴) .

«هون» بن خزیمه همان «قاره» است [1] و برای آن «قاره» نامیده شدند که بنی کنانه چون بنی‌اسد بن خزیمه از تهامه بیرون رفتند وبا کنانه مخالفت ورزیدند و اندك را ضمیمهٔ بسیار کردند، بنوهون‌بن خزیمه را درمیان خود«قاره» [2] قراردادند «لاحد دون احد» [3] و گفته میشود که «بنی‌الهون» در زمین پستی فرود آمدند وعرب زمین پست را «قاره» می نامد پس بآنها اصحاب «قاره» گفته شد ، وقبیلهٔ «قاره» تیر انداز بودند ، یکی از شعرا گفته است :

«قاره را انصاف داده است آنکه درمقابل او تیراندازی کند.» [4]

و نیز گویند که درمیان «بنی‌الهون بن خزیمه» و «بنی بکر بن کنانه» جنگی [روی داد]پس مردی‌از بنی بکر گفت کدام یك را بیشتر دوست دارید : تیراندازی‌یا اسب دوانی را ؟ مردی از «بنی‌الهون» گفت :

قد علمت سلم ومن والاها	انا نصدّ الخیل‌عن هواها
قدانصف القارة من راماها	اما اذا ما فئة نلقاها

نردّها دامیة کلاها

«قبیلهٔ سلم و [5] بستگانشان دانسته‌اند که ما اسبهارا ازخواسته‌اش بازمیداریم، راستی «قاره» را انصاف داده است کسی که در مقابل او تیراندازی کند . لیکن ما هر گاه باگروهی برخورد نماییم آنها را باکلیه های آغشته بخون بازمیگردانیم.»

قبیله های « بنی‌الهون بن خزیمه » عبارت است از : «عضل» و «دیش» پسران

۱ـ ابن قتیبه می‌گوید ، هون بن خزیمة بن مدرکه پسری بنام «قارة بن‌هون» داشت و دو قبیلهٔ «عضل ودیش» ازقاره‌اند (معارف ص۳۰) . ۲ ـ یعنی منفرد وجدا ازدیگران . ۳ـ مفهوم نشد ، و احتمال می‌دهم‌که «لالاحد» بوده است، یعنی «نه برای‌کسی دون کسی» . ۴ـ می‌گویند قبیلهٔ قاره‌درتیراندازی توانا بودند و برای همین راجع‌باین‌قبیله‌گفته‌شد ، «قدانصف‌القارة من راماها» (معارف ص ۳۰) . ۵ـ بنی سلم‌بن‌مالك بطنی‌است ازجذام (معجم قبائل‌العرب ص ۵۳۵).

« ییثع بن هون بن خزیمه»[1].

اما «حکم بن هون بن خزیمه» پس به‌یمن رفت ودر سر زمین «مذحج» جا گرفت‌ودرآنجافرزندانی‌داشت که‌چون‌مرد به«حکم‌بن‌سعدالعشیره»[2] وابسته گشتند.

« کنانة » بن خزیمه را فضائل بیشماری آشکار گشت و عرب او را بزرگ می‌داشت. روایت شده است که« کنانه» درحجر خوابیده بود که کسی نزد وی آمد وباو گفت : ای ابوالنضر،تخیّر بین‌الهضیل اوالهذر او عمارة الجدر او عزّالد هر . «میان سپاه بسیار، یافزونی تبار،یاخانه‌سازی، یاعزت همیشگی، یکی را بر گزین.» پس گفت : خدایا همهٔ اینها بمن داده شود .

فرزندان « کنانةبن خزیمه» عبارت است از :

نضر، حُدال، سعد،مالك، عوف و مَخرمه که مادرشان«هاله» دختر سُویدبن غطریف یعنی‌حارثةبن امرءالقیس بن‌ثعلبة بن مازن بن‌غوث بود، وعلی و غزوان که مادرشان‌برّةدخترمرّ[3]بود، و جرول وحارث که مادرشان‌ازازد شنوءه بود[4] ،و عبدمناة که مادرش ذفراء (فکیهه) دختر هُنیّ[بن بَلیّ] بن عمروبن الحاف بن‌قضاعه بود .

۱ـ در اصل یثیع است و درقاموس ییثع بروزن یضرب ضبط‌شده وبعضی (معجم قبائل‌العرب ج۳ ص۱۲۶۰) یتبع بن هون ضبط کرده‌اند . ۲ـ بنوسعدالعشیرة بن مذحج از قبائلٌ کهلان بن سبا (ایام‌العرب ص۴۱۱ ، معارف ص ۴۸) . ۳ـ آنچه درمعارف ابن‌قتیبه ص ، ۳۰، ۵۰ وتاریخ طبری ج ۲ ص ۲۳ـ۲۴ ،وکامل ج۲ ص۱۸ ،وسیرهٔ ابن هشام ج۱ ص۱۰۲ آمده است که مادر نضربره دختر مربن ادبن طابخه بود و او پیش از این زن خزیمه پدر کنانه بوده ، غلطی است که علمای انساب بآن گرفتار شده‌اند وجاحظ در کتاب « الاصنام » برآن تنبیه کرده و گفته است ، کنانة بن خزیمه زن پدرش را گرفت و از اوهیچ فرزندی نداشت و زنی دیگر همنام او یعنی بره دختر مربن ادبن طابخه داشت که‌مادرنضربن کنانه‌بود. و معاذالله که مادرنضر زن جدش خزیمه بوده باشد (از اصنام جاحظ بواسطهٔ تعلیقات معارف ص ۳۰ نقل کردیم) . ۴ ـ طبری جرول و حارث را نیز پسران بره دختر مر،و علی را برادر مادری‌عبد مناة و پسر مسعود بن مازن غسانی نوشته است (تاریخ ج۲ص ۲۳) .

قبیلهٔ «مخرمه» بگفتهٔ بعضی همان «بنی ساعده» طایفهٔ «سعدبن عباده» است[1].

«بنوعبد مناة» بن کنانه بیشتر «بنی کنانه» اند، از اینها است :

«بنولیث بن بکربن عبد مناه» و «بنوالدئل بن بکر» و «بنو ضَمرة بن بکر» که«بنی غِفار بن مُلیك بن‌ضمره» ازآنها است و «بنوجذیمة‌بن عامربن عبدمناة» که خالد بن ولید در «غُمیصاء»[2] آنها را از شمشیر گذرانید[3] و «بنو مُدلج بن مرة بن عبد مناة» .

و از قبیلهٔ «بنی مالك بن کنانة بن خزیمه» است :

«بنو فقیم‌بن‌عدیّ بن عامر بن ثعلبة‌بن‌حارث‌بن‌مالك‌بن کنانه» وازبنوفقیم‌است نسأه یعنی« قَلامس» که (ماه حرام را) عقب می‌انداختند و (ماهی را) حلال یاحرام میکردند[4] . نخست ازآنان حذیفة بن‌عبد (بن)فقیم بود که « قَلمّس» نامیده میشد، سپس بفرزندانش رسید وبعداز او پسرش «عبّادبن حذیفه» و آنگاه «قلع‌بن عباد» و پس از قَلع«امیة‌بن‌قلع» وبعد از او «عوف بن امیه» وَ پس از عوف «ابوثمامه» جنادة ابن عوف‌این کاررا درعهده‌داشتند[5] ونیزاز «بنی مالك بن کنانه» است‌قبیلهٔ « فِراس ابن غَنم‌بن مالك بن کنانه» اینها بودند قبیله‌های عمدهٔ کنانه[6].

«نضربن کنانه» اول کسی بود که «قریش» نامیده شد، گویند او را برای پاك دامنی(تقرّش) و بلند همتی که داشت[7] «قریش» گفته اند و بقولی چون بازرگان‌و

۱ـبنوساعده ازفرزندان‌کعب بن خزرج بن‌حارثة‌بن‌ثعلبة ازدی کهلانی‌بودند .(معارف‌ص۴۹)

۲ – غمیصاء ، جایی‌است در حجاز نزدیك مکه که « بنوجذیمه» در آن ساکن بودند (مراصد).

۳ـ درهمین واقعه بود که رسول اکرم صلی‌الله علیه وآله وسلم فرمود ، «خدایادرپیشگاه تو بیزاری جویم ازآنچه خالدبن ولید انجام داد» (سیرهٔابن هشام ج۴ ص۵۳) . ۴ ـ قرآن مجید سورة توبه آیهٔ۳۷، سیرهٔ ابن‌هشام ج ۱ص۴۴، التنبیه و الاشراف ص۱۸۶ . ۵ ـ سیرهٔابن هشام ج۱ ص۴۳ـ ۴۵ .

۶ ـ معارف ابن قتیبه ص ۳۰ ـ ۳۱ . ۷ ـ برای آنکه از غارتگریها دوری جست (طبری ج۲ ص ۲۳) .

دارا بود و بقولی دیگر مادرش اورا « قریش » نامید که تصغیر « قِرش» است و آن حیوانی‌است‌دریایی . پس کسی که از فرزندان نضربن کنانه نباشد «قرشی» نیست [۱].

فرزندان نضربن کنانه عبارت انداز : مالك ، یخلد وصلت [۲] . کنیهٔ نضر : ابوالصلت و کنیز (مادر فرزندان) او« عِکرشه» [۳] دختر عَدوان بن عمرو بن قیس ابن عَیلان [۴].

از «یخلد» کسی که شناخته شود باقی نماند .

فرزندان«صلت» در قبیلهٔ «خزاعه» درآمدندوازاینها [است] : « کُثَیّربن عبد-الرحمن شاعر و او است که در نسب (خودش) میگوید :«آیا پدرم از قبیلهٔ «صلت» نیست و مگر برادرانم ازجوانمردان مشهور «بنی‌النضر» نیستند؟ [۵]»

«مالك» بن نضر بسی بزرگوار بود و فرزندانی بنام : فهـر، حارث و شیبان داشت از «جندله» دختر حارث بن مضاض بن عمروبن حارث جرهمی و بقولی اسم «فهربن مالك» قریش بودو فهر لقب داشت [۶] .

«فهربن‌مالك» پدرش هنوززنده بود که نشانه های بزرگی در او آشکار گشت

۱ـ بقولی دیگرقریش را برای‌آن قریش گفته‌اند که پس‌از پراکندگی فراهم شدند و تقرش بمعنی فراهم گشتن (تجمع) است (ابن‌هشام ج۱ ص۱۰۳) . وجوه دیگری هم گفته‌اند (طبری ج۲ ص۲۲) . ۲ ـ طبری ج۲ ص۲۲ ، ابن‌هشام ج۱ ص۱۰۴ . ۳ ـ نامش عاتکه بود . ۴ـ بقول ابن هشام دختر سعد بن ظَرِب عدوانی از نسل عدوان بن عمرو (سیره ج ۱ ص ۱۰۴) . ۵ ـ کثیربن عبدالرحمن خزاعی (ابن ابی جمعه ـ ابوصخر) ازطبقهٔ دوم شعرای اسلام از طایفهٔ بنی‌ملیح ابن‌عمروخزاعی که به‌صلت بن نضر نسبت داده می‌شوند ، معروف به « کثیرعزه » از بزرگان شیعیان وکسی است که امام محمد باقر علیه‌السلام جنازهٔ او را برداشت در حالی کـه عرق میریخت . وفـات کثیر درسال ۱۰۵ روی داد (طبقات فحول‌الشعرا ص۴۵۲ ، سفینة‌البحارج ۲ ص۴۷۱ ، سیرهٔ ابن‌هشام ج ۱ص۱۰۴ ، وفیات‌الاعیان ج ۳ ص۲۶۵ رقم ۵۱۹).

الیس ابی بالصلت ام لیس اخوتی بکل هجان من بنی‌النضر از هـرا

۶ـ بیشتر«فهر» رااسم و«قریش» را لقب دانسته‌اند .

وپس ازمرگ پدر جای او را گرفت . فهررا از «لیلی» دختر حارث بن تمیم بن‌سعد ابن هذیل فرزندانی بود بنام : غالب ، حارث ، محارب ، و جندله[1] .

ازفرزندان«حارث بن‌فهر» است:«ضبّة بن حارث»طایفهٔ ابو عبیدة بن جرّاح ، و از فرزندان «محارب» بن فهر است : «شیبان بن محارب» طایفهٔ ضحّاك بن قیس .

فضیلت «غالب» از همه بیشتر و بزرگواریش آشکار تر بود . روایت میشود که فهربن مالك هنگام‌مرگ پسر خود «غالب» را گفت :« ای بنیّ ان‌فی‌الحذر انغلاق النفس . و انما الجزع قبل‌المصائب ، فاذا وقعت مصیبة بــرد حرّها[2] ، و انماالقلق فی غلیانها فاذا قامت فبرّد حر مصیبتك بماتری من وقع‌المنیة امامك وخلفك وعن یمینك وعن شمالك و ماتری فــی آثارها من محق الحیاة ثم‌اقتصر علی قلیلك وان قلت منفعته،فقلیل‌مافی یدك‌اغنی لك من کثیر مما اخلق وجهك ان‌صارالیك . »

«ای پسرجان ترس وبیم موجب گرفتگی نفس است وبی‌تابی پیش ازمصیبتها است، پس هرگاه‌مصیبتی روی دهدازشدت آن‌کاسته‌شودواضطراب درجوشش آن‌است، پس هرگاه مصیبت روی داد ، شدت مصیبت خودرا برخویش هموار سازچه می‌بینی که مرگ در پیش رو و پشت سر و راست و چپت روی می‌دهد وآثار آن را که نابود ساختن زندگی‌است بچشم خود می‌بینی ، سپس باندکی که داری اگر کم سود باشد اکتفا کن چه اندکی که بدست‌داری از بسیاری، که اگر بدست آوری آب‌رویت‌ر ببرد ، بیشتر بی‌نیازت کند .»

چون «فهر» درگذشت « غالب بن فهر » بزرگواری یافت‌وکارش بالاگرفت. فرزندان اوعبارت بودند از « لُویّ » و«تیم‌الادرم» که مادرشان عاتکه دختریخلد بن

1ـ ابن‌اسحاق چهارپسر، غالب ، محارب، حارث واسد، وابن هشام دختری نیز بنام«جندله» مادر«یربوع»بن حنظلة بن مالك بن زیدمناة بن تمیم نوشته است(سیره ج1ص 105). طبری برای فهرهفت پسرنوشته ، آنچه گذشت وعوف‌وجون‌وذئب (تاریخ ج2 ص21). 2 ـ ن، ل، تزدجرها .

نضر بن کنانه بود[1] و یعلب و وهب و کثیر و حَراق که از آنها نسلی نماند. اما «تیم الادرم» اعقابی داشت .

« لویّ بن غالب» آقا و بزرگوار و برتریش آشکار بود روایت می‌شود که هنوز پسری نورس بود و بپدرش «غالب بن فهر» گفت :

یا ابه، ربـمعروف قلّ اخلافه، ونصر، یا ابه من اخلفه اخمله ،واذا اخمل الشیٔ لم یذکر ،وعلی المولی تکبیر صغیره ونشره، وعلی المولی تصغیر کبیره و ستره .

پس پدرش باو گفت : یا بنی انی استدل بما اسمع من قولك علی فضلك ، و استدعی به الطول لك فی قومك ، فان ظفرت بطول فعد علی قومك و اکف غرب جهلهم بحلمك والمم شعثهم برفقك ، فانما یفضل الرجال الرجال بافعالهم فانها علی اوزانها واسقط الفضل[2]، و من لم تعل له درجة علی آخر لم یکن [له] فضل ، و للعلیا ابدا علی السفلی فضل .

«ای پسر جان من آنچه را از گفتارت می‌شنوم دلیل برتریت می‌شمارم و بدان امیدوارم که برقوم خویش سروری یابی، پس اگر ظفر یافتی با قوم خویش بزرگواری کن و نادانی آنان را با بردباری خویش کفایت نما و آنهارا بامدارا از پراکندگی و پریشانی نجات بخش چه مردان باکارهای خود برمردان برتری دارند و ارزش کارها مختلف و برتری بآنها وابسته است و کسیکه درجه‌ای از دیگری فراتر نباشد براو برتری ندارد و همیشه فراتر رابر فروتر برتری است . »

پس چون «غالب بن فهر» در گذشت «لویّ بن غالب» جای او را گرفت و فرزندانی

۱ـ طبری مادرلوی و تیم وقیس را عاتکه دختر یخلد بن نضر نخستین عاتکه ای که در نسب رسول اکرم صلی‌الله علیه وآله وسلم بود، وابن اسحق مادرلوی و تیم را سلمی دختر عمروخزاعی، وابن هشام مادرهرسه را سلمی دخترکعب بن عمرو خزاعی نوشته‌اند (تاریخ طبری ج۲ ص ۲۰ ، سیرهٔ ابن هشام ج ۱ص ۱۰۵) . ۲ـ ظاهراً درعبارت تحریفی روی داده است .

داشت بنام: کعب و عامر و سامه وخزیمه که مادرشان عائذه [۲] بود، وعوف وحارث و جُشم کهمادرشان «ماویّه» دختر کعب بن قین بود، و سعدبن لوی که مادرش «یسره» دختر غالب بن هون بن خزیمه بود. سامة بن لوی از برادرش عامر بن لوی گریخت زیرا که میان آندونزاعی در گرفت و سامه برعامر تاخت و چشم او را شکافت، پس عامر سامه را تهدید کرد و او گریخت و به‌عمان رفت.

گویند روزی سامه برشترش سوار بود که شتر لب برزمین نهاد و مار بزرگی بلبش چسبید و شترا تکان داد (که افتاد) و برسامه افتاد و اورا گزید و کشت. پس سامه چنانکه گفته اند هنگامی که احساس مرگ نمود گفت:

عین فابکی لسامة بن لویّ — علقت ما بساقه العلّاقه
لم‌یروا مثل سامة بن لویّ — یوم حلّوا به قتیلاً لناقه
بلّغا عامراً و کعباً رسولا — ان نفسی الیهما مشتاقه
ان‌تکن‌فی‌عمان داری فانی — ماجدقد خرجت‌من غیر فاقه
رب کأس هرقت یابن‌لویّ — حذرالموت‌لم‌تکن مهراقه
رمت دفع الحتوف یابن‌لویّ — مالمن رام ذاك بالحتف طاقه

«ای چشم، برسامة بن لوی که مار کشنده بساق پای او پیچید، گریه کن، کسی را مانند سامة بن لوی ندیده‌اند چه در حالیکه کشتهٔ شتری بود، براو در آمدند، فرستاده ای نزد عامر و کعب که جانم آرزومند دیدار آنها است، بفرستید. اگر سرنوشت، مرا به‌عمان کشانید من‌بزرگواری هستم که بدون احتیاج بیرون

۲ـ طبری مادرکعب وعامروسامه را ماویه دخترکعب بن قین‌بن جسر، ومادر خزیمه را عائذه دختر خمس‌بن قحافهٔخثعمی، ومادرسعد را نبانه، وابن اسحق مادرهمهٔ فرزندان لوی جزعامربن‌لوی‌را ماویه‌دخترکعب، ومادرعامررا مخشیّه دخترشیبان بن محارب بن‌فهر نوشته‌اند (طبری ج ۲ ص ۲۰، سیرهٔ ابن هشام‌ج۱ ص ۱۰۶ ـ ۱۰۷).

آمدم. ای‌پسر لوی بسا جامی را که از ترس مرگ فرو ریختی و ریختنی‌نبود، ای پسر لوی خواستی مرگهارا ازخود دور کنی باآنکه خواستار دفع مرگ را در مقابل مرگ‌طاقتی نیست [1].»

خزیمة بن لوی که «عائذه» باشد در قبیلهٔ «شیبان» فرود آمد و فرزندانش در نسب ربیعه در آمدند [2].

قبیلهٔ «حارث» که جشم و سعد باشند در میان قبیلهٔ «هزّان» [3] در آمدند و در نسب آنهاداخل شدند. جریربن خَطفی [4] در بارهٔ ایشان میگوید:

بنی جشم لستم لهزّان فانتموا   لأعلى الرّوابی‌من‌لؤیّ بن‌غالبِ

«ای بنی جشم شما از قبیلهٔ «هزان» نیستید، پس خود را ببالا ترین اشراف از قبیلهٔ لوی بن غالب، نسبت دهید.»عوف بن لوی چنانکه گویند باکاروانی از قریش بیرون رفت و چون بسرزمین غطفان رسید شترش باز ماند و همراهانش از قریش رفتند پس ثعلبة بن سعدبن ذُبیان اورا نگه داشت وبرادرش خواند و عوف ابن سعدبن ذبیان نسب یافت. حارث بن ظالم از بنی‌مرّة بن عوف گفته است:

و ما قومی بثعلبة بن سعد   وما بفزارة الشّعر الرّقابا
وقومی ان سألت بنی‌لوی   بمكة علّموا مضر الضرابا
سفهنا باتباع بنی بغیض   وترك الاقربین لناانتسابا [5]

عشیرهٔ من قبیلهٔ ثعلبة بن سعد نیستند و نه قبیلهٔ فزاره که گردنهای پر مو

۱ـ سیرهٔابن هشام ج۱ ص ۱۰۷ ـ ۱۰۸ . ۲ـ عائذهٔ بطنی‌است ازلوی بن غالب که حلفای بنی‌ابی ربیعة بن ذهل بن شیبان بودند (معجم قبائل‌العرب ج ۲ ص۷۱۶) . ۳ـ بگفتهٔ یاقوت حلفای «بنی زهران» بودند (معجم قبائل العرب ص ۱۸۸) . ۴ـ جریربن عطیة بن خطفی : حذیفة بن بدربن سلمة بن عوف بن‌کلیب بن یربوع از فحول شعرای اسلام در طبقهٔ اول (طبقات فحول الشعرا ص ۲۴۹) . ۵ ـ در سیرهٔ ابن هشام ج ۱ص ۱۱۰ « بنولـؤی » ضبط شده و ترجمه هم بـا آن مطابق است .

دارند،قوم من اگر بپرسی بنی لوی است که در مکه راه و رسم جنگ را به‌مضر آموخته‌اند، بنادانی‌ازپی قبیلهٔ بنی بَغیض رفتیم وآنها را که درنسب بما نزدیکتر بودند رها کردیم . »

حارث بن ظالم نیز در این باب گفته است :[۲]

اذا فارقت ثعلبة بن سعد	و اخوتهم‌نسبت الی لؤیّ
الی نسب کریم غیر . . .	وحیّ هم اکارم کل حیّ
فان یبعد بهم نسبی فمنهم	قرابین الاله بنو[قصیّ]

«هر گاه از قبیلهٔ ثعلبة‌بن سعد و از برادرانشان جدا شوم به‌لوی نسبت‌داده خواهم شد، نسب بزرگواری که (....) نیست وطائفه‌ای که بزرگواران هرطایفه‌اند،پس اگر پیوند نسبی من بآنها دور گردد از آنها است همنشینان خدا که بنی قصی باشند.»

وحارث بن ظالم را دراین باب شعر بسیاری است .

عمربن‌خطاب‌ازبنی‌عوف خواست تا آنهارابنسبی که درقریش‌دارند بازگرداند وآنها باعلی‌بن ابی طالب ﷺ مشورت کردند وحضرت بآنان فرمود اکنون شما بزرگان قوم خود هستید وشایسته نیست که درمیان قریش ملحق باشید.

عامربن لویّ سه پسرداشت:« حِسل بن عامر، مَعیص‌بن عامروعویص‌بن‌عامر» که مادرشان زنی از «قرن» بود .

عویص بن عامرفرزندی نداشت ونسل بنی‌عامرازحسل ومعیص‌بود. کعب بن لوی ازهمهٔ فرزندان پدرش بزرگوارتروارجمند تربود ، اواول کسی‌است که روز جمعه را «جمعه» نامید وپیش‌ازآن عرب‌آنرا «عروبه» می‌نامید ، کعب مردم را در

۲ـ حارث بن ظالم‌بن جذیمة یربوع که خالد بن جعفربن کلاب عامری را کشت (ایام العرب ص ۲۴۲).

روزجمعه فراهم ساخت وبر آنها خطبه خواند وچنین گفت : [۱]

اسمعوا وتعلّموا وافهموا واعلموا ان الليل ساج، والنهارضاح ، والارض مهاد ، والسماء عماد ، والجبال اوتاد ، والنجوم اعلام ، والاولون كالاخرين ، والابناء ذكر فصلوا ارحامكم،واحفظوا اصهار كم، وثمروااموالكم، فهل رأيتم من هالك رجع اوميت نشر؟ الدارا مامكم ، والظن غيرماتقولون ، وحرمكم زيّنوه وعظموه وتمسّكوا به ، فسيأتي نبأ عظيم و سيخرج منه نبي كريم . ثم يقول :

نهار وليل كل أوب بحادث — سواء علينا ليلها ونهارها
يأوبان بالاحداث حين تأوّبا — وبالنعم الضافي علينا ستورها
صروف وانباء تغلب [۲] اهلها — لها عقدما يستحلّ [۳] مريرها
على غفلة يأتي النبي محمد — فيخبر اخباراً صدوقاً خبيرها

ثم يقول : ياليتني شاهد نجوى دعوته [۴] ، لو كنت ذاسمع وذابصرويد ورجل لتنصّبت له تنصب الجمل ، ولارقلت له ارقال الفحل [۵]، فرحاً بدعوته جذلاً بصرخته .

«بشنويد وياد گيريد وبفهميدوبدانيد كه شب آرام است و روز روشن ، و زمين بستري همواروآسمان كاخي بلند ، و كوهها ميخها وستارگان نشانه ها، و گذشتگان مانند آيندگان، وپسران يادآوري(پدران)، پس باخويشان خود پيوند كنيدوداماد-هاي خودرا نگهداري نماييد ومالهاي خودرا بثمر آوريد ، آيارفته‌اي راديده ايد كه بازگردد يامرده‌اي را كه زنده شود ، خانهٔ (جاويد) درجلوشما است و گمان جز آن است كه‌مي گوييد، حرم (كعبهٔ) خودرازينت دهيد وآنرا بزرگ داريد ودست از آن برنداريد كه زود است خبري بزرگ برسد وپيغمبري بزرگوار از آن بيرون آيد .»

سپس ميگفت :

۱ـ جمهرة خطب العرب ج۱ص۳۳، ازصبح الاعشى ج۱ص۲۱۱. ۲ـ تقلّب. ۳ـ مايستحيل.
۴ـ ياليتني شاهد فحواء دعوته حين العشيرة تبغي الحق خذلانا
۵ـ ل.ب ، تنصب العجل ... ارقال الجمل .

«روزی است وشبی ، هرباز گشتی با پیش آمد تازه‌ای، برای ماشب وروز آن یکسان است (شب وروز) هر گاه بازآیند حوادث تازه‌ای بهمراه دارند ونعمتهایی نیز که پرده‌های آن ما را فرا پوشانده، است گردشها وخبرهایی که‌برمردم چیره‌میشود (مردم را دگر گون می‌سازد) آنها راگرههایی است که تلخ‌آنرا نمی‌توان گشود ، ناگهان پیغمبر(خدا) محمد (ﷺ) میرسد پس‌خبرهایی میدهد که گوینده‌اش‌بسی راستگواست.»

سپس کعب میگفت :

«ای کاش (زنده مانده) دعوت اورا میشنیدم[۱] اگر(درزمان او) دارای گوشی ودیده‌ای ودست وپایی بودم ازخوشحالی دعوتش وشادمانی فریادش مانند شتر نری برمیخواستم وبه یاری اومی‌شتافتم.»

چون کعب ازدنیا رفت قریش روزمرگ اورا مبدء تاریخ قرارداد . فرزندان کعب: مرّة و هُصیص[۲] بودند ازوحشیّه دخترشیبان بن محارب‌بن فهربن مالـك، و عدیّ بن کعب که مادرش حبیبه دختر بَجالة بن سعد بن فهم بن‌عمر و بن قیس بن عیلان بود .

عدیّ بن کعب قبیلهٔ عمر بن خطاب است ، و هُصیص بن کعب دو فرزند بنام سهم‌و جُمح‌داشت،و مرة بن کعب‌آقای بزرگواری بود،پس‌هنددختر سُریر بن‌ثعلبة ابن حارث بن مالك بن کنانه را بزنی گرفت .

وسریراول کسی است که ماهها (ی حرام)را جابجا کرد.پس برای‌مرّه ازهند کلاب‌متولد شد، سپس مره[...][۳] دخترسعد بن‌بارق را گرفت واوتیم‌ویقظه‌را زایید .

۱ـ هنگامی‌که خویشان دست ازیاری حق برمی‌دارند (جمهره ج۱ ص۳۴) . ۲ـ ابن‌هشام عدی را نیزازوحشیه دانسته است (ج۱ ص ۱۱۵) . ۳ـ اسماء دختر عدی بن حارثة بن عمروبن عامربن بارق (طبری ج۲ ص ۲۰).

پس تیم بن مرّه قبیلهٔ ابوبکر است ومخزوم بن یَقَظة بن مره نیز از قبیلهٔ او است.

کلاب بن مرّه بزرگواری یافت وشأن ومقامش بالاگرفت وشرافت پدر و نیای مادری برای اوفراهم گردید چون نیاکان مادریش امر حج را بدست داشتند وماهها را حرام وحلال میکردند وازاینرو «نسأه» ونیز «قلامس»[1] نامیده میشدند.

فرزندان کلاب بن مرّه: قصی وزهره‌بودند که رسول خدا ﷺ دربارهٔ آندو فرمود: «دو بطن خالص قریش دو پسر کلاب‌اند»[2] مادر آندو فاطمه دختر سعد ابن سیل‌ازدی است وسعد بن سیل اول کسی‌بود که برای اوشمشیرهابطلاونقره‌زینت کرده شد. شاعردرمدح اومی گوید:

لاأری فی‌الناس شخصاًواحداً — فاعلموا ذاك کسعد بن سَیل

«بدانید که درمیان مردم یکنفررا مانند سعد بن سیل نمی‌بینم.»

پس چون کلاب در گذشت،فاطمه دختر سعد بن‌سیل، ربیعة بن حرام عُذری را بشوهری بر گزید و ربیعه فاطمه را بسرزمین قوم خود برد، فاطمه قصی‌را که نامش زید بود باخود برداشت وچون ازسرزمین پدرانش دور گشت اوراقصی نامید. چون قصی درخانهٔ ربیعه بجوانی رسید مردی ازبنی‌عذره باو گفت بقوم‌خود ملحق شو که ازما نیستی. گفت‌مگرمن از کدام قبیله‌ام؟ گفت ازمادرت بپرس.قصی ازمادر خودپرسید.پس مادرش گفت توهم‌خودوهم‌ازحیث‌پدرونسب ازاوبزرگوارتری،تویی فرزند کلاب بن مره وقوم تونزدیکان خدا ودرحرم اویند.

قریش ازمکه بیرون نرفته‌بودند جزاینکه‌چون بسیارشدندبه کم‌آبی گرفتار آمده ودرمیان دره ها پراکنده گشتند.

۱ـ جمع قلمّس‌بروزن عملّس مردی ازکنانه که نزد جمرهٔ عقبه‌می‌ایستاد و می‌گفت: اللّهم انی ناسیءالشهورالخ (ق). ۲ـ «صریحا قریش ابناکلاب».

قصی‌را دوری از وطن ناخوش‌آمد و خواست تا بمیان قوم خودباز گردد، مادرش گفت شتاب مکن تاماه حرام درآید آنگاه باحجّاج قضاعه خواهی رفت که من برتومی‌ترسم.

چون ماه حرام درآمد قصی باقضاعیها براه افتاد وبه‌مکه‌آمد وآنجا اقامت گزید تاآنکه بزرگ شد وبزرگواری یافت ودارای فرزندانی گشت.

کلید داری خانهٔ کعبه (حجابت) دراین موقع باقبیلهٔ خزاعه بود زیرا که این منصب درقبیلهٔ ایاد بود،وچون خواستندازمکه کوچ‌نمایند،رکن(حجرالاسود)را برشتری‌بار کردند، پس شتربپانخواست وآنرا درخاك پنهان کردند وبیرون رفتند. درهنگام دفن رکن، زنی‌ازخزاعه آنها را دید وچون قبیلهٔ ایاد از مکه دور شدند نبودن‌رکن بر مُضردشوارآمد وقریش‌ودیگرقبائل مضرآنرا بزرگ شمردند. پس زن خزاعی بقوم خود گفت برقریش‌ودیگرقبایل مضرشرط کنید که‌کلیدداری کعبه (حجابت) رابشما واگذارند تارکن‌را بشمانشان دهم،پس‌خواستهٔ اوراانجام دادند و چون رکن را درآوردندکلیدداری رابخزاعه دادندوچون قصی به‌مکه‌آمدکلیدداری باخزاعه بود و اجازهٔ حج با قبیلهٔ «صوفه» یعنی غوث بن مرّبرادرتمیم[1] که امرحج واجازهٔ کوچ کردن مردم ازعرفات بااوبود و پس ازاوبفرزندانش رسید.

بنی‌قیس‌بن کنانه نیزماهها راجابجا وحلال وحرام می‌کردند.

پس چون‌قصی‌این وضع رادید. قوم خود بنی‌فهربن مالك‌را فراهم ساخت و نزد خودگردآوردوچون موسم حج رسید دست قبیلهٔ صوفه را ازمنصب اجازه کوتاه ساخت[2].خزاعه و بنوبکردانستند که قصی‌کاری راکه باصوفه کرد بزودی باآنها میکند ودست شان راازکارهای مکه وکلید داری کعبه‌کوتاه خواهد نمود، پس‌از

۱ـغوث بن مرّ بن ادّ بن طابخه برادر زادهٔ تمیم بن اد بن طابخه (سیرهٔ ابن هشام ج ۱ ص ۱۳۱) . ۲ـ ابن‌هشام ج۱ ص۱۳۵ .

قصی کناره گرفته ودرمقابلش بپا خاستند. قصی نیز تصمیم گرفت باآنهاجنگ نماید ونزد برادرمادری‌خود«دراج[1] بن ربیعهٔ‌عذری» فرستادواوهم، باهر که ازقضاعه‌توانست فراهم‌نماید، بکمك قصی‌شتافت‌وبرخی گفته‌اند هنگامی که قصی‌بکارجنگ‌پرداخته بود، دراج که‌برای‌زیارت کعبه‌می‌آمد رسید وخود وهمراهانش قصی‌را کمك دادندو درابطح جنگ سختی‌در گرفت‌وازدوطرف مردم‌بسیاری کشته شدند.سپس یکدیگر را بصلح دعوت نمودند تا مردی از عرب در میان آنها حکم و درمواردِاختلاف حاکم باشد.پس یَعمربن عوف بن کعب‌بن‌لیث بن‌بکربن کنانه[2] را حکم ساختند واوحکم داد که قصی ازخزاعه‌به کعبه و کارمکه سزاوارتراست وهرخونی که قصی ازخزاعه وبنوبکرریخته باشد (از گردن او) فرونهاده‌است ویعمرآنرا درزیردوپای خوددرهم می‌شکند وهرخونی که خزاعه وبنوبکر از قریش‌ریخته اند باید دیهٔ آن داده شود. (پس بیست وپنج شتر وسی گوسفند دیه دادند) ونیزبایدکار کعبه و مکه را به‌قصی واگذارند وازاین روزیعمر«شدّاخ»[3] نامیده شد.

(دراین تاریخ) درمکه، درحرم خانه‌ای نبود، روزدرآنجا بودند وشب بیرون می‌رفتند. پس چون قصی که خردمند ترین مردی در عرب بود قریش را فراهم ساخت، آنانرا درحرم فرودآورد، شبانه آنها راجمع‌آوری کرد وصبح همه‌را در اطراف کعبه داشت.پس‌بزرگان کنانه نزد اوآمدند و گفتند این‌کارنزد عرب(گناه) بزرگی‌است واگرما دست ازتو برداریم عرب تورا وا نخواهد گذاشت. قصی گفت بخدا قسم ازحرم بیرون نخواهم رفت. قصی درحرم ماند تاموسم‌حج رسید. پس به‌قریش گفت موسم حج رسید وعرب شنیده است که چه کرده‌ایدوشما رابزرگ می

۱ـ رِزاح (قاموس، ابن‌هشام‌ج۱ص ۱۳۸). ۲ـ کعب بن عامر بن‌لیث بن بکربن عبد مناة ابن‌کنانه (ابن‌هشام ج۱ص۱۳۶). ۳ـ بضم ش وتشدید د ـ وضم ش وتخفیف د ـ وفتح ش وتشدید (قاموس، سیرهٔ ابن هشام ج ۱ص۱۳۶).

شمارند ونزدعرب کاری بهتراز اطعام نمی‌شناسم، پس هر کدام ازشما ازمال خودچیزی بدهد . این کاررا انجام دادند وقصی مال بسیاری فراهم ساخت وچون آمدن حجاج آغازشد برسر هرراهی ازراههای مکه شتری ودرشهر نیزشترانی را کشت، آنگاه چهار دیواریی فراهم نمود ودرآن ازخوردنیها گوشت ونان و ازنوشیدنیها آب و شیرمهیا ساخت، پس بسوی کعبه شتافت وبرای آن کلیدوکلید دارانی قرارداد وخزاعه رابدان راه‌نداد وخانه دردست قصی باقی‌ماند. سپس قصی خانهٔ خودرا که «دارالندوه» باشد در مکه ساخت وآن نخستین خانه‌ای است که درمکه بناشد .

برخی روایت کرده‌اند که چون قصی «حبّی» [1] دختر حلیل [2] بن‌حبشیهٔ خزاعی راگرفت وازاودارای فرزند شد، حلیل هنگام مرگ قصی‌را وصی خود قرار داد و بدو گفت فرزندان‌تو فرزندان من‌اند وتوبامر کعبه سزاوارتری، وحبی‌دختر [حلیل ابن] حبشیه [3] برای قصی‌بن کلاب چهارپسر: عبدمناف وعبدالدار وعبدالعزی وعبد قصی، آورده بود .

دیگران گفته‌اند: حلیل بن حبشیه کلید را به‌ابو غُبشان سلیمان‌بن عمرو بن بُوی‌ّ بن‌ملکان بن‌افصی بن حارثة بن عمرو بن عامرداد و قصی آنرا با سر پرستی کعبه بیك خیك شراب ویك شتراز ابوغبشان خرید، پس گفته شد (ومثل گردید) : «پست‌تراز فروش ابوغبشان» [4].

دراین موقع خزاعیها شوریدند و گفتندما بکردارابـوغبشان راضی‌نیستیم و جنگ درمیان آنان درگرفت و شاعری دراین باب گفت :

ابوغبشان اظـلم من قصیّ   واظلم من بنی‌فهرخزاعه

۱ـ بضم ح و تشدید ب والف مقصوره. ۲ـ بضم‌ح وفتح‌ل و فتح ح‌وب، وبنقل ابن‌هشام نیز بضم ح وسکون‌ب (ج ۱ص ۱۳۰). ۳ـ حلیل بن‌حبشیه بن سلول بن‌کعب بن عمرو خزاعی .
۴ـ اخس من صفقة ابی‌غبشان ، ودر بعضی منابع « اخسر من ... »

فلاتلـحوا قصیّاً فی شراه ولوموا شیخکم اذکان باعه

«ابوغبشان ازقصی ستمکارتراست وخزاعیها ازبنی‌فهر بیدادگرترند پس قصی را درخریدش ناسزا نگویید بلکه پیرخودرا سرزنش کنید که آنرا فروخت.»

درنتیجه‌قصی امر کعبه‌ومکه رابدست گرفت وبرقریش حکومت یافت وقبیله‌های قریش راکه بعضی دردره‌ها وقله‌های کوهها منزل داشتند فراهم نمودودروادی مکه جای داد وجای هر کدام را معین کرد پس «مجمّع» نامیده شد. شاعر[1] دربارهٔ اینان گفته است:

ابوکم‌قصی ّکان یدعی مجمّعاً به جمّع‌الله القبائل من فـهرِ

«پـدر شما قصی «مجمّع» گفته میشد، خـدا قبیله های‌فهر را بـوسیلهٔ او فراهم ساخت.»

قریش اورا برخود حکومت دادند وقصی نخستین کسی‌است ازفرزندان کعب ابن‌لوی که‌پادشاهی‌یافت. پس‌چون وادی‌مکه را در میان قریش محله محله تقسیم کرد، ازاینکه درختهای حرم راببرند تابتوانندخانه‌های خودرا بسازند بیم داشتند و قصی بادست خودآنها را قطع کرد، سپس دیگران هم پیروی کردند. قصی نخستین کسی است که قریش را بعزت رسانید وشرف‌وبزرگواری وسربلندی وهم آهنگی‌شان بوسیلهٔ اوآشکارشد، پس‌آنها رافراهم ساخت ودرمکه جای‌داد، با اینکه پیش‌از آن پراکنده خانه و کم‌آبروبودند ودرجاهای گمنام زندگی میکردند، تاآنکه خدا آنهارا بپیوند مهربانی فراهم ساخت وخانهٔ آنانرا پر آوازه وجایگاه شان را سربلند ساخت.

همگی‌قریش درمیان وادی منزل‌داشتند مگربنی‌محارب بن‌فهر، وبنی‌حارث‌بن فهر، وبنی‌تمیم‌بن‌غالب یعنی‌بنی‌ادرم، وبنی‌عامر بن‌لوی که‌دربلندیها جای گرفته‌بودند.

۱ـ حذافة بن نصربن غانم عدوی.

چون قصی سروری همهٔ مکه را بدست آورد و آنرا درمیان قریش بخش نمود وکارها برای اوروبراه شدوخزاعه رابیرون کردخانهٔ کعبه راخراب نمودوسپس آن‌را ازنوساخت چنانکه کسی تاآنروزنساخته بود وطول‌دیوارهای کعبه راکه نه‌ذراع‌بود هیجده‌ذراع وسقف‌خانه‌را ازچوب درختهای تنومند وچوب خرماقرارداد،ودارالندو، راساخت. پس‌هیچ مردی ازقریش زن نمیگرفت ودرهیچ‌کاری شوری نمی کردند و علمی برای جنگ نمی‌بستند وپسری راختنه نمیکردند مگردر دارالندوه .

وقریش درزمان حیات قصی‌وپس‌ازمرگش‌کارهای اوراچون حکم‌دینی‌واجب الاطاعه می‌دانستند .

قصی اول کسی بود که پس ازاسماعیل بن ابراهیم‌درمکه چاه کند. پس چاه «عجول» درزمان حیات وپس‌ازمرگ او حفر گردید و گفته میشود که آن در خانهٔ ام هانی دختر ابی‌طالب است .

قصی نخستین کسی بود که اسب را «فرس» نامید واو را اسبی بود که به او «العقاب السّوداء» می گفتند .

فرزندان قصی: عبد مناف بود که « قمر » خوانده میشد [1] و بسی بزرگوارو خوش‌صورت ونامش مغیره بود؛ وعبدالدار وعبدالعزی و عبدقصی.

گویند که‌قصی گفت:دوپسررا بخدای‌خود و دیگری‌را بخانهٔ‌خودودیگری‌را بخودم نام‌نهادم .

قصی (مناصب را) درمیان فرزندان خود تقسیم کرد : آب دادن و سروری را به‌عبد مناف‌ودارالندوه‌را به‌عبدالدار،وپذیرایی حجاج‌را به‌عبدالعزی،ودو کناروادی‌را به‌عبد قصی وا گذاشت. قصی بفرزندان خود گفت :

۱ـ عبدمناف را قمربطحاء ،وعبدالله بن عبدالمطلب‌را قمرحرم، وعباس بن امیرالمؤمنین را قمربنی‌هاشم می‌گفتند (قمربنی‌هاشم) .

من عظم لئیماً شارکه فی لؤمه ، و من استحسن مستقبحاً شرکه فیه ، ومن لم تصلحه کرامتکم فدلّوه بهوانه ، فالدواء یحسم الداء .

«هر کس فرومایه‌ای را بزرگ دارد شریك پستی او گشته، وهر که کارزشتی را نیکو شمارد شریك زشتی آن شده‌است، وهر که بزرگواری شما اصلاحش نکند پس اورا بخواریش درمان نمایید که دارو ریشهٔ درد را می کند.»

قصی از دنیا رفت و در حجون دفن شد وعبد مناف بن قصی سروری یافت و مقامش بالارفت وشرفش بزرگ گردید . پس چون کارعبدمناف بن قصی بالا گرفت، خزاعه وبنوحارث بن عبد مناة بن کنانه نزد او آمدند و خواستارهم پیمانی شدند تاازاین راه عزت وسربلندی یابند، قصی درمیانشان پیمان معروف به «حلف الاحابیش»[1] رابست ، رئیس بنی کنانه که ازعبد مناف خواستاربستن پیمان شد ، عمروبن هلل بن معیص بن عامر بود وپیمان احابیش برروی رکن بانجام رسید باین ترتیب که مردی ازقریش ودیگری ازاحابیش بپامیخواستند ودستهای خودرا روی رکن(حجرالاسود) می نهادند وبخدای کشنده وحرمت این خانه ومقام ورکن وماه حرام سوگند یاد می کردند که درمقابل همهٔ مردم تا آنکه خدا زمین وکسانی را که برروی آن هستند بارث برد، یکدیگر را یاری نمایند ودربرابر هر که ازمردم با آنها دشمنی کند پیوستگی وتعاون داشته باشند، مادامیکه دریایی پشمی را ترکند وتا روزیکه کوه حراء[2] وثبیر[3] بپا باشدوهرچه تاقیامت خورشید ازخاور خود طلوع نماید. پس [حلف] الاحابیش نامیده شد .

۱ــ حبشی بضم کوهی است درپایین مکه واحابیش قریش ازهمین است زیراکه آنها به خدا سوگند یاد کردند که پیوسته درمقابل دشمن متحد باشند مادامی که شب آرام وروزروشن وکوه حبشی بجاباشد (قاموس) وازابن اسحق نقل شده است که ازتحبش بمعنی تجمع است وچون بنوالهون وبنو حارث ازکنانه وبنوالمصطلق ازخزاعه بهم پیوستند باین اسم نامیده شدند . ۲ــ حراء بکسر ح و مد الف کوهی است درسه میلی مکه که بآن ثبیرغینی گفته می‌شود و یکی ازچهارثبیر است (مراصد).
ــ ثبیر اعرج بفتح ث کوهی است درمکه(مراصد).

عبدمناف‌بن‌قصی‌را فرزندانی‌بنام هاشم ــ که‌نام اوعمرو بود و باو«عمروالعلاء» گفته میشد وهاشم نامیده شد برای‌آنکه دریکی ازسالهای قحطی که قریش‌بسختی افتاده بودندنان خرد میکرد وآبگوشت‌وگوشت برروی‌آن می‌ریخت‌ ــ وعبد شمس ومطلب ونوفل‌وابوعمروو‌حنّه وتماضروام‌الاخثم وام‌سفیان وهاله و قلابه بود [۱].

مادرهمهٔ این فرزندان ــ جزنوفل وابوعمرو ــ عاتکه دخترمرة بن هلال بن فالج‌بن ذَکوان‌بن ثعلبة بن بُهثة بن سُلیم بود [۲] که این‌فرزندها را برای عبدمناف آورد واین‌زن‌همان‌است که حلف‌الاحابیش[...[۳]] بانجام‌رسید ومادرنوفل وابوعمرو، واقده دخترابوعدی عامربن عبد نهم [۴] ازبنی عامربن صعصعه بود [۵].

گویند که هاشم وعبد شمس هم‌شکم بودند، اول هاشم متولد شد و سپس عبد شمس‌درحالیکه پاشنهٔ این بپاشنهٔ‌آن چسبیده‌بود، پس باتیغ آندورا ازهم‌جدا کردند و گفته شد میان فرزندان این دو برادر چنان بریدگی باشد که میان هیچ‌کس نبوده‌است.

هاشم بعد ازپدرش بزرگواری یافت وکارش‌بالا گرفت وقریش‌سازش کردند که سروری و دو منصب : آب دادن و پذیرایی (حاجیان) را به هاشم‌بن عبد مناف واگذارند، پس هر گاه موسم حج می‌رسید هاشم در میان قریش بپا می خواست و چنین‌می گفت :

یامعشرقریش، انکم جیران‌الله و اهل بیته‌الحرام وانه یأتیکم فی‌هذالموسم زوّارالله یعظمون حرمة بیته، فهم اضیاف‌الله واحق الضیف بالکرامة ضیفه، وقد خیّر کم‌الله بذلك واکرمکم به‌ثم حفظ منکم افضل ماحفظ جارمن جاره، فاکرموا

۱ـ ابن هشام بجای حنه وهاله ، حیه وریطه را آورده است (ج ۱ سیره ص ۱۱۸) . ۲ـ (بُ ثَ ـ سُ) بن منصوربن عکرمه (ج۱ سیره ص ۱۱۸) . ۳ـ ل پ ، بردست وی. ۴ـ (نُ) نام بتی‌است برای قبیلهٔ مزینه (ق) . ۵ـ سیرهٔ ابن هشام ج۱ ص ۱۱۸ .

ضیفه وزوّاره فانهم یأتون شعثاً غبراً من کل بلد علی ضوامر کالقداح وقداعیوا و تفلوا وقملوا وأرملوا ، فأقروهم وأغنوهم .[۱]

«ای گروه قریش، شما همسایگان خدا و اهل بیت‌الحرام او هستید، در این موقع زوار خدا نزد شما می‌آیند تا حرمت خانهٔ او را بزرگ دارند و اینان مهمانان خدایند و سزاوارترین مهمانی با اینکه گرامی داشته شود مهمان خداست، خدا شما را برای این کار برگزید و بااین افتخار سرفراز داشت سپس حقوق همسایگی شما را بهتر از هر همسایه‌ای برای همسایه‌اش نگهداری فرمود ، پس مهمانان و زائران او را گرامی بدارید زیرا آنان ژولیده و غبارآلوده از هر شهری بر شتران لاغر مانند چوبه‌های تیر می رسند در حالی که خسته و بدبو و ناشسته و نا دار گشته‌اند، پس آنها را پذیرایی کنید و بی نیازشان سازید .»

قریش با تعاون باین کار دست میزدند و هاشم مال بسیاری فراهم می کرد و می فرمود حوضهای پوستی را در جای زمزم می نهادند و از چاههای مکه پر آب می ساختند و حاجیان از آنها سیراب میشدند . هاشم حجاج را در مکه و منی و عرفه و مشعر غذا میداد و برای آنان نان و گوشت و روغن و سویق تریت می کرد و آبها را همراهشان می برد تا وقتیکه مردم پراکنده شده رهسپار شهرهای خود می‌شدند ، و از این جهت «هاشم» نامیده شد . هاشم اول کسی بود که دو سفر بازرگانی را رسم کرد: سفر زمستانی به شام و سفر تابستانی بسوی حبشه نزد نجاشی زیرا که تجارت قریش از مکه تجاوز نمیکرد و در سختی و مضیقه بودند تا آنکه هاشم رهسپار شام شد و بر قیصر فرود آمد . هاشم هر روز گوسفندی می کشت و کاسهٔ بزرگی پیش روی خود مینهاد و هر کس را در اطراف او بود بخوردن غذا دعوت میکرد ، و هاشم از همهٔ مردم نیکوتر و زیباتر بود و چون داستان

۱ـ شرح نهج‌البلاغهٔ ابن ابی‌الحدید ج ۳ ص۴۵۷، و نیز در ص۴۵۸، و جمهرة خطب‌العرب ج ۱ ص۳۲ خطبهٔ دیگری از هاشم نقل شده است .

او برای قیصر گفته شد پی‌او فرستاد، پس‌چون هاشم رادیدوسخنش راشنید اوراخوش آمد وپی‌اومیفرستاد. روزی هاشم بدو گفت :

«ای پادشاه مراقومی است که بازرگانان عرب اند، میشود برای آنها چیزی بنویسی که‌خودشان ومال‌التجاره‌هاشان رادرامان‌قراردهد تاازپوستها وجامه‌های‌خوب حجازبیاورند ؟»

قیصرپذیرفت وهاشم بازگشت وبهرطایفه‌ای‌ازعرب میگذشت ازبزرگان آن طایفه‌پیمان می گرفت که بازرگانان قریش‌نزدآنها ودرسرزمین شان درامان‌باشند ودرنتیجه‌ازمکه تاشام‌این‌پیمان گرفته شد .

اسودبن‌شعر کلبی گوید که: من‌مزدورسروری‌ازسروران‌قبیله‌بودم‌وبرسرکش ورام سوارمیشدم وبامیدآنکه سودی بدست‌آورم درجایی‌آرام نمی گرفتم،تاروزی با کالای مختصری ازشام رهسپارحجازشدم‌تاموسم وازدحام عرب رادرك کنم ، هنگامی رسیدم که موسم‌فرا رسیده بود وشبانه وارد شدم‌وشتران‌خودرا نگه داشتم تاتاریکی شب سپری گشت وناگاه دیدم شترانی را قربانی میکنند و شترانی را می‌آورند و خورندگانی برزمین هموراری نشسته‌اند[1] ...

هان بشتابید، پس‌آنچه دیدم مرا مبهوت کرد وبمنظور دیدن سرورشان پیش رفتم .مردی مقصود مراشناخت و گفت پیش رو.پس نزدیك رفتم وناگاه‌مردی دیدم که روی تختی‌بلندبربالشی تکیه دارد وعمامهٔ سیاهی‌پیچیده وازبناگوشها گیسوانی بلند وزیبا فروهشته است ، گویی که ستارهٔ شعری[2] ازپیشانی اوطلوع مــی کند ، تعلیمی کوچکی‌بدست داشت ودرپیرامون اوپیرمردانی بزرگوار بودند که سرهــا بزیرانداخته وهیچکدام کلمه‌ای سخن نمی گفتند ونزدآنان خدمتگزارانی دامن‌به

۱ـ عبارت خالی ازاضطراب نیست وترجمهٔ دوسه سطر تقریبی‌است . ۲ـ شعری ستاره‌ای است که در جوزاء در شدت گرما طلوع می‌کند (المنجد) .

کمرزده بودند، در این هنگام مردی بالای بلندی باصدای بلند فریاد می کرد: ای مهمانان خدا، بیایید برای خوردن چاشت. ودومرد نیز برسر راه کسانی که غذا خورده اند فریاد میکردند : ای مهمانان خدا هر کس چاشت خورد باید برای شام بازگردد. ازیکی ازدانشمندان یهود خبر یافته بودم که پیامبر امّی را دراین زمان باید انتظار برد وبرای آنکه بدانم نزد اوچه خبراست گفتم : ای پیامبرخدا . پس گفت خاموش بـاش و گویاازاین سخن برافروخت .آنگاه بمردی که پهلوی من بـود گفتم این کیست ؟ گفت: ابونضله هاشم بن عبدمناف. پس بیرون رفتم ومیگفتم بخداقسم بزرگواری این است نه بزرگواری آل جفنه[1].

مطرود بن کعب خزاعی در سال قحطی و سختی بر مردی عبور کرد که با دختران و همسرش در همسایگی بنی هاشم بود و دید که باروبنه و فرزندان وزنش را بر داشته و بیرون رفته است و کسی او را جای نمی‌دهد، پس مطرود گفت :

یا ایها الرّجل المحوّل رحله	هلا نزلت بآل عبد منافِ
هبلتك امك لو نزلت بدارهم	ضمنوك من جوع ومن اقرافِ
عمرو العلی هشم الثرید لقومه	ورجال مكه مسنتون عجاف
نسبوا الیـه الرحلتین كلیهما	عندالشتاء و رحلة الاصیافِ
الا خذون العهد فی آفاقها	و الرّاحلون لرحلة الایلافِ[2]

۱ ـ آل جفنه یعنی پادشاهان غسانی شام . ۲ ـ (تاریخ طبری ج۲ ص۱۲ ، سیرهٔ ابن هشام ج ۱ ص ۱۴۷ و۱۹۲) شعرآخر به هـاشم و برادرانش عبد شمس و نوفل ومطلب نظردارد .

ابن هشام بجای: هلا نزلت بآل ، هلا سألت عن آل ، ضمنوك من جوع: ضمنوك من جرم . ورجال مكة : قوم بمكة . نسبوا الخ ، سنت الیه الرحلتان كلاهما سفر الشتاء ورحلة الایلاف .

ابن اسحاق دوشعرسوم وچهارم را درترجمهٔ هاشم بشاعری مجهول ازقریش یا ازبعضی عرب نسبت داده ودرجای دیگردوشعراول ودوم را باچهارشعر دیگر بهمطرود نسبت می دهد که در مرثیهٔ عبدالمطلب گفته است .

«ای مردی که باروبنهٔ خود را جابجا می کنی چرا بر آل عبد مناف فرود نیامدی ؟ مادرت بعزایت بنشیند، اگر درمیان آنها فرودآمده بودی‌تورا از گرسنگی و زن (دختر و خواهران) بمردم پست و نا جوانمرد دادن آسوده می ساختند. عمروالعلی برای قوم خود نان ترید خرد کرد ، در حالیکه مردان مکه قحطی زده و لاغر بودند،هر دو سفر بازرگانی را بدو نسبت داده اند ، سفری در زمستان وسفر تابستانها. آنانکه در کشورهای‌مجاور پیمان گرفتند وآنانکه بسفر بازرگانی خو گرفتند. »

هاشم باکالای زیادی بقصد شام بیرون رفت و بر اشراف وبزرگان عرب می گذشت و کالای آنان را حمل می کرد و از این بابت چیزی از آنها نمی گرفت ، تا آنکه به «غزّه» رسید و در آنجا وفات کرد .

چون هاشم بن عبد مناف درگذشت قریش را بی تابی گرفت و ترسید که عرب بر او چیره شود.پس عبد شمس نزد نجاشی پادشاه حبشه رفت و میان خود و او تجدید پیمان کرد آنگاه بازگشت و چیزی نگذشت که در مکه مرد و در حجون‌دفن گردید . نوفل به‌عراق رفت و پیمانی از کسری گرفت سپس برگشت و درجایی بنام«سلمان» درگذشت ومطلب بن عبد مناف امرمکه راعهده دارشد[1] .

۱ـ مطرود بن‌کعب خزاعی هنگامی‌که ازمرگ نوفل بن عبد مناف آگاه شد وبگفتهٔ ابن‌اسحاق اوپس ازسه برادردیگرش درگذشت ، درمرثیهٔ فرزندان عبد مناف قصیده‌ای گفت ودرآن می‌گوید :

اربعة کلهم سید	ابناء سادات لسادات
میت بردمانو میت‌بسل	مان و میت بین غزات
ومیت اسکن لحدالدی	المحجوب شرقی البنیات

مرادازمردهٔ ردمان که جایی‌است دریمن‌مطلب، وازمردهٔ سلمان که آبی‌استدرراه عراق به‌تهامه نوفل، وازمردهٔغزات که همان غزهٔ شام است هاشم، وازمردهٔ شرقی بنیات یعنی شرق کعبه عبدشمس است (ابن هشام ج۱ ص ۱۴۹) .

فرزندان هاشم عبارت بودند از عبدالمطلب و شفاء که مادرشان سلمی دختر عمروبن زیدبن[۱] خداش‌بن عامربن غَنم بن عدی[۲] بن نجّار است ، نام نجار: تیم‌الله ابن‌ثعلبة بن عمرو بن خزرج بود ، و نضلة بن هاشم [که مادرش امیمه دخترعدی ابن‌عبدالله است[۲]، و اسد] پدر فاطمهٔ بنت اسد مادرعلی بن ابیطالب علیه‌السلام کـه مادرش قیله دخترعامربن مالك بن مطلب‌است[۳]، وابوصیفی که جزازرقیقه دخترش نسل‌وی منقرض گردید، و صیفی که در کودکی مرد[۴] ، ومادرآندو هند دخترعمرو ابن ثعلبة بن‌خزرج است، و ضعیفه و خالده[۵] که مادرشان واقده دخترابو عدی‌می باشد، و حنه دختر هاشم که مادرش ام عدی دختر حبیب بن حارث ثقفی‌است .[۶]

هاشم چون خواست به‌شام رودهمسرخویش سلمی دخترعمرو را به‌مدینه برد تا نزد پدر و بستگانش باشد و فرزندش عبدالمطلب را نیز همراه داشت ، پس‌چون هاشم وفات کرد سلمی در مدینه اقامت گزید .

مطلب بن عبدمناف پس از برادرش هاشم امر مکه را بدست گرفت و چون عبدالمطلب بزرگ شد مطلب از جای او خبر یافت و توصیف او را شنید . مردی از تهامه از مدینه عبور کرد و در آنجا پسرانی را دید کـه تیر اندازی می کنند و در میانشان پسری است که هر گاه تیری بنشان می زند می گوید : منم پسرهاشم ، منم پسر سید بطحاء . مرد تهامی باو گفت : ای پسر، تو که هستی ؟ گفت : منم شیبة ابن هاشم بن عبد مناف[۷] . پس آن مرد باز گشت تـا به‌مکه رسید و مطلب‌بـن عبد

۱ـ زید بن لبید بن حرام بن خداش . ۲ـ بگفتهٔ ابن اسحاق مادرنضله وشفازنی ازقضاعه بود . ۳ـ عامربن مالك خزاعی . ۴ـ مادرابوصیفی وحیه هند بوده است و ازعبارت نام خواهـر ابوصیفی افتاده‌است . ۵ ـ ابن اسحاق می‌گوید مادرضعیفه وام خالده دختر ابوعدی مازنی بود .

۶ـ ابن‌اسحاق‌مادرابوصیفی‌وحیه راهند، ومادرعبدالمطلب‌ورقیه راسلمی‌نوشته است ودرعبارت‌ابن واضح نام رقیه نیست (سیرهٔ ابن هشام ج ۱ص ۱۱۹) . ۷ـ بگفتهٔ بعضی نام عبدالمطلب عامربود (معارف ص ۳۳) .

مناف را درحجر نشسته دید، باو گفت:ای ابوالحارث، می دانی که من‌ازیثرب آمده‌ام آنجا پسرانی دیدم که تیر اندازی می کنند . پس آنچه را از عبدالمطلب دیده بود برای او توصیف کرد ، گفت ناگاه پسری دیدم که زیباتر و باهوش تر از اوندیده بودم . مطلب گفت : ازاوغفلت کرده‌ام، اکنون بخدا قسم‌بخانه‌ام بر نمی گردم تا او را بیاورم . پس مطلب از مکه بیرون رفت وشبانه به‌مدینه رسید سپس‌بر شترش سوار همی رفت تابمحلهٔ بنی عدی بن نجار رسید وچون برادر زاده اش را نگریست گفت این پسر هاشم است ؟ مردم گفتند آری . مردم مطلب را شناختند و گفتند این پسر برادر زادهٔ تواست، اگر میخواهی تامادرش خبر نشده اورا ببر که اگر آگاه شود دیگر تورا از بردنش جلوگیر خواهیم شد . مطلب شتر خود را خواباند و سپس عبدالمطلب را صدازد :ای پسر برادرم، من عموی توام ومیخواهم تورانزد خویشانت ببرم، پس سوار شو. عبدالمطلب بیدرنگ بدنبال شترسوار شد[1] ومطلب برپشت شتر نشست و جلو اورا رها کرد تابراه افتاد . و چون مادر عبدالمطلب خبردار شد صدا بواویلاه برداشت. پس باو گفتند که عمویش اورا برده است.مطلب درحالیکه برادر زاده پشت سرش سوار بود به‌مکه درآمد ومردم‌در بازارها وانجمنهای خویش بودند، پس برای سلام کردن و خوش آمد گفتن باو بپا می‌خواستند و می گفتند این پسر که همراه داری کیست ؟ مطلب می گفت غلامی است که او را در یثرب خریده‌ام[2]. سپس بیرون رفت تابه«حزوره»[3] آمدوبرای اوجامه‌ای خرید، سپس اورا نزد همسر

۱ـ بگفتهٔیکی‌ازدوروایت طبری،عبدالمطلب‌گفت هرچه مادرم بفرمایدومطلب بااصرارازمادرش اذن گرفت، وبگفتهٔ ابن اسحاق خود عبدالمطلب نیزاصراروزید تامادرش اجازه داد. (سیره ج ۱ ص۱۴۸ ، تاریخ طبری ج۲ص ۹) . ۲ـ مردم‌می‌گفتند مطلب غلامی خریده است و او می‌گفت نه! پسر برادرم‌هاشم‌استکه اورااز‌مدینه‌آورده‌ام (سیره ج۱ ص۱۴۸). ۳ـ حزوره (بروزن قسوره) بازاری بوده‌است درمکه که جزء مسجدالحرام شده ویکی ازدرهای معروف مسجد « باب الحزوره» است که مردم «باب عزوره» به‌عین می‌گویند (مراصدالاطلاع).

خویش خدیجه دخترسعیدبن سهم برد و چون شب درآمد او را لباس پوشانید و در انجمن بنی‌عبد مناف‌نشست وقصهٔ عبدالمطلب را بآنها گفت و بعد ازآن عبدالمطلب باهمان جامه بیرون می رفت و در کوچه های مکه می گشت و از همهٔ مردم زیبا تر بود. پس‌قریش می گفتند : این عبدالمطلب است ؛ و نام عبدالمطلب نـام اصلی او «شیبه» را از یاد مردم برد.

چون‌هنگام کوچ کردن‌مطلب به‌یمن‌فرارسید، به‌عبدالمطلب گفت: پسر برادرم، تو بجانشینی پدرت سزاوار تری، پس امـر مکه را بدست گیر . عبدالمطلب جـای مطلب را گرفت‌و مطلب در همان سفر یمن در «ردمان» وفات کرد . پس عبدالمطلب سروری مکه رابدست گرفت و بزرگواری وآقایی یافت و بمردم خوراك داد و شیر و عسل‌نوشانید تانامش بلندگردید و برتریش آشکار گشت و قریش بزرگواری اورا پذیرفت و پیوسته چنین بود .

محمدبن حسن گفته است: که چون بزرگواری عبدالمطلب بحد کمال رسید و قریش برتری اورا پذیرفت،هنگامیکه درحجر خوابیده بود کسی رادید که نزد وی آمد و بدو گفت: ای ابوبطحاء برخیزوزمزم،در نوردیدهٔپیرمردبزرگواررا حفر کن.پس‌بیدار شدو گفت: خدایا باردیگر برای‌من درخواب آشکار کن.پس اورادید که می گوید: برخیزو «برّه»را حفر کن. گفت :برّه چیست؟ گفت : چیزی که آنرا از جهانیان‌دریغ‌داشته‌و بتوداده‌اند.سپس گوینده‌ای‌رادید که باومی گوید:ای‌ابوالحارث برخیز و«زمزم»را حفرنما ، چاهی که آب آن تمام نمی شود و هرگز کم آب نمی گردد و حاجیان بسیار را سیراب می کند[1] .

سپس بار سوم خواب دید که برخیز و حفر کن . گفت چه حفر کنم ؟ گفت: حفر کن میان سرگین وخون ، نزدکاوشگاه کلاغ‌سفید شکم وخاکریز مورچگان،

۱ ـ قم یا اباالحارث، فاحفرزمزم ، لاتنزف ولا تذم ، تروی‌الحجّ الاعظم .

پس هر گاه بآب رسیدی، بگوبیایید بسوی آب گوارای فراوان، که علی‌رغم دشمنان بمن داده شد[1] .

چون عبدالمطلب یقین کرد که خواب را براستی دیده است، نـزد خانهٔ کعبه نشست و اندیشه می کرد، آنگاه گاوی را در حزوره‌سر برید، پس رهاشد و با شتاب می‌رفت تا خود را در جای زمزم انداخت و آنجا پوست کنده شد (سر گین انداخت) و گوشتش بخش گردید وسر گین‌وخون بجای ماند. پس عبدالمطلب گفت: اللّٰه‌اکبر. سپس براه افتاد تابنگرد و ناگاه خاکریز مورچه های فراهم شده ای را روی زمین دید آنگاه رفت و کلنگی آورد و یگانه پسرش‌حارث را همراه داشت . پس قریش‌نزد وی فراهم شدندوباو گفتند : این چه‌کاری‌است ؟ گفت پرورد گارم مرا فرموده است چاهی حفر کنم کـه حاجیان بسیار را سیر آب نماید . پس بـدو گفتند پرورد گارت بنادانی امر کرده است، چرا در مسجد ما چاه می زنی ! گفت پرورد گارم مرا چنین فرموده است .

عبدالمطلب جز اند کی حفر نکرد کـه‌حلقهٔ چاه آشکار شد پس تکبیر گفت، و قریش فراهم شدند و چون حلقهٔ چاه را دیدند دانستند که باو راست گفته شده .

عبدالمطلب را فرزندی جـز حارث نبود وچون تنهایی خود را دیـد گفت : خداوندا برای تو نذر کردم که اگرده پسر بمن بخشیدی یکی از آنها را برای تو قربانی کنم . آنگاه حفر زمزم را دنبال کرد تاآنکه شمشیرهایی و سلاحی و آهو بره‌ای از طلا گوشواره دار بادانه های طلا و نقره آراسته یافت .

پس چون قریش آن را دیدند گفتند : ای ابوحارث [...] از بالای زمین و از

۱- احفربین‌الفرث والدم ، عندمبحث‌الغراب الأعصم وقریةالنمل . فاذا ابصرت الماءُ فقل هلم‌الی‌الماءالرواء اعطیته علی‌رغم‌الاعداء. در سیرهٔ ابن هشام ج۱ص ۱۵۵، عند نقرةالغراب‌الاعصم . یعنی نزد تخمگاه کلاغ سفید شکم .

زیر آن. پس ما را ازاین مالی که خدا بتو داده است ببخش، چه این چاه پدرما اسماعیل است، پس ما را باخود شریك گردان. گفت : همانا من برای مال مأمور نشدم بلکه برای آب مأمور گشته‌ام، پس مرا مهلت دهید . آنگاه پیوسته حفر می کرد تا بآب رسید و آب فراوان گشت.(پس تکبیر گفت) سپس گفت : آب آن تمام نمی شود . و بر سر آن حوضی ساخت و از آب پرش ساخت و فریاد کرد : بشتابید بسوی آب گوارای فراوان ، که علی رغم دشمنان بمن داده شد .

قریش آن حوض راتباه می‌ساخت و می‌شکست. پس عبدالمطلب درخواب دید که برخیز و بگو : خدایا من آن را برای شست و شو کننده ای حلال نمی کنم لیکن برای آشامنده ای که برسد . پس عبدالمطلب برخاست و آن را گفت ودیگر هیچکس آن حوض را تباه نمی ساخت مگر آنکه در همان ساعت بدردی گرفتار می‌شد . پس آنرا واگذاشتند .

و چون آب برای او روبراه گشت شش چوبهٔ تیر خواست. پس دوتیر سیاه را برای خدا و دو تیر سفیدرا برای کعبه ودوتیرقرمز را برای قریش قرار داد، سپس آنهارابدست خود گرفت و روبه کعبه ایستاد [سپس] باتیرها قرعه‌زد ومی گفت :

یارب انت الاحد الفردالصمد　　ان‌شئت‌الهمت‌الصواب والرشد
وزدت‌فی‌المال‌واکثرت‌الولد　　انّی مولاك علی رغم معد

«پروردگارا تویی یگانهٔ یکتای صمد که اگر بخواهی حق و راستی را الهام می کنی‌و مال را می افزایی وفرزند را بسیارمی کنی ، همانا من علی رغم قبیلهٔ معد بندهٔ توام . »

سپس در قرعه دوتیر سیاه برای خدا بیرون‌آمد، پس گفت : پروردگارشما می گوید که آن مال من است . سپس تیرها رابهم زد و می گفت :

لاهمّ انت الملك المحمود　　وانت ربی‌المبدیٔ المعیدُ

من عندك الطارف والتليد ان شئت الهمت بما تريد

«خدایا تویی پادشاه‌ستوده و تویی پروردگارم که آغاز کننده و بازآورنده‌ای، نو و کهنه هردو از نزد تواست اگر بخواهی هرچه را اراده داری الهام می کنی.»

پس دو تیر سفید برای کعبه بیرون آمد[1] و گفت پروردگارم مرا خبر می دهد که تمام مال برای او است . پس کعبه را بدان زینت نمود و آن را تخته هایی بردر کعبه قرار داد و اول کسی بود که کعبه را زینت کرد . و چون قریش آنچه را عبدالمطلب بدست آورده بوددیدندبراو رشك‌بردندو گفتند : همانا ما باتو شریکیم‌چه این، چاه پدرما اسماعیل‌است . پس گفت :این چیزی است که تنها مراست نه‌شمارا. پس او را بمحاکمه نزدکاهنهٔ بنی اسد بردند واوبنفع عبدالمطلب علیه قریش‌حکم داد . برخی از آنان روایت کرده اند که آب عبدالمطلب و آبهای قریش در بین راه تمام شد و بیم هلاکت داشتند ، پس عبدالمطلب گفت : هر کدام از ما برای خود گوری بکند و در آن بنشیند تامرگ او فرارسد و چنین کردند. آنگاه گفت : این زبونی است که خودرا بادست خویش بهلاکت بسپریم ، چه بهتر که سوار شویم ودر جستجوی آب برآییم . پس چون بر شتر خویش نشست در زیر سینهٔ شترش چشمهٔ آبی‌جوشش گرفت و گفت : آب بردارید . پس گفتند: راستی که خدابرماحکم کرد و نیازی نیست که باتو دشمنی نماییم . پس بازگشتند .

و چون قریش دید که عبدالمطلب برتری و بزرگواری را بدست آورد ، خواستارشد تا بعضی از آنها بابعضی هم پیمان شوندوبدینجهت عزت وسرفرازی‌یابند.

نخستین طائفه‌ای که‌آنراخواست ، بنوعبدالداربود که چون وضع عبدالمطلب رادید (باین‌فکر افتاد)، پس بنی عبدالدار نزد بنی‌سهم رفتندو گفتند : مارا در مقابل

۱- دوتیرزرد بر دوآهو بره برای کعبه، ودو تیر سیاه برشمشیر ها وزره‌ها بنام عبدالمطلب بیرون‌آمد، ودوتیرقریش‌که سفید بودچیزی نبرد (سیره ج ۱ص ۱۵۸) .

بنی عبد مناف نگهداری نمایید .

چون بنی‌عبدمناف ازاین ماجری باخبر شدند فراهم گشتند مگر بنی‌عبدشمس که بگفتهٔ‌زبیری فرزندان‌عبدشمس وفرزندان عبدمناف‌درپیمان‌مطیبین‌داخل‌نبوده‌اندو تنها‌بنی هاشم وبنی‌مطلب و بنی‌نوفل (بن‌عبدمناف) درآن شرکت کرده‌اند. دیگران گفته‌اند که بنی عبد شمس‌نیز با ایشان همراهی داشته‌اند. پس ام حکیم‌بیضاء دختر عبدالمطلب کاسهٔ بزرگی پراز طیب آورد و آنرا در حجر نهاد، پس بنی عبد مناف‌و اسد و زهره و بنی تیم و بنی حارث بن فهر خود را خوشبو کردند (دست درآن فرو بردند[1]) و (حلف)مطیّبین نامیده شدند .

چون بنی سهم آنرا شنیدند گاوی کشتند و گفتند : هر کس دست خود را در خون آن داخل کند و آن را بلیسد پس اواز ماست ، بنی سهم وبنی عبدالدار وبنی جمح و بنی‌عدی وبنی مخزوم دستهای خود را(درآن)فروبردند و «لعقه» یعنی خون لیسان نامیده شدند [2] .

تعهد مطیّبین آن بود که دست از یاری یکدیگر برندارند و بعضی از ایشان بعضی را وانگذارند، و لعقه گفتند : مابرای هرقبیله قبیله‌ای‌آماده ساخته‌ایم[3] .

عبدالمطلب پس از حفر زمزم به طائف رفت و در آنجا نیز چاهی زد که آنرا«ذوالهرم» گفتند و گاه‌به‌طائف می‌رفت وچندی برسرهمان‌آب اقامت می گزید. پس باری به‌طائف آمد و درآن‌آبگاه دو طائفه از قیس عیلان یعنی بنی کلاب و بنی رباب رادید و بآنان گفت :آب آب من است و من بآن سزاوار ترم . قیسیها گفتند: آب‌آب ما است ومابدان سزاوارتریم . عبدالمطلب گفت باشمانزد هر کس بخواهید

۱ـ ابن هشام ج۱ ص ۱۴۳ . ۲ـ پس«احلاف» نامیده شدند . ۳ـ بنی‌عبد مناف برای بنی سهم وبنی‌اسد برای بنی‌عبدالداروبنی زه ه برای بنی‌جمح وبنی‌تیم برای‌بنی مخزوم وبنی‌حارث ابن فهربرای بنی‌عدی بن کعب (سیره ج ۱ ص ۱۴۴) .

می‌آیم تامیان من وشماداوری نماید ، پس برای محاکمه سطیح غسانی[1] کاهن عرب را که مردم برای داوری نزد او می رفتند بر گزیدند و بـا یکدیگر پیمان نهادند که اگر سطیح حکم داد که آب مال عبدالمطلب است ، بنی کلاب و بنی رباب صد شتر به‌عبدالمطلب وده شتر به‌سطیح بدهند ، و اگرسطیح آب را بدو طائفه داد، عبد۔ المطلب‌صدشتر [بآنها] وبیست شتر به‌سطیح خواهد داد ،آنگاه براه افتادند و عبد۔ المطلب ده نفر از قریش از جمله حرب بن امیه را همراه برد ، عبدالمطلب درهیچ منزلی فرود نمی آمد مگر آنکـه شتری می کشت و مردم را خوراك می داد . پس قیسیها گفتند راستی که این مرد بزرگوار و جلیل القدر وجوانمردی نیکوکاراست و از آن بیم داریم که داور مارا با این بخشندگی‌تطمیع کند، پس حکم آب را بدو دهد ، اکنون تأمل کنید و بحکم سطیح تن در ندهید مگر آنگاه که چیزی پنهان کنید و اگر بما گفت که آن چیست ، حکم اورا می پذیریم وگرنه بداوری او تن در نمی دهیم . عبدالمطلب در بین راه بود که آب او و آب همراهانش تمام شد و از قیسیها که آب زیادی داشتند ، آب خواستند لیکن بایشان آب ندادند و گفتند شما مردمی هستید که‌در بارهٔ چاه آب‌ما باما دشمنی و نزاع می کنید، بخدا قسم که شما را سیراب نکنیم . عبدالمطلب گفت ده نفر از قریش هلاك شوند و من زنـده باشم ! باید برای ایشان در جستجوی آب برآیم تا جانم برآید و عذرم پذیرفته باشد. پس شتر خود را سوار شد و رو ببیابان نهاد ، هنگامی که در بیابان راه می‌پیمود ناگهان شترش زانو بزمین زد و مردم او را می نگریستند و گفتند : عبدالمطلب هلاك شد . اما مردان قریش گفتند : نه بخدا قسم او نزد خدا بزرگوار تراز آن است که اورا هلاك نماید با اینکه او برای صلهٔ رحم رفته است . پس براه افتادند تاباو رسیدند و دیدند که شترش باسینهٔ خـود روی آب گوارای جوشنده ای کـه روی زمین جاری

۱ ـ ربیع بن ربیعه (سیره ج ۱ ص۱۱) .

شده است ، زمین رامی کاود .

پس چون قیسیها آن رادیدند آب مشکهای خود را فرو ریختند وبآنان روی آور شدند تاآب بگیرند . قرشیان گفتند : نه بخدا قسم مگرشما نبودید که زیادی آب خودرا از مادریغ داشتید ! عبدالمطلب گفت : اینان را آزاد گذارید چه آب‌را نمی‌توان دریغ داشت . پس قیسیها گفتند : این مردی است بزرگوار و آقا و ما بیم داریم که حکم سطیح بنفع او صادر شود . چون نزد سطیح رسیدند گفتند : ما برای (امتحان) تو چیزی پنهان کرده‌ایم ، پس یکنفر از ایشان که یك دانه خرما درمیان دست خود گرفته بود [گفت : بمابگو که‌آن چیست] گفت : پنهان کرده‌اید چیزی را که درازشد پس بالارفت ، سپس هنگام چیدن آن رسید وازبین نرفت ، خرما را از دست خود بینداز[1]. باو گفتندخدا بکشدش ! او را بچیزی پنهان ترازاین امتحان کنید . پس کسی ملخی را درمشت گرفت وباو گفتندا کنون برای‌آزمودن‌توچیزی پنهان داشته‌ایم، پس‌بمابگوچیست . گفت : چیزی برای‌من پنهان کرده‌اید که‌پایش‌مانندار‌ه وچشمش‌بسان‌دینار است . گفتند یعنی‌چه ؟ گفت : آنچه‌پرواز کردپس‌بلندشد،سپس‌بدست آمدپس بزمین‌افتاد، پس رها کردن‌شکارنافعتر است.[2]گفتنداورا چیست‌خدابکشدش! چیزی‌ازاین‌مشکل‌تر برای‌اوپنهان‌دارید. پس سرملخی را گرفتند ودرمیان توبره‌ای پنهان کردند وتوبره رابگردن سگ خویش که نامش «سوار» بودآویختند ،آنگاه سگ را زدند تارفت وسپس براه بازگشت . پس‌ازآن گفتند : برای توچیزی پنهان داشته‌ایم پس‌مارا بدان خبرده که چیست . گفت برای من سرملخی پنهان کرده‌اید ، در سوراخ‌توبره‌ای ، میان گردن«سوار» وگردن بند[3]. گفتند : میان ما حکم نما. گفت : حکم کردم ، شما وعبدالمطلب

۱ـ خبأتم لی‌ماطال فسمك ، ثم اینع فماهلك ، الق‌التمرة من یدك . ۲ـ ماطارفسطع. ثم قبض‌فوقع ، فترك‌الصیدانفع . ۳ـ خبأتم لی‌رأس جرادة ، فی‌خرزمزادة ، بین عنق سواروالقلادة .

برسر آبی که در طائف است و «ذوالهرم» گفته میشود نزاع کرده اید . لیکن آب آب عبدالمطلب است و شما را در آن حقی نیست،[1] پس صد شتر به عبدالمطلب و بیست شتر به سطیح بدهید. شترها را دادند و عبدالمطلب باز گشت و شتر می کشت و خوراك می داد تا به مکه رسید. پس جارچی او فریاد زد: ای گروه مردم مکه، عبدالمطلب شمارا بخویشاوندی قسم می‌دهد که هرمردی از شما دردلش می گذشته است که مرا دراین غرامت کومك نماید ، اکنون مانند همانچه را دردلش می گذشته بگیرد . پس بپا خاستند و یك شتر و دو شتر و سه شتر بهمان اندازه که بدل هرمردی خطور می کرده ، گرفتند و پس از آن شترهایی زیاد آمد. پس عبدالمطلب بپسرش ابوطالب گفت : پسر جانم اکنون که مردم را خوراك دادم، این شترهارا ببرو بالای کوه ابوقبیس آنها را بکش تا مرغان و درندگان بخورند ، ابوطالب چنان کرد و مرغان و درندگان از آنها خوردند .

ابوطالب گفت :

و نطعم حتی یأکل الطیر فضلنا اذا جعلت ایدی المفیضین ترعد[2]

«اطعام می کنیم تا مرغها از زیادی طعام ما بخورند آنگاه که دستهای قماربازان شروع بلرزیدن کند (آنگاه که سخاوتمندان بخل ورزند) .

ابواسحاق و جز او از دانشمندان گفته اند : عبدالمطلب زنانی گرفت و فرزندانی برای او متولد شدند و چون پسرانش بده نفر رسیدند گفت : خدایا من کشتن یکی از ایشان را برای تو نذر کرده بودم و اکنون در میانشان قرعه می‌زنم،

۱- مجمع الامثال ج ۱ ص ۳۰ ، معجم البلدان ج ۸ ص ۴۶۰ . ۲- این شعر از قصیده‌ای است که ابی طالب آنرا در مدح کسانی از قریش گفته است که در نقض صحیفه اقدام کردند و در نتیجه بنی‌هاشم از شعب ابی‌طالب بیرون آمدند، و در سیره بجای « یأکل الطیر فضلنا » « یترك الناس فضلهم» است (ابن‌هشام ج۱ ص۴۰۲) .

پس قرعه را بهر کدام که میخواهی بینداز. قرعه زدو قرعه بنام عبدالله بن عبدالمطلب که اورا بیش از همهٔ فرزندان خود دوست میداشت ، اصابت نمود .

ده پسر عبدالمطلب عبارت بودنـد از :

حارث کـه کنیهٔ عبدالمطلب از نام او گرفته شد[۱] و قُثَم[۲] کـه مادرشان صفیّه[۳] دختر جندب از فرزندان عامر بن صعصعه بـود و زبیر[۴] و ابوطالب[۵] و عبدالله و مقوّم که عبدالکعبه است. مادر این چهار نفر فاطمه دختر عمرو بن عائذ بن عمران بن مخزوم[۶] بود . و حمزه که مادرش هاله دختر اُهیب بن عبد مناف بن زهره است[۷] ، و عباس و ضرار که مادرشان نُتیله دختر جناب بن کلیب[۸] بن نمر بن قاسط است ، و ابولهب که نامش عبدالعزّی و مادرش لُبنی دختر هاجر بن مناف بن[۹] ضاطر خزاعی است، و غَیداق که همان حَجل است[۱۰] و مادرش ممنعه دختر عمرو بن مالك بن نوفل خزاعی است[۱۱] .

دختران عبدالمطلب شش نفر بودند :

ام حکیم یعنی بیضاء، وعاتکه[۱۲] و برّه و اُروی[۱۳] و اُمیمه که مادرشان فاطمه

۱ـ ابوالحارث. ۲ـ پسران عبدالمطلب را بعضی دوازده نفر نوشته‌اند، اینان علاوه بر ده نفر، قثم را ذکر کرده‌اند که درکودکی درگذشت و غیداق و حجل راهم دونفر دانسته ونام حجل را مغیره نوشته اند (نسب قریش) . بعضی مقوم و عبدالکعبه را نیزدو نفر دانسته و پسران عبدالمطلب را سیزده نفر شمرده‌اند (مصباح الاسرار ص ۱۷۹ نقل ازذخائرالعقبی). ۳ـ سمراء و صفیه هر دو نوشته‌اند . ۴ ـ کنیهٔ او ابو طاهر بود (تاریخ یعقوبی ج۲ ص ۸) . ۵ـ نام ابوطالب را عبدمناف نوشته‌اند . ۶ ـ مادر حمزه ومقوم و حجل را ابن‌هشام همان هـاله دانسته است ولـی ابن قتیبه مادر غیداق . (حجل) را ممنعه دختر عمرو می نویسد(معارف ص ۵۲). ۷ ـ دختر وهیب‌بن عبد مناف (ج ۲ ص ۸) . ۸ ـ درمیان کلیب و نمر هشت پدر واسطه است . ۹ ـ عبد مناف . ۱۰ـ نام حجل را مغیره نوشته‌اند (ق) . ۱۱ـ ابن هشام ازاین زن نـام نبرده است (ج ۱ ص ۱۱۹ ـ ۱۲۰) . ۱۲ـ ج ۲ ص ۸ . عاتکه مادر عبدالله‌بن ابی امیهٔ مخزومی برادر ام سلمه بود و مادر ام سلمه نیز چون عاتکه نام داشت بعضی باشتباه اورا دخترعمهٔ پیغمبر نوشته اند . خواب عاتکه پیش از غزوهٔ بدر مشهور است و در اسلام او باختلاف سخن‌گفته‌اند. ۱۳ـ در اسلام اُروی‌نیزاختلاف‌است و بعضی گفته اند که در اثر دعوت پسر خود طلیب بن عمیرکه اسلام آورده بود ، بدین اسلام‌درآمد (اسدالغابه ج ۵ص ۳۹۱، مصباح‌الاسرار ص۱۸۰ نقل‌از مستدرك حاکم) .

دختر عمرو بن عائذ بن عمران بن مخزوم بود و صفیه که مادرش هاله دختر اهیب بود.[۱]

عبدالمطلب عبدالله را می‌برد تا قربانی کند و کارد را برداشت و پسرش حارث نیز از پی او رفت. لیکن چون قریش آنرا شنیدند خودرا باورساندند و گفتند: ای ابوالحارث، راستی اگر این کاررا انجام دهی درمیان قوم توسنت خواهد شد و پیوسته مردان، فرزندان خودرا برای قربانی بدینجا خواهند آورد. گفت: من باپروردگار خود عهد کرده ام والبته بعهدی که با او نهاده ام وفا می کنم. بعضی از ایشان بدو گفتند فدیهٔ اورا بده. پس برخاست ومی گفت:

عاهدت ربی و انا موف عهده   اخاف ربّی ان ترکت وعده

والله لایحمد شیٔ حمده

«باپروردگار خود پیمان نهادم ومن بعهد او وفا کننده‌ام، از پروردگار خود اگر وعدهٔ اورا رها کنم می‌ترسم وخدا، چیزی مانند او ستوده نمی شود.»

سپس صد شتر آورد ومیان آنها وعبدالله قرعه زد وقرعه بنام شتران درآمد، پس مردم صدا بتکبیر بلند کردند و گفتند: راستی که پروردگارت خشنود گشت. عبدالمطلب گفت:

لاهمّ رب البلد المحرّم   الطیب المبارك المعظّم

انت الذی اعنتنی فی زمزم

«خدایا، پروردگار شهر حرام، شهر پاك مبارك معظم، تویی که مرا در (حفر) زمزم یاری دادی.»

آنگاه گفت: من دیگر بار قرعه می زنم، پس قرعه زد و بنام شتران افتاد، پس گفت:

[لاهمّ] قد اعطیتنی سؤالی   اکثرت بعد قلة عیالی

۱ - تاریخ یعقوبی ج۲ ص ۸.

فاجعل فداءاليوم جلّ مالی

«خدایا راستی که آنچه خواستم بمن دادی وپس‌ازبیکسی فرزندان مرازیاد کردی، پس‌امروزبیشتردارایی مرا فدای فرزندم قرارده.»

سپس درنوبت سوم قرعه زد وبنام شتران درآمد . پس آنها را قربانی کرد و جارچی اوفریاد زد : هان گوشت این شتران رابردارید . آنگاه بر گشت ومردم از جای جستند و گوشتها را میربودند. بدینجهت است که مرّة بن‌خلف فهمی‌میگوید:

كما قسمت نهاديات‌ابن هاشم   ببطحاءبسل‌حيث يعتصب‌البرك

«چنانکه دیه‌های‌پسرهاشم باربودن بخش گردید دربطحای حرم آنجا که گلهٔ شتران بسته میشود.»

ودیهٔ (آدمی) ازشتر برهمانچه عبدالمطلب سنت نهاد ، قرار گرفت . وچون ابرهه پادشاه حبشه و صاحب فیل به‌مکه آمد تا کعبه را ویران کند ، قریش به سر کوهها گریختند وعبدالمطلب گفت :کاش فراهم می‌شدیم واین لشکررااز‌خانهٔ خدا دورمی کردیم. قریش گفتند: ماراراه چاره‌ای‌درمقابل ابرهه نیست. پس عبدالمطلب درحرم ماند و گفت: ازحرم خدا بیرون نمی‌روم و بجز خداوند پناه‌نمی‌برم. یاران ابرهه شتران عبدالمطلب را گرفتند وعبدالمطلب نزد ابرهه رفت وچون از او بار خواست باو گفتند : سرورعرب وبزرگ قریش وبزرگوارمردم نزد تو آمده است ، وچون براودرآمد ابرهه‌اورا بزرگ داشت چه دراثرجمال و کمال وشرفی که از او مشاهده کرد ، دردلش بزرگوار آمد. پس بمترجم خود گفت : باوبگو هر چه می خواهی‌سؤال کن. عبدالمطلب گفت:شتران‌مرا که‌لشکریانت گرفته‌اند(باز گردان). ابرهه گفت : راستی که تورا دیدم ومردی بزرگواروجلیل‌القدریافتم لیکن‌با اینکه می‌بینی‌برای ویران کردن مایهٔ بزرگواری وشرافت تو آماده هستم ازمن‌نمیخواهی که باز گردم ودربارهٔ شترانت بامن سخن میگویی ! عبدالمطلب گفت : من‌صاحب

این شترانم و برای اینخانه‌ای که گمان میبری آنرا ویران خواهی ساخت ، صاحبی است که تورا ازاین‌کار باز خواهد داشت . ابرهه شتران را پس داد ولـی از گفتار عبدالمطلب ترسی دردل اوافتاد . عبدالمطلب چون بازگشت فرزندان و کسان‌خود را فراهم ساخت سپس بدر کعبه آمد وبآن‌آویخت و گفت :

لاهمّ ان تعف فانهم عیالك — الا فشیٌ ما بدالـك [1]

سپس بر گشت درحالی که میگفت :

لا هـمّ ان المـرْ یمـ — نع رحله فامنع حلالك

لا یغلبـنّ صلیبـهم — و محالهم عدواً محالـك

ولئـن فعلـت فـانه — امر تتمّ بـه فعالـك [2]

« خدایا هر کسی از خانهٔ خود دفاع میکند پس توهم از (اهل) خانهٔ خـود دفاع کن . مبادا صلیب ونیروی ایشان ازروی بیداد برنیروی توپیروز گردد .واگر این‌کاررا کردی‌پس قطعاً‌پیش‌آمدی است که‌کارهای خود را با آن‌بانجام می‌رسانی.»

عبدالمطلب درجای خود ماند و چون فردا شد پسرش عبدالله را فرستاد تـا خبراصحاب فیل را برای پدربیاورد . دراینموقع عبدالمطلب نزدیك‌آمد و گروهی ازقریش نزد اوفراهم شده بودند تااگربتوانند همراه اونبرد کنند . پس عبدالله در حالیکه براسبی سرخ رنگ نشسته وزانوی خودرا برهنه کرده بود بتاخت رسید . عبدالمطلب گفت : عبدالله با مژده وبیم نزد شما می‌آید،بخداقسم که پیش‌ازامـروز هرگززانوی اوراندیده بودم.پس(عبدالله) آنان رابآنچه خداوندبااصحاب فیل‌انجام

---

۱ ـ صورت صحیح آن این است ، «ان کنت تارکهم و قبلتنا فامر ما بدالك » یعنی اگرایشان را در خراب کردن قبلهٔ ما آزاد گذاری پس اراده ای تازه‌برای تـو پیش آمده است . (سیرهٔ ابن هشام‌ج۱ص ۵۱، تاریخ‌طبری ج ۱ ص ۵۵۷) . ۲ـ ابن‌هشام و طبری ۹ شعر نقل کرده‌اند (سیره ج ۱ ص ۵۱، تاریخ طبری‌ج ۱ ص ۵۵۳) .

دادآگاه‌ساخت و عبدالمطلب پس از آنکه داستان اصحاب فیل بانجام رسید، گفت :

ایها الدّاعی لقداسمعتنی   ثم مابی[1] عن‌نداکم من صمم
هـل بدا الله امر ام[2] لـه   سنة فی‌القوم‌لیست فی‌الأمم
قلت والاشرم تردی خیلـه   ان ذاالاشرم غـرّ بالحـرم
ان للبیـت لـربّـاً مانعـاً   من یـرده بـا ثـام یصطلـم
رامه تبّع فیما قـد مضی   و کذا حمیر و الحیّ قـدم
فانثنی عنه و فـی او داجـه   جارح[3] امسك عنه بالکظم
هلکت بالبغی فیه جـرهـم   بعد طسم وجدیس و جمـم
و کذا الامر بمن کاد بحـر   ب فامـر الله بالامـر اللمم
نعـرف الله و فیـنا سنّـة   صلة الرحـم و ایفاءالذمـم
لم تـزل لله فینا حجـة   یدفـع الله بهـا عناالنقـم
نحن اهل الله فـی بلدتـه   لم یزل ذاك علی عهدابرهم

« ای دعوت کننده مرا شنوانیدی ، سپس مـرا از شنیدن صدای شما کری نیست . آیا خدارا ارادهٔ تازه ای پیش‌آمده است یا اورا دراینان‌سنتی‌است که‌درامتها نبوده است ؟ درحالیکه اشرم (ابرهه) سواران خودرا پیش میراند گفتم : راستی که این‌اشرم (درحملهٔ بحرم) مغروراست. البته خانه را خدایی‌است که‌نگهبان‌آن است وهرکس بگناه‌آهنگ‌آن کند نابود می‌شود . تبع در زمان گذشته نیز آهنگ‌آن کرد وهمچنین حمیر و طائفه اش گستاخی کردند . پس‌ازآن بازگشت در حالیکه در گردنش زخمی بود که راه نفس او را گرفته‌بود . دراثر بیداد در حرم، جرهم پس از طسم وجدیس و گروه بسیار دیگری‌هلاك شدند . و سرنوشت هر کس که‌با مکر بجنگ‌حرم آیدهمین است چه‌عذاب‌خدا امری است‌حتمی. ماخدا رامیشناسیم

۱ ـ ل : ثم ناد .   ۲ ـ ل،ب : هل یدالله امر.   ۳ ـ ل :حارج .

ودرمیان ماصلهٔرحم ووفای به‌عهدوپیمان سنت‌است. پیوسته خدارا درمیان ما حجتی بوده‌است که خداوند به سبب آن‌بلاها راازما دفع میکند . ما درشهر خدا نزدیکان خداییم و از زمـان ابراهیم پیوسته چنین بوده است.»

کیشهای عرب

عرب دراثرمجاورت باملتهای مختلف ورفت وآمد بکشورها و جابجا شدن درپی چراگاه (و بامید جوائز سلاطین) کیشهای مختلف داشت . قـریش وعمـوم فرزندان معدّ بن عدنان پاره‌ای ازاحکام‌دین ابراهیم را بدست داشتند.خانهٔ کعبه‌را زیارت میکردند ومناسك حج راپپا میداشتند ومهمان نوازبودند و ماههای حرام را بزرگ میداشتند وکارهای زشت وبریدن ازیکدیگروستم کردن بریکدیگررانا روا میشمردند ومجرمین راشکنجه میکردند وتا روزیکه تـولیت کعبه را بدست داشتند پیوسته چنین بودند .

آخرین کسی ازفرزندان معد که تولیت بیت‌الحرام را درعهده داشت ، ثعلبة ابن‌أیاد بن‌نزاربن معد بود، و چون أیاد بیرون رفت حجابت (کلیدداری) خانـه را خزاعه بدست گرفتند ومناسك حج راازصورتی که داشت تغییردادند ، تا آنجاکه ازعرفات پیش‌ازغروب،واز جمع [1] پیش ازطلوع آفتاب کوچ میکردند .

عمروبن‌لحیّ ــ ونام لحی، ربیعةبن‌حارثة بن عمروبن عامراست ــ بسر زمین شام رفت وآنجا مردمی ازعمالقه بودند که بت می پرستیدند،پس بآنها گفت : این بتهایی که‌شمامیپرستید چیستند ؟ گفتند اینهابتهایی‌هستند که‌آنهاراپرستش‌میکنیم و ازآنها یاری می‌خواهیم پس یاری کرده میشویم و بوسیلهٔ آنها باران می‌خواهیم پس سیراب میشویم .عمر بن لحی گفت: یکی ازاین‌بتهارا بمن‌نمی بخشید. آنرا بزمین‌عرب

1 ـ یعنی مزدلفه که همان مشعر الحرام است .

برم، همانجا که عرب برای زیارت خانهٔ خدا می آیند ؟ پس بتی بنام «هبل» باو دادند و آنرا به مکه آورد و نزد کعبه نهاد و اول بتی بود که در مکه نهاده شد . سپس اساف و نائله را آوردند و هر کدام را بر یکی از ارکان کعبه نهادند و طواف کننده طواف خود را از اساف شروع میکرد و آن را میبوسید و نیز بآن ختم میکرد .

بر کوه صفا بتی بنام « مجاور الریح» و بر کوه مروه بتی بنام «مطعم الطیر» نصب کردند و چون اعراب برای زیارت خانه می آمدند و این بتها را میدیدند از قریش و خزاعه جویا میشدند و آنها در جواب میگفتند : اینها را پرستش می کنیم تا ما را به خدا نزدیك کنند. پس اعراب که آن را دیدند بتهایی گرفتند و هر قبیله‌ای برای خود بتی قرار داد ، و این بتها را عبادت می کردند تا به گمان خود به خدا نزدیك شوند .

بت طایفهٔ کلب بن وَبره و چند طایفه از قضاعه «وَدّ» بود که آنرا در دومة الجندل نصب کرده بودند[1] درجرش .

برای قبیله‌های حمیر و همدان «نسر» در صنعاء نصب شده بود ، برای کنانه «سواع»[2] و برای غطفان «عزّی»[3] و برای هند[4] و بجیله و خثعم «ذوالخلصه» و برای قبیلهٔ طیْ «فلس»[5] که در حبس[6] نصب شده بود، و برای ربیعه و أیاد «ذوالکعبات» در سنداد عراق، و برای ثقیف «لات» که در طائف نصب شده بود، و برای اوس و خزرج « منات » که در فدك در طرف ساحل دریا نصب گشته بود و برای دوس بتی بود که آن را «ذوالکفیّن» می گفتند و بنی بکر بن کنانه را بتی بنام « سعد » بود و قومی از عُذره بتی بنام «شمس» داشتند و أزد را بتی بود بنام « رِئام»[8] .

۱ ـ و برای انعم از قبیلهٔ طی و اهل جرش از مذحج « یغوث » در جرش بود . ۲ ـ هذیل ابن مدرکه «سواع» را گرفتند که در رهاط بود . ۳ ـ بت بزرگ قریش و بنی کنانه «عزی» در نخله بود . ۴ ـ دوس (سیره ج ۱ ص ۸۳ ـ ۹۴) . ۵ ـ بفتح و ضم و کسر ف و بضم ف و ل ضبط شده است . ۶ ـ صحیح آن «حیس» است و آن مخلافی است در یمن .

پس عرب هر گاه میخواستند بزیارت کعبه‌روندافراد هرقبیله‌ای نزد بت‌خود می‌ایستادند و نزد آن نیایش‌میکردند، سپس تاورود مکه تلبیه میگفتند وتلبیه‌های ایشان مختلف بود .

قریش باین صورت تلبیه میگفتند: لبّیك ، اللهم‌لبیك ، لبیك لاشريك [لك] تملكه ومامَلك.[۱]

لبیك گفتن کنانه چنین بود : لبیك، اللهم لبیك اليوم[يوم] التعريف ، يـوم الدعاء والوقوف.[۲]

لبیك گفتن‌بنی‌اسد این‌بود:لبیك، اللهم‌لبيك يارب اقبلت بنواسد،اهل‌التوانی والوفاء والجلد اليك[۳].

تلبیهٔ‌بنی تمیم : لبیك، اللهم لبيك ، لبيك لبيك عن تميم، قد تراها قداخلقت اثوابها واثواب‌من و رائها واخلصت‌لربها دعائها.[۴]

تلبیهٔ قيس عيلان: لبيك ، اللهم لبيك، لبيك ، انت‌الرحمن اتتك قيس‌عيلان راجلها والركبان.[۵]

تلبیهٔ ثقيف: لبيك‌اللهم ، ان ثقيفا قداتوك‌واخلفواالمال وقد رجوك.[۶]

تلبیهٔ هذيل : لبيك عن هذيل، قدادلجوابليل ، في‌أبل وخيل.[۷]

۱ـ لبیك، خدایا لبیك ، لبیك شریکی برای تونیست (مگر شریکی که او برای تواست) آنرا وآنچه را مالك‌است ، مالکی (سیرهٔ ابن هشام ج۱ ص ۸۲) . ۲ ـ لبیك خدایا لبیك ، امروز روز عرفات ، روز دعاو وقوف است . ۳ ـ لبیك خدایا لبیك ، ای پروردگار بنی اسد اهل رنج بردن و وفاء و شکیبایی رو بتو آورده‌اند . ۴ـ لبیك ، خدایا لبیك ، لبیك لبیك از بنی‌تمیم، راستی می‌بینی که جامه‌های خود وجامه‌های کسانی را که پشت سر گذاشته اند ، کهنه نموده و دعای خود را برای پروردگار خویش‌خالص‌کرده اند . ۵ ـ لبیك ، خدایا لبیك لبیك ، توبی مهربان، قیس عیلان از پیاده و سواره‌اش نزد تو آمده‌اند . ۶ ـ لبیك خدایا ، همانا ثقیف نزد تو آمده‌اند و مال را پشت سر گذاشته و بتو امیدوارند . ۷ ـ لبیك از هذیل ، کـه با شتر و اسب شب روی کرده‌اند .

تلبیهٔ ربیعه : لبیك ربنا ، لبیك لبیك ، ان قصد ناالیك [۱]

وبعضی‌ازایشان‌چنین می گفتند : لبیك عن ربیعه ، سامعة لربها مطیعه . [۲]

حمیر و همدان می گفتند : لبیك عن حمیر و همدان، و الحلیفین من‌حاشد وألهان. [۳]

تلبیهٔ أزد : لبیك رب‌الارباب ، تعلم فصل الخطاب ، لملك کل مثاب . [٤]

تلبیهٔ مذحج : لبیك رب‌الشعری ورب‌اللّات‌والعزی . [٥]

تلبیهٔ کنده وحضرموت : لبیك لاشریك لك ، تملکه اوتهلکه ، انت حکیم فاترکه . [٦]

تلبیهٔ غسان : لبیك رب غسان، راجلها والفرسان. [٧]

تلبیهٔ بجیله : لبیك‌من بجیله، فی‌بارق ومخیله . [٨]

تلبیهٔ قضاعه : لبیك عن قضاعه ، لربها دفّاعه ، سمعاًله وطاعه . [٩]

تلبیهٔ جذام : لبیك عن جذام، ذوی‌النهی والاحلام . [١٠]

تلبیهٔ عك واشعریان:

نحج للرحمان بیتاً عجباً　　　مستتراً مضبّباً محجّباً [١١]

---

۱ ـ لبیك پروردگار ما ، لبیك لبیك ، همانا مقصد ما تویی . ۲ ـ لبیك ازربیعه ، که برای پروردگارخویش شنوا و فرمانبرداراست. ۳ ـ لبیك از حمیر و همدان و دو هم پیمان یعنی حاشد و الهان (حاشد طایفه‌ای از همدان و کهلان ، و الهان نیز طایفه‌ای‌از کهلان است) . (معجم قبائل العرب ج ۱ ص ۴۰ ، ۲۳۵) . ۴ ـ ظ . تملك . لبیك خواجهٔ خواجگان ، داوری را نیك می‌دانی ، هر ثوابی بدست تواست . ۵ ـ لبیك ، پروردگار شعری و پروردگار لات وعزی . ۶ ـ لبیك شریکی برای تونیست ، (مگرشریکی که آنرا مالکی ظ .) مالکی‌آن را یا هلاك می‌کنی آن را ، تو راست کاری پس واگذار او را . ۷ ـ لبیك پروردگار غسان ، پیاده و سواره شان . ۸ ـ لبیك از بجیله ، در میان ابری که ازآن برق می‌جهدونشان باران‌می دهد. ۹ ـ لبیك‌ازقضاعه، بسیار طرفدار، وشنوا وفرمانبردار پروردگارخویش. ۱۰ـ لبیك از جذام ، بخردان و بردباران . ۱۱ ـ برای خدای مهربان‌بحج خانه‌ای‌شگفت، پوشیده ، در بسته وپرده دار، می‌رویم .

(حمس وحله)

عرب در کیشهای خویش دوصنف بودند : حمس وحلّه

حمس همهٔ طوایف قریش بودند ، وحله [1] خزاعیان ، چه درمکه فرود آمده وباقریش همسایگی‌داشتند .

اینان (یعنی‌حمس) درکاردین برخود سخت می گرفتند وهنگام انجام دادن اعمال حج غذای روغنی نمی‌پختند ، وشیری اندوخته نمی کردند ، ومیان شیردهی‌و شیرخوار گانش مانع نمی‌شدند تاخوذآن را رها سازند . موو ناخنی‌نمی گرفتند و روغن استعمال نمی کردند ودست به زنان نمی‌بردند وخودرا خوشبو نمی کردند و گوشتی نمی‌خوردند ودرحج خود کرك وپشم وموییِ‌نمی‌پوشیدند ولباس نوی بتن می کردند وبانعلین خویش گردخانه طواف می‌نمودند وازنظرتعظیم پاروی زمین مسجد نمی‌نهادندودرخانه‌ای ازخانه‌های مکه داخل نمیشدند وبسوی عرفات‌بیرون نمی‌رفتند ودر مزدلفه میماندند ودر حال انجام مناسك حج در خیمه های چرمی ساکن می‌شدند .

حله ــ یعنی قبیله‌های تمیم وضبّه و مزینه‌و رباب و عُکل‌وثوروقیس عیلان همه‌اش بجز عدوان و ثقیف و عامر بن صعصعه ، و ربیعة بن نزار همه اش و قضاعه و حضرموت وعك وقبیله هایی ازازد ــ درحال انجام مناسك شكاررا حرام‌نمیدانستند وهرجامه‌ای را می‌پوشیدند وغذای روغن دارمی‌پختند اما ازدراطاق یاخانه ای وارد نمی‌شدند وتامحرم بودند درآن جای نمی گرفتند . اینان روغن وعطر را استعمال می کردند و گوشت می‌خوردند. پس هر گاه‌به‌مکه می‌رسیدندپس‌ازانجام مناسك،جامه‌

---

1 ـ ظاهراً کلمهٔ حله ، زیاد است چه حله را بعداً می شمارد و بگفتهٔ ابن اسحاق کنانه و خزاعه به‌حمس ملحق شدند(سیرهٔ ابن‌هشام‌ج ۱ ص ۲۱۶) وحله را برای‌آن‌حله گفتند که اهل حرم و ساکن آن نبودند، وحمس (جمع‌احمس)برای‌سختگیری‌درکار دین باین لقب نامیده شدند.

هایی را که پوشیده بودند ، بیرون می‌آوردند [۱] بدین جهت اگرمی‌توانستند جامه‌های حمس رابکرایه یاعاریه می‌پوشیدند[۲] وگرنه برهنه طواف خانه را انجام می دادند ودرموقع حج، خود خرید وفروش‌نمی کردند . این بود دوشریعتی که عرب برآن بودند .

سپس قومی ازعرب بکیش یهود درآمدند وازاین دین جدا شدند . دیگرانی کیش نصرانی گرفتند . قومی هم زندیق شدند وبکیش ثنوی در آمدند .[۳]

آنان که از عرب یهودی شدند ، همهٔ مردم یمن بودند ، چه تبّع [۴] دو نفر دانشمند دینی ازعلمای یهود را به یمن‌آورد وبتها را باطل نمود وکسانیکه در یمن بودند یهودی شدند .

ومردمی ازاوس وخزرج نیز که پس ازبیرون رفتن ازیمن برای همسایگی‌با یهودیان خیبروبنی قریظه وبنی نضیربکیش یهود درآمدند ومردمی ازبنی‌حارث‌بن کعب وقومی ازغسان وقومی ازجذام که اینان نیزیهودی شده بودند .

مردمی‌هم ازطوایف عرب کیش‌نصرانی گرفتند، ازجمله قومی ازقریش‌ازبنی اسد بن عبدالعزی که ازآنها است عثمان بن حویرث بن اسد بن عبدالعزی[۵] و ورقة ابن نوفل بن اسد[۶] ونیزبنی امرءالقیس بن زید مناة ازبنی تمیم، وبنی‌تغلب‌از ربیعه، وطی، ومذحج وبهراء وسلیح وتنوخ وغسان ولخم ازیمن .

---

۱ ـ ودیگر آن رانمی پوشیدند و باین جامه‌ها «لقی» می گفتند . ۲ ـ ودر آنها طواف می کردند (سیرهٔ ابن‌هشام ج۱ ص ۲۱۹) . ۳ ـ و برای عالم دو مبدءیعنی یزدان و اهریمن قائل شدند . ۴ ـ تبان اسعد ابوکرب که به‌مدینه‌آمد ودونفر دانشمند دینی یهودی‌را از آنجا باخود به‌یمن بردومردم بت پرست یمن را یهودی کرد و آن دو حبر با اجازهٔ تبع بتخانهٔ «رئام» را که مردم یمن آنرا بزرگ می داشتند و برای آن قربانی میکردند ویران نمودند (سیرهٔ ابن هشام ج ۱ ص ۱۴ ـ ۲۴) . ۵ ـ عثمان بن حویرث نزد قیصر روم رفت و آنجا کیش نصرانی گرفت . ۶ ـ عبیدالله بن جحش هم پس از اسلام درحبشه نصرانی شد و زید بن عمروبن نفیل در طلب دین حق بود تا مرد و خدای ابراهیم را باور داشت (سیره ج ۱ ص ۲۴۲ ـ ۲۴۴) .

حجر بن عمرو کندی هم زندیق (ثنوی) گشته بود[1].

داوران عرب[2]

عرب را داورانی بود که درکارهای خود بآنان رجوع میکرد ودر محاکمات ومواریث وآبها وخونهای خویش آنهارا داورمیشناخت، چه عرب را دینی نبود که باحکام آن رجوع کند، پس اهل شرف وراستی و امانت و سروری و سالخوردگی و بزرگواری وآزمودگی راحکم قرارمیدادند.

نخستین کسی که بداوری شناخته شد وداوری کرد، أفعی بن أفعی جرهمی بود، و او است که در میان پسران نزار راجع بمیراث ایشان حکم کرد. سپس سلیمان ابن نوفل، سپس معاویة بن عروه، سپس سخر بن یعمر بن نُفاثة بن عدی بن دئل، سپس شدّاخ – یعنی یعمر بن عوف بن کعب بن عامر بن لیث بن بکر بن عبد مناة بن کنانه. وسوید بن ربیعة بن حُذار بن مرة بن حارث بن سعد، و مُخاشن بن معاویة بن شریف ابن جروة بن أُسیّد بن عمر و بن تمیم که برتختی از چوب می نشست و بدینجهت «ذوالأعواد» نامیده شد، واکثم بن صیفی بن رباح بن [حارث بن] مخاشن[3] و عامر

---

۱ ـ بگفتهٔ ابن قتیبه نصرانیت در میان ربیعه و غسان و بعض قضاعه، و یهودیت در حمیر وبنی کنانه وبنی حارث بن کعب و کنده، ومجوسیت در تمیم بود، واز تمیم زرارة بن عدس تمیمی وپسرش حاجب بن زراره که دختر خودرا تزویج کرد وسپس پشیمان شد، ونیز اقرع بن حابس وابوسود جدوکیع بن حسان مجوسی بودند، و زندقه در میان قریش بود وآنرا ازحیره گرفته بودند(معارف ص ۲۶۶) اقرع بن حابس پس از فتح مکه بدین اسلام در آمد و از صحابهٔ رسول اکرم بشمار آمده است. اوست که رسول خدا را دید حسن یا حسین را می بوسد پس گفت: من ده فرزند دارم و یکی از آنهارا نبوسیده ام. پس رسول خدا صلی الله علیه وآله گفت: من لا یرحم لایرحم، یعنی کسیکه مهربانی ندارد، مهربانی نخواهد دید (اسدالغابه ج ۱ ص ۱۰۹). ۲ ـ ل: ص ۲۹۹. ۳ ـ اکثم ازصحابهٔ رسول خدا بشمار آمده است با اینکه پیش از دیدن آن حضرت بدرود زندگی گفته است. درنسب اکثم اختلاف است وصحیح آن همان است که یعقوبی نوشته (اسدالغابه ج ۱ ص ۱۱۳) اکثم از خطبای معروف عرب بود.

ابن ضرب بن عمرو بن عیاذ بن یشکر بن عدوان بن عمرو بن قیس، وهرم بن قطبة بن سیّار فزاری[۱]، وغیلان بن سلمة بن معتّب ثقفی، و سنان بن ابی حارثهٔ مرّی، وحارث بن عباد بن ضبیعة بن قیس بن ثعلبه، وعامر بن [ضحیان] بن ضحاك بن نمر بن قاسط، و جعد بن صبرهٔ شیبانی ، و وکیع [بن سلمة] بن زهیر أیادی ، واو است که در بازار حزوره قصری داشت، وقسّ بن ساعدهٔ ایادی ، وحنظلة بن نهد قضاعی، و عمرو بن حممهٔ دوسی[۳].

درمیان قریش نیز داورانی بودند که از آنهاست: عبدالمطلب ، وحرب بن امیّه ، وزبیر بن عبدالمطلب ، وعبدالله بن جدعان، وولید بن مغیرهٔ مخزومی[۴].

ازلام (تیرهای فال و قمار) عرب[۵]

عرب باازلام که همان چوبه‌های تیر باشد در همه‌کارهای خویش قرعه میزد، وبرای آنها سفری وحضری وازدواجی وشناختن حالی پیش نمی‌آمد مگر آنکه بقداح (چوبه‌های تیر) رجوع میکردند. چوبه‌های تیر هفت عدد بوده[۶] که بریکی: الله عزوجل، وبردیگری : لکم (بسود شما است) وبردیگری : علیکم (به زیان شما است) وبردیگری : نعم (آری) وبردیگری : منکم (ازشماست) وبردیگری : من

---

۱ ـ صحیح آن عامر بن ظرب است (سیرهٔ ابن هشام ج ۱ ص ۱۳۴) خطبه ای و وصیتی از اودر جمهرة خطب العرب (ج ۱ ص ۲۸۶ – ۲۸۷) نقل شده است . ۲ ـ هرم را از صحابهٔ رسول اکرم صلی‌الله علیه و آله شمرده‌اند و او است که عیینة بن حصن فزاری را هنگام ارتداد بثبات بر اسلام دعوت مینمود (اسدالغابه ج ۵ ص ۵۷) . ۳ ـ حممة بن رافع دوسی یکی از خطبای معروف عرب است (جمهرة خطب العرب ج ۱ ص ۳۴ نقل از امالی ابوعلی قالی ج ۲ ص ۲۸۰) .

۴ – حاجب بن زراره و اقرع بن حابس و ربیعة بن مخاشن و ضمرة بن ابی ضمره در بنی تمیم، و ابوطالب بن عبدالمطلب و عاصی بن وائل وعلاء بن حارثه در قریش، و ربیعة بن خدار در بنی اسد از داوران عرب بوده اند . زنانی هم در عرب داوری داشته انداز جمله : صخره دختر نعمان و هند دختر حسن وجمعه دختر عامر بن ظرب (ق) . ۵ ـ ل: ص ۳۰۰ . ۶ـ بگفتهٔ ابن اسحاق روی هفت تیر بترتیب، عقل، نعم ،لا ،منکم، ملصق،من غیرکم،و المیاه نوشته شده بود (سیرهٔ ابن هشام ج ۱ ص ۱۶۵) .

غیر کم(ازدیگران است) وبردیگری : الوعد (وعده) نوشته بود . پس هر گاه ارادهٔ کاری میکردند، بهمان تیر ها قرعه می‌زدند وبهر چه بیرون می آمد عمل میکردند بی‌آنکه ازآن تعدی وتجاوز نمایند ، وبرای تیرها امینهایی داشتند که بجز آنان اعتماد نمیکردند .

عرب هر گاه زمستان می‌رسید وقحطی پدید می‌آمد و شیرشتران کم می‌شد میسررا که ازلام باشد بکارمیبردند وبدان قمار می‌زدند وچوبه های تیررا که ده تـا بودوهفت تای آنها را سهمهایی می‌رسید وسه تابدون سهم بودند بهم می‌آمیختند .

هفت‌چوبی که سهم میبردباول آنها«فذّ» گفته میشد که یك‌سهم داشت «وتوأم» را دوسهم و«رقیب» را سه سهم و« حلس»را چهارسهم و«نافس»را پنج سهم و«مُسبل» را شش سهم و«معلی» راهفت سهم‌بود، وسه‌تای بی‌سهم بی‌نشان که نامی روی‌آن نبود «مُنیح» و« سَفیح»و« وَغد» گفته میشد[1].

پس‌شتری بهرقیمتی که باشد خریده می‌شد بی‌آنکه بهای‌آن پرداخته شود، سپس قصابی‌را میخواستند تاآن رابده سهم قسمت‌می کردوآنگاه که شتربده قسمت مساوی بخش میشد ، قصاب اجزای آن یعنی سروپا ها را برمیداشت و ده چوبـهٔ تیررا می‌آوردند وجوانان طایفه فراهم میشدند وهردسته‌ای فراخورحال و دارایی وباندازهٔ توانایی خودتیری برمیگرفت ، دستهٔ اول«فذّ» را میگرفت که دارای یك سهم ازده سهم‌بود،پس هر گاه برای اویك سهم بیرون‌آمد، یك قسمت ازشترراميبرد واگربنام اوبیرون نمی‌آمد ، بهای یك قسمت شتررا میپرداخت ، دومی «توأم» را

---

۱ ـ ابن حاجب عثمان بن عمر بن ابی‌بکر مالکی نحوی اصولـی نویسندهٔ کافیـه و شافیـه و مختصرالاصول در نامهای قداح میسرسه بیت گفته است ،

هی فذ و توأم و رقیب ثم حلس ونافس ثم مسبل
والمعلی‌والوغدثم‌سفیح و منیح و ذی‌الثلثة‌تهمل
و لکل‌مماعداها نصیب مثلهان تعد اول اول

(الکنی والالقاب ج ۱ ص ۲۴۵) .

میگرفت و آن را دوسهم از سهام شتر بود، پس اگر میبرد ، دوقسمت شتررا میگرفت و اگر نمیبرد بهای دوسهم رامیپرداخت و همچنین سایر تیرها بهمان ترتیبی که آنها رانام بردیم. پس هر کدام بیرون آید دارندهٔ آن آنچه را در آن است بگیرد و هر کدام بیرون نیاید هرچند سهمی را که در آن است بپردازد .

پس هر گاه هرمردی ازایشان تیرخودرا معرفی میکرد ، تیر ها را بمردی خسیستر که بآنها نگاه نمی کند ومعروف است که هر گز گوشتی که پول برای آن داده باشد، نخورده است، میدهند و آن مرد « حُرضه» نامیده میشود، سپس « مجول» را می آوردند ــ و آن جامه ای است خیلی سفید ــ و روی دست اوانداخته میشود ، و آنگاه « سُلفه» را ــ که پاره‌ای انبان است ــ آورده ودست اورا بآن می بندند تا بادست زدن، تیر آنکسی را که هوادار اواست نشناسدوهمانرا بیرون آورد ، ومردی می آیدو پشت سر « حرضه » می نشیند ، این مرد را «رقیب» می نامند .

سپس «حرضه» تیرها رابهم مخلوط میکند وهر گاه تیری از آنها بر وافتاد همان را بیرون می کشد وبآن نمی نگرد تا آنرا برقیب میدهد واومینگرد که مال کیست، پس آنرا بصاحبش می‌دهد واو ازقسمتهای شتر باندازهٔ سهمی که بر تیراوست برمی دارد و اگر ازسه تای بی‌نشان چیزی در آمد همان دم باز گردانده میشود و اگر اول بار «فذّ» در آمد صاحب آن سهم خودرا برمی گیرد وتیرهارا بر نه سهم باقی مانده بهم می‌زنند، پس اگر «توأم» [در آمد] نیزصاحب آن دوسهم می گیرد وتیرها را برهشت سهم باقی‌ماندهٔ دیگر بهم می‌زنند ، پس اگر «معلّی» در آمد ، صاحب آن نصیب خودرا که همان هفت سهم باقی‌مانده باشدمی گیرد وسر بسر بیرون آمده‌اند (بدون کم و زیاد) وپرداختن قیمت شتر درعهدهٔ کسانی قرار می گیرد که سهمی نبرده‌اند یعنی چهارنفری که صاحب «رقیب» و «حلس» و «نافس» و «مسبل» هستند، وبرای این تیرها هیجده سهم است، پس بهای شتر بر هیجده تقسیم میشود و هر کدام باندازهٔ قسمتی که در

صورت بردن از گوشت شترمیبرد ، ازقیمت آن غرامت میکشد.

واگر اول بار «معلّی» درآمد، صاحب آن هفت سهم ازشتر را میبرد وقیمت را کسانی که نبرده‌اند غرامت میکشند ونیازدارند که شتری دیگر بکشند چه در تیر های اینان «مسبل» است که شش سهم دارد وحال آنکه از گوشت جز سه سهم باقی نمانده است و کسی را که درشتر نخستین باخته است سزاوارنیست که از گوشت آن چیزی بخورد، چه اورا بدین کارعیب میکنند .پس اگر شتردوم را کشتند وبر آن باتیرها قمارزدند پس «مسبل» درآمد، صاحب آن شش سهم دیگر شتر را می گیرد، سه سهم باقی ماندۀ ازشتراول وسه سهم ازشتردوم ؛ ودرشتراول باید غرامت بکشد ولی دردوم چیزی براو نیست، چه تیراوبرنده است ،اکنون از شتر دوم هفت سهم مانده است، پس تیرهای کسان باقی‌مانده را بر آنها می‌زنند واگر «نافس» درآمد، صاحب آن پنج سهم میبرد وازقیمت شتردوم چیزی نمی‌پردازد چه تیراوبرنده است لیکن باید درقیمت شتراول غرامت بکشد ، دراینجا از گوشت دوسهم باقی مانده است با اینکه یکی ازتیرهات باقی‌مانده «حلس» است که چهارسهم میبرد ، پس احتیاج دارند که شتری دیگر برای تکمیل چهارتای مانده بکشند؛ وکسی راکه تیرش درشتر دوم باخته است ، سزاوارنیست که ازآن چیزی بخوردچه اورا بدین کارعیب میگویند.

پس اگر شترسوم راکشتند و[حلس] برنده شد، صاحب آن چهارسهم میبرد: دوسهم از شتردوم ودوسهم ازشترسوم وازقیمت شترسوم چیزی درعهدۀ اونیست چه تیراوبرنده شده. وهشت سهم ازشترسوم می‌ماند، پس تیرهای مانده را براین هشت سهم بهم می‌زنند تاتیرهای آنان مطابق سهام شتر بیرون آید [1].

این است ترتیب پرداختن شان قیمت شتر را چنانکه گفتم ، وبسا که قسمتهای

۱ـ دراین صورت دوقسمت ازگوشت می ماند چه همهٔ تیرهای هفتگانه بیست وهشت سهم می‌برند و سه شتر رابه سی قسمت می کنند، وآن دو قسمت بفقرا داده می شود .

گوشت با سهام تیرها موافق درآید، پس بکشتن شتری نیازنخواهند داشت ، وفقط کشتن شتری ازنوهنگامی‌است که قسمتهای گوشت ازسهم یکی‌ازتیرها کم‌آید ، پس اگربعضی از کسانیکه تیرشان برنده شده بر گردد وببازد، قسمتی راازقیمت همان شتری که درتقسیم آن باخته است بهمین حساب خواهد پرداخت ، واگرازقسمتهای گوشت چیزی زیادآمد وهمهٔ تیرها سهم برده باشند ، آن قسمتهای باقی مانده بـه بینوایان قبیله‌تعلق‌خواهد داشت . این بود تفسیرمیسر که بدان افتخار میکردند و آن راازکارهای جـوانمردی وبزرگواری می شمردند وآنهارا دراین باره شعرهای بسیاری است که بدانهاافتخارمیکنند .

شعرای عرب[1]

عرب‌شعررا بجای حکمت ودانشِ بسیارمینهاد، وهر گاه درمیان قبیله‌شاعری ماهر، دریابندهٔ معنیها وسخن‌شناس بود اورا دربازارهای خود که درمدت سـال و در موسمهای حج‌شان بپامیشدفرا میخواندند تاقبیله‌ها وطایفه هافراهم گردندوبایستند وشعراورا بشنوند وآن را افتخاری از افتخارات ومزید بزرگواری خودمیشمردند. برای‌ایشان جزشعرچیزی نبود که درداوریها وکارهای‌خودبدان رجوع کنند. تنهابه وسیلهٔ شعرستیزه میکردند وبیان مراد می‌نمودند (ومثل‌می‌زدند) وبرتری میجستند وسوگندوپیمان مینهادند وبزرگواری میفروختند (ودشمنی میکردند) ومی‌ستودند وعیب میگفتند. شعرایی‌بودند که باجماع راویان وشعرشناسان ومطابق آثارواخباری که ازشعرای جاهلی عرب بدست است درزمان جاهلیت شعرشان برتری داشته‌است ونیزشعرایی که اسلام‌آنها را دریافت و«مخضرم»نامیده شدندوبشعرای پیشین ملحق شدند ؛ این دو دسته «فحول» نامیده شدند ودراثرپیش بودن شعرشان درخوبی،پیش افتادند؛اگرچه بعضی ازاینان نیزازدیگران پیش‌افتاده ترند و اکنون نامهاشان را

1 ـ ل : ص ۳۰۴ .

بترتیب مراتب ودرجات آنهادرشعرپشت سرهم می آوریم .

نخستین آنان : امرء القیس بن حجر بن حارث بن عمرو بن حجر آکل المرار ابن [...][۱] ، ونابغهٔ ذُبیانی یعنی زیاد بن معاویة بن ضباب بن جابر بن یربوع بن غیظ ابن مرّة بن عوف بن سعد بن ذبیان[۲] ، وزهیر بن ابی سُلمی - و نام ابی سلمی «ربیعة» بن ریاح بن قُرط بن حارث بن مازن بن ثعلبة بن ثور بن هذمة بن لاطم بن عثمان بن[۳] عمرو بن ادّ بود - [۴] ، واعشی یعنی اعشای وائل میمون بن قیس بن جندل بن شراحیل بن عوف بن سعد بن ضُبیعة بن قیس بن ثعلبه[۵] ، و عَبید بن أبرص بن حنتم[۶] بن عامر بن مالك بن زهیر بن مالك بن حارث بن سعد بن ثعلبة بن دُودان بن أسد[۷] ، ومهلهل یعنی امرء القیس بن ربیعة بن حارث بن زهیر بن جُشم بن بکر بن حبیب بن عمرو بن غَنم بن تغلب بن وائل ،[۸] وعلقمة بن عَبَدَة بن ناشرة بن قیس بن عبد[۹] بن ربیعة بن مالك بن زیدمناة [بن] تمیم ، وحارث بن حِلّزة بن مکروه بن یزید[۱۰] بن عبدالله بن مالك بن [عبد بن] سعد بن جشم بن عامر بن ذبیان بن کنانة[۱۱] بن یشکر [بن بکر] بن وائل ، وعمرو بن کلثوم بن

---

۱ ـ عمرو بن معاویة بن حارث بن یعرب بن ثور بن مرتّع بن معاویة بن ثور اکبر (طبقات فحول الشعراء ص ۴۳) قصیدهٔ لامیهٔ امرء القیس از معلقات سبع است ، علـی علیه‌السلام اورا اشعر شعراء دانست (سفینة البحار ج ۱ ص ۷۰۳ نقل از ابن ابی‌الحدید) و از او به «ملك ضلیل» یعنی پادشاه بسیار گمراه تعبیر فرمود (نهج‌البلاغه) امریءُ القیس آخرین پادشاه سلسلهٔ کندی است که در سال ۵۶۰ میلادی درگذشت . ۲ ـ ابو امامه زیاد بن معاویه قصیدهٔ دالیه اش از معلقات عشر است . در بازار عکاظ برای او خیمه ای زده می شد و در اشعار عرب داوری می کـرد . ۳ ـ مزینة بـن عمرو (طبقات فحـول‌الشعراء ص ۴۳) . ۴ ـ قصیدهٔ میمیهٔ زهیر ازمعلقات سبع‌است، اسلام‌آوردن او معلوم نیست لیکن دو پسرش ، بجیر و کعب که دو شاعر بزرگوارند ، اسلام آورده‌اند .

۵ ـ ابو بصیر اعشای کبیر که قصیدهٔ لامیه‌اش از معلقات عشر است و در خطبهٔ شقشقیهٔ علی علیه‌السلام یك شعر او آمده است . او قصیده‌ای در مدح پیغمبر اکـرم گفت و بمکه‌آمد ولی گویا توفیق اسلام پیدا نکرد . ۶ ـ جشم (طبقات فحـول‌الشعراء ص ۱۱۵) . ۷ ـ ابن خزیمـه . ۸ ـ دائی امریءُ القیس بن حجر کندی‌که نامش عدی‌بود (طبقات ص ۳۳ ـ ۳۴) ۹ ـ عبیده (طبقات ص ۱۱۵) . ۱۰ ـ بدید (طبقات ص ۱۲۷ و ق) . ۱۱ ـ جشم بن زبان بن کنانه (طبقات ص ۱۲۷) .

مالك‌بن عتّاب بن سعدبن زهیربن جُشم بن بکربن حبیب بن‌عمروبن غَنم بن‌تغلب ابن وائل ، وسعد بن مالك‌بن ضُبیعة بن‌قیس‌بن ثعلبة بن عُکابة بن علی‌بن بکربن وائل،وأسودبن‌یعفر بن عبدالأسود بن جندل‌بن نهشل بن‌دارم بن مالك‌بن حنظلة بن مالك بن زید مناة‌بن تمیم ، و سُوید بن [ابی] کاهل‌بن حارثة بن حِسل‌بن مالك بن عبد بن سعد بن جشم بن عامر بن ذبیان بن کنانة [1] بن یشکربن [بکربن] وائل ، و أوس‌بن حَجر [2] بن‌مالك بن حَزن‌بن‌عمروبن‌خلف‌بن نُمیربن‌أسیّدبن عمروبن‌تمیم‌بن مرّ، وذوالأصبع عدوانی یعنی حُرثان بن حارث‌بن محرّث [بن ثعلبة بن سیار] بن ربیعة‌بن هبیرة‌بن ثعلبة‌بن ظرِب‌بن عبادبن‌یشکربن‌عدوان : حارث‌بن عمروبن‌قیس ابن عَیلان [3]،وبشربن ابی‌خازم : عمروبن عوف‌بن حنش‌بن‌ناشرة‌بن أسامة بن‌والبه، وعنترة‌بن شدّادبن معاویة بن نزار [4] بن مخزوم بن‌مالك بن غالب بن قُطیعة بن عَبس بن بغیض، و عَبدة‌بن‌طبیب تمیمی، ومتلمّس: جَریربن عبدالمسیح‌بن عبدالله‌بن زید ابن دَوفان بن‌حرب [5] بن وهب بن أحمس [6] بن ضبیعة‌بن ربیعة بن نزار، [7] وابودؤاد أیادی : حوثرة بن‌حارث بن حجاج [8]، ومرقّش‌اکبر[یعنی...] [9]، ومرقش‌اصغر] ربیعة ابن معاویة‌بن سعدبن مالك‌بن ضبیعة بن قیس‌بن ثعلبه، و مسیّب‌بن‌علس بن‌عمروبن قضاعة‌بن‌عمروبن زیدبن‌ثعلبة‌بن‌عدی‌بن‌مالك‌بن‌جشم‌بن مالك‌بن جُماعة بن جُلی"، [10]

۱ـ جشم بن زبان‌بن‌کنانه (طبقات ص ۱۲۸). ۲ ـ حجربن عتاب بن عبدالله بن‌عدی‌بن‌نمیر (طبقات ص ۸۱) . ۳ـ وصیت جامعی ازاو برای پسرش أسید نقل شده است (جمهرة خطب العرب ج ۱ ص ۴۶ ، از اغـانـی ج ۳ ص ۶) . ۴ ـ قـراد بن مخـزوم (طبقـات فحـول الشعراء ص ۱۲۸) . ۵ ـ عبدالله بن دوفن بن حرب (طبقات ص ۱۳۱) . ۶ ـ وهب بن جلی بن أحمس (طبقـات ص ۱۳۱) . ۷ ـ از طبقـهٔ هفتم . ۸ ـ ابـوالاسود دئلـی او را اشعر شعرا دانست و علی علیـه السلام فـرمود ، او نیست بلکـه امرء القیس است (سفینة البحار ج ۱ ص ۷۰۳ از ابن ابی‌الحدید) . ۹ ـ عوف بن سعد (طبقـات ص ۳۴) . ۱۰ـ از طبقـهٔ هفتم .

و عدی[۱] بن زید بن حمّاد [بن زید] بن ایوب بن محروف بن عامر [بن] عُصیّة بن امرءالقیس بن زید مناة بن تمیم[۲]، و سَلامة بن جندل بن عبد عمرو بن عبدالحارث : مُقاعس بن عمرو بن کعب بن سعد بن زیدمناة بن تمیم، و سُحیم بن وَثیل بن عمرو بن کرز بن وُهیب[۳] بن حمیری بن ریاح[۴] بن یربوع بن حنظلة بن مالك بن زیدمناة بن تمیم[۵]، و جُمیح اسدی : منقذ بن [طمّاح بن قیس بن] طریف بن عمرو بن قُعین، و حاتم طائی : حاتم بن عبدالله بن سعد بن حَشرج بن امرءالقیس بن عدی بن أخزم بن ربیعة بن جَرول بن ثُعل بن عمرو بن غوث، و طفیل الخیل: طُفیل بن عوف بن خُلیف ابن ضَبیس بن مالك بن سعد بن عوف بن هِلّان بن غنم بن غنی، و سفاح : سلمة بن خالد بن کعب بن[۶] زهیر بن تیم بن أسامة بن مالك بن بکر بن حُبیب بن غنم بن تغلب، و تأبّط شراً: ثابت بن جابر بن سفیان بن عدی بن کعب بن فهم بن عمرو بن قیس عیلان، و ابن مضلّل اسدی : جَلد بن قیس [بن مالك] بن منقذ بن طریف [بن] عمرو بن قُعین، و کعب الأمثال غنوی : کعب بن سعد بن علقمة بن ربیعة بن زید بن ابی مُلیل بن رفاعة بن مسلم بن سعد، و حکم بن[...][۷]، و مروان القرظ بن زِنباع بن جَذیمة بن رَواحة ابن قطیعة بن عبس، و دُرید بن صِمّة بن حارث بن بکر بن علقمة بن جُداعة بن عوف ابن جشم بن معاویة بن بکر بن هوازن ، و امیّة بن ابی الصلت : عبد الله بن ربیعة بن عقدة بن غِیرة[۸] بن عوف بن قَسی و او ثقیف است[۹]، و افوه أودی :

۱ ـ از طبقهٔ چهارم. ۲ ـ ابن مر بن ادبن طابخة بن الیاس (معجم قبائل العرب ص ۷۸۶) .
۳ ـ وثیل بن اعیفر بن عمرو بن أهاب (طبقات ۴۸۵). ۴ ـ رماح (طص ۴۸۵). ۵ ـ از طبقهٔ سوم اسلامی است (طبقات) و با غالب بن صعصعه جد فرزدق شاعر معروف داستان معروفی دارد (الکنی و الالقاب ج ۳ ص ۱۷) . ۶ ـ کعب بن قنفذ بن زهیر (جمهرة انساب العرب ص ۲۸۸) .
۷ ـ احتمال داده اند که مراد حکم بن مقداد بن حکم باشد که معروف به «اصمّ فزاری» و «حکم ابن زهره» است. ۸ ـ بروزن عنبه . ۹ ـ شرك را نکوهش می کرد و امید پیغمبری داشت و برسول اکرم ایمان نیاورد .

صلاة[1] بن عمرو بن مالك [بن عوف] بن حارث بن عوف بن [منبّه بن] أود بن صعب بن سعد العشیرة بن مذحج. وعمرو بن قمئة بن ذریح بن سعد بن مالك بن ضُبیعة بن قیس ابن ثعلبه، وضابیء بن حارث بن أرطاة بن شهاب بن عُبید بن حلول[2] بن قیس[3] بن حنظلة ابن مالك، و خُفاف بن ندبه و ندبه[4] مادر او است و پدرش عمیر بن حارث بن عمرو بن شرید بن ریاح بن یقظة بن عُصیّة بن خفاف بن امرءالقیس بن بُهثة بن سُلیم است[5].
و متنخّل هذلی: مالك بن غنم[6] بن سوید بن حبشی بن خُناعة بن دیل بن عادیة بن صعصعة بن كعبّ بن طابخة بن لحیان بن هذیل، و ذهاب فحل: مالك بن جندل بن مَسلمة ابن مجمع بن ضبیعة بن عجل، وعروة بن ورد بن زید بن عبدالله بن ناشب بن سفیان بن عوذ ابن غالب بن قُطیعة بن عبس بن بغیض، وحارث بن عباد بن ضبیعة بن قیس بن ثعلبه كه «فارس نعامه» باشد[7]، و انس بن مدرك بن عمرو بن سعد بن عوف بن عتیك بن حارثة ابن عامر بن تیم الله بن مبشّر بن اكلب بن ربیعة بن عِفرس بن حلف بن خثعم، ومنخّل بن مسعود بن افلت بن قطن بن سوادة بن مالك بن ثعلبة بن غنم بن حبیب ابن كعب بن یشكر، واشیم بن شراحیل بن عبد رضی[8] بن عبد عوف بن مالك بن ضبیعة بن قیس بن ثعلبه، وحارث بن ظالم بن حذیمة بن یربوع بن غیظ بن مرّة بن عوف بن سعد بن ذبیان، و صفوان بن حصین بن مالك بن رفاعة بن سالم بن عبید بن سعد عَنزی، وسموأل

---

۱ ــ صلاءة بن عمرو متوفای سال ۵۷۰ میلادی (آداب اللغه ج۱ ص۱۲۳). ۲ ــ خاذل (طبقات فحول الشعراء ص۱۴۳) ۳ ــ قیس القبید (طبقات). ۴ ــ بفتح وضم نون. ۵ ــ اغانی ج۱۶ ص۱۳۹، خزانة الادب ج۲ ص۴۰۸ خفاف ازصحابهٔ رسول اكرم بود كه درفتح مكه علم بنی سلیم را بدست داشت (امتاع الاسماع ص ۳۷۳) ودر حنین و طائف نیز همراه بود، ازاو فقط یك حدیث نقل شده است: گفت نزد رسول خدا آمدم وگفتم یارسول الله كجا می‌فرمایی فرود آیم، بر یكنفر ازقریش یا یكنفر انصاری یاأسلم یاغفار؟ رسول خدا صلی الله علیه وآله و سلم گفت: «یاخفاف أبتغ الرفیق قبل الطریق فان عرس لك أمر نصرك و ان احتجت الیه رفدك» (اسدالغابه ج۲ ص ۱۱۸-۱۱۹) ۶ ــ عویم (قاموس).
۷ ــ نعامه نام هفت اسب است در عرب كه یكی اسب حارث بن عباد باشد. ۸ ــ مقصوراً و ممدوداً نام بتخانهٔ بنی ربیعه بود.

ابن عاديا[1] که به‌غسان نسبت داده می‌شود وبعضی می گویند که اویهودی وازسبط یهودا بود. وعمروبن أهتم بن سمی بن سنان بن خالدبن منقربن عُبید بن عمروبن کعب بن سعد ابن زیدمناة بن تمیم، ومطرود بن کعب بن عُرفطة بن نافذبن مرّة بن تمیم بن سعدبن کعب ابن عمروبن ربیعةُ خزاعی ، وأوس بن غَلفاء بن فقط بن معبد بن عامر بن نمامه ، و حُصین بن حُمام بن ربیعة بن حرام بن وائلة بن سهم بن[2] ... عامر بن صعصعه[3]، ورکّاض أسدی : رکّاض بن اباق بن بدیل یکی ازبنی دُبیر[4]،

وُسویدبن کُراع عُکلی[5]،وحویدره که نام او قُطبة بن[أوس بن] محصن بن جَرول بن حبیب الاعظم بن عبدالعزی بن خزیمة بن رزام بن مازن بن ثعلبة بن سعدبن ذبیان است ، وأعشی بنی‌اسد : قیس بن بجرة بن منقذبن طریف بن عمرو بن قعین[6]، وابن زِبعری سهمی: عبدالله بن قیس بن عدی [بن سعد][7] بن سهم ازقریش[8]، و[...]قطن ابن نهشل بن دارم بن مالك بن حنظله[9]، وابن دجاجةُ فقیم :بکربن مردبن أنس بن امرءالقیس، وسویدبن سلامة بن حُدیج بن قیس بن عمروبن قطن بن نهشل بن دارم [ابن مالك] بن حنظله ، وقیس بن زهیربن جَذیمة بن رواحة بن ربیعة بن حارث بن مازن بن قُطیعة بن عبس بن بَغیض، و مقیس بن صُبابه از بنی کلب بن عوف بن کعب ابن عامربن لیث بن کنانه که اسلام را دریافت[10] ومسلمان شد وسپس مرتد گشت و روزفتح (مکه) درحال کفر کشته شد ، ومسیّب بن رُفیل بن حارثة بن حیّان بن قیس

---

۱ ـ سموئل بن غریض بن عادیا (طبقات فحول‌الشعراء ص ۲۳۵ ، اغانی) . ۲ ـ مرة بن عوف بن سعد بن ذبیان بن بغیض بن ریث بن غطفان بن قیس بن عیلان . ۳ ـ چند نفر از شعراء به‌عامربن صعصعه منسوب اند از جمله ؛ توبة بن حمیر خفاجی و قیس بن ملوّح و خِداش بن زهیر بن ربیعه. ۴ ـ بروزن زبیر لقب کعب بن عمرو اسدی . ۵ ـ قبیلهٔ بنی عکل به عوف بن عبد مناة که عکل لقب یافت نسبت داده می شوند . ۶ ـ المؤتلف والمختلف ص ۱۷ . ۷ ـ عدی ابن ربیعة بن سعد (طبقات فحول‌الشعراء ص ۱۹۵) . ۸ ـ عبدالله پس از فتح مکه‌اسلام آورد و بخشیده شد . ۹ ـ افتاده : « نهشل بن حری بن ضمرة بن جابربن » .یا « ابوالغول علباء بن جوشن ... » . ۱۰ ـ ل ، که اسلام او را دریافت .

ابن ابی حابر بن زهیر بن جناب بن هُبل کلبی. وبرّاض بن قیس بن رافع بن قیس بن جُدیّ بن ضمرهٔ کنانی، وسَبرة بن عمرو بن أهنان بن دِثار بن فقعس، وشافع بن عبدالعزّی ضمری، وسراقة بن مالك بن جُعشم مُدلجی[۱]، ومصروف که نامش عمرو بن قیس بن مسعود ابن عامر بن عمرو بن ابی ربیعة بن ذُهل است، وابن رُمیلهٔ ضبّی، و قیس بن مسعود بن عامر بن عمرو بن ابی ربیعة بن ذهل، و مِرداس بن ابی عامر بن جارية بن عبد[۲] بن عبس ابن رفاعة بن حارث بن بهثة بن سلیم بن منصور.

ازشعرای جاهلیت وفحول متقدمین که اسلام را دریافته‌اند:

نابغهٔ جَعدی که‌هم سن نابغهٔ ذبیانی ونام اوقیس بن عبدالله بن عدس بن ربیعة ابن جَعدة بن کعب بن ربیعة بن عامر بن صعصعه بود، ولبید بن ربیعة بن مالك بن جعفر بن کلاب[۳] بن عامر بن صعصعه[۴]، وتمیم بن أبیّ [بن] مقبل بن عوف بن حُنیف [ابن قتیبة] بن عجلان بن عبدالله بن کعب بن ربیعة بن عامر بن صعصعه، وکعب بن زهیر (بن ابی سُلمی)[۵]: ربیعة بن ریاح بن قرط بن حارث بن مازن بن ثعلبة بن ثور بن هُذمة بن لاطم بن عثمان بن[۶] عمرو بن أد، وعبدالله بن عامر بن کرب کندی، وابوسمّال اسدی که نامش شمعان بن هبیرة بن مساحق است، وزید بن مهلهل: زیدالخیل[۷] بن یزید[۸] ابن مُنهب بن عبدرضی بن محلس بن ثور [بن عدی بن کنانة] بن مالك بن نبهان بن عمرو ابن غوث[۹]. وحطیئه که نامش جرول بن اوس بن مالك بن جؤیّة بن مخزوم بن مالك بن غالب بن قطیعة بن عبس است[۱۰]، وضرار بن خطاب بن مِرداس بن کبیر بن عمر ومحاربی،[۱۱]

۱ـ صحابی. ۲ ـ ن، عبید. ۳ ـ کلاب بن ربیعة بن عامر (طبقات ص۱۰۳). ۴ـ مرگ لبید در سال ۶۷۵ میلادی بوده است (آداب اللغه ج ۱ ص ۱۱۱). ۵ ـ در اصل افتاده است. ۶ ـ عثمان ن مزینة بن عمرو (طبقات ص ۴۳). ۷ ـ رسول اکرم اورا زیدالخیر نامید (سیرهٔ ابن هشام ج ۴ ص ۲۴۵). ۸ ـ زید بن منهب (امتاع الاسماع ص ۵۰۸). ۹ ـ ازبنی کهلان (معجم قبائل العرب ص ۱۱۷۱). ۱۰ـ ابن بغیض بن ریث بن غطفان (طبقات ص۸۱). ۱۱ـ ازبنی محارب بن فهر بن مالك (معجم قبائل العرب ص ۱۰۴۳) از شعرای مکه (طبقات ص ۱۹۵).

وشمّاخ‌بن ضراربن سنان‌بن أميّة[1] بن عمروبن جحاش‌بن بجالة‌بن‌مازن بن‌ثعلبة بن سعدبن ذبیان ، وابو ذُؤیب هذلی : خویلد [بن‌خالد]بن محرّث‌بن‌زبید بن‌مخزوم‌بن صاهلة بن‌کاهل‌بن[2] تمیم‌بن‌سعدبن هذیل،وابو کبیرهذلی: عامربن حُلیس،وحارث‌بن عمروبن حُجرجة‌بن یربوع‌بن‌فزاره، وعبد بنی‌الحسحاس: سحیم‌بن‌هندبن‌سفیان‌بن[3] ثعلبة‌بن دُودان بن اسد بن خزیمه .

بازارهای عرب[4]

بازارهای عرب ده بازاربود که برای بازرگانی درآنها فراهم می‌شدندومردم دیگر نیزحاضرمی‌شدند ودرآن بازارها جان ومالشان درامان بود .

ازآنهاست **دُومة‌الجندل** که درماه ربیع‌الاول بپا می‌شد وسروران این‌بازار غسّان وکلب بودند . هریك ازدوطایفه که غالب می‌شدامرآن رابدست‌می گرفت .

سپس **مشقّر** درهجر که‌بازارش درجمادی‌الاولی بپامی‌شدوبنی‌تیم‌طایفهٔ منذربن ساوی[5] امرآن رابدست داشتند .

سپس **صحار**[6] که درروزاول رجب بپا می‌شد ودرآن نیازی بنگهبانی‌نبود.

پس از صحاربه **ریّا** می‌رفتند و درآنجا جلندی[7] و خاندان جلندی از ایشان ده یك می گرفتند .

سپس‌بازار **شحر** ،شحرمهره‌است که بازارش زیرسایهٔ کوهی که قبرهودپیغمبر

۱ـ سنان بن أمامـة (طبقات ص۱۰۳) . ۲ ـکاهل بن حارث بن تمیم (طبقات‌ص۱۰۳) .
۳ ـ سفیان بن عتاب‌بن کعب‌بن سعدبن‌ثعلبه (طبقات ص ۱۴۳) . ۴ ـ ل، ص۳۱۳ . ۵ ـ منذربن ساوی پادشاه بحرین بود و در سال ششم هجرت کـه علاء بن حضرمی نامهٔ رسول اکرم را نزد او برد ، بدین اسلام در آمد و اهل بحرین نیز اسلام آوردند (امتاع الاسماع ص۳۰۸ـ۳۰۹) ساوی بفتح واو و الف مقصوره . ۶ ـ بضم اول ، قریـه ای در یمن که جـامه های صحاری بدان منسوب‌است . ۷ ـ بضم‌اول ودوم والف مقصوره پادشاه عمان .

علیه‌السلام بر آن است بپامی‌شد ودر آنجا حمایت ونگهبانی در کار نبود و مهره[1] امر آن‌رابدست می گرفت.

سپس بازار **عدن** دراول ماه رمضان بپامی‌شد وابناء ازآنان ده یك می گرفتند وازآنجا طیب (عطریات) بدیگر ناحیه ها حمل می‌شد .

سپس‌بازار**صنعاء** درنیمهٔ ماه‌رمضان بپامی‌شد و نیزابناء ازآنان‌ده‌یك‌میگرفتند.

سپس بازار**رابیة** در حضرموت بود لیکن بدون نگهبانی نمی شد بآنجا رسید چه‌آنجاجزء کشوری نبودوهر که‌آنجازورمندبود ، دست‌بغارت می‌برد و کنده آنجا نگهبانی می کرد .

سپس‌بازار **عکاظ** دربالای نجد درذی‌القعده دائرمی‌شد و قریش ود یگرعربها درآن‌فرودمی‌آمدندجزآنکه بیشترشان ازقبیلهٔ مضر بودند،مفاخرهٔعرب وضمانتهاو پیمانهای صلح ایشان درهمین بازار بانجام می‌رسید .

سپس بازار **ذی‌المجاز** بود وازبازار عکاظ وبازار ذی‌المجاز برای انجام حج خود به‌مکه می‌رفتند.

درمیان‌عرب‌قومی‌بودند که هر گاه دراین‌بازارهاحاضرمی‌شدند ، ستمگری‌را روا می‌داشتند و اینان **«محلّون»** نامیده شدند ، و درمیانشان نیز کسانی بودند که آن را ناروا می‌شمردند وخودرا برای یاری ستمدیده وجلوگیری از خونریزی و ارتکاب منکرات‌آماده داشتند وآنان **«الذّادةالمحرّمون»** نامیده شدند .

محلّون (حلال شمارندگان) قبیله هایی بودند از اسد وطی[2] وبنی‌بکر بن‌عبد مناة بن کنانه و قومی ازبنی عامربن صعصعه، **وذادة محرمون** (حمایت کنندگان و حرام شمارندگان) ازبنی‌عمرو بن‌تمیم وبنی‌حنظلة بن‌زید مناة وقومی‌ازهذیل‌وقومی

---

۱ ـ مهره بفتح میم و سکون یافتح هاء ، قبیله‌ای از قضاعه، و جایی که میان آن وعمان و همچنین حضرموت در حدودیك ماه راه است (مراصد الاطلاع) .

ازبنی شیبان وقومی ازبنی کلب بن وبره بودند که برای حمایت ودفاع ازمردم مسلح می‌شدند وهمهٔ عرب درمیان اینان اسلحهٔ خودرا درماههای حرام [.] فرومینهادند، عرب در بازار عکاظ با روهای برقع دار حاضرمیشدند و گفته میشود نخستین عربی که روپوش بر گرفت، ظریف بن غنم[1] عنبری بود، پس عرب هم مانندکار اورا انجام دادند.[2]

۱ ـ بفتح غین. ۲ ـ ل ، ص ۳۱۵ .

بسم‌الله الرحمن الرحيم

ستايش خداى توفيق دهنده را ، ستايش خدارا كه پروردگارجهانيان است ، و درود خـدا بر سرور ما محمد خاتم پيمبران و بر خاندانش كه مردمى پـاك و پاكيزه‌اند .

همانا چون كتاب اول ما كه در آن آغاز پيدايش دنيا وسرگذشتهاى پيشينيان از امتهاى گذشته و كشورهاى پراكنده وراههاى گوناگون راباختصار آورديم ، بپايان رسيد ، اين كتاب خودرا بر اساس آنچه بزرگان دانايان وراويان پيشين و علماى سيرواخبارو تواريخ روايت كرده‌اند ، تأليف نموديم ونظر نداشتيم تابتنهايى كتابى را تصنيف كنيم وخودرا در كارى كه ديگران برما پيشى گرفته‌اند ، به زحمت اندازيم، ليكن مابر آن شديم كه گفتارها وروايتها رافراهم سازيم[1] ، چه آنان راچنان يافتيم كه در حديثها و خبرهاى خود و درسالها وعمرها[2] اختلاف كرده برخى فزوده وبعضى كم كرده‌اند، پس خواستيم آنچه رااز هريك از آنان بما رسيده‌است جمع آورى كنيم چه يك نفر بتمام دانش احاطه پيدا نمى كند، واميرمؤمنان على بن ابيطالب گفته است : العلم اكثرمن ان يحفظ فخذوا من كل علم محاسنه ، «علم بيش از آن است كه جمع آورى شود، پس ازهرعلمى قسمتهاى برجستهٔ آن را فرا گيريد».

وجعفربن بن حرب اشج[3] گفته‌است: دانش را مانند مال يافتم كه دردست هر كسى

۱ـ ن ، ليكن مابجامعترين گفتارها و روايتها پرداختيم . ۲ـ ل ، وكارها . ۳ ـ در تفسيرصاحب نظراست وبگفتهٔ او استناد مى‌شود (امالى سيد مرتضى ج ۲ ص ۲۴۷) .

از آن چیزی است . پس هر گاه مرد ، بخشی‌از آنرا بدست‌آورد ، دارا نامیده‌شود ودیگری بیش ازآن بدست می‌آورد ونیزدارا نامیده می‌شود ، دانش نیزچنین است که (آدمی) چیزی ازآنرا بدست نمی آورد مگرآنکه دانا بحساب آید اگر چه دیگری ازاوداناتر باشد ، واگرما دانارا داناندانیم تا آنگاه که برتمام دانش دست یابد ، این نام برهیچ یك ازآدمیان راست نیاید .

وحکیمی گفته است : دانشجویی‌من بطمع رسیدن بکران دانش ودست‌یافتن برپایان‌آن نیست، بلکه بآرزوی چیزی است که ندانستن‌آن نارواست وخردمند را خلاف آن شایسته نیست .

وحکیمی گفته است : اگردانانیستی‌دانامنشی کن واگر فرزانه نیستی‌فرزانه مآب باش چه کم است که مردی‌خودرا بگروهی مانند کند وازآنها نشود [1].

ویکی ازآنان گفته : علم روح است وعمل بدن ، وعلم اصل‌است وعمل‌فرع، وعلم پدراست وعمل فرزند، وعمل بجای علم‌بوده ولی‌علم بجای عمل نبوده‌است.

ودیگری گفته : کسی که دانش رابرای خواهشی یاترسی‌یاافتخاری‌یاشهوتی دنبال کند ، بهره‌اش ازآن باندازهٔ همان ترس خواهد بود و کسی که دانش‌را برای بزرگواری دانش طلب کند و آنرا برای بیش در یافتن واقع خواستار باشد ، بهره اش از آن باندازهٔ بزرگواریش وسود بردنش بدان ، در خور شایستگی او خواهد بود .

ویکی ازآنان گفته : هرچیزی نیازمند خرد ، وخرد نیازمند دانش است.

آغاز این کتاب ماازولادت رسول‌خدا ﷺ وسر گذشت آن‌حضرت است در حالی پس ازحالی وزمانی پس‌از زمانی تاآنکه‌خدا اورا بجوارخویش برد؛ وتاریخ

۱ـ نهج البلاغه کلمهٔ ۱۹۸ : ان‌لم تکن حلیمافتحلّم ، فانه قلّ من تشبه بقوم الا اوشك ان یکون منهم.

خلفـای پس از او و زندگـانی خلیفه ای پس از خلیفه ای و فتوحات هر یـك از خلفا وآنچه از او واقع شده ودر روزگارحکومت وسالهای خلافت وی بدان عمل شده است .

کسانی که ما مطالب این کتاب را از آنان روایت کرده ایم عبارت اند از : اسحاق بن سلیمـان بن علی‌هاشمی از بزرگان بنی‌هـاشم ، و ابوالبختری وهب بن وهب قرشی [۱] از جعفربن محمد و جزاو از رجال حـدیثش ، و ابـان بن عثمان از جعفربن محمد ، و محمد بن عمرواقدی [۲] از موسی‌بن عقبه [۳] و جز او از رجـال حدیثش ، و عبدالملك بن هشام [۴] از زیـاد بن عبدالله بَکّائی [۵] از محمـد بن اسحـاق مطلبی [۶] ، و ابوحسّان زیادی [۷] از ابوالمنذر کلبی [۸] وجز اواز رجال حدیثش، و عیسی ابن یزید بن دأب [۹] ،وهیثم بن‌عدی طائی [۱۰] ازعبدالله بن عباس‌همدانی، ومحمدبن کثیر قرشی‌ازابوصالح‌وجزاوازرجال‌حدیثش، وعلی‌بن‌محمدبن‌عبدالله‌بن‌ابی‌سیف‌مدائنی [۱۱] ، وابومعشرمدنی [۱۲] ومحمدبن‌موسی خوارزمی منجم [۱۳] وماشاءالله منجم درطالع سالهاو

۱ـ ازفقهای زمان هرون . ۲ـ ر.ك. فهرست ص۱۴۴ . ۳ـ موسی‌بن عقبة بن‌ابی عیاش اسدی مدنی ازعلمای مغازی وسیرکه احمد بن حنبل دربارهٔ اوگوید ، علیکم بمغازی ابن عقبة فانـه ثقة . ف ۱۴۱ ﻫ ۷۵۸. م. (اعلام زرکلی) . ۴ـ عـبدالملك بن هشام بن ایوب حمیری معافری بصری مصری راوی سیرهٔ ابن اسحق ازبکائی ف ۲۱۸ . ۵ ـ ابومحمد زیاد بن عبدالله بن طفیل قیسی عامری بکائی راوی سیره از ابن اسحق منسوب به «بکاء» یعنی ربیعة بن عامر بن صعصعه . ۶ـ ابوعبدالله محمدبن اسحق بن یسارفارسی مطلبی ف۱۵۰ ﻫ .(ر ك. فهرست ص۱۳۶) ۷ـ ابو حسان حسن‌بن عثمان زیادی (اللباب) . ۸ـ هشام بن‌محمد بن سائب کلبی نسابهٔ معروف ف۲۰۶ (فهرست ص۱۴۰). ۹ـ لیثی بکری حجازی خطیب وشاعر ازعلمای انساب معاصرومعاشر مهدی وهادی عباسی ف ۱۷۱ ﻫ . ۸۷۷ م . (زرکلی) ۱۰ ـ ۱۱۴ـ۲۰۷ ﻫ . ۷۳۲ ـ ۸۲۲ م . (زرکلی)

۱۱ ـ ابوالحسن علی‌بن محمد بصری مدائنی‌که ابن‌ابی‌الحدید درشرح نهج‌البلاغه وشیخ‌مفید درارشادازاوروایت می‌کنند، وی‌درسال۲۲۵ ﻫ . دربغداد درگذشت(الکنی والالقاب، فهرست‌ص۱۴۷).

۱۲ـ جعفربن محمد بلخی. ۱۳ـ ف۲۳۲ ﻫ .

زمانها ، و از جزاینان که نام بردیم هم مطالبی آوردیم که آنها را دیگران گفته و روایت کرده‌اند و در تاریخ زندگی خلفا و سرگذشت آنان بر آنها دست یافته‌ایم . باین‌ترتیب آنرا کتابی مختصر پرداختیم واشعاروخبرهای طولانی‌را در آن نیاوردیم، ویاری وتوفیق وتوانایی‌ونیرومندی ازخدا است.

ولادت‌رسول‌اکرم ﷺ [1]

میلاد رسول خدا ﷺ درعام‌الفیل واقع شد ومیان آن و واقعهٔ فیل پنجاه شب فاصله‌بود. بروایت بعضی‌ولادت درروزدوشنبه دوم ماه ربیع‌الاول،وبقولی در شب سه‌شنبه‌هشتم‌ماه ربیع‌الاول[2] وبقول کسی که‌ازجعفربن‌محمد روایت‌میکند، روزجمعه هنگام سپیده دم دوازدهم مـاه رمضان ، وچنانکه منجمان گفته‌اند درقران عقـرب بوده است.

ماشاءالله منجم گفته است : طالع سالی که قران دلیل‌ولادت رسول خدادرآن بود ، میزان ۲۲درجه حدّ زهره وخانهٔ آن، ومشتری درعقرب ۳درجه و۲۳دقیقه ، و زحل درعقرب ۶ درجه و۲۳ دقیقه درحال رجوع ، وآن‌دو در طالع دوم ، وخورشید درنظیرطالع درحمل درنخست دقیقه ، وزهره در حمل بر یك درجه و ۵۶ دقیقه ، وعطارد در حمل بر۱۸ درجه و۱۶ دقیقه ، وقمردر وسطالسماء در سرطان یك درجه و۲۰ دقیقه .

وخوارزمی گفته : خورشید درروزمیلاد رسول خدا درثوربود یك درجـه ، و قمردراسدبر۱۸ درجه و۱۰ دقیقه، وزحل درعقرب۹درجه و۴۰ دقیقه درحال رجوع، ومشتری درعقرب۲ درجه و۱۰ دقیقه درحال رجوع ، ومریخ درسرطان۲درجه و۵۰

1 ـ ل، ص۴. 2 ـ هشتم ربیع‌الاول‌وبقولی دهم‌آن،مطابق۸ دیماه ۱۳۱۷ ازآغازپادشاهی بخت نصر، و۲۰ نیسان‌سال ۸۸۲ ازپادشاهی اسکندرپسرفیلیپ،وسال۳۹ پادشاهی انوشیروان‌خسروبن قباد بن فیروز،و ۶۵ روزیا کمتر پس ازرسیدن اصحاب فیل به مکـه در یکشنبه ۵ محرم (التنبیه والاشراف‌ص۱۹۶) .

دقیقه ، وزهره درثور۱۲ درجه و ۱۰ دقیقه .

قریش ازنظر بزرگواری قصیّ بن کلاب ، مرگ اورا مبدء تاریخ خودقرارداده بودند وچون عام‌الفیل پیش آمد وسال مشهوری بودآنرا مبدء تاریخ شناختند ودر نتیجه سال میلاد رسول خدا آغازتاریخ آنها گردید .

وچون رسول خدا متولد گردید ، دیوهارانده شدند وستارگان فرو ریختند، پس چون قریش آنرا بدیدند ، ازفروریختن ستارگان درشگفت شدند و گفتند:این جزبرای پیش آمد قیامت نیست . ومردم را زمین‌لرزه‌ای فرا گرفت که بهمه جای دنیا رسید تاآنجا که کلیساها و کنشتهاویران گشت وهرچیزی که جزخدا پرستش می‌شد از جای خود کنده شد، وجادوگران وپیشگویان درکار خویش سرگردان بماندند ، ودیوهای‌آنان دربند شدند ، وستارگانی هویدا گشت که پیش ازآن دیده نمی‌شد ، پس کاهنان یهود ازآن درشگفت شدند ، وایوان کسری بلرزید وسیزده کنگرهٔ‌آن فرو ریخت وآتشکدهٔ فارس خاموش گشت باآنکه از هزار سال پیش خاموش نگشته بود ، ودانای فرزانهٔ پارسیان که اورا «موبدان موبد» می‌نامند و سر پرست امورمذهبی‌آنان بود، درخواب دید که گویا شترانی عربی،اسبانی‌سرکش‌را می کشند تا از دجله گذشته دربلاد پرا کنده گشتند . خسرو انوشیروان ازاین امر دربیم وهراس افتاد ونزد نعمان فرستاد و گفت :آیا ازپیشگویان عرب کسی مانده است ؟ گفت : آری ، سطیح [1] غسانی دردمشق شام . گفت : پس پیرمردی خردمند و بامعرفت ازعرب نزد من بیاورتا اورا نزد سطیح بفرستم . نعمان ، عبدالمسیح‌بن بقیله[2] را نزد خسروآورد وخسرواورا نزد سطیح فرستاد . پس‌عبدالمسیح برشتری سوار روبراه نهاد تاوارد دمشق گردید و از او جویا شد و خبر یافت که خانهٔ او در

۱ـ بفتح س . ۲ـ بضم ب وفتح ق . عبدالمسیح‌بن بقیله‌غسانی را باخالد بن ولید داستان معروفی‌است (امالی سید مرتضی ص ۲۶۰ ج۱).

باب‌الجابیه است ، پس اورا درآخرین رمق زندگی دید وباآوازبلند دربن گوش او فریاد زد :

اصمّ ام تسمع غطریف[1] الیمن — یا فارج‌الکربة اعیت من ومن
وفاصل‌الخطبة فی‌الامر‌العنن[2] — اتاك شیخ الحیّ من آل یزن

« کری یا می‌شنوی ای سروربزرگواریمن ؟ ای گره گشای پیش‌آمد سختی که‌همه‌را عاجز کرده است، وای داورتوانا در گرفتاری پیش‌آمده، بزرگ طایفه از خاندان‌یزن نزد توآمده‌است.» پس‌سطیح گفت :

عبدالمسیح ، علی‌جبل مشیح [3] ، نحوسطیح ، حین‌اشفی‌علی‌الضریح ، بعثك ملك‌بني‌ساسان‌بهدم‌الایوان، وخمودالنیران، ورؤیا المؤبذان، رأی ابلاً عراباً، تقود خیلاً صعاباً ، حتی‌قطعت دجلة وانتشرت فی‌البلاد ، یابن ذی یزن ، تکـون هنة و هنات ، ویموت ملوك و ملکات ، بعددالشرافات ، اذاغاضت بحیرة ساوة ، و ظهـرت التلاوة بارض تهامة ، وظهرصاحب‌الهراوة [4] ، فلیست‌الشام‌لسطیح شاما[5].

«عبدالمسیح برشتری درازنزد سطیح آمده اما هنگامی که نزدیك بـمردن رسیده است ، پادشاه ساسانی تورا فرستاده‌است باخبرویرانی ایوان وخاموشی آتشها وخواب موبدان که شترانی عربی اسبانی سرکش را می کشانند ، تا آنگاه کـه دجله رابریده ودربلاد پراکنده گشته‌اند . ای پسرذی یزن ، پیشامدهایی ناگـوار میرسدوپادشاهان وملکه هایی بشمارۀ کنگره ها می‌میرند ،آنگاه که دریاچۀ ساوه بخشکد ودرزمین تهامه تلاوت (قرآن) آشکار گردد وصاحب عصا پدیدآید ، دیگر شام جای زندگی سطیح نخواهد بود.» سپس بدرود زندگی گفت .

مردی ازاهل کتاب نزد گروهی ازقریش که ازجمله هشام بن مغیره وولیدبن

۱ـ بکسرغ : سروربزرگوار . ۲ـ بفتح عین ونون : پیش‌آمد . ۳ـ بضم : طویل.
۴. بکسره : عصای‌کلفت . ۵ ـ ر.ك. سیرۀحلبی‌ج۱ص۸۷،جمهرة خطب‌العرب ج۱ص۳۳۳.

مغیره وعتبةبن ربیعه بودندآمد، و گفت : امشب برای شما نوزادی متولد شده‌است؟ گفتند : نه . گفت بخدا قسم ای گروه قریش که ازدست شما رهاشد واگر چنین باشد ، درفلسطین پسری متولد شده‌است که‌نام او«احمد» است وخالی دارد برنگ سنگ تیره وهلاکت اهل کتاب بدست او خواهد بود .

گروه قریش ازجا برنخواستند که بآنها گفته شد ، دیشب برای عبدالله بن عبدالمطلب پسری متولد شده‌است . پس آن مرد رفت وباونگاه کرد و سپس گفت : بخدا قسم این‌پسر همان است، وای بر اهل کتاب ازاو. وچون قریش‌را ازشنیدن این سخن خوشحال دید ، گفت : بخدا سوگند چنان شمارا زبون سازد که زبانزد مردم مشرق ومغرب گردد .

ازدواج عبدالله با آمنه دختروهب ، ده سال وبقولی‌ده سال واندی پس‌ازحفر زمزم بود ، ومیان فدیه دادن عبدالمطلب برای پسرش وزن گرفتن برای اویکسال فاصله شد . نام عبدالله پدررسول خدا «عبدالدار» وبقولی «عبد قصی» بود ودر همان سالی که درآن (ازقربانی شدن) آزاد شد ، عبدالمطلب گفت : هذا عبدالله «این‌بندهٔ خداست»، وبدین ترتیب درهمان روزبود که اورا عبدالله نام نهاد. فاصلهٔ میان‌ازدواج پدررسول خدا بامادرآن بزرگوارو ولادت آنحضرت بروایت جعفربن محمد ، ده ماه و بقول بعضی یکسال و هشت ماه بوده است . از مادر او روایت شده که گفت : چون وضع حمل کردم نور درخشنده‌ای رادیدم که ازمن پدیدآمد چنانکه بیمناک‌شدم وچیزی‌ازآنچه زنان می‌بینند، ندیدم، وبعضی روایت کرده اند که گفت: چنان نوری ازمن درخشید که قصرهای شام را دیدم وچون بزمین‌آمد مشتی‌ازخاک برگرفت سپس سرش رابآسمان بلندکرد ... [1] ونخستین کسی که پس ازمادرش از

۱ـ ر.ک. سیرهٔ ابن هشا ج۱ ص۱۷۷ .

اوشیرخورد، ثویبه[1] کنیزابولهب بود وهمین ثویبه، حمزة بن‌عبدالمطلب وجعفر بن ابی‌طالب و ابوسلمة بن عبدالاسد مخزومی[2] را شیرداد. رسول خـدا ﷺ پس از آنکه خدا اورا برسالت برانگیخت گفت: رأیت ابالهب فی‌النار یصیح العطش العطش، فیسقی فی نقرابهامه، فقلت: بم هذا؟ فقال: بعتقی ثویبة لانها ارضعتك، «ابولهب را درمیان آتش‌دیدم که فریاد میزد: تشنگی، تشنگی. پس‌در گودی پشت شستش آب داده می‌شد، گفتم: این‌ازکجااست؟ گفت دراثرآنکه ثویبه‌را بپاداش شیردادنت آزاد کردم.»

عبدالله بن عبدالمطلب پدررسول خدا ـ بروایت جعفر بن محمد ـ دوماه‌پس ازولادت وبقول بعضی پیش ازمیلادآن بزرگوار درگذشت واین قول دوم نـادرست است چه اجماعی است که وفات عبدالله پس‌ازمیلاد رسول‌اکرم بوده است و کسانی هم وفات اورا یك‌سال پس‌ازمیلاد پیغمبر گفته‌اند. وفات عبدالله درمدینه نزد دائی‌های پدرش طایفهٔ بنی‌النجّار درخانه‌ای معروف به«دارالنابغه» واقع شد، وی هنگام وفات ۲۵ ساله بود.

شیرآورمحمد را ازطایفهٔ بنی سعدبن بکربن هوازن گرفتند و عبدالمـطلب اورا به‌حارث بن‌عبدالعزّی‌بن رفاعهٔ سعدی شوهرحلیمه دخترابوذؤیب[3] سعدی‌سپرده بود وتادرمیان قبیلهٔ بنی‌سعد بود، برکات اورا درجان ومال‌خود مشاهده میکردند، تاآنکه پیش‌آمدی برای اورخ داد وفرشته ای بصورت مردی نزد اوآمد وشکمش راشکافت ودرون اورا هرچه بود شستشوداد، پس براوبیمناك شدند واورانزد جدش عبدالمطلب بازگردانیدند. دراین‌هنگام محمد پنجساله وبقولی‌چهارساله‌بود، لیکن

۱ـ بضم ث. دراسلام او اختلاف است وجزابن منده بآن تصریح نکرده‌است (اسدالغابه).
۲ـ پسرعمهٔ پیغمبر وشوهرام سلمه. ۳ـ عبدالله‌بن حارث.

تن وتوش ونیروی ده ساله داشت . شش سال وسه ماه داشت که مادرش آمنه دختر وهب بن عبد مناف بن زهره درسی سالگی درمحلی بنام «أبواء» میان مکه و مدینه بدرود زندگی گفت وعبدالمطلب جد رسول خدا اورا کفالت می کرد .

عبدالمطلب درآن روزسرورقریش بود ورقیبی نداشت چه خدا بزرگواری اورا به‌احدی نداد واز چاه زمزم[۱] وذوالهرم[۲] سیرآبش نمود وقریش اورا در مالهای خودداوری دادند ودرقحطی وگرسنگی بمردم خوراك داد تاآنجا که پرندگان و ددان کوهستان رانیزخورانید . ابوطالب گفته است :

ونطعم حتی‌یأکل‌الطیرفضلنا   اذا جعلت‌ایدی المفیضین ترعد[۳]

«هنگامی که دستهای بخشندگان وجوانمردان می‌لرزد، بمردم آنهمه خوراك می‌دهیم که پرندگان هم ازمازاد خوراك مامی‌خورند .»

عبدالمطلب پرستش بتها را رها کرد ، وخدا رابه یگانگی‌شناخت ، وبنذروفا نمود ، وسنتهایی نهاد که بیشترآنها درقرآن آمد ودرسنت رسول خداهم‌پذیرفته شد وآنها عبارت است از:

وفای بنذر[۴] ، وصد شتردردیه پرداختن ، وحرمت نکاح محارم ، وموقوف کردن درآمدن بخانه ها ازپشت آنها ، وبریدن دست دزد ، ونهی از کشتن دختر زنده بگور، ومباهله (نفرین کردن بریکدیگر)، وحرمت میگساری ، وحرمت‌زنا، وحد زدن زناکار، وقرعه زدن،وآنکه نباید هیچکس برهنه گرد کعبه طواف نماید، وپذیرایی ازمهمان، وآنکه نبایدهزینهٔ حج‌راجزازمالهای پاکیزهٔ خویش‌بپردازند، وبزرگ داشتن ماههای حرام ، وتبعید کردن زنان مشهور زناکار .

وچون صاحب فیل[۵] بمکه رسید ، قریش حرم را رها کرده از لشکریان او گریختند ، پس عبدالمطلب گفت: بخدا قسم ازحرم خدابیرون نمی‌روم وپیروزی‌را

۱ـ درمکه. ۲ـ درطائف . ۳ـ ر.ك. ج۱ص۳۲۵ . ۴ـ ب: وفای بنذرها. ۵ـ ابرهه.

درجز آن نمی‌جویم . پس در کنار کعبه نشست وسپس گفت :

لاهم ان تعف فانهم عیالك ... الا فشیء ما بدالك [۱]

«پروردگارا اگر ببخشی که اینان بندگان تواند ، وگرنه که امری تازه تورا پیش آمده است.»

پس قریش می گفتند : عبدالمطلب ابراهیم دوم است ، ومژده رسانی که قریش را بکارخدا با اصحاب فیل خبرداد ، عبدالله بن عبدالمطلب پدررسول خدا بود ، پس عبدالمطلب گفت : همانا عبدالله نوید دهنده و بیم دهنده نزد شمامی‌رسد. عبدالله آنان را بآنچه باصحاب فیل رسیده بود ، خبرداد وقریش باو گفتند : راستی که تابوده‌ای پربرکت ومبارك فال بوده‌ای .

عبدالمطلب راده پسر [۲] وچهاردختر بود [۳] :

عبدالله که پدررسول خداست، وابوطالب که عبدمناف باشد، وزبیر که ابوطاهر است، وعبدالکعبه یعنی مقوّم ومادراینان فاطمه دختر عمرو بن عائذ بن عمران بن مخزوم بود که مادرام حکیم بیضاء وعاتکه و بره وأروی وأمیمه دختران عبدالمطلب نیز همواست. و حارث که بزرگترین فرزندان عبدالمطلب است و کنیهٔ عبدالمطلب [۴] بنام اوست ، وقثم ، ومادراین دوصفیه دختر جندب بن حجیر [۵] بن زباب [۶] بن حبیب بن سواءة بن [۷] عامر بن صعصعه بود ، وحمزه یعنی ابویعلی اسدالله واسد رسوله ، که مادرش هاله دختر وهیب [۸] بن عبد مناف بن زهره است ومادرصفیه دختر عبدالمطلب نیز همواست، وعباس وضرار که مادرشان نتیله [۹] دختر جناب بن کلیب بن نمر بن قاسط است ، وابولهب که عبدالعزی باشد و مادرش ، لبنی دختر هاجر بن عبد مناف بن ضاطر

۱- ر.ك. ج ۱ ص ۳۲۹. ۲- درذیل یازده نفر نام برده شده. ۳- ر.ك. ج ۱ ص ۳۲۶.
۴- ابوحارث . ۵- بضم ح و فتح ج . ۶- بفتح ز و تشدید ب . ۷- بضم س و تخفیف و.
۸- درجلداول ص ۳۲۶، أهیب آمده . ۹- بضم ن وفتح ت .

خزاعی است ، وغیداق یعنی حجل که چون از همهٔ قریش بخشنده تر بود و طعام فزونتر می‌داد ، غیداق نامیده شد و مادرش ممنعه دختر عمرو بن مالك بن نوفل خزاعی بود .

اینان عموها وعمه‌های[1] رسول خدایند وهریك ازفرزندان عبدالمطلب دارای شرف ونام‌نیك وبرتری ومنزلت وبزرگواری بودند ، عامر بن مالك ملاعب الاسنه بزیارت کعبه آمد و گفت : مردانی هستند که گویا شترانی سفیداند ، سپس گفت : راستی که مکه بوسیلهٔ اینان حفظ می‌شود . اکثم‌بن صیفی نیز بامردمی‌ازبنی‌تمیم بحج‌رفت وآنان رادید که دربطحای مکه باین سووآن‌سومی‌روند و گویا برجهایی ازنقره‌اند که همسایگان خودرا بزمین می‌رسانند . پس گفت : ای بنی تمیم ، هر گاه خدا بخواهد دولتی پدیدآورد ، برای‌آن چنین کسانی‌بوجود آیند، اینان کاشتهٔ خدایند نه کاشتهٔ مردم .

برای عبدالمطلب در کنار کعبه فرشی‌انداخته می‌شد و کسی‌نزدیك مسند او نمی‌رفت تا رسول خدا که پسری بود می آمد وازشانه‌های عموهای خود می گذشت وعبدالمطلب بآنان می گفت:[پسرم راراه دهید که این‌پسرم راشأن ومقامی‌است:]

هنگامی که سیف بن ذی یزن بر یمن دست یافت ، عبدالمطلب با بزرگان قریش براودرآمد،سیف اورا برهمگی مقدم داشت وبیش ازدیگران گرامی شمرد ، سپس بااوخلوت نمود واورا به‌رسول‌خدا بشارت‌داد وصفات‌آنحضرت را برای او بیان کرد ، پس عبدالمطلب تکبیر گفت وراستی گفتارسیف راشناخت آنگاه بسجده‌افتاد، سیف گفت : آیا ازگفته‌هایم نشانی‌احساس کرده‌ای ؟ گفت : آری فرزندم راپسری است نوزاد بهمان صفاتی که‌پادشاه برای‌من‌شرح داد . سیف گفت : پس‌ازیهودیان و قریش براو بیمناك باش وخطرقریش از یهود بیشتراست اماخدای‌کارخود را بانجام

ا ـ ر ك. طبقات ج۸ص۴۱ ـ ۴۵.

می‌رساند ودعوت خودرا سرفرازو آشکارمی‌سازد . ازهنگام ولادت رسول خدا ، اهل کتاب دربارهٔ او پیوسته باعبدالمطلب سخن‌می گفتند وبدانجهت شادمانی‌عبدالمطلب افزوده می گشت، [پس گفت] : بخداسوگند اگرقریش دربارهٔ آب ـ یعنی آبی کـه خدا از زمزم وذوالهرم باوداد ـ برمن رشك بردند ، فرداست که درشرف بزرگ و بنیان رفیع وعزت همیشگی وبرتری وبزرگواری تا پایان روزگار و روز قیامت ، برمن‌رشك خواهند برد .

قریش‌درسالهای پی‌درپی بقحطی گرفتار شدند تا کشت ازمیان رفت وپستـان حیوانات خشکید، پس بیمناك شدند و گفتند:خداما را بارها بواسطهٔتوسیراب کرد، هم اکنون خدا را بخوان تامارا سیراب نماید. وآوازی شنیدند که ازبعضی کوههای مکه فریادی بلند بود :

«ای گروه قریش همانا پیغمبرامی‌ازشماست وهم‌اکنون باید بانتظاروی بود، هان بنگرید وازمیان خود مردی بزرگ وتنومند دارای سنی که باو دعـوت کند و شرفی که اورا بزرگواردارد ،بر گزینید، پس او وفرزندانش بیرون آیند تا از آب وضو گیرند و خـود را خوشبو سازند و رکـن را استلام کنند آنگاه آن مـرد دعا کند ودیگران آمین گویند ودرآن هنگام آنچه بخواهید نعمت وبرکت یابید و یاری شوید .»

پس هیچکس درمکه نماند مگرآنکه گفت : این مرد شیبةالحمداست ،این مرد شیبة الحمد است.[۲] پس عبدالمطلب بیرون رفت و رسول خدا که آن روز کمر بسته بودهمراه وی‌بود، پس‌عبدالمطلب گفت: اللّهم سادّ الخلّة وکاشف‌الکربة، انت عالم غیرمعلّم،مسئول غیرمبخّل ، وهولاء عبادك واماءك بعذرات حرمك ، یشکون الیك سنیهم التی اقحلت الضرع و اذهبت الـزرع.فاسمعن اللهم و امطـرن غیثا مریعا مغدقا .

«خدایا، ای روا کنندهٔ حاجت و برطرف کنندهٔ محنت ، تویی دانای نیاموخته وسؤال شده‌ای که نتوان بخیلش گفت واینان بندگان و کنیزان تواند که درپیرامون حرمت جای دارند و شکایت سالهای قحطی خود را که پستانها را خشك کرده و کشتها را تباه ساخته نزد تو آورده‌اند، پس خدایا بشنو وبارانی پر برکت وفراوان عنایت فرما .»

قریش ازآنجا نرفته بودند که باران آسمان ریزش گرفت. ویکی ازقریش در این باره گوید :

بشیبة الحمـداسقی‌الله بـلدتنا   وقدفقدنا الکری[1] واجلوّذالمطر

منّا مـن الله بالمیمون طـائره   و خیر من بشرت یوما به مضر

مبارك‌الامر یستسقی الغمام بـه   ما فی الانام[2] له عدل و لاخـطر

«خدا سرزمین مارا ازبرکت شیبةالحمد سیراب ساخت ، درحالیکه آسایش را از دست داده وبارانی نداشتیم، خدابآبروی مردی مبارك فال برمامنت نهاد وبهترین کسی است که روزی قبیلهٔ مضر باوشادمان شده اند ، مردی مبارك که باران ابر به آبروی او گرفته شود ودرمیان مردم اورا مثل ومانندی نیست .»

عبدالمطلب وصیت کرد تاحکومت مکه وسرپرستی کعبه با فرزندش زبیر و نگهداری رسول خدا وآب دادن اززمزم باابوطالب باشد وباو گفت :

بزرگواری عظیمی را بدست شما می‌سپارم که باآن می‌توانید مردم را زبون خویش سازید. وبه‌ابوطالب گفت :

اوصیك یاعبد مناف بعدی   بمفـرد بید[3] ابیه فـرد

فارقه وهو ضجیع المهد   فکنت کالاُم له فی‌الوجد

تدنیه من‌احشائها والکبـد   فانت من ارجی بنیّ عندی

۱ـ وقد عدمناالحیا (سیرهٔ حلبی ص۱۳۳ ج۱) . ۲ـ ل، الایام. ۳ـ ل : بعدابیه .

لدفع ضیم اولشد عقد

«ای عبدمناف‌تورا پس ازخود دربارهٔ یتیمی که‌از پدرش‌جدامانده سفارش می کنم،اودر گهواره پدررا ازدست دادوبرای اوچون مادری‌دلسوزبودی که فرزندش را تنگ‌درآغوش می کشد،اکنون‌برای دفع‌ستمی یا محکم ساختن‌پیوندی، بتواز همهٔ پسرانم‌امیدوارترم.»

رسول خدا هشت ساله بود که عبدالمطلب در صد وبیست سالگی و بقولی در صد وچهل‌سالگی وفات کرد و قریش مرگ اورا بزرگ‌شمردند وباآب وسدرغسل داده شد ـ وقریش نخستین قبیله‌ای بود که مردگان راباسدرشستشوداد ـ ودر دوبرد ازبردهای یمن که ارزش‌آندو،هزارمثقال طلا بود، پیچیده شد و آنهمه مشك بر اوریخته شد که بدن را پوشانید وچند روزروی دستهای مردان برداشته میشد، چه اورابس‌بزرگ وبزگوار می‌داشتند وپنهان ساختن اورازیرخاك روانمی‌داشتند .

چون‌عبدالمطلب‌دفن‌شدپسرش‌در کنار کعبه‌وپسرجدعان تیمی نیزدرناحیه‌ای و ولیدبن ربیعهٔ مخزومی در کناری خود را بجامه پیچیده ، دستها گرد زانو حلقه کرده نشستند وهریك مدعی سروری شدند .

ازرسول خدا روایت شده‌است که گفت : ان الله یبعث جدی عبدالمطلب امة واحدة فی‌هیئةالانبیاء وزی‌ّالملوك.

« خدا جد من عبدالمطلب را بتنهایی در هیئت پیمبران و هیبت پادشاهان محشور نماید .»

رسول خدا را پس از وفات عبدالمطلب ، عمویش ابوطالب سرپرستی کرد و بهتر سرپرستی بود . ابوطالب با آنکه نادار بود ، سروری بزرگوار و مطاع و با عظمت بود . علی‌بن ابوطالب گفت : ابی‌ساد فقیراً و ماساد فقیر قبله . « پدرم در عین ناداری سروری کرد وپیش ازاو فقیری سروری نیافت.»

ابوطالب اورا درنه‌سالگی به بُصری درسرزمین شام برد و گفت بخدا قسم تورا بدیگری وا نمیگذارم ، و فاطمه دختر اسدبن هاشم همسر ابوطالب و مادر همهٔ فرزندانش ، رسول خدا را پرورش داد. و از رسول خدا روایت می‌شود که پس از وفات فاطمه که زنی مسلمان و بزرگوار بود ، گفت : الیوم ماتت امی، « امروزمادرم وفات کرد.» واو را در پیراهن خویش کفن کرد و در قبرش فرود آمد و در لحداو خوابید . پس بآن بزرگوار گفته شد : ای رسول خدا برای فاطمه سخت بیتاب گشته‌ای ؟ گفت : انها کانت امی اذکانت لتجیع صبیانها و تشبعنی و تشعثهم و تدهننی وکانت امی، «اوبراستی مادرم بود چه کودکان خودرا گرسنه می‌داشت ومرا سیر می کرد وآنانرا گردآلودمی گذاشت ومرا شسته وآراسته می‌داشت ومادرم بود.»

چون رسول خدا بیست ساله شد ، نشانه‌ها دروی آشکار گشت واهل کتاب در بارهٔ او سخن می گفتند و امراو را در میان می گذاشتند و از حال او جستجو می کردند و ظهور او را نزدیك می‌شمردند . پس روزی به ابوطالب گفت: یا عم انی أری فی المنام رجلا یأتینی و معه رجلان فیقولان : هوهو ، واذا بلغ فشأنك به ، «ای عمو مردی را بخواب می‌بینم که همراه دو مرد نزد من می آید و آن دو مرد می گویند : خود اوست، پس هر گاه (برسالت) برسد مواظب او باش . و آن مرد سخن نمی گوید.پس ابوطالب گفتار اورا برای بعضی ازدانایان مکه باز گفت وچون برسول خدا نگریست ، گفت : این ، روح پاك ، و این هم بخدا قسم پیمبرپاکیزه گشته است . پس ابوطالب باو گفت : فاکتم علی ابن اخـی لاتغربه قومه والله انما قلت لعلی ما قلت ولقد انبأنی ابی عبدالمطلب بانه النبی المبعوث و أمرنی ان استر ذلك لئلایغری به الاعادی . اکنون امر برادر زاده‌ام را کتمان کن و قریش را براو مشوران بخدا قسم که من خود آنچه را گفتی به‌علی گفته‌ام و پدرم عبدالمطلب مراخبرداده است که او پیغمبر برانگیختهٔ خداست و مرا فرموده‌است

که این‌راز را بپوشانم تا مبادا دشمنان براو تحریك شوند .

فجار[1]

رسول‌خدا هفده ساله وبقولی‌بیست‌ساله بود که درفجارحاضرشد . وسبب‌فجار یعنی همان جنگی که میان کنانه وقیس بود ، آن شد که مردی از بنی ضمره بنام «برّاض[2] بن قیس[3]» که درمکه درپناه حرب‌بن امیه می‌زیست ، بر مردی از هذیل بنام «حارث» تاخت و او را کشت ، پس حرب بن امیه او را ازجوار خود راند و او به‌نعمان‌بن منذر پیوست ونزد او با عروة‌بن عتبة‌بن جعفر‌بن کلاب فراهم‌آمدند. نعمان در هرسال چند شتر جامه و مشك را برای بازرگانی ببازار عکاظ می‌فرستاد وکسی ازعرب بآن‌کار نمی گرفت تا آنکه نعمان برادر بلعاء بن قیس را کشت و بلعاء پس ازآن برکالا و مشکهای نعمان می‌تاخت ، پس چون عروه و برّاض نزد اوفراهم آمدند ، گفت:شتران مرا که درپناه خود می گیرد؟ براض گفت: من.وعروه گفت من هم ازاو کم نیستم . و میان آندو نزاعی درگرفت پس چون بیرون‌رفتند وعروه رو براه نهاد تا بازگردد ، براض سرراه براو گرفت و او را کشت وشتران وکالای نعمان راکه همراه داشت گرفت ، پس قبیلهٔ قیس برقبیلهٔ براض فراهم آمدند و کنانه بقریش پناهنده شدند و قریش کنانه را یاری دادند و همراه آنان بجنگ برخواستند. پس درماه رجب که نزدآنان ماه حرام بود ودرآن خونریزی نمی‌شد ، جنگیدند و بدینجهت «فجار»نامیده شد چه درماه حرام، فجوری(گناهی بزرگ) مرتکب شدند.

در این جنگ هرطایفه‌ای از قریش سروری داشت و سروری بنی‌هاشم بـا زبیربن عبدالمطلب بود و روایت شده است که ابوطالب جلوگیرشد که حتی‌یکنفر ازبنی‌هاشم درآن شرکت نماید وگفت : این‌کارستم و بیداد و دوری از نزدیکان و

۱ـ ل، ص۱۴. طبقات ابن‌سعد ج۱ص۱۲۶. ۲ـ ل: براض از(قبیله) قیس. ۳ـ کنانی.

حلال شمردن ماه حرام است ومن‌و کسی از بستگانم درآن شرکت نمی کنیم، پس زبیربن عبدالمطلب را بزور بردند . و عبدالله بن جدعان تیمی و حرب‌بن امیه گفتند : درکاری که بنی‌هاشم نباشند ، حاضر نخواهیم شد ، پس زبیر شرکت کرد. وبقولی ابوطالب درروز(های‌فجار) حاضرمی‌شد ورسول‌خدارا بهمراه داشت‌وهرگاه می‌بود ، کنانه ، قیس را شکست می‌داد و برکت را از حضور او می‌دانستند، پس گفتند: ای فرزند خوراك دهندهٔ پرندگان وآب دهندهٔ حاجیان ، ما را تنهامگذار که با بودنت پیروزی و غلبه با ماست. فرمود : دست ازستم و بیداد وحق‌ناشناسی‌و بهتان زدن بردارید تا من هم ازشما جدا نباشم . گفتند : آنچه را بفرمایی انجام دهیم . پس‌پیوسته حاضرمی‌شد تا خدا آنان را پیروزکرد. و ازرسول خدا روایت شده که گفت : شهدت‌الفجار مع‌عمی ابی‌طالب و اناغلام ، «پسری بودم که با عموی خود ابوطالب درحرب‌الفجار حاضرشدم.» و بروایت‌بعضی‌بیست‌ساله بود که درفجار حاضر شد وابوبراء ملاعب الاسنّه را با نیزه‌ای از اسبش در انداخت و پیروزی از ناحیهٔ اورسید . [این بود روایتهایی که ماهمه را فراهم‌آوردیم] وحرب‌بن امیة‌بن‌عبد شمس یکماه پس از (فجار) درشام درگذشت .

حلف‌الفضول[1]

رسول خدا ازبیست‌سال گذشته بود که درحلف‌الفضول شرکت کرد و پس از آنکه خدایش برسالت فرستاد گفت: حضرت فی‌دارعبدالله‌بن جدعان‌حلفا مایسرّنی به‌حمرالنعم ولودعیت الیه لاجبت ، « درخانهٔ عبدالله پسرجدعان درپیمانی شرکت نمودم که شادمان نیستم تا بجای آن شتران سرخ مو داشته باشم و اگر دیگربار بچنان پیمانی دعوت می‌شدم می‌پذیرفتم.»

سبب پیش‌آمدن حلف‌الفضول آن بود که میان قریش پیمانهای بسیاری بر

۱ـ ل،ص۱۶. طبقات ابن‌سعد ج۱ ص۱۲۸.

اساس دفاع و نیرومندی بسته شد . از جمله « مطیّبون » یعنی بنی عبد مناف و بنی اسد و بنی زهره و بنی تیم و بنی حارث بن فهر پیمان بستند که تا کوه حراء و کوه ثبیر بجا باشد و تا دریایی پشمی را ترکند ، کعبه را وانگذارند . وعاتکه دختر عبدالمطلب طیب را فراهم ساخت و دستهای خود را در آن فرو بردند . و بقولی طیب را ام حکیم بیضاء دختر عبدالمطلب همزاد عبدالله پدر پیغمبر آورد . و « لعقه » یعنی بنی عبدالدار و بنی مخزوم و بنی جمح و بنی‌سهم و بنی عدی نیز پیمان بستند که از یکدیگر دفاع کنند و بدهکاری هم را بپردازند ، و گاوی را سر بریدند و دستهای خود را در خون او فرو بردند . باین ترتیب قریش درحرم بر بیگانه و بیکس ستم می کرد تا آنکه مردی از بنی اسدبن خزیمه[1] با کالایی به‌مکه‌آمد و مردی از بنی سهم[2] کالای او را خرید و آنرا گرفت لیکن ازپرداخت بهای آن امتناع ورزید ، اسدی با قریش سخن گفت و بآنان پناهنده شد و یاری خواست تا حق خود را بگیرد اما کسی حق او را نگرفت ناچار بر کوه ابوقبیس برآمدو با صدای‌بلند فریادزد :

یا اهل فهر لمظلوم بضاعته — ببطن مکة نائی‌الاهل والنفر
ان‌الحرام لمن‌تمت‌حرامته[3] — ولاحرام[4] لثوبی لابس‌الغدر[5]

«ای آل فهر بداد ستمدیده‌ای دور از خویشان و خاندان برسید که در شهر مکه سرمایهٔ او را بستم برده‌اند ، همانا حرم برای کسی است که در بزرگواری تمام باشد ودوجامهٔ فریبکاران را احترامی نیست .»

و بقولی مردی از بنی اسد نبود بلکه قیس بن شیبهٔ‌سلمی کالایی به‌ابی[3] (بن) خلف جمحی فروخت‌وابی‌حق اورابرد، پس‌آن شعررا گفت؛وبقول دیگراین‌شعررا:

یاآل‌قصی کیف هذا فی‌الحرم — وحرمةالبیت و اخلاق‌الکرم

۱ـ حلبی ج ۱ ص ۱۵۶ : مردی‌از زبید. ۲ـ حلبی؛عاص‌بن وائل. ۳ ـ حلبی: مکارمه.
۴ ـ سیرهٔ حلبی ج ۱ ص ۱۵۷ : حرام بمعنی احترام است. ۵ ـ حلبی: لثوب‌الفاجرالغدر.

اظلم لایمنع منی من‌ظلم

«ای (فرزندان) قصی این چه‌کاریست در حرم! بحرمت خانه و مکارم‌اخلاق سوگند که برمن ستم می‌شود و دست ستمکار ازسرم کوتاه نمی‌گردد (کسی بدادم نمی‌رسد)».

پس قریش شرمنده شدند و ایستادند و پیمان بستند که بر بیگانه و جز او ستم نشود و حق مظلوم از ظالم گرفته شود، و درخانهٔ عبدالله‌بن جدعان تیمی‌فراهم شدند، و هم پیمانها هاشم و اسد و زهره و تیم و حارث‌بن فهر بودند. پس قریش گفتند: این پیمانی زائد است، پس «حلف‌الفضول» نامیده شد. و بقول بعضی سه نفر بنامهای فضل‌بن قضاعه و فضل‌بن حشاعه و فضل‌بن بضاعه[1] دراین پیمان بودند بدینجهت «حلف الفضول» نامیده شد. ونیز گفته‌اند که این چند نفر در پیمانی‌از قبیلهٔ جرهم حاضر شدند که بنام‌آنان «حلف‌الفضول» نامیده شدوپیمان این‌سال را هم بدان تشبیه کردند.

تعمیر کعبه[2]

هنگامی که میان قریش نزاعی برخاست، رسول خدا که بیست وپنجساله بود، حجر(اسود) رابجای خودش نهاد وآن بدین‌جهت بود که‌چون سیلی‌درمکه‌آمد و کعبه را ویران ساخت، قریش، ساختمان کعبه راازهم زدند، وبقولی دیگر زنی ازقریش کعبه رابخور می‌داد پس شراره‌ای ازآتش پرید ودر کعبه راسوخت وطول آن نه‌ارش بود. پس‌آن رابهم زدند ونخست کسی که با کلنگ دست بخراب کردن کعبه شد، ولیدبن مغیرهٔ مخزومی‌بود، پس‌بنا را کندند تابپایه‌های ابراهیم‌رسیدند وازآن هم‌سنگی کندند وسنگ برجست وبجای خویش بازگشت وبدینجهت‌تعطیل

۱ ـ حلبی، فضل‌بن فضاله، فضل‌بن‌وداعه وفضل‌بن حارث. ۲ـ ل، ص۱۷.

کردند وبقولی آنکس که سنگ ازدست اوپرید، ابووهب [1] بن عمروبن عائذبن عمران‌بن مخزوم بود و اژدهایی پدیدار گشت ومیان آنان‌وساختمان کعبه حایل‌شد. پس فراهم آمدند و گفت: چه باید کرد؟ ابوطالب گفت: شایسته نیست که هزینهٔ این‌کار جز ازدرآمدهای پاکیزه پرداخته شود، پس مالی را که از راه ستم وتجاوز بدست‌آورده باشیددرآن داخل نکنید. پس آنچه را بیشك ازمالهای پاکیزهٔ خویش می‌دانستندآوردند و دستها را بآسمان برداشتند، آنگاه پرنده‌ای آمد و اژدها را ربود تا رفت و آنان جامه های خود را نهادندو برهنه کار می کردند مگر رسول خدا که از کندن جامه‌اش امتناع کرد و ازفریاد کننده‌ای شنید که فریاد می‌زد: جامه‌ات را مکن!

و سنگهای مصرفی ساختمان کعبه از کوهی بنام «سیاده» از بالای دره آورده شد و آن را هیجده ارش قراردادند و هرقبیله‌ای قسمتی از آنرا بعهده گرفتند، چنانکه‌بنی‌عبدمناف،ربعی،ودیگرفرزندان‌قصی‌بن کلاب وبنی تیم، ربعی،ومخزوم، ربعی، و بنی سهم و جمح و عدی و عامربن فهر ربعی را عهده دار بودند و چون خواستند حجر (الاسود) را بجایش گذارند با یکدیگر نراع کردند و هر قبیله‌ای می گفت: ما آن را نصب می کنیم. پس رسول خدا که قریش او را «امین» می‌نامید، رسید و چون دیدند که او می‌رسد گفتند: همگی بآنچه محمدبن‌عبدالله بفرماید خوشنودیم.

پس رسول‌خدا ردای خودرا پهن کرد وحجر را درمیان آن نهاد و گفت: هر قبیله‌ای، کناری ازکناره‌های ردا را بگیرد آنگاه با هم آنرا بلند کنید، چنین کردند و عتبةبن ربیعه و ابوزمعةبن اسود [2] و ابو حذیفة بن مغیره و قیس‌بن عدی سهمی وبقولی عاص‌بن وائل هریك کناری را بلند کردند و چون بجای خودرسید،

---

۱ ـ دائی عبدالله پدر پیغمبر (سیرهٔ ابن هشام‌ج ۱ ص ۲۱۱، حلبی ج ۱ ص ۱۶۸).
۲ـ صحیح: زمعةبن اسوداست.

رسول‌خدا آنرا گرفت ودرجای خودش نهاد ، آنگاه برای کعبه که پیش‌ازآن سقفی نداشت ، سقفی زدند .

همسری خدیجه دختر خویلد[۱]

رسول‌خدا بیست‌وپنج‌ساله‌وبقولی‌سی‌ساله‌بود که‌خدیجه‌دختر خویلدرا بهمسری گرفت وازفرزندان آن‌بزرگوارازخدیجه، قاسم‌ورقیه وزینب وام کلثوم پیش‌ازبعثت وعبدالله که طیب وطاهر همواست ، چه دراسلام ولادت‌یافته‌است ، وفاطمه پس‌ازبعثت متولد شدند . ازعماربن یاسر نقل شده که گفت : من ازهمهٔ مردم بامرازدواج‌رسول خدا باخدیجه دخترخویلد ، داناترم چه دوست اوبودم وروزی باهم در میان صفا و مروه راه می‌رفتیم که ناگهان خدیجه دخترخویلد وخواهرش هاله رسیدند وچون خدیجه رسول خدا را دید ، هاله خواهرش نزدمن‌آمد وگفت : ای عمار رفیقت را نیازی به‌خدیجه نیست ؟ گفتم : بخدا قسم نمی‌دانم . پس‌بازگشتم وسخن‌هاله‌را با او درمیان گذاشتم . گفت : برگرد وبااوقراری بگذار وروزی را وعده ده تانــزد او برویم ، چنین کردم وچون روزموعود رسید ، خدیجه نزد عمروبن اسدفرستادو آن روزباوشراب نوشانید وریش او را باروغن زردی چرب کرد و بردهای یمنی بر او پوشانید سپس رسول خدا باچند نفر ازعموهای خود که ابوطالب پیشرو آنها بود ، رسیدند وابوطالب خطبه خواند :

الحمدلله‌الذی جعلنا من زرع ابراهیم وذریة اسماعیل وجعل‌لنا بیتامحجو با وحرماً آمناً و جعلناالحکّام علی‌الناس و بارك لنافی بلدناالذی نحن‌فیه ، ثم‌ان ابن اخی محمد بن عبدالله لایوازن برجل من قریش‌الارجح ولایقاس باحدالاعظم عنه ، وان کان فی‌المال قلّ فان‌المال رزق حائل وظل زائل، وله فی‌خدیجة ولهافیه‌رغبة، وصداق ماسألتموه عاجله من مالی وله والله خطب عظیم ونبأشایع .

---

۱ – ل : ص ۱۹ .

«سپاس خدارا که مارا از نسل ابراهیم و فرزندان اسماعیل قرارداد و مارا به کعبه‌ای حرام و حرمی امن، سرفراز داشت و مارا برمردم سروری داد و شهرمارا که در آن هستیم مبارک ساخت، سپس براستی برادرزاده‌ام محمدبن عبدالله، اگرچه ازمال تهی دست است، باهیچ مردی ازقریش سنجیده نشود جز آنکه براو فزون آید و باا حدی قیاس نشود مگر آنکه ازاو بزرگتر باشد، چه مال، روزی دگرگون و سایهٔ بی‌دوامی است واوخواستارخدیجه وخدیجه خواهان اوست، و کابین آنچه بخواهید، نقدآن ازمال من است و اورا بخدا قسم امری است بزرگ و پیشامدی جهانگیر.»

پس خدیجه را بهمسری گرفت ورفت وفرداصبح عموی خدیجه عمروبن اسد از آنچه دید درشگفت ماند، پس باو گفته شد: داماد تازه‌ات محمدبن عبدالله بن عبدالمطلب اینهارا برای تو هدیه آورده است. گفت: من کی باو زن داده‌ام؟ گفتند: دیروز. گفت: چنین کاری نکرده‌ام. گفتند: چرا ما خود گواهیم که چنین کرده‌ای. اما چون عمرو رسول خدارا دید، گفت: گواه باشید که اگرهم خدیجه را دیروزباو تزویج نکرده باشم امروزتزویج کردم..

وازآنچه مردم می گویند که خدیجه رسول خدا رابمزدوری گرفت، خبری نبوده واوهرگز مزدور کسی نگشته است. از محمد بن اسحاق روایت شده که خویلدبن اسدبن عبدالعزی پنج سال بعد ازفجار، دخترخود خدیجه را به رسول خدا تزویج کرد وبروایت بعضی خویلد درفجار کشته شد یاهم درسال فجارمرد.

مبعث[۱]

هنگامی رسول خدا مبعوث شد که چهل سال تمام از عمر او سپری گشت و بعثت آن بزرگوار درماه ربیع‌الاول [۲] وبقولی دررمضان وازماههای عجم در شباط،

۱ ـ ل، ص۲۰. ۲ـ روز دوشنبه دهم ربیع‌الاول مطابق ۲۳ آبانماه ۱۳۵۷ ازآغازپادشاهی بخت‌نصر، و۸ شباط سال ۹۲۱ ازپادشاهی اسکندر (التنبیه والاشراف ص ۱۹۸).

وسالی که بعثت درآن واقع شد سال قرانی دردلو بود .

ماشاء الله منجم گفته است : طالع سال بعثت رسول‌خدا که قران سوم‌ازقران ولادتش بود چهاردرجهٔ سنبله بود وقمردر۱۷ [درجهٔ] میزان ، ومریخ ازطالع در۱۳ درجهٔ سنبله درحال رجوع ، ومشتری درپنجم در۲۱ درجهٔ جدی ، وزحل درششم‌در ۹ درجهٔ دلو، حد زهره درحوت ، وخورشید درهشتم دریك‌دقیقهٔ حمل وعطارد در۱٤ درجهٔ حمل ، وحد مدخل سال ازنخستین روزی که خورشید بآن در آمده‌است .

وخوارزمی گفته است : خورشید درآ نروزدر۲٤ درجه و۱۵ دقیقهٔ دلو بود ، و قمر در۱۷ درجهٔ سرطان ، و زحل در۱۹ درجهٔ دلو، و مشتری [....] ۱۲ درجه ، ومریخ در۱۵ درجه و۳۰ دقیقهٔ حوت، وزهره در۱۱درجهٔ حمل،وعطارد در۲۳ درجه و۳۰ دقیقهٔ دلو .

جبرئیل براو آشکارمی گشت وبااوسخن می گفت وبسا که اوراازآسمان و از درخت واز کوه ندامی کرد ورسول خداازآن بیمناك می‌شد ، سپس باو گفت همان پروردگارت تورا می‌فرماید که ازبتهای پلید دوری گزینی واین نخستین امرخدا بود . پس رسول خدا نزد خدیجه دخترخویلد می‌آمد وسخنانی‌را که شنیده بودباو بازمی گفت ، خدیجه می گفت ای پسرعموآنرا پوشیده دار بخدا قسم‌من امیدوارم که خدا خیری برای توپیش‌آورد.

جبرئیل درشب شنبه وشب یکشنبه نزداوآمد ودرروزدوشنبه وبقول بعضی‌روز پنجشنبه بادستوررسالت براو آشکار گشت وبقول کسی که‌آنرا ازجعفربن‌محمد ﷷ روایت کرده است روزجمعه ده روزبآخر رمضان بوده‌است وبرای همین‌است که خدا جمعه راعید مسلمانان قرارداد .

جبرئیل جبه‌ای دیبا پوشیده بود وبرای‌آن بزرگوارتشکی ازتشکهای‌بهشت آورد واورا روی‌آن نشانید واورااعلام کرد که فرستادهٔ خداست وپیام خدا را به او

رسانید وباو یاد داد :

اقرء باسم ربك الذی خلق، «بخوان بنام پروردگارت که آفرید.» فردا نیز نزد او آمد واورا درجامه پیچیده یافت ، پس گفت : یاایها المدثر ، قم فانذر ، «ای بجامه پیچیده برخیز وبیم ده!» رسول خدا گفت: اول مانهانی عنه جبرئیل بعد عبادة الاصنام ملاحاة الرجال ، « بعد از پرستش بتها نخستین چیزی که جبرئیل مرا از آن نهی کرد ، نزاع کردن بامردان است .»

بروایت بعضی اسرافیل سه سال وجبرئیل بیست سال وبروایت دیگران پیوسته جبرئیل براو گماشته بود .»

ورقة بن نوفل به خدیجه دختر خویلد گفته بود: ازاو بپرس این کسی که نزد اومی آید کیست ؟ اگر میکائیل باشد ، برای اودستور آسایش وآرامش ونرمی واگر جبرئیل باشد فرمان کشتن وبرده گرفتن آورده است . خدیجه ازرسول خدا پرسید وپاسخ داد که جبرئیل است، پس خدیجه دست به پیشانی زد .

نخستین نمازی که براو واجب گشت ، نمازظهر بود ، جبرئیل فرود آمد ووضو گرفتن را باو نشان داد وچنانکه جبرئیل وضو گرفت ، رسول خدا هم وضو گرفت، سپس نمازخواند تاباو نشان دهد که چگونه نمازبخواند، پس رسول خدا نمازخواند . بروایت بعضی نخستین نمازی که رسول خدا خواند . صلوة وسطی یعنی نمازظهر است وآنروز هم جمعه بود . سپس خدیجه دختر خویلد رسید ورسول خدا او را خبرداد، پس وضو گرفت ونمازخواند ، سپس علی بن ابی طالب رسول خدا را دید وهرچه رادید انجام می دهد ، انجام داد .

چون رسول خدا مبعوث شد ، دیوها بتیرهای شهاب آسمانی رانده شدند واز آنکه پنهانی گوش فرا دارند ، ممنوع گشتند پس ابلیس گفت : این نیست مگر بدانکه پیشامدی شده وپیمبری مبعوث گشته باشد . درتمام دنیا بتها درآنروز برو

افتاده بودند وآتشکده ها خاموش گشته بود .

نخستین کسی که اسلام آورد ، اززنان خدیجه دختر خویلد بود و از مـردان علی بن ابیطالب سپس زیدبن حارثه و بعد ازاوابوذر وبقولی ابوبکر و سپس ابوذر ، سپس بترتیب ، عمروبن عبسهٔ سلمی ، خالدبن سعیدبن عاص ، سعدبن ابی وقاص ، عتبة بن غزوان ، خبّاب بن ارت ومصعب بن عمیر .

ازعمروبن عبسهٔ سلمی روایت شده که گفت : درآغاز بعثت که داستان رسول خدا راشنیدم نزد اوشرفیاب گشتم و گفتم : امرخویش رابرای من توصیف کن. پس امررسالت خود وآنچه را خدااورا بدان مبعوث کرده بود برای من توصیف کرد ، گفتم آیا کسی هم دراین امرتوراپیروی کرده است ؟ گفت : آری ، زنی و کودکی وغلامی [1] . ومقصودش خدیجه دختر خویلد وعلی بن ابوطالب وزیدبن حارثه بود.

رسول خدا سه سال درمکه امررسالت خودرا پوشیده می داشت وبه یگانگی و پرستش خدای عزوجل واقراربپیامبری خویش دعوت می نمود ، وهر گاه بر گروهی ازقریش می گذشت می گفتند : جوان پسرعبدالمطلب ازآسمان سخن می گوید . تا آنکه خدایانشان را بر آنان عیب گرفت وازهلاکت پدرانشان که کافرمرده اندسخن گفت، سپس خدای عزوجل اورا فرمود تارسالت خویش را آشکارسازد، پس دعوت خود راعلنی ساخت وردابطح بپاایستاد و گفت :

انی رسول الله ، ادعوکم الی عبادة الله وحده وترك عبادة الاصنام التی لاتنفع ولا تضرّ ولاتخلق ولاترزق ولاتحیی ولاتمیت . «همانا من فرستادهٔ خدایم ، شمارادعوت می کنم بپرستش خدای تنها ورها کردن پرستش بتهایی که سود نمی دهند وزیـانی ندارند ونمی آفرینند وروزی نمی دهند وزنده نمی کنند ونمی میرانند .»

پس قریش اورا مسخره کردند وآزار دادند وبه ابی طالب گفتند : راستی که

۱ـ اسدالغابه : آزادی وغلامی .

برادرزاده‌ات خدایان مارا بد گفته و خردهای مارا سبك شمرده و گذشتگان ما را گمراه دانسته است، رواست که ازاین کارها بگذرد ودر مالهای ما آنچه بخواهد انجام دهد؟ پس رسول خدا گفت: ان الله لم یبعثنی لجمع الدنیاوالرغبة فیها وانما بعثنی لابلّغ عنه وادلّ علیه. «همانا خدامرا برای فراهم ساختن دنیا و دل بستن بدان نفرستاده است بلکه مرا مبعوث کرده تا پیام اورابرسانم وباو رهبری کنم.»

پس بسخت ترین وجهی بآزاراوپرداختند وآزاردهندگان او گروهی بودند ازجمله: ابولهب وحکم بن عاص وعقبة بن ابی‌معیط وعدیّ بن‌حمراء ثقفی وعمرو ابن طلاطلهٔ خزاعی[1]، اما آزارابولهب ازهمه بیشتربود.

بعضی روایت کرده‌اند که رسول خدا دربازارعکاظ بپاخاست در حالی که جبهٔ سرخی برتن داشت و گفت: ایهاالناس قولوالااله الاالله‌تفلحوا وتنجحوا، «ای مردم بگویید لااله الاالله تارستگار وپیروز گردید.» ناگهان مردی بدنبال اودیده شد که دو گیسوی بافته داشت و روی اوبرنگ طلا بود ومی گفت: ای مردم این جوان برادرزادهٔ من وبسیاردروغگواست پس ازاوبرحذرباشید. گفتم این مرد کیست؟ گفتند: این جوان محمد بن عبدالله و این مرد ابو لهب بن عبدالمطلب عموی او است.

استهزاءکنندگان برسول خدا، عاص‌بن وائل سهمی‌وحارث بن‌قیس‌بن‌عدی سهمی واسود بن مطلب بن اسد وولیدبن مغیرهٔ مخزومی واسودبن عبد یغوث زهری بودند. اینان کودکان وغلامان خودرا براومی گماشتند تاآزارش دهند وکاربآنجا کشید که شتری‌را درحرروه کشتند ورسول خدا بنمازایستاده بود، پس غلام خودرا امر کردند تاشکنبه وسرگین شتر را برداشت وبر میان دو شانهٔ رسول خدا که در سجده بود، انداخت. رسول خدا بر گشت و نزد ابوطالب آمد و گفت: کیف

1- بیشتر، حارث بن طلاطله وبرخی‌هم، مالك بن طلاطله نوشته‌اند.

موضعی فیکم ؟ «درمیان شما چه مقامی دارم ؟» گفت برادرزاده‌ام ، چه پیش آمده ؟ پس عمورا با آنچه بااوشده بود خبرداد. گفت : پس ابوطالب درحالی که شمشیربکمر بسته بود وغلامی همراه داشت رسید وشمشیرخودرا کشید و گفت : بخدا قسم کسی ازشما سخن نگوید مگرآنکه اورا بزنم . سپس غلامش رافرمود تاشکنبه وسر گین را برروی یکایك آنان مالید. سپس گفتند : ای برادرزادهٔ ما، توراهمین که برسرما آوردی بس است .

قریش نزد ابی طالب فراهم آمدند و گفتند : از توخواستاریم پیشنهاد عادلانهٔ ما راپذیری ، عمارة بن ولید بن مغیره ، این جوانی را که ازهمهٔ قریش خوشگلتر وخوش اندام تراست، بگیرواورا پسرت قرارده ومحمد رابماتسلیم کن تا اورابکشیم. گفت: بامن ازدرانصاف سخن نگفتید ، پسرم رابشما تسلیم کنم تااورا بکشید وپسر خودرا بمن می‌دهید که اورا پرورش دهم !

ابوطالب در این باره گوید :

عجبت لحلم یاابن شیبة عارف و احلام اقوام لدیك سخاف
یقولون شایع من اراد محمداً بسوء ، وقم فی امره بخلاف
اضامیم[1] اماحاسد ذو خیانة و امــا قریب منه غیر مصاف
ولایر کبنّ الدهر منك ظلامة وانت امرؤ من خیرعبدمناف
وان له قربی الیکم وسیــلة ولیس بذی حلف ولابمضاف
ولکنه من هاشم فی صمیمهــا الی ابحر فوق البحور طواف
فان غضبت[2] فیه قریش فقل لها بنی عمّنا ما قومکم بضــعاف
فماقومکم بالقوم یخشون ظلمهم ومانحن فیما سائکم بخلاف[3]

«ای پسرشیبه ، برای خردی شناسا وخردهای پست.مردمی که نزد تواند ،

۱ـ ل، ب : اصامیم . ۲ـ ل ، ب : عصبت . ۳ـ ل ، ب : بخفاف

بشگفت آمدی.می گویند، کسانی را که بامحمد بدی می کنند، پیروی کن ودرامر (رسالت) اومخالف باش . جماعتهای بهم آمیخته‌ای ، یا رشك برنده ای خیانتکار ، یاهم خویشاوند اواما بدون صداقت، روزگاررا نمی‌رسد که برتوستم نماید ، چه تو ازبهترین (فرزندان) عبد منافی . می‌دانید که محمد را با شما خـویشاوندی بسیار نزدیکی‌است واوهم پیمان یا منسوب شمانیست ، لیکن اوهاشمی وازاصل‌هاشم است ازدریاهایی که ازهمه دریاها برتراست . پس‌اگرقریش دربارهٔ اوبخشم آمده‌انـد ، بآنان بگوای عموزادگان مردان بنی‌هاشم ناتوان نیستند. اینان مردمی‌نیستند کـه از بیداد مردم بترسند ، و ما را دربارهٔ آنچه شما را بخشم آورده است ، اختلافـی نیست [۱]

ونیز گوید :

وینهض قوم نحوکم غیرعزّل	ببیض‌حدیث عهدها بالصیاقل
وابیض یستسقی‌الغمام‌بوجهه	ثمال الیتامی عصمة للأرامل

«مردمی برشما حمله می‌برند که بی‌چاره نیستند وبا شمشیرهای تـازه صیقل داده شده ، مسلح شده‌اند ، وسفید رویی که باران ابربآبروی اوخـواسته می‌شود و فریادرس یتیمان ونگهدار بیوه زنان است.»

معراج [۲]

داستان معراج پیش‌آمد وجبرئیل براق رابرای اوآورد ، براق کوچکتراز استروبزرگترازدرازگوش‌بود ، دوگوش اوپیوسته‌اضطراب وحرکت داشت، گامش باندازهٔ مدّ بصرش بود ، دوبال داشت که ازپشت سراورا می‌راند وبرپشت اوزینی از یاقوت بود ، پس اورا به بیت‌المقدس برد وآنجا نمازخواند، سپس‌اورابآسمان برد ومیان اووپرورد گارش باندازهٔ دو کمان یا کمتربود .

۱- یعنی همه درباری محمد ودین او هماهنگیم. ۲ ـ ل ، ص ۲۵.

سپس او را فرود آورد ودر خانهٔ ام هانی دختر ابوطالب فرود آمد وداستان معراج رابدو گفت ، پس گفت : پدرومادرم فدای توباد این‌قصه را به‌قریش‌مگو که تورا تکذیب می کنند . درشبی که رسول خدا رابمعراج‌بردند ، ابوطالب اورا نیافت وترسید که مبادا قریش‌اورا‌ربوده یاهم کشته باشند، پس هفتادمرد ازبنی‌عبدالمطلب که خنجرها بدست داشتند فراهم ساخت وبآنان فرمود که هرمـــردی ازایشان در پهلوی مردی ازقریش بنشیند وبآنان گفت : اگرمرا دیدید که بامحمد آمدم دست نگهدارید تانزد شما بیایم و گرنه هرمردی ازشما همنشین خودرا بکشد ومنتظرمن نباشد . پس‌محمد را بردرخانهٔ ام هانی‌یافتند وابوطالب اوراجلوخودآورد تا برسر قریش‌ایستاد وآنچه راپیش‌آمده بود بآنان باز گفت ، پس آن را بزرگ شمردند و درنظرشان عظیم آمد وبااوعهد وپیمان گذاشتند که دیگررسول خدا راآزارندهند و هر گز بدی‌ازایشان باو نرسد.

انذار[1]

خدای عزوجل‌اورا فرمود که خویشان نزدیکترخودرا بیم دهد ، پس‌بر کوه مروه ایستاد سپس باصدای بلند فریاد زد : یاآل فهر . پس‌همهٔ طایفه‌های قریش‌نزد اوفراهم شدند چنانکه یکنفرباقی نماند ، پس‌ابولهب باو گفت: اینان آل‌فهرند،سپس فریاد کرد : ای‌آل غالب. پس‌بنومحارب وبنوحارث بن فهرباز گشتند . سپس‌فریاد کرد : ای‌آل لوی . پس بنوتیم ادرم [ابن] غالب رفتند . سپس فریاد کرد : ای‌آل مرّه . پس‌بنوعدی بن کعب وبنوسهم وبنوجمح پسران هصیص بن کعب رفتند. سپس فریاد کرد : ای‌آل کلاب. پس بنوتیم بن مره وبنو مخزوم بن یقظة بن مره رفتند. [سپس فریاد کرد:ای‌آل قصی.پس‌بنوزهره رفتند].سپس فریاد کرد:ای‌آل‌عبدمناف پس‌بنوعبدالدار وبنوعبدالعزی پسران قصی رفتند . سپس فریاد کرد : ای‌آل‌هاشم.

1-ل ، ص ۲۶.

پس بنوعبد شمس وبنو نوفل رفتند وتنها بنو عبدالمطلب باقی ماندند. [پس ابولهب گفت] : اینان بنی هاشم اند که فراهم گشته‌اند ، پس‌دریکی‌ازخانه‌های هاشم آنان رافراهم ساخت .

ابوعبدالله فضل بن عبدالرحمن هاشمی از فرزندان ربیعة بن حارث مراخبر داد که‌آنان درخانهٔ حارث بن عبدالمطلب بودند وچهل مرد یکی‌بیش یا کم‌میشدند پس برای آنان خوراك تهیه کرد و ده‌نفر ده‌نفر خوردند تاسیرشدند باآنکه تمام خوراکشان یکپای گوسفند ونوشابه شان یك ظرف شیربود ودر میان آنان کسانی بودند که هر کدام‌یك بره‌را می‌خورد ویك پیمانه‌نوشابه را می‌نوشید. سپس آنان‌را چنانکه خدا باوفرموده بود ، بیم داد وبه‌آنهااعلام کرد که خداآنان رابرتری‌داده وبر گزیده وپیمبرخودرا در میان‌آنها مبعوث کرده واورا فرموده‌است که بیمشان دهد . پس‌ابولهب گفت: پیش‌ازآنکه دیگران جلومحمد رابگیرند جلواورابگیرید که‌آن روزاگربه یاری اوبرخیزید کشته شوید ، واگراورا رهاکنیدخوار گردید. ابوطالب گفت : ای ننگ فامیل ! بخدا قسم برای یاری اوآماده‌ایم ودرآینده هم یاوراوخواهیم بود . ای پسربرادرم هر گاه خواستی‌بسوی پرورد گارت دعوت کنی مارااعلام کن تامسلح شده همراه توبیرون‌آییم .

درهمان روزجعفربن ابی‌طالب وعبیدة بن حارث وگروه بسیاری باسلام درآمدند وامرشان‌آشکار گردید وشمارهٔ آنان بسیار گشت و با خویشان مشرك خود دشمنی کردند، پس قریش بربیچارگانشان فشارآوردند تاازاسلام باز گردندورسول خدارادشنام دهند . ازکسانی که درراه خدا شکنجه می‌شدند ، عماربن یاسروپدرش یاسر ومادرش سمیّه‌اند ، تا آنجا که ابوجهل ، سمیّه را بانیزه‌ای که بپائین شکمش فروبرد ، شهید کرد وسمیه اول کسی‌است که دراسلام بشهادت رسید ، دیگرخبّاب ابن‌ارت وصهیب بن سنان وابوفکیههٔ ازدی وعامر بن فهیره وبلال‌بن رباح .

خبّاب بن ارت گفت: ای رسول خدا برای ما دعا کن. گفت: انکم لتعجلون، لقد کان الرجل ممن کان قبلکم یمشط بامشاط الحدید ویشق بالمنشار فلا یرده ذلك عن دینه، والله لیتممن الله هذا الامر حتی یسیر الراکب من صنعاء الی حضرموت لا یخاف الا الله والذئب علی عنزه، «شماها شتاب می کنید، پیشینیان چنان بودند که مردی از آنها را با شانه‌های آهن شکنجه می‌دادند و باره می‌شکافتند، واین همه اورا ازدینش باز نمی گرداند، بخدا قسم که خدا این کار را بانجام می‌رساند و چنان می‌شود که سواره‌ای از صنعاء تا حضرموت برود و جز از خدا واز آنکه گرگی گوسفندان او را بدرد نترسد.»

شکنجهٔ مسلمانان بسختی کشید واز مشرکان آزار فراوان دیدند، در نتیجه پنج نفر از جمله ابوقیس [بن ولید] بن مغیره، و ابوقیس بن فاکه بن مغیره[1] از دین باز گشتند، به روایتی این آیه دربارهٔ اینان نازل شده است: الذین تتوفاهم الملئکة ظالمی انفسهم الی آخر الآیة[2]، «آنان که در حال ستم کردن برخویش، فرشتگان جانشان را بگیرند تا پایان آیه.»

هجرت به حبشه[3]

چون رسول خدا دید که یاران او سخت گرفتار ودرشکنجه‌اند واوخوددرپناه عمویش ابوطالب آسوده است، بآنان گفت: بکشورحبشه نزد نجاشی هجرت کنید که اونیك پناه می‌دهد. پس درمرتبهٔ اول دوازده مرد[4] ودرمرتبهٔ دوم هفتادمرد بجز

۱ـ ازبنی مخزوم، وحارث بن زمعة بن اسود ازبنی اسد بن عبدالعزی، وعلی بن امیة بن خلف ازبنی جمح، وعاص بن منبه ازبنی سهم واینان همه دربدر کشته شدند (سیرهٔ ابن هشام ج۲ ص۲۸۳). ۲ـ س ۴ ی۹۷. ۳ـ ل، ص ۲۸. ۴ـ وچهارزن: عثمان بن عفان باهمسرش رقیه دختر رسول اکرم، ازبنی امیه، ابوحذیفة بن عتبة بن ربیعه باهمسرش سهله دخترسهیل بن عمرو ازبنی عبد شمس بن عبد مناف، زبیر بن عوام ازبنی اسد بن عبدالعزی، مصعب بن عمیر ازبنی عبدالدار، عبدالرحمن بن عوف ازبنی زهرة ←

فرزندان وزنانشان واینان مهاجرین‌اولین‌اند[1] وآنها را نزد نجاشی‌مقام ومنزلتی‌بود، نزد جعفرمی‌فرستاد وازآنچه می‌خواهد پرسش‌می‌کرد ، پس‌چون خبراین قضیه‌به قریش رسید ، عمروبن عاص وعمارة بن ولید مخزومی[2]را باهدیه هایی نزد نجاشی فرستادند[3] وازاوخواستند تاآن دسته ازیاران‌رسول خدارا که نزد اورفته‌اند ، بسوی آنان بازگرداند و گفتند : کم خردانی‌ازقریش ازدین ما بیرون رفته و مردگان ما را گمراه خوانده وخدایان مارا بد گفته‌اند و اگر آنان رابا عقیـده ای که دارند واگذاریم ، ایمن نیستیم که دین تورا تباه سازند. پس‌چون عمروو‌عماره این پیام‌را به‌نجاشی گفتند ، پی‌جعفرفرستاد وازاوپرسید . جعفر گفت: اینان‌را بدترین کیشی است چه سنگ راپرستش می کنند وبرای بتهانیایش دارند و پیوند خویشاوندی را می‌برند وستم رابکار می‌برند وحرامها را حلال می‌شمارند ، اکنون خدای درمیان ماپیمبری فرستاده است که ازبزرگوارترین وسزاوارترین وراستگو ترین ومحترم ترین رجال ماست، پس‌بفرمان‌خدا به‌رها کردن پرستش‌بتها ودوری کردن‌ازبیداد- گریها وحرامها وبکار بستن حق وپرستش خدای یگانه امر کـرده است . نجاشی هدیه ها را به‌عمرو وعماره پس‌داد و گفت : مردمی را که درپناه من‌آمده‌اند و دین حق دارند بشما که دین باطل دارید تسلیم کنم ؟ آنگـاه به‌جعفر گفت : چیزی از آنچه برپیمبرشما نازل شده است ، برمن بخوان . جعفر «کهیعص» را تلاوت کـرد

← ابن کلاب ، ابوسلمة بن عبدالاسد با همسرش‌ام سلمه دختر ابی امیه ازبنی مخزوم ، عثمان بـن مظعون ازبنی جمح ، عامربن ربیعه ازعنزبن وائل ، ابوسبرة بن‌ابی‌رهم ازبنی عامربن‌لوی ، سهیل ابن‌بیضاء ازبنی حارث بن فهر(سیرهٔ ابن هشام ج۱ص۳۴۴) وحاطب بن‌عمروو‌عبدالله بن مسعود وزن عامربن ربیعه ، لیلی دخترابوخیثمه . (تاریخ طبری ج۲ ص۶۹ ، مصباح‌الاسرار ص۲۸)

۱ـ طبقات ابن سعد ج ۱ص۲۰۳ ـ۲۰۷ . ۲ـ ابن هشام ج ۱ ص ۳۵۷ ؛ عبدالله بن ابی ربیعه . ۳ـ امتاع‌الاسماع ، بقولی پس‌ازجنگ بدر، وبقول ابونعیم حافظ عمروبن عاص را دوبـار فرستادند ، یکباربا عمارة بن ولید وباردیگر باعبدالله بن ابی ربیعة بن مغیره .

ونجاشی و کشیشهایی که در حضوراو بودند گریستند. پس عمرو وعماره باو گفتند: ای پادشاه اینان گمان می‌برند که مسیح بنده‌ای است مملوك. این سخن نجاشی را بیمناك ساخت و پی جعفر فرستاد و باو گفت: پیمبر شما دربارهٔ مسیح چه می گوید؟ گفت: می گوید که مسیح روح خدا و کلمهٔ اواست که آن را بر دوشیزهٔ شوهر نکرده افکنده است. پس نجاشی چوب را میان دو انگشت خود گرفت و گفت: مسیح از آنچه گفتی حتی باندازهٔ این چوب فزونی ندارد.

میان عمرو بن عاص وعمارة بن ولید در بین راه نزاعی پیش آمده بود چه عماره مردی بسیار شیفتهٔ زنان بود وعمرو، همسرش رابطه[1] دختر منبه بن حجاج سهمی را همراه داشت، پس عماره به عمرو گفت: زنت را بگو تا مرا ببوسد. عمرو گفت: سبحان‌الله! بدختر عمویت چنین می گویی؟ گفت بخدا قسم بکند یا تو را با همین شمشیر می‌زنم. عمرو بزنش گفت: عماره را ببوس. سپس عماره، عمرو را در بغل گرفت ومیان دریا انداخت پس عمرو شنا کرد و چنان پنداشت که عماره این کار را به مزاح انجام داد و گفت: ریسمان را برای پسر عمویت بینداز، سبحان‌الله! آیا شوخی چنین می‌باشد؟ پس ریسمان را بسوی او انداخت وعمرو بیرون آمد. اکنون که عمرو وعماره خواستند باز گردند واز نزد نجاشی ناامید گشتند، عمرو به عماره گفت: کاش نزد همسر نجاشی می‌فرستادی، شاید از او کام خود را می گرفتیم، عماره چنین کرد و بازن نجاشی چنان گرم گرفت که از عطر پادشاه برای او فرستاد. پس عمرو با عماره نیرنگ زد و به نجاشی گفت که همین رفیقم نزد همسر پادشاه فرستاده و کار بآنجا رسیده که همسرت اورا بوصال خود امیدوار ساخته واز عطر پادشاه برای او فرستاده است، پس نجاشی اورا گرفت و در خایه‌های او زهر و بقولی جیوه دمید و او با وحوش سر به بیابان نهاد و پیوسته سرگردان و همراه ددان می رفت تا مردمی از بنی مخزوم

۱- صحیح آن، ریطه است. ر.ك. سیرهٔ ابن هشام واسدالغابه.

رسیدند وازنجاشی خواستند که آنان را در گرفتنش آزاد گذارد . پس برای او کمین کردند واورا گرفتند وپیوسته دردست ایشان مضطرب ولرزان بود تا مرد .

عمروهم ناامید نزد مشرکان بازگشت ومسلمانان درزمین حبشه ماندند تا فرزندان برای آنان متولد گشت وهمهٔ فرزندان جعفردر کشورحبشه متولد شدند و پیوسته درآنجاآسوده وسلامت می‌زیستند ونام نجاشی «اصحم» بود .

محاصره کردن قریش رسول خدا را وداستان صحیفه[1]

اشراف قریش آهنگ کشتن رسول خدا کردند وتصمیم آنان قطعی‌شد و خبر به‌ابوطالب رسید ، پس گفت :

والله لن یصلوا الیك بجمعهم	حتی اوسّد [2] فی‌التراب دفینا
ودعوتنی وزعمت انك ناصح	ولقد صدقت وکنت‌ثمّ امینا
و عرضت دینا قد علمت بانه	من خیر ادیان البریّة دینا

«بخدا قسم تاروزی که مرا بخاك نسپرده‌اند ، هرگز گروه قریش برتودست نخواهند یافت . بگمان خیرخواهی وهدایت ، مرا دعوت نمودی و بی شك راست گفتی ودردعوت خویش‌امانت داشتی ، دینی‌راعرضه کردی که‌آنرا‌ازبهترین‌دینهای مردم‌دانسته‌ام .»

پس چون قریش‌دانستند که نمی‌توانند رسول خدا رابکشند ویقین کردند که ابوطالب اوراتسلیم نمی کند واشعارابوطالب بگوش آن ها رسید ، نامهٔ مهرگسل ستمگرانه رانوشتند که بااحدی ازبنی‌هاشم خرید وفروش نکنند وبآنان زن ندهند و از آنان زن نگیرند ، وبا آنها داد وستد نکنند مگرآنکه محمدرا بآنهاتسلیم نمایند تااورا بکشند ، وبراین مضمون هم پیمان وهم عهد شدند وهشتاد مهر برآن

۱ ـ ل ، ص ۳۰ . ۲ ـ ل ، اغیب.

صحیفه زدند. نویسندهٔ آن [منصوربن] عکرمة بن عامربن هاشم بن عبدمناف بن عبدالداربود که دست او شل شد. سپس قریش، شش سال پس‌ازبعثت،رسول خدارا با خاندانش از بنی‌هاشم و بنی مطلب بن عبد مناف در دره‌ای که بآن «شعب بنی هاشم» گفته می‌شد، محصور ساختند و رسول اکرم باهمهٔ بنی‌هاشم و بنی‌مطلب سه سال درشعب ماندند تاآنکه رسول خدا ونیزابوطالب وخدیجه تمام دارایی خودرااز دست دادند وبسختی وناداری گرفتارآمدند. سپس‌جبرئیل بررسول خدافرودآمدو گفت: خدا موریانه را برصحیفهٔ قریش فرستاده تا هرچه بی مهری و ستمگری درآن بود بجزجاهای نام خدا، همه راخورده‌است.

رسول خداابوطالب‌را ازاین امرآگاه ساخت، پس‌ابوطالب همراه رسول‌خدا وخاندانش بیرون‌آمدتابه کعبه رسید ودرکنارآن‌نشست وقریش هم ازهرطرفی روی آورشدند وگفتند: ای ابوطالب هنگام‌آن رسیده است که عهد (خویشاوندی) را یادآوری ونزدیکی باقومت راآرزو کنی وسرسختی دربارهٔ برادرزاده‌ات رارها کنی. ابوطالب بآنان گفت: ای قوم‌من،هم‌اکنون صحیفهٔ خودرابیاورید، شاید گشایشی و راهی بصلهٔ رحم ورها کردن بی‌مهری پیدا کنیم، صحیفه راآوردندومهرهاهمچنان برآن بود،پس‌ابوطالب گفت: این همان‌صحیفه‌ای است که دربارهٔ پیمان‌خودنوشته اید وآن را می‌شناسید؟ گفتند: آری. گفت: آیاهیچ کاری باآن کرده‌اید؟ گفتند: نه بخداقسم. گفت: پس محمد ازطرف پروردگارش بمن گوید که خدایش‌موریانه رافرستاده‌است تاهرچه راجزنام خدا درآن بود همه راخورده‌است؛ راستی بگویید که اگرسخنش‌راست باشد، چه می کنید؟ گفتند: دست برمیداریم وکاری نداریم. گفت: من هم اگرسخنش دروغ درآید، اورا بشما دهم تابکشید. گفتند: انصاف دادی ونیکو گفتی. مهرصحیفه شکسته شد وناگهان دیدند که موریانه هر چه جز نام خدا درآن بوده، همه راخورده‌است، پس گفتند: این جز جادوگری نیست و

ما هر گز درتکذیب اومثل این ساعت جدّی نبوده‌ایم . در آن روزمردمی بسیار به‌اسلام درآمدند و بنی هاشم و بنی‌مطلب ازشعب درآمدند ودیگر بآن برنگشتند. [۱]

وفات قاسم پسر رسول خدا[۲]

قاسم فرزند رسول‌خدا درگذشت پس رسول اکرم درتشییع جنازهٔ اودر حالی که بکوهی از کوههای مکه نگریست گفت : یا جبل لوانّ مابی بك لهدّك ، «ای کوه اگر آنچه بمن رسید، بتومی‌رسید تورا خورد میکرد.» قاسم درهنگام وفات چهارساله بود وپس ازیك ماه عبدالله که ازشیر بازنشده بود،وفات کرد. پس خدیجه گفت: ای رسول‌خدا ،کاش زنده می‌ماند تااورا ازشیرمیگرفتم.فرمود : فان فطامه فی الجنة، «ازشیر گرفتن اودربهشت خواهد بود.»خدیجه ازرسول خدا پرسید که فرزندان من ازتوکجایند؟ گفت : فی الجنه «دربهشت.» گفت : بدون عمل ؟ گفت : الله اعلم بما کانوا یعملون، «خدابآنچه عمل می کردند، داناتراست.» گفت : پس فرزندان من از دیگران کجایند ؟ گفت : فی النار،«درآتش » گفت : بدون عمل ؟ گفت: الله اعلم بما کانوا یعملون،«خدابآنچه می کردند ،داناتراست.»

آنچه ازقرآن درمکه نازل شده است[۳]

بروایت محمدبن حفص بن اسد کوفی ازمحمد بن کثیر، ومحمدبن سائب کلبی ازابوصالح ازابن عباس هشتادودوسوره ازقرآن درمکه نازل شد . نخستین سوره‌ای که بر رسول خدا ﷺ فرودآمد ، اقرأ باسم ربك الذی خلق بود، وسپس بترتیب : نون والقلم ومایسطرون،والضّحی، یاایهاالمزمل،یاایهاالمدثر ، فاتحةالکتاب ، تبت ،اذا الشمس کورت ،سبح اسم ربك الاعلی ، واللیل اذا یغشی،والفجر،الم نشرح لك صدرك، الرحمن ، والعصر، اناعطیناك الکوثر، الهاکم التکاثر، ارأیت الذی یکذب بالدین،

۱ـ ر ك. طبقات ابن سعد ج ۱ص۲۰۸.   ۲ ـ ل ، ص۳۱.   ۳ ـ ل ،ص۳۲.

الم تر کیف فعل ربك باصحاب‌الفیل، والنجم اذا هوی، عبس‌وتولی، انا انزلناه فی لیلةالقدر ، والشمس و ضحاها ، والسماء ذات‌البروج ، والتین والزیتون ، لایلاف قریش ، القارعة ، لااقسم بیوم القیامه ، ویل لکل همزة ، والمرسلات عرفا ، ق والقرآن‌المجید، لااقسم‌بهذاالبلد ، والسماء والطارق، اقتربت‌الساعة ، ص‌والقرآن ذی‌الذکر، الاعراف، سورهٔ‌جن، سورهٔ یس، تبارك‌الذی نزل‌الفرقان، حمدملائکه[1]، سورهٔ مریم ، سورهٔ طه ، طسم شعراء ، طس‌نمل ، طسم قصص ، سورهٔ بنی اسرائیل ، سورهٔ یونس ، سورهٔ هود ، سورهٔ یوسف ، حجر ، انعام، صافات، لقمان ، حم مؤمن ، حم‌سجده، حم‌عسق ، زخرف، حمدسبا، تنزیل‌زمر، حم‌دخان، حم‌الشریعه[2] احقاف، والذاریات، هل‌اتاك حدیث‌الغاشیة، سورهٔ کهف ، سورهٔ نحل ، انا ارسلنانوحا ، سورهٔ ابرهیم، اقترب‌للناس‌حسابهم، قدافلح المؤمنون، رعد، طور، تبارك‌الذی‌بیده‌الملك، الحاقه ، سأل سائل ، عم یتسائلون ، والنازعات غرقا ، اذا السماء انفطرت ، سورهٔ روم ، عنکبوت .

درغیرروایت ابن عباس مردم را دراین ترتیب اختلاف است لیکن اختلاف اندك است .

محمد بن کثیرومحمد بن سائب از ابوصالح ازابن عباس روایت کرده‌اند که قرآن جدا جدا نازل میشد نه آنکه سوره سوره نازل شود ، پس هر چه آغازش در مکه نازل شده بود ، آنرا مکی‌میگفتیم‌ا گرچه بقیه‌اش درمدینه نازل‌شود،وهمچنین آنچه در مدینه نازل شد . و فاصلهٔ میان دو سوره بنزول بسم الله الرحمن الرحیم شناخته می شد ومی دانستند سورهٔ نخستین به پایان رسیده و سورهٔ دیگری آغاز شده‌است .

بروایت بعضی‌تورات درششم رمضان ودوهزاروپانصد سال بعدازتورات ، زبور

۱ـ سورهٔ فاطر. ۲ـ سورهٔ جاثیه .

در دوازدهم رمضان،وهشتصد سال وبقولی ششصد سال پس‌از نزول زبور ، انجیل در هیجدهٔ رمضان نازل شده است .

وبروایت دیگران نزول قرآن بیست شب گذشته ازماه رمضان بوده‌است . از جعفربن محمد روایت شده است که گفت :

ان‌الله‌لم‌یبعث‌قط نبیاالا بماهواغلب‌علی‌اهل‌زمانه، فبعث‌موسی الی‌قوم کان‌الاغلب علیهم السحر فاتاهم بماضل معه سحرهم من‌العصا والید والجراد والقمّل والضفادع والدم وانفلاق البحر وانفجارالحجر حتـی خرج منه‌الماء والطمس‌علی وجوههم ، فهذه‌آیاته. وبعث داود فی‌زمن اغلب‌الامورعلی اهله‌الصنعة والملاهی‌فالان له‌الحدید واعطاه حسن‌الصوت فکانت‌الوحوش تجتمع لحسن‌صوته. وبعث سلیمان فی‌زمان‌قد غلب علی‌الناس فیه حب‌البناء واتخاذ الطلسمات والعجائب فسخّر له‌الریح‌والجن . و بعث عیسی فی‌زمان اغلب الامورعلی‌اهله‌الطب فبعثه باحیاء الموتی وابـراء الاکمه والابرص . وبعث محمداً صلی‌الله علیه وآله فی‌زمان اغلب‌الامور علی اهله الکلام و الکهانة والسجع والخطب فبعثه بالقرآن‌المبین والمحاورة .

«خدا هرگز پیامبری را نفرستاد مگر بآنچه براهل زمانش بیشتر غلبه داشت، پس موسی رابسوی مردمی‌فرستاد که بیش‌از هرچیز،جادوگری برآنان غالب‌بود ، پس برای آنها معجزاتی آورد که جادوگری آنها راتباه ساخت یعنی‌عصا ویدبیضاء و ملخ و کنه و غوکها وخون وشکافتن دریا وشکافتن سنگ چنانکه آب ازآن بیرون آمد و محو کردن روهایشان که اینها معجزات موسی‌بود .

وداود را درزمانی فرستاد که ازهرچیز بیشتر ، هنر وسرگرمیها برمردم‌آن زمان غالب بود، پس‌آهن رابرای اونرم ساخت واورا خوش آوازی بخشید چنانکه ددان برای خوش‌آوازی اوفراهم‌میشدند.

وسلیمان را درزمانی فرستاد که دوستی ساختمان ودنبال کردن طلسمها و کار-

های شگفت انگیز برمردمش غالب شده بود ، پس باد وجن رابرای اومسخر کرد.

وعیسی را در زمانی فرستاد که پزشکی از همه کار بیشتر مردم را بخود مشغول کرده بود، پس او را بارنده کردن مردگان و درمان کردن کوران و برص داران فرستاد .

ومحمد را درزمانی فرستاد که بیش ازهر کار سخنوری و پیشگویی و سجع پردازی وسخنرانی برمردم‌غالب‌شده‌بود، پس اورا باقرآن‌مبین ومناظره‌مبعوث کرد .

وفات‌خدیجه و ابوطالب[1]

خدیجه دختر خویلددرسن‌شصت‌وپنج‌سالگی، سه‌سال‌پیش‌ازهجرت‌درماه‌رمضان وفات کرد ، وهنگامی که جان میداد رسول خدا براووارد شدو گفت : بالکره منی ماأری ولعل‌الله ان یجعل‌فی‌الکره خیرا کثیراً، اذا لقیت ضر ّاتك فی‌الجنة‌یاخدیجة فاقرئیهن السلام،«مرا آنچه می‌بینم ناگوار است ، وشاید خدا درناگوارخیری‌بسیار قراردهد ، پس‌هر گاه‌دربهشت هووهای‌خودرا دیدار کردی، آنان را سلام برسان.» گفت ای رسول خدا ، آنان کیستند ؟ گفت : ان‌الله زوجنیك فی‌الجنة وزوجنی‌مریم بنت‌عمران وآسیة بنت‌مزاحم و کلثوم‌اخت‌موسی،«همانا خدای تورا ونیزمریم دختر عمران‌وآسیه‌دختر‌مزاحم‌و کلثوم‌خواهر موسی‌رادر بهشت همسران‌من‌قرارداده‌است.» پس خدیجه گفت: باسازگاری وپسران . وچون خدیجه وفات کرد ،فاطمه‌به‌رسول خدا می‌آویخت‌ومیگریست ومیگفت: مادرم کجاست، مادرم کجاست ؟ پس‌جبرئیل براوفرودآمدو گفت: به‌فاطمه بگو که خدای‌متعال برای مادرت‌دربهشت خانه‌ای از دُرو گوهربنا کرده است که رنج وداد وبیدادی در آن نیست .

ابوطالب‌درسن‌هشتادوشش‌سالگی‌وبقولی نودسالگی، سه‌روزپس‌ازخدیجه وفات کرد ، و چون خبرمرگ ابوطالب به رسول خدا رسید بردلش گران آمد و سخت

1 ـ ل، ص۳۴.

بیتاب شد، سپس واردشد و پیشانی راست اورا چهار بار و پیشانی چپش راسه بار دست کشید، سپس گفت : یاعم ربّیت صغیراً و کفلت یتیماً و نصرت کبیراً فجزاك الله عنی خیراً ، «ای عمو مرا در کودکی پرورش دادی و در یتیمی کفالت کردی و در بزرگی یاری نمودی، پس خدایت از من جزای خیر دهد.» و نیز گفت : اجتمعت علی هذه الامة فی هذه الایام مصیبتان لاأدری بأیهما انا اشدّ جزعاً، «در این روزها بر این امت دو مصیبت فراهم گشته است که نمیدانم بکدام یك از آن دو بیتاب ترم.» و مقصودش مصیبت خدیجه و ابوطالب بود. و از آن بزرگوار روایت شده است که گفت : ان الله عزوجل وعدنی فی اربعة فی ابی و امی و عمی و اخ کان لی فی الجاهلیة ، « همانا خدای عز وجل مرا در بارهٔ چهار نفر وعده داده است : دربارهٔ پدرم و مادرم و عمویم و برادری که در جاهلیت داشتم . »

عرضه داشتن رسول خدا خودرا بر قبیله‌ها و رفتنش به طائف [1]

پس از مرگ ابوطالب ، قریش بر رسول خدا گستاخ گشتند و در او طمع کردند و بارها بکشتنش تصمیم گرفتند . رسول خدا در هر موسمی خودرا بر قبیله های عرب عرضه میداشت و با بزرگ هر قبیله‌ای سخن میگفت و جز آنکه اورا پناه دهند و از او دفاع کنند ، از آنها چیزی نمیخواست و میگفت : لا اکره احداً منکم ، انما ارید ان تمنعونی مما یراد بی من القتل حتی ابلّغ رسالات ربی ، « کسی از شما را مجبور نمیکنم و تنها خواهش من آنست که مرا از کشته شدن نگهداری کنید تا پیامهای پروردگارم را برسانم. » پس کسی اورا نپذیرفت و میگفتند : خویشان مرد اورا بهتر میشناسند .

پس آهنگ قبیلهٔ ثقیف کرده به طائف رفت و با سه نفر برادر که آن روز سروران ثقیف بودند یعنی عبد یالیل بن عمرو و حبیب بن عمرو و مسعود بن عمرو بر خورد کرد و خودرا بر آنها عرضه داشت و از قریش نزد آنان شکایت کرد . پس یکی از آنها گفت:

1. ل: ص۳۵، طبقات ابن سعد ج ۱ ص ۲۱۰ .

من جامه‌های کعبه را دزدیده باشم اگر خدا تورا به‌پیغمبری فرستاده‌است! دیگری گفت: مگر خداعاجز بود که جز تورا بفرستد؟ دیگری گفت: بخداقسم که یك کلمه با توسخن نخواهم گفت [هر گز، اگر چنانکه میگویی پیغمبر باشی، مقامت بالاتر از آن‌است که سخنت‌را پاسخ‌دهم،‌و اگر بر خدا دروغ میگویی‌مرا سزاوار نیست که باتو سخن گویم.] پس‌رسول‌خدا رامسخره کردند و گفتارخودرا بااو درمیان مردم ثقیف شهرت دادند وبرسر راهش دوصف شدندوچون رسول‌خدامیرفت سنگبارانش کردند تاآنجا که پای حضرتش رامجروح ساختند ورسول خدا گفت : ما کنت ارفع قدماً ولااضعهاالاعلی‌حجر ، «جز برسنگ قدمی بر نمیداشتم و نمی‌نهادم.»

عتبة بن ربیعه وشیبة بن ربیعه همراه غلام نصرانی‌خویش، عدّاس در طائف با رسول خدا برخورد کردند وغلام خود را نزد اوفرستادند ، عداس با شنیدن گفتار رسول اکرم اسلام‌آورد ورسول خدا به مکه بازگشت .

آمدن انصار به‌مکه[1]

اوس وخزرج پسران حارثة بن ثعلبه دربلاد خویش سرفراز و نیرومند بودند تاآنکه جنگهایی درروزهای مشهوری که داشتند میان‌آنان پیش‌آمد وآنهارا ازپای درآورد، ازجمله : روز«صَفینه[2]» وآن نخستین روزی‌است که جنگ درآن پیش‌آمد وروز«سَراره»وروز«وفاق‌بنی خَطمه» وروز«حاطب [بن]قیس»وروز«حُضیرالکتائب»[3] وروز«اطم بنی‌سالم» وروز«ابتروه» وروز«بقیع» وروز«بعاث» وروز «مضرّس ومعبّس[4]» و«یوم‌الدار» وروز«بعاث‌آخر» وروز«فجارالانصار» .

دراین جاهایی که جنگهای آنان بنام آنها معروف شده ، جا بجا میشدند و سخت نبرد می کردند، پس‌چون جنگ ایشان را ازپای درآورد وزیر فشار آن‌بستوه

۱ ـ ل ؛ ص۳۶ . ۲ ـ موضع بنی‌سالم وقبا . ۳ ـ پدر اسید صحابی . ۴ ـ کامل ـ التواریخ ؛ دو دیواراست .

آمدند ودانستند که نابود میشوند و نیز بنونضیر و بنوقریظه ودیگر یهودیان بر آنان گستاخ‌شدند، جمعی ازایشان به‌مکه رفتند تاازقریش یاری بخواهند وبدین وسیله سرفرازونیرومند گردند. قریش شرایطی برآنها نهادند که آنان را قانع نساخت واین شرطها ازطرف ابوجهل بن‌هشام مخزومی پیشنهاد شد.

بقولی‌هم قریش دعوتشان‌راپذیرفته بود که ابوجهل ازسفری رسید وپیمان‌را بهم زد و شرایطی پیشنهاد کرد که برای اهل مدینه قابل پذیرش نبود، پس به‌طائف رفتند واز ثقیف کمك خواستند لیکن آنها هم امروزوفردا کردند و ناچار باز گشتند.

مردی از قبیلهٔ اوس‌بنام سوید بن صامت پس‌ازبعثت رسول خدا برای‌حج یا عمره به‌مکه آمد وچون‌از کاررسول‌خدا آگاه‌شد، اورا دیدوبااوسخن گفت، رسول‌خدا اورا[بخدا]دعوت‌نمود. سوید گفت: نوشتهٔ‌حکمت‌آمیزلقمان بامن همراه‌است. گفت پس‌آن را برمن عرضه کن. سویدآن را عرضه داشت ورسول خدا گفت: راستی که این، سخنی‌نیکواست، اما کلام خدا که درنزد من‌است ازآن نیکوتراست. آنگاه قرآن برای اوتلاوت کرد. سوید گفت: ای محمد راستی که این‌سخن نیکواست. سپس به‌مدینه باز گشت وچیزی نگذشت که بدست خزرجیان کشته شد. سپس چند نفری ازآنان نیزبه‌مکه‌آمدند، آنان‌پسران عفراء بودند که بااسعدبن زراره‌تفاخر میکردند، پس رسول خداآنها رادید وبسوی خدا دعوت نمود وقرآن‌برآنها تلاوت کرد، مردی ازآنان‌بنام‌ایاس‌بن معاذ گفت: ای قوم من، بخداقسم این‌همان‌پیمبری است که یهودیان شمارا بآمدن‌اوبیم میدادند، مبادادیگران پیش‌ازشما باوبگروند، پس‌اسلام آوردند ورسول خدا ازآنان برایمان بخدا ورسولش پیمان گرفت وسپس باز گشتند وداستان تازه رابقوم خود باز گفتند. اینان از رسول خدا خواسته بودند که مردی راازطرف خود برای‌دعوت مردم بکتاب خداباآنها بفرستند، پس رسول

خدا مصعب بن عمیررا نزدآنها فرستاد واوبراسعد بن زراره فرودآمد ومردم را به خدای عزوجل دعوت می کرد واسلام رابآنها یاد میداد واو نخستین مهاجـرمدینه بود . سپس دوازده نفرازانصارنزد رسول‌خدا به‌مکه‌آمدند واورادیدار کردند واینان اصحاب عقبۀ اولی‌هستند پس بخداایمان‌آوردند ورسول خدا راتصدیق کردند وبـه مدینه بازگشتند . دراین هنگام سخن ازرسول‌خدابسیار گفته میشد واسلام درمدینه آشکارشده‌بود،درسال‌آینده گروهی ازاوس‌وخزرج به‌مکه‌آمدند وهفتاد مردودوزن بارسول خدا دیدار کردند واسلام آوردند واورا تصدیق کردند ورسول‌خدا ازآنان بیعت نساء گرفت ، پس‌ازاوخواستارشدند که همراهشان به‌مدینه رود و گفتند هیچ مردمی ببدبختی‌امروزما گرفتار نیستند وشاید خدابواسطۀ تومارافراهم سازد وامرما رااصلاح کندآنگاه کسی سرفرازترازما نخواهدبود ، رسول‌خدا بآنان‌پاسخی‌نیکو داد وبه‌مدینه بازگشتند وقوم خودرا بسوی اسلام دعوت نمودند و اسلام تا آنجا در مدینه پیشرفت کرد که خانه‌ای‌ازخانه‌های انصارنماند جزآنکه نام‌رسول‌خدادرآن بنیکی برده می‌شد .

اینان ازرسول‌خدا خواستند که همراهشان به‌مدینه رود وبااوپیمان نهادند که علیه خویش و بیگانه وسیاه وسرخ اورا یاری کنند، پس‌عباس‌بن عبدالمطلب گفت : پدرومادرم فدای توباد بگذار تامن‌ازاینان پیمان بگیرم . رسول‌خدااین کاررا به‌عمو واگذاشت وعباس ازآنان عهدها وپیمانها گرفت که اوو کسانش را مانند جانهـا و کسان وفرزندان خویش نگهداری کنند ودر راه او باسیاه وسرخ بجنگند و علیـه خویش وبیگانه اورا یاری دهند ورسول خدا تعهد کرد که باین‌پیمان وفاداربماند و جای‌آنها نیزبهشت باشد .

هجرت‌رسول‌خدا ازمکه[1]

قریش بر کشتن رسول خدا همداستان شدند و گفتند امروز کسی‌نیست کـه

[1] ـ ل ص، ۳۹ .

اورا یاری کند وابوطالب هم مرده‌است ، پس همگی هماهنگ شدند که ازهر قبیله ای جوانی نورس بیاورند تا براوبتازند وچون یکنفراورا با شمشیرهای خودبزنند و دیگر بنوهاشم رانیروی دشمنی با همهٔ قریش نخواهدبود .

چون رسول‌خدا ازاین امرخبریافت ودانست که تصمیم گرفته اند تا در شب موعود براوحمله برند ، هنگامی که هواکاملاً تاریك شد با ابوبکر بیرون رفت . خدای عزوجل درآن‌شب به‌جبرئیل ومیکائیل وحی کرد که من‌یکی ازشمادونفررا محکوم بمرگ کرده‌ام، کدامیك‌حاضراست در راه رفیقش ازخود بگذرد؟ پس‌هردو زندگی رابرگزیدند وخدای بآن‌دو حی کرد که چرا ماندعلی‌بن‌ابیطالب‌نبودید؟ من میان اووحمد برادری انداختم وعمریکی ازآندورا بیشتر قراردادم پس علی مرگ را برگزید وزندگی‌را برای‌محمد خواست‌ودربستراوخوابید، اکنون‌بزمین فرودآیید واورا ازدشمنش نگهداری کنید . پس‌جبرئیل و میکائیل فرود آمدند و یکی‌ازآن دوبالای سرودیگری‌درپایین پای‌علی‌نشستند تااورا‌ازدشمنش‌پاسبانی کنند وسنگها را ازاوبدور دارند و جبرئیل میگفت : بخ بخ لك یابن ابیطالب،من مثلك یباهی‌الله بك ملائکة سبع سماوات ، «به‌به تورا‌ای پسرابوطالب کیست ماندتو؟خدا بواسطهٔ توبرملائکهٔ هفت‌آسمان مباهات می نماید . »

رسول خدا علی را برای خوابیدن دربسترش وپس‌دادن امانتهایی که نزد او بود درمکه گذاشت وبغاررفت‌ودرآنجاپنهان شد، قریش آمدند وعلی‌را دربسترمحمد یافتند وگفتند : پسرعمویت کجاست؟ گفت : باو گفتید ازشهرما برووا‌وازاین شهر بیرون رفت . پس‌رد پای اورا گرفتند وبراودست نیافتند وخداسرگردانشان‌ساخت چنانکه بردرغارایستادند وکبوتری‌برآن‌آشیانه نهاده‌بود، پس گفتند کسی‌دراین‌غار نیست . وباز گشتند .

رسول‌خدا ازغاربیرون‌آمده رو به‌مدینه‌نهاد و گذارش به ام معبد خزاعی‌افتاد

ونزد اومنزل کرد سپس‌راه‌خودرا درپیش گرفت تابه‌مدینه رسید .

تمام مدت اقامت رسول‌خدادرمکه ازبعثت تاهجرت به‌مدینه‌سیزده‌سال بود ، وبروایت بعضی، قریش نمیدانستندرسول خدا بکدام طرف رفته است تـا آنکه آواز هاتفی‌را ازبعضی‌از کوههای مکه شنیدند که میگفت :

فان‌یسلم‌السعدان یصبح محمد   بمكة لايخشى خلاف المخالف

«پس‌اگر دوسعد اسلام‌آورند ، دیگر محمد درمکه از کارشکنی‌مخالفین‌بیم نخواهد داشت .»

ابوسفیان گفت : سعدها که باشند ، سعد هذیم ، سعد تمیم وسعدبکر؟پس در شب‌آینده گوینده‌ای را شنیدند که میگفت :

فيا سعد سعد الاوس كن انت ناصراً   و يا سعد سعد الخزرجين الغطارف

انيبا الـى داعـى الهـدى و تمنيـا   علـى‌الله فى‌الفردوس منية عـارف

«ای سعد ، سعد اوس تویاورباش ونیزتوای سعد، سعد خزرجیان بزرگوار. بازگردیدبدعوت کنندهٔ راه راست‌وآرزو کنیدازخدا دربهشت آرزوی خداشناسی‌را.»

پس‌قریش دانستند که به‌یثرب رفته‌است وهنگامی که رسول خداباب بنی‌مدلج‌رسید سراقة بن جعشم مدلجی ازپی اوتاخت و چـون باورسید ، رسول خدا گفت: اللهـم اكفنا سراقة ، « خدایا شرسراقه را از سرما کوتاه کن.»پس‌دست وپای اسب‌اوبزمین فرورفت وفریاد زد ای پسرابوقحافه بهمسفرت بگوتاازخدا بخواهد که اسبم رهـا شودبخدا قسم اگرازمن خیری باونرسد ، بدی باونخواهد رسید. سراقه‌چون‌به‌مکه بازگشت ، قضیهٔ خود رابه‌قریش گفت‌وگفتند دروغ میگویی وبیش ازهمه ابوجهل اورا تکذیب میکرد، پس‌سراقه گفت :

اباحكم والله لو كنت شاهداً   لامر جوادى اذتسيخ قوائمه

علمت ولم تشكك بان‌محمداً   رسول وبرهان فمن‌ذايكاتمه

«ای ابوحکم بخدا قسم اگر هنگامی که دست وپای اسب من فرو میرفت تو هم تماشا میکردی دانسته بودی وشك نداشتی که محمد فرستادهٔ خداست ومعجزهٔ اورا نمی‌توان پوشیده داشت .»

ورود رسول‌خدا به‌مدینه[1]

رسول‌خدادرروز دوشنبه‌هشتم‌ربیع‌الاول‌وبقولی‌پنجشنبه‌دوازدهم‌ربیع‌الاول‌وارد مدینه شد ، آنروزخورشید درسرطان بود۲۳ درجه و۶ دقیقه ، و ماه دراسد ۶ درجه و۳۵ دقیقه ، وزحل دراسد ۲درجه ، ومشتری درحوت ۶درجه در حال رجـوع ، و زهره دراسد ۱۳درجه، وعطارد دراسد۱۵ درجه. پس بر کلثوم‌بن هدم فرودآمدوچند روزی نگذشت که اومرد وبخانهٔ سعد بن خیثمه درمیان قبیلهٔ عمروبن عوف منتقل شد و چند روزی مـاند . سپس نابخردان و منافقان بنی‌عمرو برسول خـدا سنگ میپراندند وچون چنین دید گفت : ماهذاالجوار ؟ «این‌چه پناه دادن‌است.» پس از میان‌آنان کوچ کرد وبرشترش سوارشدو گفت : خلّوازمامها، «مهارش‌را رها کنید» بهیچ طایفه‌ای ازانصارنمیگذشت جز آنکه‌می گفتند : ای‌رسول‌خدا برمافرودآی تا درمیان مردمی نیرومند وبسیارفرودآمده باشی . پس می گفت : خلّوا زمام‌الراحلة فانها مأمورة ، «مهارشتررا رها کنید که خودش دستوردارد.» تا آنکه بردرخانهٔ ابو ایوب انصاری ایستاد وآنجا زانو برزمین زد پس‌چوبی‌بپهلوی اوفرو کردندوازجای برنخاست ورسول خدا بخانهٔ ابوایوب فرودآمد وچند روزی نزداوماند وسپس بـه حجره های خویش منتقل گشت. بقولی شترش درجای مسجدخسبید پس‌پیاده شدو ابوایوب‌آمد وبارسفرش رابرداشت وبخانهٔ خویش برد وانصارازاوخواستارشدند تـا برآنها واردشود،پس گفت:المرء مع رحله ، «مرد باباروبنهٔ خویش‌است.» علی بـن ابوطالب هم فاطمه دختررسول خدارا آورد وهنوزبا او ازدواج نکرده بود . علی‌شب را راه میرفت وروزرا پنهان بود تابه‌مدینه رسید وبارسول خدا فرودآمد.سپس‌دوماه

---

۱ ـ ل، ص:۴۱ .

پس ازورود ، رسول‌خدا فاطمه را باوتزویج کرد ، بااینکه گروهی ازمهاجران اورا ازرسول خدا خواستگاری کرده بودند وچون اورا بعلی‌داد بسخن آمدند. پس‌رسول خدا فرمود : ماانا زوّجته ولکن‌الله زوّجه ، «من فاطمه را به‌علی تزویج نکردم‌بلکه خدااوراتزویج کرد.» عباس بن‌عبدالمطلب هم‌زینب دختررسول‌خدا را به‌مدینه‌آورد وهنگام هجرت پیغمبر، زینب درطائف نزدابوالعاص بن[1] بشربن عبـدد همان ثقفی بود ،سپس‌عباس به‌مکه بر گشت. مهاجران ازمکه رسیدند ودرخانه‌های انصارفرود آمدند وانصارخانه ها ومالهای خویش رااز آنان دریغ نداشتند .

واجب شدن روزه ونماز[2]

خدای عزوجل روزهٔ ماه رمضان را واجب ساخت ویکسال وپنج ماه وبقولی یکسال‌ونیم‌پس‌ازرسیدن‌پیغمبر به‌مدینه درماه‌شعبان‌قبله بسوی مسجدالحرام گردانده شد وخدای‌عزوجل نازل کرد: قدنری‌تقلّب وجهك فی‌السماء فلنولّینك قبلةترضاها فولّ وجهك شطر المسجدالحرام[3] ، « همانا گردش روی تورا درآسمان می‌بینیم ، و البته تورا بقبله ای کـه آنرا می‌پسندی خواهیم گردانید ، پس روی خودرا بسوی مسجدالحرام بگردان.» فاصلهٔ میان واجب‌شدن روزهٔ ماه رمضان و گشتن‌قبله‌بسوی کعبه ، سیزده روزبود. وبعضی روایت کرده‌اند که رسول‌خدا درمسجد بنی‌سلمه‌نماز ظهرمیخواند وچون دو رکعت‌بجای‌آورد دستور گشتن قبله بسوی کعبه براو نازل شد ، پس‌چرخید تا روی خودرا بسوی کعبه گردانید وآن مسجد «مسجدالقبلتین» نامیده شد . ومسجدی باخشت بنانهاد و سقف‌آن‌را با چوب خرما پوشانید و بـاو گفته شد : ای رسول خـدا کاش مسجد را وسعت میدادی کـه مسلمانان بسیار شده‌اند . گفت : لا ، عرش کعرش موسی[4] ، « نه ، سایبانی چون سایبان موسی . » و غلامی از عباس که او را « کلاب » می گفتند ، منـاره‌ای برای مسجد ساخت با

---

۱ –ربیع بن عبدالعزی بن عبد شمس بن عبد مناف بن قصی قرشی . ۲ ـ ل، ص۴۲ .
۳ـ س۲، ی۱۴۴ . ۴ ـ ظ : عریش کعریش موسی .

اینکه درزمان رسول خدا مسجد رامناره ای نبوده دراول بلال اذان میگفت وسپس ابن ام مکتوم هم بااواذان گفت وهر کدام پیشی می گرفت اذان می گفت وچون نماز بپا میشدیکی اقامه میگفت .

واقدی روایت کرده که بلال پس از گفتن اذان بردرخانهٔ رسول خدا می ایستاد ومی گفت: ای فرستادهٔ خدا ، نماز. حیّ علی الصلوة، حیّ علی الفلاح .

آنچه ازقرآن در مدینه نازل شده است[1]

سی ودو سوره ازقرآن درمدینه بررسول خدا نازل شد ، نخست «ویل للمطففین» وسپس بترتیب سورهٔ بقره، سورهٔ انفال، سورهٔ آل عمران، حشر، سورهٔ احزاب، سورهٔ نور ، ممتحنه ، انافتحنا لك ، سورهٔ نساء ، سورهٔ حج ، سورهٔ حدید ، سورهٔ محمد ، هل اتی علی الانسان ، سورهٔ طلاق ، سورهٔ لم یکن ، سورهٔ جمعه ، تنزیل سجده ، مؤمن ، اذا جاءك المنافقون ، مجادله ، حجرات ، تحریم ، تغابن ، صف ، مائده ، براءه ، اذاجاء نصرالله والفتح ، اذا وقعت الواقعة ، والعادیات ، معوّذتین هردوباهم.

آخرین قسمتی که ازقرآن نازل شد این دوآیه بود : لقد جائکم رسول من انفسکم عزیزعلیه ماعنتم، تاآخرسوره [2] و بقولی دیگراین آیه: الیوم اکملت لکم دینکم واتممت علیکم نعمتی ورضیت لکم الاسلام دینا [3] وروایت صحیح وثابت وروشن همین است ونزول این آیه روزنصب امیرالمؤمنین علی بن ابیطالب صلوات الله علیه درغدیرخم بوده است . وبقولی درآخرهمه این آیه نازل شد : واتقوایوماً ترجعون فیه الی الله . [4]

ابن عباس گوید که هرگاه جبرئیل وحی بررسول خدا فرود می آورد ، باو می گفت : این آیه را درفلان جای فلان سوره بگذار . وچون «اتقوا یوماترجعون

۱ـ ل، ص۴۲. ۲ـ س توبه، ی۱۲۸-۱۲۹ . ۳ـ س مائده ، ی۳. ۴ـ س بقره، ی۲۸۱.

فیه‌الی‌الله[۱]» براو نازل‌شد، گفت : آن‌را درسورهٔ‌بقره بگذار. ابن‌مسعود گفته است که قرآن بامرونهی و بیم دادن و نوید دادن فرودآمد . و جعفربن محمد علیه‌السلام گوید : قـرآن بحلال وحرام ومواریث واحکام وداستانها وتاریخ وناسخ و منسوخ ومحکم ومتشابه ومواعظ ومثلها وظاهروباطن وخاص وعام نازل گردید .

رسول خدا انتظارمی‌برد وآمادهٔ نبرد میشد تاآنکه خدای عزوجل این‌آیه‌را نازل کرد : اذن‌للذین یقاتلون بانهم ظلمواوان‌الله علی نصرهم لقدیر[۲]، « بکـسانی که مردم بنبردآنها برخواسته‌اند ، رخصت داده شد (که نبرد کنند) چه آنان ستم شده‌اندوهما ناخدا بریاری آنان‌تواناست.»ونیز آیه‌ای که‌بعدازاین آیه‌است‌وخدادستور داد که: فقاتل‌فی‌سبیل‌الله لاتکلّف‌الانفسك،الی آخرالآیة[۳]«پس‌درراه‌خدانبرد کن،جز برخویش‌مکلف‌نیستی، تاآخرآیه.» پس‌یك‌مرد ازمؤمنان باده‌نفرازمشرکان برابر شمرده می‌شد تاآنکه خدا این‌آیه را فرستاد . الآن خفّف‌الله عنکم وعلم ان فیکم ضعفا فان یکن منکم ماْة صابرة یغلبوا مأتین وان یکن منکم الف یغلبوا الفـین[۴]، « اکنون خدا تکلیف شما راسبك نمود ودانست که در شما ناتوانی است ، پس‌اگر صد نفرشکیباازشما باشند بردویست نفرپیروزآیند واگرهزارنفرازشماباشند بـردو هزار پیروز گردند.»

خـدا ازآسمان شمشیری درغلاف برپیمبرش فرستاد وجبرئیل بـاو گفت : پروردگارت‌تورا می‌فرماید که بااین‌شمشیرباقومت نبرد کنی تاآنکه بگویند : لااله الاالله، واینکه تو پیامبرخدایی و هرگاه چنین کردند خونها ومالهاشان جز برای مستحق آنها حرام خواهد بود وحساب‌آنان برخداست .

پس‌نخستین‌سریّه‌ای که‌رفت واولین پرچمی که دراسلام بسته شد برای حمزة ابن عبدالمطلب‌بود وما آن‌وجزآن‌را درهمین کتاب خود پس‌ازانجام یافتن‌غزوه هایی

۱ـ س۲ ، ی۲۸۱ . ۲ـ س حج ، ی۳۹ . ۳ـ س نساء ، ی۸۴ . ۴ـ س انفال ، ی۶۶.

که رسول‌خدا صلی‌الله علیه وآله‌وسلم داشته است ، ذکر کرده‌ایم .[۱]

جنگ بزرگ بدر[۲]

جنگ بدرهجده‌ماه پس‌ازرسیدن‌پیغمبر به‌مدینه، درروزجمعه سیزده‌شب بپایان رمضان مانده بانجام رسید وباعث پیشامد آن ، چنان بود که ابوسفیان بن حرب به سرپرستی کاروانی ازقریش که حامل کالاها وخواسته هایی بود ، ازشـام رسید پس رسول خدا بیرون رفت تاسرراه را براوبگیرد وفرستادهٔ ابوسفیان ضَمضم بن عمـرو غِفاری به‌مکه نزد قریش آمد واعلام‌خطر کرد پس آمادهٔ کارزار گشته باشتاب روبراه نهادند ، ابوسفیان راه را رها کرد وکاروان را رهایی داد وازآنسوقریش که شمـارهٔ آنها هزارمرد وبقولی نهصدوپنجاه مرد بود ،آمادهٔ نبرد بارسول خداروی‌آورشدند وروزی ده یانه شترمی کشتند ، پس‌ابوجهل بن هشام ده شتر کشت ، وامیة بن‌خلف جُمحی نه شتر، وسهیل‌بن‌عمروده شتر، وعتبة‌بن‌ربیعه ده شتر، وشیبة بن‌ربیعه نه‌شتر، ومنبّه ونبیه سهمی پسران حجاج ده شتر، وابوالبختری عاص‌بن هشام اسدی ده‌شتر. وحارث‌بن‌عامر بن نوفل‌بن عبد مناف ده شتر، وعباس‌بن عبدالمطلب ده شتر. بقولی عباس درروزجنگ شتر کشت ودیگها بر گردانده شد ، واوهمچون اسیر بـا کراهت بیرون‌آمده بود . عبدالله بن عباس گفت : پدرم درحال اسیری خوراك داد وپیش از اوهیچ اسیری خوراك نداد . وابن اسحاق روایت کرده است که حکیم بن حزام هم ازخوراك دهندگان بود وابولهب که بیماربود ونتوانست بیرون رود آنانرا بچهـار هزاردرهم کومك داد وبقولی ابولهب باعاص بن هشام مخزومی قمارزد وخود او را برد پس‌بجای خود هموراا به‌قریش تسلیم کرد .

رسول‌خدا باسیصد وبقولی نود مرد بیرون رفت که ازجمله هشتادویك نفر از مهاجران و دویست‌وسی‌ودو مرد ازانصاربودند ، بارسول خدا دواسب بود ، اسبی از

۱ـ مغازی وسرایای رسول اکرم در طبقات ج۲ ملاحظه شود. ۲ـ ل، ص۴۵.(درسال دوم، سنة‌الامر) .

زبیر بن عوّام واسبی ازمقداد بن عمرو بهرانی وبقولی اسبی از مَرثد بن ابی‌مرثد غنوی. و نیز با او هفتاد شتر بود پس روز جمعه دهم ماه رمضان برخورد کردند وازمسلمانان چهارده مرد بشهادت رسید ، از مشرکان و از سروران قریش هفتاد مرد کشته و هفتاد مرد از آنان دربند شدند پس رسول خدا فرمود تا دو نفر ازاسیران یعنی عقبة بن ابی‌معیط بن عمرو بن امیه، ونضر بن حارث بن کلدة بن عبد مناف بن عبدالدار را گردن زدند واز شصت‌وهشت مرد فدیه گرفت ، عباس بن عبدالمطلب فدیهٔ خود و دو برادر زاده‌اش عقیل بن ابیطالب ونوفل بن حارث وفدیهٔ هم پیمان آندو ازبنی فهررا پرداخت .

عباس برسول خدا گفت : مرا مالی نیست پس بگذارتا از مردم گدایی کنم . فرمود : مالی که آن‌را به ام‌الفضل یعنی همسرش لبابهٔ هلالیه دختر حارث دادی وباو گفتی این ذخیره باشد ، کجاست ؟ عباس گفت گواهی می‌دهم که توپیامبر خدایی، بخدا قسم ازاین‌رازجزمن واو کسی اطلاع نداشته است. پس خودرا بهفتاداوقیه، ودو برادرزاده‌اش را بهفتاد اوقیه ، بازخرید .

ودرآن شبی که عباس اسیر بود ، رسول خدا فرمود : امشب نالهٔ عباس عموی من که دربند است مرا بیدارداشته است . عباس اسلام آورد و بمکه برگشت واسلام خودرا پوشیده می‌داشت. ابولهب چند روزپس ازجنگ بدریانه روزپس ازرسیدن خبر جنگ بآنان ، بدرود زندگی گفت ونخستین کسی که به مکه رسید وخبر قریش و کشته‌های آنها راآورد ، عمرو بن جحدم فهری بود .

خدای پیامبر خودرا سرفراز کرد وسرفرازان قریش کشته شدند ، پس عرب نمایندگان خودرانزد رسول خدا فرستادند، وربیعه با کسری جنگید ونبرد آنان در «ذی قار» بود پس گفتند: برشماباد بشعارتهامی. پس فریاد زدند: یامحمد یامحمد . ولشکریان کسری را شکست دادند و کشتند . پس رسول خدا گفت : الیـوم اول یوم انتصفت فیه‌العرب من‌العجم وبی نصروا ، «امروزنخستین روزی است که عرب

ازعجم داد گرفت ، و بواسطهٔ من یاری شدند. » روز ذی قار چهار یا پنج ماه پس از جنگ بدر بود .

رسول خدا درمدینه قربانی کرد ومردم دردوعیدشان بنماز گاه رفتند وپیش‌از این بیرون نرفته بود . عصای کوچکی پیش‌روی پیغمبر بود و درمصلّی بادست‌خود دو گوسفند وبقولی یك گوسفند سر برید وازراهی رفت و از راهی دیگر باز گشت .

جنگ احد[1]

جنگ احد یکسال پس‌ازبدر درشوال بود . قریش‌فراهم شدند و برای‌خون‌خواهی کشته های بدرخود آماده گشتند وبمالی که ابـوسفیان‌آورده بود کومـك جستند و گفتند : چیزی ازآن را جزدرجنگ محمد مصرف نکنید ، پس عباس بن عبدالمطلب خبر آنها رابرسول خدانوشت ونوشته رابامردی ازجهینه‌فرستادوپیغمبر هم یاران خودرا ازقضیه‌آگاه ساخت .

مشرکان که شمارهٔ آنان سه هزار و فرمانده آنها ابوسفیان بن حرب بود از مکه بیرون‌آمدند، ورأی رسول خداآن بود که ازمدینه بیرون نرود چه‌درخـواب دیده بود که شمشیراورا شکافی‌است وشتری را برای اوسرمی‌برند وخوددست‌خویش را درزرهی محکم درآورد ، محمد این خواب راچنان تعبیر کرد که جمعی ازیاران او کشته می شوند ومردی ازخاندانش بشهادت می‌رسد وزره همان‌مدینه است .

پس‌انصاررأی دادند که بیرون رود وچون جامهٔ جنگ پوشید ، انصار امر را بخود او واگذاشتند و گفتند ازمدینه بیرون نمی‌رویم ، فرمود : الآن و قد لبست لأمتي والنبي اذا لبس لأمته لا ینزعها حتی یقاتل ویفتح‌الله علیه ، « اکنون که زره پوشیده‌ام ! بااینکه پیغمبرهر گاه زرهش راپوشد ،آن را درنیاورد تانبرد کندوخدا

[1] ـ ل ،ص۴۷. (درسال سوم، سنة‌التمحیص).

باو پیروزی دهد.»

پس بهمراه مسلمانان که هزار مرد بشمار آمدند بیرون رفت تا به احد آمدند ومشرکان هم‌رسیدند ونبردی سخت کردند، پس حمزة بن‌عبدالمطلب شیرخدا و شیررسولش کشته شد، وحشی غلام جبیر بن‌مطعم زوبینی باو انداخت وحمزه افتاد و هند دختر عتبة بن ربیعه اورا مثله کرد وجگرش راشکافت وپاره‌ای از آن را گرفت وجوید وبینی حمزه را نیزبرید. پس رسول خدا سخت براو بیتابی کرد و گفت: لن اصاب بمثلك، «هرگز بمصیبتی مانندمصیبت تو گرفتار نخواهم‌شد.» وهفتادوپنج تکبیر براو گفت. مسلمانان بهزیمت رفتند چنانکه رسول‌خدا تنها ماند وجزسه نفر یعنی علی و طلحه وزبیر بااو باقی نماندند ومنافقان گفتند محمد کشته شد. وعبدالله بن قمئه بدو (سنگ) انداخت که درروی‌اواثر کرد، وخالدبن ولید که فرمانده میسرهٔ مشرکان بود، ناگهان ازشکاف کوه تاخت‌آورد وعبدالله بن جبیر را با گروهی ازتیراندازان مسلمانان که رسول‌خدا آنان‌را بر آن‌شکاف گماشته‌بود، کشت ومیان‌لشکر رسول‌خدا درآمد وشکست مسلمین ازهمین بود. خدای متعال گفته است: اذتصعدون ولاتلون علی احد والرسول یدعوکم فی اخریکم[۱]، «هنگامی که سخت پا بگریز نهادید وبهیچ کس توجه نمی کردیدو پیمبر ازپشت سرشما رامی خواند.» وخدا در آیه‌هایی از کتاب خود مسلمانان‌را مورد ملامت قرارداد، شصت وهشت‌مرد ازمسلمانان و بیست‌ودومرد ازمشرکان کشته شدند سپس مشرکان باز گشتند وخدا جمعشان را پراکنده ساخت.

یکنفر یهودی آمد وبردر برجی که زنان درآن بودند ایستاد، حسّان بن‌ثابت نیزبازنان بود پس یهودی فریاد زد: امروزجادوگری باطل گشت. سپس آغاز بالا رفتن نمود پس صفیّه دختر عبدالمطلب گفت: ای‌حسان بسوی اوفرود رو، پس گفت خدایت رحمت کندای دختر عبدالمطلب، اگرمن ازکسانی بودم که با گردان

۱ـ س آل عمران، ی۱۵۳.

درافتند ، همراه رسول‌خدامی‌رفتم ونبرد می کردم. پس‌صفیه شمشیروبقولی‌عمودی رابر گرفت وبریهودی نواخت واورا کشت سپس گفت : پائین رووسلاح وجامه‌اش‌را بکن . گفت : مرانیازی بسلاح وجامه‌اش نیست . و روایت شده‌است که رسول‌خدا درروزاحد برای صفیه سهمی قرارداد .

چون فردای روزاحد شد ، رسول خدا فرمان داد وبا دردمندی کـه داشتند و زخمها که برداشته‌بودند ، بیرون رفتند ورسول‌خدا نیزبیرون رفت تابه‌حمراءالاسد رسید سپس به‌مدینه بازگشت ودشمنی را دیدارنکرد ، اینان همان کسانی‌هستند که پس‌اززخم وجراحتی که بدانها رسید ، خدا ورسولش رااجابت نمودند .

جنگ بنی نضیر[1]

سپس‌جنگ بنی‌نضیر،چهارماه بعد ازاحد، پیش‌آمد وآنان طایفه‌ای ازجذام بودندجز آنکه یهودی شدند ودر کوهی بنام «نضیر» فرودآمدند و بنام‌آن نامیده شدند وهمچنین (بنی) قریظه .

رسول‌خداپس‌ازفرستادن کسی‌برای کشتن کعب‌بن‌اشرف‌یهودی که میخواست بارسول خدا نیرنگ کند ، نزد آنان فرستاد که از خانه‌هـای خود بیرون روید و مالهای خویش‌را رهاسازید . پس‌عبدالله بن ابی بن سلول‌ویاران منافقش نزد آنـان فرستادندکه بیرون نروید چه ماشما را یاری می کنیم . پس‌بیرون نرفتند. آنگـاه رسول خدا بعد ازعصر بسوی‌آنان رهسپارشد وبا آنها نبرد کرد و گروهی ازایشانرا کشت وعبدالله بن ابی [بن] سلول و یارانش یاریشان نکردند ، پس‌چون دیدند که نیروی جنگ رسول خدا را ندارند ، خواستارصلح شدند وباآنهاسازش نمود که‌از سرزمین خویش بیرون روند وآنچه ازباروبنه شان ، شتربکشد بردارند لیکن‌باخود طلاونقره واسلحه‌ای‌بیرون نبرند، پس‌به‌شام کوچیدند وسلام‌بن[...] ویامین‌نضیری اسلام‌آوردند وغنیمتهاشان ویژهٔ رسول خدا بود پس‌آنها را درمیان مهاجران‌وتنهـا

1ـ ل ؛ ص ۴۹. (در سال چهارم، سنة‌الترفیه)

دو نفر از انصار یعنی ابودجانه وسهل بن حنیف که اظهار نیازمندی کردند، بخش کرد. در این غزوه بود که مسلمانان شراب نوشیدند ومست شدند پس حرمت شراب فرود آمد.

جنگ خندق[۱]

سپس در سال ششم، پنجاه وپنج ماه پس از رسیدن رسول خدا به مدینه، غزوهٔ خندق که روز احزاب باشد پیش آمد. قریش نزد یهود ودیگر قبیله ها فرستادند و آنهارا برجنگ با رسول خدا وادار می نمودند. پس مردمی از قریش در جایی بنام «سَلع» فراهم آمدند وسلمان فارسی به‌رسول خدا پیشنهاد کرد که خندقی بکنند، پس خندق راحفر کرد وبرای هر قبیله‌ای اندازه‌ای قرارداد که تا آنجا بکنند ورسول خدا خود همراه آنان می کند تا از کندن خندق فارغ شد وبرای آن درهایی قرارداد واز هر قبیله‌ای مردی بپاسبانی بر درها گماشت وزبیر بن عوّام را فرماندهشان ساخت و اورا فرمود که اگر نبردی پیش آید، نبرد کند.

عدهٔ مسلمانان هفتصد مرد بودند و مشرکان هم رسیدند و از کار خندق در شگفت شدند و گفتند عرب این کار را نمی‌شناخت. پنج روز بماندند وروز پنجم که شد، عمرو بن عبدود وچهار نفر ازمشرکان: نوفل بن عبدالله بن مغیرهٔ مخزومی، و عکرمة بن ابی‌جهل، وضرار بن خطاب فهری وهبیرة بن ابی‌وهب مخزومی، بیرون آمدند. پس علی بن ابیطالب علیه‌السلام بسوی عمرو بن عبدود بیرون آمد وبا او نبرد کرد واو را کشت و دیگران گریختند. اسب نوفل بن عبدالله بن مغیره اورا برو درانداخت، پس علی خودرا رساند واورا کشت.

خدا برمشرکان بادی وتاریکیی‌را فرستاد پس گریزان بازگشتند بی آنکه بچیزی توجه کنند تا آنجا که ابوسفیان برشتر دست بستهٔ خود سوار شد وچون خبرش به‌رسول خدا رسید، گفت: پیرمرد بشتاب گرفته شد. بروایت بعضی سه روز بود که

۱ ـ ل، ص ۵۰. (در سال پنجم، سنة الأحزاب)

جنگ بتیر اندازی می گذشت وشمشیر زدن و نبرد تن‌بتن در کارنبود وروزسوم چنان پیوسته‌بود که نمازظهر ونمازعصر ونمازمغرب ونماز عشای آخر فوت شد، پس‌رسول خدا گفت: شغلونا عن‌الصلوة ، ملأالله بطونهم وقبورهم ناراً. «مارا‌ازنماز بازداشتند، خدا شکمها و گورهاشان را پر آتش کند .»

سپس بلال را فرمود که اقامهٔ نماز گفت ونمازظهر ، سپس‌عصر، سپس مغرب سپس عشارا خوانـد و این پیش‌از آن بود که براو‌نازل شود : فان خفتم فرجـالا اورکباناً [1] ، « پس‌اگربیم داشتید، پس پیادگان یاسوارگان.»

در این جنگ نفاق آشکار شد و منافقان گفتند : ای محمد نوید کاخهای خسروو‌قیصرمی دهی وحال‌آنکه یکی از ما برقضای حاجت توانایی ندارد ، ایـن نیست جزفریب. پس خدای عزوجل سورهٔ احزاب رافرستاد وقصهٔ احزاب رادرآن بازگفت .

قومی ازیهود از جمله حیی بن اخطب وسلام بن ابی‌الحقیق نزد رسول خدا رفته و پرسیده بودند که ای محمد « الم » نازل شده است ؟ گفت : آری . گفتند آنرا جبرئیل از نزد خدا برای تو آورده است ؟ گفت : آری . حیی بن اخطب گفت : خدا پیامبری را نفرستاده است مگر آنکه اندازهٔ زمامداری اورا باو اعلام کرده است ، پس الف یك و لام سی و میم چهـل و جمع آن هفتاد و یکسال است . آیا جز این‌هم هست ؟ گفت آری ، المص. گفت : این سنگین‌تر ودرازتر است، الف یك ولام سی و میم چهل وصاد شصت است [2] و اینهاصدوسی‌ویك‌میشود. آیاجز اینهم هست ؟گفت :آری ، الر .گفت : این‌سنگین‌تر ودرازتر است ، الف‌یك ولام سی و راء دویست است ، و اینها دویست وسی ویك می‌شود ، پس آیـا جز این هم هست ؟ گفت : آری ، المر . گفت این سنگین‌تر و درازتر است ، الف یك و لام سی ومیم چهل وراء دویست است ، واین دویست وهفتاد ویك میشود ، راستی کـه ای محمد امرتوبرما درهم وبرهم شده ونمی دانیم که آیا اندك داده شدی یابسیار ،

۱ـ س بقره، ی۲۳۹. ۲ـ بحساب ابجد مغربیها (ر.ك. احتجاج بحار).

وشایدالموالمص والر والمر به‌تو داده‌شده‌است واینهاهفتصد[وشصت] وچهارسال‌است .

روزخندق ازمسلمانان شش نفروازمشرکان هشت نفر کشته شد.

جنگ بنی قریظه[1]

سپس بدنبال خندق جنگ بنی قریظه پیش‌آمد و اینان طایفه‌ای از جـذام برادران نضیرند و گفته می‌شود که یهود شدنشان درروزگار عادیا بن سموئل بود ، سپس در کوهی بنام « قُریظه» فرودآمدند وبآن نسبت داده شدند و بقولی «قریظه» نام نیای آنهااست .

میان اینان ورسول‌خدا قرارصلحی بود پس آن راشکستند وباقریش‌پیوستند. پس سعد بن معاذ وعبدالله‌بن رواحه وخوّات بن جبیررا پیش‌آنها فرستاد تاپیمان را بیادشان‌آوردند لیکن پاسخی زشت دادند . پس‌چون قریش روزخندق‌درهم شکسته شدند ، رسول خدا علی را خواست وباو گفت : پرچم مهاجران رابسوی بنی قریظه پیش بر، و گفت : شما راسو گندمیدهم که نماز عصررا جزدربنی قریظه نخوانید، و درازگوشی ازخود را سوارشد وچون نزدیك آنان رسید علی‌بن ابیطالب اورادیدار کرد و گفت : ای‌رسول‌خدا، نزدیك مرو! پس گفت گمان‌میکنم اینان بد گفته اند. گفت: آری ای‌رسول‌خدا،و گفته میشود که‌بااشارهٔ دست‌چنین وچنان گفت، پس کوه شکافته شد تا اورا دیدند و گفت : ای پرستش کنند گان طاغوت،ای روهای میمونها وخوکها ، خدا باشما بکند و کرد . پس گفتند : ای ابوالقاسم تو که نا سزا گـو نبوده‌ای! پس‌شرم کرد وبپشت‌باز گشت، کسی‌ازمهاجران‌ازرسول‌خداوانماند وعموم انصاررا باز گردانید پس از بنی قریظه کشت، سپس بقلعه‌ها پناه بردند ورسول خدا چند روزی آنان را محاصره کرد تابداوری سعد بن معاذ انصاری تن‌دادند ، سعددر حال‌بیماری حاضرشد وباو گفتند: بگوای‌ابوعمرو ونیکی کن. پس گفت:سعدراآن

۱ ـ ل : ص۵۲

هنگام‌رسیده است که اورا درراه‌خداملامت سرزنش کننده‌ای‌نگیرد آیا بحکم من‌تن داده‌اید؟ گفتند: آری. [سپس گفت] حکم دادم که‌مردان‌جنگی‌ایشان کشته‌شوندوزنان وفرزندانشان اسیر گردندوخواسته هاشان برای مهاجران باشد نه انصار. پس‌رسول خدا گفت : لقد حکمت بحکم‌الله من‌فوق‌سبع‌السماوات ، «راستی‌بحکم‌خداازبالای هفت‌آسمان ، حکم کردی.» سپس آنان را ده ده پیش داشت و گردن زد وشماره شان هفتصد وپنجاه نفربود ، پس رسول خدا بازگشت وازآنها شش دخترك بر گزید و بر بینوایان بنی‌هاشم بخش کرد وبرای خویش هم یکی‌ازآنان بر گرفت که نامش ریحانه بود . خواسته‌های بنی قریظه وزنانشان بخش شد وبخش سواره وپیاده‌اعلام گشت‌پس سواره دوبخش می گرفت وپیاده یك بخش واین اول غنیمتی‌بود که بخش سواره در آن اعلام شد ، واسبها سی‌وهشت اسب بودند .

غزوهٔ بنی‌المصطلق[1]

سپس غزوهٔ بنی‌المصطلق‌ازخزاعه، پیش‌آمد ، رسول خدادر «مُریسیع» بآنان برخورد وآنها را شکست داد واسیر گرفت واز کسانیکه دراین جنگ اسیرشدند ، جویریه دختر حارث‌بن ابی ِضرار بود که پدروعمووشوهرش کشته شدندودر بخش ثابت بن قیس بن شمّاس خزرجی‌افتاد پس بااوقراربازخرید گذاشت واونزد رسول خداآمد ودربازخریدخود کومك خواست . رسول خدا پول بازخریدش را پرداخت واورا بزنی گرفت وکابین‌اوراآزادیش قرارداد. پس‌ازاسیران بنی‌المصطلق کسی‌نزد اونماند مگرآنکه آزادش کرد وچون‌رسول‌خدا جویریه رابزنی گرفته بود، زنانی را که میان‌آنها بود بزنی گرفتند . دراین جنگ بود که دروغگویان دربارهٔ عایشه گفتندآنچه گفتند ، پس خدا بی گناهی اورا نازل کرد . اوبرای کاری عقب مانده بود که صفوان بن معطّل سلمی رسید واورا برشترش سوار کرد ومهارشتررا کشید ، پس کسانی دربارهٔ اوبهتان زدند . ورسول خدا حسّان بن ثابت ومسطح بن أثاثـه و

---

۱ ـ ل ، ص ۵۳.

عبدالله بن ابیّ بن سلول همانکه معظم آن را در عهده داشت [1] وحمنه دختر جحش خواهر زینب دختر جحش را تازیانه زد وبنی مصطلق باسلام درآمدند واسلام خودرا نزد رسول خدا پیام دادند، پس ولید بن عقبة بن ابی‌معیط را برای گرفتن زکاتهاشان فرستاد، واونزد رسول خدا بازگشت [2] وخدااین آیه رافرستاد : یاایها الذین آمنوا ان جائکم فاسق بنبأ فتبینوا ان تصیبوا قوماً بجهالة فتصبحوا علی مافعلتم نادمین، [3] «ای کسانیکه ایمان آورده‌اید، اگر فاسقی شما را خبری داد، پس رسیدگی کنیدتامبادا بنادانی برمردمی بتازید وبر آنچه کرده‌اید پشیمان گردید.»

غزوهٔ حدیبیه[4]

سپس غزوهٔ حدیبیه بود ، رسول خدا درسال ششم همراه مردمی بقصد عمره بیرون رفت وبرای کعبه هفتاد شترقربانی همراه برد ویارانش نیزشترانی بردند و مسلح بیرون شدند ، پس قریش اورا از کعبه بازداشتند ، گفت بقصد نبردبیرون نیامده‌ام وتنها آهنگ زیارت این خانه دارم . ورسول خدا درخواب دیده بود که به خانه درآمد وسرتراشید و کلید را گرفت . پس قریش، مِکرز بن حفص راپیش او فرستادند لیکن رسول خدا ازسخن گفتن بااوامتناع کرد و گفت : هذا رجل فاجر ، «این مردی نابکاراست.» دیگربار حُلیس بن علقمه ازبنی حارث بن عبد مناة رانزد او فرستادند واوازقومی اهل زهد وعبادت بود، وچون شتران قربانی کعبه را دید که کرکهای خودرا خورده است ، بازگشت و گفت : ای گروه قریش من چیزی دیدم که بازداشتن آن از کعبه روانیست. پس عروة بن مسعود ثقفی رافرستادند وبارسول خدا سخن گفت ورسول خدا باو گفت : یا عروة، افی الله ان یصدّ هذا الهدی عن هذا البیت ، «آیا خدایی است که این شتران قربانی ازاین خانه بازگردانده شود ؟» پس

۱ـ ر.ك. سورهٔ نور، ی۱۱ . ۲ـ وبدروغ گزارش دادکه آنان ازدادن زکات امتناع ورزیدند. ورسول خدا درخشم شد وخواست بجنگشان رود . ۳ـ س حجرات، ی۶ . ۴ ـ ل : ص ۵۴. (در سال ششم : سنة الاستیناس) .

عروة بن مسعود نزدشان برگشت و گفت : بخدا قسم مانند محمد درآنچه برای آن آمده است ، ندیدم . پس سهیل‌بن عمرورا پیش‌اوفرستاند واوبا رسول خداسخن گفت ونرمی بخرج داد و گفت : سال‌آینده سه روزمکه را برای توآزاد میگذاریم. پس رسول خدا پیشنهادشان را پذیرفت وقرارداد صلح سه ساله رامیان خودنوشتند وچون‌نوشته‌شد: بسم‌الله‌الرحمن‌الرحیم،من‌محمدرسول‌الله، دراین‌باره‌نزاعی‌میان‌آنها درگرفت تا نزدیك شد که بجنگ بیرون شوند ، سهیل‌بن عمرو ومشرکان گفتند اگرمیدانستیم که پیامبرخدایی، باتونبردنمیکردیم. ومسلمانان گفتند: آن را محو مساز. پس‌رسول خدا فرمود تابازایستند وعلی رافرمود که نوشت: بسمك‌اللّهم، من محمد بن عبدالله[1] و گفت : نام من ونام پدرم، پیامبری مرا ازبین نمی‌برد . وشرط کردند که سال‌آینده مکه را سه روزبرای پیغمبرخلوت کنند وازآن بیرون شوندتا اوبا سلاح سواره‌بآن درآید وقرارصلح میان آنان سه‌سال‌است که نباید کسی‌ازیاران رسول‌خدارا آزاردهند ویااورا ازورود مکه بازدارند، ونیزهیچیك‌ازیاران رسول‌خدا، کسی‌ازآنان راآزارنخواهد داد.

نوشته دردست سهیل بن عمرونهاده شد ورسول خدا مسلمانان را فرمود که سربتراشند وشتران قربانی خودرا دربیرون حرم بکشند . لیکن‌آنان نپذیرفتند و بیشترمردم راشبهه‌فراگرفت. پس‌رسول‌خداسرتراشید وقربانی کردوسپس‌مسلمانان سرتراشیدند وقربانی کردندورسول‌خدابه‌مدینه برگشت،آنگاه‌درسال‌آینده بیرون آمد، وآن«عمرةالقضاء»است، پس‌باسلاح‌سواره برشتری‌به‌مکه درآمدوقریش‌مکه‌را سه روزبدو واگذاردند ، و حویطب بن عبدالعزی را درآن بجای گذاشتند ، رسول خدا رکن راباتعلیمی‌خود استلام کرد وخدا بحق،خواب را برپیمبرش راست گفت

۱ـ حاشیهٔ اصل : سپس رسول‌خدابه‌علی‌گفت: توراهم چنین پیشامدی‌است. یاهرطورکه‌گفت، وهمانچه گفت پیش‌آمد، ومصنف چون بنای اختصارداشته‌آن را ذکرنکرده است .

(راست گردانید)[1] پس‌ازسه روزازمکه بیرون رفت وباهمسرش میمونه دخترحارث هلالی‌درسر ف عروسی کرد . قریش‌پیمان شکنی کرده مردی ازخزاعه ازکسانی‌را که درپیمان رسول‌خدا درآمده بودند کشتند .

غزوهٔ خیبر[2]

سپس درآغاز سال هفتم ، غزوهٔ خیبر بود ، پس‌قلعه های‌آنها را که شش قلعه بود: سُلالم ، قَموص ، نطاة ، قصاره، شق ومربطه[3] گشود ، دراین‌قلعه‌ها بیست‌هزار مرد جنگی بود ویکایك‌آنها را گشود، مردان جنگی را کشت وزنان و کودکان‌را اسیر گرفت . قموص ، همان قلعه‌ای که مرحب پسر حارث یهودی درآن بود ، از سخت ترین ودشوارترین دژهابود. پس‌رسول‌خدا گفت : لادفعنّ‌الرایةغدا ان شاءالله الی‌رجل کرّار غیرفرّار یحب‌الله و رسولـه و یحبه‌الله ورسولـه لاینصرف حتی یفتح الله علی‌یده ، « خدا بخواهد فردا پرچم را بمردی بسیار حمله کننده نه گریزنده ، دهم که خدا و رسولش را دوست میدارد و خدا و رسولش او را دوست می‌دارنـد ، باز نمیگردد تا خدا بردست او بگشاید . » آنگاه آن را به علی داد ، علی مرحب یهودی را کشت و درِ قلعه را که سنگی بود بدرازای چهار ارش، درپهنای دو ارش، در بلندی یك ارش ازجا کند . علی‌بن ابیطالب‌آن را پشت سرش‌انـداخت و بقلعـه درآمد و مسلمانان نیز وارد قلعه شدند . جعفر بن‌ابوطالب درآنروز از حبشه رسید پس‌رسول خدا باستقبال اوبرخاست ومیان دودیده‌اش را بوسید و سپس گفت : والله ما ادری بایّهما انا اشدّ سروراً ، بفتح خیبرام بقدوم جعفر ، « بخدا قسم نمیدانم به کدامیك‌ازاین دوپیش‌آمد خوشحال ترم ، بفتح خیبریابرسیدن‌جعفر.» صفیه‌دختر حیی‌بن اخطب رابر گزیدواورا‌آزاد کرد وبزنی گرفت وزنان ومردانشان وبارهای

۱ ـ س حج، ۲۷ . ۲ ـ ل ، ص ۵۶. (در سال هفتم ؛ سنة الاستغلاب) ۳ ـ دیگران بجای قصاره و مربطه ؛ نا عم‌وکتیبه ووطیح را ذکر کرده‌اند .

خرما و گندم وجورا میان بنی‌هاشم بخش کرد، سپس‌میان همهٔ مـردم بخش‌نمود. وچون ازبیچارگی ونیازمندی وسختی و قحطی اهل مکه خبریافت، برای آنـان با عمرو بن امیهٔ ضمری مقداری بیش یا کم طلا فرستاد و باو فرمود که آن را به‌ابوسفیان بن‌حرب و صفوان بن امیة بن خلف وسهیل بن عمروبسپارد وسه بخش سه بخش پراکنده‌اش سازد، پس صفوان بن‌امیه وسهیل بن عمرواز گرفتنش امتناع ورزیدند وابوسفیان تمامش‌را گرفت وبربینوایان‌قریش بخش کرد، و گفت: خدای برادرزاده‌ام‌را پاداش نیك دهد،چه باخویشاوندان خویش‌نیکوکاراست. زینب‌دختر حارث‌خواهرمرحب گوسفند مسمومی نزد رسول‌خداآورد ولقمه‌ای ازآن‌بر گرفت پس‌پاچهٔ گوسفند بااوبسخن‌آمد و گفت: همانا من بزهر آلوده‌ام. بشربن براء بن معرورهمراه رسول خدا میخورد ومرد. حجّاج بن علاط سلمی برسول خدا گفت: راستی که اسلام‌آورده‌ام ولی‌مال‌من درمکه‌است، مرا اذن میدهی‌تا سخنی‌بگویم که خاطرشان بآن‌آسوده گردد، شاید مال خودرا بدست‌آورم؟ باواذن داده وبیرون‌رفت تا به‌مکه رسید وقریش نزد اوفراهم شدند وباو گفتند: ای پسرعلاط خوش‌آمدی، آیاازاین مهر گسل خبرداری؟ گفت: آری اگر برمن بپوشانید. پس عهد و پیمان نهادند که رازاورا بپوشانند تاازمکه برود. گفت: بخدا قسم که من نیامدم تاآنکه محمد ویارانش شکست یافتند وخود اورا اسیر گرفتند و گفتند: بجای سرور خود حییّ بن‌اخطب‌اورا می کشیم. پس‌خوشحال شدند ومیگساری کردند وخبر به‌عباس‌و مسلمانان رسید وسخت بیتاب شدند. حجاج هرچه داشت برداشت و آنگاه نـزد عباس‌آمد وباوخبرداد که خدای پیامبرخودرا پیروز کرد وبخشهای خدا برخیبـر نهاده شد وابن‌ابی‌الحقیق کشته شد ورسول خدا بادخترحیی‌بن‌اخطب عروسی کرد. سپس‌ازمکه بیرون‌آمد وعباس‌شادمان سرازخواب بر گرفت پس‌ابوسفیان‌باو گفت: ای ابوالفضل، در مقابل‌مصیبت شکیبایی ونیرومندی می‌ورزی! عباس گفت: بخدا

سوگند که حجاج شمارا فریب داد تامال خودرا بدست آورد وبمن گفت که خود اسلام‌آورده است وپیش‌ازحرکتش خدا پیامبرخودرا پیروز کرده و ابن ابی‌الحقیق کشته شده‌ورسول خدا بادخترحیی‌بن اخطب عروسی کرده وهمه قلعه ها راگشوده است . پس زن حجاج بگریه وناله افتاد وزنان مشرکان نزد اوفراهم‌شدند وغم و اندوه مشرکان فراوان گردید .

فتح‌مکه[1]

خزاعه‌درپیمان رسول خدا، و کنانه درپیمان قریش‌بودند،پس قریش کنانه‌را یاری‌دادندوبردگان‌وبستگان‌خودرافرستادند تابرخزاعه‌تاختندودرمیان آنهادست به کشتارزدند ، خزاعه نزد رسول خداآمدند وازپیش‌آمد باوشکایت بردند، پس‌خدا برای پیمبرش بریدن مدتی راکه میان اووآنان بود ، روا دانست وپیغمبر تصمیم گرفت به‌مکه‌لشکرکشی کندوگفت : اللّهم اعم‌الاخبارعنهم، «بارخدایاخبرهارا ازآنان یعنی‌قریش پوشیده‌دار.» پس حاطب بن ابی‌بلتعه باساره کنیزابولهب داستان رسول خدا وتصمیم آن حضرت رابقریش نوشت وجبرئیل فرودآمد و او را بدانچه حاطب کرده بود خبرداد ، پس‌علی‌بن ابوطالب وزبیررا فرستاد و گفت : نوشته‌رااز اوبگیرید . درحالی باورسیدند که ازراه کناره گرفته بود ونوشته را درمیان موی اووبقولی در فرج او یافتند و آنرا نزد رسول خداآوردند. پس آنچه را می‌خواست محرمانه بهریك ازسرورانشان گفت واورا فرمود که درهمانجایی که‌نام‌برد دیدارش کندوآنچه‌را باو گفت‌پوشیده دارد، پنهانی به‌خزاعی‌بن‌عبدُنهم‌فرمود که‌اورا با مُزینه درروحاء دیدار کند، وبه‌عبدالله بن مالك که اورا با غفار درسقیاببیند، وبه قدامة‌بن ثمامه که اورا با بنی‌سلیم در قُدید ملاقات نماید، وبه صعب بن جثامه که او را با بنی لیث در کدید دیدارنماید .

رسول خدا دوشب،وبقولی ده‌روز، گذشته ازماه رمضان سال‌هشتم ، روز جمعه

1- ل، ص۵۸ .

هنگامیکه نماز عصر را خواند ، بیرون رفت وابولبابة بن عبدالمنذر را در مدینه جانشین گذاشت وقبیله‌ها درهمانجاهایی که برای آنان نام برده بود ، اورا دیدار کردند وبمردم فرمود که افطار کنند و کسانی را که افطار نکردند ، گنهکاران نامید وخود آبی خواست وآشامید .

عباس بن‌عبدالمطلب دربین راه باستقبال‌او آمد وچون‌رسول‌خدا به مَرّالظهران رسید،ابوسفیان بن‌حرب همراه حکیم‌بن حزام وبدیل بن ورقاء، بتجسس اخبار بیرون آمدند . ابوسفیان به‌حکیم می گفت : این آتشها چیست ؟ گفت : خزاعه که جنگ اورا بخشم آورده است . گفت : خزاعه کمتروزبون تراست. دراین‌هنگام عباس آوازابوسفیان راشنید واورا فریاد کرد که ای ابوحنظله . ابوسفیان‌پاسخ‌داد و گفت:ای‌ابوالفضل این گروه چیست ؟ گفت این رسول‌خدااست.واورا پشت سر بر استرخویش‌سوار کرد، اینجابود که‌عمر باورسیدو گفت:سپاس خدارا که بی‌هیچ‌عهدو پیمانی مرا برتودست داد ، پس عباس نزد رسول خدا براوپیشی گرفت و گفت: ای رسول خدا این ابوسفیان است که آمده تا ازروی میل اسلام‌آورد . رسول خدابه او گفت: قل:اشهدان‌لااله‌الاالله وانی‌محمد رسول‌الله ، «بگو گواهی می‌دهم که جزخدا معبودی نیست وبگو که من محمد فرستادهٔ خدایم.» گفت:اشهدان لااله‌الاالله . واز گفتن اینکه توفرستادهٔ خدایی‌امتناع‌می‌ورزید، پس‌عباس براوفریادزدتا گفت. سپس عباس ازرسول خدا خواست که برای‌اوامتیازی قراردهد و گفت که اوامتیازرادوست دارد. پس‌رسول خدا گفت : من دخل دارك یااباسفیان فهو آمن ، «ای ابوسفیان هر کس بخانه ات درآید درامان است.» عباس اورانگه‌داشت تالشکرخدا رادید،پس‌به عباس گفت : ای‌ابوالفضل، برادر زاده‌ات‌راپادشاهی بزرگی‌داده‌شده . گفت : این حساب پادشاهی نیست ، بلکه پیامبری است . ابوسفیان باشتاب رهسپارشدتا به‌مکه درآمد وآنهارا ازپیشامد باخبرساخت و گفت : اگراسلام نیاورید نابود می شوید و

فرموده است که هر کس بخانهٔ من در آید در امان است. پس بر او تاختند و گفتند: خانه‌ات چه اندازه گشایش دارد ؟ گفت : هر که درخانه‌اش را ببندد در امان است، و هر کس بمسجد در آید در امان است .

خدا پیمبر خودرا پیروزی داد و نبرد را از او نهاد و به‌مکه در آمد و یارانش از چهارجا به‌مکه در آمدند و خدا ساعتی از روز، مکه‌را برای او حلال کرد، سپس رسول خدا برخاست و خطبه خواند و آنرا حرام فرمود.

ام هانی دختر ابوطالب دو خویش شوهرش ، حارث بن هشام و عبدالله بن ابی ربیعه را پناه داد و چون علی خواست آن دو را بکشد رسول خدا گفت: یاعلی، قد اجرنا من اجارت ام هانی ، «ای علی، ما هر کس را که ام هانی پناه داده است ، پناه دادیم . »

پیغمبر همه را امان داد مگر پنج نفر مرد که فرمود آنها را، اگرچه بپرده‌های کعبه آویخته باشند ، بکشند و چهار زن را.

مردان اینها بودند: عبدالله بن عبدالعزی بن خطل از بنی تیم الأدرم بن غالب که رسول خدا او را همراه مردی از انصار فرستاده بود و او بر انصاری تاخت و او را کشت و گفت تورا و محمد را فرمانبردنی نیست. وعبدالله بن سعد بن ابی سرح عامری که برای رسول خدا می‌نوشت پس به‌مکه رفت و گفت : من هم چنانکه محمد میگوید، میگویم ، بخدا قسم محمد پیامبر نیست ، راستی که او بمن می گفت : بنویس « عزیز حکیم» و من می نوشتم «لطیف خبیر» و اگر پیامبر بود میدانست . پس عثمان که برادر رضاعی او بود ، اورا جای داد و نزد رسول خدا آورد و دربارهٔ او با آن حضرت سخن می گفت : و رسول خدا خاموش بود. سپس گفت : هلاّقتلتموه ؟ «چرا او را نکشتید ؟ » گفتند : منتظر بودیم اشاره فرمایی . گفت : ان الانبیاء لاتقتل بالایماء ، « همانا پیمبران با اشاره نمی کشند.»

و مِقیس بن ُصبابه یکی از بنی‌لیث بن کنانه که برادرش کشته شده بود، پس دیه‌را از کشنده‌اش گرفت‌سپس بر او تاخت و اورا کشت.

وحویرث بن ُنقیذبن وهب بن عبد قصی‌از کسانی که درمکه رسول خدا را آزارمی‌داد وسخنان زشت باومیگفت:

وزنان، اینها:

ساره کنیزبنی عبدالمطلب که نام رسول خدا رابزشتی‌میبرد،وهنددختر عتبه،و قریبه و فرتنا دو کنیز ابن خطل که بدشنام و بدگویی رسول خدا خواندگی میکردند.

قریش خواه وناخواه باسلام درآمدند ورسول خدا کلید خانه رااز عثمان بن ابی‌طلحه گرفت ودررا بادست خود گشود وسپس بخانه درآمد ودرآن دو رکعت نماز بجاآورد سپس بیرون شد ودوبازوی دررا گرفت و گفت: لااله‌الاالله وحده‌لاشریك‌له انجزوعده ونصرعبده‌وغلب‌الاحزاب وحده فلله‌الحمد والملك لاشریك له، «معبودی جز خدا نیست که تنها و بی انباز است، وعدهٔ خود را انجام داد و بندهٔ خودرا یاری کرد ودسته ها را بتنهایی شکست داد،پس ستایش و جهانداری خدا راست و شریك ندارد.»

سپس گفت: ماتظنّون وما انتم قائلون؟ «چه گمان می‌بریدوچه‌میگویید؟»

سهیل گفت: گمان نیکی و گفتار نیکی داریم، برادری جوانمرد و عموزاده‌ای بزرگواری که هم اکنون پیروزشده‌ای. گفت: فانی اقول‌لکم کماقال‌اخی‌یوسف: لاتثریب علیکم‌الیوم، «پس‌هم‌اکنون بشماچنان میگویم که برادرم یوسف گفت: امروزسرزنش برشما نیست.»

سپس گفت: الا کل‌دم ومال ومأثرة‌فی‌الجاهلیة فانه‌موضوع تحت قدمیّ هاتین الاسدانة‌الکعبة‌وسقایة‌الحاج‌فانهمامردودان‌الی‌اهلیهما، الاوان‌مکة‌محرمة‌بحرمة‌الله‌لم

تحلّ لاحد من‌قبلی ولاتحلّ لاحد من بعدی وانماحلت لی‌ساعة ثم اغلقت فهی‌محرمة الی‌یوم‌القیامة‌لایختلی خلاها ولایعضد شجرها ولاینفر صیدها ولاتحلّ لقطتها الالمنشد، الاان فی‌القتل شبه‌العمد الدیة مغلظة ، والولدللفراش وللعاهر الحجر .

«هان هرخونی ومالی‌وافتخارموروثی که در جاهلیت بود،زیراین دوپای من نهاده شده مگر خدمتگزاری کعبه و آب دادن حاجیان که این‌دو بصاحبانش‌داده‌شود. هان که مکه بحرمت خدا محترم است وپیش‌ازمن برای کسی حلال نشده وپس از من برای کسی حلال نمیشود،تنها برای من ساعتی ازروزحلال شد سپس بسته گشت وآن تاروزقیامت حرام است ، گیاه تازه‌اش چیده ودرختش بریده وشکارش‌رمانده نمیشود ، و پیدا شده اش حلال نیست مگر برای سراغ گیرنده ای . همانا که در کشتن شبه عمد ، دیهٔ سخت گرفته شده است ، وفرزنـد ازآن‌بستر،وبرای زنـاکار سنگ است.»

سپس گفت : الالبئس جیران‌الذین کنتم فاذهبوا فانتم‌الطلقاء، «هان چه زشت همسایگانی که شمابودید ، بروید که شما آزاد شدگانید.»

بدون احرام به‌مکه درآمد وبلال رافرمود که‌بر کعبه بالارود،پس اذان گفت وآن برقریش بزرگ آمد وعکرمة بن ابی‌جهل وخالد بن‌اسید گفتند : راستی‌پسر رباح روی کعبه صدای خرمی کند.و مردمی همراه‌آن دوبسخن‌آمدند ، پس رسول خدا نزدآنان فرستاد و گفتند : راستی گفته‌ایم وازخداآمرزش میخواهیم ، رسول خدا گفت : نمی‌دانم بشماچه بگویم ، لیکن نمازمیرسد پس‌هر کس‌نمازبخواند به راه اسلام است و گرنه اوراپیش‌دارم و گردنش رابزنم .

وفرمود تاهرصورتی راکه در کعبه بود ، محو کردند وباآب شستند وعثمان ابن‌طلحه راخواست و گفت : در کعبه دوشاخ قوچ دیدم،پس آن دو را بپوشان، چه سزاوارنیست که در کعبه چیزی باشد . پس دربعضی‌دیوارها قرارداده شدوبـروایت

بعضی رسول خدا هر چه را مال کعبه بود میان مسلمانان بخش کرد. و دیگران گفته‌اند آن را بجای گذاشت ومنادی رسول خدا فریاد کرد که هر کس درخانه‌اش بتی‌است بایدآنرا بشکند، پس بتها را شکستند.

رسول‌خدا زنان راخواست تاباواوبیعت نمودند، واسبان چهارصد اسب بودند، وسورهٔ «اذا جاء نصر الله والفتح» براونازل شد پس گفت: نُعیت الی‌نفسی، «بمرگم خبرداده شدم.»

هنگامی که رسول خدا در مکه بود، خالد بن ولید را برسر بنی جَذیمة ابن عامر که در غُمیصاء بودند و در جاهلیت به‌بنی‌المغیره آسیب زده و عوف پدر عبدالرحمن‌بن عوف [1] راکشته‌بودند، فرستاد. پس عبدالرحمن بن عوف باخالدبن ولید همراه مردانی از بنی سلیم بیرون رفتند، بنی سلیم در جاهلیت، ربیعة بن مُکدّم راکشته بودند، پس‌جذل طعان [2] بیرون رفت وبخونخواهی ربیعه، مالك بن شرید را ازبنی‌سلیم کشت. خبر به‌جذیمه رسید که خالدهمراه بنوسلیم آمده‌است. پس خالد بآنان گفت: اسلحه را بگذارید. گفتند ماعلیه خدا وعلیه رسولش‌سلاح‌بر نمی گیریم وما مسلمانیم، اکنون ببین که رسول خدا تورا برای چه کاری‌فرستاده است، پس‌اگرتورا فرستاده‌است تازکات رابگیری، این‌شترو گوسفند ما است، پس برآنها بتاز. گفت سلاح‌را فرونهید. گفتند: راستی که می‌ترسیم مارابکینهٔ‌جاهلیت بگیری. پس ازآنان بازگشت ومردان قبیله اذان گفتند ونمازخواندند وچون سحرگاه شد، اسب برآنان تاخت ومردان رزمی راکشت وزنان وفرزندان‌را اسیر گرفت‌وخبر برسول‌خدا رسیدپس گفت: اللهم انی‌ابرء الیك مماصنع خالد، «خدایا من‌نزد توازآنچه خالد انجام داد، براستی بیزاری میجویم.» وعلی‌بن‌ابوطالب را فرستاد تاآنچه ازآنان گرفته شده بود حتی زانوبند شتروظرف آب سگ رابه‌آنها

۱ ـ وفاکه بن مغیره. ۲ ـ جذل الطعان بالکسر: لقب علقمة بن فراش از مشاهیر عرب (ق).

پرداخت ومالی را که ازیمن رسیده بود با اوفرستاد تادیهٔ کشتگان راداد وازآن باقی ماندهای نزدش ماند . پس علی آن راهم بآنان داد که رسول خدا راازآنچه دانسته واز آنچه نمیداند حلال کنند . پس رسول خدا گفت : لمافعلت احب الی من حمر النعم ، «هر آینه آنچه کردی، نزدمن ازشتران سرخ مومحبوب تراست.» وآنروز به علی گفت: فداك ابوای ، «پدرومادرم فدای توباد.» عبدالرحمن بن عوف گفت : بخدا قسم که خالد آنان را مسلمان کشت . خالد گفت آنها را نکشتم مگر بجای پدرت عوف بن عبد عوف . عبدالرحمن گفت بجای پدرم نکشتی، لیکن بجای عمویت فاکه بن مغیره کشتی .

غزوهٔ حنین[1]

سپس غزوهٔ حنین پیش آمد ، رسول خدا درمکه خبریافت که هوازن در حنین گروه بسیاری را فراهم ساخته اندوسرورشان مالك بن عوف نصری است و دریدبن صمه ازبنی جشم راکه پیرمردی بزرگ است نیزبهمراه دارند وبه رأی او تبرك می جویند ، وی خواسته ها وزنان وفرزندان هوازن راهم همراهشان آورده است. پس رسول خدابالشکری بزرگ که شمارهٔ آنها دوازده هزارنفربود ، ده هزاریارانش که مکه را باآنها گشود ودوهزارازاهل مکه ازکسانی که خواه وناخواه اسلام آورده بودند ، بسوی آنها بیرون رفت وازصفوان بن امیّه صد زره گرفت وگفت : عاریة مضمونة ، «عاریه‌ای ضمانت شده.» پس مسلمانان رابسیاری شان بشگفت آورد[2] وبرخی ازایشان گفتند : ازکمی شکست نمیخوریم . پس رسول خدا رااین گفتارشان ناخوش آمد . هوازن دردره کمین کرده بودند وبرمسلمانان تاختند وروزی بس دشواربود و مسلمانان ازرسول خدا پراکنده گشتند تاباده نفرازبنی هاشم وبقولی نه نفر باقی ماند ، اینان علی بن ابی طالب وعباس بن عبدالمطلب وابوسفیان بن حارث وربیعة بن

۱ـ ل، ص۶۳ . ۲ـ س توبه ی ۲۵ـ۲۷ .

حارث وعتبه ومعتّب پسران ابولهب و فضل‌بن عباس و عبدالله‌بن زبیربن‌عبدالمطلب و بقولی ایمن بن [ام] ایمن بودند . خدای عزوجل گفته است :

ویوم حنین اذا عجبتکم کثرتکم فلم تغن عنکم شیئا وضاقت علیکم الارض بما رحبت ثم ولّیتم مدبرین ثم انزل الله سکینته علی رسوله وعلی المؤمنین وانزل جنودا لم تروها،[1] « وروزحنین هنگامیکه بسیاری شما ، بشگفتتان آورد پس کفایت نکرد ازشما چیزی را وزمین بافراخیش برشما تنگ آمد سپس پشت کننده بر گشتید . سپس خدای آرامش خودرا برپیمبرش وبرمؤمنان فروفرستاد ولشکرهایی را که آنهارا ندیدید ، فروفرستاد .»

بعضی ازقریش آنچه دردل داشتند ، آشکارساختند ، ابوسفیان گفت : بخدا سوگند، شکست و گریزشان به دریانرسیده پایان نمی‌پذیرد. کلدة‌بن‌حنبل[2] گفت: امروزجادوگری باطل گشت . شیبة‌بن‌عثمان گفت : امروز محمد را می کشم . پس رسول خدارا خواست تااورا بکشد. پیامبرحربه رااز او گرفت وآنرابدلش چسبانید آنگاه رسول‌خدا به‌عباس گفت: صح ، یاللانصار، وصح ، یااهل بیعة‌الرضوان، صح، یااصحاب سورة‌البقرة ، یااصحاب‌السمرة، «فریاد کن ، ای یاوران، وفریاد کن ، ای اهل‌بیعت رضوان، فریاد کن ، ای اصحاب سورۀ بقره ، ای اصحاب درخت خار.»

سپس مردم درهم شکسته شدندوخداپیمبرخودرا پیروز کرد واورابلشکرهایی ازفرشتگان نیرومندساخت وعلی‌بن ابیطالب بسوی پرچمدارهوازن رفت واورا کشت وشکست و گریزپیش آمد وازهوازن مردمی بسیار کشته شدند وازآنان بردگانی بسیار که شماره شان بهزارسوارمیرسید ، گرفته شد وغنیمتها بجز ربوده شده‌ها ، به دوازده هزارشتررسید، ودریدبن‌صمه کشته‌شد وآن برمردم گران آمد، پس رسول خدا گفت : الی النار وبئس المصیر ، امام من ائمة الکفر ، ان لم یکن یعین بیده فانه یعین برأیه ، « رهسپار آتش است و چه بدجایی است ، پیشوایی از پیشوایان کفر ،

۱ـ س توبه، ی ۲۵ـ۲۶ .   ۲ـ یا جبلة‌بن حنبل .

اگرهم بادست خود کمك نمی‌داد، اما بارأی‌خود یاری می کرد .»مردی ازبنی‌سلیم[1] اورا کشت .وذوالخمار سبیع‌بن‌حارث نیز کشته شد ورسول‌خدا گفت : ابعده اللّه‌ان کان یبغض قریشاً، «خدای اورا دور کناد ، راستی که او قریش رادشمن می‌داشت .»

برد گان وخواسته‌هابدست مسلمانان افتاد و گریزمشرکان، که مالك‌بن‌عوف باآنان بود تاطائف رسید، وهمهٔ کسانی که‌بشهادت رسیدند چهارنفرند. شیماء دختر حلیمه ، خواهررضاعی رسول خدا نزدآن بزرگوارآمد پس‌باوبخشش کـرد واورا گرامی داشت وعبای خودرا برای اوپهن کرد ،آنگاه بارسول خدا در بارهٔ اسیران سخن گفت‌و گفت: راستی که اینان‌خاله‌ها وخواهران‌تواند. رسول‌خدا گفت:ماکان لی‌ولبنی‌هاشم فقد وهبته لك ، « آنچه مرا وبنی‌هاشم راست ، آنرابتوبخشیدم.» پس مسلمانان مانند او همهٔ اسیرانی‌راکه دربند داشتند بخشیدند مگراقرع بن حابس وعیینة بن حصن . رسول‌خدا گفت : اللهم نوه سهمیهما . « خدایا دوبخش این دورا بلندآوازه گردان.» پس‌برای‌آن دوپیرزنی درآمد. ونیزدربارهٔ مالك بن‌عوف‌نصری امیرلشکرهوازن بااوسخن گفت واورا امان داد ، پس‌مالك‌آمد واسلام‌آورد ورسول خدا اورا برای محاصرهٔ طائف فرستاد .

از غنیمتهای هوازن به‌دل بدست آمدگان نیز بخشید و بدوازده مرد یعنـی ابوسفیان بن حرب ومعاویة بن ابی‌سفیان وحکیم بن حزام و حارث بن حارث بن کلدهٔ عبدری و حارث بن هشام بن مغیره وسهیل‌بن عمرووصفوان بن امیة‌بن‌خلف وحویطب بن عبدالعزی وعلاء بن حارثهٔ ثقفی‌هم پیمان بنی‌زهره ومالك بن عـوف نصری وعیینة بن‌حصن فزاری واقرع بن حابس ، بهریك ازاینان صدشترو‌بدیگران کمترازاین داد .

انصارنیزازاوخواستارشدند وزبونی وذلتی بآنها درآمد. پس‌رسول‌خدا گفت:

۱ـ ربیعة‌بن رفیع سلمی (ابن‌هشام ج۴ص۸۴).

انی‌اعطی قوماً تألفا واکلکم‌الی‌ایمانکم، «همانا من‌بمردمی می‌بخشم تادلشان رابه دست‌آورم وشما را بایمانتان وامیگذارم.» برخی‌ازآنان بسخن‌آمدند و گفتندمحمد بهمراهی‌ما نبرد کرد تاآنکه کارش پیش رفت وپیروز گشت آنگاه نزد خویشان خودآمد ومارا رها کرد . پس‌خدا بخش‌آنها راانداخت وبرای دل بدست آمده ها بخشی‌درزکاتها بنهاد

رسول خدا رهسپارطائف گشت وعلی‌بن ابیطالب رافرستادتانافع بن‌غیلان‌بن سلمة بن معتب را با سوارانی ازثقیف دریافت واورا کشت ویارانش بهزیمت شدند . رسول خدا طائف را بیست وچند روزمحاصره کرد وچهل مرد نزد اوفرودآمدند . رسول خدا فرمود که تاکها راببرند، پس‌بااوسخن گفتند وآنها رارها کرد وفرمود دیگربریده نشود. سپس‌رسول‌خداباز گشت‌وابوسفیان‌بن‌حرب‌را برای محاصره‌داشتن طائف بجای گذاشت و علی رابرای شکستن بتها فرستاد تا آنها را درهم شکست .

غزوهٔ موته[1]

درسال هشتم ، جعفربن ابی طالب وزید بن حارثه و عبدالله بن رواحه را با لشکری برای جنگ روم‌به‌شام فرستاد . بروایت بعضی گفت : امیرالجیش زید بن حارثة فان قتل زید بن حارثة فجعفربن ابیطالب فان قتل جعفربن ابیطالب فعبدالله ابن رواحة فان قتل عبدالله بن رواحة فلیرتض المسلمون من‌احبوا ، « فرمانده لشکرزید بن حارثه است ، پس اگرزید بن حارثه کشته شد ، جعفربن‌ابیطالب ، و اگرجعفربن ابیطالب کشته شد ، عبدالله بن رواحه ، و اگر عبدالله بن رواحه کشته شد ، مسلمانان هر کس‌را دوست بدارند بر گزینند.» وبقولی جعفرپیش بود ، سپس زید بن [حارثه ، سپس] عبدالله بن رواحه .

لشکربجایی درشام‌ازناحیهٔ‌بلقاء اززمین دمشق که‌بآن‌«مؤته» گفته‌میشدرسید،

۱ـ ل، ص۶۶ .

وزید پرچم را گرفت و نبرد کرد تا کشته شد. سپس جعفر آن را گرفت و دست راستش بریده شد پس بادست چپ نبرد کرد ، دست چپش هم بریده شد وسپس ازمیان دو نیم شد . سپس عبدالله بن رواحه آن را برداشت و کشته شد . پس هر پستی برای رسول خدا برافراشته شد و هر بلندی برای او پست گردید تاشهادتگاههای آنها را دید و گفت: تخت جعفر را پیش دیدم و گفتم : یاجبرئیل انی قدّمت زیداً، «ای جبرئیل من زید را پیش داشتم.» گفت: خدا جعفر را برای خویشی تو پیش داشت. رسول خدا مرگشان را خبر داد و گفت : انبت‌الله لجعفر جناحین من زبرجد یطیر بهمافی الجنة حیث یشاء، «خدای برای جعفر دو بال زبرجد رویانید که در بهشت هر جا بخواهد با آن دو پروازمیکند.» وسخت بی‌تاب شد و گفت : علی مثل جعفر فلتبك البواکی، «بر مانند جعفر، باید زنان نوحه گر گریه کنند.» پس خالدبن ولید بر لشکر فرماندهی یافت.

اسماء دختر عمیس خثعمی که زن جعفر ومادر همهٔ فرزندانش بود، گفت : رسول خدادر حالیکه دست من در خمیر بود، بر من در آمد و گفت: یااسماء این ولدك؟ «ای اسماء فرزندانت کجایند؟» پس عبدالله ومحمد وعون را پیش او آوردم وهمه شان را در کنار خویش نشانید و آنها را در آغوش گرفت ودست برسر آنها کشید ودیدگانش به اشك آمد، پس گفتم : پدرومادرم فدای تو باد ای رسول خدا ، چرا با فرزندانم چنین رفتار میکنی که بایتیمان انجام میدهی ؟ شاید تورا ازجعفر خبر رسیده است . پس گریه براوغالب شد و گفت : رحم‌الله جعفراً، «خدای جعفر را رحمت کند.» پس فریادزدم: واجعفراه. وفاطمه دختر رسول خدا آواز مرا شنید ودرحالیکه فریادمی‌زد: واابن عماه، «ای وای پسرعمویم» رسید . پس رسول خدا درحالیکه ردای خودرا می کشید وبی اختیار اشك میریخت بیرون رفت ومیگفت: علی جعفر فلتبك البواکی، «زنان گریه کننده، باید بر جعفر گریه کنند.» سپس گفت: یافاطمة اصنعی لعیال جعفر طعاماً فانهم فی شغل، «ای فاطمه برای خانوادهٔ جعفر خوراکی فراهم ساز که آنها گرفتارند . »

پس فاطمه سه‌روز برای آنان خوراك تهیه کرد واین درمیان بنی‌هاشم معمول شد .

غزوه هایی که درآنها نبردی نبوده‌است[1]

دراین‌میان غزوه‌هایی بود که درآنها نبردی پیش نمی‌آمد، رسول‌خدا بیرون می‌رفت وبادشمن برخورد نمیکرد وبازمیگشت . وما غزوه هایی را کـه در آنهـا نبردی بـوده است برآنهایی کـه در آنها نبردی نبوده بدانجهت مقدم داشتیم کـه غزوه های بی‌نبرد را تنها بیاوریم :

غزوهٔ ابواء : رسول خدا رهسپار«ودان» گشت وباز گشت وجنگی پیش‌نیامد.

غزوهٔ بواط : همچنین .

غزوهٔ ذوالعشیره از بطن ینبع : درآن با بنی‌مدلج و هم پیمانانشان از بنـی ضمره قرارصلحی‌بست ومیانشان نوشته‌ای نوشت وآنکه درمیان آنها باین‌کار ایستاد مَخشیّ بن عمروضمری بود .

وغزوهٔ قرقرة الکدر : رسول‌خدا درجستجوی مکدر بن جابرفهری و بقولی کرزبن جابر که بر گلهٔ مدینه تاخته بود، بیرون رفت، وآن‌چنان‌بود که ابوسفیان برسلام بن‌مشکم که سروربنی‌النضیر بود، مهمان شد پس‌اورا پذیرایی کرد وشرابی باوخورانید ، سپس‌ابوسفیان درهمان‌شب بیرون‌رفت تابجایی بنام «عریض» رسید و درآنجا دومرد انصاری رادرنخلستانشان یافت وآن دو را کشت و به‌مکه باز گشت ، پس‌رسول‌خدا خبریافت وتاقرقرة‌الکدر رسید و دشمنی‌را دیدار نکرد و باز گشت .

غزوهٔ حمراءالاسد : رسول خدافردای روزاحدبیرون رفت وما آنـرا ضمن داستان احد گفته‌ایم .

غزوهٔ بدرصغری : که همان بدرموعد است برای وعدهٔ ابوسفیان بن حرب ، پس رسول خدا درشعبان سال چهارم بیرون رفت وهشت شب به‌انتظار ابـوسفیان در

1ـ ل ، ص۶۸ .

آنجابماند وبوقت بازاربرخورد وبازاری بزرگ بود ، پس‌مسلمانان خرید وفروش کردندوسود خوبی‌بردند، منافقان‌بمؤمنان که برای وعدهٔ ابوسفیان بیرون‌میشدند، گفتند:شما را در جلوی خانه های شما کشتند تا چه رسد که درسر زمین خودشان باآنها روبروشوید بااینکه برای شمالشکر فراهم ساخته‌اند،بخدا قسم که هرگز برنخواهید گشت.پس گفتند:حسبناالله‌ونعم‌الوکیل.پس‌خدا دراین‌باره‌وحی‌فرستاد: الذین قال لهم‌الناس ان‌الناس قدجمعوا‌لکم فاخشوهم فزادهم ایماناوقالواحسبناالله‌و نعم‌الوکیل فانقلبوا‌بنعمةمن‌الله وفضل‌لم یمسسهم سوء واتبعوارضوان‌الله والله ذوفضل عظیم[1]،«آنانکه مردم بآنها گفتند:همانا مردم برای شمالشکرفراهم ساخته‌اندپس بترسیدشان، پس‌ایمانشان رافزودو گفتند:خدامارابس‌است‌وچه‌نیکوسرپرستی‌است. پس‌بانعمتی وفضلی‌ازخدا بی‌آنکه گزندی بآنها رسد ، باز گشتند و خوشنودی خدا راپیروی کردند وخدا صاحب فضلی بزرگ‌است.»

رسول خدا بازگشت وجنگی‌پیش‌نیامد وابوسفیان بآنهانرسید و گفت‌امسال سال خشکی‌است‌وشما گروه قریش‌راجزسالی‌پرحاصل که درآن درختان رابچرانید وشیربنوشید شایسته نیست ، ومن برمیگردم.پس‌بااینکه تامرّالظهرن رسیده بودند، بازگشتند.

وغزوهٔ تبوك که رسول خدا باگروه بسیاری بخونخواهی جعفربن ابیطالب تا تبوك شام رهسپارشد ونزد سروران قبیله‌ها وعشیره هاکس فرستاد تاآنهاراوادار به بسیج کند ودرجهاد رغبت دهد ، رسول خدا ثروتمندان را بچیزدادن تشویق کرد . پس بخششهای بسیار کردند وناتوانانرا نیرومند ساختند ورسول خدا گفت : افضل الصدقة‌جهدالمقل،«بهترصدقه، آن‌است که نادار‌بسختی‌میدهد.» پس گریه کنندگان نزد او آمدند وخواستند تا سوارشان کند وآنان، هرمی‌بن [...[2]] عمروبن‌عوف و[3]

1 - س‌آل عمران،ی ۱۷۳ -۱۷۴ . ۲- عبدالله، وازبنی. ۳- ظاهراً این واوزاید است.

سالم بن عمیر و عمرو بن حمام و عبدالرحمن بن کعب و صخر بن سلمان بودند. پس گفت : ماأجدماأحملکم علیه ، «آنچه شمارا بر آن سوار کنم ، ندارم.» و گروهی ازبی نیازان نزد اوآمدند ومرخصی خواستندو گفتند : ماراهم باماندگان بگذار. پس خدای متعال گفت : رضوا بان یکونوا مع‌الخوالف[۱] ، «خشنود شدند که همراه بازماندگان باشند.» اینان : جدّبن قیس ومجمّع‌بن جاریه و خدام‌بن خالداند. پس‌رسول خدابآنان‌اذن داد وخدای متعال گفت: عفاالله عنك‌لم‌اذنت‌لهم،[۲] «خدا تورا بخشید، چرابآنان اذن دادی؟»

رسول‌خدا درغرۀماه‌رجب سال‌نه بیرون‌رفت وعلی‌را درمدینه جانشین گذاشت و زبیررا برپرچم مهاجران وطلحه‌را برمیمنه و عبدالرحمن بن عوف را بر میسره گماشت، وزنان و کودکان‌برای وداع با اوتاثنیّه رفتند،پس آن‌را «ثنیّةالوداع»نامید.

رسول خدا روبراه نهاد ومردم را تشنگی سختی رسید پس گفتند : ای رسول خدا اگرخدا را میخواندی بما آب میداد . پس دعا کرد وخداسیرابشان ساخت . رسول‌خدا درشعبان به‌تبوك‌رسید، پس یُحنّةبن‌روبه کشیش ایله‌نزد اوآمدوتن‌بصلح‌داد وباوجزیه پرداخت وپیامبر برای اونامه‌ای نوشت ،آنگاه رسول خدا بر گشت. پس اصحاب‌عقبه در کمین‌او نشستند تاشترش‌را رم دهند. پس‌به‌حذیفه گفت: نحّهم‌وقل‌لهم لتنحّنّ اولا دعونّکم باسماء کم واسماء آبائکم وعشائر کم ، «دورشان گردان‌وبه آنان بگوباید کنارروید و گرنه شما را بنامهای شما ونامهای پدران و طایفه های شماالبته صدا می‌زنم» پس‌حذیفه‌آنها رافریاد زد . رفتن رسول خدا دررجب بودودر ماه رمضان بازگشت وحذیفه میگفت : راستی که من‌نامهاشان ونامهای پدران و قبیله‌هاشان را می‌شناسم .

۱- س توبه، ی ۸۷ . ۲- س توبه، ی ۴۳.

فرماندهان‌دسته ها ولشکرها[1]

رسول خدافرماندهان‌بردسته‌هاولشکرها فرستاد وبرای‌آنان پرچمها ورایتها بست ؛ نخست حمزة بن عبدالمطلب رابفرماندهی دسته‌ای بکناردریافرستادوبقولی اولشان عبیدة بن حارث بن مطلب بود که به فرماندهی‌دسته‌ای عبارت از شصت یا هشتاد نفرازمهاجران که یکنفرانصاری هم درمیان‌آنان نبود ، رهسپارثنیّةالمرّه اش ساخت ، پس رفت تاب‌آبی درحجازدرپایین ثنیّةالمره رسید وآنجا بگروه‌انبوهی از قریش برخورد ونبردی ازآنان روی نداد جزآنکه سعد بن ابی وقاص در آنروز تیری انداخت ونخستین تیری بود که دراسلام انداخته شد. سپس دو گروه ازهم‌جدا شدند درحالی که‌مسلمین نیزومند بودند ومقداد بن عمروبهرانی هم پیمان بنی‌زهره وعتبة بن غزوان بن جابر حارثی هم پیمان بنی نوفل رسیدند ، اینان مسلمان بودند لیکن ببهانهٔ همراهی‌با کافران بیرون‌آمدند وبمسلمانان پیوستند وفرمانده آنان عکرمة بن ابی‌جهل بود.

وسعد بن ابی وقاص را بفرماندهی سریّهٔ خرّار که‌آبی‌است ازجحفه مأمور داشت،پس بچارپایان بنی ضمره دست یافت وآنان نزد رسول خدافرستادند،پس به پیمانی که میان ایشان وپیغمبربود ،آنها را بازفرستاد .

وحمزة بن عبدالمطلب را باسی‌نفر ازمهاجران که کسی ازانصارهمراهشان نبود برسریّه‌ای‌بکناردریا از ناحیهٔ عیص‌فرستاد،پس به‌ابوجهل بن هشام که سیصد سوارازاهل مکه همراه داشت ، بر خورد کرد ومجدیّ عمروجهنی که باهردو گروه قرارصلح داشت ، ازنبردآنان جلو گیری‌نمود وبی‌آنکه نبردی رخ دهد دو گروه ازیکدیگر جداشدند .

وعبدالله بن‌جحش بن رئاب راباهشت نفرازمهاجران بی‌آنکه یکنفر ازانصار همراه باشد ، بفرماندهی سریّه‌ای به‌نخله‌فرستادوبرای‌وی‌نامه‌ای نوشت‌واورافرمود

۱ـ ل ، ص ۷۰

که تا دوروزراه نپیماید ، بدان ننگرد ، سپس درآن بنگرد وآنچه را فرموده است بکاربندد وهیچیك ازهمراهان خودرا مجبوربهمراهی نسازد، پس‌چون عبدالله بن جحش دوروزراه پیمود ، نامه را گشود وبدان نگریست ودرآن چنین‌یافت: هرگاه باین نوشته‌ام نگریستی رهسپارشوتا درنخله میان مکه وطائف فرودآیی‌تاآنجا در کمین قریش‌باشی‌وازخبرهای آنان آگاه گردی . پس‌رفت ویارانش‌نیز، بی آنکه‌یك نفرجدا گردد، بااوهمراهی کردند وچون به‌نخله فرودآمد کاروان بازرگانی‌قریش که مویزی وچرمی وکالایی بارداشت ، براوگذشت و عمروبن حضرمی نیز همراه کاروان بود وبااونبرد کردند[1] وازآنان دونفراسیر گرفتندوآن دو، نخستین‌اسیر از مشرکان بودند ودیگران گریختند وآنچه داشتند بدست مسلمانان افتاد. پس‌رسول خدا خمس کالای بدست‌آمده راجدا کرد وباقی مانده‌اش رابریارانش بخش کرد و نخستین خمسی بود که دراسلام بخش شد .

ومرثد بن‌ابی مرثد هم‌پیمان‌حمزة بن‌عبدالمطلب‌را برسریّه‌ای به«جمع»فرستاد وآن‌چنان بود که‌چند نفرازعضل وديش که دوطایفه ازهون‌بن خزیمه‌اند ، بررسول خدا وارد شدندو گفتند : ای رسول خدا همانا درمیان مااسلامی‌است پس‌یاران‌خود را همراه مابفرست تاما رااحکام دین وقرآن خواندن بیاموزند ، پس‌مرثد بن‌ابی مرثد غنوی وخالد بن بکیرهم‌پیمان بنی‌عدی وعاصم بن‌ثابت بن ابی‌الاقلح‌عمری وزید بن‌دثنّهٔ بیاضی و عبدالله بن طارق ظفری و خُبیب بن عدی عمری رابمیانشان فرستادوچون درآبگاهی ازهذیل بنام«رجیع» بودند کسی ازمردم رفت تانزد هذیل رسید و گفت اینجا چند نفرازیاران محمد میباشند ، میخواهید که‌آنان را بگیریم وسلاح وجامه‌بر گیریم وبه‌قریش بفروشیم ؟ پس‌مسلمانان راجزمردان‌شمشیربدست نگران نساخت ، [که گفتند]تسلیم شوید وشما راعهد وپیمان باشد وشمارانمیکشیم

۱ـ ص : پس‌اورا کشتند .

بلکه به‌قریش میفروشیم پس مرثد که فرمانده دسته بود وعاصم وخالد فریاد کشیدند وبهمراهان صیحه زدند وشمشیرهای خودرا کشیدند وآمادهٔ نبرد گشتند، اما خُبیب و عبدالله وزید نرمی کردند وتسلیم دشمن شدند. پس همراهانشان نبردی سخت کردند ومرثد وخالد بن بکیر کشته شدند وعاصم بن ثابت هم نبرد کرد تا کشته شد.

وزید بن حارثهٔ کلبی آزاد شدهٔ رسول خدا را [برسریّه‌ای به‌قرده] فرستاد، چه پس از بازگشتن رسول خدا از بدر صغری وعده گاه ابوسفیان، قریش ترسیدند که راه خودرا به‌شام ازبدر قراردهند، پس آن راه‌را رها کردند وبراه عراق رفتند. پس ابوسفیان وابوالعاص بن ربیع درکاروانی ازقریش بامال بسیاری رهسپار شام شدند، پس رسول خدافرستاد تابرآنان وآنچه درکاروان بود دست‌یافت ومردم یعنی ابوسفیان وهمراهانش گریختند وازآنان پیش رفتند، پس زید آن مال راآورد ومعاویة بن مغیرة ابن ابی‌العاص نیای عبدالملك بن مروان رااسیر گرفت وبقولی اوراهمراه آورد و ابوالعاص بن ربیع آمد[1] تابه‌مدینه درآمد وبه زینب دختر رسول خداپناهنده گشت [وچون رسول خدا نمازصبح راخواند]زینب فریاد کرد که من ابوالعاص بن ربیع‌را پناه دادم. پس رسول خدا هنگامیکه‌ازنمازروی گردانید، گفت: آیاشنیدید؟ گفتند آری گفت: قداجرت من‌اجارت، ان ادنی‌المؤمنین یجیرعلی اقصاهم، «هرآنکس راکه اوپناه داد پناه دادم، همانا که کمترین مؤمنان برمهمترین آنان پناه‌می‌دهد وبرخاست وبراو درآمد وگفت: لایفوتنّك ،اکرمی مثواه، «ازدستت نرهد، جای اورا گرامی دار.» آنگاه آنچه ازاو گرفته شده بود، بدو بازگردانید. پس به‌مکه بازگشت وبهرصاحب حقی حق اورا بازداد. سپس اسلام آورد ونزد رسول خدا بر گشت، پس زینب رابهمان‌عقداول بدوباز گردانید. ونیززید بن‌حارثه را برسریّه‌ای به‌جموم یاجموم گسیل داشت پس برزنی از مزینه که اورا «حلیمه» میگفتند دست یافت وآنها را بمحله‌ای ازمحله های بنی سلیم راهنمایی کرد ودرآن محله‌چارپایان

۱ـ داستان ابوالعاص درسریهٔ دیگری استکه زید امیرآن بود(ر.ك. سیرهٔحلبی‌ج۳ص۲۰۰)

واسیرانی که شوهر حلیمه درمیان آنان بود، بدست آوردند وچون از سریّه باز گشت، رسول خدا بخاطر مزینه خودش وشوهرش را بخشید.

باری دیگر زید را بفرماندهی لشکری برسر جُذام فرستاد چه پسر خلیفهٔ کلبی درباز گشتن از نزد قیصر گذارش بزمین جذام افتاد وهنید بن عارض جذامی بر او تاخت وهرچه همراه داشت ربود وچند نفر از مسلمانان اورا دریافتند وهرچه را از او گرفته بود پس گرفتند و بهدحیه باز دادند. پس رسول خدا زید بن حارثه را فرستاد تا اسیر گرفت و کشت وهنید و پسرش را دستگیر کرد و آن دو را گردن زد.

ونیز زید را برلشکری بهوادی القُری گسیل داشت چه ام‌قرفه دختر ربیعة بن بدر که مالك بن حذیفة بن بدر اورا بهمسری گرفته بود، چهل مرد از نسل خود را نزد رسول خدا فرستاده و گفته بود: براو درمدینه هجوم آورید. پس رسول خدا زید بن حارثه را باسوارانی فرستاد تا در وادی القری با آنها نبرد داد لیکن شکست خورد وزید ازمیان کشتگان جان بدربرد، پس سوگند یاد کرد که شستشو نکند وروغن نمالد تا با آنان بجنگد. پس از رسول خدا خواستار شد که اورا برسر آنها بفرستد، پس اورا با لشکری بزرگ فرستاد ودر وادی القری باهم روبرو شدند ونبردی سخت کردند، پس بنوفزاره شکست خوردند و کشته شدند ودرهمان روز ام قرفه دستگیر شد، پس اورا به سختی کشت ودرمیان دو شتر جوان بدو نیم کرد، اما دخترش در بخش قیس بن محسر[1] افتاد پس رسول خدا از او خواست تا اورا بدائیش حزن بن ابی‌وهب بن عائذ بن عمران ابن مخزوم ببخشد، پس عبدالرحمن بن حزن را زایید.

وباری برلشکر طرف[2] با پانزده مرد بسوی بنی ثعلبه رهسپارش کرد اما اعراب گریختند وترسیدند که رسول خدا برسر آنان آمده باشد، پس از چارپایانشان بیست

۱ـ صحیح آن: مسحر است. ۲ـ بفتح اول وکسر دوم، جایی در ناحیهٔ نخل از راه عراق.

شتر بدست آورد و میان آنان نبردی نبود.

ومنذربن‌عمروانصاری رابفرماندهی‌دسته‌ای‌روانهٔ «بئرمعونه» ساخت‌وآنچنان بود که اسد بن معونه[1] باهدیه‌ای ازطرف عمویش‌ابوبراء بن مالك مــلاعب الاسنّه نزد رسول خداآمدودواسب وچند شترخوب باوهدیه کرد وخود دوست پیامبر بود. پس‌رسول خدا گفت: والله لااقبل هديّة مشرك ، «بخــدا قسم پیشکشی مشرکی را نمی‌پذیرم.» پس لبید بن ربیعه گفت: تصورنمی کردم مردی ازمضرهدیهٔ ابوبراء را رد کند. پس‌فرمود: لو كنت قابلامن مشرك هديّة لقبلتها منه ، «اگر من پذیرندهٔ هدیه‌ای ازمشرکی می‌بودم ،آنرا از اومی پذیرفتم.» گفت: هم او از بیماریی که درشکم دارد وبراوچیره گشته است‌ازتوشفا میخواهد. پس‌رسول خدا کلوخی‌ازخاك بر گرفت وآن‌را برزبان خویش گذراند سپس آن‌را باآبی آمیخته کرد وآنگاه آن‌را باوخورانید پس گویا که ازدستبندی رهاشد.

ابوبراء ازرسول خدا خواسته بود که چند نفرازیاران خویش‌رانزداوبفرستد تاآنان را علم دین بیاموزند وباحکام اسلام‌آشنا سازند. پس رسول خدا گفت: انی اخاف ان يقتلهم‌بنوعامر، «راستی بیم دارم که بنوعامرایشان را بکشند.» پس‌ابوبراء پیام داد که آنان درپناه من‌اند ، آنگاه منذربن عمرو را با بیست و نه نفر از یاران خود که همه شان بدری بودند ، نزد اوفرستاد وعامربن طفیل برآنان تاخت وســه طایفه ازبنی سُلیم: رعل وذکوان وعُصیّه اورا پیروی کردند. پس برای‌همین‌رسول خداآنها رالعنت نمود. عامربن طفیل به‌حرام‌بن ملحان که نوشتهٔ رسول خدارا می خواند ، روی نهاد و نیزه ای باو زد. پس گفت: الله اکبر رستگار شدم ببهشت. همراهانش نبرد سختی کردند وبنی‌سلیم آنها را درهم شکستند وتاآخرین‌نفر کشته شدند مگرمنذربن عمرو که بآنها گفت: مرا واگذارید تابربرادرم‌حرام بن‌ملحان

۱ـ صحیح آن : لبید بن ربیعه است.

نماز گزارم. گفتند آری. پس بر او نماز خواند، سپس شمشیری بر گرفت وروی بدانها نهاد وبا آنان نبرد کرد تا کشته شد، وحارث بن صمّه گفت: من‌هم خودرا ازراهی که منذر درپیش گرفت دریغ نمی‌دارم، بخدا قسم البته میروم، پس اگر ظفر یافت، البته ظفریابم واگر کشته شد البته کشته شوم. پس رفت و کشته شد، وعامر بن طفیل، اسعد بن زید دیناری[1] را از طرف مادرش که آزاد کردن برده ای بر او بود، آزاد کرد.

و جعفر بن ابیطالب و زید بن حارثه و عبدالله بن رواحه را به بلقاء از سرزمین شام فرستاد، پس در مؤته کشته شدند و ما پیش از اینجا آنان را یاد کرده‌ایم.

ورسول خدا غالب بن‌عبدالله کنانی[2] را بر سر بنی‌مدلج که هم پیمانان او بودند فرستاد، همانانکه خدا درباره شان گفته است: اوجاؤکم حصرت صدورهم[3]، «یا نزد شما آمدند درحالیکه سینه‌هاشان تنگ آمده‌است.» پس گفتند: نه برتوایم ونه با تو. واورا پاسخ ندادند، پس مردم گفتند: ای رسول خدا با آنها نبرد کن. گفت: انّ‌لهم سیّداادیبالن یأخذ[4] الاخیرة اموره[5]، و انهم اذا نحروا ثجّوا، واذالبّوا عجّوا، رب غاز من بنی مدلج شهید فی‌سبیل‌الله، «همانا ایشان راسروری باادب است که جز بهترین کارها دست نمی‌برد، واینان هر گاه شتر می کشند خون روان می سازند، وهر گاه لبیّك گویند، فریاد می‌زنند. بسا جنگجویی از بنی مدلج که کشتهٔ راه خدا است.

ورسول‌خدا نُمیلة بن عبدالله لیثی را بسوی بنی ضمره فرستاد. پس نزد رسول خدا باز گشت و گفت: ای رسول‌خدا گفتند: نه با او می‌جنگیم ونه میسازیم‌ونه اورا باور می کنیم ونه دروغگو میشماریم. پس‌مردم گفتند: ای رسول‌خدا با آنان جنگ

۱ـ بلکه عمرو بن امیهٔ ضمری را. ۲ـ ل: کلبی. ۳ـ س نساء، ی ۹۰. ۴ـ ن، ان یأخذ. ۵ـ ل، ب: خیرة امره.

کن . پس گفت : دعوهم فان فیهم عدداًوسؤدداً وربّ شیخ صالح من بنی‌ضمرة غاز فی سبیل‌الله ، «ایشان را واگذارید که درایشان فزونی وسروری است وبساپیرمردی شایسته کارازبنی‌ضمره که مجاهد راه خداست.»

وعمروبن امیهٔ ضمری را برسربنی دیل فرستاد، پس‌بر گشت و گفت: ای رسول خداآنان را بس‌فزون یافتم وبرسرآنها فرودآمدم. ایشان رابخدا وپیامبرش خواندم پس بسخت ترین وجهی سرباز زدند . پس مردم گفتند : ای رسول خدا جنگشان راآماده شو . رسول‌خدا گفت : دعوابنی‌الدیل ایّاکم ألاان سیدهم‌قدصلی واسلم فیقول: اسلمو [1] فیقولون: نعم ، « بنی دیل را واگذارید ، از تعرض بدیشان بپرهیزید ، همانا سرورشان نماز خواند واسلام‌آورد پس‌میگوید: اسلام‌آورید، پس میگویند : آری . »

ورسول‌خدا عبدالله بن سهیل بن عمروعامری را باپانصد نفر برسربنی‌معیص و محارب بن فهروساحل نشینان اطرافشان فرستاد پس در«مدثرا»[2] بآنان رسید وچون برآنهاتاخت ، باسلام دعوتشان کرد پس‌چند نفری با اوآمدند و رسول خدا گفت : هاقطیعةالایمان[3] کجذع‌النخل حلواوله، حلوآخره ، «هان که جداشدهٔ ایمان‌مانند درخت خرماست ، اولش‌شیرین وآخرش شیرین است .»

وابوعبیدة بن‌جرّاح به فرماندهی‌لشکری به‌ذات‌القصّه که مردمی‌ازمحارب و ثعلبه وانمار آنجا بودند ، فرستاد . پس‌ابو عبیده و همراهانش بیرون رفتند و آن شب راتاصبح راه می‌پیمودند وچون دشمنان ایشان را بدیدند گریختند وشتران‌خود را بجا گذاشتند پس مالها را غنیمت گرفتند ویك مرد را دستگیر کرده نزدرسول خداآوردند ، رسول‌خدا خمس‌رابر گرفت وباقی‌مانده رابراصحاب سریّه‌بخش کرد وآن مردهم اسلام‌آورد واورا رهاساخت .

۱ــ ل ، ب، اسلم . ۲ــ ن ، مدیرا. ۳ــ ن : تهامة قطیعةالایمان .

وعمربن خطاب را برلشکری مأمور «زَبیه» نزدیك طائف ساخت پس جنگی پیش نیامد.

وعلی بن ابیطالب رابرلشکری به‌فدك فرستاد ورسول خدا خبریافت که آنجا گروهی میخواهند که یهودخیبر راکومك دهند، پس علی بن ابیطالب شب راه پیمود وروزپنهان ماند تابامداد برآنان تاخت وآنها راکشت.

وابوالعوجاء سُلمی را برسریه‌ای فرستاد وهرکه درسریه بود بشهادت رسید ویکنفرهم ازایشان بازنگشت.

وعُکّاشة بن‌محصن بن حُرثان‌اسدی، اسد بن خزیمه را بر سریه‌ای به‌غمره فرستاد.

وابوسلمة بن عبدالاسد بن هلال مخزومی را به‌قطن.

ومحمد بن مسلمه‌انصاری برادربنی حارثه رابرلشکری به‌قرطاء هوازن.

وبشیربن سعدانصاری رابرسریه‌ای به‌فدك، پس‌همهٔ همراهانش کشته شدندو یکی‌ازآنان برنگشت. سپس غالب بن‌عبدالله مُلوّحی را برسرآنان‌فرستاد ومرداس ابن نَهیك‌فدکی راآورد وباری دیگربسوی صروحان [1] اززمین خیبر.

و عبدالله بن رواحهٔ انصاری را دوبار برسریه‌ای [به‌خیبر،] یکی‌ازآن دو[بر سر]یاران یُسیر بن رزام یهودی ویارانش که غطفان را برای جنگ با رسول خــدا فراهم میساخت.

وعبدالله بن انیس انصاری رابرسر[خالد بن سفیان‌بن نُبیح] که مردم‌را علیه رسول‌خدا فراهم‌میساخت. تاباوبجنگد، پس‌اورا کشت. وبقولی‌دسته‌ای‌نبود وخود تنها بود.

وعیینة‌بن‌حصن بن‌حذیفة بن‌بدرفزاری رابرلشکری بسوی بلعنبر، پس‌درحالی

1- ن، فروحان.

که مردانشان نبودند، بر آنان تاخت واسیرانشان را آورد و آنها را درمسجد انداخت، پس مردانشان سوارشده نزد پیغمبر آمدند وچون بمسجد درآمدند فریاد زدند: ای محمدنزد مابیرون آی . وبسامة بن اعور وسمرة بن عمرو درمیان ایشان بودوخدای عزّ وجل گفته است : ولوانهم صبروا حتی تخرج الیهم لکان خیراً لهم[1]، « واگر آنان شکیبایی کرده بودند تاخود بسوی آنان بیرون می آمدی ، برای آنها بهتر بود » پس رسول خدا نزد آنان آمد وازاوخواستار شدند وخواهش کردند که سمرة بن جندب[2] راحکم قراردهد وثلثی را بآنها بخشد وثلثی را پس اندازد وثلثی را بگیرد، پس چنانکه بما رسیده است رسول خدا گفت : من ارادان یعتق من ولد اسمٰعیل فلیعتق من هولاء، « هرکس می‌خواهد که از فرزندان اسماعیل آزاد کند ، پس ازاینان آزادنماید . »

وکعب بن عمیر انصاری را برسریه‌ای بذات اطلاح و گفته میشود بذات اباطح ، پس همگی شهادت یافتند وکسی ازسریه بازنگشت .

ورسول خدا عمروبن عاص را برلشکری به‌ذات السلاسل اززمین شام که آنجا مردمی ازبنی عذره وبلی وقبیله‌هایی ازیمن بودند، فرستاد، وابوبکر وعمروابوعبیدة ابن جراح همراه اوبودند ، ومالی بدوداد وگفت : استنفرمن قدرت علیه، «هرکس راتوانستی براه انداز.» پس چون سپاهیان نزدیك رسیدند آنهارافرمود که آتش نیفروزند وآن دراثر سختی سرما برمسلمانان دشوار آمد، پس گفت : رسول خدا شمارافرموده است که امرمرا بشنوید وفرمان برید. پس دراین باب باابوبکر سخن گفتند واو نزد عمرو آمد پس اورا بارنداد پس ابوبکر اورا فریاد زد : ای پسرزن عبافروش بیرون بیا نزد من. پس اباکرد . بازگفت : ای پسرزنی که کارش دباغی با بـرگ درخت بود ، بیرون آی ، بازهم اباکرد. پس چون سحرگاه شد برآنان تاخت وپیروز شد وظفر یافت، پس به ابوبکر گفت : تدبیر پسرزن عبافروش راچگونه دیدی؟ وعمروبن عاص

۱ـ س حجرات ، ی ۵ . ۲ـ ل،ب ، سمرة بن عمرو .

درحال جنابت بامردم نماز خواند پس چون نزد رسول خدا رسیدند ، ابو عبیدة بن جراح اورا خبرداد ، پس‌عمرو گفت: ای رسول خدا، سرمـاسخت بود و اگر غسل میکردم مرده بودم . پس‌رسول خدا خندید .

وعبدالله بن ابی‌حدرداسلمی رابرسریّه‌ای بهأضم ، پس‌عامر بن اضبط اشجعی را دیدار کرد و محلّم بن جثّامة بن قیس بر او تاخت ونیزه‌ای بدوزد پس‌عیینة بـن حصن نزد رسول خدا دربارۀ دیه‌اش بااومخاصمه کرد پس‌نیمی رانقد داد ونیمی را عقب انداخت ، پس محلّم بن قیس پیش‌اوبرخاست و گفت : ای رسول خدا،برای من‌آمرزش بخواه . گفت : قتلت مسلمالعنك‌الله ، «مسلمانی راکشتی خدایت لعنت کند.» پس بعد ازآن جزپنج روزنماند که مرد .

وعبدالرحمن بن‌عوف را برسریه‌ای بسوی کلب ، ورسول خدا اوراعمامه‌ای سیاه برسرنهاد وازپیش رووپشت سرش آنرا آویخت و گفت: هکذا فاعتمّ فانه‌اشبه واعرف، «اینچنین عمامه بپوش چه‌آن شبیه‌تر وشناخته‌تر است.» واورا فرمود که اگر خدایش پیروزی دهد دخترسرورشان را بهمسری گیرد پس خدای فاتحش گردانید و تمـاضر دختر اصبغ را که ربع ثمن او (بعد از مرگ عبدالرحمان) به هشتاد هزار دینارمصالحه شد ، بزنی گرفت .

وهنگامی که رسول خدا به تبوك رفت [....] علی بن ابیطالب را امارت داد .

ومهاجربن امیّه حاکم اوبود برصنعاء ، وزیادبن لبید بیاضی‌بر حضر موت و زکاتهای‌آن ، وعدی بن‌حاتم برزکاتهای طیء ، ومالك‌بن نویرۀ یربوعی‌برزکاتهای حنظله ، وزبرقان بن بدروقیس بن عـاصم برزکاتهای بنی‌سعد ، وعلی‌بن ابیطـالب بسوی اهل نجران برای جمع‌آوری زکاتها و گرفتن جزیه هاشان ، وخالدبن ولید برسریّه‌ای بهدومةالجندل ، وعتّاب بن اسید بن‌ابی‌امیه برمکه، وابوسفیان‌بن‌حرب برنجران ، ویزید بن ابی [سفیان] برتیماء ، وخالد بن سعید بن عاص‌بن امیه بـر

صنعاء ، پس رسول خدا درگذشت واوحاکم آنجا بود . وعمروبن سعید بن عاص‌بن امیه برقریه‌هایی عربی ، وابان بن سعید بن عاص بن امیه برخط دربحرین، وولید ابن عقبةبن ابی معیط بسوی [بنی] مصطلق ، وبرآنان دروغ گفت وماداستان‌اورادر غزوهٔ بنی‌المصطلق آوردیم . وعلاء هم پیمان سعید بن عاص برقطیف [1] دربحریـن ، ومعیقیب‌بن‌ابوفاطمهٔ دوسی‌برغنیمتها،وهنگامی که بغزوهٔ خیبررفت.ابو رُهم[2]غفاری و گفته میشود ابورهم‌کلثوم بن حصین غفاری ، امیرش برمدینه بود، ونیزدرغـزوهٔ فتح ابورهم امارت مدینه داشت ، وامیرحج اوهنگامی که مردم هنوزمشرك بودند ، عتّاب بن اسید بود ، پس‌عتاب بامسلمین وقوف کرد و مشرکان تنها خودشان وقوف کردند، ودرسال‌نهم که‌بعضی‌ازمردم مشرك بودند ، ابوبکرامیرحاج بودپس‌ابوبکر بامسلمانان وقوف کرد ومشرکان درکناری درموقفهای خود وقوف کردند. و دراین سال علی‌بن ابیطالب را برساندن سورهٔ برائت فرستاد پس‌آن را ازابوبکر گـرفت ، پس‌ابوبکر گفت : ای رسول خداآیا درباره ام چیزی نارل شده ؟ گفت : لاولـکن جبرئیل‌قال لی لایبلّغ هذاالاانت اورجل من اهلك ، «نه ، لیکن‌جبرئیل مرا گفت که این را.کسی جزخودت یامردی ازخاندانت نمی رساند.» پس‌آن را براهل مکه خواندو گفته‌می‌شود که‌آن را برآبشخوزمزم قرائت کرد، وامان‌دادپس‌فریاد کرد که هرکس را ازرسول خدا پیمانی‌بمهلت چهارماه باشد ، اوبرپیمان خویش‌استوار است ، و هرکس‌را پیمانی‌ازاونباشد ، اورا پنجاه شب مهلت داده است .

عثمان بن‌ابی‌العاص ثقفی را ، برنمازفرستادگان ثقیف امارت داد، ومعاذبن جبل رابرقسمتی‌ازیمن ، و محمیة بن جزء بن‌عبد یغوث زبیدی همپیمان بنی‌جمح را بربخشها درروزبدر، واسامة بن زیدآزاد شدهٔ رسول خدارابرلشکری که‌ابوبکرو عمرهم درآن بودند بطرف شام، پس‌ابوبکر پس از وفات رسول‌خدا گسیلش‌داشت.

۱ـ ل ، غطیف . ۲ـ ل ، ابورنم.

ورسول خداهر گاه دسته ها ولشکرها می‌فرستاد میگفت : اغزوا باسم الله فی سبیل الله وقاتلوا من کفر بالله ، لاتغلّوا ولاتغدروا ولا تمثلوا ولاتقتلوا ولیداً ، «بنام خدا در راه خدا بجنگید، وبا آنکه بخدا کافر است نبرد کنید ، خیانت نورزید وعهدشکنی نکنید و گوش وبینی نبرید و کودکی را نکشید.»

رسول خدا نزد پادشاهان فرستاد و آنان را باسلام دعوت نمود ، پس عبدالله بن حذافهٔ سهمی را نزد خسرو فرستاد وباو نوشت : بسم الله الرحمن الرحیم من محمد رسول الله الی کسری عظیم فارس، سلام علی من اتبع الهدی وآمن بالله ورسوله و شهد ان لااله الاالله وحده لاشریك له وان محمداً عبده و رسوله الی الناس کافة «لینذر من کان حیّا ویحق القول علی الکافرین [1]» فاسلم تسلم فان ابیت فان علیك اثم المجوس ، «بنام خدای بخشندهٔ مهربان ، از محمد فرستادهٔ خدا به‌خسرو بزرگ ایران ، سلام بر کسی که راهنمایی را پیروی کند وبخدا ورسولش ایمان آورد و گواهی دهد که معبودی جز خدای یگانه وبی‌انباز نیست واینکه محمد بنده و فرستادهٔ او بهمهٔ مردم است ، تاهر که را زنده باشد بیم دهد و گفتار بر کافران واجب آید ، پس اسلام آور تا سالم بمانی واگر سر باززدی همانا گناهان مجوس بر تواست.»

وخسرو بدو نامه‌ای نگاشت و آن را میان دوپارهٔ حریر نهاد و در میان آن دو مشکی گذاشت ، پس چون فرستاده آن را بپیامبر داد، آن را گشود و مشتی از مشك برداشت وبویید و بیاران خویش هم داد و گفت: لاحاجة لنا فی هذا الحریر لیس من لباسنا، «ما را در این حریر نیازی نه واز پوشاك ما نیست.» و گفت: لتدخلنّ فی امری او لآتینك بنفسی ومن معی وامر الله اسرع من ذلك، فاما کتابك فانا اعلم بمنك فیه کذاو کذا، «باید البته بدین من درآیی یا خودم و یارانم برسرت خواهیم آمد وامر خدا از آن شتابنده‌تر است، اما نامه ات، پس من از خودت بآن داناترم ودر آن چنین وچنان است.»

۱- س یس، ی ۷۰.

وآن را نگشود ونخواند وفرستاده نزدخسروباز گشت وبدو گزارش داد. و هم گفته شده که چون‌نامه به‌خسرورسیدوارشی‌ازچرم بود... آن راپاره پاره کرد پس‌رسول خدا گفت : یمزّق‌الله ملکهم کل ممزّق، «خداپادشاهی‌شان را بمنتهای پراکندگی، پراکنده سازد.»

ودحیة بن خلیفهٔ کلبی‌رانزد قیصر فرستاد وباو نوشت : بسم‌الله‌الرحمن‌الرحیم من محمدرسول‌الله الی هرقل عظیم‌الروم سلام‌علی‌من اتبع‌الهدی، امابعد فانی‌ادعوك بداعیةالاسلام فاسلم‌تسلم ویؤتك‌الله اجرك مرّتین «قل‌یا اهل‌الکتاب تعالوا الی کلمة سواء بیننا وبینکم ان لانعبد الاالله ولانشرك به‌شیئا ولایتخذ بعضنا بعضااربابامن‌دون الله فان‌تولّوا فقولوااشهدوا بانا مسلمون» فان تولیت فان علیك اثم‌الاریسیین ، «بنام خدای بخشندهٔ مهربان، ازمحمد فرستادهٔ خدا به‌هرقل بزرگ روم ،سلام بر کسی که ازراهنمایی پیروی کند ، سپس‌همانا من تورا بداعیهٔ اسلام دعوت میکنم، پس اسلام‌آورتاسالم بمانی وخدای دوبارمزدت بدهد ، بگوای اهل کتاب بیایید بسوی سخنی‌میان ما و شما یکسان ، که جزخدا را پرستش نکنیم و چیزی را انباز وی نگیریم وبعضی‌ازما بعضی‌را جزخدا، سرورانی نگیریم پس‌اگر روی گردان شدند پس‌بگویید گواه باشید که ماmسلمانیم ، پس اگر روی گردان شدی راستی که گناه کشاورزان برتوخواهد بود.»

پس هرقل نوشت : «به‌احمدفرستادهٔ خدا، همانکسی که عیسی بدونوید داده است،ازقیصرپادشاه روم،همانا که نامه‌ات بافرستاده‌ات بمن‌رسید وبراستی‌من گواهی می‌دهم که توفرستادهٔخدایی، تورا درانجیل نزد خود می‌یابیم، عیسی‌بن مریم ما را بتو مژده داده است و من رومیان را دعوت نمودم تا بتوایمان آورند لیکن زیر بار نرفتند واگرفرمان مرابرده بودند ، برای آنان بهتربود وراستی که دوست دارم تا نزد تو وخدمتگزارت بودم وپاهای‌تورامی‌شستم .» پس‌رسول‌خدا گفت: یبقی‌ملکهم

مابقی کتابی عندهم، «تانوشتهٔ من نزد ایشان بماند، کشورشان پایدار خواهد ماند.»

وعمرو بن امیّهٔ ضمری را نزد نجاشی فرستاد، وشجاع بن وهب را نزد حارث ابن ابی شمر غسّانی، وحاطب بن ابی بلتعه را بسوی مقوقس زمامدار اسکندریه، و جریر بن عبدالله بجلی را نزد ذوالکلاع حمیری، وعلاء بن حضرمی را سوی منذر بن ساوی از بنی تمیم در بحرین، وعمار بن یاسر را سوی ایهم بن نعمان غسانی، وسلیط بن عمرو بن عبد شمس عامری را نزد دو پسر هوذة بن علی حنفی بیمامه، و مهاجر بن ابی امیه را نزد حارث بن عبد کلال حمیری، وخالد بن ولید را نزد دیّان و بنی قنان، و عمرو بن عاص را پیش جیفر وعباد پسران جلندی بعمان، وباینان همه مانند آنچه را به خسرو وقیصر نوشته بود، نوشت، و سلیم بن عمرو انصاری را به حضرموت.

ومردانی از یاران خویش را برای کشتن مردمی از مشرکان فرستاد، پس عمرو ابن امیهٔ ضمری را برای کشتن ابوسفیان بن حرب فرستاد لیکن اورا نکشت. ومحمد ابن مسلمه وابو [نائله] سلکان بن سلامه وعباد بن بشر وابو عَبس بن جَبر وحارث بن اوس را برای کشتن کعب بن اشرف یهودی فرستاد پس اورا در میان بنی نضیر کشتند. وعبدالله بن رواحه را بسوی یُسیر بن رزام یهودی خیبری فرستاد واورا کشت. وعبدالله ابن عتیك وابوقتادة بن ربعی وخزاعی بن اسود ومسعود بن سنان را باامارت ابن عتیك بکشتن سلّام بن ابی الحقیق فرستاد واورا در خیبر کشتند. وبرای کشتن ابن ابی جذعه[1] کسی فرستاد وبفرستاده گفت: ان اصبته حیافاقتله واحرقه بالنار، «اگر اورا زنده بدست آوردی پس اورا بکش وبآتش بسوزان» پس اورا یافت که ماری اورا گزیده و مرده است، وعبدالله بن ابی حدرد را برای کشتن رفاعة بن قیس جشمی فرستاد تااورا کشت، و علی بن ابیطالب را برای کشتن معاویة بن مغیرة بن ابی العاص بن امیه فرستاد واورا کشت.

1 ـ ل، ب: حدعه.

فرستادگان عرب که نزد رسول خدا آمدند[1]

فرستادگان عرب بر او وارد شدند و هر قبیله‌ای را سروری پیشرو درجلو بود پس مزینه باسرورشان خزاعی بن عبدنهم رسیدند و اشج باسرورشان عبدالله بن مالك، و[اسلم] باسرورشان بریده، وسلیم وسرورشان وقاص بن قمامه، وبنولیث باسرورشان صعب بن جثامه ، وفزاره باسرورشان عیینة بن حصن، وبنوبکر باسرورشان عدی بن شراحیل، وطیء وسرورشان عدی بن حاتم ، وبجیله وسرورشان قیس بن غربه ، وازد وسرورشان صرد بن عبدالله، وخثعم وسرورشان عمیس بن عمرو، وگروهی از طیء آمدند وسرورشان زید بن مهلهل بود که زیدالخیل باشد وبنوشیبان [.. و عبدالقیس] و سرورشان اشجع عصری ، سپس جارود بن معلّی بیامد ورسول خدا او را بر قومش امارت داد .

پادشاهان حمیر: حارث بن عبد کلال ونعیم بن عبد کلال ونعمان قیل ذو رعین، اسلام خویش را بوسیلهٔ فرستادگانی گزارش دادند وباو نوشتند ، پس معاذ بن جبل را سوی آنان فرستاد .

وعکل وسرورشان خزیمة بن عاصم ، وجذام وسرورشان فروة بن عمرو ، و حضرموت وسرورشان وائل بن حجر حضرمی ، وضباب وسرورشان ذوالجوشن، و بنواسد وسرورشان ضرار بن أزور ، وبقولی نقادة بن عایف ، وعامر بن طفیل همراه بنی عامر ، لیکن برگشت واسلام نیاورد، واربد بن قیس که بازگشت واسلام نیاورد، وبنوالحارث بن کعب باسرورشان یزید بن عبدالمدان ، وبنوتمیم بسروری عطارد بن حاجب و زبرقان بن بدر و قیس بن عاصم و مالك بن نویره ، و بنو نهد بسروری ابولیلی خالد بن صعب[2] ، وکنانه باسرورشان قطن وانس پسران حارثه از بنی علیم ،

۱ـ ل، ص۸۵، طبقات ابن سعد ج۱ص ۲۹۱ـ ۳۵۹ . ۲ـ ل،ب، خالد بن صقعب .

وهمدان وسرورشان‌ضمام بن‌مالك، و ثُماله‌و حُدّان‌طایفه‌ای ازازد ورئیسشان[1] مسلمة ابن هزان حدانی ، و باهله و سرورشان مطرف بن کاهن باهلی ، و بنوحنیفه وهمراهشان مسیلمةبن حبیب حنفی، ومراد وسرورشان فروةبن مُسیك، ومهره و سرورشان مهری بن ابیض .

نویسندگان پیامبر[2]

به‌سروران قبیله‌ها نامه‌نگاشت وآنها رابااسلام دعوت نمود ونویسندگانش که وحی ونامه ها وقرارداد هارا مینوشتند عبارت‌بودند از:علی‌بن ابیطالب، وعثمان‌بن عفّان ، وعمروبن عاص بن امیّه ، و معاویة بن ابی سفیان ، وشرحبیل بن حسنه ، و عبدالله بن‌سعدبن‌ابی‌سرح، ومغیرة بن شعبه، ومعاذبن جبل، وزید بن ثابت،وحنظلة ابن‌ربیع، وابیّ بن کعب ، وجهیم بن صلت ، وحصین نمیری .

ورسول خدا بمردم یمن نوشت : بسم‌الله الرحمن‌الرحیم هذا کتاب من محمد رسول‌الله الی‌اهل‌الیمن فانی‌احمدالله الیکم‌الذی لااله‌الاهو وقع بنارسولکم مقدمنا من‌ارض‌الروم فلقینابالمدینة فبلغنا ما ارسلتم به‌واخبرناماکان قبلکم ونبأناباسلامکم وان‌الله قدهداکم ، ان اصلحتم واطعتم‌الله واطعتم رسوله واقمتم الصلاة وآتیتم‌الزکاة واعطیتم من‌الغنائم خمس‌الله وسهم‌النبی‌والصفیّ ، وماعلی‌المؤمنین من الصدقة عشر ماسقی‌البعل وسقت‌السماء، وماسقی بالقرب نصف‌العشروان فی‌الابل من‌الاربعین‌حقة قداستحقت‌الرحل و هی جذعة ، وفی‌الخمس والعشرین‌ابن مخاض، وفی کل‌ثلاثین من‌الابل ابن لبون ، وفی کل عشرین من‌الابل اربع شیاه و[فی] کل اربعین من‌البقر بقرة ، وفی کل ثلاثین من‌البقرتبیع ذکراوجذعة، وفی کل اربعین‌من‌الغنم‌شاة فانها فریضةالله الذی افترض علی‌المؤمنین فمن زاد خیراً فهوخیرله ، فمن اعطی‌ذلك‌واشهد علی‌اسلامه‌و ظاهرالمؤمنین‌علی الکافرین فانه من‌المؤمنین له ذمةالله و ذمة رسوله

1ـ ن ، افتاده دارد . 2ـ ل ، ص۸۷.

محمدرسول‌الله ، وانه من‌اسلم من‌یهودی اونصرانی‌فانه من‌المؤمنین، له مثل مالهم و علیه ماعلیهم ، ومن‌کان علی یهودیته‌اونصرانیته فانه لایغیرعنها وعلیه‌الجزیة‌فی کل حالم من ذکراوانثی حراوعبد دینار واف من قیمة المعافری اوعـرضه ، فمن ادی ذلك الی‌رسول‌الله فان له ذمةالله وذمة رسولـه ، و من منعه فانه عدوالله ولرسولـه و للمؤمنین، وان‌رسول‌الله مولی‌غنیکم وفقیرکم وان‌الصدقة لاتحل‌لمحمد ولااهله،انما هی زکاة تؤد ونهاالی‌فقراء المؤمنین فی‌سبیل‌الله وان مالك بن مرارة قدابلغ الخبر وحفظ‌الغیب فآمرکم به‌خیرا ، انی‌قدارسلت الیکم من‌صالحی‌اهلی‌واولی کتابهم و اولی‌علمهم فآمرکم به‌خیرا فانه‌منظور الیه والسلام.

«بنام خدای بخشندهٔ مهربان ، این نوشته‌ایست از محمد فرستادهٔ خدابمردم یمن ، همانا من خدایی را که جزاومعبودی نیست ، باشماستایش می کنم ، فرستادهٔ شما درباز گشتن مااز‌تبوك بما رسید ودرمدینه‌مارادیدار کردپس آنچه راپیام‌فرستاده بودید بمارسانید وازآنچه نزد شمابوده آگاهمان ساخت واسلام شمارا گزارش دادو هم اینکه خدا شما را براه‌آورده است ، اگرشایستگی نشان دهید وخداورسولش‌را فرمان برید ونمازرا بپا دارید وزکات را بدهید وازغنیمتها خمس‌خدا وسهم پیامبرو گزیده را بپردازید وهم زکاتی را که برمؤمنان واجب است ، ده یك‌آنچه بباران وآب‌آسمان‌آب خورده ، ونیم عشرازآنچه بامشکها‌آب داده شده ، وهمانادرشتر،از چهل رأس ، یك شترسه ساله که شایستهٔ بارنهادن و هنوز جوان است ، و دربیست و پنج رأس ، یك شتر بچهٔ نریکساله ، و درهر سی شتر یك شترنر دوساله ، ودر هـر بیست شتر، چهار گوسفند ، ودرهرچهل گاویك گاو، ودرهرسی گاو یك گوسالهٔ نریا مادهٔ یك ساله ، ودرهرچهل گوسفند ، گوسفندی ،چه اینهاواجب خدایی‌است که بر مؤمنان واجب‌ساخته‌است. پس‌هر کسی نیکی‌فزون کند، اورا بهتراست، پس‌هر که آن‌رابدهد وبراسلام خود گواه گیرد ومؤمنان‌را برکافران یاری دهد ، براستی‌او از

مؤمنان‌است واودرامان‌خدا وامان پیامبرش محمد رسول‌خدا است، والبته هریهودی یاترسایی که‌اسلام‌آورد، خود ازمؤمنان‌است واوراست آنچه آنهاراست‌و براوست آنچه برآنهاست. وهر کس یهودی یا ترسا بماند، ازآن برگردانده‌نشود وبراو است که جزیه دهد، درهرمرد یازن بالغ، آزاد یابنده دیناری تمام بارزش معافری یاهم‌کالای آن، پس‌هر کسی آن‌را برسول‌خدا بپردازد، البته درامان‌خدا وامان رسول‌خداست‌و هر کس‌آن را ندهد ، البته اودشمن خدا ورسولش و مؤمنان‌است ، وبراستی رسول خدا سروردارا‌اونادارشمااست وصدقه برای محمد وخاندانش‌روانیست بلکه‌آن‌زکاتی است که آن را درراه خـدا به بینوایان مؤمنان می رسانید ، وراستی‌مالك بن مراره گزارش را رسانید ، ورازرا نگهداشت پس‌شما را بنیکی‌بااودستورمی‌دهم ، همانامن ازشایستگان خاندانم ونویسندگان واهل‌قرآن بسوی شمافرستادم وشمارابه او نیکی فرمایم چه او مورد نظراست والسلام » و فرستاده‌ای که نامه رابرد ، معاذبن جبل بود .

و به همدان نوشت : بسم‌الله‌الرحمن‌الرحیم ، هذا کتاب من محمد رسول‌الله الی‌عمیرذی‌مران‌ومن‌اسلم من‌همدان،سلم‌انتم ، فانی احمدالله الیکم‌الذی لااله الاهو اما بعد ذلك فانه بلغنی اسلامکم رجعنامن ارض‌الروم فابشروافان‌الله قدهداکم بهداه وانکم اذا شهدتم [ان] لااله‌الاالله و ان محمد اعبدالله و رسوله واقمتم‌الصلاة و آتیتم‌الزکاة فان لکم ذمة‌الله و ذمة رسوله علی دمـائکم و اموالکم و ارض البورالتی‌اسلمتم علیها سهلها و جبلها و عیونها و فروعهـا غیرمظلومین و لامضیّق علیکم و ان الصدقة لاتحل لمحمد و لالا هل بیته ، انماهی زکاة تزکونهـا عن اموالکم‌لفقراء المسلمین ، و ان مـالك بن مرارة الرّهاوی قـد حفظ الغیب و بلغ الخبر فـآمرکم به خیراً فـانه منظورالیه ، وکتب علی بن ابیطالب .
«بنام خدای بخشندهٔ مهربان ، این نوشته‌ای است از محمد پیامبرخدا بسوی عمیر ذی مران‌و کسانیکه ازهمدان‌اسلام‌آورده‌اند، شما درامان هستید، همانامن‌خدایی‌را

که جز او معبودی نیست ، باشماستایش می کنم (نزد شما سپاس میگزارم) اما پس ازآن ، خبراسلام شما درباز گشت ماازروم بمن رسید ، پس شادمان باشید که خدای شما رابراهنمایی‌خود براه آورد والبته هر گاه شما گواهی دادید که خدایی‌جزخدا نیست ومحمد بنده وفرستادهٔ خداست ونمازرا بپای داشتید وزکات رادادید، براستی خونها ومالهای شما درامان خدا وامان رسول خداست وهم زمینهای بایری که بـر آنها اسلام‌آورده‌اید ، بیابانش و کوهستانش وچشمه ها وشاخه‌هایش بی آنکه ستم شوید ویا برشماتنگ گرفته شود ، وبراستی صدقه‌نه برای محمدونه برای‌خاندانش حلال‌نیست، فقط آن زکاتی‌است که‌ازمالهای خود به‌مستمندان مسلمانان‌میپردازید، ومالك بن مرارهٔ رهاوی بخوبی رازرا نگهداشت وخبررا رسانید پس شماردربارهٔ او نیکی‌فرمایم چه اومورد نظراست.» وعلی‌بن ابیطالب نوشت .

وبه‌نجران نوشت: بسم [الله] من‌محمد رسول‌الله الی‌اسقفة نجران، بسم‌الله‌فانی احمد الیکم‌اله‌ابراهیم‌واسماعیل‌واسحاق‌ویعقوب،اما بعدذلکم فانی ادعوکم‌الی‌عبادة الله من عبادةالعباد وادعوکم الی‌ولایةالله من ولایةالعباد فان ابیتم فالجزیة وان‌ابیتم آذنتکم بحرب والسلام ، «بنام خدا ، از محمد پیامبرخدا به اسقفهای نجران ، بنام خدا، پس همانا من ستایش می کنم باشما (سپاس میگزارم نزد شما) خدای‌ابراهیم واسماعیل واسحاق ویعقوب را ، اما پس‌ازآن ، پس‌همانا شمارا ازپرستش‌بندگـان بپرستش‌خدا، واز سرپرستی بندگان بسرپرستی خدا دعوت میکنم ، پس اگر ابـا کردید ، جزیه دهید ، واگرابا کردید شمارا بجنگ بخوانم، والسلام .»

وبمردم هجرنوشت : بسم‌الله‌الرحمن الرحیم من محمد رسول‌الله الی اهـل هجر،سلم انتم‌فانی‌احمدالله الیکم‌الذی لااله الاهو، امابعد فانی‌اوصیکم بالله‌وانفسکم ان لاتضلّوا بعداذهدیتم ولاتغووابعداذ رشدتم، اما بعد ذلکم فانه قد جائنی وفـد کم فلم‌آت فیهم‌الاما سرّهم وانی‌لوجهدت حقی‌کله فیکم اخرجتکم مـن هجر فشفعت

شاهد کم ومننت علی غائبکم، اذکروا نعمةالله علیکم، اما بعد فانه قد اتانی ما صنعتم وان من یجمل منکم لایحمل علیه ذنب المسیء فاذا جاء کم امراؤکم فاطیعوهم وانصروهم علی امرالله وفی سبیله فانه من یعمل منکم عملا صالحا فلن یضلّ له عندالله ولاعندی امابعد یامنذربن ساوی فقد حمدك لی رسولی وأنا ان شاءالله مثیبك علی عملك ، «بنام خدای بخشندهٔ مهربان ، ازمحمد پیامبر خدا بمردم هجر، شما درامانید ، پس همانا من ستایش می کنم با شما (سپاس میگزارم نزد شما) خدایی را که جز او معبودی نیست ، وپس ازآن همانا شما را دربارهٔ خدا و خودتان سفارش میکنم که گمراه نشوید پس ازآنکه راهنمایی شدید، وبیراهه نروید پس ازآنکه براه آمدید ،اماپس از این، پس همانافرستادگان شمانزد من آمدند وجز آنچه شادمانشان سازد ، دربارهٔ آنان انجام ندادم، وبراستی اگرمن در گرفتن تمام حق خود ازشماپافشاری داشتم، شما را ازهجر بیرون میکردم ، پس شفاعت حاضرشما را پذیرفتم وبرغائب شمامنت نهادم ، نعمت خدا رابرخود یادآورید ، اما پس ازآن ، همانا آنچه کرده اید بمن رسید و راستی هرکس ازشمانیکی کند گناه گنهکار براو بارنخواهدشد، پس هرگاه فرمانداران شماآمدند فرمانشان را ببرید، وآنان را برانجام امرخدا ودرراه خدایاری دهید، پس همانا هرکس از شما کاری شایسته کند هرگزعملش نزد خدا ونزد من گم نخواهد شد ، امابعد، ای منذربن ساوی راستی که فرستاده‌ام تورا نزد من ستود ومن اگر خدا بخواهد تورا برکارت پاداش دهنده‌ام.»

واهل نجران نزداو آمدند، سرورشان ابوحارثهٔ اسقف، وعاقب وسید وعبدالمسیح وکُوز وقیس وایهم همراه اوبودند ، پس برپیامبر خدا واردشدند وچون در آمدند ، دیبا وصلیبهارا آشکار ساختند وباوضعی داخل شدند که هیچکس با آن وضع وارد نشده بود ، پس رسول خدا گفت: آنان را واگذارید . آنگاه رسول خدا را دیدار کردند و روزشان را بااو بحث کردند وآنچه خدا خواست ازاو پرسش نمودند ، پس ابوحارثه

گفت: ای‌محمددربارهٔ‌مسیح‌چه‌میگویی؟ گفت: او بندهٔ‌خدا وپیامبر اواست. پس گفت: ای ابوالقاسم، خدااز آنچه گفتی برتراست، اوچنین وچنان است. ودربارهٔ ایشان نازل شد: فمن حاجّك فيه من بعد ماجائك من‌العلم فقل‌تعالواندع ابنائنا وابنائكم ونسائنا ونسائكم وانفسنا وانفسكم ثم‌نبتهل فنجعل لعنة‌الله على‌الكاذبين[1]، «پس‌هر که بعداز آنچه‌ازدانش بر تو فرود آمده‌است‌دربارهٔ‌او باتوستیزه کند، پس‌بگو بیایید‌تا‌پسران خودمان وپسران شماوزنان خودمان وزنان‌شما وخودهامان و خودهاتان رابخوانیم سپس‌نفرین کنیم پس‌لعنت‌خدارا بردروغگویان قراردهیم.» پس‌بمباهله راضی شدند وچون بامداد رسید، ابوحارثه گفت: ببینید چه کسی بااو آمده است. ورسول خدا درحالیکه دست حسن وحسین را گرفته داشت وفاطمه پشت سروعلی‌بن ابی طالب پیش رویش بودند، بیرون آمد وعاقب وسید همراه دوپسرخود که بمروارید وزیورها آراسته بودند، پیرامون ابوحارثه رافرا گرفته بیامدند، پس‌ابوحارثه گفت: اینان همراه او کیستند؟ گفتند: این پسرعمویش‌واین دخترش واین دو، پسرانش هستند، پس رسول خدا روی دوزانوی خودایستاد سپس رکوع کرد، پس ابوحارثه گفت: بخدا قسم چنان به دوزانوایستاد که پیامبران برای مباهله ایستند، پس‌سیدباو گفت: ای ابوحارثه، برای مباهله نزدیك‌رو. گفت: همانا من مردی گستاخ برای‌مباهله می‌بینم وراستی بیم دارم که راستگو باشد، واگرراستگو باشد یکسال نگذرد که‌یك نفرترسا که خوراك خورد دردنیا نماند، ابوحارثه گفت: ای ابوالقاسم باتو مباهله نمیکنیم لیکن بتوجزیه می‌دهیم، پس رسول‌خدا بردوهزارجامه ازجامه‌های‌قیمتی، ارزش هرجامه‌ای‌چهل درهم وآنچه بیش و کم باشد بهمین‌حساب، باآنان صلح کرد وبرای‌آنها نامه ای نگاشت:

بسم‌الله‌الرحمن‌الرحيم، هذا كتاب‌من‌النبى محمد رسول‌الله لنجران وحاشيتها [اذكان له عليهم حكمه] فى كل بيضاء وصفراء وثمرة و رقيق، كان افضل ذلك كله

۱ـ س آل عمران، ی ۶۱.

لهم غیر الفی حلة من حلل الاواقی قیمة کل حلّة اربعون درهماً فمازاد اونقص فعلی هذاالحساب ، الف فی صفروالف فی رجب، وعلیهم ثلاثون دینار أمثواة رسلی [شهراً] فما فوق ، وعلیهم فی کل حرب کانت بالیمن دروع عاریة مضمونة لهم بذلك جوار الله وذمة محمد ، فمن اکل الربا منهم بعد عامهم هذافذمتی منه بریئة ، « بنام خدای بخشندهٔ مهربان ، این نوشته‌ایست ازپیامبرمحمد فرستادهٔ خدا برای نجران و کنارهٔ آن هنگامیکه حکمش برایشان درهرسیم وزری ومیوه وبرده‌ای روابود ، آن‌همه‌را بایشان بخشید جزدوهزارجامه ازجامه های اوقیّه ، ارزش هرجامه‌ای چهل درهم و آنچه بیش و کم باشد بهمین حساب، هزاری درصفروهزاری دررجب ، وبرای ماندن فرستادگانم یکماه یابیشتر، سی دینار برآنهاست ، ونیزدرهرجنگی که دریمن باشد زره هایی بعنوان عاریهٔ ضمانت شده که آنها را بآن ضمانت، عهدخدا وپیمان محمد است ، پس هر کس از آنان پس از امسال ربا خورد ، امان و پیمان من از او بیزاراست .»

عاقب گفت : ای رسول خدا راستی ما بیم داریم که مارا بجنایت دیگران بگیری ، گفت تانوشته شد : ولایؤخذ احد بجنایة غیره ، «وکسی بجنایت دیگری گرفته نشود . » براین نوشته عمروبن عاص و مغیرة بن شعبه گواه شدند ، و علی بن ابی‌طالب آنرا نوشت . پس چون به نجران آمدند ایهم باسلام درآمد و مسلمان باز گشت.

زنان رسول خدا[1]

پیامبر بیست ویك وبقولی بیست وسه زن گرفت که بابعضی ازایشان همبستر شد، وبعضی راطلاق داد، وبابعضی همبستر نشد، اما آنها که باایشان همبسترشد، اولشان «خدیجه» دختر خویلد بن اسدبن عبدالعزی بن قصی بود و همهٔ فرزندانش جز

۱ـ ل: ص۹۲ . ر . ك طبقات ج۸ ص۵۲ـ ۱۶۰ و۲۱۶ـ ۲۲۰

ابراهیم از وی تولد یافتند ، وبرسراوزنی نیاورد تا مرد .

سپس « سَوده» دخترزمعة بن قیس [بن عبد شمس] بن‌عبدودّ بن‌نصربن مالك ابن حسل‌بن عامربن لوی که اورا درمکه بهمسری گرفت.

سپس «عایشه» دختر ابی‌بکربن ابی قحافه که اورا درمکه عقد کرد ودرمدینه بااوهمبسترشد .

سپس «غزیّه» دختردودان بن عوف بن جابربن ضباب ازبنی‌عامربن لوی ، و اوهمان «ام شریك» است که خودرا بپیامبر بخشید.

سپس «حفصه» دخترعمربن خطاب بن نفیل بن عبدالعزی عدوی.

سپس «زینب» دخترخزیمة بن حارث ازبنی‌عامربن صعصعه واو«ام‌المساکین» است وازززنان پیمبردرحیاتش جزاووخدیجه نمردند .

سپس «ام‌حبیبه» دختر ابوسفیان‌بن حرب‌بن امیّة‌بن‌عبد شمس‌بن عبد مناف .

سپس « زینب » دخترجحش‌بن رئاب بن قیس بن یعمر بن صبرة از بنی اسد ابن خزیمه .

سپس «ام سلمه» دخترابوامیة بن مغیرة بن عبدالله بن عمروبن مخزوم .

سپس«جویریهٔ»مصطلقی ازخزاعه که‌نامش«برّه»بود، دخترحارث‌بن‌ابی‌ضرار.

سپس «صفیّه» دخترحییّ بن اخطب ازبنی‌النجارازسبط هارون پیامبر.

سپس «میمونه» دخترحارث بن حزن‌بن بُجیرهلالی

سپس «ماریه» مادرابراهیم.

اینان زنانی‌هستند که باآنهاهمبستر گردید ، از اینان «ام شریك» راطلاق داد وسوده وصفیه وجویریه وام‌حبیبه‌ومیمونه‌را ازنوبت کنارزد، وعایشه وحفصه‌وزینب و ام سلمه را نزد خویش جای داد .

اما زنانی که باآنها همبسترنگشت :

«خوله» دختر هذیل بن هبیرهٔ ثعلبی که پیش ازرسیدن نزد او درراه در گذشت.
و«شراف» دختر دحیة بن خلیفهٔ کلبی که نزداو فرستاده شدو پیش ازورود در گذشت.
و«سنا» دختر صلت بن حبیب بن حارثهٔ سلمی که پیش ازرسیدن باو مرد.

و «ریحانه» دختر شمعون قریظی که پیامبر اسلام را براوعرضه داشت واز کیش یهودی دست بر نداشت پس اورا براند، سپس اسلام آورد و پیامبر همسری راباو پیشنهاد کرد و پذیرفت و حجاب براوزد. پس گفت: ای رسول خدا بلکه مرا بگذار تا کنیزت باشم، و پیوسته کنیزش بود تا وفات کرد.

و«اسماء» دختر نعمان کندی ازفرزندان «آکل المرار» که اززیباترین و آراسته ترین زنانش بود، پس زنانش باو گفتند: اگر بخواهی نزد او کامیاب باشی، هرگاه براو درآمدی بخدا پناه بر. پس چون پیامبر درآمد و پرده را انداخت گفت: ازتو بخدا پناه می‌برم. پس روی خویش ازاو بگرداند و[سپس] گفت: [أمن] عائذالله، الحقی باهلك، «پناه برندهٔ بخدا در امان است، بخاندانت ملحق شو.» سپس اسماء دختر نعمان کندی را مهاجر بن امیه گرفت، و پس از مهاجر، بعقد قیس بن مکشوح مرادی درآمد.

و«قُتیله» دختر قیس بن معدی کرب، خواهر اشعث بن قیس بن فلان که پیش از بیرون آمدنش از یمن بقصد مدینه، رسول خدا وفات کرد و عکرمة بن ابی جهل او را بزنی گرفت

و«عمره» دختر یزید بن عبید بن رواس کلابی، برسول خدا خبر رسید که او به برص مبتلا است پس باوی همبستر نشده طلاقش داد.

و«عالیه» دختر ظبیان عمرو کلابی که طلاقش داد.

و«جونیه» زنی از کنده غیر ازاسماء، که ابواسید ساعدی اورا براووارد کرد و عایشه و حفصه آرایش و ترتیب کارش را بعهده گرفتند. پس یکی ازآن دو باو گفت: راستی

رسول خدارا اززنی خوش‌آید که هر گاه براودرآید و دست خویش رابسوی اودراز کند،بگوید : ازتوبخدا پناه می‌برم ، پس‌چنان کرد ، وپیامبردست خویش‌رابرروی خودنهاد وروبدان‌پوشیده‌داشت وسه‌بار گفت: عذت‌فعاذت[1] ، «پناه‌بردی‌پس‌پناه برد.» سپس‌بیرون رفت و[ابو] اسید ساعدی را فرمود که دوجامهٔ کتان سفید بدو دهد واو رابه خانه‌اش بازگرداند ، وچنان گمان برده‌اند که اوازغصه مرد.

و «لیلی» دخترخطیم اوسی که ناگهانی براودرآمد ودست خـودرا بر پشت شانه‌اش زد، پس گفت : من‌هذا، اکله الاسود، «این کیست؟ شیرها او را بخورند.» گفت : منم دخترخطیم وپدرم خوراك دهندهٔ مرغان ، واکنون نزد تـوآمده‌ام تـا خودرا برتوعرضه دارم. گفت : تورا پذیرفتم . پس‌نزد زنانش‌آمد . پس گفتند: چه بد کاری کردی، توزنی‌غیوری ورسول خدا بسیارهوو ، راستی‌بیم داریم که توراب‌ـد آید پس برتونفرین کند وهلاك‌شوی ، ازاوبخواه تا عقد را بهم زند ، پس‌نزدپیامبر آمد وخواستارفسخ عقد شد ، پس عقد رابهم زد وآن زن داخل باغی‌ازباغهای‌مدینه شد وشیرها اورا خوردند .

و«صفیّه» دختربشامهٔ عنبری،اورا مخیرساخت که نزدش بماند یابخانواده اش بازگرداند . پس خانواده‌اش را بر گزید واورا بازگردانید .

و«ضباعه» دخترعامرقیسی که نزد عبدالله بن جدعان بود،پس‌طلاقش‌دادسپس هشام‌بن‌مغیره اوراعقد کرد وسلمه ازاومتولد شد پس‌رسول‌خداازسلمه خواستگاریش کرد. سلمه گفت: باخودش مشورت‌می کنم. گفت: آیا دربارهٔ رسول‌خدا؟راضی‌شدم. پس‌رسول‌خداازپیری‌وی‌خبر یافت‌وازاوخودداری کرد. [2]

ولادت ابراهیم پسر رسول خدا[3]

ابراهیم پسررسول خدا که مادرش ماریهٔ قبطیه بـود در ذی حجهٔ سال هشت

۱ـ ظ، عذت بمعاذ. ۲ـ ر . ك . اعلام الوری ص۱۴۶ . ۳ـ ل ، ص۹۵ .

متولد گردید وچون ولادت یافت جبرئیل نزد رسول خدا فرود آمد و گفت : سلام برتوای [ابو] ابراهیم . وزنان انصاردربارهٔ اونزاع کردند که کدامیك شیرش دهد. پس‌رسول خدا اورا بهامّ برده دخترمنذربن زیدازبنی‌النجارسپرد.ورسول‌خداقوچی ازاوعقیقه کرد ، وقابله‌اش سلمی آزاد شدهٔ رسول خدا زن‌ابورافع بود ، پس‌ابورافع نزد رسول‌خدا آمد واورامژده داد، پس‌باوغلامی بخشید وزنان رسول خدارا ناگوار آمد وبر آنها سخت دشواربود که اورا ازماریه فرزندی نصیب شد. زُهری‌ازعروه از عایشه روایت کرده است ،گفت : رسول خدا در حالی که فرزند خود ابـراهیم را همرا ه برداشته بود برمن درآمد و گفت: انظری‌الی‌شبهه بی،«شباهتش رابمن‌بنگر.» عایشه گفت : شباهت مادرش رامی‌بینم . گفت : مگرسفیدی و گوشتش‌را نمی‌بینی؟ گفت : کسی که‌آبستنی او کوتاه باشد سفید وفربه می‌شود . ابراهیم درسال‌ده، یك سال ودەماهه ازدنیارفت وخورشید درروساعت ازروز گرفت پس‌مردم گفتند : برای مرگ ابراهیم گرفت .پس‌رسول خدا گفت: ان‌الشمس والقمر آیتان‌من آیـات الله لایکسفان لموت‌احد ولالحیاته فاذا رأیتم فافزعواالی‌مساجدکم، «همانا خورشید و ماه دو نشانه ازنشانه های خدایند، برای مرگ یازندگی کسی‌نمیگیرند،پس‌هرگاه (چنان)دیدید، بمسجدهای خود پناه برید .»و گفت : ان‌العین تدمع والقلب یخشع‌و انّابك یاابراهیم لمحزونون ولکنا لانقول مایسخط‌الرب ، «همانااشك چشم‌می‌ریزد ودل متأثرمیشود ومابتوای ابراهیم اندوهناکیم لیکن‌سخنی نمی گوییم که خدا را بخشم آورد . »

رسول خدا گروهی ازغلامان و کنیزان‌آزاد کرد، ازجمله: زید بن حارثة بن شراحیل ، واسامة بن زید ، وابورافع مصری که مقوقس‌او را هدیه داد ، وانسه که حبشی‌بود ، وابو کبشه که ایرانی‌بود ، وابولبابه ، وابولقیط ، وابوایمن ، وابوهند، ورافع ، وسفینه ، وثوبان وصالح که همان شقران باشد ، وام ایمن که حبشی بود و

ابوطالب اورا بدو وا گذاشته بود و نامش «برکه» و گفته می‌شود «خضره»، و بقولی اورا ازپدرش ارث برد[1]. پیمبر برای هرچه داشت نامی می‌نهاد، نام رایتش «عقاب» وبساخت طیلسان سیاه بود، شمشیری داشت که «مخذم» گفته می‌شد، وشمشیری که نامش «رسوب» بود، وشمشیری که همراه می‌داشت بنام «ذوالفقـار» وروایت شده‌است که جبرئیل آن‌را از آسمان فرود آورد، درازی آن هفت وجب وپهنای آن یك وجب و درمیان آن کنده‌هایی بود وبندی ازنقره ونیزدوحلقهٔ نقره داشت، ونیزه‌اش «مُثوی» و حربه‌اش «عنزه» بود که درعیدهـا آن راپیش روی خود می‌داشت ومیگفت: هکذا اخلاق السنن، «اخلاق آداب چنین است»، کمانش «کَتوم» وتیردانش «کافور» وتیرـ هایش «متصله»[2] وسپرش «ذلوق» و کلاه خودش «سبوع» وزرهش «ذات الفضول» ودرآن دوبافتهٔ زیادی بود، واسبش «سکب» واسبی دیگر «مرتجز» واسبی دیگر «سجل» واسبی دیگر «بحر» که اسب دوانی کرد واسبش پیشی گرفت پس برسر دوزانو ایستادو گفت: ماهو الا البحر، «این نیست جز دریا.» ومیگفت: الخیل فی نواصیها الخیر، «اسبها، در پیشانیهاشان خیراست.»[3] او را شتری بنام «قصوی» وشتری بنام «عضباء» و شتری بنام «جدعاء» بود، و باشترمسابقه داد پس شترش «عضباء» که اسامة بن زید براوسوار بود برنده شد، پس مردم گفتند رسول خدا برد، و رسول خدا گفت: اسامه برد[4].

به‌استرشهبایش که مقوقس آن راهدیه فرستاده بود، «دلدل» گفته می‌شد، و به استری دیگر درازو بلند «ابلیه»[5] وبه‌خرش «یعفور»، اورا گوسفندی بود که ازشیرش می‌خورد بنام «غیثه» وقدحی بنام «ریان» وقدحی بنام «عیر» وچوب‌دستیی بنام «ممشوق» وجبه‌ای بنام «کن» وعمامهٔ سیاهی بنام «سحاب» وابوالبختری گفته است که‌اورا کمر بندی بود ازچرم خوشرنگ که درآن سگگی وسه‌حلقهٔ مدوّر ازنقره بود، ونیز بردهای

۱ـ ر.ك. طبقات ابن‌سعد ج ۱ ص ۴۹۷. ۲ـ ر.ك. طبقات ج ۱ ص ۴۸۹ ۳ـ طبقات ج ۱ ص ۴۸۹. ۴ـ طبقات ج ۱ ص ۴۹۶. ۵ ـ ن: ایلیه.

یمنی را بصورت شلوار یا عبا های سفید، و کلاه برد وجبهٔدیبای سبزمی‌پوشیدو[از] پوشیدن آنها اعراض نکرد وتا روزی که خدا اورا بجوار خویش برد، پشم‌نپوشید.

اورابستری چرمی بود وجامهٔ رنگ شدهٔ بازعفران واسپرك می‌پوشید ویـك جامه می‌پوشید وآن را میان دوشانه‌اش می‌بست.

خودرا چنان خوشبومی کرد که عطر،عبایش‌را ازجای سرش‌رنگ می کردو برق مشك ازفرقش دیده می‌شد وپیش‌ازآنکه خودش دیده شود ببوی خوشی کـه داشت آمدنش‌ازدورشناخته می‌شد ، ومی گفت : اطیب‌الطیب المسك ، «از هرعطری خوشبوترمشك‌است.» وبراوعطری‌عرضه نمی‌شدمگر که‌خودرا بدان‌خوشبومی کرد وهر گاه میخواست ازخانه اش بیرون رود شانه می‌زد و سرش را درست میکـرد و موی خود را مرتب می‌نمود ومی گفت : ان‌الله یحبّ من عبده ان یکون لـه حسن الهیئة ، «همانا خداازبنده‌اش دوست می‌دارد که خودرا آراسته دارد.» وروایت‌میشود که کلاه بلند وجامهٔ گشاد می‌پوشید واورا دوجامه بود ، وانگشتری بدست میکرد ونقرهٔ نگینش راازطرف کف دست می گردانید وآن رابدست راست ودست‌چپ می کرد ودرانگشت‌میانین درجای‌بند می‌نهاد ودرانگشتان دست خویش‌میگرداند.

خطبه ها وموعظه های رسول خدا و ادب فرمودنش بفضایل‌اخلاق[1]

برای اصحاب خویش خطبه میخواند وآنان راپند می‌داد وخلقهای نیك وکار های پسندیده رابآنهامی آموخت. روزی‌رسول خدا خطبه خواند ودرخطبه‌اش چنین گفت : ایها الناس ان لکم معالم فانتهوا الی معالمکم ، وان لکم نهایة فانتهوا الی نهایتکم، وان المؤمن بین مخافتین ، بین اجل قدمضی ولایدری ماالله صانع فیه واجل قدبقی مایدری ماالله قاض فیه ، فلیأ خذ العبدمن نفسه لنفسه و من دنیاه لآخرته،فی‌الشبیبة قبل‌الکبر وفی‌الحیات‌قبل‌الممات، فوالذی نفس‌محمدبیده مابعد

1 ـ ل : ص۹۸

الموت‌من مستعتب ومابعدالدنیا من دارالاالجنة اوالنار[۱].

«ای مردم همانا شما را نشانه‌هایی‌است پس بنشانه‌های خود برسید، وهمانا شمارا انجامی‌است‌پس‌ازآن بازنمانید، وراستی‌مؤمن میان دوترس‌است ' میان‌زمانی که گذشته‌است ونمی‌داند خدا درآن چه‌میکند وزمانی که مانده ونمی داند که‌خدا درآن چه حکمی‌دارد ، پس باید بنده از خودش برای خودش واز دنیایش برای آخرتش بگیرد ، درجوانی پیش‌ازپیری ودرزندگی پیش‌ازمرگ ، بخدایی که‌جان محمد بدست او است پس از مرگ پوزشی ، وپس‌از دنیا سرایی جز بهشت یا آتش نیست .»

وروزی خطبه خواند پس درخطبه‌اش گفت : ان الله لیس بینه وبین احد قرابة یعطیه بهاخیراً ولاحق‌یصرف به سوءاً الابطاعته واتباع مرضاته واجتناب سخطه ، ان الله تبارك وتعالی علی‌ارادته ولو کره‌الخلق ، ماشاءالله‌کان ومالم یشألم یکن، تعاونوا علی‌البرّوالتقوی ولاتعاونوا علی‌الاثم والعدوان واتقواالله‌ان‌الله شدیدالعقاب .

«همانا خدا ، میان اوو کسی خویشاوندی نیست که بدان خیری باوبخشد ، ونه حقی که بدان بدیی را بازدارد ، جز بفرمانبردن و پیروی خوشنودیها و دوری جستن از خشمش ، همانا خدای تبارك وتعالی بر ارادهٔ خویش‌است اگرچه مردم نخواهند، آنچه خداخواست‌بود وآنچه‌نخواست نبود. برنیکی وپرهیزکاری همکاری کنید وبر گناه‌وتجاوزهمکاری‌نکنید وازخدا بپرهیزید که خداسختگیراست . »

ورسول خدا خطبه خواندودرخطبه‌اش گفت: طوبی‌لعبد طاب کسبه ، وحسنت خلیقته،وصلحت سریرته ، وانفق الفضل‌من ماله ، وترك الفضول من قوله ، وکف عن‌الناس شره،وانصفهم من‌نفسه،انه‌من عرف‌الله‌خاف‌الله، ومن‌خاف‌الله‌سخت‌عن‌الدنیا .

«خوشابنده‌ای راکه درآمدش پاکیزه وخویش نیکوودرونش‌شایسته باشد ،و

۱- ر . ك . جمهرة خطب العرب ج ۱ص ۵۵ .

زیادی مال خودرا انفاق نماید ، وزیادیهای گفتارخودرا رها کند ، وبدی خودرااز مردم بازدارد ، ودادشان رااز خود بگیرد، همانا هر کس خدارا بشناسدازخدابترسد وهر که ازخدا بترسد نفسش‌ازدنیا بگذرد.»

وروزی خطبه خواند ودرخطبه‌اش گفت:اذکرواالموت فانه‌آخذبنواصیکم‌ان فررتم منه ادرککم وان اقمتم اخذکم [...] لاخیر بعده ابداً، وفرقة لاالفة بعد ها ، وان‌العبدلاتزول قدماه یوم‌القیامة حتی‌یسأل‌عن عمره فیماافناه وعن شبابه فیماابلاه وعن ماله مماا کتسبه وفیماانفقه وعن‌امامه من‌هو،قال‌الله عزوجل : یوم ندعو کل اناس‌بامامهم[۱]، الی آخرالآیة.

«مرگ را یادآورید همانا مرگ گیرندهٔ پیشانیهای شمااست ، اگر از آن بگریزید، شما را دریابد واگر بایستید شما را فرا گیرد ...[۲] که هرگز خیری پس ازآن نیست وجدایی که پس‌ازآن الفتی‌نیست، وروزرستاخیزبنده قدم ازقدم‌برندارد تاازعمرش پرسیده شود که‌آن را درچه بانجام رسانده است وازجوانیش که آن را درچه کهنه کرده است ، وازمالش که آن راازچه بدست‌آورده ودرچه خرج کرده است وازامامش که او کیست . خدای عزوجل گفته : درروزی که هر مردمی‌را به امامشان می‌خوانیم ، تاپایان آیه .»

و گفت:من‌نظرفی‌دینه الی من‌هوفوقه فاقتدی به،ونظرفی‌دنیاه الی‌من‌هودونه فحمد الله علی‌مافضّله به ، کتبه‌الله شا کراً و صابراً ، ومن نظرفی‌دینه الی‌من‌هودونه ونظرفی‌دنیاه الی‌من هوفوقه فاسف[۳] علی‌مافضّله الله لم یکتبه‌الله شا کراً ولاصابراً .

«کسی که دردینش ببرترازخود بنگرد پس‌ازاوپیروی کند ودردنیای خویش‌بپائین ترازخود بنگرد پس‌خدا رابرآنچه بدان برتری یافته‌است سپاس گزارد ، خدااورا سپاسگزاروشکیبا بنویسد ، وکسیکه دردین خود بپائین ترازخودنظر کندودردنیای

۱ـ س ۱۷، ی ۷۱. ۲ـ یا خیری که هرگز شری در پی آن نیست و یا شری (ر. ك. نهج‌البلاغه ك۲۷). ۳ـ ل : فاسفه

خود ببرتر ازخویش بنگرد پس برآنچه خدا اورا بدان برتری داده است اسفناك گردد ، خدااورانه سپاسگزار بنویسد ونه شکیبا .»

وگفت : من اعطی قلبا شاکراً ولسانا ذاکرا وبدنا صابرا و زوجة صالحة فقد اعطی الدنیا والاخرة ، «کسیکه دلی‌سپاسگزار وزبانی بیاد خدا و تنی شکیبا و وهمسری شایسته ، داده شود ، راستی که خیردنیا وآخرت را دریافته است.»

وگفت: الرغبة فی الدنیاتورث الهمّ والحزن ، والزهدفیها یریح القلب والبدن، «دل بستن بدنیا غصه و اندوه بار می‌آورد ، ورها کردن آن دل و تن را آسوده می‌سازد.»

وگفت : السعادة فی‌اثنتین : الطاعة والتقوی ، «خوشبختی دردوچیزاست : فرمانبری وپرهیزکاری.»

وگفت: یقول‌الله عزوجل: حسب عبدی‌المؤمن حقیقةایمانه فی‌ضمیره وصدق ورع نیّته حتی‌اجعل نومه عملا و صمته ذکرا، «خدای عزوجل میگوید : بندهٔ با ایمان مرا ، حقیقت ایمانش دردلش وراستی پارسایی نیتش بس‌است که خوابش‌را عمل و خاموشیش را ذکرقراردهم .»

وگفت : من اتی‌الناس‌بمایحبّون وبارزالله بمایکره ، لقی‌الله وهوعلیه غضبان آسف ، «کسیکه بامردم‌آنچه رادوست می‌دارند انجام دهد ، وباخدا بآنچه ناخوش می دارد نبرد کند ، خدا را در حالیکه بر او غضبناك و خشمگین باشد ، دیدار کند .»

وگفت : ان‌الله یرضی‌لکم ثلاثا ، ویکره لکم ثلاثا ، یرضی‌لکم‌ان تعبدوه و لاتشرکوا به شیئا، وان‌تعتصموابحبله جمیعاولاتفرقوا،وان تناصحوا من‌ولاه‌امرکم ویکره لکم قالا وقیلا ، ویکره السؤال، واضاعةالمال، «هماناخدا سه چیزرا برای شما می‌پسندد وسه چیز را برای شما نمیخواهد : شمارا می‌پسندد که اورا پرستش

کنید وچیزی‌راانبازش نگیرید، ودیگر آنکه همگی‌برشتهٔ اوچنگ زنیدوپرا کنده نگردید ، وهم آنکه دردوستی وخیر خواهی کسیکه کارشما را بدو واگذارده است، صمیمی‌باشید ، وخوش ندارد برای شما قال وقیل‌را، وخوش ندارد پرسش‌را ،وتباه کردن مال را .»

و گفت: یقول ابن‌آدم: مالی‌مالی، وان مالك[1] من مالك‌الاما کلت فافنیت ، اولبست فابلیت اواعطیت فامضیت ، «پسر آدم میگوید : مال من ، مال من، بااینکه توراازمال تونیست جز آنچه خوردی ونیست کردی ، یاپوشیدی و کهنه کردی ، یا بخشیدی وبانجام رساندی . »

.و گفت : الدنیا حلوة خضرة ، والله مستعملکم فیها ، فانظروا کیف تعملون، « دنیا شیرین وسبزاست ، وخـدا شمارا درآن بکار گمارنده است ، پس بنگرید که چگونه کارمی کنید . »

و گفت : ان‌احبّکم الیّ واقربکم منی مجلسا یوم القیامة احسنکم اخلاقـا الموطّئون اکنافا ، الـذین یألفون ویؤلفون ، وان ابغضکم‌الیّ وابعدکم‌منی‌مجلسا یوم القیامة ، الثرثارون المتفیهقون، «همانا دوست ترین شمابنزدیك من ونزدیکتر شما بمن روزقیامت درنشیمن، نکوخلق‌ترشمااست ، آنانکه پیرامونشان رفت‌وآمد است[2] ،آنانکه انس گیرند وانس گرفته شوند . وهمانادشمن ترشمانزدمن‌ودورتراز من روزقیامت درنشیمن ، بسیار گویان وفراخ دهنان باشند . »

ومردی‌باو گفت: ای پیامبرخدامراموعظه فرما. پس گفت:اکثرذکرالموت یُسلك عن‌الدنیا ، وعلیك بالشکر تزاد[3] فی‌النعمة ، واکثرالدعاء فانک لاتدری متی یستجاب لك، وایاك والبغی فان‌الله عزوجل‌قضی‌ان ینصرمن‌بغی‌علیه[4]، وایاك‌والمکر

۱ـ ب : ولیس‌لك من مالك . ۲ ـ اخلاق محتشمی ص۲۴ «الموطئون اکنافا» که ترجمه شده «وتحمل زیادت کنند» . ۳ـ ب : تزد . ۴ـس حج، ی ۶۰ .

فان‌الله قضی‌ان‌لایحیق المکر السیء الاباهله[1] ، «بسیاربیاد مرگ باش تاتورا از دنیا فراموشی‌دهد ، و برتوباد بسپاسگزاری تانعمت فزون یابی ، وبسیاردعا کن‌چه تو نمی‌دانی کی‌دعای تومستجاب میشود ، وازبیدادگری پرهیز کن چه خدای‌عزوجل فرموده است که هر کس رابراوبیداد شود ، یاری کند ، ومبادا فریبکارباشی چـه خدای عزوجل حکم کرده است که فریبکاری بد جزفریبکاررا فرانگیرد .»

وبدو گفته شد که کدام یك از کارها بهتراست ؟ پس گفت : اجتناب‌المحارم وان لایزال‌لسانك رطبامن ذکرالله‌عزوجل ، «دوری کردن ازحرامها واینکه‌پیوسته بیاخدا رطب‌اللّسان باشی . »

گفته شد: پس کدامیك ازهمراهان بهتراست ؟ گفت : الذی اذانسیت ذکرك واذا دعوت اعانك، «آنکه هر گاه فراموش کنی، تورایادآورشود ، وهر گاه بیاریش خواستی‌یاریت کند. » گفته شد . کدام یك از مردم بدتراست ؟ گفت : العلماء اذا فسدوا ، «دانایان هر گاه فاسد شدند .»

و گفت: اذاسادالقبیل‌فاسقهم، وکان زعیم‌القوم ارذلهم ، واکرم‌الرجل[الذی] اتقی‌شره ، فانتظروا البلاء ، «هر گاه مردمی رافاسقشان سروری کنـد ، وسرپرست ملت پستترشان باشد ، ومردی که ازبدی اوپرهیزمی‌شود ، گرامی‌داشته شود ، پس منتظر بلاباشید.»

و گفت : من ذبّ عن لحم اخیه بظهرالغیب کان حقیقاً علی‌الله‌ان‌یحرّم‌لحمـه علی‌النار، «کسیکه ازگوشت برادرش[2] پشت سردفاع کند ، خدا راسزاوارخـواهد بود که گوشت اورا بر آتش‌حرام گرداند.»

و گفت: یقول‌الله تبارك وتعالی:یاابن آدم‌بمشیتی کنت‌انت تشاء لنفسك ماتشاء وبارادتی کنت تریدلنفسك‌ماترید،وبقوتی‌ادیت‌فریضتی،وبنعمتی‌قویت علی‌معصیتی،

۱ــ س فاطر، ی۴۳.   ۲ــ یعنی‌ازبدگویی او. اشاره بآیهٔ ۱۲ ، س حجرات .

فانا اولی بحسناتك منك ، وانت اولی بسیّآتك منی بذلك ، وانی لااسئل عما افعل و هم یسألون ، «خدای تبارك وتعالی میگوید : ای پسر آدم ، بخواست من بود که برای خود میخواستی آنچه میخواستی ، وباراده من بود که برای خود اراده میکردی آنچه اراده میکردی، وبنیروی من واجب مرا بجا آوردی، وبنعمت من برنافرمانیم نیرو گرفتی ، پس بدین جهت من از تو به نیکیهای تو سزاوار ترم و تو از من به بدیهای خود سزاوارتری ، و منم که از آنچه می کنم پرسش نمیشوم ، و آنان پرسیده میشوند . »

و گفت : ان الله فرض علی الاغنیاء مایکفی الفقراء فان جاع الفقراء کان حقیقا علی الله ان یحاسب اغنیائهم ویکبهم فی نارجهنم علی وجوههم[1] ، «همانا خدای بر ثروتمندان واجب کرده است آنچه را که بی‌نوایان را کفایت میکند، پس اگر نادارن گرسنه باشند ، برخدا سزاوارخواهد بود که حساب ثروتمندانشان را برسد و آنان را به روی در آتش دوزخ اندازد »

و گفت: یقول الله عزوجل: انی لم اغن الغنی لکرامة به علیّ ولکنه مما ابتلیت به الاغنیاء ، ولولا الفقراء لم یستوجب الاغنیاء الجنة ، «خدای عزوجل میگوید : همانا من مالدار را بدان جهت که نزد من بزرگواری داشته است دارا نکرده‌ام ، لیکن مالداری ازچیزهایی است که ثروتمندان را بدان آزموده‌ام ، واگر ناداران نبودند ثروتمندان بهشتی نمیشدند.»

و گفت : اربع من اتی الله عزوجل بواحدة منهن وجبت له الجنة : من سقی هامة صادیة ، اواطعم کبداً جائعة، او کسا جلدة عاریة، اواعتق رقبة عانیة، «چهارچیز است که هر کس یکی از آنها را نزد خدا برد بهشت برای او واجب شود، کسیکه جانداری تشنه را سیراب کند، یاجگری گرسنه را خوراك دهد، یاتنی برهنه را بپوشاند، یابنده‌ای

۱- ر ك . نهج البلاغه ، ك ۳۲۸.

گرفتار را آزاد سازد.»

و گفت: کل عین ساهرة یوم القیامة الاثلاث عیون، عین سهرت فی سبیل الله وعین غضّت عن محارم الله، وعین فاضت من خشیة الله، «هر چشمی روز رستاخیز بیدار و نگران است، مگر سه چشم: چشمی که در راه خدا بیدار بوده، و چشمی که از حرامهای خدا فروبسته شده، و چشمی که از ترس خدا گریسته است.»

و گفت: یقول الله عزوجل: عبدی اذا صلّیت ماافترضت علیك فانت اعبد الناس واذا قنعت بما رزقتك فانت اغنی الناس، «خدای عز وجل میگوید: ای بندهٔ من، هر گاه نمازی را که بر تو واجب کرده‌ام بجای آوری، پس تو عبادت کننده ترمردمی، وهر گاه بآنچه تورا روزی کرده‌ام بسازی، پس تو داراتر مردمی»

وپسران عبدالمطلب رافراهم ساخت و گفت: یابنی عبدالمطلب، افشوا السلام وصلوا الارحام. وتهجّدوا والناس نیام، واطعموا الطعام، واطیبوا الکلام، تدخلوا الجنة بسلام، «ای فرزندان عبدالمطلب، سلام را آشکار سازید، وباخویشان نیکی کنید، وآنگاه که مردم خوابیده‌اند، شب زنده داری کنید، وخوراك بدهید وخوش سخن باشید، تابسلامت داخل بهشت گردید.»

و گفت: اربعة من کنوز البرّ: کتمان الحاجة، و کتمان الصدقة، و کتمان الوجع و کتمان المصیبة، «چهار چیز از گنجهای نکو کاری است: نهفتن نیازمندی، ونهفتن صدقه، ونهفتن دردمندی، ونهفتن مصیبت.»

و گفت: اقربکم منّی غدا فی الموقف اصدقکم فی الحدیث، وآداکم للامانة، واوفاکم بالعهد، واحسنکم خلقا، واقربکم من الناس، «نزدیکتر شما بمن فردا در موقف، راستگوتر شما است وامانت رسانتر شما، ووفادارتر شما بپیمان، ونکو خُلق تر شما ونزدیکتر شما بمردم.»

و گفت: الابقاء علی العمل اشدّ من العمل، ان الرجل لیعمل فی السرّ فلا یزال به

الشیطان حتی یحدّث به اویظهره فیسبّح فی العلانیة فیکتب فی الریاء ، « نگـهداری عمل ازخود عمل دشوارتراست ، همانا مرد پنهانی عمل می کند ، پس شیطان پیوسته درمقام گمراه کردن او است تا آن را باز گوید یا آن را آشکارسازد و آشکارا تسبیح بگویدو آن بحساب ریاء نوشته شود . »

و گفت : ان علامة النفاق جمودالعبرة ، وقساوةالقلب، والاصرارعلی الذنب والحرص علی الدنیا ، «همانا نشانهٔ نفاق خشکیدن اشك چشم ، وسنگدلی، واصرار بر گناه ، وحریص بودن بردنیا است.»

و گفت: السخیّ قریب من الله، قریب من الناس،قریب من الجنة، بعیدمن النار، والبخیل بعید من الله، بعید من الناس ، بعید من الجنة ، قریب من النار، « سخاوتمند نزدیك بخدا ، نزدیك بمردم ، نزدیك ببهشت ودوراز آتش است، وبخیل دورازخدا، دورازمردم ، دور ازبهشت ونزدیك بآتش است . »

و گفت: العبداذااستوت سریرته وعلانیته، قال الله عزوجل: عبدی حقاً، «بنده هر گاه نهان و آشکارش یکسان شد، خدای عزوجل میگوید : راستی که بندهٔ من است.»

و گفت : المؤمن من خلط حلمه بعلمه ، ینطق لیفهم [1] ، ویجلس لیعلم ، و یصمت لیسلم، [2] ویحدث امانته الاصدقاء [3] ویکتم شهادته الاعداء [4] ولایعمل شیئامن الحق ریاء ولایترکه حیاء ، حتی اذازکّی خاف مایقولون فاستغفر ممالایعلمون. والمنافـق لایغیره قول من ینهی ، ولاینتهی ، ویأمر بمالایأتی ، اذا قام الی الصلاة [...] [5] واذا رکع ربض ، واذا سجد نقر، واذاجلس سعد [6] یمسی وهمه الطعام وهومفطر ، ویصبح وهمه النّوم ولم یسهر، ان حدّثك کذبك ، وان وعدك اخلفك ، وان ائتمنته خانك، و

۱ـ کافی ج۲ص۱۱۱ ،لیفهم. ج۲ص۲۳۱ : لیغنم. ۲ـ کافی ج۲ص ۲۳۱ ، لایحدث . ۳ـ کافی ج۲ ص۲۳۱ ؛ لایکتم . ۴ـ کافی ج۲ص ۲۳۱ : البعداء . ۵ـ کافی ج۲ص۳۹۶؛ عن علی بن الحسین صلوات الله علیهما، اعترض، قلت: یاابن رسول الله وماالاعتراض؟ قال الالتفات. ۶ـ کافی ج۲ص۳۹۶: شغر، وبنقل ازمجلسی درمرآت العقول ، وفی بعض النسخ «شفر» وقیل هومن التشفیر بمعنی النقص والاول اظهر .

ان خالفك[1] اغتابك، «مؤمن کسی‌است که بردباری خویش‌را به دانایی‌خود بیامیزد، سخن‌میگوید تابفهمد، و می‌نشیند تابداند،وخاموشی گزیند تاسلامت‌باشد،بادوستان ازامانتی که‌نزداوست دم (ن)می‌زند، وشهادت خویش‌را ازدشمنان پوشیده (ن)میدارد، وچیزی‌ازحق رابه‌ریا انجام نمیدهد وآن‌را ازشرم رهانمیکند،چنان‌است که هر گاه ستوده شود ، از آنچه میگویند بیم دارد واز آنچه نمی‌دانند خواستارآمرزش‌است. اما منافق گفتار کسی که نهی‌میکند اورا تغییر نمی‌دهد ، ودست بر نمی‌دارد، وبآنچه خود انجام نمی‌دهد دستورمی‌دهد ، هر گاه بنمازایستد [....[2]]وهر گاه به‌ر کوع‌رود فرو خسبد ، و هر گاه سجده کند چنان باشد که مرغی دانه برچیند ، و هــر گاه بنشیند دوپای‌بلند کند ، شب میکند وبی‌آنکه روزه دارباشد دراندیشهٔ خوراك‌است، وهنگام بامداد بی‌آنکه شب بیدارمانده باشد درفکرخواب ، اگرباتوسخن گویــد دروغ گوید ، واگرتوراوعده دهدباتوخلف کند، واگرامانت بدوسپاری باتوخیانت نماید ، واگرباتومخالفت ورزد[3] پشت سرت بد گویی کند .»

و گفت : من اجهد نفسه لدنیاه ضرّبآخرته ، و من‌اجتهد لآخرته کفاه الله ماهمّه ، «کسیکه خودرابرای دنیای خویش بتعب اندازد ، بآخرتش‌زیان‌رساند ؛ وکسیکه برای‌آخرتش کوشش نماید خدای مهم اورا کفایت کند .»

و گفت : من رأی موضع کلامه من عمله قلّ کلامه الافیمایعنیه ،[4] «کسیکه جای سخنش را ازعملش ببیند ، کم سخن گوید مگردرآنچه اورابکارآید . »

و گفت: ایاکم وجدال‌المفتّنین‌فان کل‌مفتنّ[5] ملقن‌حجته‌الی‌انقضاء مدته،فاذا انقضت احرقته فتنته بالنار ، « ازجدل کردن بااهل فتنه بپرهیزید چه برهان هــر

۱- سفینة‌البحارج ۲ص۶۰۶؛ عن علی‌بن‌الحسین ، وان خالفته اغتابك .کافی‌ج۲ص۳۹۶؛ وان غبت اغتابك . ۲- بچپ وراست نگرد (کافی‌ازعلی‌بن‌الحسین) . ۳- واگر بـا اومخالفت ورزی (سفینه ج۲ص۶۰۶) واگرغایب شوی (کافی) . ۴- کافی‌ج۲ ص ۱۱۶ . ۵ - مفتنین، ومفت در نسخهٔ چاپ اروپا غلط است .

صاحب‌فتنه‌ای‌تاپایان مدتش باوتلقین‌میشود ، وهر گاه‌فرصتش بپایان رسید،فتنه‌اش او را بآتش بسوزاند . »

و گفت: سباب‌المسلم[۱] فسوق،وقتاله کفر،واکل‌لحمه معصیةالله‌عزوجل،وحرمة ماله کحرمة دمه ، «دشنام دادن مسلمان‌فسق، وجنگ بااو کفر، وغیبتش نافرمانی خدای عزوجل ، وحرمت مالش مثل حرمت خون اواست.»

و گفت : الحیاء من‌الایمان والایمان فی‌الجنة ، والبذاء من‌الجفاءوالجفاء فی النار،والله عزوجل‌یحب‌الحیی الحلیم‌العفیف‌المتعفف ، وان‌الله یبغض‌البذی السائل الملحف ، ان اسرع الخیرثواباً البر؛ واسرع‌الشرعقوبةالبغی ، «حیاازایمان وایمان دربهشت است ، وبی‌شرمی ازجفا وجفا درآتش است ، و خدای عزوجل ، باحیای بردبارپارسای پارسامنش رادوست می‌دارد ، وهماناخدای، بیشرم سؤال کنندهٔ‌اصرار ورزنده را دشمن می‌دارد . همانانزدیکترین‌خیری بثواب،نیکوکاری ، ونزدیکترین شری بعقوبت ، بیدادگری است .»

و گفت : الااخبرکم بشرارکم ؟ «آیا شما را ببدان‌شما خبرندهم ؟» گفتند : چرااى پیامبرخدا . گفت : المشّائون بالنمیمة ، المفرّقون بین الاحبة ، الباغون للبراءالعیب[۲]،ومن کف عن اعراض الناس اقاله‌الله نفسه ، ومن کف غضبه‌عن‌الناس کف الله عنه‌عذابه یوم‌القیامة ، «سخن چینان که میان دوستان جدایی‌افکنند، وازبی گناهان عیبجویی کنند ؛ وکسیکه‌آبروی مردم را نریزد ، خدای از او بگذرد ، وکسی که خشم خویش‌را ازمردم بازگیرد ، خدای درروزرستاخیزخشم خودرا ازاو بازدارد. »

و گفت : بئس‌البعد عبداً ذاوجهین وذالسانین[۳] یطری اخاه فی وجهه ویأکله

۱ـ کافی ج ۲ص ۳۶ ، سباب‌المؤمن . ۲ـ کافی ج ۲ ص ۳۶۹ ، المعایب . ۳ـ ب: ذاالوجهین وذااللسانین .

غائباعنه، ان اعطی حسده، وان ابتلی خذله ، «چه‌بد بنده‌ای‌است بندهٔ دورو ودوزبان که برادرش را روبرومیستاید ، وپشت سرازاوبدمیگوید ؛ اگر نعمتی باوداده شود براورشك می‌برد ؛ واگر گرفتارشود اورا وامیگذارد.»

و گفت : ان‌الله حرّم الجنة علی‌المنّان والنمّام ومدمن‌الخمرة ، «هماناخدای بهشت‌را برمنت گذار وسخن چین ودائم‌الخمر، حرام کرده است.»

وبه‌علی‌بن‌ابیطالب گفت: علیك بالصدق فلاتخرجن من فیك کذبة ابدا ، و الورع فلا تجتریء علی‌خیانة ابداً ، والخوف من‌الله کانك تراه ، والبکاء من خشیة الله یبن‌لك بکل دمعة بیتافی‌الجنة ، والاخذبسنتی، «برتوباد براستگویی، پس نباید ازدهانت هرگزدروغی‌درآید ؛ وپارسایی، پس‌هرگزبرخیانتی گستاخ‌مباش ؛وترس ازخدا چنانکه گویی‌توخود اورا می‌بینی،وگریستن‌ازترس خدا تابهراشکی‌برایت خانه‌ای دربهشت بسازد؛ وپیروی ازسنت من.»[1]

و گفت : السعید من سعد فی‌بطن امه ؛ والشقی من وعظ به غیره ؛ واکیس الکیس‌التقی ؛ واحمق‌الحمق‌الفجور؛ وشرالروایةالکذب ؛ وشرالامورمحدثاتها ، و شرالعماء عماء القلب ، وشرالندامة یوم‌القیامة ؛ واعظم‌الخطاء عندالله لسان کذّاب ، وشرالمآکل اکل مال‌الیتیم ظلما ، واحسن زینة الرجل هدی حسن مع ایمان ؛ و املك امریدیه قوله وخواتمه؛ من یتبع‌السمعة یسمع‌الله به ؛ و من ینوی‌الدنیاتعجز عنه ؛ ومن یعرف‌الله یصیرالیه، ولاتسخطواالله برضااحد، ولاتنفرواالی احدمن‌الخلق بمایباعد من‌الله، «نیکبخت‌آن بود که درشکم‌مادرش نیکبخت باشد ؛ وبدبخت‌آنکه دیگری بدوموعظه شود ؛ و بهترین زیرکی پرهیزکاری است ، و بدترین حماقت نابکاری، وزشت‌ترین سخن دروغگویی ، وبدترین امورنوساخته‌های‌آنها ، وبدترین کوری کوری دل ، وبدترین پشیمانی درروزرستاخیز، وبزرگترین گناه نزد خـدا

۱ـ حاشیهٔ اصل : وخلق علی علیه‌السلام اینچنین بود

زبانی بسیاردروغگو، وبدترین خورا کها خوردن مال یتیم به‌ستم، ونیکوترین آرایش مرد روشی نیکوهمراه ایمان، وبیشتر سرنوشت وی بدست گفتاروعاقبت کارش سپرده است، و کسیکه درپی نام و آوازه باشد خدای اورا بدنام کند، وآنکه دل واندیشه‌اش درپی دنیا است ازآن فروماند، وهرکه خدارا بشناسد بسوی او بازمیگردد؛ وخدارا باخشنودی هیچکس بخشم نیاورید؛ ونزد احدی ازمردم بآنچه ازخدا دورمیسازد تقرّب نجویید.»

وگفت: ولاتستصغروا قلیل الحسنات فانه لایصغرماینفع یوم القیامة. وخافوا الله فی السرّ حتی تعطوا من انفسکم النصف؛ وسارعوا الی طاعة الله؛ واصدقوا الحدیث؛ و ادّوا الامانة، فانما ذلك لکم؛ و لاتظلموا ولاتدخلوا فیما لا یحل لکم، فانما ذلك علیکم، «نیکیهای اندك را کوچك مشمارید، چه همانا آنچه روزرستاخیز سود می‌دهد کوچك نمی باشد؛ ودرنهان ازخدا بترسید تا آنجا که ازخویش داد بدهید، و بفرمان بردن خدا بشتابید؛ و سخن براستی گویید؛ و امانت را برسانید، چه آن بسود شما است؛ وستم نکنید، ودر آنچه برای شما حلال نیست، داخل نشوید چه آن بزیان شما است.»

وگفت: اذا کثر[1] الرّبا کثرموت الفجأة؛ واذا طفّف المکیال اخذهم الله بالسنین والنقص؛ واذا منعوا الزکاة منعت الارض من زکاتها[2] واذا جاروا فی الاحکام وتعاونوا وخانوا العهود سلط علیهم عدوهم؛ واذاقطعوا الارحام جعلت الاموال فی ایدی الاشرار واذالم یأمروا بالمعروف وینهوا عن المنکر ویتبعوا الاخیار[3] سلط الله علیهم شرارهم فیدعو خیارهم فلایستجاب لهم، «هرگاه ربا بسیار شود، مرگ ناگهانی بسیار گردد، و هرگاه پیمانه کم داده شود خدای آنان را بقحطیها و کمبودی گرفتارسازد، وهرگاه زکات راندهند، زمین برکتش را بازگیرد؛ وهرگاه درحکمها بیداد کنند، ویکدیگر را

۱ـ کافی ج۲ص ۳۷۴: اذاظهر الزنامن بعدی. ۲ـ کافی: برکتها من الزرع والثمار والمعادن کلها. ۳ـ کافی: من اهل بیتی.

یاری دهند ودر پیمانها خیانت ورزند ، خدای دشمنان را برایشان مسلط کند ؛ وهر گاه قطع رحم کنند ، مالها بدست بدان افتد ، وهر گاه امر بمعروف ونهی ازمنکر وپیروی ازنیکان نکنند ، خدای بدانشان رابر آنان مسلط کند ، پس نیکانشان دعا کنند ودعای ایشان مستجاب نگردد. »

و گفت: اصل المرء قلبه، وحسبه خلقه ، و کرمه تقواه، والناس فی آدم شرع سواء ، «اصل مرد دل او، وحسب اوخلق او، وبزرگواری اوپرهیزکاری اوست،ومردم درآدم یکسان وبرابرند.»

و گفت : ان الله خص اولیائه بمکارم الاخلاق فامتحنوا انفسکم فان کانت فیکم فاحمدوا الله والا فارغبوا الیه . قیل له : وماهی؟ قال: الیقین والقنوع والصبر والشکر و العقل والمروّة والحلم والسخاء والشجاعة ؛ «همانا خدای دوستان خود را بمکارم اخلاق مخصوص گردانیده است ، پس خودرا آزمایش کنید ،آنگاه اگر درشما بود، پس خدا را سپاس گزارید واگرنه دست بدامن اوشوید. باو گفته شد که آنها چیست؟ گفت : یقین وقناعت وشکیبایی وسپاسگزاری وعقل ومردانگی وبردباری وسخاوت وپردلی .»

و گفت : ثلاث لایموت صاحبهن حتی یری مایکره : البغی وقطیعة الرحم و الیمین الکاذبة یبارز الله بها،وان اعجل الطاعة ثوابا لصلة الرحم، وان القوم لیکونون فجارا فیتواصلون فتنمو اموالهم ویثرون ؛ وان الیمین الکاذبة وقطیعة الرحم تترك الدیار بلاقع وتقطع السبل[۱] ومن صدق لسانه زکا عمله ومن حسنت نیته زادالله فی رزقه ومن حسن برّه باهل بیته زادالله فی عمره[۲]،«سه کاراست که گرفتار آن نمیرد تا آنچه راخوش ندارد ببیند : بیداد وقطع رحم وسوگند دروغ که بوسیلهٔ آن باخدا مبارزه می‌شود ، وهمانا نزدیکترین بندگی بثواب، صلهٔ رحم است ومی‌شود که مردمی نابکار باشندو

۱-کافی ج ۲ص۳۴۷: عن کتاب علی علیه‌السلام؛ وتثقل الرحم وان ثقل الرحم انقطاع النسل .
۲ـ کافی ج۲ ص ۱۰۵ ؛ عن ابیعبد الله علیه‌السلام، با اختلاف مختصری درتعبیر.

صلهٔ رحم کنند پس مالهاشان فزون گردد و توانگر شوند ، همانا که سوگند دروغ وقطع رحم سرزمینها را ازساکنان آن تهی میگذارد،وراهها راقطع‌می کند[1] وکسی که زبانش راست گوید ، عملش پاکیزه گردد ، وکسی که دارای حسن نیت باشد ، خدای روزی اورا افزون گرداند، وکسی که نیکی اوباخاندانش فزون باشد خدای برعمراوبیفزاید.»

وگفت : ثلاث لم‌یجعل‌الله لاحدفیها رخصة: برّالوالدین برّین کاناوفاجرین، ووفاءالعهدللبرّوالفاجر،واداءالامانةالی البرّوالفاجر[2] ومن کان‌یؤمن‌بالله‌والیوم‌الآخر فلیحسن الی‌جاره ولیکرم ضیفه ولیقل خیراً ولیشکر[3] ، «سه امراست که خدا هیچ کس‌را درآنها آزاد نگذاشته‌است: نیکی باپدرومادر، نیکوکارباشند یانابکار.وبه‌انجام بردن پیمان برای نیکوکارونابکار، ورساندن امانت بنیکوکار ونابکار ، وهر کس به خدا وروزواپسین ایمان‌آورده است ، باید بهمسایه‌اش نیکی کند وباید مهمانش را گرامی‌دارد ، وباید بنیکی سخن گوید، وباید سپاسگزاری کند »

وگفت المؤمن اخوالمؤمن لایخذله ولایحزنه ولایغتابه ولایحسده‌ولایبغی علیه،فان ابلیس یقول لجنوده: القوابینهم البغی والحسد فانه یعدل عندالله‌الشرك ، «مؤمن برادرمؤمن است ، اورا وانمیگذارد وغمگینش نمی کند ، وپشت سر اوبد نمیگوید ، وبراورشك نمی‌برد ، وبراوستم نمی کند ، همانا ابلیس به لشکریان خویش میگوید · درمیان اینان بیداد وحسد بیندازید ، چه‌آن درنزد خداباشرك برابراست .»

وگفت : من حسن‌اسلام‌المرء ترکه مالایعنیه ، فایّاکم وما تعتذرون منه‌فان المؤمن‌لایسیء ویعتذر،وان‌المنافق‌یسیء کل‌یوم‌ولایعتذر،وللغیبة اسرع‌فی‌دین‌المسلم

۱ـ ونسل راقطع میکند (مدارك دیگر). ۲ـ کافی‌ج۲ص ۱۶۲، باختلافی در ترتیب از ابی‌جعفرعلیه‌السلام . ۳ـ ظ : اولیسکت .

من الاً كلة فی جوفه ، وان اهل الارض مرحومون ماتحابّوا وادوا الامانة وعملوا بالحق، «از حسن اسلام مرد است که آنچه را بکارش نمی آید رها کند ، پس بپرهیزید از آنچه از آن پوزش می خواهید چه مؤمن بد نمی کند و پوزش می طلبد و منافق هر روز بد می کند و پوزش نمی خواهد ، وهر آینه غیبت دین مسلمان را زودتر تباه می کند تا بیماری خوره اندرونش را ، وهمانا اهل زمین تاهنگامی که بایکدیگر دوستی ورزند وامانت را برسانند ، وحق را بکار بندند ، رحمت شده‌اند.»

و گفت : يقول الله عزوجل: ابن آدم: اناالحیّ الذی لااموت فاطعنی اجعلك حيّا لاتموت ، وانا علی كل شیٔ قدير، ابن آدم ، صل رحمك افكّ عنك عسرك و ايسّرك ليسرك ، «خدای عزوجل میگوید : ای پسر آدم ، منم زنده‌ای که نمی‌میرم پس مرا اطاعت کن تا تورا زنده‌ای قراردهم که نمیری ومن برهرچیزی توانایم ، ای پسر آدم صلهٔ رحمت کن تا دشواریت را از تو بردارم وتورا براه آسانت رهنمون شوم.»

و گفت: من اصبح وهو علی الدنيا حزين اصبح علی الله ساخطا، ومن شكی مصيبة نزلت به فانما يشكو ربه ، ومن اتی ذاميسرة فخشع له لينال من دنياه ذهب ثلثا دينه[1] ومن تمنّی شيئاً هولله رضی لم يخرج من الدنيا حتی يعطاه ، «کسی که اندوهناك برای دنیا صبح کند ، خشمگین برخدا صبح کرده است ، و هر کس از مصیبتی که بدو رسیده است شکایت کند ، پس همانا ازپروردگارش شکایت می کند ، وهر کس نزد توانگری رود پس برای او فروتنی کند تا از دنیایش بهره‌مند گردد، دوسوم دینش رفته است ، وهر کس چیزی را آرزو کند که خدا بدان خشنود است ازدنیا نرود تا همان باو داده شود.»

و گفت : يقول الله عزوجل : ابن آدم تفرّغ لعبادتی املأ قلبك غنی ولا اكلك فی طلب معاشك الی طلبك، وعلیّ ان اسدّ فاقتك و املأ قلبك خوفامنی، وان لاتفرّغ

۱ـ رك نهج البلاغه كلمهٔ ۲۱۹.

لعبادتی املأه شغلا بالدنیا ثم‌اسدّها عنك‌واكلك الی‌طلبك،«خدای‌عزوجل‌می گوید: ای پسر آدم ، کوشش خودرا برای پرستش من بکاربرتادلت را ازبی‌نیازی پر کنم و تورا درتکاپوی معاشت بجستجوی خودت وانگذارم ، وهم نادار یت را برطرف نمایم ودلت راازترس خود لبریز کنم ، واگرخودرا برای پرستش‌من فارغ نداری‌آن را از گرفتاری بدنیا آکنده سازم ، سپس دنیا را هم از تو باز دارم و تو را به تکاپوی خودت واگذارم »

و گفت : لاتصلح‌الصنیعة الاعندذی حسب ودین ، فمن سألکم بالله فاعطوه ، و من‌استعاذ کم بالله فاعیذوه ، ومن‌دعا کم فاجیبوه ، ومن‌اصطنع معروفاً فکافوه فان‌لم تکافوه فاشکروه ، «نیکی‌شایسته نیست‌مگرنزد کسی باشرف ودیندار ، پس‌هر کس بحق خداازشما سؤال کرد ، باو بخشش کنید ، وهر کس شمارا بخدا پناه گرفت ، پناهش دهید، وهر که شمارا خواند اورا اجابت کنید ، وهر کس دربارهٔ شما نیکی کرد ، بدوپاداش دهید، واگرپاداشی‌باوندادید ، ازاوسپاسگزاری کنید.»

و گفت : من حقّ جلال‌الله علی‌العباد ، اجلال‌الامام‌المقسط ، وذی الشیبة فی الاسلام ، وحامل‌القرآن‌غیرالغالی فیه ولاالجافی‌عنه ، اربع من فعلهن فقدخرج‌من الاسلام: من رفع لواء ضلالة ، ومن‌اعان‌ظالما اوسارمعه اومشی‌معه وهویعلم انه‌ظالم، ومن احترم‌بذمة ، ورجلان‌لاتنالهما شفاعتی‌یوم‌القیامة: امیرظلوم ورجل‌غال‌فی‌الدین مارق منه، والامیرالعادل لاتردعوته ،«ازحق‌بزرگواری خدابربندگان است‌بزرگ داشتن امام عادل، وصاحب موی سفید دراسلام ، وبردارندهٔ قرآن که نه درآن زیاده روی کند ، ونه ازآن بگذرد . چهارچیزاست که هر کس‌آنها را انجام دهد ازاسلام بیرون رفته است: کسی که پرچم گمراهی‌را برافرازد ، وکسیکه ستمگری رایاری دهد یاباوهمراهی کند یاباوبرود درحالی که اورا ستمگر بداند ،وکسی که عهدی را بگسلد، ودومرداست که‌شفاعت من‌روز رستاخیزبآند ونمی‌رسد.امیری بیدادگر،

ومردی که دردین زیاده‌روی کند وازآن بیرون رود،وامیرداد گردعایش‌رد نمی‌شود.»

و گفت : لایشغلنّك طلب دنیاك‌عن طلب دینك،فان طالب‌الدنیار بماادرك فهلك بماادرك وربمافاته فهلك بمافاته ، والاکثرون فی‌الدنیاهم الاقلّون فی‌الآخرة الامن قال‌هکذا وهکذا . وحثابیده، وماأعطی‌احدمن‌الدنیا شیئاالاّن‌کان انقص من حقّه فی‌الآخرة حتی‌سلیمان بن داودفانه‌آخرمن‌یدخل‌الجنةمن‌الانبیاء لمااعطی‌من‌الدنیا ورأس کل خطیئة حب‌الدنیا ، «درپی دنیای خویش بودن تورا از جستجوی دینت بازندارد ، چه خواستاردنیا بسا که دریابد پس‌بهمانچه دریافته است‌نابودشود ،وبسا که ازدستش بـرود و بهمانچه از دست داده است هلاك گردد ، و توانگران دنـیا همان بینوایان آخرت‌اند، جزآنکس که چنین و چنان بگوید ، و با دست خویش بیفشاند ؛ وبهیچکس چیزی ازدنیا داده نشده جزآنکه ازحق‌آخرتش کاسته‌است ، حتی سلیمان بن داود ، چه اوآخرین پیامبری است که داخل بهشت میشود، برای همانچه ازدنیا باوداده شده ، وسرهر گناهی دوستی دنیااست .»

و گفت : جاء الموت بمافیه الراحة و الکرّة المبارکة الی‌جنة عالیة لاهل دارالخلودالذین‌کان‌لهاسعیهم وفیها رغبتهم،وجاءالموت‌بمافیه‌الشقوة والندامةوالکرّة الخاسرة الی‌نارحامیة لأهل دارالغرور[الذین]کان لهاسعیهم وفیهارغبتهم ، «مـرگ برای اهل‌سرای جاوید ،آنانکه برای‌آن کوشیده ودرآن رغبت ورزیده‌اند ،چیزی بهمراه‌آورد که درآن آسایش وبازگشت مبارك ببهشت برین است ، ونیزبرای‌اهل سرای فریب همانان که برای‌آن کوشش نموده ودرآن رغبت‌داشته‌اند ، چیزی بـه همراه‌داشت که درآن بدبختی وپشیمانی وبازگشت زیانبخش بـآتشی سخت بر ـ افروخته است .»

و گفت: افضل ماتوسّل به المتوسّلون : الایمان بالله والجهاد فی‌سبیل‌الله ، و

کلمةالاخلاص فانها الفطرة ، وتمام الصلاة فانها الملّة ، وایتاء الزکاة[1] فانها مثراة [فی] المال ، منسأة فی الاجل، وصدقة السرّ فانها تکفّر الخطیئة وتطفیء غضب الرب، وصنایع المعروف فانها تدفع میتة السوء وتقی مصارع الهوان، الا فاصدقوا فان الصادق علی شفا منجاة و کرامة[2]، وان الکاذب علی شفا مخزاة ومهلکة[3]، الا وقولوا اخیراً تعرفوا به ، و اعملوا به تکونوا من اهله، وادّوا الامانة الی من ائتمنکم ، وصلوا ارحام من قطعکم ، وعودوا بالفضل علی من جهل علیکم ، « بهترین چیزی که چاره جویان بدان توسل جسته‌اند : ایمان بخدا است وجهاد کردن درراه خدا ، و گفتن لااله‌الاالله که همان فطرت آدمی است ، وبانجام رساندن نماز که دین همان است ، ودادن زکات چه آن وسیلهٔ فزون گشتن مال ودرازی عمر است ، وصدقهٔ پنهانی ، چه آن گناه را از میان می برد وخشم پروردگار را فرونشاند، وانجام دادن نیکیها، چه آن مردن بد را دفع می کند وازافتادن وزبون شدن نگه می دارد[4]، هان راست بگویید چه راستگو نزدیك به رستگاری وبزرگواری است، وهمانا دروغگو در پرتگاه رسوایی ونابودی است ، هان بنیکی سخن گویید تا بدان شناخته شوید، ونیکی را بکاربندید تا ازاهل آن باشید ، و امانت را بهر کس شما راامین شناخت برسانید ، وباهر کس ازشما برید صلهٔ رحم کنید، و هر که با شما نادانی کرد در مقابل با او نیکی کنید .»

و گفت: من تعرّض لسلطان جائر فاصابته بلیة لم یؤجر فیها ولم یرزق الصبر علیها؛ فحسب المؤمن عزاء اذا رأی المنکر ان یعلم الله من قلبه انه کاره ، « کسیکه باپادشاهی بیدادگر، سر بسر نهد پس گرفتاری برای اوپیش آید، نه اورادر آن پاداش است ونه بر آن توفیق شکیبایی داده شود، پس مؤمن راهر گاه منکری ببینند در

۱ـ ظاهراً ایرچند جمله افتاده است، چه آن یکی ازواجبات است ، وروزهٔ ماه رمضان چه آن سپری ازعذاب است، وحج وعمرهٔ کعبه . چه آن دونداری را میبرد وگناه رامیشوید، وصلهٔ رحم (ر.ك. نهج البلاغه خطبهٔ ۱۰۹) ۲ـ ل : منجاه وکرامته . ۳ ـ ل : مخزاه و مهلکته .
۴ـ ر.ك. نهج البلاغه خطبهٔ ۱۰۹ .

شکیبایی همان بس که خدا کراهت قلبی او را بداند.»

و گفت: انّ لله عبادا من خلقه یخصّهم بنعمه، یقرّهم فیها ما بذلوها، فاذا منعوها نقلها منهم وحوّلها الی غیرهم،[1] «همانا خدا را درمیان خلقش بندگانی است، که آنان را بنعمتهای خویش اختصاص می‌دهد وتاازآن نعمتها بخشش می‌کنند، آنها را درآن پاینده می‌دارد، پس هرگاه آنها را بازگیرند ونبخشند، نعمتها راازایشان بگرداند وبدیگران بازدهد.»

و گفت: ماعظمت نعمةالله علی‌عبد [الاعظمت مؤنةالناس علیه، فمن لم‌یحتمل تلك] المؤنة [فقد] عرض‌النعمة للزوال، «نعمت خدا بر هیچ بنده‌ای بزرگ نشود جزآنکه بارنیازمردم براو بزرگ گردد، پس هرکه‌آن نیازمندی رابعهده‌نگیرد، نعمت را درمعرض زوال قرارداده‌است.»

وبه‌بنی‌سلمه گفت: من‌سیّدکم‌الیوم یابنی‌سلمه[2]؟ «ای‌بنی‌سلمه، امروزمهترشما کیست؟» گفتند: جدّبن قیس‌ای پیامبرخدا. گفت: فکیف‌حاله فیکم؟ «حال اودر میان شما چگونه است؟» گفتند: مردی است که اورا بخیل می‌شماریم. گفت: وایّ داء ادوأمن‌البخل؟ لاسؤددلبخیل، بل سیّدکم‌الابیض‌الجعد عمروبن‌الجموح، اوقال: قیس‌بن‌البراء، «وکدام درد ازدرد بخل بدتراست؟ بخیل راشایستگی‌سروری نیست، بلکه سرورشما، سفیدکریم عمروبن جموح است. یاگفت قیس‌بن براء.»[3]

وبکسی که براووارد شد وبردروغی ازاو اطلاع یافت چنین گفت: لولاسخاء فیك، ومعك‌الله تشرب بلبن وافد، «اگر سخاوتمند نبودی ..»[4]

و گفت: خلّتان لایجتمعان فی مؤمن: البخل وسوءالخلق، «دوخصلت‌است که درمؤمن فراهم نمی‌شود: بخل وبد خلقی.»

۱ـ ر.ك. نهج‌البلاغه ك. ۴۱۷. ۲ـ بکسرلام. ۳ـ صحیح‌آن «بشربن براء» است. ر.ك. سیرهٔ ابن هشام ج۲ص۷۰، اسدالغابه ج ۱ ص۱۸۳، ج۴ ص۹۳. ۴ـ حدیث افتاده دارد و ترجمهٔ تمام‌آن میسر نشد.

و گفت : تجافوا عن زلّة السخيّ فان الله عزوجلّ يأخذ بناصيته كلما عثر ، « از لغزش سخاوتمند در گذرید چه هر گاه بلغزد و بیفتد خدای مـوی پیشانی او را بگیرد .»

و گفت : الجنة دارالاسخياء ، « بهشت سرای سخاوتمندان است.»

و گفت: الشابّ الجواد الزاهد هو احبّ الی الله من الشيخ البخيل العابد ، «جوان بخشندهٔ زاهد ، نزد خدا ازپیرمرد بخیل عابد محبوبتر است.»

و گفت : ان الله جواد يحب الجواد ويحب مكارم الاخلاق و يبغض سفاسفها ،[1] «همانا خدای، بخشنده رادوست می‌دارد، ومکارم اخلاق رادوست می‌دارد ، وخلقهای پست‌را دشمن می‌دارد.»

و گفت : ان لله عبادا خلقهم لحوائج الناس يفـزع الناس اليهم فهم الآمنون[2] يوم القيامة ، «همانا برای خدا بندگانی است که آنان را برای نیازمندیهای مردم آفریده است ومردم به آنان پناه می‌برند پس همانان روز رستاخیز درامانند.»

و گفت : احسنوا مجاورة نعم الله ولاتملّو ها و لاتنفرو ها فانها قل ما تفوت من قوم فرجعت اليهم[3] ، «بانعمتهای خدا نیکوبرخورد کنید ، واز آنها خسته نشوید وآنها را نرمانید چه کم می‌شود که نعمتها ازدست مردمی برود و دیگر بار به آنان بازگردد .»

و گفت : الحوائج الی الله و اسبابها الی الناس فاطلبوها الی الله بهم فمن اعطاكموها فخذوها عن الله بشكر، ومن منعكموها فخذوها عن الله بصبر، «نیازمندیها به خدا وسببهای آن بدست مردم است ، پس حوائج را بوسیلهٔ مردم ازخدابخواهید و هر که آنهارا بشمابخشید، آنها راباسپاسگزاری ازخدابگیرید ،وهر که ازبخشیدنش

۱ـ ل، سفسافها . ۲ـ ل، الآمنين . ۳ـ نهج البلاغه ، ك ۲۳۸ ، احذروا نفار النعم فما كل شارد بمردود.

بشما دریغ کرد بازهم آنها را باشکیبایی ازخدا بگیرید.»

و گفت : انکم لن تسعواالناس باموالکم فلیسعهم منکم بسطالوجوه و حسن الخلق ، « همانا مالهای شما بهمهٔ مردم نمی رسد ، پس باید خوشرویی وخوشخویی شما آنان را فرا گیرد.»

و گفت : رأس العقل بعدالایمان‌مداراة الناس، فان عرض بلاء فقدّم‌مالك‌قبل نفسك ودینك ، فان تجاوزالبلاء فقدّم مالك ونفسك دون دینك، واعلم ان‌المحروب من حُرب دینه ، «سرِ عقل‌پس‌ازایمان مدارای بامردم است،پس‌اگر بلایی پیش‌آمد مالت را درراه جان ودینت فدا کن ، واگر بلا فزونی یافت ، ازمال و جان خـود بگذر نه از دین خود، و بدان کـه غارت شده آنکسی است که دین او بـه غارت رفته است .»

و گفت : ان لکل شیٔ شرفا وان اشرف‌المنازل مااستقبل به‌القبلة ، ومن‌احبّ ان یکون اعزّالناس فلیثق بالله ، ومن‌احبّ ان یکون اغنی‌الناس‌فلیکن بمافی‌یدالله اوثق منه بمافی‌یده ، ومن احبّ ان یکون اقوی‌الناس فلیتوکل علی‌الله . ثم قال : الاانبئکم بشرار الناس ؟ من‌اکل وحده ومنع رفده وجلد عبده ، الاانبئکم بشرمن ذلك ؟ من‌لایرجی خیره ولا یؤمن شره ، الاانبئکم بشرمن ذلك ؟ من یبغض‌الناس‌و یبغضونه ، «همانا هرچیزی‌راشرفی‌است وشریفترین جاهاآنجاست که بدان روبقبله شود ، کسیکه دوست دارد که عزیزترین‌مردم باشد پس‌باید بخدااعتماد کند،وکسی که دوست دارد که داراترین مردم باشد پس‌باید بآنچه در دست خداست اعتمـادش بیشترباشد تاآنچه دردست خود اوست ، وهر که دوست دارد که نیرومند ترین مردم باشد پس‌باید برخداتوکل نماید . سپس گفت :آیا شما را ببدان مردم خبر ندهم ؟ کسیکه تنها بخورد وبخشش خود را دریغ دارد وغلام خودرا تازیانه زند ، آیا شما را ببدترازاین خبرندهم ؟ کسی که به نیکی اوامیدواری وازبدی اوآسودگی‌نیست

آیا شما راببدتر ازاین خبر ندهم ؟ آنکسی که مردم را دشمن می دارد و مردم او را دشمن می‌دارند .»

وباو گفته شد : بهترچیزی که ببنده داده شده چیست ؟ گفت : نحیزة من عقل یولد معه ، «سرشتی ازعقل که ازولادت‌همراه اوباشد.» گفتند : پس هر گاه بر آن دست نیافت ؟ گفت:فلیتعلّم عقلا، «پس باید عقلی‌را بیاموزد.» گفتند : پس اگر آنهم بدستش‌نیاید؟ گفت : فلیتخذصاحبا فی‌الله غیرحسود ، «پس‌باید دوستی‌خدایی که رشك نبرد ، بر گزیند » گفتند : پس اگر آن‌را هم بدست نیاورد ؟ گفت : علیه بالصمت ،«براوباد بخاموشی.» گفتند: پس‌اگر آن را نیز نداشت؟ گفت‌فمیتة قاضیة، «پس مرگی که‌کارش را بسازد .»

وبمردی‌ازبنی‌ثقیف گفت ماالمروّة‌فیکم؟«مردانگی‌درمیان شماچیست؟» گفت شایستگی دینی واصلاح کردن زندگی ، وسخاوت نفس و خوشخویی . پس گفت : کذاك هی‌فینا، «مردانگی در نرد ما هم‌همین است.»

وگفت : من اتّقی ربّه کلّ لسانه ، ولم یشف غیظه ، ان‌الله عند لسان کل‌قائل فلینظرقائل مایقول ، «هر کس‌ازخدا بترسد ، زبانش کند شود ، وخشم‌خود راشفا ندهد ، همانا خدا نزد زبان هر گوینده‌ای است ، پس‌باید گوینده‌ای بنگرد که چه میگوید .»

وگفت : ماأتانی جبرئیل الاووعظنی وقال فی آخرقوله : ایّاك‌والمشازرةفانها تکشف‌العورة وتذهب بالعزّ، «جبرئیل‌نزد من نیامد مگر آنکه مرا پند دادودرپایان گفتارش گفت : از دشمنی کردن بپرهیز ، چه آن نهفتنی را آشکار میسازد و عزت را می‌برد .»

ومردی‌ازاوحاجت‌خواست،پس‌باو گفت:ماعندی شیٔ،«نزدمن چیزی‌نیست.»

گفت : وعده‌ام ده . پس گفت : انی لأستعمل الرجل وغیره یکون[1] ایقظ[2] عینا و امثل رجلة و اشدّ مکیدة، وانی لأعطی[3] الرجل وغیره احبّ الیّ منه اعطیه تألّفا، «همانا من مرد را بکاری میگمارم با آنکه جز او بیناتر وپایدار تر وزیرك تر می‌باشد . و بسا که بمردی میبخشم با اینکه جز او را دوست تر دارم، باو می بخشم تا دلش را بدست آورم . »

و گفت : من لم یحمد عدلا ویذم جورا فقدبارز الله بالمحاربة ، «کسیکه دادی رانستاید وبیدادی رانکوهش نکند، پس راستی که باخدا جنگیده است.»

و گفت : اشرف الاعمال ثلثه :ذکر الله عزوجل علی کل حال ، وانصاف الناس من نفسك ، ومواساة الاخوان ، «شریف ترین کارها سه چیزاست : یادخدای عزوجل بهرحال ، وداد مردم ازخویش ستدن ،ویاری کردن برادران.»

و گفت : موت البنات من المکرمات،«مردن دختران ازبزرگواریهااست.»

و گفت: الصبر عندالله ضدالغیرة ولایملکه[4] احد ، وعظم الجزاء مع عظم البلاء، واذا احبّ الله عبداابتلاه ، « شکیبایی نزد خدا ضد غیرت است و کسی آن را بدست نمی‌آورد،[5] وبزرگی پاداش با بزرگی گرفتاری‌است، وهرگاه خدابنده‌ای را دوست بداردا ورا مبتلا سازد. »

و گفت : ان اکمل المؤمنین ایمانا احسنهم اخلاقاً ، « ازمؤمنان آنکه خویش بهتر،ایمان اوهم کاملتراست .»

و گفت : کل معروف صدقة، وماوقی به اللسان صدقة ، «هرنیکی صدقه‌ای است وآنچه بدان اززبانی پرهیزشود صدقه‌ای است.» پس به محمد بن منکدر گفته شد: آن چیست ؟ گفت: بخشیدن بشاعروزبان آور .

۱ـ ل، ب : ان یکون . ۲ـ ل، ب : انفض عینا . ۳ـ ل، ب : لا اعطی . ۴ـ ب: لایکمله . ۵ ـ ب : وکسی آن را کامل نمیکند .

و گفت : [مامن ذنب الاوله عندالله]التوبة[الا] سوء الخلق ، انه لایخرج من شیء الاوقع فی شرّمنه ، « هیچ گناهی نیست مگر آنکه برای آن نزد خدا توبه است ، جزبدخویی ، چه بد خو از چیزی رها نمی شود مگر آنکه ببد تر از آن گرفتار آید.»

و گفت : ایاك ومهلك [فان ذامهل]قتل اخاه و نفسه و سلطانه ، « ازمهلتی که داری برحذرباش ، چه مهلت یافته‌ای برادرش وخودش و پادشاهش را کشت .»

ومردی نزد اوشرفیاب شد ، پس باو گفت : آیـاراه معیشتی داری ؟ گفت : آری مالی‌فراوان . پس‌باو گفت : اذاالله انعم‌علیك بنعمته فلیثن [1] علیك ، «هرگاه خدا نعمتی بتوداد ، باید برتو آشکارشود.»

و گفت : لایدخل‌الجنة من فی‌قلبه مثقال ذرة من کبر ، « کسیکه دردلش بـه اندازهٔ سنگینی ذره‌ای تکبرباشد، داخل بهشت نمیشود.» پس‌مردی گفت :ای‌پیامبر خدا راستی من دوست دارم که اسب من‌چست وچالاك وجامه‌هایم نیکو بـاشد ، و حتی‌بند کفش ودستهٔ تازیانه‌اش رانام برد ، پس گفت : ان‌الله جمیل یحبّ الجمال ، فانماالکبران یمنع‌الحق و یغمص الباطل [2] ، «همانـا خدا زیبا است و زیـبایی را دوست می‌دارد ، اما تکبرآن است که حق را رد کندومردم را کوچك شمارد. »

ونیازمندی ازپیامبرخدا حاجت خواست ، پس گفت : مـا اصبح فی‌بیت‌آل محمد غیرصاع من طعام وانهم‌لأهل تسعة ابیات فهل‌لهم عنه غنی؟«درخانهٔ‌آل محمد جزیك‌صاع [3] خوراکی نمانده است بااینکه ایشان نه خانواده‌اند ، پس آیااز‌آن‌بـی نیازند ؟»اوهرگزنیازمندی را ردنکرد وهنگامی سرگرم اصلاح کردن تیر هایی از

۱ـ من‌ترجمهٔ « فلیبن» رانوشتم ولی‌نسخه‌ها «فلیثن» دارد ، یعنی : باید برتو سپاس گزاری شود . ۲ـ صحیح آن : «یغمص‌الناس» است، و دربرخی احادیث «من سفه‌الحق وغمص الناس » یا «من‌بطرالحق وغمط‌الناس» آمده‌است، ومن‌ترجمهٔ «یغمص‌الناس»و«یغمط‌الناس»را نوشتم ودرل: یغمض الباطل‌است . ر.ك. احیاءالعلوم ج۳ ص ۳۴۵-۳۴۷، والمغنی عن‌حمل‌الاسفار فی‌الاسفار در ذیل‌آن .
۳ـ درحدود ۳ کیلوگرم .

چوب خرما بود که مردی بدو گفت : ای پیامبر خدا من آن را برای شما انجام می دهم . پس گفت : شأنك، « بکارخود باش.» وچون ازآن فارغ شد گفت: الك حاجة، «آیاتورا حاجتی‌است ؟» گفت آری، بهشت خدارابرای من ضمانت کن. پس مدتی سر بزیر انداخت سپس سرخودرا بلند کردو گفت : ذلك‌لك، «آنچه خواستی‌توراست.» وچون میرفت‌اورا ندا کرد: یاعبدالله اعنّی بطول‌السجود، «ای‌بندهٔ خدامرا باطول‌دادن سجده یاری‌ده .»

وسواربرشترش خطبه خواندپس گفت: یاایّهاالناس کأنّ‌الموت علی‌غیرنا کتب و کأنّ‌الحق‌علی‌غیرناوجب، و کأنّ‌الذین یشیّعون‌من‌الاموات‌سفرعماقلیل‌الینا راجعون نبوّئهم اجداثهم ونأکل تراثهم ،کانّا مخلدون بعدهم ، قدنسینا کل واعظة وامنّا کل جائحة ، طوبی‌لمن شغله عیبه عن عیوب‌الناس وانفق من مال قدا کتسبه‌من‌غیر معصیة ، ورحم‌وصاحب اهل‌الذل‌والمسکنة، وخالط اهل‌الفقه والحکمة ، طوبی لمن اذلّ نفسه وحسنت‌خلیقته وصلحت‌سریرته وعزل‌عن‌الناس‌شرّه ووسعته‌السنةولم‌یبعدها الی البدعة ،[1] «ای مردم گویا مرگ برغیرما نوشته شده ، وگویا حق بردیگران واجب گشته است ؛ وگویا مردگانی که تاگورستان ازپی آنها میروند ، مسافرانی هستند که اندکی بعد بسوی مابازمیگردند ، آنان را در گورهاشان جای می‌دهیم و میراث آنها را میخوریم ، چنانکه گویی پس‌ازایشان جاوید میمانیم ، هرپندی را فراموش کرده وازهربلاومصیبتی آسوده‌نشسته‌ایم؛ خوشابحال آنکس که عیب‌خودش اورا ازعیبهای دیگران بازدارد ؛ وازمالی که نه ازراه گناه بدست‌آورده است ، انفاق کند؛ وبابیچارگان‌وبینوایان مهربانی‌وهمنشینی کند ، وبافقیهان وحکیمان آمیزش داشته باشد؛ خوشابحال کسی که نفس‌خویش‌راخوارسازد وخویش‌نیك وباطنش پاك‌و

۱ـ جمهرة خطب‌العرب ج ۱ص۵۲ ازصبح‌الاعشی ج ۱ص ۲۱۳، ولم تستهوه‌البدعه«وبدعت او را حیران‌نسازد» ر.ك. سرمایهٔ سخن ج۲ص۳۷۵ .

آراسته باشد وبدی خودرا ازمردم بدوردارد ، وحق براو تنگ نیاید وازسنت به بدعت نگرود . »

و گفت : جبرئیل مرا موعظه کرد وبمن گفت : احبب من شئت [1] فانك میّت ، واعمل ماشئت فانك ملاقیه ، «هر که راخواهی دوستمی‌دار [2] که تو خواهی مرد ، وآنچه میخواهی‌عمل کن که‌تو آن رادیدارخواهی کرد.» [3]

و گفت : من طلب الرزق‌من حلّه فلیبذّر علی‌الله ، «کسیکه روزی را از راه حلالش‌جستجو کند، باید هرچه بیشتر بحساب خدا خرج کند.»

و گفت : استر شدوا العاقل ترشدوا و لا تعصوه فتند موا ، « از خردمند راهنمایی بخواهید تا رهنمایی شوید ، واورانافرمانی‌نکنید که پشیمان‌میشوید. »

و گفت : لاطلاق الابعد نکاح ، ولاعتق الابعد ملك ، ولاصمت‌الامن غدوة‌الی اللیل ، ولاوصال فی‌صیام ، ولارضاع بعد فطام ، ولایتم بعد احتلام ، ولایمین لامرءة مع زوجها ، ولایمین لولدمع‌والده ،ولایمین للمملوك مع‌سیده ، ولاتعرّب‌بعدالهجرة ولایمین فی‌قطیعة رحم ، ولانذرفی‌معصیة ، ولوان اعرابیاحج عشرحجج‌ثم‌هاجر کان فریضةالاسلام علیه اذااستطاع الیه سبیلا، و لوان مملو کاحج عشرحجج ثم عتق کان فریضةالاسلام علیه ان استطاع الیه سبیلا ، «طلاقی نیست مگرپس ازعقدی ، وآزاد کردنی‌نیست مگرپس‌ازمالك شدنی،وخاموشی‌نیست مگرازبامدادی‌تابشب، ونیست وصالی درروزه‌ای،ونه شیرخوارگی‌پس از گرفته شدن‌ازشیر، ونه‌یتیمی‌پس ازبلوغ ، ونه سوگندی برای زنی باشوهرش ، و نه سوگندی برای فرزندی با پدرش،ونه

۱ـ افتاده دارد : فانك مفارقه ، وعش ماشئت : ر.ك سفینةالبحارج ۲ص۶۶۹ . ۲ـ افتاده دارد:که توازاوجدا میشوی، وزنده باش هرچه میخواهی . ۳ـ درحاشیهٔ اصل‌بجای این نسخه‌چنین نوشته شده : احبب من احببت فانك مفارقه. وافعل ماشئت فانك‌مجزی‌علیه،وعش‌ماشئت‌فانك میت . «هرکه راخواهی دوست‌میدار که روزی ازاوجدا میشوی. وآنچه میخواهی بجای‌آورکه‌توبپاداش‌آن خواهی رسید ، و هر چند می‌خواهی زنده باش‌که روزی مردنی‌هستی . »

سوگندی برای برده با خواجه‌اش، ونه بادیه نشینی پس ازهجرت، ونه‌سوگندی در قطع رحمی ، ونه هم نذری در گناهی ؛ واگر بادیه نشینی‌ده بارحج کندسپس‌هجرت نماید حج واجب اسلام هـر گاه بدان راهی داشته باشد ، براوواجب است ، واگر برده‌ای ده سال‌حج کند و سپس آزاد شود ، نیزحج واجب اسلام اگرمستطیع باشد براو واجب است.»

وگفت : اعظم‌الذنوب عندالله اصغرهـا عندالعباد ، و اصغرالذنوب عندالله اعظمها عندالعباد ، «بزرگترین گناهان نزد خدا کوچکترین آنهاست‌نزد بندگان، وکوچکترین گناهان نزد خدا بزرگترین آنهاست‌نزدبندگان.»

وگفت: لایلسع[1] المؤمن‌من‌جحرمرتین، والناس‌سواء کأسنان‌المشط، والمرء کثیرباخیه، ولاخیرلك فی‌صحبة من‌لایری لك من‌الحق مثل‌ماتری له ، والیدالعلیا خیرمن‌الیدالسفلی،المسلمون تتکافأدمائهم‌وهم یدعلی‌من‌سواهم ؛[2] والمستشارمؤتمن ولن‌یهلك امرؤعرف قدره ، ورحم‌الله عبدا قال خیراً فغنم ، اوسکت فسلم ' « مؤمن ازیك سوراخ دوبارگزیده نمی‌شود ، ومردم چون دندانه‌های شانه یکسانند ، ومرد ببرادرش بسیاراست ؛ وتوراخیری نیست دردوستی باکسیکه مانند همان حقی کـه برای اومی‌شناسی‌برای تونشناسد؛ ودست بالاتربهتراست ازدست پایین‌تر،ومسلمانان خونهای ایشان برابری میکند ، وآنـان برنامسلمانان یکدست هستند ، وطـرف مشورت امین شناخته شده است؛ ومردی که قدرخودرابشناسد ، هرگزهلاك‌نخواهد شد ؛ وخدای بنده‌ای را رحمت کندکه سخن‌نیکی بگوید پس سودبرد یا خاموش باشد تاسلامت بماند. »

وسخن ازاسب بمیان‌آمد پس گفت : الخیل معقود فی‌نواصیها الخیر، بطونها کنزوظهورها حرز،«خیردر(موی) پیشانی‌اسبان گره خورده‌است ، شکم اسبان گنج

۱– مروج‌الذهب ج۲ ص۳۰۱ ، لایلدغ .   ۲۲ـ ر.ك. کامل مبرد،ص۳۹ .

است وپشت آنها پناهگاه »

واسب دوانی شد واسب سیاهی که داشت برنده شد پس برسردوزانو ایستاد و گفت · ماهوالاّ البحر، «آن نیست مگردریا . »

و گفت : یحمل هذاالعلم من کل خلف عدوله ینفون عنه تحریف الغالین و انتحال المبطلین وتأویل الجاهلین ، «ازهرنسلی عادلان آن ، این دانش رافرا گیرند ، وپس وپیش کردن ازحد گذران، وزور گویی باطل آوران، وتفسیر نادانان رااز آن دور می سازند.»

و گفت : ان الله عزّوجلّ یقول : ویل للذین یختلون الدنیا بالدین، وویل للذین یقتلون الذین یأمرون بالقسط من الناس ، وویل للذین یسیر المؤمن فیهم بـالتقیة ، ایای یغرّون ، ام علیّ یجترئون ؟ فانی حلفت لأتیحنّهم فتنه تترک الحلیم منهم حیران ، «همانا خدای عزوجل میگوید : وای بر کسانیکه دنیا را بوسیلهٔ دین می ربایند ، و وای برای آنانکه مردمی را که امر بمعروف میکنند میکشند ، ووای بر کسانیکـه مؤمن درمیان آنان باتقیه راه می رود . مرا فریب می دهند ، یابرمن گستاخی میورزند؟ همانا من سوگند خورده ام که برای آنان فتنه ای فراهم سازم که بردبار (وخردمند) ایشان را سرگردان وبیچاره سازد.»

واز آن بزرگوارروایت شده که گفت: کان تحت الجدارالذی ذکره الله عزوجل فی کتابه : «کنزلهما[1]» کان الکنزلوحا من ذهب مکتوب فیه : بسم الله الرحمن الرحیم عجبا لمن یوقن بالموت کیف یفرح ، عجبا لمن یوقن بالقدر کیف یحزن ، عجبا لمن یوقن بالنار کیف یضحك ، عجبا لمن رأی الدنیا وتقلّبها باهلها کیف یطمأن الیها ؛ لااله الاالله ، محمد[2] رسول الله ، «زیردیواری که خدای عزوجل درقرآن گفته است: «گنجی برای آن دویتیم» آن گنج تخته ای ازطلاودرآن نوشته بود: بنام خدای بخشایندهٔ

۱ ـ س کهف، ی ۸۲. ۲ـ ل ، ب ، ومحمد.

مهربان ، شگفت از کسیکه یقین بمرگ دارد ، چگونه خوشحال می‌شود ؛ شگفت از کسیکه یقین بآتش‌دارد ، چگونه می خندد ؛ شگفتا، کسیکه دنیا را و دگرگون ساختن‌آن مردم را مشاهده میکند ، چگونه بدان مطمئن می‌شود ؛ جزخدامعبودی نیست، محمد فرستادهٔ خداست. »

و گفت : للطاعم الشاکر اجر الجائع الصابر؛ و لئن یعافی احدکم فیشکر خیر له من ان‌یبیت قائماً ویصبح صائما معجبا، «هر آینه برای خورندهٔ سپاسگزار، همان پاداش گرسنهٔ روزه داراست، وهر آینه اگریکی ازشما عافیت یابد وسپاسگزاری کند برای او بهتر است از آنکه شب را بعبادت بگذراند و روزه داری خود پسند ، در بامداد آید.»

و گفت: لایحلّ لمؤمن ان یذلّ نفسه ، «برای مؤمن روانیست که‌نفس خودرا خوار نماید.»

گفتند : ای پیامبرخدا چگونه نفس خودرا خوارمیکند ؟ گفت : یعرضها[1] لمالانطیق من البلاء ، «آن‌را درمعرض بلایی که طاقت آن‌را ندارد ، قرار می‌دهد.»

و گفت : اتقوا فراسة لمؤمن فانه ینظر بنورالله ، «ازفراست مؤمن بپرهیزید ، چه او بنورخدا می نگرد »

و درنوشته‌ای نزد اسماء دختر عُمیس از گفته‌های پیامبرخدا بدست آمد : الآجلات الجانیات المعقبات رشدا باقیا خیر من العاجلات العابدات المعقبات غیّا باقیا ؛ المسلم عفیف من المظالم، عفیف من المحارم ؛ بئس العبد عبد هواه یضلّه ، بئس العبد عبد رغب الیه بذلّة ، بئس العبد عبد طغی وبغی وآثر الحیاة الدنیا، « پیرزنان تبهکار که‌خیر باقی (ونسلی شایسته) بجای می گذارند، اززنان جوان واهل عبادت که کجروی باقی (ونسلی گمراه) بجای‌می گذارند بهترند؛ مسلمان ازستمگریها پارسا وازحرامها پارساست ، چه بد بنده‌ای است بنده‌ای که هوای نفس گمراهش کند، چه‌بدبنده‌ای

۱ـ ر.ك. سفینة‌البحار ج ۱ ص ۵۰۳ .

است بنده‌ای که بازبونی‌دست بدامن اوشوند ، چه‌بدبنده‌ای است بنده‌ای که‌سر کشی کند وبیداد ورزد وزندگی دنیارابر گزیند.»

وگفت : اربع من قواصم‌الظهر: امام تطیعه ویضلّك، وزوجة تأمنها وتخونك، وجارسوء ان‌علم سوءاً اذاعه ، وان علم خیراً ستره،وفقیراذا نحل لم یجد صاحبه ، «چهارچیزاست که کمرشکن است : پیشوایی که اورا اطاعت میکنی وتو را گمراه میکند ، وزنی که باو اعتماد داری واو باتو خیانت می ورزد ، و همسایهٔ بدی کـه اگربدیی بداند آن را فاش میکند ، واگرنیکیی بداند آن را بپوشاند ، ونادازی که هرگاه بوی چیزی بخشیده شد ، بخشنده‌اش را سودنرساند .»

وگفت : مامن عبدالاوفــی علمه وحلمه نقص ، الاترون ان رزقه یــجری بالزیادة فیظلّ مسروراً مغتبطا ، وهذان‌اللیل والنهار یجریان بنقص عمره لایحزنه ذلك ولا [یحتفل] به ، ضلّ ضلالـه مااغنی‌عنه رزق یزید وعمرینقص ، «هیچ‌بنده‌ای نیست مگر آنکه دردانایی وخردمندیش نقصی‌است،مگرنمی بینید که چون روزیش بفراوانی می‌رسد شادمان وخوشحال میگردد، اما ازاینکه روزوشب دست بکار کـم کردن عمراویند اندوهگین نمی‌شود وبدان اعتنایی ندارد ، شگفتاازاین گمراهی ! فزون شدن روزی بااینکه عمر کم می‌شود باوسودی ندارد .»

وگفت:ان‌بنی‌اسرائیل‌اذهبوا خشیةالله من‌قلوبهم‌فحضرت‌ابدانهم‌وغابت قلوبهم، وان‌الله‌لایقبل‌من‌عبدلا یحضرمن‌قلبه مایحضرمن بدنه،«همانا بنی‌اسرائیل‌ترس خدارا ازدلهای‌خودبرون کردند،پس بدنهای‌ایشان‌حاضربود ودلهای‌ایشان غایب، بااینکه خدا عمل‌بنده‌ای راکه همراه حضوربدن ،حضورقلب ندارد، نمی‌پذیرد.»

وگفت: من ازداد علماًثم‌لم یزدد زهدا لم‌یزدد من‌الله الابعدا ؛ من‌اعان اماماً جائراً ولم یخطئه لم یفارق‌قدمه قدمه‌بین‌یدی‌الله حتی‌یأمر به (الی‌النار) [1] ،«کسیکه

۱ـ ل : ...

بردانائیش افزوده شود لیکن زهد او فزون نگردد ، جز بردوری اواز خدا افـزوده نشود ؛ کسیکه پیشوای بیدادگری رایاری کند واورا بخطانسبت ندهد ، نزدخـدا قدم ازقدم بر ندارد تااورا (بدوزخ) فرستد »

ومردی ازبنی‌قشیربنام «قرّة بن هبیره» نزد اوشرفیاب شدو گفت : ای‌پیامبر خدا ، مارا خدایان نرومادهای بود پس‌خدا ما رابوسیلهٔ توبـراه‌آورد . پس گفت : اکثراهل‌الجنةالبله ، واهل علیین ذووالالباب ، «بیشتر بهشتیان ابلهان، واهل‌بهشت برین‌خردمندانند. »

و گفت : الائمة من قریش ، لکم‌علیهم حق‌ولهم علیکم حق ماحکموافعدلوا واسترحموا فرحموا وعاهد وافوفوا ، «امامان از قریش‌اند ، شما را بر آنـان‌حقی است،وتاهنگامیکه داوری کنند پس‌عدالت ورزنـد واز ایشان مهربانی خواسته شود پس مهربانی کنند ، و عهد و پیمان بندند پس بدان وفا کنند ، آنان را نیز بـر شما حقی . »

و بردرخانه‌ای که گروهی‌ازقریش درآن‌بودند ایستاد و گفت: انکم ستولّون هذاالامرومن‌ولیه منکم فاسترحم فلم یرحم وحکم فلم یعدل وعاهد فلـم یف فعلیه لعنةالله ، «همانا بهمین زودی این امر(زمامداری) بشما سپرده می‌شود و هـر کس‌از شما زمامدارشود پس‌ازاومهربانی خواسته شود ومهربانی‌نکند ، وداوری کندپس‌داد نورزد وپیمان ببندپس‌وفا نکند لعنت خدا براوباد .»

و گفت : الدین‌النصیحة، الدین النصیحة، «دین صمیمیت است، دین صمیمیت است .» گفته شد : باکه ای پیامبر خدا ؟ گفت : لله ولکتابه ولنبیه ولائمة الحق ، «باخدا وقرآنش وپیامبرش وپیشوایان حق.»

ودرخیف منی گفت: نضرالله وجه امرىء سمع مقالتی فوعاهاحتی یبلغها من لم یسمعها ، فرب حامل فقه الی من هوافقه منه ؛ ثلاث لایغلّ علیهن قلب مـؤمن:

اخلاص العمل، وصحة الورع، والنصیحة لولاة الامر[1]. «خدای خرّم وشاداب دارد روی مردی را که گفتارم را بشنود و آن را نگهداری کند تا بکسی که آن را نشنیده است برساند، پس بسا برندهٔ فقهی نزد کسی که از او فقیه تر است ، سه چیز استکه دل مؤمن باداشتن آنها خیانت نمی‌ورزد : خالص کردن عمل ودرستی پارسایی وخیرخواهی و صمیمیت بازمامداران.»

و گفت : للمسلم علی اخیه المسلم من المعروف ست: یسلّم علیه اذا لقیه، وینصح له اذا غاب عنه ، ویعوده اذا مرض ، ویشیّع جنازته اذا مات ، ویجیبه اذا دعاه، ویشمّته اذا عطس ، «مسلمان را بر برادر مسلمانش شش حق است : هرگاه دیدارش کند بر او سلام کند، وهرگاه از او پنهان شود در دوستی وی صمیمی باشد، وهرگاه بیمار شد از او عیادت کند ، وهرگاه مرد اورا تشییع کند ، وهرگاه اوراخواند پاسخش دهد ، و هرگاه عطسه زد باو «یرحمك الله» گوید.»

و گفت : انصر اخاك ظالماً ومظلوماً ، «برادرت را ستمگر باشد یا ستمکشیده یاری کن.» گفتند: ای پیامبر خدا اگر ستمگر باشد چگونه یاریش دهیم؟ گفت: بکفّه عن الظلم ، «بباز داشتن او از ستمگری.»

و گفت : اذا مات الانسان انقطع عنه عمله الامن ثلثة : من صدقة جاریة، اوعلم ینتفع به ، اوولد صالح یدعوله ، «هرگاه آدمی بمیرد دست اواز عملش کوتاه شود مگر ازسه چیز : از صدقه‌ای درجریان، یاعلمی که سودمند باشد ، یافرزندی شایسته که برای او دعا کند.»

و گفت: ثلاثة لاتردّ لهم دعوة: المظلوم وامام عادل والصائم حتی یفطر، «سه نفرند که دعای آنان رد نمی‌شود : ستمدیده، وپیشوای دادگر، وروزه دار تاهنگامیکه افطار کند.»

۱– کافی ج۱ ص۴۰۳ ، اخلاص العمل لله والنصیحة لائمة المسلمین ولزوم جماعتهم . ر.ك. بحار الانوار ج۲ ص۱۴۸ ، اعجاز القرآن باقلانی درحاشیهٔ اتقان سیوطی ج۱ ص۱۷۹ ، جمهرة خطب العرب ج۱ ص۵۴، نیز همین کتاب ذیل حجة الوداع .

و گفت: ثلاث یتبعن ابن آدم بعد موته: سنة سنّها فی المسلمین فعمل بها فله اجرها واجر من عمل بها ولا ینقص من اجورهم شیء، وصدقة تصدّق بها من مال اوثمر فماجرت تلك الصدقة فهی له ، ورجل ترك ذرية يدعون له، «سه چیز است که پس از مردن آدمی باو می‌رسد : راه وروش پسندیده‌ای که درمیان مسلمانان معمول کرده است وبدان عمل میشود، پس پاداش آن وپاداش هر کس بدان عمل کند برای اوست بی آنکه از پاداش آنان چیزی کم شود، وصدقه‌ای که آن‌را بخشیده‌است، چه اصل مال وچه بهره‌ای . پس تاهنگامیکه آن صدقه جاری است بحساب اواست، ومردی که فرزندانی را بجای گذاشته است وبرای اودعا میکنند .»

ودرخطبهٔ خویش گفت: شرّ الامور محدثاتها، و کل بدعة ضلالة، ولكل شیء آفة وآفة هذا الرأی الهوی ، «بدترین چیزها بدعتهای آنهاست ، وهر بدعتی گمراهی است .وبرای هرچیزی آفتی است وآفت رأی آدمی هوای نفس است .»

و گفت: اکفلوا الی ستّا اکفل لکم الجنة: اذا حدّثتم فلاتکذبوا واذا ائتمنتم فلاتخونوا، واذاوعدتم فلاتخلفوا کفّوا السنتکم، وغضّوا ابصارکم وصونوا فروجکم ، « شش چیز را برای من ضامن شوید تا برای شما بهشت را ضامن شوم: هر گاه سخن گفتید دروغ نگویید، وهر گاه امین مردم شدید خیانت نورزید ،وهر گاه وعده دادید خلف نکنید، زبانهای خود رانگاه دارید ، ودیدگان خودرا فروبندید ، وفرجهای خودرا نگهداری کنید »

و گفت : یقول الله عزوجل : لایزال عبدی یصدق حتی یکتب صدّیقا ، ولایزال عبدی یکذب حتی یکتب کذّاباً ، «خدای عزوجل میگوید : بندهٔ من پیوسته راست می گوید تا آنکه « بسیار راستگو » نوشته شود ، و بندهٔ من پیوسته دروغ میگوید تا آنکه «بسیاردروغگو» نوشته‌شود.»

و گفت : ویل للذی یتحدث بالکذب لیضحك بدالقوم ویل له و ویل له ، «وای بر کسی که سخن بدروغ میگوید تا مردم را بدان بخنداند ، وای بر او ، و

وای براو.»

وروایت شده است که گفت: علیکم بالصدق وان ظننتم فیه‌الهلکة فان عاقبته النجاة.وایاکم‌والکذب وان‌ظننتم‌فیه‌النجاة فان عاقبته‌الهلکة، «بر شما باد بر استگویی اگر چه آن را باعث هلاك خویش پندارید چه انجام آن رستگاری است ، و بپرهیزید از دروغ گفتن اگرچه آن را وسیلهٔ نجات خویش پندارید چه انجام آن هلاکت‌است . »

و گفت : من حلف علی‌مال اخیه ظالماً فلیبتوء مقعده من‌النار ، « کسی که به‌ستم بر‌مال برادرش سو گند خورد ، باید جای خویش‌را از آتش‌بگیرد.» پس‌مردی گفت : ای پیامبر خدا، اگرچه کم باشد؟ گفت: ولو کان قضیبا من اراك،ومن‌اقتطع حق امریء مؤمن‌بیمینه فقد اوجب‌الله علیه‌النار‌وحرّم علیه‌الجنة ، «اگرچه پاره‌ای ازچوب اراك باشد ، و کسیکه حق مرد با ایمانی‌را باسو گند خویش‌برباید ، راستی خداآتش‌را براوواجب ساخته‌وبهشت را بر اوحرام کرده است . »

رسول خدا بخشنده ترین مردم بنیکی بود وفرونتر ازهمیشه در ماه رمضان بخشش‌داشت ، و گفت : والذی نفسی‌بیده‌لوکان لی‌مثل‌شجر‌تهامة نعما‌لقسمته بینکم ثم لاتجدونی کذوباولاجباناً ولابخیلا ، «بخداییکه جانم بدست اوست ، اگر مرا بشمارهٔ درختان تهامه چهارپایان بود ، همه رامیان شمابخش میکردم سپس مرا نه دروغگومی‌یافتید ونه بد دل ونه‌بخیل.»

ومردی بدو گفت: ای پیامبر‌خدا عبای خودرابمن‌ده .پس‌آنرابراوانداخت، پس گفت : آن را نمیخواهم. گفت: قاتلك‌الله‌اردت ان تبخلنی‌ولم یجعلنی‌الله‌بخیلا، « خدای با تو بجنگد ، می خواستی مرا بخیل شماری با اینکه خدا مرا بخیل نگردانیده‌است . »

و گفت : خیارکم من یرجی خیره و لایتّقی شره ، وشرارکم من یتقی‌شره و

لایرجی خیره فان‌الله اکرمکم بالاسلام فزینوه بالسخاء وحسن‌الخلق ، «نیکان شما کسانی‌هستند که بخیرایشان امید می‌رود وازبدشان پرهیزنمی شود ، و بدان شما کسانی هستند که ازبدایشان پرهیزمی‌شود وبخیرایشان امید نمی‌رود ، همانا خدا شما راباسلام گرامی داشته است پس آن رابسخاوت وخوشخویی آراسته کنید . »

وگفت : الخیرا سرع الی‌البیت‌الذی یغشی[1] من‌الشفرة الی‌سنام‌البعیر،«خیر بخانه‌ایکه نیازمندان بدان روی می‌آورند ، نزدیکتراست ازکارد بکوهان شتر.»

وگفت: ایاکم والشح فانمااهلك من‌کان قبلکم‌الشح ، امرهم‌بالقطیعةفقطعوا وامرهم بالظلم‌فظلموا، وامرهم بالفجورففجروا ، اللؤم کفر، والکفرفی‌النار،قال‌الله عزوجل: ومن یوق شح نفسه فاولئك هم‌المفلحون[2]،«ازبخل بپرهیزید چه‌کسانی را که پیش‌ازشمابودند ، همان بخل هلاك نمود ،آنان را دستوردوری وبی مهری داد پس دوری وبی‌مهری کردند ، وآنان را دستورستمگری داد پس ستمگری کردند ، وآنان‌را دستورنابکاری‌داد پس‌نابکاری کردند؛ بخل وپستی کفروکفر درآتش‌است، خدای عزوجل میگوید : وهر که ازبخل نفس خویش‌نگهداشته شود ، آنان همان رستگارانند.»

وگفت:رأس‌العقل بعدالایمان مداراةالناس، واهل المعروف فی‌الدنیاهم اهل المعروف‌فی‌الآخرةواهل‌المنکرفی‌الدنیاهم‌اهل‌المنکرفی‌الآخرة.وان‌اول‌اهل‌الجنة دخولااهل‌المعروف[3]، «سرعقل‌پس‌ازایمان مدارا کردن بامردم است ، واهل‌نیکی‌در دنیا همانان اهل‌نیکی‌درآخرت‌اند، واهل بدی دردنیا همانان اهل‌بدی درآخرتند، و نخستین بهشتیانی که در بهشت‌آیند نکوکارانند.»

وگفت:لاتحقرن من‌المعروف شیئاً ولوان تعطی‌صلةالحبل ، ولوشسع النعل،

۱ـ ل ، ب: یعشی. ۲ـ س حشر، ی۹، س تغابن، ی۱۶ . ۳ـ سفینةالبحارج۲ص۱۷۸ ازامام باقرعلیه‌السلام بدون جملهٔ اول .

ولوان تفرغ من دلوك في اناء المستقي، ولوان تنحّي الشيء عن طريق الناس يؤذيهم، ولوان تلقي احاك فتسلّم عليه، ولوان تلقاه ووجهك اليه منطلق، ولوان رجلاسبّك بامر يعلمه فيك، تعلم فيه نحوه فلاتسبّه ليكون لك اجرذلك ويكون عليه وزره، «چیزی ازنیکی را کوچك مشمار، اگرچه بآنکه پاره ریسمانی راببخشی، اگرچه بند کفشی، اگرچه ازدول خود درظرف آبخواه بریزی، اگر چه چیزی را که مردم راآزارمی‌دهد ازراهشان دور سازی، اگرچه برادرت راببینی وبراوسلام کنی، اگرچه اورا دیدار کنی وروی توبااوبازباشد، اگرچه مردی تورا بامری که درتو میشناسد وتوهم مانندآن رادراومیشناسی دشنام دهد، پس اورادشنام ندهی تاپاداش آن برای تو وگناه آن براو باشد.»

و گفت: ان الله جعل للمعروف وجوها من خلقه حبب اليهم المعروف وحبب اليهم فعاله ووجّه طلاب المعروف اليهم ويسّر عليهم اعطائه كما ييسر الغيث الى الارض الجدبة ليحييها و يحيي بها اهلها[1] وان الله جعل للمعروف اعداء من خلقه بغّض اليهم المعروف و بغّض اليهم فعاله وحظر على طلاب المعروف الطلب، وحظر عليهم اعطائه كما يحظر الغيث عن الارض الجدبة ليهلكها ويهلك بها اهلها، اويعفوالله عن[2] اكثره، «همانا خدا برای نیکی با مردم کسانی بزرگوار ازبندگانش برگزیده، ونیکی وانجام دادن نیکیها راموردعلاقهٔ ایشان قرارداده، وخواستاران نیکی رابسوی آنان روان داشته، و بخشیدن ونیکی کردن را برایشان آسان ساخته است؛ همچنانکه باران رابزمین بایر رهنمون می‌شودتا آن زمین واهل آن رانیز بوسیلهٔ آن زنده گرداند؛ ونیز خدا برای نیکی بامردم دشمنانی از بندگانش قرارداده و آنان را ازنیکی و انجام دادن نیکیها بیزار کرده است، وخواستاران نیکی را از خواستن وایشان را ازنیکی کردن و بخشیدن بازداشته است، همچنانکه باران را اززمین بایر بازمیگیرد تاهم آن زمین و

۱- احیاءالعلوم ج۳ ص۲۴۵ . ۲- ل: عنه .

هم اهل آن را بوسیلهٔ آن هلاك سازد ، یا خدا ازبیشترش میگذرد.»

و گفت : الخلق کلهم عیـال‌الله فاحب‌الخلق الی‌الله احسن‌الناس الی عیالـه، «مردم همگی عیال خدایند ، پس محبوب ترمردم نزد خدا کسی‌است که بعیال خدا بیشتر نیکی کند . »

ومردی ازاوپرسید و گفت : چه کسی خدا را بیشتردوست دارد ؟پس گفت : انفع‌الناس للناس، «سودمند ترین‌مردم‌برای مردم.»(گفت) کدام یك‌از کارهارا خـدا بیشتردوست دارد ؟ گفت ادخال سرورعلی‌مسلم ، اطعام جوعته و کساء عورته‌وقضاء دینه ، «شادمان ساختن مسلمانی ، خوراك دادنش در گرسنگی وپوشیدن عورتش و پرداختن‌وامش. »

و گفت : ان‌الله ینصب للغادرلواء یوم‌القیامة فیقال،الاان هذالواءفلان، «همانا خدادرروزرستاخیز برای‌خیانتکارپرچمی افراشته سازد و گفته شود: بدانند که ایـن پرچم‌فلانی‌است.»

و کسی [باو] گفت : مارا بخصلتهاییکه منافق بدانهاشناخته شود خبرده. پس گفت:من حلف فکذب، ووعد فاخلف ، وخاصم ففجر ، وأوتمن فخان، وعاهدفغدر، «کسیکه سو گند خورد پس دروغ گوید ، ووعده دهد پس‌خلف کند ، و خصومت ورزد پس‌ازحق‌عدول کند، وامین شمرده شود پس‌خیانت‌ورزد، وعهدوپیمان بنددپس نقض کند. »

و گفت: ان‌الله‌لیسأل‌العبد یوم‌القیامة حتی انه‌یقول‌له: فمامنعك‌ان‌رأیت‌المنکر ان تنکره ؟ فاذا لقّن‌الله عبده حجته قال: یارب انی و ثقت بك وخفت من الناس ، «بدرستیکه‌خداروزرستاخیزازبنده‌اش‌پرسش‌میکندتاآنجا که باومیگوید: منکری‌را که می‌دیدی‌چه‌مانعی‌داشتی که‌از آن نهی‌میکردی؟ وآنگاه که خدا برهان‌بنده‌اش‌را باو تلقین کند ، میگوید : پروردگارا راستی که من بر تو اعتماد کردم و از مردم

بیم داشتم .»

وگفت : من اعطی عطاءووجد فلیجزه [1] ، فان لم یجزه فلیثن به ، ومن اثنی به فقد شکره ومن کتمه فقد کفره ، «کسیکه باو بخششی شد ومی‌تواند باید آن را پاداش دهد پس اگر پاداش آنرا نداد باید بخشنده را بستاید وهر کس درمقابل بخشش ثنا گفت آن را سپاس گـزارده است، وهر کس آن را نهفته دارد ناسپاسی کرده است . »

وگروهی ازمهاجران بدو گفتند : ای پیامبرخدا ، برادران انصاری ما با ما همراهی کردند وبمابخشش نمودند وبیم داریم که همهٔ اجروثواب راببرند. گفت: الاّ ماأثنیتم به علیهم ودعوتم الله‌لهم ، «مگر آنچه آنان رابدان ستوده و برای ایشان دعا کرده‌اید . »

وگفت: والذی نفسی بیده لایأخذاحد شیئا بغیرحقه الالقی الله بحمله یوم القیامة، «بخدایی که جانم بدست اوست، هیچکس چیزی رابناحق بدست نمی‌آوردمگر آنکه روزرستاخیزدرحالیکه آنرا بپشت گرفته است ، خدارا دیدار کند.»

وگفت : الهدیّة تذهب السخیمة ، وتجدّدالاخوة، وتثبت المودّة ، «هدیه کینه را می‌برد ، وبرادری را تجدید میکند ، ودوستی را پایدارمی‌سازد.»

وگفت : لواهدی الی کراع لقبلته ولودعیت به لاجبت، «اگرپاچهٔ گوسفندی بمن هدیه شود آنرا می‌پذیرم،واگربدان دعوت شوم اجابت میکنم . »

وگفت : ماأحسن عبدالصدقة الااحسن[الله] الخلافة علی ترکته ، وصدقة المؤمن ظله اوظله من صدقته ، «بنده‌ای صدقه رانیکو نگرداند ، مگر آنکه [خدا] ترکه‌اش را نیکوحفظ کند ، وصدقهٔ مؤمن سایهٔ اوست ، یا (گفت) سایهٔ مؤمن از صدقهٔ اواست . »

۱ـ ل ، فلیجزیه .

و ازوی روایت شده است که گفت : مامن‌الاعمال شیء احبّ‌الیّ من ثلاثه : اشباع جوعةالمسلم‌وقضاء دینه وتنفیس کربته ، من نفس عن مؤمن کربته ، نفس‌الله عنه کرب یوم القیامة ، والله فی‌عون عبده ما کان العبدفی عون اخیه ، « هیچ عملی را بیش از سه‌کار دوست ندارم : سیر کردن گرسنگی مسلمان و پرداختن وامش و برطرف ساختن اندوه وپریشانیش ؛ کسی که از مؤمنی اندوهش را برطرف کند ، خدا اندوه روز رستاخیزاورا برطرف خواهد کرد،وخدادست بکاریاری بندهٔ خویش است مادامی که بنده‌اش دست بکاریاری برادرش باشد .»

و گفت : ان‌المسألة لاتحل‌الالثلاثة : لذی فقرمدقع ولذی عسرمفظع ولذی دم‌مفجع[1] ، «بدرستی که سؤال کردن جز برای سه‌نفر حلال‌نیست: بی‌نوایی‌زمینگیر ، و گرفتاری سخت بستوه‌آمده ، وبدهکارخونبهایی سنگین.»

و گفت : من سأل وله اوقیّة والاوقیة اربعون درهما فقد سأل الناس‌الحافا ، «کسی که یك اوقیه یعنی چهل‌درهم بدست دارد وسؤال کند ، راستی که درسؤال از مردم اصراروزیده است.»

ودرحالیکه غنیمتهای خیبررا بخش میکرد ، دومرد ازاوسؤال کردند ، پس گفت : لاحظّ لغنی‌ولالقوی‌مکتسب؛ « نه توانگری‌رابهره‌ای‌است، ونه‌نیرومندی را که درآمدی دارد . »

و گفت : لاتحل‌الصدقة لغنیّ ولالذی مرّة سوی ، «زکات نه برای توانگری حلال است، ونه برای نیرومندی تندرست.»

و گفت : من سأل وعنده مایغنیه فانمایستکثرمن جمرجهنم، «هرکس‌بآنچه دردست داردبی‌نیازباشد وسؤال کند، راستی که‌ازآتش‌دوزخ فزون می‌طلبد .»

گفته شد : ای پیامبرخدا ، چه اورا بی‌نیازمیکند؟ گفت:لغدائه اولعشائه ، «خوراك بامداد یاخوراك شبش.»

۱ـ ر.ك. سفینةالبحار ج۱ص۵۸۵.

و باو گفته شد : ای پیامبر خدا، توانگری چیست ؟ گفت غداء و عشاء ، «خوراکی برای بامداد، وخوراکی برای شب.»

و گفت: من سأل عن ظهر غنی جاء یوم القیامة بوجهه کدوح یعرف بها، «کسی که باداشتن و بی‌نیازی سؤال کند ، روزرستاخیز بارویی خراشدار بیاید که بدانها شناخته شود.» گفتند : ای پیامبر خدا ، بی‌نیازی چیست ؟ گفت : قوت لیلة او قوت یوم ، «خوراك شبی یا خوراك روزی .»

وحکیم بن حزام ازاوسؤال کرد، پس باو بخشید و چنین گفت: ان هذا المال خضر[1] فمن اخذه بطیب نفس[2] بستر[3] بورك له فیه ، ومن اخذه باشراف[4] لم یبارك له فیه، فکان کآکل یأکل ولایشبع ، «همانا این مال زیبا ودلرباست ، پس هر که آن را با خوش نفسی بگیرد (بستر[5]) برای او بابر کت باشد ، وهر کس آن را ازروی حرص بگیرد در آن بر کت نیابد وچون خورنده‌ای باشد که می‌خورد وسیر نمی‌شود.»

وانصار نیز ازاو سؤال کردند، پس چیزی ازاو نخواستند مگر آنکه بآنها بخشید تاهرچه را نزداوبود بردند ، سپس گفت: امابعد یامعشر الانصار، مایکن عندنا من خیر فلن اؤخره عنکم، وانه من یستغن یغنه الله، ومن یستعفف یعفّه الله، ومن یصبر یصبره الله، ولن یعطی عبد افضل ولااوسع من الصبر، « امابعد ای گروه انصار هر مالی که نزد ما باشد آنرا ازشما دریغ نخواهیم داشت، والبته هر که بی‌نیازی ورزد خدا بی‌نیازش کند ، وهر که پارسایی کند ، خدای پارسایش دارد ، وهر که شکیبایی کند ، خدای بر شکیبایی یاریش دهد ، و هرگز بنده‌ای بهتر و گشاده تر از شکیبایی داده نشده است .»

و گفت : من یضمن لی خلة اضمن له الجنة ، «کسی که یك خصلت را برای من ضامن شود ، بهشت را برای اوضامن میشوم.» پس گفته شد: ای پیامبر خدا، آن خصلت

۱– ل ، ب : حلو ، اسدالغابه ج۲ص ۴۱ : خضرة حلوة . ۲ – اسدالغابه : بسخاوة نفس .
۳–ل ، ب : بشیر. ۴ـ اسدالغابه : باشراف نفس. ۵ – ترجمهٔ این کلمه دراینجا دانسته نشد.

چیست ؟ گفت : ان لاتسأل احداً شیئاً ، «آنکه ازهیچکس چیزی نخواهی .»

و به‌ابوذر گفت: یااباذر، أرأیت‌ان‌اصاب‌الناس‌جوع‌شدیدحتی‌لاتستطیع‌ان تنهض من فراشك الی‌مسجدك کیف تصنع ؟ «ای ابوذربمن بگو که اگر مردم بگرسنگی سختی گرفتارشوند تاآنجاکه نتوانی از بسترت برخاسته بنمازگاهت روی ، چه می کنی ؟» گفتم : خداوپیامبرش‌داناترند . گفت : تتعفف،«پارسایی می‌ورزی .»

و گفت : لایفتح رجل علی نفسه باب مسألة الافتح‌الله علیه[1] باب فقر ، «مردی برخویشتن درِ سؤالی نمی گشاید ، مگر آنکه خدای دری از ناداری بر او خواهد گشود .»

و گفت: الأیدی‌ثلث: فیدالله‌العلیا ، ویدالمعطی‌التی‌تلیها ، ویدالسائل‌السفلی الی یوم‌القیامة ، فاستعفف عن‌السؤال مااستطعت ، «دستها سه‌تااست : پس‌دست خدا بالاتر و دست دهنده پس‌ازآن ودست سؤال کننده تاروز رستاخیزپایین‌تراست ، پس‌تا می‌توانی از سؤال کردن خودداری نما.»

وبکسی گفت : مااتاك‌فی‌هذاالمال وانت غیرسائل و لامشرف ، فخذه فتموّله اوتصدّق به ، «آنچه ازاین‌مال بی‌آنکه سؤال کنی و یاحرص ورزی بدست توآید ، آن رابگیروآنگاه خواهی‌برای خویش نگهدار یاهم صدقه ده.»

و گفت: لاصدقة الاعن‌ظهرغنی وابدأ بمن‌تعول ولاتلام علی کفاف ، «صدقه‌ای نیست مگرباتوانگری ، وازخانواده ات شروع کن ، و بر آنچه رفع احتیاج کند ملامت نمی‌شوی.»

و گفت : المسألة خروج فی وجه‌الرجل یوم‌القیامة الاان یسأل سلطانه اومن لابدّمنه ، «سؤال کردن آبله مانندهایی‌است برروی مرد در روزقیامت مگرآنکه‌از پادشاهش‌سؤال کند یا کسی که ازاوناچاراست .»

---

[1] اخلاق محتشمی‌ص۱۹۰ ، سبعین‌بابا من‌الفقر .

وباو گفته شد : كدام صدقه بهتر است ؟ گفت : ان تصدّق وانت صحيح تخاف الفقر وتأمل الغنى ولاتمهل حتى اذا بلغت الحلقوم قلت : لفلان كذا ولفلان كذا وقد كان لفلان كذا ، «آنكه درحال تندرستى كه بيم فقردارى وتوانگرى را آرزومندى صدقه دهى ؛ نه آنكه بمانى تاجان بگلوگاه رسد وآنگاه بگويى: چنين چيزى مال فلان وچنان چيزى مال فلان است وآن چيزهم ازفلانى بوده است . »

و گفت : من انفق على امرأته وولده واهل بيته فهوله صدقة ، ومن سرّه الانساء فى الأجل والمدّ فى الرزق فليصل رحمه ، «كسى كه برزنش و فرزندان و خاندانش انفاق كند ، همان براى او صدقه است، وكسى كه ازطول عمر و وسعت رزق شادمان مى‌شود ، بايد صلهٔ رحم كند . »

و گفت: مامن ذنب اجدران يعجّل الله عقوبته فى الدنيا مع مايدّخر له فى الآخرة من البغى وقطيعة الرحم ، «گناهى ازستم وقطع رحم بپيش انداختن خدا عقوبتش را دردنيا علاوه برآنچه براى آخرتش ذخيره مى كند ، سزاوارتر نيست . »

و مردى نزد وى آمد و گفت : با كه نيكى كنم ؟ گفت : امّك و اباك واخاك واختك و ادناك ادناك ، « بمادرت وپدرت و برادرت و خواهرت و بترتيب بخويش نزديكترت . »

و گفت : يقول الله تبارك وتعالى: من وقراباه اطلت فى ايّامه ، و من وقر امّه رأى لبنيه بنين ، « خداى تبارك وتعالى مى‌گويد : هر كس پدر خويش را بزرگ دارد، برروزهاى اوبيفزايم، وهر كس مادر خويش رابزرگ دارد براى پسران خود پسرانى خواهد ديد . »

و گفت : الاانبئكم باكبر الكبائر؟: الاشراك بالله وعقوق الوالدين وقول الزور، «آيا شمارا ببزرگترين گناهان كبيره خبرندهم؟: براى خدا انباز گرفتن وبرپدرو مادرستم كردن ، وسخن دروغ گفتن . »

و گفت : من ستر عورة اخيه المسلم سترالله عورته يوم القيامه ، « هر کس نهفتنی برادرمسلمان خویش‌را بپوشاند ، خدای درروزرستاخیز نهفتنی اورا خواهد پوشاند. »

و گفت : اربع من سنن‌المرسلين : الحياء والنكاح و الحلم والسّواك ، «چهار خصلت از شیوه های پیمبران است : شرم ، و زن گرفتن ، و بردبـاری ، و مسواك کردن . »

و گفت :قال [الله] سبحانه وتعالى : لتأمرنّ بـالمعروف ولتنهونّ عن المنكر، اولاولينّ عليكم‌شرار كم ولاجعلنّ‌اموالكم في‌ايدى بخلائكم‌ولامنعكم قطر السماء ، ثم‌ليدعوني خيار كم‌فلااستجيب لهم ويسترحموني‌فلاارحمهم ويستسقوني‌فلااسقيهم ، «خدای سبحانه وتعالی گفته است : البته باید امر بمعروف کنید ، والبته‌باید نهی از منکر نمایید و گرنه بدان شمارا برشما فرمانروایی‌دهم‌ومالهای شمارا بدست‌بخیلان شما افکنم وباران‌آسمان را ازشما دریغ دارم ، سپس‌هر آینه نیکان شمامرابخوانندو دعای ایشان را مستجاب نگردانم ومهربانی مرا خواستارشوند وبرایشان مهرنورزم واز من باران بخواهند پس ایشانرا سیراب نکنم . »

و گفت : اربع من كنّ فيه كمل اسلامه وان‌كان ما بين قرنه الى‌قدمه خطاء : الأمر بالمعروف‌والحياء‌والشكر وحسن‌الخلق،واربع‌من كنّ‌فيه‌بنى‌الله‌له بيتا‌في الجنة: ايواءاليتيم ورحمة[1] ... ورفق بمملوكه وشفق على‌والديه ، «چهارچیزاست که درهر که باشد ، اسلام اوکامل است اگرچه ازسرتاپا گناه بـاشد : امر بمعروف ، وشرم و سپاسگزاری ، و خوشخویی ؛ وچهارچیزاست که درهر که باشد ، خدا بـرای او دربهشت خانه‌ای بسازد : نگهداری ازیتیم ومهربانی[2] ... ونرمخویی‌بابرده‌اش ومهر ورزی باپدر ومادرش. »

۱ـ الضعيف . ۲ـ باناتوان .ر.ك.خصال‌صدوق‌ص۱۰۶ ،سفينة‌البحار ۱ص ۵۰۳.

و گفت: التودّد الی الناس نصف الایمان والرفق نصف العیش، وماعال امرؤ فی اقتصاده [1]، «دوست شدن بامردم نصف ایمان ومدارا نصف زندگانی است، ومردی که میانه‌روی رانگه دارد ، نادارنشود.»

حجة الوداع [2]

رسول خدا درسال دهم برای انجام حجّة الوداع، یعنی همان حج واجب اسلامی، ازمدینه رهسپارمکه شد تابه «ذوالحلیفة» [3] رسید وآنجادوجامهٔ صحاری یعنی ازاری وردایی پوشید وبقولی درحالیکه دوجامه را پوشیده بود ازمدینه بیرون رفت وبمسجد ذوالحلیفه درآمد ودو رکعت نمازبجای آورد، وهمهٔ زنانش همراه وی بودند ، سپس بیرون آمد وشتران قربانی خودرا ازطرف راست نشان دارساخت ، آنگاه بـر شتر خویش «قصوی» [4] سوارشد، پس چون وی رابفراز «بیداء» [5] بر آورد، صدا بگفتن «لبیك» حج بلند کرد . وواقدی اززهری ازسالم ازپدرش، و نیزاززهری باسندی که دارد از سعدبن ابی وقّاص روایت کرده است که گفتند : رسول خدا برای عمرهٔ حج تمتع محرم شد ، وبقول بعضی برای حج افراد، وبقول بعضی دیگر برای حجی وعمره‌ای احرام بست ، ودرمیان روزازراه «کداء» [6] که گردنهٔ اهل مدینه‌است ، سواربرشترش به‌مکه درآمد تابخانه رسید وچون خانه را دید دودست خویش را بالای مهار شترش بلند کردوپیش ازنمازآغازطواف نمودویك روزپیش از ترویه بعدازظهر، ونیزروزعرفه هنگام زوال خورشید سواربرشترش پیش ازنمازخطبه‌خواند، وفردای آن روزهم درمنی، ودرخطبه‌اش چنین گفت : نضّرالله وجه عبد سمع مقالتی فوعاها وحفظها ثم بلّغها

---

1 ـ سفینة البحار ج۲ ص۴۳۱ بن علی علیه‌السلام: ماعال امرؤ اقتصد . ۲ ـ ل، ص۱۲۱ . ۳ ـ قاموس: ذوالحلیفه بضم حاء جایی است بفاصلهٔ شش میل تامدینه ومیقات اهل مدینه وشام است . ۴ ـ قصواء
۵ ـ قاموس: بیداء زمین همواری است میان دوحرم . ۶ ـ مراصدالاطلاع : کداء بفتح ومد، گردنه‌ای است دربالای مکه .

من لم یسمعها ، فرب حامل فقه غیرفقیه ، ورب حامل فقه الی‌من‌هوافقه منه؛ ثلاث لایغلّ علیهنّ‌قلب امریء مسلم : اخلاص العمل لله ، والنصیحة لائمةالحق ، واللزوم لجماعةالمؤمنین ، فان دعوتهم محیطة من ورائهم[1] ، «خدای خرّم وشاداب دارد روی بنده‌ای را که گفتار مرا بشنود وآن را فرا گیرد و نگهداری کند ، سپس بکسی که آن رانشنیده است برساند ، چه بساحامل فقهی که خودفقیه نیست ، وبسا رسانندهٔ فقهی بکسی که ازخودش داناتر است . سه چیز است که دل مرد مسلمان با آنها خیانت نمی ورزد : خالص کردن عمل برای خدا ، وخیرخواهی ویکرنگی نسبت به‌پیشوایان حق ، وجدا نشدن از جماعت مؤمنان ، چه دعای ایشان همه را فرا می گیرد. »

آنگاه شترها را که صد شتربود خواست وهمه پیش رویش رده شدند ، پس شصت شتروبقولی شصت وچهارشتررا بدست خویش قربانی کرد وعلی‌را فرمود تا باقی‌مانده را قربانی‌نمود ، وازهرشتری یکپاره گوشت بر گرفت وهمه دریك‌دیگ فراهم گردید و باآب و نمك پخته شد ، سپس خودش و علی از آن خوردند و از آبگوشت هم‌اندك‌اندك خورد، وسوار برشترش رمی‌جمرهٔ عقبه‌راانجام دادونزدزمزم ایستاد وربیعة بن امیّة بن خلف را که هنوز کود کی‌بود فرمود تا زیر سینهٔ شترش بایستاد،پس گفت: ای‌ربیعه‌بگو: ای مردم همانا‌پیامبر‌خدامیگوید : شاید شمادیگر مرا درچنین حالی که من‌دارم وچنان حالی که شما دارید دیدار نکنید، آیا میدانید این چه شهری است ، وآیامیدانید این چه ماهی‌است ، وآیامی‌دانید این چه روزی است ؟ پس‌مردم گفتند : آری ، این شهرحرام وماه حرام وروزحرام است . گفت: فان‌الله حرّم علیکم دمائکم واموالکم کحرمة بلدکم هذا و کحرمة شهرکم هذا و کحرمة یومکم هذا؛ الاهل‌بلّغت ؟ «پس‌همانا‌خدا خونها ومالهای شمارا مانند حرام

[1] ـ اسدالغابه ج۲ ص۱۶۶ ، سیرهٔ ابن هشام ج ۴ ص ۲۷۶ ، ،کافی ج۱ص ۴۰۳ ـ ۴۰۴ .

بودن این شهرشما واین ماه شما واین روزشما ، بریکدیگرشما حرام ساخته است، هان آیارسانیدم؟» گفتند آری. گفت: اللهم اشهدواتقوا الله، ولاتبخسوا الناس اشیائهم[1] و لاتعثوا فی الارض مفسدین، فمن کانت عنده امانة فلیؤدها ، «خدایا گواه باش، وازخدا بترسیدوچیزهای مردم را کم ندهید، ودرزمین تبهکاری نکنید وهر کس نزد اوسپرده‌ای باشد بایدآنرا برساند. » سپس گفت :

الناس فی الاسلام سواء ، الناس طف الصاع لآدم وحوّاء ، لافضل لعربی[2] علی عجمی ولاعجمی علی عربی الابتقوی الله ، الاهل بلّغت ؟ « مردم دراسلام برابرنـد ، مردم بیك اندازهٔ کامل، فرزند آدم وحوایند، عربی را برعجمی وعجمی را برعربی جز به پرهیزکاری وترس ازخداوند برتری نیست ، هان آیا رسانیدم؟» گفتند: آری. گفت: خدایا گواه باش. سپس گفت : لاتأتونی بانسابکم وأتونی باعمالکم ، فاقول للناس هکذا ولکم هکذا ؛ الاهل بلّغت ؟ «نسبهای خودرا نزد من نیاورید بلکه عملهـای خویش را پیش من آورید ، مردم راچنین وشما رانیزچنین می گویم؛ هان آیارسانیدم؟» گفتند : آری . گفت : خدایا گواه باش . سپس گفت : کلّ دم کان فی الجاهلیة موضوع تحت قدمی ، و اول دم اضعه دم آدم[3] بن ربیعة بن الحارث بن عبدالمطلب ، «هرخونی که درجاهلیت بوده است زیرپای من نهاده است ، ونخستین خونی که آنرا فرومی نهم ، خون آدم بن ربیعة بن حارث بن عبدالمطلب است . »

وآدم بن ربیعه درمیان هذیل شیرخواره بود که بنی سعد بن بکر اورا کشتند ، وبقولی درمیان بنی لیث بود وبدست هذیل کشته شد .

۱ـ اعراف۸۵، هود۸۵،شعراء۱۸۳. ۲ـ ل : لافضل ءربی . ۳ـ جمهرة خطب العرب ج ۱ ص ۵۷ نقل از البیان والتبیین ج ۲ص۱۵ ، العقدالفرید ج ۲ ص۱۳۰ ، اعجازالقرآن ص ۱۱۱ ، شرح ابن ابی الحدید ج ۱ ص ۴۱ ،تاریخ الطبری ج ۳ ص ۱۶۸ ، الکامل لابن الاثیر ج ۲ص ۱۴۶ ، سیرهٔ ابن هشام ج ۲ص ۳۹ : عامربن ربیعه . اما درشرح ابن ابی الحدید که ملاحظه شد ، آدم بن ربیعه ، ودرکامل و سیرهٔ ابن هشام، ابن ربیعه، و درسیرهٔ حلبی ج۳ص ۲۹۸ : ربیعة بن حارث است .

هان آیا رسانیدم ؟ گفتند آری . گفت : خدایا گواه باش . گفت :

و کلّ ربا کان فی الجاهلیّة موضوع تحت قدمی؛ واول رباوضعه ربا العباس بن عبدالمطلب ؛ الاهل بلّغت ؟ «وهر ربایی که درجاهلیت بود ، زیر پای من نهاده است ونخستین ربایی را که فرو می‌نهم، ربای عباس بن عبدالمطلب است ؛ هان آیا رسانیدم؟» گفتند : بلی. گفت : خدایا گواه باش. پس گفت: یاایّهاالناس «انما النسیء زیادة فی الکفر یضلّ به الذین کفروا یحلّونه عاما ویحرّمونه عاما لیواطئوا عدة ما حرم الله[1]» الا و انما الزمان قداستدار کهیئة[2] یوم خلق الله السماوات والارض [وان عدة الشهور عندالله] اثناعشر شهرا فی کتاب الله[3] منها اربعة حرم[4]، رجب الذی بین جمادی وشعبان، یدعونه (رجب) مضر؛ وثلاثة متوالیة: ذوالقعدة وذوالحجة والمحرم؛ الاهل بلّغت؟ «ای مردم، همانا تأخیر ماه حرام فزونی در کفر است، آنانکه کفر ورزیده‌اند بدان گمراه شوند سالی حلالش وسالی حرامش شمارند تا با شمارهٔ آنچه خدای حرام کرده است موافق آرند ، هان که زمان بر گشت بهمان وضعی که داشت ، روزیکه خدا آسمانها وزمین را آفرید ؛ وهمانا شمارهٔ ماهها نزدخدا دوازده ماه است در کتاب خدا ، چهارماه آن حرام است : رجب که میان جمادی وشعبان است و آن را «رجب مضر» می‌نـامند ، وسه‌ماه پی‌درپی: ذوالقعده وذوالحجه ومحرم، هان آیا رسانیدم ؟» گفتند بلی. گفت: خدایا گواه باش .

پس گفت : اوصیکم بالنساء خیرا فانماهن عوار[5] عندکم لایمـلکن لانفسهن شیئا وانما اخذ تموهن بامانة الله واستحللتم فروجهن بکتاب الله ولکم علیهن حق ولهن علیکم حق : کسوتهن ورزقهن بالمعروف، ولکم علیهن ان لایوطئن فراشکم احدا ولا یأذنّ فی بیوتکم الا بعلمکم واذنکم فان فعلن شیئا من ذلك فاهجروهن فی المضاجع

۱ـ س توبه ی ۳۷ . ۲ـ ل، ب ، کهیئته . ۳ـ جمهرة خطب العرب ج ۱ ص ۵۸ ؛ یوم خلق السماوات والارض ۴ـ س توبه ی۳۶ . ۵ ـ ل،ب،سیرهٔ ابن هشام ج۴ ص۲۷۶، جمهرة خطب العرب ج ۱ ص ۵۹ ؛ عوان . عوان جمع عانیه یعنی اسیر، وعوار جمع عاریه است .

واضربوهن ضرباغیرمبرّح ؛ الاهل بلّغت ؟ «شمارا بنیکی بازنان وصیت می‌نمایم، چه آنان را بشما سپرده‌اند وچیزی ازامرخویشتن رابدست ندارند وشماآنان رابامانت خدا گرفته‌اید وبدستور کتاب خدا باایشان همبستر گشته‌اید ، شمارابرایشان حقی وآنان رابرشما حقی‌است ، پوشاك و خوراك ایشان‌بمتعارف (برشماست)، وحق‌شما برایشان آن‌است که پای کسی را بفراش شمانرسانند ودرخانه‌های شماجز بااطلاع و اذن شما کسی را بارندهند ، پس‌اگرچیزی از اینها را انجام دهند ، در خوابگاه ازایشان‌دوری گزینید وآنان‌را نه‌سخت ودشوار بزنید ؛ هان‌آیا رسانیدم ؟» گفتند : بلی . گفت : خدایا گواه باش .

پس گفت : فاوصیکم بمن‌ملکت ایمانکم فاطعموهم مما تأکلون ، والبسوهم مماتلبسون ، وان اذنبوا فکلوا عقوباتهم الی شرارکم ؛ الاهل بلّغت ؟ « اکنون شما را دربارهٔبردگان‌شماسفارش میکنم، پس ازآنچه میخورید بآنان بخورانیدوازآنچه می‌پوشید بآنان بپوشانید، واگر گنهکارشدند عقوبت ایشان‌رابیدان‌خود واگذارید؛ هان‌آیا رسانیدم ؟» گفتند : آری. گفت : خدایا گواه باش .

آنگاه گفت : ان‌المسلم اخوالمسلم لایغشّه ولایخونه ولایغتابه ولایحلّ‌له دمه ولاشیءمن ماله الا بطیب[1] نفسه ؛ الاهل بلّغت ؟ «بدرستی که مسلمان برادرمسلمان است ، بااوغش نمیکندوخیانت نمی ورزد وپشت سرش بد گویی اونمی کندوخونش براوحلال نیست ونه‌چیزی ازمالش‌مگربطیب نفس‌خودش؛ هان‌آیارسانیدم؟» گفتند آری . گفت : خدایا گواه باش.

سپس گفت: ان‌الشیطان قدیئس ان یعبد بعدالیوم، ولکن یطاع فیماسوی‌ذلك من اعمالکم التی تحتقرون فقد رضی‌به ؛ الاهل بلّغت ؟ «هماناشیطان از اینکه پس ازامروزپرستیده‌شود، ناامید شد، لیکن درجز پرستش‌ازکارهای‌شما که‌آن‌را کوچك

۱ـ ل : بطیبة .

می‌شمارید ، فرمان برده‌شود وبهمان خشنوداست؛ هان آیا رسانیدم ؟» گفتند: آری. گفت : خدایا گواه باش .

سپس گفت: اعدی‌الاعداء علی‌الله قاتل غیرقاتله وضارب غیرضاربه، ومن کفر نعمة موالیه فقد کفر بماانزل‌الله علی‌محمد ، و من انتمی الـی غیرابیه فعلیه لعنةالله والملائکة والناس اجمعین ؛ الاهل بلّغت ؟ «گستاخ ترین دشمنان برخدا کسی‌است که جز کشندهٔ خودرا بکشد وجز زنندهٔ خودرا بزند ، وهر کس نعمت خواجگان خویش‌را ناسپاسی کند ، بآنچه خدا بـرمحمد فرستاده کافر شده‌است ، وکسی که خودرا بجزپدرش نسبت دهد، لعنت خدا وفرشتگان وهمهٔ مردم براواست؛ هان آیا رسانیدم ؟ » گفتند : آری . گفت : خدایا گواه‌باش .

سپس گفت : الاانی انماامرت ان اقاتل‌الناس حتی‌یقولوا : لااله الاالله وانّی رسول‌الله، واذاقالوها عصموا منی دمائهم واموالهم الابحق وحسابهم‌علی‌الله ؛ الاهـل بلغت ؟ «هان که مرا فرموده‌اند بامردم نبرد کنم تابگویند : خدایی جزخدانیست ومن پیامبرخدایم ، وهر گاه‌آن را گفتند ، خونها ومالهای خودرا جزبحق ازمـن نگهداری کرده‌اند وحساب ایشان برخدااست؛ هان آیا رسانیدم ؟» گفتند : آری . گفت : خدایا گواه باش .

(سپس گفت) : لاترجعوا بعدی کفارا مضلّین یملك[1] بعضکم رقاب‌بعض، انی قدخلّفت فیکم ماان تمسکتم به‌لن تضلوا ، کتاب الله و عترتی اهل‌بیتی؛الاهل‌بلغت؟ «مبادا پس‌ازمن‌کافرانی گمراه کننده شوید که بعضی‌ازشمامالك‌الرقاب بعضی‌باشد ، بدرستی که من در میان شما چیزی بجای گذاشتم که اگربدان چنگ زنید هر گز گمراه‌نخواهیدشد : کتاب‌خدا وعترت من، خاندان من؛ هان آیا رسانیدم ؟» گفتند: آری . گفت : خدایا گواه باش .

1ـ ص ، یضرب .

سپس گفت : انکم مسئولون، فليبلّغ الشاهد منكم الغائب، «البته ازشما سؤال می‌شود، پس‌باید حاضرشما بغایب برساند.»

رسول خدا درمکه ساکن نگشت و چون باو گفته شد : ای پیامبرخدا، کاش دریکی از خانه‌های خود ساکن میشدی . گفت : ما کنت لأ نزل بلدا اخرجت منه ، «من آنکس نیستم که درشهری که مراازآن بیرون کرده‌اند ساکن شوم . »

وچون روزحرکت رسید به کعبه درآمد و وداع کرد وبدو وحی آمد : اليوم اكملت لكم دينكم و اتممت عليكم نعمتي و رضيت لكم الاسلام دينا [1] ، « امروز دین شما را برای شما کامل نمودم ، ونعمت خودرا برشما تمام کردم ودین اسلام را برای شماپسندیدم . »

شبانه بیرون آمد ورهسپارمدینه شدودرهیجدهم ذی‌الحجه بجایی نزدیك جحفه که‌آن را«غدیرخم» می گفتند،رسید وبخطبه خواندن ایستاد ودست علی بن ابیطالب را گرفت و گفت : الست اولى بالمؤمنين من انفسهم؟ «آیا من‌ازخود مؤمنان‌به‌ایشان سزاوارتر نیستم؟» گفتند : چرا ای پیامبرخدا . گفت : فمن كنت مولاه فعلی مولاه، اللهم وال من والاه وعادمن عاداه ، «پس‌هر که من سروراویم ، علی نیزسروراو است، خدایا دوستی کن باهر که‌اورا دوست بدارد ودشمنی کن باهر که بااو دشمنی ورزد.»

سپس گفت : ايّها الناس اني فرطكم وانتم واردی [2] على الحوض،واني سائلكم حين تردون عليّ عن الثقلين فانظروا كيف تخلفوني فيهما ، « ای مردم اینك من پیشروشمایم وشما سرحوض نزد من‌آیید والبته هنگامی که بر من درآیید در بارهٔ دوبارسنگین ازشما پرسش خواهم نمود ، پس بنگرید که چگونه پس‌ازمن باآن دو رفتارمی کنید.» گفتند: ای پیامبرخداآن دوبارسنگین چیست ؟ گفت :الثقل الاكبر كتاب الله سبب طرفه بيدالله وطرف بايديكم فاستمسكوا به ولاتضلّوا ولاتبدّلوا،وعترتی

۱ـ سورهٔ مائده ی ۳ . ۲ـ ن : و اردون .

اهل بیتی ، «ثقل اکبر قرآن است ، وسیله‌ای که کناری از آن بدست خداو کناری بدستهای شمااست، پس بدان چنگ زنید و گمراه نشوید ودگرگونش نسازید؛ دیگر عترت من ، خاندان من.»

وفات[1]

و چون به مدینه رسید و چند روزی گذشت ؛ اسامة بن زید بن حارثه را بر بزرگان مهاجر وانصار فرماندهی بخشید واورا فرمود تا آهنگ شام کند ، همانجا که پدرش بشهادت رسیده بود . ازاسامه روایت شده‌است که گفت : رسول‌خدامرافرمود بامدادان بر «یُبنی»[2] درزمین فلسطین حمله برم وسپس آتش‌زنم . ودیگران روایت کرده‌اند که رسول خدا اورا فرمود تازمین « بلقاء»[3] را زیر پای اسبان در نوردد . ابوبکروعمرنیزازلشکریان بودند ومردمی بسخن آمدند و گفتند : (اسامه) جوان وهیفده ساله است ! پس رسول خدا گفت : لئن طعنتم علیه فقبله طعنتم علی‌ابیه وان کاناالخلیقین‌بالأمارة ، «اگرهم اکنون براسامه طعن میزنید پیش‌از این بر پدرش نیزطعن زدید بااینکه هردوبراستی برای فرماندهی شایستگی‌داشتند .» رسول خدا پیش‌ازآنکه لشکر را روانه سازد بیمارشد واسامة در «جرف»[4] توقف داشت ، پس چون بیماری اوسخت شد، گفت: انفذوا جیش‌اسامة. «لشکراسامه را روانه سازید.» واین سخن راچند بار گفت وچهارده روزبیماری کشید وروزدوشنبه دوروز گذشته از ماه ربیع‌الاول[5] وازماههای عجم درماه اذار و در قران عقرب وفات کرد . ماشاءالله

۱–ل: ص۱۲۵. ۲–بضم‌اول‌بر وزن‌مضارع‌مجهول‌ازفعل‌بنی، شهرکوچکی نزدیک رمله، ودرآن قبری است که گویند گورابوهریره وبقولی‌گور عبدالله بن ابی‌سرح است (مراصدالاطلاع) . ۳- بفتح‌اول شهرستانی تابع دمشق میان شام ووادی‌القری که مرکزآن «عمان» است (مراصد) . ۴- بضم‌اول وسکون دوم ، جایی‌است بفاصلهٔ سه میل ازمدینه بطرف شام (مراصدالاطلاع) . ۵- مشهورشیعه۲۸ ماه صفراست، وکلینی در کافی ج ۱ ص ۴۳۹ ، ومسعودی در مروج‌الذهب ج ۲ ص ۲۸۷ در ۱۲ ربیع‌الاول ، وحسن بن موسی نوبختی‌درکتاب فرق‌الشیعه ص۲ ، درماه‌ربیع‌الاول نوشته‌اند، وازامالی شیخ طوسی نیز۱۲ ربیع‌الاول نقل شده وهمین قول درنزد اهل سنت مشهوراست .

منجم گفته است : طالع سالی که رسول خدا در آن وفات کرد ، در قران چهارم از ولادتش، جدی بود ۱۸ درجه، وزهره در . . . . هیفده درجه، وخورشید درحمل یك دقیقه، ماه درحمل ۲ درجه و ۳۰ دقیقه، وعطارد . . . . یازده درجه و ۱۳ دقیقه ، و مشتری در میزان ۲۳ درجه و ٤٤ دقیقه درحال رجوع ، ومریخ درجدی ۵ دقیقه . وخوارزمی گفته است: روزوفات رسول خدا خورشید درجوزاء بود ٦ درجه ، وماه درجوزاء ۲۳ درجه، وزحل درقوس ۲۹ درجه ، ومریخ درحوت ۱۱ درجه ، وزهره درسرطان ۱۸ درجه ، و عطارد درجوزاء ۲۸ درجه ، ورأس درجدی ۲۵ درجه.

سن وی ۶۳ سال بود و علی بن ابی‌طالب او را غسل داد و فضل بن عباس بن عبدالمطلب و اسامة بن زید آب می‌دادند و آوازی از خانه شنیدند کـه صدا را می‌شنیدند و شخص را نمی‌دیدند ، پس گفت : درود و رحمت و برکات خدا برشما اهل بیت باد، همانا که خدا ستوده و بزرگوار است «جز این نیست که خدا می‌خواهد تا پلیدی را از شما خانواده دور دارد و شما را پاکیزه سازد پاکیزه ساختنی[۱] ؛ هرجانی چشندهٔ مرگ است و جز این نیست کـه روز رستاخیز بمزدهای کامل خویش می‌رسید ، پس هر که از آتش دور بماند و در بهشت در آید ، راستی که رستگار است ، وزندگی دنیا جز بهرهٔ فریب نیست ؛ هرآینه در مالها و جانهاتان آزموده شوید ، والبته از کسانی که پیش از شما کتاب داده شده‌انـد ، و از کسانی که شرك ورزیده‌اند ، آزار بسیاری می‌شنوید ، و اگر شکیبایی و پرهیزکاری کنید راستی که آن از کارهای شایسته است[۲] » همانا در خدا جانشینی است از هر مرده‌ای و شکیبایی است از هر مصیبتی ، خدای مزدهای شما را بزرگ گرداند ، و درود و رحمت خدا (برشما باد). پس به جعفر بن محمد گفته شد: شما اورا چه کسی می‌دانستید؟ گفت : جبرئیل .

۱ـ س ۳۳، ی ۳۳ . ۲ـ س ۳، ی ۱۸۵ ، ۱۸۶ .

(رسول‌خدا) در دوجامهٔ صحاری[1] و یك برد یمنی کفن‌شد وعلی‌بن‌ابیطالب و عباس‌بن عبدالمطلب و بقولی فضل‌بن عباس ، وشقران غلام رسول خدا ، بقبرش داخل شدند و انصار فریاد کردند که برای ماهم در پیامبرخدا پس‌از وفاتش نصیبی قرار دهید ، چنانکه ما را درزندگیش بوده است . پس علی گفت : مردی از شما فرود آید . پس‌اوس بن خولی راکه مردی از بنی حبلی[2] بود ، فرو فرستادند. و ابوطلحةبن‌سهل‌انصاری قبرپیامبر را کنده بود وجز او و ابوعبیدةبن‌جرّاح درمدینه گورکنی‌نبود ، ابوعبیدةبن جراح(زمین‌را) می‌شکافت ومیان‌آن را می کند، لیکن ابوطلحه لحد می‌ساخت ، و بقولی هردو بکندن قبر شتافتند و ابوطلحه در کندن آن پیشی گرفت . چند روزی بر پیامبر نمازگزارده شد و مردم می‌آمدند و دسته دسته نماز می گزاردند ، وپاسی از شب چهارشنبه گذشته پیامبر بخاك سپرده شد و پاره‌ای ازرحل او که پارچهٔ قرمزی بود، زیر او گسترده شد و قبرش را چهارگوشه ساختند نه‌برآمده .

و چون پیامبر وفات کرد مردم گفتند : ما گمان نمی کردیم که پیامبر خدا تا برهمهٔ زمین دست نیابد خواهد مرد . و عمر بیرون آمد و گفت : بخدا قسم پیامبر خدا نمرده است و نمی‌میرد لیکن همچنانکه موسی چهل شب ناپدید شد ، ناپدید می‌شود و سپس باز می گردد ، بخدا سوگند که او دستها و پاهای مردمی را خواهد برید . و ابوبکر گفت : بلکه خدا خبر مرگ او را بما داده و گفته‌است «انك میّت وانهم‌میتون»[3] . پس عمر گفت: بخدا سوگند که گویا من‌هرگز این‌آیه را نخوانده‌ام . سپس گفت :

لعمری لقدایقنت انك میّت ولکنما ابدی الذی قلته جزع

بجانم‌سوگند که یقین‌داشتم‌توهم‌خواهی‌مرد لیکن‌آنچه گفتم‌ازبی‌تابی‌برزبان‌آمد.

(رسول خدا) جزفاطمه فرزندی بجای نگذاشت ، و او هم چهل‌شب و بقول

۱ـ صحار، شهری‌دریمن یا هم همان‌عمان‌است. ۲ـ تیره‌ای‌ازقبیلهٔ خزرج. ۳ـس‌زمر، ی۳۰

جمعی هفتادشب، و بگفتهٔ بعضی دیگر سی شب، وبگفتهٔ دیگران شش ماه پس از وفات پدر درگذشت وبشوهرش علی وصیت کرد که او را غسل دهد ، پس او را با کومك اسماء دخترعمیس غسل داد، اسماءخدمتگزاری و پرستاری فاطمه می‌کرد، پس باو گفت : نمی‌بینی چه‌حالی پیدا کرده‌ام ؟ آیا آشکارا روی تخته‌ای برداشته خواهم شد ؟ گفت نه بجانم ای دخترپیامبر، لیکن من چنانکه دیده‌ام که در حبشه می‌سازند ، برای تو چیزی خواهم ساخت. گفت : پس آن را بمن نشان‌ده . اسماء فرستاد تا چوبهای خرمای تازه‌ای آوردند وآنها را برید وروی تخته از آنها نعشی ساخت و آن نخستین نعش بود ، پس فاطمه لبخند زد و جز آن روز با لبخند دیده نشد .

(فاطمه) شبانه دفن شد وهیچکس جزسلمان و ابوذر وبقولی‌عمّار حاضرنبود، برخی اززنان پیامبر دربیماری فاطمه نزد اوآمدند وگفتند : ای دختر پیامبر ، ما را از حضور در غسلت بهره‌مند ساز . گفت : آیا می‌خواهید چنانکه دربارهٔ مادرم گفتید ، دربارهٔ من‌نیز بگویید؟ نیازی بحضورشما ندارم .

زنان پیامبر وجزآنان اززنان قریش‌دربیماری فاطمه‌براو درآمدند و گفتند: چگونه‌ای ؟ گفت : اجدنی کارهة لدنیاکن ، مسرورة لفراقکن ، القی‌الله و رسوله بحسرات منکن ، فما حفظ لی الحق ، ولا رعیت منی‌الذمة ، ولا قبلت‌الوصیة ، ولا عرفت‌الحرمة[1]، «خودرا از دنیای شما بیزار و از جدایی شما شادمان می‌بینم ، با فسوسهایی ازشما خدا وپیامبرش را دیدار می کنم ، چه حق من نگهداشته نشد ، و پیمان من رعایت‌نگردید، ووصیت پذیرفته‌نگشت ، وحرمت ناشناخته ماند .

و سن فاطمه بیست‌وسه سال بود :

۱ـ ر.ك. بلاغات‌النساء احمدبن ابی‌طاهربغدادی ص ۱۹.

شمایل رسول‌خدا[1]

پیامبر خدا (دردلها ودیده‌ها) با مهابت و بزرگوار بود ، بزیبایی و پاکیزگی آراسته بود ، خوشرو و گشاده رو و خوش اندام بود . از چهار شانه بلندتر و از بلند بالا کوتاهتر ، نه عیب بزرگی شکم داشت و نه نقص کوچکی سر ، خوش سیما و زیبا بود ، هیچکس از مردم هر چند بلند قامت با وی راه نمی‌رفت مگر آنکه از او بلندتر می‌نمود ، سری بزرگ داشت و مویی نه بس پیچیده ونه بسیار افتاده،اگر موی سرش (خود بخود) دوراه می‌شد (وگرنه آن را دوراه نمی کرد)[2] مویش از نرمهٔ گوشش نمی گذشت ، رنگی روشن و بسرخی آمیخته داشت ، و چشمانی سیاه‌وگشاده با مژه‌هایی پرمو ، در آوازش گرفتگیی بود ، ریش انبوهی داشت ، بیشترسفیدی مویش ازریش‌درپیرامون چانه و از سرش در دوبنا گوش بود، گونه‌هایش هموارو کم گوشت ودهانش گشاده بود ، گفتاری شیرین داشت، نه‌بسیار کم سخن بودو نه‌پر گو ، ازسینه تا بناف ، خط مویی بسیار باریك داشت ، اندامش متناسب و معتدل، وسینه وشانه‌اش پهن بود، دوسرشانه‌اش ازهم فاصله داشت ، پشتی پهن داشت جز ران‌وساق که زیر مفصلها است ، تنی سفیدوپاکیزه وازبالای سینه‌تا ناف خطی ازمو کشیده داشت ، و جز آن (درسینه وشکم) مویی نداشت ، دو ذراع و دو سرشانه وبالای سینه‌اش موی‌دار بود، استخوانهای بند دستش کشیده و کفی گشاده و بخشنده داشت، دوپنجهٔ‌دست‌وپایش قوی و درشت و انگشتها[کشیده‌وبلند] و دو کف پا اززمین بر آمده بود ، بسرعت راه می‌رفت و هنگام راه رفتن چنان بود که گویی اززمینی سراشیب فرودمی آید، یا ازروی سنگی‌بنشیب می‌رود،چون‌بطرف

۱ ـ ل، ص ۱۲۹. ۲ـ نهایه ، وان انفرقت عقیصته فرق . ای ، ان صارشعره‌فرقین لنفسه فی‌مفرقه ترکه فان‌لم ینفرق لم یفرقه .

کسی بر می گشت با تمام بدن بر می گشت ، دیده‌اش فرو هشته ونگاهش بزمین بیشتر بود تا بآسمان ، بیشتر نگاهش بگوشهٔ چشم بود ، بهر کـه می‌رسید ابتدا بسلام می کرد .[1] بیشتر نشستنش چنان بود که زانوهارا بغل می گرفت . روی زمین غذا می‌خورد و هر گاه مردی اورا صدا میزد و می گفت : یارسول‌الله ، در پاسخش «لبّیك» می گفت ، و اگر می گفت : یا اباالقاسم ، او نیز می گفت : یا اباالقاسم و اگر می گفت : یا محمد . او نیز می گفت : یا محمد ، وهر گاه کسی دست اورا می گرفت دست خویش‌را نمی کشید تا آنگاه که آنکس‌خود دستش‌را رها می کرد، و اگر کسی عبایش‌را می کشید با او کشمکش نمی کرد تا خود آن را رها سازد ، و هر گاه نیازمندی ازاو حاجتی می‌خواست ، اورا جزبا حاجت رواشده یا هم‌سخنی دلپذیر باز نمی گرداند .

کسانی که برسول‌خدا شبیه بوده‌اند[2]

کسانی که شبیه رسول خدا بوده‌اند : **جعفربن ابیطالب** است که رسول خدا بدو گفت : اشبهت خلقی و خلقی ، « در خوی و روی مانند منی . » و **حسن‌بن‌علی** که فاطمه می گفت:

بأبی شبیه‌بابی   غیرشبیه بعلی

وبقولی‌ابوبکر هنگامی که دریکی از کوچه‌های مدینه اورا دید ، بدو گفت:

بابی‌شبیه‌بالنبی   غیرشبیه بعلی

«پدرم فدای توباد که‌شبیه پیامبری نه‌شبیه‌علی.» **وقثم‌بن‌عباس‌بن‌عبدالمطلب** ،

۱ـ حدیث هندبن ابی‌هاله درشمایل‌رسول‌اکرم را دراسدالغابه ج۵ ص ۷۲ وج۱ ص ۲۴ـ۲۸ وبحارکمپانی ج۶ ص۱۳۳ ، ومکارم الاخلاق‌ص۶ـ۷ ، ومعانی‌الاخبار صدوق ، وحدیث علی‌بن‌ابیطالب علیه‌السلام درشمایل رسول خدا را دراسدالغابه ج۱ ص۲۵ ملاحظه‌کنید. ۲ـ ل، ص۱۳۰ .

و **ابوسفیان** بن حارث بن عبدالمطّلب ، و اسهدبن عمره [1] و **هاشم‌بن‌عبدالمطّلب** بن‌عبد مناف ، و **مسلم** بن معتّب‌بن ابی‌لهب .

نسب پیامبرخدا ومادرانش تاابراهیم ، وعاتکه‌ها وفاطمه‌هایی که مادران او بوده اند [2]

پیامبر : **محمدبن** عبدالله بن عبدالمطّلب بن‌هاشم‌بن عبد مناف بن قصیّ بن کلاب بن مرّة بن کعب بن لؤی بن غالب بن فهربن مالك بن نضربن کنانة بن خزیمة بن مدرکة بن الیاس بن مضربن نزاربن معدّ بن عدنان‌بن أدّ بن أددبن همیسع بن یشجب بن أمین بن نبت بن قیذاربن اسماعیل بن ابراهیم بن تارخ بن ساروغ‌بن ارغوبن فالغ بن عابربن شالخ [بن ارفخشدبن سام بن نوح بن‌لمك بن متوشلخ] بن اخنوخ همان ادریس پیامبر ، پسر یردبن مهلائیل بن قینان بن أنوش ابن شیث بن‌آدم ﷺ است .

مادر پیامبرخدا : **آمنه** دختر وهب بن عبد مناف بن زهرة بن کلاب است ، و مادر او: **برّه** دختر عبدالعزّی بن‌عثمان‌بن عبدالداربن قصی.

ومادر عبدالله بن عبدالمطلب: **فاطمه** دختر عمروبن عائذ بن عمران‌بن‌مخزوم .

ومادر عبدالمطلب که شیبةالحمدپسر هاشم است : **سلمی** دختر [عمروبن زید] ابن لبید بن خداش بن عامربن غنم بن عدیّ بن نجّار که نامش : زید مناة و بقولی دیگر : تیم‌اللّات بن ثعلبة بن عمروبن خزرج بود .

ومادر هاشم : **عاتکه** دختر مرّة بن هلال بن فالج بن ذکوان بن ثعلبة بن بهثة بن سُلیم.

۱ـ نسخه چنین است وصحیح آن : سائب‌بن‌عبیدبن عبدیزیدبن هاشم‌بن مطلب‌بن عبد مناف می‌باشد ، یعنی اولا مرادبابن عبارت یکنفراست نه‌دونفر، وثانیاً عبدالمطلب نادرست ومطلب‌درست می‌باشد(ر.ك. اسدالغابه‌ج۲ص۲۵۵)، این‌سائب ازصحابه‌و پدرشافع جد شافعی است . ۲ـ ل،ص۱۳۰ .

[و مادر عبد مناف] که نامش مغیرة بن قصی بود : [حُبّی] دختر حُلیل بن حبشیة بن سلول بن کعب‌بن عمرو‌بن ربیعة بن حارثة بن عمرو بن عامرخزاعی .

ومادر قصی که نامش زید بن کلاب است : **فاطمه** دختر سعدبن سیل‌بن عامر جادر ...[۱] ازدی ازازد شنوءه همپیمانان بنی نفاثة بن عدی بن دئل بن بکربن عبد مناة بن کنانه .

و مادر کلاب بن مرّه : **هند** دختر سُریر بن ثعلبة بن حارث بن مالك بن کنانة بن خزیمه .

و مادر مرّة بن کعب‌بن لؤی : **ماویه** دخترقین[۲] بن‌جسربن شیع‌اللهبن اسدبن وبرة بن تغلب بن حلوان بن عمران بن الحاف‌بن قضاعه .

و مادر کعب بن لؤی : [**وحشیه**[۳] دختر شیبان[۴].

و مادر لؤی] بن غالب : **سلمی** دختر عمرو بن ربیعة بن حارثة بن عمرو بن خزاعه[۵] .

و مادر غالب‌بن فهر : **لیلی** دختر سعدبن هذیل بن‌مدرکة بن‌الیاس بن مضر.

و مادر فهربن مالك : **جندله** دخترحارث بن جندل بن‌عامر بن سعدبن‌حارث ابن مضاض بن عامربن دبّ بن خرهم .

و مادرمالك بن نضر : **عاتکه** یعنی‌عکرشه یاحصان[۶] دخترعدوان : حارث بن

---

۱ ـ جادر لقب عامربن عمروبن جعثمة بن یشکر بن مبشربن صعب بن (دهمان بن) نصربن زهران‌بن (حارث‌بن کعب‌بن عبدالله‌بن‌مالك‌بن نصربن) اسدبن غوث، وآنان‌را «جدره» گفته‌اند چون عامربن عمروبن جعثمه دختر حارث‌بن مضاض جرهمی‌را بزنی گرفت وامر کعبه در دست جرهمیان بود ، پس برای کعبه دیواری ساخت و اورا «جادر» و فرزندانش را «جدره» گفتند (سیرهٔابن هشام ج ۱ ص۱۱۷) ۲ ـ دختر کعب‌بن قین (سیرهٔابن هشام وکامل ابن اثیر) ۳ ـ ابن هشام مادر مرة ابن‌کعب را «وحشیه» ومادر کعب‌را «ماویه» می‌نویسد (سیره ج ۱ ص ۱۰۶ ـ ۱۱۵) ۴ ـ شیبان ابن محارب‌بن فهربن مالك‌بن نضر (سیرهٔ ابن هشام ج ۱ ص ۱۱۵) ۵ ـ یاهم ، عاتکه دختریخلد ابن نضربن کنانه (کامل ج ۲ ص ۱۶). ۶ ـ کامل ج ۲ ص۲۲ .

عمروبن قیس بن عیلان ابن مضر.

ومادر نضربن کنانه : **برّه** دخترمرّبن أدّ بن طابخةبن ألیاس‌بن مضر.

ومادر کنـانة بن خزیمه : **هند** دختر قیس عیلان[۱] .

و مـادر خزیمةبن مدرکـه : **سلمی** دختر اسدبن ربیعة بن نزار[۲] .

ومادر مدرکة بن الیاس:**خندف** یعنی لیلی دختر حُلوان بن‌عمران بن‌الحاف ابن‌قضاعه .

و مادر الیاس بن مضر : **حنفاء**[۳] دخترأیادبن نزاربن معدّبن عدنان .

و مادر مضربن نزار : **شقیقه**[۴] دخترعكّ بن عـدنان بن‌ادد .

ومادر نزاربن معـد : **ناعمه**[۵] دختر جوشم بن عـدی بن دبّ‌بن جرهم.

و مـادر معدّبن عدنان : **تیمه**[۶] دختر یشجب بن یعرب بن قحطان [.....[۷]]

و مادر أدبن أدد : **النعجا** دختر عمروبن‌تبّع بن سعدذی‌فائش بن حمیر .

ومادر أددبن همیسع : **حیه** دختر قحطان .

ومادر همیسع بن یشجب : **حارثه** دختر مرادبن زرعـة بن ذی‌رعین‌بن‌حمیر.

ومادریشجب بن امین : **قطامه** دخترعلی‌بن جرهم ....[۸]

ومادراسماعیل بن ابراهیم : **هاجر** کنیزمصری وبقول‌بعضی رومی ساره مادر اسحاق .

و مادر ابراهیم یعنی ابراهیم بن تارخ : **ادنیا** دختربرّبن ارغوبن فالغ بن عابربن شالخ . وروایت شده است که رسول خدا بسیار می گفت : اناابن العواتك ،

---

۱ ـ سیرهٔ ابن هشام ج ۱ ص ۱۰۱ ، عوانـه دختر سعد بـن قیس بن عیـلان بـن مضر .
۲ ـ مدرك سابق ، زنی از قضاعه . ۳ ـ رباب دختر حیدةبن معد (طبری ج ۲ ص ۲۵)
۴ ـ سوده دخترعك (کامل ج ۲ ص ۱۹ ۵ ـ معانه دختر جـوشم (کامل ج ۲ ص ۱۹)
۶ ـ مهدددخترلهم (تاریخ طبری ج ۲ ص ۲۷) . ۷ ـ در اینجا نام و نسب مادر عدنان افتاده است، نام مادرعدنان«بلهاء» بود (منتهی الآمال ج ۱ ص ۳) . ۸ ـ در اینجا نام و نسب مادران امین و نبت وقیذار افتاده است

«منم پسرعاتکه‌ها» وبسا می گفت : اناابن العواتك من سُلیم ، «منم پسرعاتکه ها ازسلیم». درمیان مادران پیامبردوازده‌عاتکه نام بودند که ده نفر ایشان‌مضری ویکی قحطانی و یکی قضاعی ، وازمضریها سه‌نفر ازقریش وسه نفرازسلیم ودونفرعدوانی و یکی هذلی ویکی اسدی بود .

اماقرشیها همگی از طرف اسدبن عبدالعزّی براو مادر شده اند[1] ، چه مادر اسدبن عبدالعزی : حطیایعنی ریطه دختر کعب بن سعدبن تیم بن مرّه بود ، ومادر ریطه : قیله دخترحذافة بن‌جمح ، ومادر او : امیمه دختر عامربن‌الحان بن‌حارث که غسّان بن خزاعه باشد ، و مادر او [عاتکه دختر هلال] بن وهیب [بن ضبّة بن حارث] بن فهر ، و مادر هلال بن وهیب : عاتکه دختر عنوارة بن طرب بن حارث ابن فهر ، ومادراو : عاتکه دختر یخلد بن نضربن کنانة بن خزیمه .

سُلمیها ازطرف هاشم مادرپیامبر شدند : چه مادر هاشم بن عبد مناف [عاتکه دختر مرّة بن هلال] : بن سلیم‌بن منصور بود[2] ، ومادرمرة بن هلال : عاتکه دختر مرةبن عدی بن سلیمان‌بن قصی‌بن خزاعه، و بقولی دخترجابربن قنفذ بن مالك‌بن عوف بن امریء القیس بن بهثة بن سلیم[3] .

واما دوعدوانی ، پس ازطرف مادران پدرش عبدالله ، واز طرف مالك‌بن نضر براومادرشده اند ؛ اماآنکه ازطرف پدرش عبدالله مادر اوست ، وهفتم یابقولی پنجم ازمادران وی می‌باشد : عاتکه دختر عامربن ظرب بن عمروبن[4] یشکربن حارث :

---

۱ ـ چه مادر مادر رسول اکرم که آمنه باشد ؛ برّه دختر عبدالعزی بن عثمان بن عبدـ الدار و مادر بره ، ام حبیب دختر اسدبن عبدالعزی بوده است (کامل التواریخ ج ۲ ص ۲۲) .
۲ـ کامل ، مرةبن هلال‌بن فالج ، وهمین کتاب ، مرةبن هلال بن‌فالج بن ذکوان بن‌ثعلبة بن بهثةبن سلیم . رك ص۵۱۵ . ۳ـ عاتکهٔ سوم ازسلمیها، عاتکه دختر عصیةبن‌خفاف‌بن امریءالقیس مادر هلال بن فالج بوده است (کامل ج ۲ ص ۲۲) . ۴ ـ عبادبن بکربن حارث (کامل ج۲ ص۲۲) .

عدوان بن عمرو بن قیس بن عیلان است[۱] . و کسیکه اورا مادرپنجم دانسته می گوید : **عاتکه** دختر عبدالله بن حارث بن وائلة بن ظرب بن عمرو .

اما عدوانیهٔ [دوم] پس مادرمالك بن نضربن کنانه است که: **عاتکه** دخترعدوان ابن عمروبن قیس بن عیلان باشد .

اماهذلیّه ، پس ازطرف هاشم مادروی می‌باشد ؛ چه مادرهاشم : **عاتکه** دختر مرّة بن هلال است ، ومادر او : ماویه دختر حورة بن عمروبن سلول بن صعصعة بن معاویــة بن بکربن هوازن ، و مــادر معاویة بن بکربن هــوازن : **عاتکه** دختر سعد ابن هذیل[۲] .

اماسدیّه ، که ازطرف کلاب بن مرّه مادر وی شد ، و سومین مادر می‌باشد : **عاتکه** دختر دودان بن اسدبن خزیمه است[۳] .

اما قحطانیه[۴] ، پس از طرف غالب بن فهر [بن مالك] بن نضربن کنانه مادر وی گشته است ، چه مادر غالب بن فهر : لیلی دختر[۵] [سعدبن] هذیل بن مدرکه ، ومادراو : سلمی دختر طابخة بن الیاس بن مضر ، و مادر او **عاتکه** دختر ازدبن غوث ابن نبت [بن] مالك بن زیدبن کهلان بن سبأبن یشجب بن یعرب بن قحطان است ، واو سومین مادر نضربن کنانه است[۶] .

۱ـ و عاتکه مادر زینب دختر مالك بن ناصرة بن کعب فهمی است، و زینب مادر هند دختر عبدالله بن حارث بن وائلة بن ظرب ، و هند مادر تخمر دختر عبد قصی ، وتخمر مادرفاطمه دختر عمرو، وفاطمه مادر عبدالله (کامل ج۲ ص۲۲) .

۲ ـ کامل ، عاتکه دختر سعد بن سیل مادر عبدالله بن رزام است ، و عبدالله جد مادری عمروبن عائذ بن عمران بن مخزوم است که جدمادری رسول اکرم باشد . ۳ ـ و عاتکه مادرهند دختر سریربن ثعلبة بن حارث بن مالك بن کلاب . و هند مادر کلاب بن مره است (کامل ج ۲ ص۲۳) . ۴ . تعبیر ابن‌اثیر «ازدیه»است. ۵ . کامل ج۲ ص۲۲ ، لیلی دختر حارث بن تمیم بن سعدبن هذیل ۶ ـ ج۲ مادر نضربن کنانه ، دختر مرة بن أد خواهر تمیم‌است ، و مادر او ماریه از بنی ضبیعة بن ربیعة بن نزار ، ومادر او عاتکه دختر ازدبن غوث .

اماقضاعیّه ، که ازطرف کعب بن لؤی براو مادر شده است ، و مادر سوم کعب است : **عاتکه** دختر رشدان بن قیس بن جهینة بن زیدبن سود بن اسلم بن الحاف بن قضاعه می‌باشد .

نام فاطمه‌هایی که رسول خدا را مادر بوده‌اند[۱]

گفت : چندین نفر از دانشمندان مـرا خبر دادند کـه (رسول خدا) روز حنین بسیار می گفت : اناابن‌الفواطم ، «منم پسرفاطمه‌ها.» ونسب شناسها بمن خبر دادند که چهارنفر[۲] فاطمه نام در مادران وی بوده‌اند : یکی ازقریش ودونفر ازقیس ویکی از ازد .

اما قرشیّه ، پس ازطرف‌پدرش عبدالله بن عبدالمطلب بروی مـادر است واو: **فاطمه** دختر عمروبن عائذ بن عمران بن مخزوم بود .

ودوقیسیه : مادرعمروبن عائذ بن عمران : **فاطمه** دختر [ربیعةبن]عبدالعزی ابن رزام بن بکربن هوازن است، و مـادرش : **فاطمه** دختر[حارث بن] بهثـة بن سلیم‌بن [منصور] .

وازدیّه: مادرقصی بن کلاب : **فاطمه** دخترسعد بن سیل بود.[۳]

گماشتگان رسول خدا هنگامی که خدا وی رابجوارخویش برد

برمکه : **عتّاب** بن‌اسید بن‌عاص .

بربحرین : **علاء** بن حضرمی ومنذربن ساوی‌تمیمی وبگفتهٔ بعضی بجای‌علاء : ابان‌بن سعید بن عاص .

برعُمان: **عبادوجیفر** پسران جلندی ، و بگفتهٔ بعضی : عمروبن عاص .

---

۱ ـ ر. ك. طبقات ابن‌سعد ج ۱ ص ۶۱ ل ، ص۱۳۵ . ۳ ـ کامل ج۲ ص۲۱ ، پنج‌نفر، یك قرشی و دوقیسی ودو یمنی . ۲ـ و نیز مادر حبی دخترحلیل بن حبشیة بن‌کعب بن سلول مادر فرزندان‌قصی، فاطمه‌دختر نصربن‌عوف‌بن عمروبن‌ربیعة بن‌حارثهٔ خزاعی(کامل ج۲ ص۲۲).

برطائف : **عثمان** بن ابی‌العاص .

بر یمن : **معاذ** بن جبل و **ابوموسی‌عبدالله** بن قیس اشعری که بمردم فقه می‌آموختند .

برمخلافهای جند[1] و صنعاء : **مهاجر** بن [ابی] امیّهٔ مخزومی .

برحضرموت : **زیاد** بن لبید انصاری .

برمخلافهای یمن : **خالد** بن سعید بن عاص .

وبرناحیه‌ای ازنواحی‌آن : **یعلی** بن‌منیّهٔ تمیمی .

وبرنجران : **فروة** بن مُسیك مرادی ، و بقول بعضی : **ابوسفیان** بن حرب .

وبرصدقه‌های اسدوطیء : **عدی** بن‌حاتم .

و بر صدقه های حنظله و بقول بعضی برصدقات بنی‌یربوع : **مالك** بن نویرهٔ حنظلی .

وبرصدقه های بنی عمرووتمیم : **سمرة** بن عمروبن جناب عنبری .

وبرصدقه های بنی‌سعد : **زبرقان** بن بدر .

وبرصدقه های مقاعس[2] وتیره‌های‌آن : **قیس** بن عاصم .

---

۱ ـ یمن را بسه ولایت تقسیم کرده‌اند ، جند (بفتح جیم ونون) و مخلافهای آن ، و صنعاء و مخلافهای آن ، وحضرموت و مخلافهای آن (مراصدالاطلاع) . ۲ـ قبیلهٔ مقاعس (بضم میم) بنام مقاعس ، حارث بن عمروبن کعب بن سعد بن زیدمناة بن تمیم منقری است که جد پنجم قیس بن عاصم باشد (امتاع‌الاسماع ج۱ ص ۵۰۹) .

داستان سقیفهٔ بنی‌ساعده و بیعت ابوبکر[1]

روز وفات رسول خدا، انصار در سقیفهٔ بنی ساعده فراهم شدند ...[2] پس سعد ابن عبادهٔ خزرجی را نشانیده، دستمالی بسر او بسته مسندی برای او دوتا کردند و خبر به ابوبکر و عمر و مهاجران رسید، پس باشتاب آمدند و مردم را از پیرامون سعد براندند و ابوبکر و عمر بن خطاب و ابوعبیدة بن جرّاح پیش آمدند و گفتند: ای گروه انصار، پیامبر خدا از ما است پس بجانشینی او سزاوارتریم. وانصار گفتند: از ما امیری و از شما امیری. پس ابوبکر گفت: امیران از ما و وزیران از شما است. آنگاه ثابت بن قیس ابن شمّاس که خطیب انصار بود بپاخاست و سخن گفت و برتری آنان را یاد آوری کرد. پس ابوبکر گفت. شما را از بزرگواری دور نمیداریم و آنچه از برتری یاد آور شدید راستی که شما اهل آن هستید، لیکن قریش از شما به محمّد سزاوارترند و این عمر بن خطاب است که پیامبر خدا گفته است: خدایا دین را باو سربلند گردان. و این ابوعبیدة بن جرّاح است که پیامبر خدا گفته است: امین[3] این امت است. پس باهر کدام از این دو خواهید بیعت کنید. آن دو زیر بار نرفتند و گفتند: بخدا قسم با اینکه تو همسفر پیامبر خدا و دوم دوتایی، ما بر تو پیشی نخواهیم گرفت. پس ابوعبیده دست بدست ابوبکر زد و عمر دومی بود، سپس هر که از قریش همراه او بود بیعت کرد و آنگاه ابوعبیده فریاد کرد: ای گروه انصار، شما نخستین یاوران بودید پس نخستین کس نباشید که تغییر و تبدیل دهد. و عبدالرحمن بن عوف برخاست و آغاز سخن کرد و گفت: ای گروه یاران پیامبر، شما هرچند برتری داشته اید لیکن مانند ابوبکر و عمر و علی درمیان شما نیست. و منذر بن ارقم بپا خاست و گفت: برتری کسانی را که نام بردی انکار نمی کنیم و راستی درمیان ایشان مردی است که اگر

۱ـ ل: ص ۱۳۶. ۲ـ می‌شود احتمال داد که ترجمهٔ عبارت افتاده و کلمهٔ «یغسل» که بعد از افتادگی بجا مانده این باشد: «و رسول خدا هنوز غسل داده نشده بود.» ۳ـ ل، ب: امیر این امت.

این امررا خواستارمیشد ، هیچکس با اوبنزاع برنمی خاست . و مقصود اوعلیّ بن ابیطالب بود، پس بشیربن سعد خزرجی برجست ونخستین کس از انصار بود که بـا ابوبکر بیعت کرد،وسپس اسیدبن حضیرخزرجی ودیگرمردمان بیعت کردندوچنان شد که مرد ازروی مسند سعد بن عباده می‌پرید وتا آنجا رسید که سعد رالگدکـوب کردند وعمر گفت : سعد رابکشید خدا سعد رابکشد،وبراء بن عازب آمد ودرخانهٔ بنی‌هاشم راکوبیدو گفت : ای گروه بنی‌هاشم باابوبکر بیعت شد. پس بعضی ازایشان گفتند : بااینکه مابه‌محمد سزاوارتریم ، مسلمانان بانبودن ما کاری انجام نمی‌دهند. عباس گفت: بپروردگار کعبه‌سوگند که آن‌راانجام‌دادند،ومهاجران وانصاردربارهٔ علی شك نمی‌داشتند. پس‌چون ازخانه بیرون آمدند ، فضل‌بن عباس که زبان قریش‌بود گفت : ای گروه قریش بااینکه اهل خلافت ماییم نه‌شما، وسرور ما از شما بـدان سزاوارتراست ، باشبهه‌کاری خلافت برای شما راست نگردد . وعتبة بـن ابی‌لهب برخاست و گفت :

ما کنت احسب ان‌الامرمنصرف — عن هاشم ثم منهاعن ابی‌الحسنِ
عن اوّل الناس ایمانـاً و سابقة — و اعلم الناس بالقرآن والسننِ
وآخرالناس عهداً ابالنبیّ و من — جبریل‌عون‌له فی‌الغسل‌والکفنِ
من فیه‌ما فیهم لایمتـرون بـه — ولیس فی‌القوم مافیه من‌الحسنِ

«گمان نمی کردم که امر(خلافت) ازبنی‌هاشم ودرمیان ایشان از ابوالحسن بگذرد ، از کسیکه ازهمهٔ مردم درایمان وسابقه پیشتروبقرآن وسنتها داناتراست ، آخرکسیکه پیامبر را دید و کسیکه در غسل دادن و کفن کردن (پیامبر) جبرئیل یاورش بود ، کسیکه آنچه درآنهاست دراوهست وخودآنان را دراین شبهه‌ای‌نیست، لیکن آنچه ازنیکی دراوست ، دردیگران نیست.»

پس علی نزد وی فرستاد واورا نهی فرمود . و گروهی ازمهاجران وانصار از

بیعت باابی بکرسر باززدند وباعلی بن ابیطالب پیوستند. ازجمله: عباس بن عبدالمطلب وفضل بن عباس وزبیر بن عوّام بن عاص وخالد بن سعید ومقداد بن عمرو وسلمان فارسی وابوذرغفاری وعمّاربن یاسر وبراء بن عازب وابی بن کعب . پس ابوبکر نزد عمربن خطّاب و ابوعبیدة بن جرّاح ومغیرة بن شعبه فرستاد وپرسید که مصلحت چیست ؟ گفتند : مصلحت آن است که عباس بن عبدالمطلب راببینی وبرای او در این امربهره‌ای قراردهی که حق اووسپس حق فرزندان اوباشد وبدینوسیله دست علی راکوتاه کنید تاآنگاه که عباس بسوی شماپیوست شمارا حجتی برعلی باشد . پس ابوبکروعمر و ابوعبیدة بن جرّاح ومغیره رفتند وشبانه بر عباس در آمدند ، آنگاه ابوبکرزبان بستایش ونیایش خداگشود وسپس گفت : « همانا خدامحمد را پیامبر (خویش) و سرپرست مؤمنان فرستاد و ببودنش در میان آنان بر ایشان منت گذاشت تا آنکه برای محمد ثواب خود را بر گزید و کارهایی را بخود مردم واگذاشت تاآنکه بارعایت مصلت وخیرخواهی خود برای خود نظردهند ، پس مرا برای سرپرستی خود ورسیدگی بکارهاشان بر گزیدند ومن هم زمامدارشدم وبیاری و راهنمایی خدای، بیم سستی وسرگردانی وبددلی ندارم وتوفیق من جزازخدانیست، براو توکل کردم و بسوی او باز می گردم وپیوسته از بدگویی خبر یابم که سخن برخلاف عموم مسلمانان می گوید وشمارا پناهگاهی قرارمی‌دهد تادژاستواروورونق کاراوباشید[1].

پس یاباید بامردم درآنچه برآن فراهم گشته‌اند ، هم آهنگ می‌شدید و یا هم آنان را ازآنچه بدان گرویده‌اند بازمی‌داشتید ، هم اکنون مانزد توآمده ایم و

۱ـ عبارت اصل «فتکونوا» بوده است چنانکه در الامامة والسیاسه ص۱۵ ، وشرح ابن ابی ـ الحدید ج ۱ ص ۷۴ ملاحظه شد.وترجمهٔ آن همین است که نوشته شده و اگر « فتکون » تصحیف «فیکون» باشد ترجمه این است ، تا دژ او استوار و کار او تازه و رونق‌دار باشد.

می‌خواهیم تاتورا دراین امر بهره‌ای دهیم که اکنون برای تووسپس برای اعقاب تو باشد ، چه تو عموی پیامبر خدایی ، گواینکه مردم بااینکه مقام توومقام همکارت‌را دیده...[1] ازشما ...[2] ای بنی‌هاشم تند نروید چه پیامبر خدا ازما وازشما است.»

پس عمربن خطاب گفت : « آری بخدا قسم ، ومطلب دیگر آنکه ما ازروی نیازمندی نزد شما نیامده ایم لیکن چون نخواستیم بدگویی و عیبجویی درآنچه مسلمانان بر آن فراهم گشته‌اند ، ازطرف شما دنبال شود وکارشماوایشان بسی‌دشوار گردد، پس‌صلاح خودرا بنگرید .»

دراین هنگام عباس سخن راازحمد وثنای خدا آغاز کرد و گفت : چنانکه گفتی خدا محمد رابرانگیخت تاپیامبر وی وسرورمؤمنان باشد وبواسطهٔ او برامتش منت‌نهاد، تاروزی که‌خدا اورابجوارخویش‌بردوثواب‌خودرابرای‌اوبرگزیدوکارهای مسلمانان را بایشان واگذاشت تابرای خویش صلاح اندیشی کنند وحق‌وصواب را پیش‌آورند نه‌آنکه باکجی هوای نفس منحرف گردند، پس‌اگر بحساب رسول‌خدا باشد، حق‌ما را[3] گرفته‌ای واگر بخاطر مؤمنان است ، ماخود ازمؤمنانیم و در کارت پیش قدم نبوده ودرمیان‌کارهم دست بکارنشده بلکه پیوسته خشمگین زیسته ایم ، و اگرهم این‌کاربدست مؤمنان برتوراست آمده ، بااینکه ما ناراضی بوده‌ایم روبراه نگشته است ، چه اندازه تهافت است میان این سخنت که «ازتوبدگویی کرده اند» واین سخن که «تورا بر گزیده وبتوپیوسته‌اند» وچه اندازه دوری وناسازگاری‌است میان نامیده شدنت «جانشین پیامبر خدا» و گفتارت که : او کارهای مردم را بخود ایشان واگذاشت تاخود صلاح اندیشی کنند وکسی را بـر گزینند و اکنون تو را

۱ـ الامامة و السیاسه ج ۱ ص۱۵ ، و باجود این خلافت را . ۲ ـ الامامه : بجای دیگر برده‌اند. ۳ـ درنسخه‌های یعقوبی«حقا»ضبط شده وصحیح آن«حقنا»است ر. ك. الامامه ج ۱ ص ۱۵، وشرح‌ابن ابی‌الحدید ج۱ ص۷۴ .

برگزیده‌اند، اما آنچه گفتی که آن را برای من قرار میدهی، راستی اگر حق مؤمنان باشد، تو را حق نیست که در آن داوری کنی و اگر حق ما باشد بگرفتن قسمتی و رها کردن قسمتی از آن، تن نمی‌دهیم. اکنون آهسته باش چه پیامبر خدا از درختی است که ما شاخه های آن هستیم و شما پیرامون آن، پس از نزد او بیرون رفتند. ابوسفیان بن حرب نیز از جمله کسانی بود که از بیعت با ابی‌بکر امتناع ورزیدند، و گفت: ای بنی‌عبد مناف آیا راضی شدید که دیگری بر سر شما زمامداری کند؟ و به‌علیّ بن ابیطالب گفت: دست خودرا پیش آرتا باتو بیعت کنم و نیز فراهم آوردن قصی بعهدهٔ من، آنگاه گفت:

بنی‌هاشم لاتطمعوا الناس فیکم	و لا سیّما تیم بن مرّة او عدی
فما الامر الافیکم و الیکم	ولیس لها الا ابوحسن علی
اباحسن فاشدد بها کفّ حازم	فانك بالامر الذی یرتجی ملی
وان امرءا یرمی قصیا[1] وراءه	عزیز الحمی والناس من غالب قصی

«ای بنی‌هاشم، چنان نباشید که مردم وبویژه تیم بن مرّه یا عدی در (حق) شما طمع کنند، چه امر (زمامداری) جز در میان شما و بدست شما نیست وجز ابوالحسن شایستگی آنرا ندارد؛ ای ابوالحسن با دستی کاردان و نیرومند خلافت را قبضه کن چه تو بر آنچه امید میرود نیرومند و توانایی، والبته مردی که قصیّ پشتیبان اواست حق او پامال شدنی نیست، وتنها قصی مردمی از نسل غالب‌اند.»

خالد بن سعید بن عاص که نبود نزد علی آمد و گفت: بیاتا باتو بیعت کنم پس بخدا قسم که در میان مردم کسی از تو سزاوار تر بجانشینی محمد نیست. گروهی نزد علی بن ابیطالب فراهم شدند و خواستار بیعت باوی بودند پس بایشان گفت:

۱ـ ل، ب، قصی.

اغدوا علی هذا محلّقین‌الرؤس، «بامدا فردا بهمین منظور سرتراشیده نزد من آیید» لیکن جز سه نفردربامداد نزد وی نیامدند.

ابوبکروعمرخبریافتند که گروه مهاجران وانصارباعلی‌بن ابیطالب در خانهٔ فاطمه دختر پیامبرخدا فراهم گشته‌اندپس باگروهی آمدند وبخانه هجوم‌آورشدندو علی‌بیرون‌آمد[1] و (زبیر)شمشیری‌حمایل‌داشت‌پس‌عمرباوبرخورد وبااو کشتی گرفت واورا برزمین‌زد وشمشیرش را شکست وبخانه ریختند، پس‌فاطمه بیرون‌آمدو گفت: والله لتخرجنّ اولاکشفنّ شعری ولاعجّنّ الی‌الله.«بخدا قسم بایدبیرون رویدا گرنه مویم رابرهنه سازم ونزد خدا ناله وزاری کنم.» پس‌بیرون رفتندوهر که درخانه بود برفت وچند روزی بماندند سپس یکی‌پس‌ازدیگری بیعت می کردند لیکن علی جز پس ازشش‌ماه وبقولی چهل روزبیعت نکرد.

۱ـ دراین جا نام زبیرافتاده است چه‌آنکس‌که عمربادیگری شمشیراورابسنگ زد وشکست باتفاق تاریخ نویسان که قضیه رانوشته‌اند، زبیربود، مثلاً عبارت ابن ابی‌الحدید(ج ۱ ص۱۳۴) در روایتی که از جوهری نقل می‌کند این است، فجاء عمر الیهم فقال ، والذی نفسی بیده لتخرجن الی‌البیعةاولاحرقن البیت علیکم. فخرج الزبیرمصلتا سیفه فاعتنقه رجل من‌الانصار وزیادبن‌لبیدفدق به فبدرالسیف . ودرروایت دیگر : فخرج الیه‌الزبیربالسیف وخرجت فاطمة علیهاالسلام تبکی و تصیح . ودرروایت دیگر، فقال عمر للزبیر ، ماهذاالسیف؟ فقال، نبایع علیا فاخترطه عمرفضرب‌به حجرافکسره .

مستدرك حواشی

ص۶ س۲۰ : اخنوخ- درتورات خنوخ آمده (سفرتکوین ، باب ۵ ، آیهٔ ۱۹ ببعد) و درتاریخ ابوالفداء (المختصر فی‌اخبارالبشر) ج ۱ص۹ : حنوخ ، بجای بی‌نقطه و نون و واو و خای نقطه‌دار ضبط شده است. خنوخ نیز نام اول زادهٔ قاین (قابیل) است . ونام اول شهری که‌در کتاب مقدس‌مذکوراست واحتراماً باسم او مسمی‌شد . (ر.ك.سفرتکوین، باب ٤ ، آیهٔ ۱۷ ، و قاموس کتاب مقدس‌ص۳۵٤)

ص۷ س۱۲ : متوشلح- درتورات (سفرتکوین ، باب ۵، آیهٔ ۲۱ ، و اول تواریخ، باب ۱ ، آیهٔ ۳ متوشالح آمده است .

ص۲۸س۱ ح: بقرینهٔ عبارت بحار- عبارت بحار این است : و امرسارة ان زوری البیت ، و احتبس الغلام ، « ساره را فرمود کـه خانه را زیارت کن ، و پسر را نزد خویش نگه داشت» .

ص۸۵ س۲ : نسب مسیح- عبارت متی دراول انجیل این است : « کتاب نسب نامهٔ عیسی مسیح‌بن داودبن ابراهیم . ابراهیم اسحاق‌را آورد ، واسحاق یعقوب‌را آورد ـ تاآنکه می‌گوید ـ ویساداود پادشاه‌را آورد، وداود پادشاه سلیمان‌را اززن اوریاآورد ـتاآنکه میگوید ـ ومتان یعقوب‌را آورد، و یعقوب یوسف شوهر مریم را آوردکه عیسی‌مسمی به مسیح‌ازاو متولدشد، پس‌تمام طبقات ازابراهیم تاداود چهارده‌طبقه‌است ، وازداود تاجلای بابل چهارده طبقه ، و ازجلای بابل تا مسیح چهارده طبقه (ر. ك. انجیل متی ، باب اول، آیه‌های ۱ـ۱۷) .

ص۱۸۷ س۱ : ۱۳ مقاله- یعقوبی درذیل، فقط ۱۱مقاله را ذکر کرده است.

ص۱۹۳س۱۷: زوطهماسب- زوبفتح‌اول‌وسکون ثانی‌نام‌پسرطهماسب است‌که درایران پنج سال پادشاهی کرد (برهان قاطع) .

ص ۱۹۶ س۱۳ : دانش- ظاهراً بجای «علم» درمتن عربی «عالم» و بجای «دانش» درترجمه «جهان» صحیح باشد.

ص ۲۳۴ س۷ : راس‌جمجمه- در مراصدالاطلاع بهمین‌صورت ضبط شده، اما درچاپهای مختلف کتاب «رأس‌جمحه» است .

ص۲۳۲ س ۳ : نیرور - درچاپ اروپا بهمین صورت ، ولی درچاپهای نجف و بیروت ودر خطط مقریزی ج ۲ ص۹ «نیروز» است .

ص ۲۳۹ س۱۰ : طسم وجدیس- بعقیدهٔ بعضی « طسم» همان« لطوشیم » است که در تورات ، سفر تکوین ، باب ۲۵ آیهٔ ۳ ذکرشده و قبیله‌ای از اعراب‌اند که ازددان‌بن یقشان متسلسل گشتند (قاموس کتاب مقدس ص ۷٦۷) و جدیس را هم بطلمیوس ضمن قبایل عرب ، بنام « گودیسیت » ذکر کرده است .

ص ۲۴۹س۱ : عاد ، ثمود - عاد ، و عادارم ، بعقیدهٔ برخی همان «هدورام» است که درتورات، سفرتکوین ، باب ۱۰ ، آیهٔ ۲۷ ، و اول تـواریخ ، باب ۱ ، آیهٔ ۲۱ ، جزء فرزندان یقطان ذکرشده ، وگمان دارند که قبیلهٔ وی درساحل جنوبی عربستان‌سکونت می‌داشتند (قاموس کتاب مقدس ص۹۲۰) ، اما قوم ثمود ، درشمال‌حجازمسکن داشته واز قدیمترین اقوام عرب شمالی بوده‌اند .

ص ۲۵۰س ۲ ح : سلیمه . . . ــ جزانی لاجزاه‌الله خیرا سلیمة انه شراجزانی

ص ۲۷۹ س ۱ :ابوقضاعه- مؤلف درصفحهٔ ۲٤۸ ازنسب شناسان نقل‌کرد که «قضاعه» پسر نزاربن معد بن عدنان ، و « ابوقضاعه » کنیهٔ نزار است، واینجا « قضاعه » را از فرزندان معد شمرده و « ابوقضاعه» راهم کنیهٔ معد دانسته است .

ص۲۹۰ س ۲ : جذام ، لخم، عامله- مؤلف درصفحهٔ ۲٤۷ ترجمه ، اینان راازفرزندان عمروبن عدی بن حارث ، و دراینجا از فرزندان عمروبن اسدبن خزیمه دانسته است .

ص۳۱۰ س ۲ : فدلوه- ظاهراًبایدصحیح آن «فداووه» باشد، امادرهمهٔ چاپها بهمین صورتی است که چاپ شده .

ص ۳۱۸ س ۱۲ : محمدبن حسن- ظاهراً مراد مؤلف در اینجا ، و در آنجا که فقهای زمان هارون‌را می‌شمارد، محمدبن حسن مخزومی است که ابن ندیم اورا جزءکسانی که زبیربن بکارازآنان روایت کرده است نام می‌برد (ر. ك. فهرست ص۱٦۱).

ص۳۲۵س ۱٦ : ابواسحاق- ظاهراً مرادمؤلف : ابواسحاق بن‌سلیمان هاشمی مؤلف « کتاب‌التاریخ والسیر» باشدکه مسعودی در مقدمهٔ مروج‌الذهب از وی نام برده ، و کتاب او راذکر کرده است (ج ۱ص۱۵) نه ابواسحاق ابراهیم‌بن محمدبن حارث‌بن‌اسماء ابن خارجهٔ فزاری‌متوفی بسال ۱۸۸درمصیصه‌ومؤلف « کتاب‌السیرفی‌الاخباروالأحداث»، و نه ابواسحاق اسماعیل‌بن عیسی‌العطار از اهل بغداد و ازاصحاب سیرمؤلف « کتاب ــ المبتدأ» و « کتاب حفرزمزم» و« کتاب‌الردة» و « کتاب‌الفتوح» و « کتاب‌الجمل» و

«کتاب صفین» و «کتاب الألویة» و «کتاب الفتن»، ونه ابواسحاق طلحة بن عبیدالله بن محمدبن اسماعیل بن ابراهیم بن محمدبن طلحة بن عبیدالله تیمی ، راویهٔ اخباری از اهل بصره و ندیم موفق عباسی متوفی بسال ۲۷۱ ، مؤلف «کتاب المتیمین» و «کتاب جواهر الاخبار» . ابن ندیم این سه نفر را در عداد اخباریان و نسب شناسان و وقایع نگاران می نویسد و کتابهاشان را نام می برد (ر.ك. فهرست ص ۱۳۵ وص ۱۵۹ ، و ص ۱٦٤).

ص۳۲٦س۳ : ده پسرعبدالمطلب- مؤلف در اینجا ودرجلد دوم کتاب (ص۳٦٤ترجمه) برای عبدالمطلب ده پسر گفته و یازده نفرنام برده است .

ص ۳۴۹ س ۱۱ : بنی تیم طائفهٔ منذربن ساوی- در اصل باین صورت است ، اما صحیح آن «بنی تمیم» است ، چه منذربن ساوی تمیمی است نه تیمی .

ص۳۵۷ س ۵ : اسحاق بن سلیمان -نظر باینکه مؤلف در جلد اول و دوم از ابواسحاق روایت کرده ، و مسعودی هم در مقدمهٔ مروج الذهب ابواسحاق بن سلیمان هاشمی را نام برده ، احتمال می‌رود که اینجا هم در اصل ابو اسحاق بن سلیمان بن علی هاشمی بوده است .

ص ۳۵۷ س ۵ : ابوالبختری- ابن ندیم ذیل عنوان «اخبار ابی البختری» می‌گوید : وی ابوالبختری وهب بن وهب بن کثیر بن عبدالله بن زمعة بن اسودبن اسدبن عبدالعزی ابن قصی واز اهل مدینه است ، گویند که جعفر بن محمد علیهما السلام مادر وی را بهمسری داشته است ، او مردی فقیه واهل تاریخ و نسب شناس بود (ر.ك . فهرست ص ۱٤٦) .

ص ۳۵۷ س ٦ : ابان بن عثمان- ابان بن عثمان بن یحیی لؤلؤی معروف به «احمر» از امام صادق و امام کاظم علیهما السلام روایت کرده ، و نجاشی نام وی را در فهرست اسامی مصنفان شیعه یاد نموده ، و ابوعبیده معمر بن مثنی ، و ابوعبدالله محمدبن سلام از وی بهره برده و در اخبار شعرا و نسب و ایام بسیار ازاو روایت کرده‌اند ، وی در آغاز ناووسی مذهب بود و آنگاه بمذهب شیعهٔ امامیه در آمد و بامام صادق پیوست ، علامهٔ صدر عاملی وی را جزء مشاهیر ائمهٔ لغت نام برده ، ونیز او را نخستین کس می شمارد که کتابی جامع «مبتدأ ومغازی ووفات ورده» تألیف کرده است (ر.ك. تأسیس الشیعة الکرام لفنون الاسلام ص۱۵٤ ، ۲۳۵ ، وروضات الجنات ص۲٦۹) .

ص۳۵۷س۹: ابوحسان زیادی- ابوحسان حسن بن عثمان زیادی ازهیثم بن عدی و جز او روایت می کند ، ابن ندیم گوید : وی مردی فاضل وادیب و نسب‌شناس و بخشنده و کریم-

النفس بود و در سال ۲٤۳ در هشتاد و هفت سالگی وفات کرد (ر.ك. فهرست ص ۱٦۰).

ص۳۵۷ س ۹: عیسی بن یزید - ابن ندیم خود و برادر و پدرش را از علمای اخبار و اشعار عرب شمرده‌است (ر. ك. فهرست ص ۱۳۳).

ص۳۵۷ س ۱۰ : هیثم‌بن عدی طائی- ابن‌ندیم‌گوید : ابوعبد الرحمان هیثم ثعلی عالم بشعر و اخبار و مثالب و مناقب و مآثر و انساب بود ، و در فم الصلح نزد حسن‌بن سهل در سال ۲۰۷ درگذشت . آنگاه کتابهای وی‌را بتفصیل نام می‌برد (ر.ك. فهرست‌ص ۱٤٦).

ص ۳۵۷ س۱۰: عبدالله‌بن عباس همدانی - مسعودی در مروج الذهب (ج ۱ ص ۱۲)وی را بنام «ابوالعباس همدانی» و در نسخهٔ دیگر «ابن عیاش همدانی » در عداد مؤلفان تاریخ آورده است .

ص ۳۵۷س ۱۰ : محمدبن‌کثیر قرشی- ابن حجر وی را به عنوان « محمد بن کثیر قرشی کوفی» ضعیف و درطبقهٔ نهم ـ یعنی اتباع تـابعین ـ شمرده است (ر.ك. تقریب‌التهذیب ص٤٦۸) .

ص ۳۵۷س۱۱ :ابوصالح-ابن حجر وی را در باب کنی ذکر کرده وگوید : از ابن‌عباس روایت می کند ونام‌وی «میزان» است .ودر باب اسماء نیز گوید : ازرجال حدیث ابوداود و ترمذی و اهـل بصره و مقبول و از طبقهٔ سوم ـ یعنی طبقهٔ وسطای تابعین مانند حسن و ابن سیرین ـ و بکنیهٔ خویش ـ یعنی ابوصالح ـ مشهور است (ر.ك. تقریب التهذیب ص ۵۱۷ و ص ۵۹٤) .

ص ۳۵۷س ۱۱: مدائنی- ابن ندیم کتب وی را تحت عناوین جـداگانه بتفصیل نام برده است (ر.ك. فهرست ص ۱٤۷ـ۱۵۲)

ص۳۵۷س۱۲:ابومعشرمدنی- ظاهراً مرادمؤلف ابومعشر نجیح‌مدنی‌است‌که بگفتهٔ ابن‌ندیم عارف باحداث وسیرویکی ازمحدثین بوده، ودرایام هادی درسال ... وفات کرده و کتابی درمغازی داشته است (ر.ك. فهرست ص ۱۳٦) نه‌ابومعشر جعفربن‌محمد بلخی که درآغاز ازاصحاب حدیث بود و سپس بعلم حساب وهندسه پرداخت ، و آنگاه در پی علم احکام نجوم رفت و درسال ۲۷۲ وفات کرد ، ابن ندیم کتابهای وی را بتفصیل نام برده است (ر.ك. فهرست ص۳۸٦-۳۸۷) .

ص ۳۷۵ س ۱۲: خوارزمی ـ مؤلف در کتاب اول و دوم مکـرر از وی نقـل می کند ، وی معاصر مأمـون و سرگرم کار خزانة الحکمه بوده است (ر.ك. فهرست ص ۳۸۳) .

ص ۳۵۷ س۱۲ ماشاءالله منجم - مؤلف در کتاب اول و دوم مکرر از وی نقل می کند، ابن ندیم نام وی را «میشی» بمعنی «یشرو» و نام پدرش را «أثری» می نویسد و می گوید که درایام منصور و تا ایام مأمون هم یهودی بود، و آنگاه کتابهای وی را بتفصیل نام می برد (ر.ک. فهرست ص ۳۸۲).

ص۳۵۸ س۶ : میلاد رسول اکرم - قول مشهور امامیه در میلاد رسول اکرم هفدهم ربیع‌المولود است، و مرحوم حاج میرزا حسین محدث نوری صاحب مستدرك الوسائل در اثبات این امر رساله‌ای نوشته و بنام «میزان السماء فی تعیین مولد خاتم الانبیاء» بچاپ رسیده است.

ص ۳۶۸ س ۳ : چون مادری دلسوز بودی- در چاپ اروپا «فکنت» بفتح تاء است، اما «فکنت» بضم‌تاء بهتر بنظر می رسد و در آن صورت باید در ترجمه بجای «بودی»، «بودم» گذاشته شود.

ص۳۷۶ س ۱۸: مبعث - قول مشهور امامیه در بعثت رسول اکرم بیست و هفتم ماه رجب است.

ص۳۸۹ س ۳ : شعب بنی هاشم- مراد همان «شعب ابی طالب» است که بنی هاشم و بنی مطلب بن عبد مناف، مؤمن و کافرشان ــ جز ابولهب و فرزندانش که علیه بنی هاشم پشتیبان قریش بودند ــ در شب اول محرم، سال هفتم بعثت در آن محصور شدند و در حدود سه‌سال‌را با کمال سختی ودشواری گذراندند (ر.ك. امتاع الاسماع ص ۲۵).

ص ۳۹۰س ۱۵ : محمدبن سائب کلبی - ابونضر محمد بن سائب از علمای تفسیر و تاریخ و حوادث تاریخی و در نسب شناسی بر دیگران مقدم بود، پسرش هشام بن محمد گوید : پدرم گفت: علم نسب قریش را از ابوصالح گرفتم، وابوصالح آن را از عقیل‌بن ابی‌طالب گرفته بود. محمدبن سائب گوید : عبدالله بن حسن از من پرسید: سکینه بنت الحسین علیه‌السلام چه نام داشت؟ گفتم : أمیمه. گفت: راست گفتی.

محمد در سال ۱۴۶ در کوفه وفات کرد و او را کتابی بود بنام «کتاب تقسیم القرآن» (ر.ك. فهرست ص ۱۳۹). مؤلف درجلد دوم تاریخ، وی‌را ازفقهای زمان‌منصور می شمارد.

ص ۳۹۶ س۱۶ : پسران عفراء - عوف ومعوذ ومعاذ فرزندان حارث‌بن رفاعة‌بن سواد را «بنوعفراء» گویند، چه مادرشان : عفراء دختر عبید بن ثعلبة بن عبید بن ثعلبة بن غنم ابن‌مالك‌بن نجاربود. امااینان دراین موقع به‌مکه نیامده‌اند، بلکه ابوالحیسر انس‌بن‌رافع

با جوانانی از « بنی عبدالاُشهل » از جمله ایاس بن معاذ بمنظور هم پیمانی با قریش علیه خزرجیان به‌مکه آمدند و رسول اکرم آنان را باسلام دعوت نمود و تنها ایاس بن معاذ اظهار تمایل باسلام کرد ولی ابوالحیسر بادرشتی سخن اورا قطع کرد وگفت: ما برای کاری دیگر آمده‌ایم. ظاهراً «بنو عفراء» در کلام یعقوبی هم « بنو عبدالاُشهل» بوده و فصلی از کلام مربوط به شش نفر خزرجی افتاده است (ر.ك. سيرة‌النبی ص ۳۶-۳۷).

ص ۳۹۶ س۲۰ : پس اسلام آوردند- قبل از این، فصلی از کلام یعقوبی افتاده که بآن توجه نکرده‌اند، یعنی: پس‌از آنکه «بنی عبدالاُشهل» دعوت رسول‌اکرم را نپذیرفتند، بار دیگر در موسم حج با گروهی از خزرجیان ملاقات کرد و باسلام دعوتش فرمود، «پس اسلام آوردند» . اینان عبارت بودند از :

اسعدبن زراره، عوف‌بن حارث بن عفراء، رافع بن مالك، قطبة بن‌عامربن حدیده، عقبة بن عامربن نابی، و جابربن عبدالله بن رئاب (ر.ك. سيرة‌النبی ج ۲ ص ۳۷ ـ ۳۹)

ص ۳۹۷ س ۳ : دوازده نفر ازانصار- پنج نفر ازشش‌نفرسال یازدهم (یعنی بجزجابربن عبدالله) و هفت نفر دیگر، یعنی :

معاذبن حارث بن عفراء، ذکوان بن عبدقیس، عبادة بن صامت، یزیدبن ثعلبه، عباس ابن‌عباده (از خزرج)، ابوالهیثم بن التیهان، و عویم بن ساعده (از اوس) .

ص ۳۹۷ س۶ : هفتاد مرد و دو زن - ابن اسحاق کسانی را که در عقبهٔ ثانیه حاضر شده و با رسول اکرم بیعت کرده‌اند، هفتاد و سه مرد و دو زن می نویسد که یازده نفرشان از اوس بوده‌اند، و آنان را بتفصیل نام می برد . (ر.ک. سیرة النبی ج ۲ ص ۶۳ ـ ۷۵) رسول اکرم ازاینان دوازده‌نفر نقیب برگزید :

اسعد بن زراره، عبدالله بن رواحه، رافع‌بن مالك، براء بن معرور، عبدالله بن عمرو، عبادة بن صامت، سعد بن عباده، منذربن عمرو (از خزرج) اسیدبن حضیر، سعد بن خیثمه، و رفاعة‌بن عبدالمنذر (ازاوس) برخی بجای رفاعه، ابوالهیثم‌را گفته‌اند (ر.ک. سيرة‌النبی ج ۲ ص ۵۱ ـ ۵۳) .

ص ۴۰۱ س ۵ : ابوالعاص بن بشر - شوهر زینب دختر بزرگ رسول اکرم، پسرخالهٔ وی ابوالعاص بن ربیع‌بن عبدالعزی‌بن عبد شمس‌بن عبدمناف‌بن قصی قرشی عبشمی فرزند هاله خواهر خدیجه‌است ، وخود مؤلف‌هم درذیل عنوان «امرای سرایا وجیوش» دومرتبه وی را نام برده و «ابوالعاص بن ربیع» گفته است، لذا احتمال می دهم که اینجا هم بعد

از «ابوالعاص‌بن» فصلی از کلام مؤلف افتاده باشد (ر.ک. ص۴۳۳).

ص ۴۰۳س ۲۰ : نخستین سریه- مسعودی می نویسد : «سرایا» از سه تا پانصد نفراست که در شب بیرون روند، وآن دسته هایی که روز بیرون روند « سوارب » ، و بیش از پانصد تاکمتر از هشتصد نفر «مناسر» ، واگر به هشتصد نفر رسید «جیش» و بیش از هشتصدتاکمترازهزار «خشخاش»، واگر بهزار رسید «جیش‌ازلم» و آنچه به‌چهار هزار رسید «جیش جحفل» ، و آنچه به دوازده هزار رسید «جیش جرار» نامیده می شود ، و هرگاه سرایا و سوارب پس از بیرون رفتن پراکنده گشتند ، کمتر از چهل نفر «جرائد» و از چهل تا کمتر از سیصد «مقانب» ، واز سیصدتاکمتر از پانصد نفر «جمرات»است، و هرگاه چهل مرد را می‌فرستادند آنهارا «عصبه» می‌نامیدند، وبرخی «مقنب» را مثل «منسر»وهرکدام‌را میان سی‌تاچهل‌مرد دانسته‌اند، و«کتیبه» سپاهی‌است که‌فراهم گشته و پراکنده‌نگردد. و«حضیره»ازده‌نفر بپائین‌راگویند که بجنگ فرستاده شوند، و«نفیضه» آنان را که سپاهی بسیار نیستند ، و«ارعن» سپاه بزرگ بی‌مانند را، و «خمیس» سپاه عظیم را (ر.ک. التنبیه والاشراف ص ۲۴۳- ۲۴۴).

سرایا، جمع سریه، سوارب جمع ساربه، مناسر جمع منسر ، جرائد جمع جریده، مقانب جمع مقنب، و جمرات جمع جمره‌است.

ص ۴۰۴ س۲۰ : با سیصد وبقولی نود مرد - سپاهیان بدر با شخص رسول اکرم بقول مشهور ۳۱۴ نفر بودند، ۸۳ نفر از مهاجرین، ٦١ نفر از اوس، و ۱۷۰ نفر از خزرج (ر.ک . سیرةالنبی ج۲ص۳۲٤-۳٤٥).

ص ۴۰۵ س ۱ : مقداد بن عمرو بهرانی -که چون با اسودبن عبد یغوث زهری درمکه همپیمان شد و اسود او را بفرزندی گرفت «مقداد بن اسود» معروف شد .

ص ۴۰۵س ۲ : دهم ماه رمضان- مؤلف اندکی پیش از این گفت که تاریخ جنگ بدر سیزده شب‌از رمضان‌مانده ـ یعنی درهفدهم آن ماه ـ بود، و البته دهم ماه رمضان غلط نسخه‌ها است .

· ص ۴۰۵ س ۲: از مسلمانان چهارده مرد بشهادت رسیدند- باین ترتیب : عبیدة بن حارث بن مطلب، عمیر بن ابی‌وقاص، ذوالشمالین بن عبدعمرو، عاقل بن بکیر، مهجع، و صفوان بن بیضاء (ازمهاجرین)، سعدبن‌خیثمه، مبشر بن عبد المنذر، یزید بن الحارث، عمیر بن الحمام، رافع بن معلی، حارثة بن سراقه، عوف بن حارث، و معوذ بن حارث (ازانصار).

ص ۴۰۵ س۵ : و از ٦٨ نفر فدیه گرفت - و بر ابوالعاص بن ربیع، و مطلب بن حنطب

مخزومی، و صیفی بن ابی رفاعه، و ابوعزهٔ شاعر جمحی منت گذاشت و آزادشان ساخت.

ص ۴۰۵ س ۱۷ : عمرو بن جحدم فهری- و بگفتهٔ ابن اسحاق : حیسمان بن عبدالله خزاعی.

ص ۴۰۶ س۳: در دوعیدشان بنمازگاه رفتند- ترجمه با «عیدیهم» چاپ اروپا و بیروت مطابق است، و ترجمهٔ مطابق « عدتهم» چاپ نجف که بهتر بنظر می رسد چنین خواهد بود : و گروه مردم بنمازگاه بیرون رفتند.

ص ۴۰۷ س ۲ : هزار مرد -اما در منزل «شوط» عبدالله بن ابی منافق با سیصد نفر مانند خویش جدا شد و بمدینه برگشت و شمارهٔ مسلمانان به هفتصد نفر رسید (ر.ک. سیرةالنبی ج ۳ ص ۸).

ص ۴۰۷ س ۱۸ : یکنفر یهودی- این داستان مربوط است به غزوهٔ احزاب نه احد، و باید تقدیم و تأخیری در نسخه پیش آمده باشد.

ص ۴۰۸ س ۷ : اینان همان کسانی هستند - اشساره بآیهٔ ۱۷۲ سورهٔ آل عمران یکی از ٦۰ آیه‌ای که دربارهٔ جنگ احد نازل شده است (ر.ک. سیرة النبی ج ۳ ص ۵۸-۷۵).

ص ۴۰۸ س۱۷ : و گروهی از ایشان را کشت- این مطلب را در مأخذ دیگری ندیده‌ام.

ص ۴۰۸ س ۲۱ : سلام بن- ابن اسحاق گوید : « از بنی نضیر جز دو نفر اسلام نیاوردند: یامین‌بن عمیر بن کعب، و ابو سعد بن وهب » و ممکن است که نام ابوسعد «سلام» بوده است.

ص ۴۰۹ س ۴ : درسال ششم- این‌جنگ درسال پنجم، وبقولی درسال چهارم بوده وخود مؤلف هم تصریح دارد که پنجاه و پنج ماه پس از رسیدن رسول خدا به‌مدینه، و شبهه‌ای نمی ماند که «در سال ششم» غلط نسخه است.

ص ۴۱۰ س ۸: ومنافقان گفتند- اگر چنانکه بنظر می رسد « تعدیا محمد » در اصل «یعدنامحمد» بوده باشد، ترجمه چنین خواهد بود : «محمد مارا بکاخهای خسرو وقیصر نوید می‌دهد ».

ص ۴۱۱ س ۲ : شش‌نفر - ابن اسحاق ٦ نفر را نام می برد : سعدبن معاذ، انس بن اوس، عبدالله بن سهل، طفیل‌بن نعمان، ثعلبة بن غنمه، و کعب بن زید (ر.ک. سیرة النبی ج۳ - ص ۲۷۳)

ص ۴۱۱ س ۱۹ : پس از بنی قریظه کشت سپس بقلعه‌ها پناه بردند- این مطلب را در مأخذ دیگری ندیده‌ام.

ص ۴۱۱ س ٦ ۱ : ای روهای میمونها- اگر چنانچه بنظر می رسد «یا وجوه القردة»

دراصل «یا اخوان القردة» بوده است ، ترجمه چنین خواهدبود «ای برادران میمونها» (ر.ك. سیرة النبی ج ۳ ص۲۵۳).

ص۴۱۲ س ۹ : سواره دوبخش می گرفت- یعنی علاوه بریك سهم برای خود ، دوسهم هم برای اسب خویش می گرفت (ر.ك. سیرة النبی ج ۳ ص۲٦٤).

ص ۴۱۵ س۷ : مردان جنگی را کشت - یهودیان خیبر پس ازمحاصرهٔ طولانی تسلیم شدند وبیش ازچندنفر از آنان کشته نشد .

ص۴۱۵ س۲۰: و زنان و مردانشان- ظاهراً تردیدی نیست که واو « و اوساق التمر » غلط نسخه است ، و دراین صورت ترجمه چنین خواهد بود : «وبارهای خرما وگندم را میان بنی هاشم، زنانشان و مردانشان ، بخش کرد».

ص ۴۱۹ س ۷ : وعبدالله بن ابی ربیعه- ابن هشام بجای وی زهیربن ابی امیة بن مغیره را می نویسد .

ص۴۱۹ س ۱۱ : مگر پنج نفرمرد - مؤلف چهارنفررا در ذیل نام برده و احتمال می رود که نفرپنجم که ازنسخه افتاده است عکرمة بن ابی جهل باشد که ابن اسحاق اورا درجملهٔ اینان نام می برد (ر.ك. سیرة النبی ج ٤ ص۲۹ـ۳۰)

ص ۴۲۱ ص ۱۳ : جیران الذین- در اصل «جیران النبی» بوده است ، یعنی : هان چه زشت همسایگانی برای پیامبر بودید . (ر.ك.اعلام الوری ص۱۱۸).

ص۴۲۵ س ۵ : وهمهٔ کسانی که بشهادت رسیده اند چهار نفرند- ایمن بن عبید ، یزیدبن زمعة بن اسودبن مطلب بن اسد (ازقریش) سراقة بن حارث بن عدی ، و ابوعامر اشعری از انصار ، (ر.ك. سیرة النبی ج ٤ ص۹۲).

ص ۴۲۸ س۲ : غزوه هائی که درآنها نبردی نبوده است- غزوه های : بنی سلیم (کدر) ، غطفان (ذی امر) ، بحران ، ذات الرقاع (نجد) دومة الجندل ، بنی لحیان بن هذیل بن مدرکه (عسفان) ذی قرد (غابه) و وادی القری درمتن نیامده و ظاهراً جزء افتادگیهای نسخه باشد (ر.ك. مروج الذهب ج۲ ص ۲۸۸ ، سیرة النبی ج ٤ ص۲۸۰ـ۲۸۱).

ص۴۲۸ س ۱۲ : رسول خدا درجستجوی- این جمله تا «بیرون رفت» مربوط است به غزوهٔ سفوان که آن را «بدراولی» نیز گویند ، وهیچ ارتباطی با غزوهٔ «قرقرة الکدر» ندارد ودرعبارت تقدیم وتأخیر روی داده وعنوان «غزوهٔ سفوان» هم افتاده است (ر.ك.سیرة النبی ج۲ ص۲۳۸) . نام مشهور غزوهٔ قرقرة الکدر «غزوهٔ سویق» است .

ص ۴۳۰ س۱ : و صخربن سلمان- و علبة بن زید ، و عبدالله بن مغفل مزنی ، و عرباض

ابن ساریهٔ فزاری (ر.ك. سیرة النبی ج٤ص١٧٢) صخر بن سلمان درسیره ذکر نشده ولی ابن اثیر اورا ازبکائین شمرده است (ر.ك. اسد الغابه).

ص ۴۳۲ س ۱۲ : جمع- صحیح آن «رجیع» است.

ص۴۳۳ س۱۰: و معاویة بن مغیره- پیش از این عبارتی افتاده است که ترجمه‌اش در این حدود است : «ونیز زید را بفرماندهی سریه‌ای به عیص فرستاد تاکاروان خوارو بارقریش راکه راه عراق درپیش گرفته بود دریابند، وزید برکاروان دست یافت(ر.ك. انسان العیون ج٣ ص٢٠٠ ،امتاع الأسماع ص ٢٦٥)

ص۴۳۴ س ۴: هنید بن عارض- ابن اسحاق «هنید بن عوص ضلعی» گفته است (ر.ك.سیرة النبی ج٤ ص ٢٨٥) و ضلیع بضم اول و فتح لام : بطنی است ازجذام . پسر هنیدهم «عوص» نام داشت .

ص ۴۳۴ س ۱۷ :قیس بن محسر- مقریزی وابن عبدالبر «محسر» وابن اسحاق «مسحر» بتقدیم سین برحاء ، نوشته‌اند، وابن اثیر ازابن هشام نیز «مسحر» نقل کرده است (ر.ك. سیرة النبی ج٤ ٢٢٧، امتاع الأسماع ص٢٧٠، اسد الغابه ج٤ ص٢٢٦-٢٢٧، الأستیعاب ترجمهٔ قیس ابن محسر) .

ص۴۳۵ س۱ : ومیان آنان نبردی نبود - علاوه برشش سریه ای که مؤلف در اینجا ذکر کرد - یعنی سریهٔ قرده ، سریهٔ جموم ، سریهٔ حسمی (برسرجذام) ، سریهٔ اول وادی القری، سریهٔ دوم وادی القری ، سریهٔ طرف - زید درسه سریهٔ دیگرنیز امـارت داشته است : سریهٔ عیص که مؤلف آن را ذکر کرده ولی ازنسخه‌ها افتاده است وما جای آن رانشان دادیم ، سریهٔ مدین که ابن هشام آن‌را ازعبدالله بن حسن بن حسن ، از مادرش فاطمه دختر حسین بن علی علیهما السلام روایت کرده است (ر.ك. سیرة النبی ج٤ص ٣١٢ ، انسان العیون ج٣ ص٢٠٦) ، و سریهٔ مؤته کـه مؤلف آن‌را بعد از غزوهٔ حنین ذکر کرد و بعد هم اشاره می کند .

ص۴۳۸ س۱۳ : ومرداس بن نهیك فدکی را آورد- غالب بن عبدالله لیثی کنانی سه نوبت امیر سریه بود : درصفرسال هشتم ، رسول اکرم او را بر سربنی ملوح به کدید فرستاد و ظاهر این است که «بنی مدلج» درصفحهٔ ٤٣٦ سطر ١٠ دراصل «بنی ملوح» بوده است (ر.ك. سیرة النبی ج٤ص ٢٨٢، امتاع الأسماع ص٣٤٢-٣٤٣، انسان العیون ج٣ص٢١٣)، و نیز پس از بازگشتن از این سریه ، او را با دویست مرد از جمله اسامة بن زید به فدك فرستاد ، همانجا که اصحاب بشیر بن سعد بشهادت رسیده بودند ، و دراین سریه بود کـه مرداس بن نهیك با آنکه «لااله الاالله» گفت بدست اسامة بن زید کشته شد (ر.ك. سیرة النبی

ج ٤ ص٢٩٨ ، امتاع الاسماع ص٣٣٤-٣٣٥ ، انسان العیون ج٣ ص ٢١٤) .

و نیز در رمضان سال هشتم او را مأمور میفعه کرد تا بر بنی عوال و بنی عبد بن ثعلبه بتازد، و شاید «صروحان» درعبارت مؤلف در اصل «میفعه» بوده است (ر.ك. امتاع الاسماع ص ٣٣٥ ، انسان العیون ج ٣ ص ٢١١).

ص۴۴۱ س۱۸: بر نمار فرستادگان ثقیف- ر.ك. سیرة النبی ج٤ ص١٩٨، امتاع الاسماع ص٤٩٣.

ص۴۴۴ س ٦: دو پسر هوذة بن علی- ابن هشام می نویسد : سلیط بن عمرو ، یکی از بنی عامر بن لؤی را نزد ثمامة بن أثال حنفی و هوذة بن علی حنفی دو پادشاه امامه فرستاد ، متن نامه در سیرۀ زینی دحلان حاشیۀ انسان العیون ج ٣ ص ٧٩ ، و انسان العیون ج ٣ ص ٢٨٦ نقل شده است .

ص ۴۴۴ س ۱۴ : یسیر بن رزام - که غطفان را درخیبر برای جنگ با رسول خدا فراهم می ساخت (ر. ك. سیرة النبی ج٤ ص٢٩٣)

ص ۴۴۴ س۱۹ : رفاعة بن قیس - که با قوم عظیم خود درغابه فرود آمد و می خواست تا قیس را برای جنگ بارسول خدا فراهم سازد (سیرة النبی ج٤ ص٣٠٦)

ص ۴۴۶ س ۹ : حنظلة بن ربیع- بن موقع بن صیفی برادرزادۀ اکثم بن صیفی (الوزراء والکتاب ص ٩) که اورا «حنظلة الکاتب» می گفتند (معارف ص ١٣٠) و جانشین هر کاتبی بود که غایب می بود ودر شهرها بمرد (الوزراء ص٩، ١٠)

ص ۴۴۶ س۱۰ : و حصین نمری- وحصین بن نمیر (حسن بن نمر) وخالد بن سعید بن عاص، و عبدالله بن ارقم بن عبد یغوث ، و علاء بن عقبه ، و معیقیب بن ابی فاطمه و زبیر بن عوام ، وحذیفة بن یمان، و ابان بن سعید، وعلاء بن حضرمی (ر.ك. الوزراء و الکتاب ص ٩-١٠ ، التنبیه والاشراف ص٢٤٥).

ص۴۵۰ س ۱۸ : ابوحارثه و .... بگفتۀ ابن اسحاق : عبدالمسیح نام عاقب ، و ایهم نام سید است (ر.ك. سیرة النبی ج٢ ص٢٠٤-٢٠٦).

ص۴۵۴ س۲۱: جونیه- امیمه دختر نعمان بن شراحیل (ر.ك. معارف ابن قتیبه ص٦١).

ص ۴۸۷ س ۱۹ : زنان تبهکار - اگر چنانکه بنظر مـی رسد « الجانیات » در اصل « الحانیات » بوده است ، ترجمه چنین خواهد بود : زنان پا بسن گذاشتۀ شوهر دوست و باوفا .

ص ۵۰۴ س ۱۴ : دم آدم بن ربیعه- گمان بیشتر آن است که در اصل « دم ابن ربیعة» بوده و در شرح ابن ابی الحدید ومتن تاریخ یعقوبی بصورت « آدم بن ربیعه» شده و آنگاه

برای تکمیل عبارت ، کلمهٔ « دم » هم بآن اضافه شده و بصورت « دم آدم بن ربیعه » در آمده‌است ، وظاهراً نام‌وی «حارث» یا «عامر» و«أیاس» درامتاع‌الأسماع (ص۵۲۲) هم دراصل عامر بوده است . (ر.ك. بحار ج ۷ ص ۲۵، تحف‌العقول ص۳۱)

ص۵۱۴ س ۱۱ :کسانی که برسول خدا شبیه بوده‌اند-در کتاب «الأعلاق النفیسه» طبع لیدن ۱۸۹۱ ص ۲۰۱ گوید : ابـن کلبی گفته است :آنان که از بنی عباس‌بن عبدالمطلب شبیه رسول خدا بوده‌اند : قثم بن عباس بود که عباس در مرثیه اش می‌گفت :

بأبی یا قثـم یا شبیه ذی الکرم

و ذی الأنف الاشم

وازبنی‌ابی‌طالب: جعفربن‌ابی‌طالب،وحسن‌بن علی‌بن‌ابی‌طالب که ازناف تا بقدم شبیه پیامبر بود ، و محمدبن جعفر بن ابی‌طالب .

و ازبنی‌الحارث‌بن عبدالمطلب : ابوسفیان‌بن حارث‌بن عبدالمطلب که درشب ولادت پیامبر تولد یافت ونامش مغیره است وعبدالله‌بن نوفل‌بن حارث‌بن عبدالمطلب .

و ازبنی ابی‌لهب‌بن عبدالمطلب: مسلم بن معتب‌بن‌ابی‌لهب .

و از بنی‌مطلب‌بن عبد مناف : سائب‌بن عبیدبن عبد یزیدبن هاشم‌بن مطلب بن عبد مناف ، وسائب روز بدراسیر شده بود، و مادرش «شفاء» دختر ارقم بن نضلة‌بن هاشم‌بن عبد مناف‌است ، ومادر شفاء «خالده» دختراسدبن هاشم‌بن عبد مناف.

وازعامهٔ مردم : علی‌بن علی رفاعی محدث ازاهل بصره بود که انس‌بن مالك داخل مسجدبنی‌رفاعه شد و علی‌را دیدو گفت : شبیه‌تر برسول خدا از این‌مرد ندیده بودم . و علی‌بن علی درسال ۱۶۱ درگذشت .

ص۵۲۴ س۲ : زبیربن‌عوام‌بن عاص‌وخالدبن سعید- درعبارت عربی‌تقدیم‌وتأخیری روی‌داده‌و دراصل «زبیربن‌عوام وخالدبن‌سعیدبن عاص» بوده است (ر.ك.ص۵۲۱و۵۲۶) .

فهرستها

فهرست اعلام اشخاص

ز

ش

ص

غ

ک

گ

ل

و

ی

فهرست قبایل و طوایف و سلسله ها و خاندانها

ف

ق

ک

فهرست اعلام امکنه

فهرست کتابهایی که مؤلف نام برده است

ح

حفظ‌الأصحاء (کتاب حفظ‌الصحة تندرستان) ۱۴۳

حیلة‌البرء (کتاب چارهٔ بهبودی) ۱۴۳

ذ

ذکرالفلسفة وکیف اشتقت (ذکرفلسفه و آنکه چگونه مشتق شده است) ۱۵۴

ر

ریطوریقا (خطابه) ۱۵۸

ز

زبور ۶۳، ۶۵، ۳۹۱، ۳۹۲

س

سرد (ششرذ) ۱۱۵

سفرالأسرار ۱۹۶

سفرالجبابره ۱۹۶

السماء والعالم (آسمان وجهان) ۱۵۹

سمع‌الکیان (سماع‌طبیعی) ۱۵۸

سندهشان (سندستاق) ۱۱۵،۱۱۵ ح

السندهند (دهرالدهور) ۱۰۲،۱۰۳،۱۰۵، ۱۱۵

سوفسطیقا ۱۵۸

ش

شابرقان (شاهپورگان) ۱۹۵، ۱۹۵ح

شرك (سیرك) ۱۱۵، ۱۱۵ ح

ص

صورة‌النجح (صفة‌النجح = سندهشان)

ط

طوبیقا (جدل) ۱۵۸، ۱۵۸ح

طوفا ۱۱۵

ع

العناصر ۱۴۲

غ

الغذاء ۱۱۷

ف

الفصول ۱۱۷

فوایطیقا (شعر) ۱۵۸

فی‌الأبانة عن علل‌النبات وکیفیاته و خواصه و عوامه و علل‌اعضائه و المواضع‌الخاصة به و حرکاته(کتاب نبات) ۱۵۹ ح ، ۱۶۰

فی‌ازمان الامراض (کتابی درمواقع بیماریها) ۱۴۳

فی‌الأطعمه (کتابی در خوراکها) ۱۴۳

فی‌الأمور و انهاثلثة (کتابی درامور وآنکه‌آنها سه قسم است) ۱۵۴

فی‌البحرانات (کتابی در بحرانها) ۱۴۳

فی‌التدبیرالملطف (کتابی در وسایل تلطیف) ۱۴۳

فی‌تشریح‌الرحم (کتابی درتشریح رحم) ۱۴۰

فی‌تشریح العروق والأوردة (کتابی درتشریح رگها و وریدها) ۱۴۰

فی‌تشریح العصب (کتابی در تشریح اعصاب) ۱۴۰

فی‌التوحید(کتاب ارسطو در توحید) ۱۶۱

فی‌الجنس (کتابی در جنس) ۱۵۴

فی‌الحس والمحسوس (کتابی درحس‌ومحسوس) ۱۵۹ ح ، ۱۶۰

فی‌طب اصحاب التجربة(کتابی درپزشکی‌اصحاب تجربه) ۱۴۰

فی‌الطعام (کتابی درخوراك) ۱۴۰

فی‌عسرالنفس (کتابی در نفس تنگی) ۱۴۳

فی‌علامات‌العین (کتابی در نشانه های چشم) ۱۴۰

فی‌فرقة اصحاب الحیل (کتابی در بارهٔ اصحاب حیل) ۱۴۳
فی‌فرق‌الطب (کتابی در فرقه های پزشکی) ۱۴۰
فی‌الکلام‌الروحانی (کتابی درگفتار روحانی) ۱۶۰
فی‌الکیموس الجیدوالردی (کتابی در کیموس خوب وبد) ۱۴۳
فیمااختلفت فیه‌الهندوالروم من الحار والبارد و قوی الأدویة و تفصیل‌السنة (کتابی در اختلاف هندیان و رومیان در بارهٔ سرد و گرم و نیروهای داروها و فصول سال) ۱۱۵
فی‌المناسبة (کتابی در مناسبت) ۱۵۴
فی‌منافع الأعضاء (کتابی در فوائد عضوها) ۱۴۰
فی‌المنطق ۱۵۴
فی‌نبض العروق (کتابی در زدن رگها) ۱۴۰
فی‌نبض‌العروق و معرفة کل واحد من اجناس النبض والأسباب الفاعلة لأصناف النبض (کتابی در زدن رگها و شناختن هریك از انواع نبضها و سببهایی که انواع نبضها را بوجود می‌آورد) ۱۴۳

ق

قاطیغوریاس (مقولات) ۱۵۵ ، ۱۵۶
قانون ۱۶۱ ، ۱۷۱ ، ۱۷۴
قرآن مجید (کلام‌الله،کتاب‌خدا) ۳۹۰،۳۹۱، ۳۹۲، ۳۹۳، ۳۹۶، ۴۰۲، ۴۰۳، ۴۳۲، ۴۸۶ ، ۴۸۹ ، ۵۰۷ ، ۵۰۸ ، ۵۰۹ ، ۵۲۳
قوی‌النفس التی‌هی بالفکر والغضب والشهوة (کتابی در قوه‌های نفس که ناشی از فکر و غضب و شهوت است) ۱۵۴

ك

کتاب اکبر (= مجسطی)
کتاب اقلیدس در حساب ۱۴۶
کتاب بطلمیوس ۱۰۳
کتاب حروف (الهیات) ۱۵۹ ح
کتاب ذات الحلق ۱۶۱ . ۱۶۴ ، ۱۶۸
کتاب ذات الصفایح (اصطرلاب) ۱۶۱ .۱۶۹. ۱۷۱
کتاب قوی‌الطبیعیة فی‌الأفعال‌النفسانیة (کتاب نیروهای طبیعی در کارهای نفسانی) ۱۴۲
کتاب یذکرفیه انقسام الأشیاء ضربین (کتابی که در آن منقسم شدن چیزها بدوقسم‌ذکر می‌شود) ۱۵۴
کتاب یذکرفیه مالایتجزأء (کتابی که در آن از غیرمتجزی سخن می‌رود) ۱۵۴
کلیله و دمنه ۱۰۷
الکماش ۱۴۰
کنزالأحیاء (کنزالحیات ، سفرالأحیاء) ۱۹۶
الکون والفساد ۱۵۹

م

ماءالشعیر (کتابی درآب جو) ۱۱۷. ۱۳۹
ماتفاوت فیه فلاسفة الهند والروم (کتابی در بارهٔ آنچه فیلسوفان هندوروم در آن‌اختلاف کرده‌اند) ۱۱۵
مجسطی ۱۰۳ ، ۱۴۶، ۱۶۱ ، ۱۶۳ ، ۱۶۴ ، ۱۶۴ ح ، ۱۶۵ ح
مزامیرداود ۸۱
المعادن (کتاب معدن) ۱۵۹ ح ، ۱۶۰
مقالتان فی‌تصنیف الحمیات والأمراض الباطنة (دو مقاله در اصناف تبها و بیماریهای

درونی) ۱۴۳
مقالتان فی‌علل‌النفس (دو مقاله در بیماریهای روانی) ۱۴۰
مقـالتان فی علل‌النفس (دومقاله در بیماریهای روانی) ۱۴۲
مقاله فی‌الأدویة‌المسهله (دومقاله در داروهای اسهال‌آور) ۱۴۲
مقاله فی‌الأمتلاء (مقاله‌ای درامتلاء) ۱۴۳
مقاله‌فی‌البول من‌الدم (مقاله‌ای درپیشاب خونی) ۱۴۲
مقاله‌البول من‌الدم فی‌البدن (مقاله‌ای درپیشاب از خون‌بدن) ۱۴۳
مقاله‌فی‌تدبیرابقراط للأمراض‌الحادة (مقاله‌ای‌در معالجهٔ بقراط برای بیماریهای تند) ۱۴۳
مقاله فی‌تصنیف‌الأمراض (مقاله‌ای درطبقه‌بندی بیماریها) ۱۴۳
مقاله فی‌السل (مقاله‌ای در بیماری سل) ۱۴۳
مقاله‌فی‌علاج‌صبی‌یرضع (مقاله‌ای‌در درمان‌کودك شیرخوار) ۱۴۳
مقاله فی‌علل‌الأمراض (مقاله‌ای درعلل‌بیماریها) ۱۴۳
مقاله فی‌العلل الواصله (مقاله‌ای در بیماریهای مسری) ۱۴۳
مقاله فی‌الغلظ الخارج من‌الطبیعة (مقاله‌ای در درشتی وسفتی خارج‌ازطبیعت)۱۴۳
مقاله‌فی‌فصدالعروق (مقاله‌ای در رگ‌زدن) ۱۴۳
مکرالنساء ۱۱۵
منافع‌الأعضاء (کتاب‌فوایداعضا در۱۷مقاله)۱۴۲
المنطق فی‌الآثارالعلویه (گفتار درآثار علوی) ۱۵۹ ، ۱۵۹ح
موسیقی‌کبیر ۱۵۰ح

ن

ندان ۱۱۵
النفس (کتاب‌نفس) ۱۵۹ح ، ۱۶۰

ه

الهدی والتدبیر ۱۹۶